Hans-Joachim Düsterwald, Burkhard Schneider, Alexander Sprötge, Johannes Wolframm

Gemeinsam handeln

Lehr- und Arbeitsbuch für das Fach Politik an berufsbildenden Schulen

5. Auflage, korrigierter Nachdruck

Bestellnummer 0095

Bildungsverlag EINS – Kieser

www.bildungsverlag1.de

Gehlen, Kieser und Stam sind unter dem Dach des Bildungsverlags EINS zusammengeführt

Bildungsverlag EINS
Sieglarer Straße 2, 53842 Troisdorf

ISBN 3-8242-0095-3

© Copyright 2002: Bildungsverlag EINS GmbH, Troisdorf
Das Werk und seine Teile sind urheberrechtlich geschützt. Jede Nutzung in anderen als den gesetzlich zugelassenen Fällen bedarf der vorherigen schriftlichen Einwilligung des Verlages. Hinweis zu § 52a UrhG: Weder das Werk noch seine Teile dürfen ohne eine solche Einwilligung eingescannt und in ein Netzwerk eingestellt werden. Dies gilt auch für Intranets von Schulen und sonstigen Bildungseinrichtungen.

Inhaltsverzeichnis

Vorwort

Arbeitswelt

1	**Schulische Ausbildung – betriebliche Ausbildung**	9
1.1	Der Wert der Berufsausbildung	10
1.2	Vielfalt der Berufe	11
1.3	Wege der Berufsausbildung	12
1.4	Gesetzliche Grundlagen	14
1.5	Das duale System	16
1.6	Moderne Berufsausbildung	17
1.7	Das Jugendarbeitsschutzgesetz	18
1.8	Bildungsgänge in beruflichen Vollzeitschulen	20
1.9	Berufsbildung in Europa	21
1.10	Die Schülervertretung	22
1.11	Lebenslanges Lernen	24
1.12	Staatliche Fördermaßnahmen	26
1.13	Bildungsurlaub	28
2	**Beruf und Umwelt**	29
2.1	Umweltgerechtes Handeln in Schule und Betrieb	30
2.2	Unternehmensziele kontra Umweltschutz	32
2.3	Umweltstrafrecht	34
2.4	Umwelt- und Sozialverträglichkeit von Produktionsverfahren	36
2.5	Gesundheitsverträglichkeit der Lern- und Arbeitssituation	38
2.6	Technischer Arbeitsschutz	40
2.7	Menschengerechte Arbeitsgestaltung	41
3	**Arbeitnehmerinteressen – Arbeitgeberinteressen**	43
3.1	Arbeitslosigkeit – ein ungelöstes Problem	44
3.1.1	Arten und Ursachen der Arbeitslosigkeit	46
3.1.2	Folgen der Arbeitslosigkeit	47
3.1.3	Arbeitslosigkeit und Berufsausbildung	49
3.1.4	Lösungsansätze	50
▶	**Methode Planspiel**	52
3.2	Mitbestimmung und Interessenvertretung im Betrieb	54
3.2.1	Das Betriebsverfassungsgesetz	54
3.2.2	Mitwirkung und Mitbestimmung	56
3.2.3	Internationale Betriebsräte	57
3.2.4	Betriebsvereinbarungen und Sozialplan	57
3.2.5	Die Jugend- und Auszubildendenvertretung	58
3.3	Mitbestimmung auf Unternehmensebene	60
3.3.1	Mitbestimmung nach dem Betriebsverfassungsgesetz	61
3.3.2	Mitbestimmung nach dem Mitbestimmungsgesetz	61
3.3.3	Montanmitbestimmung	62
3.3.4	Mitbestimmung in der Diskussion	62

Privatleben

4	**Lebenskonzepte**	63
▶	**Methode Herstellung einer Collage**	64
4.1	Familie – Selbstverwirklichung oder Selbstbeschränkung?	66

4.2	Familie und Wertewandel	67
4.3	Schutz der Familie	69
4.4	Staatliche Unterstützung von Familien	70
4.5	Die Ehe	71
4.6	Eheliches Güterrecht	73
4.7	Die Ehescheidung	74
4.8	Das Kindschaftsrecht	75
4.9	Alternative Lebensformen	76

5 Sozialversicherung – Individualversicherung ... 77

5.1	Soziale Sicherung	78
5.2	Sozialgesetzbuch (SGB)	80
5.3	Versicherungsprinzipien	81
5.4	Entwicklung der sozialen Sicherheit	82
5.5	Gesetzliche Krankenversicherung (GKV)	83
5.6	Gesetzliche Unfallversicherung (GUV)	86
5.7	Arbeitsförderung und Arbeitslosenversicherung	88
5.8	Rentenversicherung	90
5.9	Pflegeversicherung	93
5.10	Grenzen staatlicher Sozialpolitik	94
5.11	Internationale Sozialversicherung	95
5.12	Sozialgerichtsbarkeit	96
5.13	Zusätzliche Sicherung	97

6 Freizeitgestaltung und Freizeitverhalten ... 99

6.1	Freizeit	100
6.1.1	Formen der Freizeitgestaltung	102
6.1.2	Freizeitangebote	103
6.1.3	Stress und Gefahren in der Freizeit	104
6.1.4	Illegale Drogen	106
6.2	Aids	108
6.3	Jugend und Recht	110
6.3.1	Der Jugendschutz	110
6.3.2	Das Jugendhilferecht	112
6.3.3	Jugendkriminalität und Jugendgerichtsbarkeit	113

Wirtschaft

7 Wirtschaftsordnung – Wirtschaftspolitik ... 115

7.1	Die soziale Marktwirtschaft der Bundesrepublik Deutschland	116
7.2	Wirtschaftspolitik	117
7.3	Ziele der Wirtschaftspolitik	118
7.4	Der Balanceakt der Wirtschaftspolitik	118
7.5	Staatliche Konjunkturpolitik	119
7.6	Wirtschaftswachstum (Konjunktur)	120
7.7	Vollbeschäftigung	121
7.8	Der Wert des Geldes – Geldwertstabilität	123
7.9	Außenwirtschaftliches Gleichgewicht	124
7.10	Europäische Struktur- und Beschäftigungspolitik	125
7.10.1	Europäische Strukturpolitik	125
7.10.2	Europäische Beschäftigungspolitik	127
7.11	Gerechte Einkommensverteilung	128
7.12	Umweltschonung und Erhaltung	129
▶	**Methode Einsatz von Karikaturen**	132

8	**Betrieb in Wirtschaft und Gesellschaft**	**133**
8.1	Arten von Betrieben	134
8.1.1	Betriebliche Grundaufgaben	135
8.1.2	Wirtschaftliche Leistungen	137
8.2	Aufbau von Betrieben	138
8.2.1	Organisation eines Handwerksbetriebes	138
8.2.2	Organisation eines Industriebetriebes	139
8.3	Der Betrieb als Ort wirtschaftlicher Entscheidungen	140
8.3.1	Ziele von Betrieben	140
8.3.2	Betriebswirtschaftliche Kenndaten	142
8.3.3	Rationalisierung	143
8.3.4	Konflikte im Betrieb	146
8.4	Rechtsformen der Unternehmung	147
8.4.1	Einzelunternehmung	148
8.4.2	Offene Handelsgesellschaft (OHG)	149
8.4.3	Gesellschaft mit beschränkter Haftung (GmbH)	150
8.4.4	Kommanditgesellschaft (KG)	151
8.4.5	Aktiengesellschaft (AG)	151
8.5	Wirtschaftliche Verflechtungen	152
8.6	Globalisierung – Wem gehört der Globus?	154
8.7	Organisationen des Handwerks, des Handels, der Industrie und der Landwirtschaft	156
8.7.1	Organisationen des Handwerks	156
8.7.2	Organisationen des Handels und der Industrie	158
8.7.3	Organisationen der Landwirtschaft	160
9	**Arbeits- und Tarifrecht**	**161**
▶	**Methode Rollenspiel**	162
9.1	Grundlagen des Arbeitsrechts	164
9.2	Der Einzelarbeitsvertrag	166
9.2.1	Die Bewerbung	166
9.2.2	Der Abschluss des Arbeitsvertrages	168
9.2.3	Rechte und Pflichten aus dem Arbeitsvertrag	169
9.2.4	Lohn, Gehalt, Entgelt	172
9.2.5	Beendigung des Arbeitsverhältnisses und Kündigungsschutz	174
9.2.6	Sozialer Arbeitsschutz	178
9.2.7	Humanisierung und Mitbestimmung	180
9.3	Der Tarifvertrag	182
9.3.1	Tarifautonomie	182
9.3.2	Tarifvertragsparteien	183
9.3.3	Verbindlichkeit von Tarifverträgen	185
9.3.4	Arten und Inhalte von Tarifverträgen	186
9.3.5	Tarifverhandlungen	190
9.3.6	Schlichtung	192
9.3.7	Arbeitskampf	192
9.3.8	Wirtschaftliche Auswirkungen der Tarifpolitik	196
9.4	Arbeitsgerichte	198
9.4.1	Zuständigkeit der Arbeitsgerichte	198
9.4.2	Gerichtsverfahren	198
10	**Konsumenteninteresse – Produzenteninteresse**	**201**
10.1	Privatrechtliche Verträge im Alltag	202
10.1.1	Rechtsfähigkeit	202
10.1.2	Geschäftsfähigkeit	203
10.1.3	Rechtsgeschäfte	205
10.1.4	Kaufvertrag	208

▶	**Methode Textanalyse**	211
10.1.5	E-Commerce – Einkaufen im Internet	212
10.2	Störungen bei der Erfüllung des Kaufvertrages	213
10.3	Andere wichtige Verträge	215
10.4	Durchsetzung von Rechten aus Verträgen	217
10.5	Verbraucherschutz	220
10.6	Kreditgeschäfte	224

11	**Ökonomie und Ökologie**	227
11.1	Umweltsch(m)utz	228
11.2	Die Menschheit in der Wärmefalle	230
11.3	Der Konflikt zwischen Ökonomie und Ökologie	233
11.4	Umwelttechnik	234
11.5	Umweltschutz als Staatsziel	235
11.6	Umweltpolitik	236
11.7	Das Umweltbundesamt	237
11.8	Mittel der Umweltpolitik	238
11.9	Die Agenda 21 – Das Aktionsprogramm für das 21. Jahrhundert	239

Öffentlichkeit

12	**Information und Meinungsbildung**	241
12.1	Medien als vierte Gewalt	242
12.2	Chancen und Risiken der Informations- und Kommunikationstechniken	245
12.3	Informationen durch Medien	246
12.4	Meinungsbildung durch Medien	248

13	**Einheit und Vielfalt**	251
13.1	Leben in der heutigen Gesellschaft	252
13.2	Lebens- und Arbeitsverhältnisse im vereinigten Deutschland	254
13.3	Armut in Deutschland	256
13.4	Zuwanderung – Einwanderung – Einbürgerung	258

Staat

14	**Grundrechte und Menschenrechte**	259
14.1	Menschenrechte für alle	260
14.1.1	Geschichte der Menschenrechte	261
14.1.2	Menschenrechte und soziale Rechte	263
14.1.3	Missachtung der Menschenrechte	264
14.2	Menschenrechte im Grundgesetz	266
14.3	Die Grundrechte	267
▶	**Methode Informationsbeschaffung im Internet**	269
14.4	Asylbewerber – ein Menschenrechtsproblem?	270

15	**Die Bundesrepublik Deutschland – ein demokratischer Rechtsstaat**	273
▶	**Methode Debatte**	274
15.1	Grundlagen der Demokratie	276
15.1.1	Demokratie und Volkssouveränität	276
15.1.2	Merkmale der Demokratie	277
15.1.3	Parteien in einer parlamentarischen Demokratie	278
15.2	Politische Beteiligung	282

15.2.1	Verbände in der pluralistischen Demokratie	282
15.2.2	Bürgerinitiativen	284
15.2.3	Demonstrationen	284
15.2.4	Petitionen	285
15.3	Politische Wahlen	286
15.3.1	Das Wahlsystem	286
15.3.2	Rechtliche Grundlagen	289
15.4	Gewaltenteilung	290
15.4.1	Die Dreiteilung der Staatsgewalt	290
15.4.2	Die gesetzgebende Gewalt	292
15.4.3	Die vollziehende Gewalt	296
15.4.4	Herrschaftskontrolle in der Demokratie	299
15.5	Der bundesstaatliche Aufbau Deutschlands	301
15.6	Selbst- und Auftragsverwaltung der Gemeinden	304
15.7	Streitbare Demokratie – Sicherheit kontra Freiheit des Einzelnen?	307

Die eine Welt

16	**Leben und Arbeiten in Europa**	309
▶	**Methode Szenario**	310
16.1	Die Europäische Union entsteht	312
16.2	Die Organe der Europäischen Union	314
16.3	Der Europäische Binnenmarkt	316
16.4	Das soziale Europa	318
16.5	Die Agrarpolitik – Ärgernis oder Stütze der EU?	320
16.6	Die Zukunft Europas	322
17	**Friedenssicherung**	325
17.1	Bürgerkriege und Internationale Konflikte	326
17.2	Bundeswehr und Friedenssicherung	328
17.2.1	Der sicherheitspolitische Auftrag der Bundeswehr	328
17.2.2	Wehr- und Zivildienst	329
17.2.3	Zukunft der Bundeswehr	331
17.3	Die UNO – Hüterin des Friedens?	332
17.4	Die Europäische Sicherheitsarchitektur	334
17.4.1	Die NATO – Garant für Sicherheit?	334
17.4.2	Die Europäische Sicherheitsstruktur	335
18	**Internationale Beziehungen**	337
18.1	Das Nord-Süd-Gefälle	338
18.2	Typische Merkmale der Entwicklungsländer	339
18.3	Ursachen von Armut und unzureichender Entwicklung	340
18.4	Die Notwendigkeit entwicklungspolitischer Zusammenarbeit	343
18.4.1	Ziele und Formen deutscher Entwicklungspolitik	344
18.4.2	Internationale Entwicklungshilfe und Globalisierung	346
18.4.3	Eine neue Weltwirtschaftsordnung?	348

Stichwortverzeichnis 349

Bildquellenverzeichnis 352

Vorwort — Gemeinsam handeln – die Demokratie mitgestalten

Politik betrifft uns alle

Zugegeben – das Fach Politik steht in der Regel nicht im Mittelpunkt des Unterrichts an berufsbildenden Schulen. Die fachliche, berufsbezogene Ausbildung steht im Vordergrund. Und trotzdem – Politik betrifft uns alle. Neue Ausbildungsordnungen zum Beispiel sind das Ergebnis politischer Entscheidungsprozesse, der europäische Binnenmarkt verändert die Arbeits- und Berufswelt, Umweltprobleme betreffen alle Menschen, sozialpolitische Maßnahmen des Staates wirken sich direkt auf unseren Lebensstandard aus.

Die Demokratie braucht aktive Bürgerinnen und Bürger, die mitdenken, mitwirken und mitgestalten.

Es gibt also genug Gründe, sich mit politischen und gesellschaftlichen Themen auseinander zu setzen und sich als mündige Bürgerinnen und Bürger in die Politik einzumischen. Denn die Bundesrepublik Deutschland als demokratischer Staat funktioniert nicht von selbst. Sie braucht das aktive Mitgestalten ihrer Bürgerinnen und Bürger.

„Gemeinsam handeln" will dazu einen Beitrag leisten. Autoren und Verlag haben ein Lehr- und Arbeitsbuch entwickelt, das die Leitidee Gestaltungskompetenz der Rahmenrichtlinien für das Unterrichtsfach Politik an berufsbildenden Schulen aufnimmt.

Die Rahmenrichtlinien nennen als eines ihrer wesentlichen Prinzipien die inhaltliche Offenheit. Daneben wollen sie Fähigkeiten und Bereitschaften vermitteln, über die Menschen verfügen sollten, um Lebenssituationen in einer demokratischen Gesellschaft kompetent, d.h. maßgebend gestalten zu können. Die 18 Kapitel des Buches wollen Schülerinnen und Schülern Lerninhalte vermitteln, mit denen solche Fähigkeiten und Bereitschaften erworben werden können. Die Auswahl der Kapitel ist durch die Vorgaben bzw. Vorschläge der Rahmenrichtlinien bestimmt. Dabei fordern die neuen Rahmenrichtlinien für das Unterrichtsfach Politik, den „Anteil eines Unterrichts auszuweiten, der Schülerinnen und Schüler dazu befähigt, einen Unterrichtsinhalt selbständig zu planen, zu erarbeiten und darzustellen" (handlungsorientierter Unterricht).

„Gemeinsam handeln" will den Schülerinnen und Schülern einen lebendigen und handlungsorientierten Unterricht ermöglichen.

„Gemeinsam handeln" enthält Arbeitsvorschläge, die eine entsprechende Unterrichtsgestaltung ermöglichen. Das Lehrbuch führt in Methoden ein, die für die Ausführung der Arbeitsvorschläge wichtig sind.

„Gemeinsam handeln" ist eine ideale Vorbereitung auf die Abschlussprüfungen.

Darüber hinaus enthält das Buch den für die Vorbereitung auf Abschlussprüfungen notwendigen Lehrstoff. Die Lerngebiete der Kultusministerkonferenz-Vereinbarung für gewerblich-technische Ausbildungsberufe im Bereich Wirtschafts- und Sozialkunde werden vollständig behandelt.

Die Sprache des Buches ist schülergemäß. Es ist berücksichtigt worden, dass Schülerinnen und Schüler mit sehr unterschiedlicher Vorbildung das Buch benutzen. Auf Fremdwörter und Fachausdrücke kann nicht immer verzichtet werden, doch werden sie auf ein notwendiges Maß beschränkt und erklärt. Sinnvoller Einsatz verschiedener Farben und Schriften sowie eine inhaltlich und formal übersichtliche Gliederung erleichtern die Arbeit mit dem Buch.

Autoren und Verlag hoffen, dass die Arbeit mit „Gemeinsam handeln" nicht nur als notwendige Pflicht angesehen wird, sondern Ihnen auch Spaß macht. Kritik und Anregungen nehmen wir gerne entgegen.

Die Verfasser

1 | Schulische Ausbildung – betriebliche Ausbildung

1.1 Der Wert der Berufsausbildung

Was halten Sie von folgendem Ausspruch?
Unser Rohstoff heißt Bildung

Das wichtigste Kapital der Bundesrepublik Deutschland ist unsichtbar, denn es steckt in den Köpfen der Menschen. Bildung und Ausbildung, technisches und wissenschaftliches Können sowie die produktive Zusammenarbeit von Menschen garantiert der Bundesrepublik Deutschland Wohlstand, und das trotz Armut an Rohstoffen.

Die rund 36 Millionen Erwerbstätigen sorgen dafür, dass
- die Volkswirtschaft in ihren verschiedenen Bereichen funktioniert,
- der Staat zu Steuereinnahmen kommt, die er für seine Aufgaben benötigt,
- alle Einwohner, auch die Erwerbslosen und Nichterwerbspersonen, mit einem gewissen Lebensstandard leben können.

Um dieses Kapital zu erhalten, stellt sich allen an der Ausbildung Beteiligten die Aufgabe, die Ausbildung den tiefgreifenden Veränderungen in Handel, Industrie, Handwerk, Landwirtschaft, Schule und Staat schnell genug anzupassen. Schon heute arbeitet jeder zweite Arbeitnehmer in einem anderen als dem erlernten Beruf. Die Mobilität der Arbeitskräfte wird zu einem entscheidenden Faktor der nächsten Jahre.

Berufsbildung im Wandel

Seit Mitte der 90er Jahre hat sich in Deutschland die Diskussion um die qualifikatorischen Konsequenzen aus den gesellschaftlichen, wirtschaftlichen und technischen Entwicklungen erheblich verstärkt. Zu den entscheidenden Faktoren der Erneuerung zählen der Wandel in strategisch bedeutsamen Technologien, der Sprung von der Industrie- zur Informations- und Wissensgesellschaft, von der Produktions- zur Dienstleistungswirtschaft, die Globalisierung des Wirtschaftens und die damit verbundene Umgestaltung der Arbeitsorganisation sowie die Vorschläge der Europäischen Kommission zur Flexibilisierung, Modularisierung und Akkreditierung von Teilkompetenzen.

Prognose
Tätigkeiten mit hohen Anforderungen werden bis 2010 auf gut 40 % (1995: 35 %) steigen, Tätigkeiten mit mittleren Anforderungen werden leicht zurückgehen auf 44 % (1995: 46 %), einfache Tätigkeiten werden immer weniger nachgefragt. Bis zu 1,5 Mio. Arbeitsplätze für Ungelernte gehen verloren.
Nach: IAB/Prognos

Damit ist die Notwendigkeit verbunden, die Entwicklung von Ausbildungsberufen verstärkt am Strukturwandel der Tätigkeitslandschaft zu orientieren, wachsende Beschäftigungsfelder stärker zu berücksichtigen und eine Erweiterung des Spektrums von Ausbildungsberufen anzustreben.

Eine der zentralen Fragestellungen in diesem Zusammenhang ist, ob das im dualen Ausbildungssystem in Deutschland etablierte Berufskonzept weiterhin zeitgemäß bleibt. Diese Frage nimmt naturgemäß einen breiten Raum bei der Diskussion zur Weiterentwicklung und Modernisierung des Dualen Systems ein.

Referat von H. Pütz beim 45. Studiengespräch zum Thema „Qualität und Innovation der Berufsbildung als Wettbewerbsfaktor" im Haus Lämmerbuckel vom 10. bis 12. Mai 1999

Das deutsche Ausbildungsmodell wird wegen seiner Bindung an das Berufsprinzip immer weniger in der Lage sein, die Qualifikationen hervor zu bringen, die für eine hochdynamische Wirtschaft im Übergang zur Informationsgesellschaft erforderlich sind.

Referat von Martin Baethge: Berufsprinzip und duale Ausbildung: Vom Erfolgsgaranten zum Bremsklotz der Entwicklung? a.a.O.

1.2 Vielfalt der Berufe

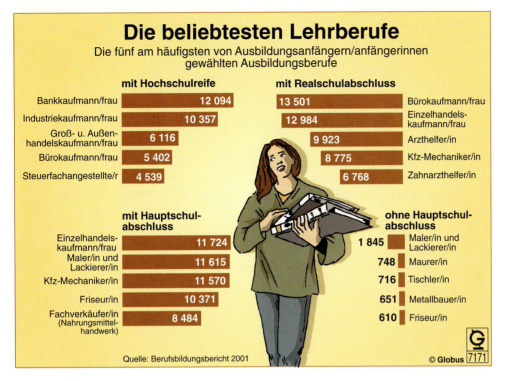

Welcher These könnten Sie zustimmen?

Ohne Arbeit wäre das Leben schön!
Meine Arbeit – mein Beruf
Eigenarbeit ist prima, arbeiten für andere ist blöd!
Ohne Arbeit kein Geld!
Leben, um zu arbeiten!
Arbeiten, um zu leben!
Freizeit ja, Arbeit nein danke!
Mir ist egal, was ich arbeite!
Arbeiten = jobben!

Artikel 12 Absatz 1 Grundgesetz [Freiheit der Berufswahl]

„(1) Alle Deutschen haben das Recht, Beruf, Arbeitsplatz und Ausbildungsstätte frei zu wählen. Die Berufsausübung kann durch Gesetz geregelt werden."

Unser Grundgesetz verbürgt das Recht, den Beruf frei zu wählen. Das ist so zu verstehen, dass es jedem Bürger der Bundesrepublik Deutschland freisteht, entsprechend seinen Fähigkeiten aus dem vorhandenen Arbeitsplatz- und Ausbildungsangebot den Beruf zu wählen, der ihm gefällt. Ein Anspruch darauf, einen bestimmten Beruf oder Arbeitsplatz zu bekommen, kann aus dem Grundgesetz nicht abgeleitet werden.

Es gibt eine Vielzahl verschiedener Berufe. Darunter sind solche, die ohne viele Vorkenntnisse und mit kurzer Einarbeitungszeit ausgeübt werden können. Doch die meisten Jugendlichen wollen einen der ca. 360 Berufe ergreifen, die in der Bundesrepublik Deutschland zu den anerkannten Ausbildungsberufen gehören. Dafür muss eine mehrjährige Ausbildung durchlaufen werden, die an zwei unterschiedlichen Ausbildungsorten, nämlich Betrieb und Berufsschule, stattfindet. Die Ausbildung schließt mit einer schriftlichen und mündlichen Prüfung ab.

Berufliche Tätigkeiten in der Bundesrepublik Deutschland (in %)

Herstellen	22
Büroarbeiten	16
Dienstleistungen	11
Ausbilden, Informieren	11
Handel treiben	11
Maschinen einstellen und warten	8
Reparieren	7
Leiten	5
Forschen, Planen	5
Sichern	4

Arbeitsvorschläge

1. Würde Ihrer Meinung nach das Recht auf eine Berufsausbildung eine Berufswahl erleichtern oder erschweren?

2. Stellen Sie eine Liste mit Fähigkeiten und Eigenschaften auf, die ein Auszubildender in Ihrem Ausbildungsberuf haben sollte. Werten Sie die Ergebnisse in Ihrer Klasse aus. Wo lassen sich Unterschiede zu Eigenschaften und Fähigkeiten erkennen, die Ungelernte aufweisen sollten?

1.3 Wege der Berufsausbildung

Sonja, 17, Azubi, Fachverkäuferin
„Natürlich ist es trotzdem besser, die dreijährige Ausbildung zu machen. Wenn überall von EDV-Kenntnissen die Rede ist, kann sich das bei uns nicht auf das Eintippen der Preise beschränken." Zu den Inhalten der längeren Ausbildung gehören auch Kenntnisse im Umweltschutz. „Heute kann man doch keine ernsthafte Kundenberatung mehr machen, wenn man vom Umweltschutz keine Ahnung hat."

Tanja, 17, Auszubildende beim Fernmeldeamt
„Meine Tätigkeit ist sehr interessant und mir gefällt es besser als in der Schule. Ich komme in den verschiedensten Abteilungen herum und lerne so den ganzen Betrieb kennen. Wenn ich gewissenhaft und pünktlich bin und sich meine Kolleginnen auf mich verlassen können, dann helfen wir uns auch gegenseitig."

Thomas, 18, Azubi
„Der Betrieb erwartet von mir, dass ich selbständig und eigenverantwortlich mit meinen Kollegen zusammenarbeite. Es macht mir Spaß, neue Leute und neue Zusammenhänge kennen zu lernen. Ich hoffe vor allem, eine optimale Ausbildung zu erhalten, damit ich auf dieser Grundlage beruflich aufbauen kann."

Ute, 19, Azubi, Bankkauffrau
„Was mir am meisten Schwierigkeiten bereitet hat, als ich die Berufsausbildung begann? Das ist schnell und einfach gesagt: Dass ich mich in Schale schmeißen musste."

Lars, 18, Azubi im öffentlichen Dienst
„Ich werde Beamter und finde meine Ausbildung bei der Bauverwaltung in der Stadt so interessant und abwechslungsreich, wie ich mir das vorgestellt habe."

Sandra, 16, Azubi, Köchin
„Mir ist es zuerst unheimlich schwer gefallen, mich an den anderen Tagesablauf zu gewöhnen, vor allem daran, dass man sich seine Zeit nicht mehr so einteilen konnte wie früher und dass die Freizeit kürzer bemessen ist. Wenn man aus der Schule nach Hause kam, konnte man im Sommer erst mal schwimmen gehen und hat dann abends die Schularbeiten gemacht. Jetzt kann das Wetter noch so schön sein, man kommt nicht weg."

Steffen, 18, Azubi, Werkzeugmechaniker
„Am Anfang musste ich mich schon umstellen. Im Betrieb herrscht ein anderer Umgang als früher in der Schule. Man hat nicht mehr so viel Freiheit und muss sich stärker unterordnen. Besonders interessant finde ich die Arbeit an den modernen CNC-Maschinen. Ich hoffe, dass ich in diesem Beruf bleiben und mich später weiterbilden kann."

Berufsbildungsgesetz
§ 1 Berufsbildung
(5) Berufsbildung wird durchgeführt in Betrieben der Wirtschaft, in vergleichbaren Einrichtungen außerhalb der Wirtschaft, insbesondere des öffentlichen Dienstes, der Angehörigen freier Berufe und in Haushalten (betriebliche Berufsbildung) sowie in berufsbildenden Schulen und sonstigen Berufsbildungseinrichtungen außerhalb der schulischen und betrieblichen Berufsbildung.

Einen Beruf zu erlernen und zum Abschluss der Ausbildungszeit ein Zeugnis zu erwerben, das ist für viele junge Menschen eine Selbstverständlichkeit. Denn ein erlernter Beruf vermittelt nicht nur ein gewisses Selbstwertgefühl – man beherrscht sein Fach – sondern ist im Allgemeinen auch Voraussetzung für den weiteren Erfolg im Arbeitsleben.

Als Grundlage für eine geordnete und einheitliche Berufsausbildung gelten die staatlich anerkannten Ausbildungsberufe und die hierzu erlassenen Ausbildungsordnungen.

Die Auszubildenden von heute sind die Fachkräfte von morgen. Wie und von wem sie ihre Ausbildung erhalten, entscheidet mit über ihre künftige Qualifikation. Als Ausbilder darf deshalb nur jemand tätig werden, der selbst über geeignete pädagogische Kenntnisse und berufliches Wissen verfügt. Ausbilder in kleinen Unternehmen sind häufig die Betriebsinhaber selbst. In größeren Unternehmen liegt die Ausbildung meist in der Hand von Fachkräften, die eine Ausbildereignungsprüfung abgelegt haben.

Wege der Berufsausbildung

Ausbildung in der Wirtschaft, durchgeführt in Betrieb und Berufsschule (anerkannte Ausbildungsberufe)	Ausbildung im öffentlichen Dienst (Beamtenausbildung)	Berufsausbildung in der Schule (Berufe mit geregelten Ausbildungsgängen)

Dazu zählen:
• Industriebetriebe
• Betriebe des Groß- und Einzelhandels
• Banken
• Versicherungen
• Hotel- und Gaststättengewerbe
• Betriebe des Handwerks
• Freie Berufe
  – Ärzte/Apotheker
  – Rechtsanwälte/Notare
  – Steuerberater
  – Architekten
• Dienststellen und Betriebe des öffentlichen Dienstes*)
• Betriebe der Land- und Hauswirtschaft
• Seeschifffahrt
	Dazu zählen:
	• Polizei
	• Gemeinde-/Stadt-/Kreisverwaltung
	• Ministerien und Behörden der Länder und des Bundes
	• Bundesgrenzschutz
	• Bundeswehr
		Zum Beispiel:
		• Im naturwissenschaftlich-technischen Bereich:
		biologisch-technischer Assistent
		medizinisch-technische Radiologie-Assistentin
		• Im Gesundheits- und Pflegebereich:
		Masseur/in
		Krankenpfleger/-schwester
		Logopäde/ Logopädin
		• Im sozialen Bereich:
		Erzieher/in

*) Ausbildung in anerkannten Ausbildungsberufen – nicht zu verwechseln mit der Beamtenausbildung.

Die Schulabgänger mit Haupt- oder Realschulabschluss setzen ihre Ausbildung überwiegend im dualen System von Berufsschule und Betrieb fort. Die Berufsschule ergänzt hier die gleichzeitige Ausbildung im Betrieb.
Daneben wird die Berufsschule auch von Jugendlichen ohne Ausbildungsvertrag besucht, die noch der Schulpflicht unterliegen.

Berufsbildungsgesetz (BBiG)

§ 3.
(1) Wer einen anderen zur Berufsausbildung einstellt (Auszubildender), hat mit dem Auszubildenden einen Berufsausbildungsvertrag zu schließen.
(2) Auf den Berufsausbildungsvertrag sind, soweit sich aus seinem Wesen und Zweck und aus diesem Gesetz nichts anderes ergibt, die für den Arbeitsvertrag geltenden Rechtsvorschriften und Rechtsgrundsätze anzuwenden.

Arbeitsvorschläge

1. Stellen Sie die positiven und negativen Äußerungen der Auszubildenden auf der vorherigen Seite gegenüber und nehmen Sie dazu Stellung. Welchen Äußerungen können Sie hinsichtlich Ihrer eigenen Situation zustimmen?

2. Inwieweit sind Ihre eigenen Erwartungen hinsichtlich Ihrer Ausbildung bis jetzt erfüllt worden?

3. Vergleichen Sie anhand Ihrer Erfahrungen und Kenntnisse die Vor- und Nachteile einer Berufsausbildung in der Wirtschaft, in der Schule und im öffentlichen Dienst.

1.4 Gesetzliche Grundlagen

Eine Fülle neuer Begriffe.
Ausbildungsvergütung, Urlaubsgeld, Vermögenswirksame Leistungen, Übernahme nach der Ausbildung, regelmäßige Arbeitszeit, Abmahnung, Abschlussprüfung, ausbildungsfremde Arbeiten, Ausbildungsnachweis Berichtsheft, Ausbildungsplan, Ausbildungsvertrag, Kündigung

Berufsbildungsgesetz und Handwerksordnung

In Deutschland gibt es gesetzliche Grundlagen, welche die Berufsausbildung regeln.

Bereits 1953 wird durch das Gesetz zur Ordnung des Handwerks (Handwerksordnung, HWO) die Berufsausbildung geregelt. 1969 folgen durch das Berufsbildungsgesetz einheitliche Bestimmungen für die Ausbildung in den übrigen Wirtschaftszweigen. Gleichzeitig werden beide Gesetze inhaltlich in Übereinstimmung gebracht.

Allerdings sind nicht alle Bestimmungen des BBiG auf Handwerksbetriebe anwendbar. So schreibt die Handwerksordnung z.B. vor, dass nur ein Meister einen selbständigen Handwerksbetrieb führen und ausbilden darf.

Für die Berufsausbildung wichtige Bestimmungen sind in den folgenden Übersichten zusammengefasst:

Ausbildungsvertrag BBiG §§ 3, 4, 5, 32, 33/HWO §§ 29, 30

Der Ausbildungsvertrag muss schriftlich abgefasst und vom Ausbildenden, Auszubildenden sowie vom gesetzlichen Vertreter unterzeichnet werden. Den beiden Letztgenannten ist jeweils ein Exemplar der Vertragsniederschrift auszuhändigen.

Der Ausbildungsbetrieb legt den Vertrag bei der für die Berufsausbildung zuständigen Stelle (z. B. Industrie- und Handelskammer, Handwerkskammer) vor und beantragt die Eintragung in das Verzeichnis der Ausbildungsverhältnisse. Die zuständige Stelle prüft den Vertrag darauf, ob er den gesetzlichen Vorschriften und der Ausbildungsordnung entspricht, ob die Eignung des Auszubildenden und der Ausbildungsstätte vorliegt sowie eine ärztliche Bescheinigung.

Pflichten der Vertragspartner BBIG §§ 69 und 99

Wie bei jedem Vertrag ergeben sich auch beim Ausbildungsvertrag für beide Partner Rechte und Pflichten.

Deutscher
Gewerkschaftsbund
www.dgb.de

Pflichten des Ausbildenden	Pflichten des Auszubildenden
– Erforderliche Kenntnisse und Fertigkeiten vermitteln	– Übertragene Aufgaben sorgfältig ausführen
– Selbst ausbilden oder einen Ausbilder beauftragen	– An Ausbildungsmaßnahmen, für die er freigestellt ist, teilnehmen (z.B. Berufsschulbesuch)
– Ausbildungsmittel kostenlos zur Verfügung stellen	– Den Weisungen von Ausbildendem und Ausbilder folgen
– Zum Berufsschulbesuch anhalten und freistellen	– Die Betriebsordnung beachten
– Charakterlich fördern, sittlich und körperlich nicht gefährden	– Werkzeug, Maschinen und Einrichtungen pfleglich behandeln
– Nur Aufgaben übertragen, die dem Ausbildungszweck dienen	– Über Betriebs- und Geschäftsgeheimnisse Stillschweigen bewahren
– Bei Beendigung der Ausbildung ein Zeugnis ausstellen	

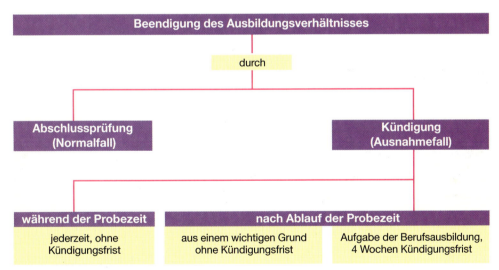

Arbeitsvorschläge

1. Wie würden Sie sich verhalten,
   a) wenn Sie zum Fensterputzen aufgefordert würden?
   b) wenn Sie eine Öllache wegwischen sollten?
   c) wenn Sie den Besuch des Berufsschulunterrichts wegen dringender Arbeit ausfallen lassen sollten?

2. Bilden Sie in Ihrer Klasse Gruppen aus drei oder vier Schülern. Diese sollen eine Szene ausarbeiten und anschließend vor der Klasse darstellen, die sich mit Rechten oder Pflichten in der Berufsausbildung befasst. Die „Zuschauer" der Szene müssen das Thema erraten.

Plus und Minus bei der Ausbildung

positiv

27% Die Auszubildenden haben Gelegenheit, selbständiges Arbeiten unter „Ernstfallbedingungen" zu erlernen.

27% Auch die Lösung schwieriger Aufgaben gehört zur Ausbildung.

87% Das Lerntempo der Jugendlichen hat Einfluss auf die Dauer einzelner Ausbildungsabschnitte.

negativ

27% Es gibt keinen schriftlichen Ausbildungsplan, obwohl es Gesetz ist.

42% Lediglich eine oder zwei Personen sind teilweise oder gelegentlich in der Ausbildung tätig.

16% So viele Ausbildungsbetriebe sind kaum oder gar nicht über den Unterrichtsstoff der Berufsschulen informiert.

1.5 Das duale System

Über 70% aller Auszubildenden werden im so genannten dualen System ausgebildet. Zwei unterschiedliche und voneinander unabhängige Ausbildungsträger – Ausbildungsbetriebe und Berufsschulen – arbeiten mit dem gemeinsamen Ziel der beruflichen Ausbildung zusammen.

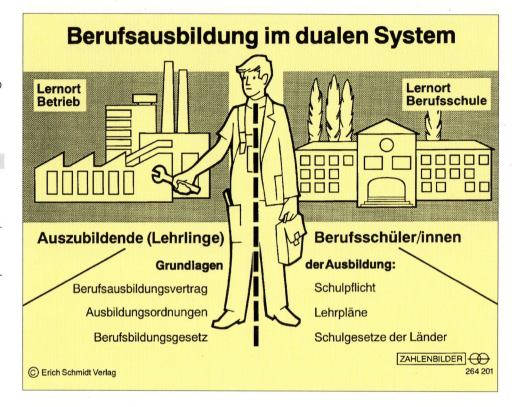

Gesetzliche Grundlage der Berufsausbildung ist das Berufsbildungsgesetz (BBiG), in welchem auch die **inhaltlichen** Grundzüge der Ausbildung festgelegt sind.

§ 1 Absatz 2 Berufsbildungsgesetz

Die Berufsausbildung hat eine breit angelegte berufliche Grundbildung und die für die Ausübung einer qualifizierten beruflichen Tätigkeit notwendigen fachlichen Fertigkeiten und Kenntnisse in einem geordneten Ausbildungsgang zu vermitteln. Sie hat ferner den Erwerb der erforderlichen Berufserfahrungen zu ermöglichen.

§ 25 Absatz 2 Berufsbildungsgesetz Ausbildungsordnung

(2) Die Ausbildungsordnung hat mindestens festzulegen
1. die Bezeichnung des Ausbildungsberufes,
2. die Ausbildungsdauer,
3. die Fertigkeiten und Kenntnisse, die Gegenstand der Berufsausbildung sind,
4. eine Anleitung zur sachlichen und zeitlichen Gliederung der Fertigkeiten und Kenntnisse (Ausbildungsrahmenplan),
5. die Prüfungsanforderungen.

1.6 Moderne Berufsausbildung

Bildung für die Zukunft – was ist das?

- Denken in Zusammenhängen
- Planen und Entwerfen
- Koordinieren und Kontrollieren
- Umgang mit elektronischen Systemen
- Kenntnisse über den Stand der Wissenschaft
- Funktionen und Funktionieren politischer Systeme
- Denken an die Umwelt und in ökologischen Dimensionen
- Aktive Beteiligung an sozialen Prozessen
- Langzeit-Vorausdenken
- Solidarisch denken und handeln
- Vielfalt menschlicher Ausdrucksfähigkeit
- Entwicklung der eigenen Phantasie
- Psychologisches Grundwissen
- Fähigkeit, Veränderungen zu akzeptieren und Konflikte auszuhalten

Gewerkschaften und Arbeitgeberverbände handeln in den letzten Jahren in vielen Berufen eine Neuordnung der Berufsausbildung aus, um die Berufsausbildung den zukünftigen Anforderungen einer modernen Industriegesellschaft anzupassen. Die veränderte Arbeitswelt verlangt neben höheren fachlichen Qualifikationen fachübergreifende Fähigkeiten, so genannte Schlüsselqualifikationen. Damit sind Fähigkeiten gemeint, die sich als „Instrumente" (Schlüssel) zur Erschließung noch nicht bekannter Fachgebiete eignen. Der arbeitende Mensch soll sich des „Schlüssels" selbständig und problembewusst bedienen können. Als wichtige Schlüsselqualifikationen gelten:

- Selbständigkeit und Verantwortungsbereitschaft
- Belastbarkeit (schwierige Situationen meistern können)
- Lernbereitschaft zum „lebenslangen Lernen"
- Kreativität (einfallsreiches Arbeiten)
- Flexibilität (bewegliches Denken und Handeln)
- Abstraktes und planerisches Denken
- Kommunikationsfähigkeit (etwas Kompliziertes erklären können)
- Bereitschaft zur Teamarbeit (arbeiten mit anderen in der Gruppe)

Neue und neu geordnete Ausbildungsberufe

Jahr	Anzahl
1996	3
1997	14
1998	11
1999	12
2000	16
2002	12

Dieses Verständnis von beruflicher Handlungsfähigkeit stellt eine große Anforderung an die betriebliche und schulische Ausbildung dar. Erst die Zukunft wird zeigen, ob
- berufliche Grundbildung Wunsch oder Wirklichkeit ist,
- berufliche Handlungsfähigkeit, Selbständigkeit, Kooperationsfähigkeit neue Modewörter oder tatsächlich erreichbare Ausbildungsziele sind,
- moderne Ausbildungsmethoden eine Schreibtischerfindung oder zeitgemäße Teile der Ausbildungspraxis sind.

Neuere Untersuchungen über die Qualität der Ausbildung im dualen System haben zwar gezeigt, dass gegenüber früheren Untersuchungen die Anzahl der Mängel rückläufig sind, doch bedeutende Mängel nach wie vor bestehen.

Arbeitsvorschläge

1. Welche Bedeutung hat Ihrer Meinung nach eine berufliche Grundbildung?

2. Welche Ziele sollen durch die Neuordnung der Berufsausbildung erreicht werden?

3. Entwerfen Sie ein Schema, in das man die Schlüsselqualifikationen einordnen könnte. Ordnen Sie diese dann hinsichtlich ihrer Wichtigkeit.

1.7 Das Jugendarbeitsschutzgesetz

Anrechnung des Berufsschulunterrichts auf die Arbeitszeit

Berufsschultage mit mehr als 5 Unterrichtsstunden von mind. 45 Min. sind mit 8 Std. auf die Höchstarbeitszeit von 40 Std. pro Woche bei jugendlichen von 48 Std. pro Woche bei erwachsenen Auszubildenden anzurechnen, wenn tarifvertragliche Regelungen dem nicht entgegenstehen.

Nach einem Urteil des Bundesarbeitsgerichtes vom 27.05.92

Ein wirksamer Schutz für Kinder und Jugendliche bei der Arbeit ist besonders wichtig. Deshalb gilt in der Bundesrepublik Deutschland das Gesetz zum Schutze der arbeitenden Jugend (Jugendarbeitsschutzgesetz – JArbSchG) in der Fassung vom 12. April 1976, geändert 1997.

Trotz aller Bemühungen, die Ausbildungsqualität zu verbessern, kommt es immer wieder vor, dass Ausbildungsbetriebe und Berufsschulen die übernommenen Ausbildungsaufgaben gar nicht oder nur zu einem Teil erfüllen, wie das folgende Beispiel zeigt.

Aus einem Berichtsheft

Ausbildungsberuf: Kaufmann/Kauffrau im Einzelhandel

1. Woche
Straße gefegt. Rundherum aufgeräumt, abgestaubt, Kunden bedient, Kartons zerkleinert und auf die Straße gestellt zum Abholen. Der Putzfrau beim gründlichen Reinigen des Geschäfts geholfen.

2. Woche
Straße gekehrt. Fensterbänke abgewaschen. Meiner Arbeitskollegin geholfen, neu gekommene Ware aller Art laut Lieferschein zu vergleichen und auszuzeichnen. Kunden bedient.

Aus dem Ausbildungsrahmenplan für die Berufsausbildung zum Kaufmann im Einzelhandel/zur Kauffrau im Einzelhandel

Zu vermittelnde Fertigkeiten und Kenntnisse

3.2 Warenlagerung
– Organisation des Lagers und Arbeitsabläufe im Lager beschreiben
– Aufteilung und Ordnung des Lagers und des Verkaufsraumes erläutern
– gesetzliche Vorschriften sowie branchen- und betriebsübliche Grundsätze für die Lagerung von Waren nennen
– Waren sachgerecht lagern und pflegen
– Hilfsmittel im Lager und Verkaufsraum unter Beachtung der gesetzlichen Vorschriften einsetzen und pflegen

Originalauszug aus dem Berichtsheft eines Berufsschülers

Ausbildungsfremde Arbeiten

Das sind Tätigkeiten, die nicht dem Ausbildungszweck dienen. Sie sind nach dem Berufsbildungsgesetz verboten. Auch unnötige Wiederholungen bereits erlernter Fähigkeiten dienen nicht dem Ausbildungszweck. Beispiele:
- regelmäßiges Reinigen von Werkstätten und Büros,
- laufende Urlaubsvertretungen,
- sich ständig wiederholende Arbeiten,
- Serienarbeiten über Tage hinweg,
- ständige Botengänge oder Ablagearbeiten usw.

Die Gewerbeaufsicht

Der Jugendarbeitsschutz wird durch die Gewerbeaufsichtsämter überwacht. Die Gewerbeaufsicht ist verpflichtet, die ordnungsgemäße Einhaltung dieses Gesetzes in allen Betrieben sicherzustellen. Die Gewerbeaufsicht geht Anzeigen und Beschwerden nach. Deshalb ist es wichtig, z.B. Verstöße gegen das JArbSchG zu melden. Hinweise müssen von der Gewerbeaufsicht vertraulich behandelt werden.

Was tun bei Problemen in der Ausbildung?

	innerbetrieblich	außerbetrieblich
Auskunft oder Beschwerde	Ausbildender, Ausbilder, Betriebsrat, Jugend- und Auszubildendenvertretung	zuständige Stelle (= Kammer, Innung), Ausbildungsberater (bei der Kammer), Berufsausbildungsausschuss (bei der Kammer), Arbeitsamt (für den Bereich der Ausbildungsberufe und -stätten), Gewerbeaufsicht Berufsgenossenschaft
gerichtliche Klage		Arbeitsgericht (vorher muss ein besonderer Ausschuss angerufen werden, der zu schlichten versucht)

Auszug aus dem Jugendarbeitsschutzgesetz

§ 1 Geltungsbereich
(1) Dieses Gesetz gilt für die Beschäftigung von Personen, die noch nicht 18 Jahre alt sind,
1. in der Berufsausbildung...
4. in einem der Berufsausbildung ähnlichen Ausbildungsverhältnis.

§ 5 Verbot der Beschäftigung von Kindern
(1) Die Beschäftigung von Kindern (§2 Abs. 1) ist verboten.

§ 8 Dauer der Arbeitszeit
(1) Jugendliche dürfen nicht mehr als acht Stunden täglich und nicht mehr als 40 Stunden wöchentlich beschäftigt werden.
(2a) Wenn an einzelnen Werktagen die Arbeitszeit auf weniger als acht Stunden verkürzt ist, können Jugendliche an den übrigen Werktagen derselben Woche achteinhalb Stunden beschäftigt werden.
(3) In der Landwirtschaft dürfen Jugendliche über 16 Jahre während der Erntezeit nicht mehr als neun Stunden täglich und nicht mehr als 85 Stunden in der Doppelwoche beschäftigt werden.

§ 9 Berufsschule
(1) Der Arbeitgeber hat den Jugendlichen für die Teilnahme am Berufsschulunterricht freizustellen. Er darf den Jugendlichen nicht beschäftigen
1. vor einem vor 9 Uhr beginnenden Unterricht, dies gilt auch für Personen, die über 18 Jahre alt und noch berufsschulpflichtig sind,
2. an einem Berufsschultag mit mehr als fünf Unterrichtsstunden von mindestens je 45 Minuten, an einem Tag in der Woche,
3. in Berufsschulwochen mit einem planmäßigen Blockunterricht von mindestens 25 Stunden an mindestens fünf Tagen; zusätzliche betriebliche Ausbildungsveranstaltungen bis zu zwei Stunden wöchentlich sind zulässig.
(2) Auf die Arbeitszeit werden angerechnet
1. Berufsschultage nach Abs. 1 Nr. 2 mit acht Stunden,
2. Berufsschulwochen nach Absatz 1 Nr. 3 mit 40 Stunden,
3. im Übrigen die Unterrichtszeit einschließlich der Pausen.
(3) Ein Entgeltausfall darf durch den Besuch der Berufsschule nicht eintreten.

§ 11 Ruhepausen, Aufenthaltsräume
(1) Jugendlichen müssen im Voraus feststehende Ruhepausen von angemessener Dauer gewährt werden. Die Ruhepausen müssen mindestens betragen
1. 30 Minuten bei einer Arbeitszeit von mehr als viereinhalb bis zu sechs Stunden,
2. 60 Minuten bei einer Arbeitszeit von mehr als sechs Stunden.
Als Ruhepause gilt nur eine Arbeitsunterbrechung von mindestens 15 Minuten.

§ 13 Tägliche Freizeit
Nach Beendigung der täglichen Arbeitszeit dürfen Jugendliche nicht vor Ablauf einer ununterbrochenen Freizeit von mindestens 12 Stunden beschäftigt werden.

§ 14 Nachtruhe
(1) Jugendliche dürfen nur in der Zeit von 6 bis 20 Uhr beschäftigt werden.
(2) Jugendliche über 16 Jahre dürfen
1. im Gaststätten- und Schaustellergewerbe bis 22 Uhr,
2. in mehrschichtigen Betrieben bis 23 Uhr,
3. in der Landwirtschaft ab 5 oder bis 21 Uhr,
4. in Bäckereien und Konditoreien ab 5 Uhr beschäftigt werden.
(3) Jugendliche über 17 Jahre dürfen in Bäckereien ab 1 Uhr beschäftigt werden.
(4) An dem einem Berufsschultag unmittelbar vorangehenden Tag dürfen Jugendliche auch nach Absatz 2 Nr. 1 bis 3 nicht nach 20 Uhr beschäftigt werden, wenn der Berufsschulunterricht am Berufsschultag vor 9 Uhr beginnt.

§ 15 Fünftagewoche
Jugendliche dürfen nur an fünf Tagen in der Woche beschäftigt werden. Die beiden wöchentlichen Ruhetage sollen nach Möglichkeit aufeinander folgen.

§ 16 Samstagsruhe
(1) An Samstagen dürfen Jugendliche nicht beschäftigt werden.
(2) Zulässig ist die Beschäftigung Jugendlicher an Samstagen nur
1. in Krankenanstalten sowie in Alten-, Pflege- und Kinderheimen,
2. in offenen Verkaufsstellen, in Betrieben mit offenen Verkaufsstellen, in Bäckereien und Konditoreien, im Friseurhandwerk und im Marktverkehr,
3. im Verkehrswesen,
4. in der Landwirtschaft und Tierhaltung,
5. im Familienhaushalt,
6. im Gaststätten- und Schaustellergewerbe,
7. bei Musikaufführungen, Theatervorstellungen und anderen Aufführungen, bei Aufnahmen im Rundfunk (Hörfunk/Fernsehen), auf Ton- und Bildträger sowie bei Film- und Fotoaufnahmen,
8. bei außerbetrieblichen Ausbildungsmaßnahmen,
9. beim Sport,
10. im ärztlichen Notdienst,
11. in Reparaturwerkstätten für Kraftfahrzeuge.
Mindestens zwei Samstage im Monat sollen beschäftigungsfrei bleiben.
(3) Werden Jugendliche am Samstag beschäftigt, ist ihnen die Fünftagewoche (§ 15) durch Freistellung an einem anderen berufsschulfreien Arbeitstag derselben Woche sicherzustellen. In Betrieben mit einem Betriebsruhetag in der Woche kann die Freistellung auch an diesem Tag erfolgen, wenn die Jugendlichen an diesem Tag keinen Berufsschulunterricht haben.

§ 19 Urlaub
(1) Der Arbeitgeber hat Jugendlichen für jedes Kalenderjahr einen bezahlten Erholungsurlaub zu gewähren.
(2) Der Urlaub beträgt jährlich
1. mindestens 30 Werktage, wenn der Jugendliche zu Beginn des Kalenderjahres noch nicht 16 Jahre alt ist.
2. mindestens 27 Werktage, wenn der Jugendliche zu Beginn des Kalenderjahres noch nicht 17 Jahre alt ist.
3. mindestens 25 Werktage, wenn der Jugendliche zu Beginn des Kalenderjahres noch nicht 18 Jahre alt ist.
(3) Der Urlaub soll Berufsschülern in der Zeit der Berufsschulferien gegeben werden. Soweit er nicht in den Berufsschulferien gegeben wird, ist für jeden Berufsschultag, an dem die Berufsschule während des Urlaubs besucht wird, ein weiterer Urlaubstag zu gewähren.

Arbeitsvorschläge

1. Begründen Sie die Notwendigkeit des Jugendarbeitsschutzgesetzes.
2. Arbeiten Sie die für Ihren Ausbildungsberuf wichtigsten Bestimmungen des JArbSchG heraus.
3. Spielen Sie pantomimisch in Kleingruppen den Fall eines Verstoßes gegen das JArbSchG der Klasse vor. Lassen Sie das Thema Ihrer Szene von den anderen erraten.
4. Entwerfen Sie einen Plan, gegen Verstöße gegen das JArbSchG vorzugehen und stellen Sie diesen zur Diskussion.

1.8 Bildungsgänge in beruflichen Vollzeitschulen

doppelqualifizierende Berufsausbildungsabschlüsse
gleichzeitiger Erwerb eines Berufsabschlusses und einer Studienbefähigung

Der Besuch berufsbildender Schulen ist in den Schulgesetzen geregelt. Das deutsche Bildungswesen weist im internationalen Vergleich zwei Besonderheiten auf. Die durch den Föderalismus bedingte „**Kulturhoheit**" gestattet den Ländern eine weitgehend eigenständige Ausgestaltung des allgemeinen Bildungswesens. Die ständige Konferenz der Kultusminister bemüht sich dabei mit ihren Empfehlungen um eine Abstimmung zwischen den Ländern.

Zudem betraut der Gesetzgeber die Betriebe mit einem Teil der Berufsausbildung, indem er ihnen den praktischen Teil der beruflichen Erstausbildung überlässt. Dadurch polarisiert er allerdings die Bildung in allgemein bildende hochschulorientierte und duale berufliche. Diese Trennung wird derzeit durch die Einführung doppelqualifizierender Berufsausbildungsabschlüsse abgeschwächt, mit denen Absolventen einer Erstausbildung zusammen mit ihrem Ausbildungszertifikat die fachgebundene Hochschulreife erlangen.

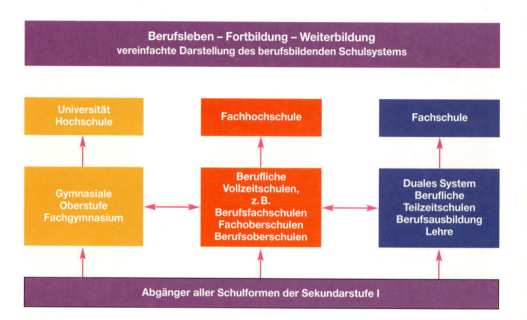

Die Überwindung des Gegensatzes von beruflicher und allgemeiner Bildung und die Herstellung der Gleichwertigkeit zwischen beiden Bereichen des Bildungssystems wird gegenwärtig immer aktueller. Setzt man den Durchschnitt der männlichen Arbeitseinkommen mit 100 gleich, so erzielen Industriemeister ein Einkommen von 120, die Absolventen von Fachhochschulen bzw. Hochschulen jedoch 170 bzw. 175. Berufliche Bildung erlaubt also den Aufstieg bis in eine mittlere Führungsebene. Ohne Studium gelingen Aufstiege darüber hinaus nur noch in Ausnahmefällen. Berufsbildungsforscher sprechen sich deshalb häufig nicht mehr für Übergänge von der beruflichen in die akademische Bildung aus, sondern fordern eine Dualisierung des Bildungssystems in der beruflichen Weiterbildung und im Studium. Beruflich bereits Qualifizierte können dann über ein ausbildungsintegriertes oder ein berufsintegriertes Studium in die höchsten Qualifikations- und Einkommensebenen aufsteigen.

Arbeitsvorschläge

1. Informieren Sie sich über die jeweiligen Eingangsvoraussetzungen beruflicher Vollzeitschulen.

2. Erkunden Sie Ihre Möglichkeiten zum Besuch weiterführender Schulen und stellen Sie diese in einem Schaubild dar.

1.9 Berufsbildung in Europa

In den Niederlanden werden z.B. berufliche Vollzeitschulen von 58 % der entsprechenden Altersjahrgänge besucht, und nur 6% schließen eine betriebliche Lehre ab, während in der Bundesrepublik Deutschland fast 70 % eines Altersjahrganges eine Ausbildung im dualen System durchläuft.

Die europäische Einigung führt 1992 zur Schaffung eines europäischen Binnenmarkts, in dem auch der Austausch von Qualifikationen erleichtert wird. Im Vergleich lassen sich für die Organisation der beruflichen Bildung in Europa zwei Systeme unterscheiden, das „Schulsystem" und das „Marktsystem".

Schulsystem	Marktsystem
Im Schulsystem plant, organisiert und finanziert der Staat die Berufsausbildung, wie z. B. in Frankreich, Italien oder den skandinavischen Ländern.	Im Marktsystem überlässt die Gesellschaft den Betrieben die Ausbildung, ohne diese staatlich zu überwachen, wie z. B. in Großbritannien.

Dem gegenüber hat sich in Deutschland ein Mischsystem entwickelt, das die Trägerschaft für die berufliche Bildung sowohl dem Staat (Berufsschule) als auch den Betrieben (praktische Ausbildung) zuordnet.

Infos in Internet

www.arbeitsamt.de/hast/international/europa/index.html
Internationale Arbeitsvermittlung des Arbeitsamtes. Mit Datenbanken und Kontaktadressen.

www.na-bibb.de
Die Homepage von Bildung für Europa, die Nationale Agentur beim Bundesinstitut für Berufsbildung, mit Infos über EU-Förderprogramme.

www.daa-eu.de
Die Europaseite der Deutschen Angestellten Akademie mit vielen Infos zu EU-Förderprogrammen und Projekten, Kontaktadressen und Links.

Zum dualen System der deutschen Berufsausbildung

Die Europäische Union unterstützt seit den 80er Jahren die Mitgliedsstaaten mit einer Reihe von Förderprogrammen bei ihren Bemühungen, ihre Ausbildungssysteme zu verbessern. Ziel ist dabei jedoch nicht, eine Harmonisierung der nationalen Berufsausbildungssysteme zu erreichen. In ihren „Leitlinien" für die Gemeinschaftsaktion im Bereich allgemeine und berufliche Bildung hat die EU Kommission zudem eine Reihe spezifischer Aktionen beschlossen, die die Vorstellung beinhalten, die verschiedenen Systeme der Berufsbildung zu fördern, transnationale Kooperation zu unterstützen und durch Analyse und Forschungsvorhaben das wechselseitige Verständnis für Fragen der Berufsbildung zwischen den Mitgliedsstaaten zu entwickeln. Das Europäische Parlament schließlich hat sich in der jüngeren Vergangenheit wiederholt für die qualitative Verbesserung der europäischen Berufsbildungssysteme eingesetzt und eine bessere Transparenz und Vergleichbarkeit der Qualifizierungswege und der Abschlüsse gefordert.

R. Arnold, J. Münch Fragen und Antworten zum Dualen System der deutschen Berufsausbildung, Bonn 1996 S.134

„Leonardo da Vinci"

Das europäische Berufsbildungsprogramm verfolgt drei Hauptziele:
– Eine Verbesserung der Fähigkeiten und Kompetenzen, vor allem junger Menschen, in beruflicher Erstausbildung auf allen Ebenen soll unter anderem durch alternierende Eingliederung bzw. Wiedereingliederung erreicht werden.
– Verbesserung der Qualität der beruflichen Weiterbildung und des Zugangs zu dieser Weiterbildung und zum lebenslangen Erwerb von Fähigkeiten und Kompetenzen.
– Förderung und Stärkung des Beitrags der Berufsbildung zum Innovationsprozess im Hinblick auf eine Verbesserung von Wettbewerbsfähigkeit und Unternehmensgeist sowie auf neue Beschäftigungsmöglichkeiten.

http://www.na-bibb.de/leonardo/

Arbeitsvorschläge

1. Diskutieren Sie Vor- und Nachteile von Schul- und Marktsystem beruflicher Bildung in Europa.
2. Erkunden Sie Ihre Möglichkeiten beruflicher Bildung in Europa

1.10 Die Schülervertretung

Szenen aus dem Schulalltag

Alexandra Müller will 10 Minuten vor Unterrichtsschluss den Raum verlassen, weil ihr Bus fährt.	Im Auftrag der Klasse schlägt die Klassensprecherin dem Lehrer vor, Zeit für Diskussionen in den Unterricht einzubauen.	Marcel Franz soll im Zeugnis in Politik „ausreichend" bekommen, obwohl er schriftlich auf 3,2 steht.

Interview mit einer Schülersprecherin einer berufsbildenden Schule

Interviewer: Sie sind seit Oktober Schülersprecherin unserer Schule. Welche Erfahrungen haben Sie bisher gemacht?

Schülersprecherin: Für mich ist die Arbeit in einer SV kein Neuland, da ich schon vorher an der Realschule in der SV mitgearbeitet habe. Aber die Bedingungen an dieser Schule sind für die SV-Arbeit doch völlig anders.

Interviewer: Nennen Sie doch einmal die Bedingungen, die Ihrer Meinung nach so völlig anders sind.

Schülersprecherin: Erstens gehört der größte Teil der ca. 150 Klassen an dieser Schule zur Berufsschule. Diese Schüler sind maximal zwei Tage pro Woche an unserer Schule. Die restlichen Tage sind sie in ihren Ausbildungsbetrieben. Für diese Schüler haben betriebliche Probleme fast immer Vorrang, die Schule steht eigentlich erst an zweiter Stelle.

Zweitens verlassen die meisten Schüler unmittelbar nach Schulschluss die Schule, da sie aus einem Umkreis von bis zu 100 km kommen. Für sie besteht fast keine Möglichkeit, mal länger zu bleiben und bei der SV mitzumachen.

Und die Berufsschüler betrachten den restlichen Schultag sowieso als Freizeitangelegenheit. Die sind für eine Mitarbeit auch nicht zu gewinnen.

Interviewer: Wo sehen Sie die Hauptprobleme der SV-Arbeit?

Schülersprecherin: Ich denke, dass eigentlich gerade den Berufsschülern von der SV auch bei ihren betrieblichen Problemen geholfen werden könnte. Doch wenn man mal zurückblickt, so waren Schülersprecher und Schülersprecherinnen dieser Schule immer Vollzeitschüler. Und die haben sich nur selten für Berufsschüler eingesetzt, soweit ich das beurteilen kann. Und jedes Jahr war die SV mit anderen Leuten besetzt. Eine kontinuierliche Arbeit ist so fast unmöglich. Es müssten sich endlich mehr Leute finden, die bereit wären, auch für einen längeren Zeitraum mitzuarbeiten.

Aus einer Meinungsumfrage

Wie empfinden Sie den Besuch der Berufsschule?

	Auszubildende %
Möchte lieber heute als morgen aufhören	5
Fällt mir recht schwer	5
Es geht, ist für mich ein notwendiges Übel	32
Es ist ganz gut	46
Es macht mir richtig Spaß	12
Zusammen	100

Arbeitsvorschlag

Entwickeln Sie einen Frageboden für eine Meinungsumfrage zum Thema Berufsschule. Führen Sie die Umfrage durch und werten Sie diese aus.

Die Schülervertretung (SV) ist in Niedersachsen nach dem geltenden Niedersächsischen Schulgesetz die Interessenvertretung der Schülerinnen und Schüler. Ihr werden eine Fülle von Mitwirkungsmöglichkeiten eingeräumt.

§ 80 Mitwirkung in der Schule

(1) Von den Klassenschülerschaften und dem Schülerrat sowie in Schülerversammlungen der Schule und der in den §§ 76 und 77 Abs. 1 bezeichneten organisatorischen Bereiche und Gliederungen können alle schulischen Fragen erörtert werden. Private Angelegenheiten von Lehrkräften sowie von Schülerinnen und Schülern dürfen nicht behandelt werden. An den Schülerversammlungen der Schule nehmen nur die Schülerinnen und Schüler vom 5. Schuljahrgang an teil; § 73 Satz 2 gilt entsprechend.

(2) Die Vertreterinnen und Vertreter in den Konferenzen und Ausschüssen berichten dem Schülerrat oder der jeweiligen Klassenschülerschaft regelmäßig über ihre Tätigkeit. § 41 bleibt unberührt. Der Schülerrat kann den Schülerinnen und Schülern der Schule über seine Tätigkeit berichten.

(3) Schülerrat und Klassenschülerschaft sind von der Schulleitung oder der zuständigen Konferenz vor grundsätzlichen Entscheidungen, vor allem über die Organisation der Schule und die Schulleistungsbewertung, zu hören. Inhalt, Planung und Gestaltung des Unterrichts sind mit den Klassenschülerschaften zu erörtern.

(4) Schulleitung und Lehrkräfte haben dem Schülerrat und den Klassenschülerschaften die erforderlichen Auskünfte zu erteilen.

(5) Die Sprecherinnen und Sprecher vertreten die Schülerinnen und Schüler gegenüber Lehrkräften, Konferenzen, Schulleitung und Schulbehörden. Alle Schülervertreterinnen und Schülervertreter können von den Schülerinnen und Schülern mit der Wahrnehmung ihrer Interessen beauftragt werden.

(6) Der Schülerrat kann sich unter den Lehrkräften der Schule Beraterinnen und Berater wählen. Der Schülerrat kann beschließen, dass statt dessen diese Wahl von den Schülerinnen und Schülern der Schule unmittelbar durchgeführt wird.

(7) Die Benutzung der Schulanlagen ist für die Versammlung nach den Absätzen 1 bis 3 sowie für die Beratungen der Schülervertreterinnen und Schülervertreter gestattet.

(8) Für Versammlungen und Beratungen ist im Stundenplan der Schulen wöchentlich eine Stunde, im Stundenplan der Teilzeitschulen monatlich eine Stunde, innerhalb der regelmäßigen Unterrichtszeit freizuhalten. Während der Unterrichtszeit dürfen jährlich je vier zweistündige Schülerversammlungen und Schülerratssitzungen stattfinden; weitere Sitzungen während der Unterrichtszeit bedürfen der Zustimmung der Schulleitung. Im Übrigen finden Versammlungen und Beratungen in der unterrichtsfreien Zeit statt.

Freistellung für Schülervertreter

Die Schülervertreter der Berufsschule (Klassensprecher, Tagessprecher) können bis zu fünf Arbeitstage je Schuljahr zu der Teilnahme an Schulveranstaltungen der Schülervertretung von betrieblichen Tätigkeiten freigestellt werden.

Aus dem Niedersächsischen Schulgesetz

Die Klassenvertretungen bilden den Schülerrat (§ 56) der Schule. Dieser wählt aus seiner Mitte die Schülersprecherin oder den Schülersprecher und eine Stellvertreterin oder einen Stellvertreter (...) sowie die Vertreterinnen und Vertreter in der Gesamtkonferenz, den Teilkonferenzen (...)

SV-Raum

Jede SV sollte einen eigenen Raum haben, der möglichst zentral und für alle Schüler gut erreichbar liegt. Er dient als Kontakt- und Informationsstelle. Weitere Informationen: § 66 NSchG.

Wahlen

Die Amtszeit der nach §§ 55 und 56 gewählten Schülerinnen und Schüler beträgt ein Schuljahr.

Arbeitsvorschläge

1. Wie lassen sich Ihrer Meinung nach die Probleme lösen, die in den Szenen aus dem Schulalltag dargestellt werden? Wie und in welchen Fällen könnte die SV helfend eingreifen?

2. Erstellen Sie einen kurzen Textauszug über die Schwierigkeiten der SV-Arbeit an berufsbildenden Schulen, die von der Schülersprecherin im Interview genannt werden. Vergleichen Sie mit der Situation an Ihrer Schule.

3. Unter welchen Bedingungen wären Sie bereit, in der SV mitzuarbeiten?

4. Erstellen Sie ein Konzept für eine Schülerzeitung.

1.11 Lebenslanges Lernen

Der „Lebensberuf" ist out!

Aus einem Interview mit dem Sozialforscher Wilfried Kruse:

Wie haben sich die Qualifikationsanforderungen verändert?
Vor 20 Jahren musste ein Arbeitnehmer fähig sein, Anweisungen gut und qualifiziert ausführen zu können. Inzwischen geht es – im Produktions- wie im Dienstleistungsbereich – immer mehr darum, den gesamten Arbeitsprozess in seinen Teilen zu verstehen, das technische Können mit berufstheoretischen Fähigkeiten zu verbinden und in der Lage zu sein, Abläufe verantwortungsvoll und im Team zu gestalten.

Ist damit das deutsche Berufskonzept überholt?
Wir wollen nicht die Beruflichkeit als Strukturprinzip – Was muss ich lernen? Was bin ich denn? – in Frage stellen. Es ist von großer Bedeutung, aber es ist zu eng. Denn es gibt den „Lebensberuf" nicht mehr...
Beruflichkeit heute heißt, ich muss fähig sein, künftige Entwicklungen mitvollziehen und mitgestalten zu können. Ich muss beispielsweise in der Lage sein, mehrmals den Beruf zu wechseln, um nach Phasen der Arbeitslosigkeit wieder einen Job zu bekommen. Die nötigen Fähigkeiten müssen in der beruflichen Bildung gelernt werden ...

Ziel des Lernprozesses ist es, so formulieren Sie, dass sich die Jugendlichen berufliche Handlungsfähigkeit aneignen. Was ist neu daran?
Berufliche Handlungsfähigkeit verlangt heutzutage die eigenständige, eigenverantwortliche und orientierungsfähige Persönlichkeit. Wichtige Aspekte sind: sich reflexiv auf das eigene Handeln beziehen zu können, fähig zur Zusammenarbeit zu sein, eigene Interessen von denen anderer unterscheiden zu können, ohne dass daraus unüberbrückbare Konflikte entstehen. Ein gelungener Bildungsprozess zeichnet sich nicht dadurch aus, dass ich Fähigkeiten und Fertigkeiten anhäufe und alles über mich ergehen lasse, sondern dadurch, dass ich persönliche Ansprüche einbringe, dass ich mir die Dinge zu Eigen mache, dass ich selbstbewusst handle.

Nach: Erziehung und Wissenschaft 4/97, S.8ff

Die Teilnahme an schulischen, betrieblichen oder überbetrieblichen Lehrgängen verbessert die Chancen für den beruflichen Aufstieg (vertikale Berufsmobilität) und erleichtert nötigenfalls den Berufswechsel (horizontale Mobilität).

Berufliche Weiterbildung bedeutet aber nicht nur Anpassung der individuellen Kenntnisse an die technische Entwicklung, sondern auch geistige Auseinandersetzung mit den sich schnell wandelnden technischen Möglichkeiten.

Informationen im Internet

www.fernuni-hagen.de
Alles rund ums Fernstudium.

www.bfw.de
Seminarangebote des Berufsfortbildungswerks des DGB mit Kurz-Infos und Anmeldung.

www.ihk.de
Von hier aus geht es zum Weiterbildungs-Informationssystem der Industrie- und Handelskammer und Handwerkskammern.

www.bibb.de
Informationen über alle Ausbildungsberufe, neue Berufe und Weiterbildungsberufe.

www.zfu.de
Auflistung aller zugelassenen Fernlehrinstitute.

www.berufsbildung.de
Website des W. Bertelsmann-Verlages mit Tipps und Links zum Fernunterricht.

www.daa-bw.de
Das Bildungsangebot der Deutschen Angestellten-Akademie der DAG.

Wirtschafts- und Sozialpolitik

Die berufliche **Weiterbildung** gliedert sich in Fortbildung und Umschulung.

Berufliche Fortbildung

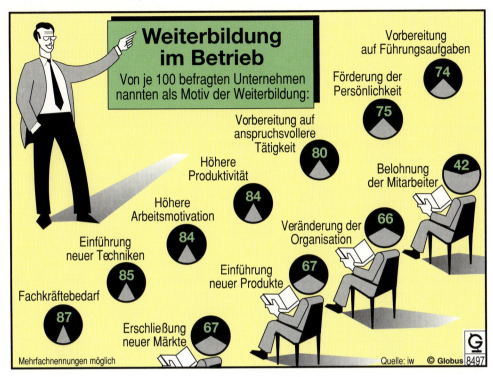

Die berufliche Fortbildung ist ein Teil der Weiterbildung im Beruf. Sie baut auf einer abgeschlossenen Berufsausbildung oder ausreichender Berufspraxis auf. Durch berufliche Fortbildung erhöhen sich für den Arbeitnehmer die Chancen:
- seinen Arbeitsplatz zu erhalten,
- mit der technischen Entwicklung Schritt zu halten,
- „aufzusteigen".

Über Aufstiegsmöglichkeiten informieren die Blätter zur Berufskunde. Sie können beim Arbeitsamt eingesehen werden. Die Bundesanstalt für Arbeit fördert die Fortbildung je nach Lage und Entwicklung auf dem Arbeitsmarkt.
Neben der Bundesanstalt für Arbeit fördern auch Unternehmen die Weiterbildung im Betrieb.

Umschulung

Die Umschulung, das heißt das Erlernen eines neuen Berufes kann aus verschiedenen Gründen notwendig sein:
- bei Arbeitslosigkeit,
- wenn der erlernte Beruf keine Zukunft mehr hat,
- bei Berufsunfähigkeit wegen Krankheit,
- bei Wunsch nach Berufswechsel.

Auf einer Landesbezirksjugendkonferenz fordert die DGB Jugend die Bildungspolitiker/innen auf, das Berufsbildungsgesetz zu novellieren und die Hochschulen für die Absolventen des dualen Berufsausbildungssystems zu öffnen. Ziel müsse sein, die berufliche Bildung in das öffentliche Bildungswesen zu integrieren und ein durchlässiges, übersichtliches und gleichwertiges Bildungssystem herzustellen.

Weiterbildung im Tarifvertrag
Die IG Metall Baden-Württemberg hat mit dem Arbeitgeberverband einen Qualifizierungs-Tarifvertrag abgeschlossen. Ab dem 1. Januar 2002 haben alle Beschäftigten Anspruch auf ein regelmäßiges Gespräch über ihren Qualifizierungsbedarf. Wenn Bedarf besteht, müssen Maßnahmen vereinbart werden. Die Kosten übernimmt der Arbeitgeber. Nach fünf Jahren Betriebszugehörigkeit können Beschäftigte bis zu drei Jahren aus dem Betrieb ausscheiden oder Teilzeit arbeiten um sich persönlich weiterzubilden. Danach haben sie das Recht auf Wiedereinstellung.

Nach: ran 9/01, S.31

Arbeitsvorschläge

1. Fassen Sie das Interview „Der Lebensberuf ist out" mit eigenen Worten zusammen.

2. Unterscheiden Sie berufliche Fortbildung und Umschulung.

1.12 Staatliche Fördermaßnahmen

BAföG

www.das-neue-bafoeg.de

Ziel des BAföG ist es, jungen Menschen in Deutschland die Möglichkeit zu geben, unabhängig von ihrer sozialen und wirtschaftlichen Situation eine Ausbildung zu absolvieren, die ihren Fähigkeiten und Interessen entspricht. Voraussetzungen der BAföG Gewährung sind:
– Die persönlichen Förderungsvoraussetzungen werden erfüllt.
– Der Ausbildungsbedarf wird nicht durch eigenes Einkommen und Vermögen sowie das Einkommen des Ehegatten und der Eltern gedeckt.

Betriebliche oder **überbetriebliche Ausbildungen** – so genannte Ausbildungen im dualen System – können nach dem **BAföG nicht gefördert** werden; dies gilt auch für den Besuch der Berufsschule.

Ausbildungsförderung wird geleistet für den Besuch von
1. weiterführenden allgemein bildenden Schulen (z.B. Haupt-, Real- und Gesamtschulen, Gymnasien) ab Klasse 10,
2. Berufsfachschulen, einschließlich der Klassen aller Formen der beruflichen Grundbildung (z. B. Berufsvorbereitungsjahr) ab Klasse 10; (die Förderungsfähigkeit setzt gemäß § 2 Abs.1 Nr. 2 BAföG voraus, dass in einem zumindest zweijährigen Bildungsgang ein berufsqualifizierender Abschluss erreicht wird),
3. Fach- und Fachoberschulklassen, deren Besuch eine abgeschlossene Berufsausbildung nicht voraussetzt,
4. Berufsfachschulklassen und Fachschulklassen, deren Besuch eine abgeschlossene Berufsausbildung nicht voraussetzt, sofern sie in einem zumindest zweijährigen Bildungsgang einen berufsqualifizierenden Abschluss vermitteln,
5. Fach- und Fachoberschulklassen, deren Besuch eine abgeschlossene Berufsausbildung voraussetzt,
6. Abendhauptschulen, Berufsaufbauschulen, Abendrealschulen, Abendgymnasien und Kollegs,
7. Höheren Fachschulen und Akademien,
8. Hochschulen.

Im Einzelnen gelten folgende Bedarfssätze:

Ausbildungstätte	bei den Eltern wohnend	nicht bei den Eltern wohnend
1. weiterführende allgemein bildende Schulen, Berufsfachschulen, Fach- und Fachoberschulen (ohne abgeschlossene Berufsausbildung)	keine Förderung	348 €
2. zumindest zweijährige Berufsfachschul- und Fachschulklassen, die in einem zumindest zweijährigen Bildungsgang einen berufsqualifizierenden Abschluss vermitteln (ohne abgeschlossene Berufsausbildung)	192 €	348 €
3. Abendhaupt- und Abendrealschulen, Berufsaufbauschulen, Fachoberschulen (mit abgeschlossener Berufsausbildung)	348 €	417 €
4. Fachschulen (mit abgeschlossener Berufsausbildung), Abendgymnasien, Kollegs	354 €	434 €
5. Höhere Fachschulen, Akademien, Hochschulen	375 €	466 €

Die Formblätter sind im Internet eingestellt und können unter der Adresse www.bafoeg.bmbf.de eingesehen und heruntergeladen werden.

Persönliche Voraussetzungen für den Anspruch auf Ausbildungsförderung sind grundsätzlich die deutsche Staatsangehörigkeit, Eignung und ein bestimmtes Höchstalter. Die Leistungen nach dem BAföG sollen schriftlich auf den dafür vorgesehenen Formblättern beantragt werden. Die Formblätter sind bei allen Ämtern für Ausbildungsförderung erhältlich, die auch die BAföG-Anträge bearbeiten und entscheiden, ob ein Auszubildender Leistungen nach dem BAföG erhält.

Rückzahlung

Das besondere an den Staatsdarlehen sind die Zinslosigkeit, die Begrenzung der maximalen Rückzahlungssumme, die sozialen Rückzahlungsbedingungen und die Erlassmöglichkeiten.

Die Rückzahlungsbegrenzung:
Für Ausbildungsabschnitte die nach dem 28. Februar 2001 begonnen haben, müssen Darlehen nur bis zu einem Gesamtbetrag von 10.000,00 EUR zurückgezahlt werden.

„Hab ich mir doch gleich gedacht, dass da'n Trick bei war: Hinterher sollen wir nämlich malochen!"

Das Arbeitsförderungsgesetz (AFG)

Nach dem AFG fördert die Bundesanstalt für Arbeit in Nürnberg die Berufsausbildung, die berufliche Fortbildung und Umschulung. Beihilfen für die Berufsausbildung werden nur gewährt, wenn der Antragsteller die erforderlichen Mittel nicht selbst aufbringen kann und dies den Unterhaltsverpflichteten nicht zugemutet werden kann.

Besondere Bedeutung kommt der beruflichen Fortbildung und Umschulung zu. Die Fortbildungs- und Umschulungsmaßnahmen sollen in der Regel nicht länger als zwei Jahre dauern.

Erfolgen diese in ganztägigem Unterricht (Vollzeitform), so erhalten die Teilnehmer ein Unterhaltsgeld. Daneben werden notwendige Aufwendungen für Lernmittel, Fahrten, Arbeitskleidung usw. ganz oder teilweise erstattet.

Arbeitsförderungsgesetz § 1
Die Maßnahmen nach diesem Gesetz sind im Rahmen der Sozial- und Wirtschaftspolitik der Bundesregierung darauf auszurichten, dass ein hoher Beschäftigungsstand erzielt und aufrechterhalten, die Beschäftigungsstruktur ständig verbessert und damit das Wachstum der Wirtschaft gefördert wird.

Arbeitsvorschlag

Erkunden Sie die aktuellen finanziellen Unterstützungen gemäß BAföG oder AFG.

1.13 Bildungsurlaub

Was ist Bildungsurlaub?

Hier gibt es weitere Informationen:
www.bildungsurlaub.com

Bildungsurlaub ist eine prima Sache, auch wenn es mit Erholung nichts zu tun hat. Bildungsurlaub heißt einfach, dass man vom Arbeitgeber für ein paar Tage, bei Fortzahlung des Lohns, frei gestellt wird, um etwas dazu zu lernen. Was man dazu lernt, bestimmt man selbst weitest gehend. Der Arbeitgeber hat jedenfalls kein Recht mitzubestimmen. Die Veranstaltung, die man besucht, muss allerdings vom Gesetzgeber als Bildungsurlaub anerkannt sein. Die Regelungen unterscheiden sich von Bundesland zu Bundesland – wenn auch nur ein wenig.

Niedersächsisches Gesetz über den Bildungsurlaub für Arbeitnehmer und Arbeitnehmerinnen

§ 1 Bildungsurlaub dient der Weiterbildung (Erwachsenenbildung) im Sinne von § 1 des Gesetzes zur Förderung der Erwachsenenbildung vom 12. Dezember 1996 (Nds. GVBl. S. 488).

§ 2 (1) Arbeitnehmer und Arbeitnehmerinnen haben einen Anspruch auf Bildungsurlaub zur Teilnahme an nach § 10 dieses Gesetzes anerkannten Bildungsveranstaltungen. Ein Anspruch auf Bildungsurlaub nach diesem Gesetz besteht nicht, wenn dem Arbeitnehmer oder der Arbeitnehmerin für die Bildungsveranstaltung nach anderen Gesetzen, tarifvertraglichen oder betrieblichen Vereinbarungen Freistellung von der Arbeit mindestens für die Zeitdauer nach Absatz 4 und unter Lohnfortzahlung mindestens in Höhe des nach § 5 zu zahlenden Entgelts zusteht. Dasselbe gilt, wenn dem Arbeitnehmer oder der Arbeitnehmerin Freistellung nach den anderen Regelungen nur deshalb nicht zusteht, weil diese bereits für andere Bildungsveranstaltungen in Anspruch genommen wurde.

Niedersächsisches Bildungsurlaubsgesetz – NBildUG in der Fassung vom 25. Januar 1991, zuletzt geändert durch Gesetz vom 12. Dezember 1996

Das sollten Sie wissen

- **Anspruch:** Frühestens nach sechs Monaten Betriebszugehörigkeit.

- **Art der Bildung:** Erlangung allgemeiner, beruflicher, politischer, kultureller und wissenschaftlicher Kompetenzen. Befähigung, verantwortlich an den wirtschaftlichen und sozialen Wandlungsprozessen teilzunehmen.

- **Anmeldung:** Bildungsurlaub muss beim Arbeitgeber schriftlich angemeldet werden, die Fristen unterscheiden sich je nach Bundesland.

- **Dauer:** Der Anspruch des Arbeitnehmers oder der Arbeitnehmerin auf Bildungsurlaub umfasst fünf Arbeitstage innerhalb des laufenden Kalenderjahres. Arbeitet der Arbeitnehmer oder die Arbeitnehmerin regelmäßig an mehr oder an weniger als fünf Arbeitstagen in der Woche, so ändert sich der Anspruch auf Bildungsurlaub entsprechend.

- **Kosten:** Der Lohn wird weiter gezahlt, die Kosten für Kurse, Reise und Unterbringung zahlt der Arbeitnehmer. In der Regel sind die Angebote sehr preiswert.

Arbeitsvorschlag

Erkunden Sie Angebote zum Bildungsurlaub.

2 | *Beruf und Umwelt*

2.1 Umweltgerechtes Handeln in Schule und Betrieb

Immer mehr Menschen hegen den Wunsch, einen eigenen sinnvollen Beitrag zur Schonung der Umwelt zu leisten. Viele wollen durch ihr Handeln dazu beitragen, dass Luft, Boden und Wasser sauber werden und die noch vorhandenen Lebensräume für Pflanzen und Tiere erhalten oder sogar neue geschaffen werden.

Das folgende Schaubild stellt einen Zusammenhang zwischen dem Naturverbrauch einer Schule oder eines Betriebes und den daraus resultierenden Abfällen dar.

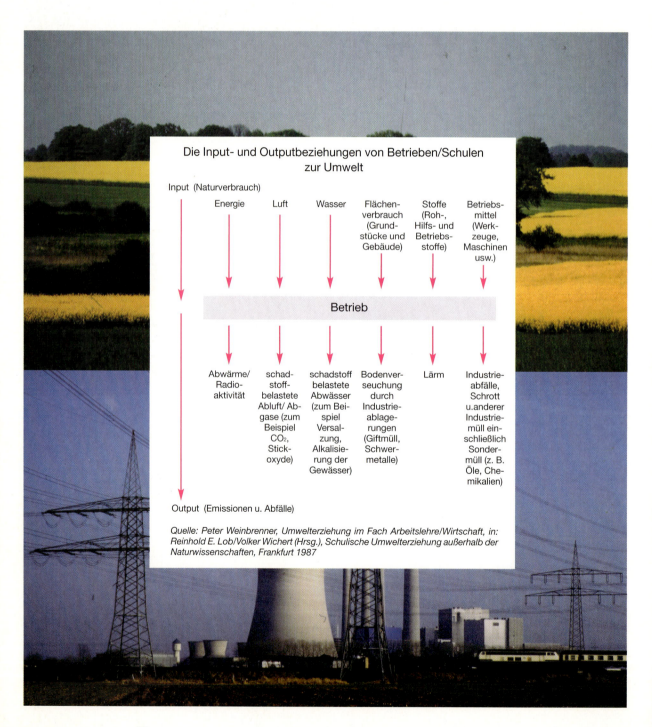

Die Input- und Outputbeziehungen von Betrieben/Schulen zur Umwelt

Input (Naturverbrauch): Energie, Luft, Wasser, Flächenverbrauch (Grundstücke und Gebäude), Stoffe (Roh-, Hilfs- und Betriebsstoffe), Betriebsmittel (Werkzeuge, Maschinen usw.)

Betrieb

Output (Emissionen u. Abfälle): Abwärme/Radioaktivität, schadstoffbelastete Abluft/Abgase (zum Beispiel CO_2, Stickoxyde), schadstoffbelastete Abwässer (zum Beispiel Versalzung, Alkalisierung der Gewässer), Bodenverseuchung durch Industrieablagerungen (Giftmüll, Schwermetalle), Lärm, Industrieabfälle, Schrott u. anderer Industriemüll einschließlich Sondermüll (z. B. Öle, Chemikalien)

Quelle: Peter Weinbrenner, Umwelterziehung im Fach Arbeitslehre/Wirtschaft, in: Reinhold E. Lob/Volker Wichert (Hrsg.), Schulische Umwelterziehung außerhalb der Naturwissenschaften, Frankfurt 1987

Umweltschutz in Europa

„Umweltschule in Europa" ist eine Ausschreibung der europäischen Umweltbildungsstiftung F.E.E.E (Foundation for Environmental Education in Europe), in Deutschland vertreten durch die Deutsche Gesellschaft für Umwelterziehung (DGU). Gegenwärtig beteiligen sich europaweit über 4000 Schulen in neunzehn Staaten: in Deutschland sind es bislang an die 600 Schulen aus acht Bundesländern.

„Umweltschutz in Europa" zielt auf die Entwicklung umweltverträglicher Schulen und die Förderung der Bildung für nachhaltige Entwicklung. Bei „Umweltschutz in Europa" handelt es sich nicht um einen Wettbewerb: Unabhängig von ihrer Ausgangssituation können alle Schulen die begehrte Auszeichung „Umweltschule in Europa" erhalten, wenn sie innerhalb der Projektzeit ein selbstentwickeltes Konzept zur Verbesserung ihrer Umweltverträglichkeit erfolgreich umsetzen konnten.

Themen wie Energie, Wasser und Abfall, Stadtökologie, gesunde Ernährung, Eine Welt oder Verkehr werden in aktiver Kooperation zwischen Schule, Eltern und außerschulischen Partnern wie Wirtschaft, Kommunen, Vereine und Nachbarschaft bearbeitet. In regelmäßigen Abständen treffen sich die beteiligten Schulen auf regionaler, landes- und bundesweiter Ebene, um den Austausch über Konzepte und Projekte zu pflegen. Im Rahmen des europaweiten Netzwerkes vermittelt die DGU auch Kontakte zu Umweltschulen in anderen europäischen Ländern, um den länderübergreifenden Erfahrungsaustausch und die internationale Kooperation zu fördern.

nach: http://lbs.hh.schule.de/umwelterz/DGU/index_projekt.html

Arbeitsvorschläge

1. Überprüfen Sie Naturverbrauch und Abfälle Ihnen bekannter Betriebe/Schulen. Wo ließen sich Verbesserungen durchführen?

2. Gehen Sie auf Entdeckungstour in Ihrer Schule. Finden Sie Beispiele für umweltgerechtes Handeln. Machen Sie mindestens drei Verbesserungsvorschläge an solchen Stellen, an denen Ihrer Meinung nach noch nicht genügend auf umweltgerechtes Handeln geachtet wird.

2.2 Unternehmensziele kontra Umweltschutz

In einem vom Wettbewerb geprägten Markt muss sich jeder Betrieb und jedes Unternehmen gegen Konkurrenten behaupten. In dieser Situation ist es wichtig, wirtschaftlich und produktiv zu arbeiten.

Allerdings haben Wettbewerb und Gewinnstreben der Betriebe zu unerwünschten Begleiterscheinungen geführt. Die natürlichen Lebensgrundlagen sind weltweit durch fortschreitende Umweltzerstörung gefährdet. In den betriebswirtschaftlichen Überlegungen und Kalkulationen der Betriebe fand der Umweltschutz lange Zeit wenig Berücksichtigung. Die Naturzerstörung wurde letztlich akzeptiert, Wirtschaftswachstum und der Erhalt von Arbeitsplätzen erschienen als höherwertiges Ziel. Umweltkatastrophen und lebensbedrohende Veränderungen, wie das Ozon-Loch, Klimaveränderungen oder die Luftverschmutzung, erzwingen ein Umdenken. Betriebswirtschaftliche Ziele orientieren sich zunehmend an dem, was ökologisch machbar und vertretbar ist.

Geld oder Leben? Nur weniger Arbeit rettet Mensch und Natur

Ärmel hochkrempeln, mehr arbeiten, das Bruttosozialprodukt steigern und die Einheit Deutschlands durch mehr Arbeit bezahlen! Die Tugenden der Wirtschaftswunderjahre haben erneut Konjunktur. Wachstum ist wieder das oberste Ziel. Fortschrittskritiker werden mit der Arbeitslosenstatistik zur Räson gerufen. Gleichzeitig erleben wir, dass die Konjunktur baden geht und die Konsumenten das Konsumieren vergessen. Wir fragen uns angesichts dieser Lage: Liegt im Mehr-Arbeiten wirklich die Lösung des Problems oder ist die Arbeit das Problem?
Das 20. Jahrhundert wird als Zeitalter des klassischen Arbeitsbegriffs in die Geschichte eingehen. Es ist verknüpft mit einem nie dagewesenen Arbeitseifer einer riesigen Zahl von Menschen. Karl Marx, Hannah Ahrendt, aber auch Henry Ford und Edzard Reuter definieren den Menschen über die Arbeit. Aber mit dem Ende des Jahrhunderts wird die Arbeit aussterben.
Das Jahrmillionen alte Tier Mensch lebte den größten Teil seiner Entwicklung als Nomade.
Er jagte und sammelte, ging keiner geregelten Tätigkeit nach, trieb keine Vorsorge, war aber ein geselliges Wesen mit höchsten Erwartungen an seine Individualität, mit einem starken Hang zur Muße. Ein Träumer, relativ emotional und gleichzeitig doch schlau genug, um seinen zahlreichen Feinden zu entkommen.
Von seinem gesamten Charakter her ist der Mensch also nicht geschaffen zur Arbeit. Erst ein lang anhaltendes Trainings- und Erziehungsprogramm macht ihn arbeitsgefügig. Kindergärten, Schulen, Universitäten legen dieses Trainingsprogramm immer wieder neu auf. Trotzdem, so behaupte ich, steckt in fast allen Menschen der Hang zum Diogenes oder Sokrates, die sich mehr mit Philosophie als durch Arbeit über Wasser hielten.
Mit industrieller Massenarbeit gelang es uns, die Erde an den Rand der Unbewohnbarkeit zu bringen. Weite Regionen sind verwüstet, die Lebensmedien Wasser, Boden und Luft, Pflanzen und Tiere werden immer schneller vernichtet.
Bei fast allen Diskussionen über die Zukunft der Industriegesellschaft geht es in der Regel gar nicht mehr um die Produkte, sondern um die Arbeitsplätze, die an deren Produktion hängen. Obwohl inzwischen klar ist, dass wir wesentliche Teile der Produktpalette, die wir heute haben, gar nicht mehr brauchen, streben wir doch aus gesellschaftlichen Gründen danach, die Arbeitsplätze zu erhalten. Und wenn niemand diese Produkte braucht oder es zu viel davon gibt, verramschen wir sie wie die Weihnachtsbutter oder schicken sie in die Dritte Welt. Obwohl eine Menge Menschen diese Zusammenhänge erkannt haben, wollen fast alle weiterarbeiten, weil sie keine Alternativen sehen.

nach: Natur 4/93

Unternehmensziele kontra Umweltschutz

Hier betriebswirtschaftliches Denken ...
... dort Umweltzerstörung!

WIRTSCHAFTLICHKEIT

Wirtschaftlichkeit = $\dfrac{\text{Leistung}}{\text{Kosten}}$

RENTABILITÄT

Eigenkapitalrentabilität = $\dfrac{\text{Gewinn} \times 100}{\text{Eigenkapital}}$

PRODUKTIVITÄT

Produktivität = $\dfrac{\text{Produktionsergebnis (Output)}}{\text{Faktoreneinsatz (Input)}}$

Für den deutschen Papierhunger sterben Urwälder in aller Welt – vor allem in Kanada!

Wegen unseres Papierverbrauchs sterben die Wälder in Kanada und in Schweden. Im Falle Kanadas ist das besonders schlimm, weil es sich dort um bislang unberührte Urwälder handelt, speziell um die kühlen Regenwälder der Westküste. Diese Wälder sind jedoch einmalig und mit unseren europäischen Wäldern, die alle schon mehrfach abgeholzt wurden, nicht zu vergleichen. Zedern, Hemlocktannen und Sitka-Fichten beherrschen das Bild: bis zu 100 Meter hoch und bis zu 2000 Jahre alt. Jetzt werden sie zerhäckselt und verarbeitet zu Papier für ‚Brigitte', ‚Tempo', ‚Spiegel', ‚Yacht', ‚Für Sie', für Pampers, Flaschenetiketten und für Wegwerftaschentücher.

Ganze Landstriche werden an multinationale Konsortien vergeben und von diesen bis zum letzten Strauch entwaldet. Bulldozer und Kettensägen rasieren unterschiedslos alles ab, was sich zu Zellstoff verarbeiten lässt. Zurück bleibt eine ökologische Wüste.

aus: Greenpeace, Rundbrief, März/April 1992

Gute Nachricht aus Kanada

Greenpeace in British Columbia erfolgreich

Greenpeace und führende kanadische Holzkonzerne haben eine Einigung zum Schutz des Regenwaldes an der kanadischen Westküste erzielt. Die Holzfirmen einschließlich Interfor und West Fraser haben zugesagt, in 20 noch unterberührten Tälern des Great Bear-Regenwaldes in British Columbia nicht einzuschlagen. Das entspricht einer Waldfläche von 603.000 Hektar.
http://www.greenpeace.de/GP

Arbeitsvorschläge

1. Diskutieren Sie die These: Nur weniger Arbeit rettet die Natur.

2. Finden Sie heraus, wie weit der Schutz der Urwälder fortgeschritten ist.

3. Entwickeln Sie Strategien zum Schutz der Wälder.

2.3 Umweltstrafrecht

Umweltschutz ins Grundgesetz

Die Verfassungskommission des Deutschen Bundestags und des Bundesrats beschloss Mitte 1992, den Umweltschutz als Staatsziel für das Grundgesetz vorzuschlagen. Der neue Artikel soll lauten: „Die natürlichen Grundlagen des Lebens stehen unter dem Schutz des Staates."

Strafmilderung oder Straflosigkeit bei tätiger Reue kann durch das Gericht angewendet werden bei:
- Unerlaubtem Umgang mit radioaktiven Stoffen oder Gütern
- Umweltgefährdender Abfallbeseitigung
- Konkreter Gefährdung durch Lärm, Erschütterungen oder nichtionisierende Strahlen

Keine tätige Reue ist vorgesehen bei:
- Gewässerverunreinigung
- Bodenverunreinigung
- Luftverunreinigung

Umweltstraftaten nach dem 29. Abschnitt des StGB – §§ 324 bis 330d

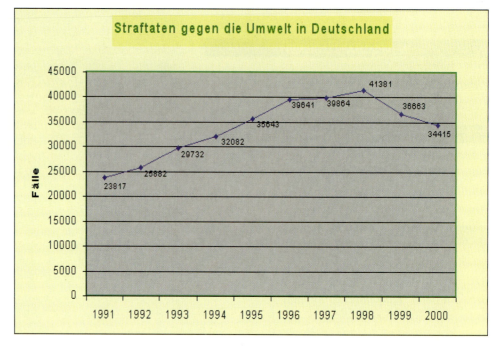

http://www.umweltfibel.de/BRD-PKS.html

Wenn es um den Schutz der Umwelt geht, erwarten die Bundesbürger zunehmend ein härteres Durchgreifen des Staates. Das Vertrauen in freiwillige Maßnahmen von Unternehmen scheint nicht besonders groß zu sein.

Dabei muss Umweltschutz be-trieblichen Interessen keinesfalls entgegenstehen, da sich die meisten Unternehmensziele im Einklang mit der Schonung der Natur erreichen ließen.

Wer bei einem eingeschränkten Kreis von Umweltdelikten überführt wird, kann in Deutschland einer Strafe entgehen oder sie mildern, wenn er so genannte tätige Reue zeigt. Er muss versuchen, den von ihm verursachten Umweltschaden zu beheben.

Lange Zeit wurden Luft, Boden und Wasser von der Industriegesellschaft als kostenlose Faktoren missbraucht. Das hat sich mittlerweile geändert. Erhalt und Wiederherstellung natürlicher Lebensbedingungen sind zu einem Kostenfaktor und Markt für neue Produkte geworden. Trotz hoher Umweltschutzinvestitionen und zum Teil verringerter Umweltbelastungen werden der Natur Jahr für Jahr Schäden zugefügt, die oft nicht wieder gutzumachen sind.

Umwelt- und Sozialverträglichkeit von Produktionsverfahren

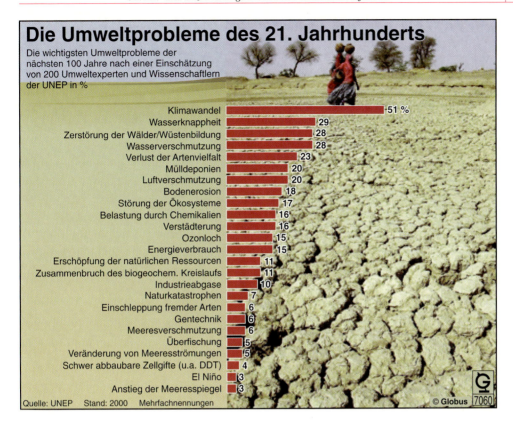

Verschiedene Schwerpunkte im neuen Umweltstrafrecht sollen dazu beitragen, Umweltkriminalität effektiver zu verfolgen:

- Einführung eines Straftatbestands der Bodenverschmutzung für Westdeutschland, der in den ostdeutschen Bundesländern Mitte 1992 bereits existiert, weil er durch den Einigungsvertrag aus dem Recht der ehemaligen DDR übernommen wird.
- Nicht nur grob pflichtwidrige, sondern alle Verstöße gegen die Luftreinhaltung sind strafbar.
- Giftmüllexporte ins Ausland können bis Mitte 1992 nur verfolgt werden, wenn ein Verstoß gegen die Umweltgesetze in diesen Ländern nachgewiesen wird. Allein der Nachweis, dass gefährliche Abfälle ohne deutsche Genehmigung exportiert werden, reicht für eine strafrechtliche Verfolgung aus.
- Schäden in Natur- und Wasserschutzgebieten werden strafrechtlich, nicht mehr nur ordnungsrechtlich verfolgt.

Arbeitsvorschläge

1. *Erarbeiten Sie Vorschläge, wie sich Ihrer Meinung nach Umweltkriminalität effektiver verfolgen ließe.*

2. *Erkundigen Sie sich, welche Umweltprobleme für Deutschland besonders schwerwiegend sein werden.*

2.4 Umwelt- und Sozialverträglichkeit von Produktionsverfahren

Wenn der Schutz der Umwelt im Vordergrund stehen soll, müssen die in einem Betrieb hergestellten Produkte einer kritischen Überprüfung standhalten können. Der folgende Fragenkatalog soll eine solche Überprüfung ermöglichen.

Fragen an ein Produkt

- Besteht es aus Rohstoffen, die ohne Unterdrückung gewonnen werden?
- Ist es in sinnvollen, unzerstückelten Arbeitsgängen hergestellt?
- Ist es vielfach verwendbar?
- Ist es langlebig?
- In welchem Zustand wirft man es fort und was wird dann daraus?
- Lässt es den Benutzer von zentralen Versorgungen oder Service abhängig werden, oder kann es dezentralisiert gebraucht werden?
- Privilegiert es den Benutzer oder regt es zur Gemeinsamkeit an?
- Ist es frei wählbar oder zwingt es zu weiteren Käufen? [...]

Was sind die Auswirkungen eines neuen Produkts, einer neuen Technik?

- auf den Energieverbrauch?
- auf den Rohstoffverbrauch?
- auf die natürliche Umwelt?
- auf die Gesundheit der von potentiellen Emissionen Betroffenen?
- auf die betriebliche Umwelt (Lärmentwicklung, Arbeitsbedingungen etc.)?
- auf den Arbeitsmarkt (Arbeitsplatzeffekte, Dequalifizierungseffekte)?
- auf die städtischen Lebensbedingungen?
- auf die innere und äußere Sicherheit?
  [...]

Wie wirkt sich eine technische Innovation aus?

- auf die Möglichkeiten menschlicher Kommunikation?
- auf die Kinderfreundlichkeit oder Kinderfeindlichkeit der Gesellschaft?
- auf die Möglichkeiten der Partizipation?
- auf die Lebenschancen der 800 Millionen Menschen, die täglich ums Überleben kämpfen müssen?

nach: Erhard Eppler, Wege aus der Gefahr

Doch nach Ansicht vieler Experten liegen die eigentliche Probleme darin, dass wir in einer so genannten Überflussgesellschaft leben, in der es Produkte im Übermaß gibt.

Arbeitsvorschläge

1. Beantworten Sie die „Fragen an ein Produkt" an einem selbstgewählten Produktbeispiel.

2. Überprüfen Sie die sozialen und ökologischen Auswirkungen des Produktes auch mit Hilfe der „Produktmatrix" auf der folgenden Seite.

Produktfolgematrix

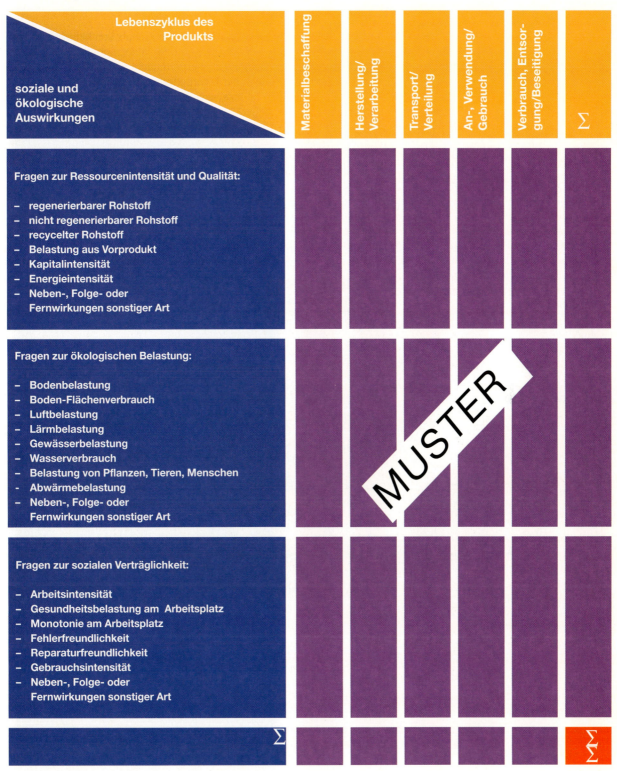

Harald Müller-Witt, Produktfolgenabschätzung als kollektiver Lernprozess, in: Öko-Institut/Projektgruppe Ökologische Wirtschaft (Hrsg.), Arbeiten im Einklang mit der Natur. Bausteine für ein ökologisches Wirtschaften, Freiburg i.Br., 1985

2.5 Gesundheitsverträglichkeit der Lern- und Arbeitssituation

Unter **Arbeitsschutz** sind alle Maßnahmen zu verstehen, die dem Schutz von Mitarbeitern dienen auf Grund von Belastungen, Gesundheitsschädigungen oder Verletzungen, die durch ihre Tätigkeiten am Arbeitsplatz oder durch den Beruf allgemein verursacht werden. Hierzu gehören sowohl Unfälle als auch dauerhafte Belastungen der Mitarbeiter mit schädigenden Auswirkungen. An einem Bildschirmarbeitsplatz wären beispielsweise Haltungsschäden und langfristige Schäden der Augen zu verhindern.

Aussagen über Bildschirmarbeit

„„Den ganzen Tag nur Phonoschreiben ist unheimlich anstrengend. Ununterbrochen hören und schreiben, da muss man sich immer konzentrieren, das strengt sehr an. Abends ist man fix und fertig." „Das Kreuz und die Schultern werden langsam zu Stein. Nachmittags knirscht mir der Hals, dann kann ich einfach nicht mehr sitzen; dann gehe ich fünfmal hintereinander aufs Klo, bloß damit ich nicht mehr sitzen muss."

„Hier wurde auch mal ein Versuch gemacht mit einem Prämiensystem, aber nach drei oder vier Monaten war das Betriebsklima restlos kaputt. Die haben sich nicht mehr gegenseitig geholfen, sich größtenteils überhaupt nicht mehr umeinander gekümmert, weil jede auf ihren Zettel stierte und meinte, sie muss noch soundsoviel Tausend schreiben.
Und nach den ersten sechs Wochen war die Hälfte krank. Aber am schlimmsten war das hektische und unfreundliche Arbeitsklima."
(Schreibdienstleiterin)

„Von der Arbeit her ist der Bildschirm doppelt angenehm, aber er erfordert auch die doppelte Konzentration."
„An unserem Bildschirm sind oft Störungen. Dann bricht plötzlich alles zusammen, die Sachen verschwinden im Computer, werden nicht ausgedruckt, und ich muss alles nochmal von vorne schreiben. Das macht nervös."

„Ich kenne das doch noch von früher, da konnte man die Sachbearbeiter fragen. Da hat die Arbeit mehr Spaß gemacht."
„Man kann nie an einer Arbeit bleiben. Man schreibt, sitzt abgekapselt, dann kommt ein Telefonat und jemand kommt, man muss aufstehen und ist unterbrochen."

„Hier ist man so abgekapselt, man hat wenig Kontakte zu anderen. Die meisten Leute auf dem Flur habe ich noch nie gesehen, obwohl ich schon drei Jahre hier bin."

„Gut ist, dass man die Texte wieder aufrufen kann, dass man nicht alles wieder schreiben muss, man kann viel fließender arbeiten."

Arbeitsvorschläge

1. Arbeiten Sie Vor- und Nachteile von Bildschirmarbeit aus den Aussagen heraus. Ergänzen Sie diese durch eigene Erfahrungen.

2. Beurteilen Sie ein selbstgewähltes Programm anhand der folgenden Leitfragen: Ob ein Softwareprogramm für den jeweiligen Arbeitsplatz geeignet ist, kann anhand von drei Leitfragen überprüft werden: Wie gut kann das Arbeitsziel erreicht werden? (Effektivität); Mit wie wenig Aufwand kann ich ans Ziel kommen? (Effizienz); Wie gerne wird die Software eingesetzt? (Zufriedenheit).

Wirtschafts- und Sozialpolitik

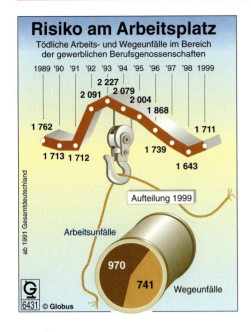
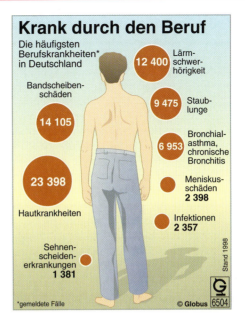

In Betrieben und Verwaltungen sind die Menschen vielerlei Gefahren ausgesetzt. Je nach Art des Arbeitsplatzes und der Arbeitsbedingungen sind dort Gesundheit und Leben auf unterschiedliche Weise gefährdet. Auch bergen die Arbeitswege Gefahren.

Reichen betriebstechnische Maßnahmen nicht oder nicht vollständig aus Gefährdungen zu vermeiden, müssen die Mitarbeiter durch persönliche Schutzausrüstungen vor Verletzungen oder Gesundheitsschäden geschützt werden.
Zu den persönlichen Schutzausrüstungen der Arbeitnehmer gehören z.B. Kopfschutz (Schutzhelm), Augen- oder Gesichtsschutz, Atemschutzgeräte, Gehörschutz und Körperschutz (z.B. Schutzhandschuhe oder Schutzkleidung).

Während die Betroffenen bei Verstößen gegen Arbeits- und Tarifverträge selbst ihr Recht z.B. vor Gericht suchen müssen, wird die Einhaltung der Arbeitsschutzvorschriften überwacht. Gewerbeaufsichtsämter sorgen für die Einhaltung von Gesetzen und Verordnungen, Berufsgenossenschaften für die Einhaltung der Unfallverhütungsvorschriften. Ihre Mitarbeiter haben das Recht, Arbeitsstätten unaufgefordert zu kontrollieren. Verstöße werden mit Bußgeldern und Strafen geahndet.

Zahlen sagen nichts aus über die Schwere der Unfälle und Erkrankungen. Viele führen jedoch zu großen menschlichen und finanziellen Belastungen für die Betroffenen und ihre Familien. Zudem sind sie mit hohen Kosten für Betriebe, Versicherungen und den Staat verbunden. Daher ist es aus menschlichen wie wirtschaftlichen Gründen geboten, vor diesen Gefahren zu schützen.

Arbeitsvorschläge

1. *Überprüfen Sie, ob Sie an Ihrem Arbeitsplatz besonderen Belastungen ausgesetzt sind. Wie könnte Abhilfe geschaffen werden?*

2. *Ermitteln Sie, in welchen Wirtschaftszweigen die Unfallgefahren besonders hoch und wo sie niedrig sind. Begründen Sie die Unterschiede.*

3. *Erkunden Sie Gefahrenpunkte auf dem Weg zur Berufsschule. Wie können sie gemindert werden?*

2.6 Technischer Arbeitsschutz

Richtlinie des Rates (der EU) vom 12. Juni 1989 zur Durchführung von Maßnahmen zur Verbesserung der Sicherheit und des Gesundheitsschutzes der Arbeitnehmer bei der Arbeit

Artikel 13

(1) Jeder Arbeitnehmer ist verpflichtet, nach seinen Möglichkeiten für die Sicherheit und Gesundheit derjenigen Personen Sorge zu tragen, die von seinen Handlungen oder Unterlassungen betroffen sind, und zwar gemäß seiner Unterweisung und den Anweisungen des Arbeitgebers.

(2) …ist jeder Arbeitnehmer insbesondere verpflichtet…

a) Maschinen, Geräte, Werkzeuge, gefährliche Stoffe und sonstige Mittel ordnungsgemäß zu benutzen;

b) die ihm zur Verfügung gestellte persönliche Schutzausrüstung ordnungsgemäß zu nutzen…

Wie in einem fremden Land

… fühlen sich Neulinge häufig im Betrieb. Da muss ihnen jemand sagen, wo es langgeht. Oft übernimmt dies – zumindestens beim ersten Mal – der Meister.

Und das müssen die Neuen vor allem wissen:

- Wo liegt mein Arbeitsplatz und wie kann ich ihn sicher erreichen?
- Welcher Meister oder Gruppenführer ist zuständig?
- Wer ist der Sicherheitsbeauftragte, wer Ersthelfer?
- Welche Gefahren sind an meinem Arbeitsplatz zu erwarten?
- Wie kann ich mich dagegen schützen?
- Wie sieht es mit persönlichen Schutzausrüstungen aus, und wo gibt es die?
- Wo liegen die Rettungswege, wo ist der Feuerlöscher, das nächste Telefon?
- Welche Betriebsbereiche darf ich betreten, welche nicht?

Unfallverhütungskalender „Jederzeit Sicherheit" 1990

Die wichtigste Grundlage des technischen Arbeitsschutzes ist die Gewerbeordnung von 1869, die durch zahlreiche Gesetze und Verordnungen ergänzt wird. Seit 1989 gilt eine neue EU-Richtlinie mit z. T. verbesserten Bestimmungen. Diese Richtlinie ist durch ein neues Arbeitsschutzgesetz vom 7. August 1996 in nationales Recht umgesetzt worden.

Nach der Betriebssicherheitsverordnung müssen Betriebe mit mehr als zehn Beschäftigten eine **„Gefährdungs- und Belastungsanalyse"** aufstellen und „dokumentieren". Bei mehr als 20 Beschäftigten ist ein Sicherheitsbeauftragter zu benennen.

Arbeitsvorschläge

1. Überprüfen Sie anhand der Fragen in dem Text „Wie in einem fremden Land", welche der angeführten Punkte für Ihren Arbeitsplatz von Bedeutung sind.

2. Erkunden Sie für Ihren Beruf typische Berufskrankheiten und Unfallgefahren – wie können Sie sich davor schützen?

2.7 Menschengerechte Arbeitsgestaltung

Ziel menschengerechter Arbeitsgestaltung ist der individuelle Gesundheitsschutz, das Vermeiden von arbeitsbedingten Erkrankungen, Verletzungen, Über- und Unterforderungen.

Bei der Verrichtung seiner Arbeit ist der Mensch
- körperlichen Belastungen (Muskeln, Kreislauf, Skelett),
- psychischen Belastungen (geistigen, seelischen, nervlichen) und
- Umgebungs-Belastungen (Strahlung, Schwingung, Lärm, Klima, Gefahrstoffe) ausgesetzt.

Die Rückwirkung der Arbeit auf den Menschen als Folge der Belastung wird mit Beanspruchung bezeichnet.

Die Beanspruchung ist abhängig von
- Höhe der Belastung,
- Dauer der Belastung,
- Eigenschaften und Fähigkeiten des Menschen,
- Übungs- und Trainingszustand,
- momentane Verfassung,
- Leistungsbereitschaft.

Gleiche Belastungen haben bei Menschen mit unterschiedlichen Eigenschaften auch unterschiedliche Beanspruchungen zur Folge.

Mechanisches Modell zur Beschreibung der Beziehung zwischen Belastung und Beanspruchung

Die Auswirkung von Arbeit und Beruf auf die Gesundheit von Arbeitnehmern ist Forschungs- und Arbeitsgegenstand der Arbeitsmedizin. Ihre praktische Aufgabe besteht in der Diagnose arbeitsbedingter Schädigungen, vor allem von so genannten Berufskrankheiten, sowie deren Therapie. Besondere Aufmerksamkeit wird der Vorsorge gewidmet. An arbeitsmedizinischen Untersuchungen und Maßnahmen sind viele wissenschaftliche Spezialfächer beteiligt:
- Orthopädie,
- Physiologie,
- Pathologie,
- Toxikologie,
- Hygiene,
- Psychologie,
- Augenheilkunde,
- Ergonomie u.a.

nach: Mensch und Arbeitsplatz, Hrsg.: Arbeitsgemeinschaft der Metall-Berufsgenossenschaften Ausgabe 1996

Schema zur Bewertung der menschlichen Arbeit

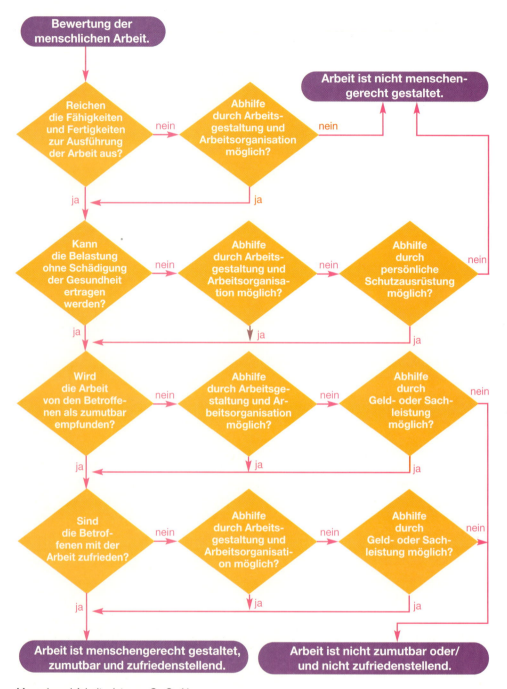

Mensch und Arbeitsplatz, a.a.O., S. 41

Arbeitsvorschläge

1. Beschreiben und erklären Sie das Modell auf der vorherigen Seite.

2. Überprüfen Sie Ihre eigene Lern- und Arbeitssituation mit Hilfe des Schemas zur Bewertung der menschlichen Arbeit.

3 | Arbeitsnehmerinteressen – Arbeitgeberinteressen

3.1 Arbeitslosigkeit – ein ungelöstes Problem

In der Bundesrepublik Deutschland gibt es gegenwärtig (2002) eine hohe Zahl von Arbeitslosen (ca. 4 Millionen, davon ca. 1,3 Millionen in den neuen Bundesländern). Eine Tatsache, die man sich in der Zeit nach dem zweiten Weltkrieg, als in den Jahren des Wiederaufbaus in der Wirtschaft Vollbeschäftigung herrscht, kaum vorstellen kann.

„Wohlstand für alle" ist das Ziel einer Politik, die stark wirtschaftlich bestimmt ist. Die Ölkrisen 1975 und 1981 zeigen plötzlich „Grenzen des Wachstums" auf. Energie steht nicht mehr unbeschränkt und billig zur Verfügung. Die Energiekrise ist der Beginn einer allgemeinen wirtschaftlichen Krise in der westlichen Welt. Als Folge nimmt die Arbeitslosigkeit in den Industrieländern des Westens erheblich zu

Arbeitslosigkeit ist plötzlich ein zentrales Problem, die soziale Frage der Gegenwart. Anders aber als im 19. Jahrhundert steht heute der Arbeitnehmer sozialen Problemen nicht mehr hilflos gegenüber. Sozialversicherung, Staat und Gewerkschaften verhindern schwere materielle Not bzw. kämpfen für neue Arbeitsplätze. Der Arbeitnehmer ist nicht mehr unmittelbar in seiner Existenz bedroht, wenn er keine Arbeit hat.

Arbeitslosigkeit: International

Land	Arbeitslosenquoten in %			
	1980-1990	1994	1999	2001
Belgien	10,4	10,0	11,9	7,0
Dänemark	7,4	8,2	6,2	4,3
Deutschland[1]	5,7	8,4	11,1	8,0
Finnland[2]	4,7	18,4	11,0	9,2
Frankreich	9,0	12,3	11,3	8,5
Griechenland	6,7	8,9	10,6	11,1
Großbritannien	9,5	9,6	7,2	5,6
Irland	15,2	14,7	8,2	3,8
Italien	9,3	11,4	11,8	9,4
Japan	2,5	2,9	3,6	5,5
Luxemburg	2,5	3,5	3,5	2,5
Niederlande	9,9	7,0	4,8	2,2
Norwegen	3,0	5,2	3,0	3,5
Österreich[2]	4,2	6,5	5,9	3,9
Portugal	7,1	7,0	6,0	4,4
Schweden[2]	2,4	9,8	6,2	4,7
Schweiz	0,6	4,7	4,1	2,5
Spanien	17,9	24,3	18,4	13,0
USA	7,0	6,0	5,0	5,8

1) Ab 1992 Gesamtdeutschland;
2) ab 1995 Mitglied der Europäischen Union

Quelle: Eurostat

Die Arbeitslosenquote ist ein wichtiger Gradmesser der Arbeitslosigkeit. Sie errechnet sich aus dem Verhältnis

$$AQ = \frac{Arbeitslose}{Arbeitnehmer} \times 100$$

und ist aussagekräftiger als die absolute Zahl der Arbeitslosen einer Volkswirtschaft.

Trotz vielfacher Anstrengungen gelingt es in den zurückliegenden Jahren nicht, die Arbeitslosenquote entscheidend zu senken – eine Problematik, mit der andere Staaten Europas und der Welt in ähnlicher Weise konfrontiert sind.

Arbeitsvorschläge

1. Schildern Sie Ihnen bekannte Fälle von Arbeitslosigkeit und damit verbundene Folgen.

2. Erstellen Sie einen Bericht über die gegenwärtige Situation des Arbeitsmarktes der EU.

Arbeitslosigkeit – ein ungelöstes Problem

Phasen der Arbeitslosigkeit

1 Arbeitslosigkeit wirkt immer wie ein Schock. Auch wenn schon Wochen vorher Gerüchte über Entlassungen im Betrieb kursieren. Der plötzlich Freigesetzte ist benommen und verunsichert. Ganz allmählich erst kommt er mit der neuen Situation zurecht, entdeckt seine Hobbys, nützt freie Zeit für die Familie.

2 Spätestens nach einem halben Jahr werden die finanziellen Sorgen drückend. Die Ersparnisse sind aufgebraucht, es werden Schulden gemacht, Zahlungsverpflichtungen können nicht eingehalten werden. Dem Sparzwang fällt zuerst die Urlaubsplanung zum Opfer. Dann folgt der Verzicht auf neue Möbel, ein neues Auto, Kleider und Haushaltsgeräte. Viele haben Schwierigkeiten, die Miete aufzubringen, geraten bei Versicherungsbeiträgen in Verzug, Zeitschriftenabos werden als erste gekündigt.

3 Mit den Geldsorgen beginnt eine Phase der Rebellion. Der Arbeitslose beginnt, stapelweise Bewerbungen zu verschicken, rennt auch dem Arbeitsamt die Türen ein, gibt selbst Annoncen auf, verabredet Vorstellungstermine. Kontakte zu Kollegen und Freunden beginnen abzureißen. Auch wenn alle anfangs beteuern, man wolle sich nicht aus den Augen verlieren. Da ist das Gefühl, nicht mehr so richtig mithalten zu können mit den Kollegen, die am Monatsanfang mehr auf dem Konto haben.

4 Selbstvorwürfe, ständig neue Niederlagen, das Gefühl, mit sich nichts anfangen zu können, lassen das Vertrauen in die eigene Kraft schwinden. Langeweile, Nichtstun, die Isoliertheit – jeder Zweite kommt sich überflüssig vor. Ein psychisches Dauertief – der Körper reagiert mit Schlafstörungen, Herzbeschwerden, Magengeschwüren. Psychologen sprechen von einer „Flucht" in die Krankheit. Nach einem Jahr Arbeitslosigkeit kann ein Betroffener körperlich weniger fit sein als zu der Zeit, als er noch täglich acht Stunden malochen musste.

5 Durch das Umsteigen von Arbeitslosengeld auf Arbeitslosenhilfe verschärfen sich die finanziellen Sorgen. In der Regel ist nach einem Jahr der Anspruch auf Arbeitslosengeld ausgelaufen. Erneut fühlen sich die Betroffenen auf der Skala der öffentlichen Wertschätzung eine Stufe tiefer rutschen. Weiter unten wartet nur noch der Status des Sozialhilfeempfängers. Endstation ist die Resignation – „es hat ja doch alles keinen Zweck mehr".

PZ Nr. 41, S. 11

Arbeitsvorschlag

Kennzeichnen Sie die einzelnen Phasen der Arbeitslosigkeit mit passenden Überschriften.

Chancen: Im Dienstleistungsbereich könnten nach Angaben des Instituts der deutschen Wirtschaft (IW, Köln) rd. 4,8 Mio neue Arbeitsplätze entstehen, wenn dieselben Dienstleistungen wie in den USA angeboten würden. Unter diese Dienstleistungen fallen auch die sog. Mc-Jobs, niedrig bezahlte, einfache Arbeiten wie das Verpacken der eingekauften Ware für den Kunden im Supermarkt. Zu den Voraussetzungen für einen Ausbau des Dienstleistungsbereichs zählen nach Angaben des IW u. a. die Verlängerung der Ladenschlusszeiten, die Lockerung des Kündigungsschutzes für Arbeitnehmer und die Bereitschaft der Arbeitnehmer, niedrig bezahlte Stellen anzunehmen.

3.1.1 Arten und Ursachen der Arbeitslosigkeit

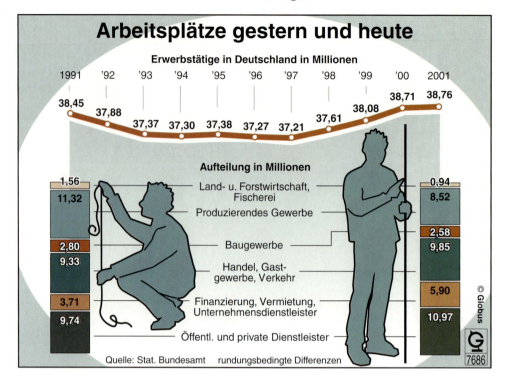

Der Arbeitsmarkt ist ständig in Bewegung. Pro Jahr scheiden etwa 5 Millionen Erwerbstätige aus dem Arbeitsmarkt aus und etwa die gleiche Zahl kommt jährlich hinzu. Wenn der Übergang von einer Arbeitsstelle in eine andere nur durch eine Zwischenphase möglich ist, spricht man von **friktioneller Arbeitslosigkeit**.

Die Entwicklung der Wirtschaft in den westlichen Industriestaaten ist Schwankungen unterworfen, deren Ursachen vielfältig sind. Der Verlauf der wirtschaftlichen Entwicklung wird als Konjunktur bezeichnet. Der wirtschaftliche Abschwung hat regelmäßig eine Zunahme der Arbeitslosigkeit zur Folge. Die Arbeitslosigkeit eines Bauarbeiters, die durch einen allgemeinen Rückgang der Bautätigkeit hervorgerufen wird, bezeichnet man nach ihrer Ursache als **konjunkturelle Arbeitslosigkeit**.

Vollzieht sich in einem Wirtschaftszweig ein grundlegender Wandel, wie z.B. im Bergbau oder in der Stahlindustrie, so spricht man von einem Strukturwandel. Die Gliederung, der Aufbau des Wirtschaftszweiges hat sich geändert. Entsprechend wird die Art der Arbeitslosigkeit nach ihrer Ursache als **strukturelle Arbeitslosigkeit** bezeichnet.

Wenn Beschäftigungsschwankungen auf jahreszeitliche Einflüsse oder Witterungsverhältnisse zurückzuführen sind, so spricht man von **saisonaler Arbeitslosigkeit**. Beispiele dafür sind Wald- und Forstwirtschaft, Baugewerbe, Tourismusbranche u.a.

Arbeitsvorschläge

1. Welche Arten von Arbeitslosigkeit treten Ihrer Meinung nach in Niedersachsen besonders deutlich hervor? Nennen Sie Beispiele.

2. Finden Sie die Arbeitslosenquote Ihrer Heimatregion heraus und stellen Sie die Besonderheiten des regionalen Arbeitsmarktes zusammen, die für diese Situation maßgeblich sind.

3.1.2 Folgen der Arbeitslosigkeit

Arbeitslos zu sein, bedeutet einen tiefgehenden Einschnitt im Leben eines Menschen, weil viele menschliche Bedürfnisse durch die Arbeit befriedigt werden können.

Bedürfnisse des Menschen	
Selbstverwirklichung	Sinnvolle Arbeiten ausführen; Anerkennung der eigenen Leistung; Verantwortung tragen; Selbstachtung stärken
Grundbedürfnis	Lebensunterhalt verdienen
Soziales Bedürfnis	Kontakt zu anderen Menschen, z.B. Arbeitskollegen
Sicherheitsbedürfnis	Sicherer Arbeitsplatz; Sicherheit bei Unfall, Krankheit, Arbeitslosigkeit

Arbeitslosigkeit stellt aber nicht nur ein individuelles, sondern auch ein gesellschaftliches Problem dar. Arbeitslose kosten Geld. Man hat deshalb auch von staatlicher Seite aus große Anstrengungen übernommen, trotz starker Rationalisierung neue Arbeitsplätze zu schaffen. Doch seit 1993 sinkt die Zahl der Erwerbstätigen im Inland.

Wer ist arbeitslos?

Arbeitslos sind Arbeitnehmerinnen und Arbeitnehmer, die unselbständig gearbeitet haben, ihren Arbeitsplatz verloren haben und nun der Arbeitsvermittlung zur Verfügung stehen, also arbeitsfähig und arbeitswillig sind.

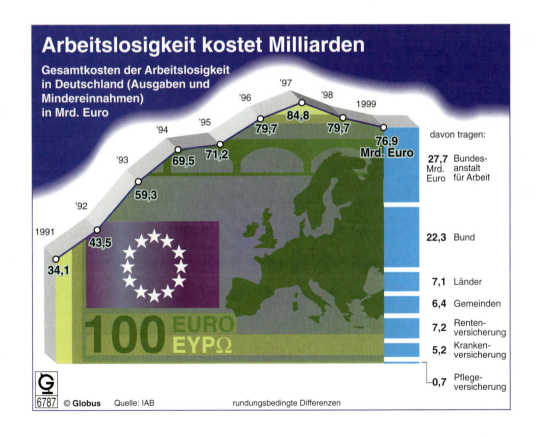

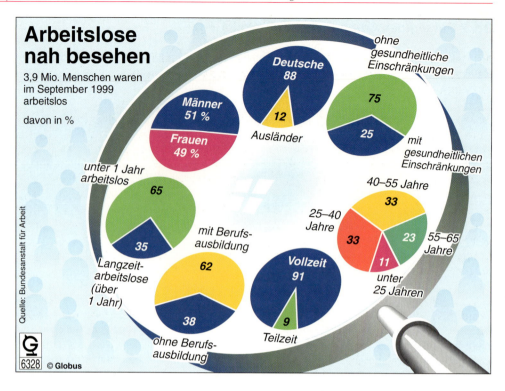

Arbeitsvorschläge

1. „In unserer Gesellschaft lassen sich viele menschliche Bedürfnisse nur durch Arbeit erfüllen." Nehmen Sie zu dieser Aussage Stellung. Benutzen Sie zur Beantwortung ggfs. die Tabelle auf S. 47.
2. „Arbeitslosigkeit ist sowohl ein individuelles als auch ein gesellschaftliches Problem." Überprüfen Sie diese Behauptung.
3. „Arbeitslose geraten leicht ins soziale Abseits." Erläutern Sie diese These.
4. Welche Folgerungen lassen sich aus dem Schaubild „Arbeitslose nah besehen" hinsichtlich der Ursachen der Arbeitslosigkeit ziehen?
5. Lesen Sie den folgenden Text. Wie hat sich die Situation heute verändert?

> Wer länger als ein Jahr arbeitslos war, ist Schrott, sagte uns der Personalchef eines süddeutschen Großbetriebs. So erschreckend hart und inhuman (= unmenschlich) das klingt, es bedeutet kaum anderes als die Feststellung des Beraters im Arbeitsamt: Wer länger als ein, zwei Jahre arbeitslos war, ist kaum noch zu vermitteln. Arbeitslosigkeit (...) verändert die Betroffenen.
> Zuerst, erzählt die junge Frau, die wir an der Autobahnauffahrt mitnahmen, zuerst zerfällt das Zeitgefühl. Du schläfst sechzehn, achtzehn Stunden, kannst dich vor Mittag nicht aufraffen, bewegst dich im Zeitlupentempo. Freie Zeit? Das klingt dir wie Hohn. Hat alles keinen Sinn, wird ja doch nichts, hämmert es in deinem Kopf und zerschlägt die geringste Hoffnung. Du bist draußen, noch ehe dein Leben angefangen hat, niemand braucht dich.

nach: Frankfurter Allgemeine Zeitung vom 26. Juni 1982

6. Entwickeln Sie in Gruppen je eine Szene, die Probleme von Langzeitarbeitslosen darstellt. Beurteilen Sie Darstellung und Inhalt der Szenen.

3.1.3 Arbeitslosigkeit und Berufsausbildung

Die häufigste Ursache für Arbeitslosigkeit ist eine fehlende oder mangelhafte Berufsausbildung. Somit hat jeder einzelne Arbeitnehmer die Möglichkeit, die eigene berufliche Zukunft eigenverantwortlich zu sichern.

Grundlage sollte eine solide Berufsausbildung sein, möglichst in einem „gefragten Bereich". Dabei folgt die Entwicklung des wirtschaftlichen Strukturwandels in Deutschland global dem Trend, der weltweit in allen hochentwickelten Volkswirtschaften seit geraumer Zeit festzustellen ist: Verlagerung vom primären Sektor (Landwirtschaft) zum sekundären Sektor (produzierendes Gewerbe) und danach zum tertiären Sektor (Dienstleistungen).
Im Jahre 2010 werden etwa zwei Drittel der Beschäftigten im Dienstleistungsbereich tätig sein. Besonders bedeutsam sind jedoch differenzierte Wirkungen des strukturellen Wandels innerhalb der Sektoren. Wichtig für die Wachstums- und Beschäftigungseffekte des Strukturwandels sind neue Formen der Verbindung von Industrieproduktion und Dienstleistungen. Künftig geht es vor allem um die intelligente Verknüpfung von Industrieprodukten und ergänzenden Dienstleistungen.
Wer dann die Möglichkeiten der Fort- und Weiterbildung (vgl. dazu Seite 24ff.) aktiv nutzt, d. h. sich der Anforderung lebenslangen Lernens stellt, um sich z. B. dem technischen Fortschritt anzupassen, leistet einen wichtigen persönlichen Beitrag gegen die Gefahr der Arbeitslosigkeit.

Auch nach Abschluss der Berufsausbildung kann Arbeitslosigkeit eintreten. Grundsätzlich sind die Beschäftigungschancen aufgrund einer Berufsausbildung jedoch besser als ohne Berufsausbildung. Untersuchungen hinsichtlich zukünftiger Arbeitsanforderungen zeigen immer noch einen hohen Bedarf an gut ausgebildeten Fachkräften, allerdings nicht mehr in allen Wirtschaftszweigen.

Vielfach ist auch Mobilität gefragt, d.h. eine Veränderung des Wohnorts, hin zur Region des Arbeitsplatzes.

„Mobilität" – Warum verschmäht?

Arbeitslose ziehen oft eine Fülle von Nachteilen einem Wohnortwechsel vor. Dazu gehören geringerer Verdienst, eine Arbeit oft weit unterhalb des Ausbildungslevels, die zudem meist mit geringerem beruflichen Ansehen verbunden ist. Ein längerer Arbeitsweg und ungünstigere Arbeitszeiten werden in Kauf genommen. Auch ausbildungsfremde Arbeiten mit schlechteren Bedingungen, sogar zeitlich befristete Arbeiten, gelten als akzeptabel. Nur den Wohnort will man nicht wechseln.
nach: Helmut Dittrich, Arbeitslos – was nun?

Leider bietet auch eine gute Berufsausbildung keinen hundertprozentigen Schutz vor Arbeitslosigkeit, aber ein hohes Maß an Sicherheit ist doch damit verbunden.

Welche Tätigkeit ist für Arbeitslose zumutbar?

Leistungen aus der Arbeitslosenversicherung erhält nur, wer dem Arbeitsmarkt zur Verfügung steht und bereit ist, jede zumutbare Beschäftigung anzunehmen. Innerhalb von drei Monaten nach Eintritt der Arbeitslosigkeit ist eine Beschäftigung zumutbar, sofern die Bezahlung bis zu 20 % unter dem bisherigen Verdienst liegt; vom vierten bis zum sechsten Monat erhöht sich diese Schwelle auf 30 %. Ab dem siebten Monat der Arbeitslosigkeit ist dem Arbeitslosen eine Beschäftigung nur dann nicht zumutbar, wenn das daraus erzielbare Nettoeinkommen niedriger ist als das Arbeitslosengeld. Einen besonderen Berufsschutz, also die Beurteilung der Zumutbarkeit danach, welche Kenntnisse, Fähigkeiten und Qualifikationen der Arbeitslose besitzt, gibt es seit dem 1.4.1997 nicht mehr.
nach Harenberg: Aktuell '99

Zweiter Arbeitsmarkt

Umgangssprachliche Bezeichnung für einen staatlich finanzierten Ersatzarbeitsmarkt, der mit Programmen wie Arbeitsbeschaffungsmaßnahmen, Lohnkostenzuschüssen und Kurzarbeit zur Beschäftigungsförderung beitragen soll. Im Gegensatz zum ersten Arbeitsmarkt wird der Z. nicht durch Angebot und Nachfrage reguliert und ist nicht an Tariflöhne gebunden. Dem Z. liegt die Idee zugrunde, staatliche Unterstützung nicht für die Finanzierung der Arbeitslosigkeit, sondern für produktive Beschäftigung einzusetzen.

Vor allem Langzeitarbeitslosen soll über den Z. ein Einstieg in den ersten Arbeitsmarkt ermöglicht werden. Gefördert werden zusätzlich geschaffene Tätigkeiten wie Umweltsanierung und soziale Dienste. Die Gewerkschaften kritisierten, dass der Z. dazu diene, Arbeitsplätze mit untertariflicher Bezahlung zu etablieren. Die Unternehmen bemängelten, dass mit staatlichen Geldern zunehmend Arbeit subventioniert würde, die normalerweise von der Privatwirtschaft geleistet würde.

Harenberg Aktuell 97

Sofortprogramm gegen Jugendarbeitslosigkeit

Als die Bundesregierung Ende 1998 ihre Arbeit aufnahm, fand sie eine dramatische Situation auf dem Ausbildungsmarkt vor. Mehr als 450.000 junge Menschen unter 25 Jahren waren arbeitslos. Rund 31.000 Jugendliche suchten noch eine Lehrstelle. Die Bundesregierung reagierte prompt: Sie legte noch im selben Jahr das „Sofortprogramm für die Bekämpfung von Jugendarbeitslosigkeit" auf.

Ergebnis: Allein bis Ende Oktober 1999 haben 199.000 Jugendliche an dem Programm teilgenommen. Mehr als ein Fünftel von ihnen war vorher arbeitslos. Auch im Ausbildungsjahr 1999/2000 wird das Programm fortgesetzt.

http://home.t-online.de/home/steen.mdb/position/jugend.htm

Eintritt verboten
Jugendliche demonstrieren gegen Ausbildungsplatzmangel

Mit einer Mauer aus rot-grünen Pappkartons, nur ein Lehrstellenloch blieb offen, blockierten die Jugendlichen die SPD-Zentrale in Berlin, um ihren Unmut über die Ausbildungs-Politik der Regierung zu äußern. „Ich finde es enttäuschend wie die SPD mit ihren Wählern umgeht. Nach zwei Jahren rot-grüner Regierung hat sich die Ausbildungsplatzsituation nicht verbessert", erklärt der 18-jährige Denis Mahr.

Für Helmut Weick vom ‚Bündnis gegen Ausbildungsplatzmangel' ist die Forderung nach einer gesetzlichen Umlagefinanzierung nötiger denn je. Immer noch fehlen Lehrstellen. Die Betriebe haben weniger Ausbildungsplätze zur Verfügung gestellt als 1999. Helmut Weick meint: „Durch das Jump-Programm wird das kaschiert". Dem kann Denis Mahr nur zustimmen. Zwar hat er selbst einen Ausbildungsplatz. Aber am Schicksal eines Freundes erfährt er den Misserfolg des ‚Jump-Programms'. „Mein Kumpel nimmt an einer Maßnahme zur Berufsvorbereitung teil. Das dauert ein halbes Jahr. Was danach passiert, weiß er nicht. Auch wenn die Aktion in Berlin zu keinem Dialog mit dem Kanzler geführt hat. Für Helmut Weiß steht fest: „Es geht mit Sicherheit weiter".

ran 7/2000

3.1.4 Lösungsansätze

Nach Expertenaussagen aus Wirtschaft und Politik wird uns das Problem der Arbeitslosigkeit noch viele Jahre begleiten.

Sieht man es als gesellschaftliches Ziel, möglichst allen die Chance auf einen Arbeitsplatz zu gewährleisten, so bleiben folgende Möglichkeiten, dieses Ziel zu erreichen:

– die Schaffung neuer Arbeitsplätze,
– die Verkürzung der Arbeitszeit,
– die gleichmäßige Verteilung der vorhandenen Arbeit.

Vorschläge zur Verkürzung der Arbeitszeit können zunächst danach unterschieden werden, ob Beschäftigte aus dem Arbeitsmarkt ausscheiden oder die vorhandene Arbeit umverteilt wird.

Ausscheiden aus dem Arbeitsmarkt	Umverteilung vorhandener Arbeit
Herabsetzung der flexiblen Altersgrenze Vorruhestandsregelungen Verlängerte Schulzeit	Einschränkung der Mehrarbeit Verkürzung der Wochenarbeitszeit Verlängerung des Jahresurlaubs Erweiterung der Teilzeitarbeit/Job-Sharing Jahresarbeitszeitverträge u.a.

Flexible Arbeitszeitmodelle:

Arbeitswissenschaftler gehen davon aus, dass flexible A.-Modelle nach 2000 die Regel sein werden, weil sie den Bedürfnissen der Arbeitnehmer nahekämen. Die deutsche Autobranche hatte 1995 bereits flexible A.-Modelle wie die Drei- oder Vier-Tage-Woche eingeführt. Andere Firmen richteten sog. A.-Konten ein, die den Mitarbeitern unter Berücksichtigung einer Mindeststundenzahl eine freie Arbeitseinteilung erlauben. Zusätzlich geleistete Arbeitsstunden werden als Zeitguthaben angespart, Überstundenzuschläge entfallen.

Die Vorschläge zur Arbeitszeitverkürzung können u.a. beurteilt werden
– nach ihren Wirkungen auf die Beschäftigung,
– nach ihren Kosten und ihrem Nutzen,
– nach ihrer Übereinstimmung mit den Wünschen der Arbeitnehmer.

Doch neben den Vorschlägen, Arbeitslosigkeit durch Verkürzung der Arbeitszeiten abzubauen, drängen Arbeitgeber immer mehr auf eine Flexibilisierung der Arbeitszeit (bewegliche Anpassung an betriebliche Erfordernisse).

Sie sehen in einer Flexibilisierung eine entscheidende Möglichkeit, Arbeitsplätze zu sichern bzw. neue zu schaffen.

Arbeitsvorschläge

1. Ordnen Sie alle dargestellten Vorschläge zur Beseitigung der Arbeitslosigkeit den beiden Interessengruppen Arbeitgebern und Gewerkschaften zu.

2. Suchen Sie sich einen Vorschlag heraus, mit dem Ihrer Meinung nach die besten Lösungen erzielt werden könnten. Übernehmen Sie dann die Rolle eines Experten und stehen Sie in einer „Expertenbefragung" Rede und Antwort zu diesem Vorschlag.

Methode

Planspiel (vereinfacht): Gründung einer Jugend- und Auszubildendenvertretung (JAV)

Spiele sind Probehandlungen, in denen Erfahrungen über den Umgang mit anderen Menschen gesammelt und „mit Kopf, Herz und Hand" gelernt werden können. Eine besondere Form ist das Planspiel, in dem die Austragung und Lösung von Problemen und Konflikten zu proben möglich und zu Entscheidungen zu führen ist.

Innerbetrieblich haben Sie Konfliktsituationen womöglich schon selbst erlebt, z.B. bei der Gewährung von Urlaub. Überbetrieblich streiten Gewerkschaften und Arbeitgeberverbände z.B. auch über die Höhe der Ausbildungsvergütungen.

Wir schlagen Ihnen hier vor, mit Hilfe eines Planspiels Möglichkeiten der betrieblichen Konfliktregelung durch die Interessenvertretungen Betriebsrat und Jugend- und Auszubildendenvertretung (JAV) zu erarbeiten und durchzuspielen. (Im Spiel sollen die Lerninhalte erarbeitet werden. Wenn es am Ende einer Erarbeitung eingesetzt wird, entfällt der zweite Teil „Information".)

1. Vorbereitung

Kostenlose Literatur:
Bundesministerium für Arbeit und Sozialordnung, Mitbestimmung, Bonn. Jeweils neueste Auflage

Bundesministerium für Bildung und Forschung, Ausbildung und Beruf. Jeweils neueste Auflage

Der **Ausgangsfall** für das Spiel ist eine betriebliche Konfliktsituation (s. S. 58). Das Ziel ist, eine „gerechte" Lösung herbeizuführen.

Zu klärende Fragen:

- Worin besteht der Interessengegensatz?
- Wer sind die Beteiligten?
- Was sind die Ursachen?
- Was wollen wir erreichen?
- Wie ist die Rechtslage?
- Was können wir tun?
- Welche Hilfen brauchen wir?

Stellen Sie nun gemeinsam fest, welche Rollen zu besetzen sind und formulieren Sie die Arbeitsaufträge. (Siehe Vorschlag, vereinfachte Auswahl der Inhalte, Grundinformationen finden Sie im Kap. 3.2.)

Jugendliche und Auszubildende	Wahlberechtigung, Wählbarkeit, Zusammensetzung der JAV (§§ 60–62 BetrVG)
Kandidaten/Mitglieder der JAV	Aufgaben der JAV (§§ 65–71), Rechtslage Arbeitszeit/-Urlaub: JArbSchG § 8, 19
Betriebsrat	Zusammensetzung und Wahl (§§ 1, 7–9, 21, 26, 30, 39 BetrVG)
Wahlvorstand	Wahlvorschriften JAV (§§ 63 + Teile 14,14a, 16, 18–20 BetrVG)
Belegschaft (Beobachter)	Aufgaben, Mitwirkung und Mitbestimmung des Betriebsrates (§§ 80, 87–90, 97–99, 102, 103 BetrVG)
Geschäftsleitung	Abgrenzung zu Arbeitnehmern, Rechte/Pflichten (§§ 5 Abs. 2, 40, 41, 53 Abs. 2 Punkt 2., 81 BetrVG)

(Aufgabenblöcke können auch anders verteilt werden)

Methode

2. Information

Wählen Sie einen Spielleiter, falls Ihr Fachlehrer diese Aufgabe nicht übernimmt. Bilden Sie Arbeitsgruppen für die einzelnen Rollen, wählen Sie einen Gruppensprecher, verteilen Sie die Arbeitsaufgaben und besprechen Sie die Form der Präsentation.

3. Durchführung

Nicht beteiligte Gruppen beobachten und machen sich Notizen für die Auswertung. Die Kommmunikation erfolgt schriftlich und mündlich.

Materialien
Gruppenschilder
Plakatpapier
(z. B. Restrollen von Druckereien)
Farbige Marker
Tesaband
Schere

Papier für erforderlichen Schriftverkehr

Formblätter zur JAV-Wahl
Tipp: Nachfragen bei einer Gewerkschaft

Wahlumschläge
Wahlurnen
Wahlkabine
„Wahllokal"

- Der Betriebsrat bestellt den Wahlvorstand und seinen Vorsitzenden und gibt das Ergebnis bekannt.
- Die Jugendlichen und Auszubildenden bestimmen/wählen ihren Kandidaten und ein Ersatzmitglied.
- Der Wahlvorstand veröffentlicht die Wahlausschreibung.
- Die Stimmzettel werden erstellt und ausgeteilt.
- Die Jugendlichen und Auszubildenden reichen ihren Wahlvorschlag ein.
- Jugendliche und Auszubildende wählen ihre Vertretung.
- Der Wahlvorstand ermittelt das Ergebnis und gibt es bekannt.
- Die JAV berät ihre Forderungen zur Arbeitszeit und Urlaubsregelung, legt sie dem Betriebsrat schriftlich vor und bittet um Unterstützung.
- Der Betriebsrat beantragt ein Gespräch mit der Geschäftsleitung zum Thema Arbeitszeit und Urlaubsplanung.
- Die Geschäftsleitung berät ihren Standpunkt.
- JAV und Betriebsrat stimmen ihre gegenseitigen Interessen ab, da Urlaubswünsche der Jugendlichen und Auszubildenden mit denen der übrigen Arbeitnehmer konkurrieren.
- Betriebsrat und JAV verhandeln mit der Unternehmensleitung, erreichen einen Kompromiss zur Arbeitszeit und beschließen einen Urlaubsplan.

4. Auswertung

Mögliche Fragestellungen für die Auswertung:

– Sind die fachlichen Inhalte deutlich geworden?
– War die Präsentation optisch und akustisch verständlich?
– Überzeugten die Spieler in ihren Rollen?
– Verbesserungsvorschläge für das Spiel und den Spielablauf?

3.2 Mitbestimmung und Interessenvertretung im Betrieb

3.2.1 Das Betriebsverfassungsgesetz

Betriebsverfassungsgesetz

§ 14 Wahlvorschriften

(1) Der Betriebsrat wird in geheimer und unmittelbarer Wahl gewählt.
(3) Zur Wahl des Betriebsrats können die wahlberechtigten Arbeitnehmer und die im Betrieb vertretenen Gewerkschaften Wahlvorschläge machen.

§ 14a Vereinfachtes Wahlverfahren für Kleinbetriebe

(1) In Betrieben mit in der Regel fünf bis fünfzig wahlberechtigten Arbeitnehmern wird der Betriebsrat in einem zweistufigen Verfahren gewählt. Auf einer ersten Wahlversammlung wird der Wahlvorstand nach § 17a Nr. 3 gewählt. Auf einer zweiten Wahlversammlung wird der Betriebsrat in geheimer und unmittelbarer Wahl gewählt. Diese Wahlversammlung findet eine Woche nach der Wahlversammlung zur Wahl des Wahlvorstandes statt.

Das Betriebsverfassungsgesetz ist die Grundlage für die Zusammenarbeit zwischen privaten Arbeitgebern und ihrer Belegschaft. Deren wichtigste Interessenvertretung ist der Betriebsrat. Jugendliche und Auszubildende haben eine eigene Vertretung. Öffentliche Verwaltungen und Schulen bilden nach dem Personalvertretungsgesetz Personalräte.

Der Betriebsrat

Die Bildung von Betriebsräten ist nicht zwingend vorgeschrieben, deshalb muss die Initiative von der Belegschaft oder einer Gewerkschaft ausgehen. Zudem müssen sich genügend Beschäftigte finden, die einen Betriebsrat wollen und zur Kandidatur bereit sind. **Der Arbeitgeber darf dies dann nicht unterbinden.**

Mit einem Aushang am Schwarzen Brett fängt die Gründung an

Was müssen Arbeitnehmer tun, die eine Vertretung gründen wollen? Laut Betriebsverfassungsgesetz ist zunächst eine Betriebsversammlung einzuberufen, die einen Wahlvorstand wählt. Einladen können drei volljährige Arbeitnehmer des Betriebes oder eine im Betrieb vertretene Gewerkschaft. Eine besondere Form ist nicht vorgeschrieben, meist reicht eine Einladung am Schwarzen Brett. Teilnehmen kann die ganze Belegschaft während der Arbeitszeit. Sind darunter auch Frauen, sollen auch sie im Wahlvorstand vertreten sein. Der Arbeitgeber macht sich im Übrigen strafbar, wenn er eine Wahl oder einen Betriebsrat bei der Arbeit behindert.

Betriebsverfassungsgesetz

§ 1 Errichtung von Betriebsräten
(1) In Betrieben mit in der Regel mindestens fünf ständigen wahlberechtigten Arbeitnehmern, von denen drei wählbar sind, werden Betriebsräte gewählt. Dies gilt auch für gemeinsame Betriebe mehrerer Unternehmen.

§ 7 Wahlberechtigung
Wahlberechtigt sind alle Arbeitnehmer des Betriebs, die das 18. Lebensjahr vollendet haben. Werden Arbeitnehmer eines anderen Arbeitgebers zur Arbeitsleistung überlassen, so sind diese wahlberechtigt, wenn sie länger als drei Monate im Betrieb eingesetzt werden.

§ 8 Wählbarkeit
(1) Wählbar sind alle Wahlberechtigten, die sechs Monate dem Betrieb angehören oder als in Heimarbeit Beschäftigte in der Hauptsache für den Betrieb gearbeitet haben. (...)

§ 15 Zusammensetzung nach Beschäftigungsarten und Geschlechtern
(1) Der Betriebsrat soll sich möglichst aus Arbeitnehmern der einzelnen Organisationsbereiche und der verschiedenen Beschäftigungsarten der im Betrieb tätigen Arbeitnehmer zusammensetzen.
(2) Das Geschlecht, das in der Belegschaft in der Minderheit ist, muss mindestens entsprechend seinem zahlenmäßigen Verhältnis im Betriebsrat vertreten sein, wenn dieser aus mindestens drei Mitgliedern besteht.

Probleme der Betriebsräte (1994–1999 in %)
– Personalabbau 67
– höherer Leistungsdruck 58
– Neue Arbeitszeitformen 54
– Änderung der Arbeitsorganisation 50
– Neue Techniken 39
– Überstunden 37

Arbeitsvorschläge

1. Stellen Sie in Ihrer Klasse fest, ob es in den Ausbildungsbetrieben Betriebsräte gibt. Wie werden Probleme gelöst, wenn kein Betriebsrat da ist?
2. Könnte in Ihrem Betrieb ein Betriebsrat gewählt werden, wenn es keinen gibt?
3. Stellen Sie eine Reihe von Gründen dafür zusammen, dass es in vielen Betrieben keine Interessenvertretungen der Arbeitnehmer gibt. Welche sind veränderbar?

In Betrieben mit mehr als 200 Beschäftigten ist seit 2001 mindestens ein Betriebsratsmitglied von der übrigen beruflichen Tätigkeit „freizustellen", um sich seiner Betriebsratstätigkeit voll zu widmen. Die Zahl der Freigestellten erhöht sich mit der Zahl der Arbeitnehmer. Vorher waren für die Freistellung 300 Beschäftigte erforderlich. Aus Sicht der Arbeitgeber verteuert diese Änderung die Produktion.

Der Betriebsrat muss vierteljährlich eine **Betriebsversammlung** einberufen und der Belegschaft einen Tätigkeitsbericht vorlegen. Der Arbeitgeber ist dazu einzuladen und hat Rederecht. In Unternehmen mit mehr als 100 ständig beschäftigten Arbeitnehmern wird ein **Wirtschaftsausschuss** gebildet. Ausgenommen sind **„Tendenzbetriebe"** wie Zeitungsverlage und kirchliche Einrichtungen. Der Wirtschaftsausschuss wird vom Betriebsrat bestimmt, besteht aus drei bis sieben sachkundigen Betriebsangehörigen, von denen einer dem Betriebsrat angehören muss. Der Ausschuss soll die Unternehmer in wirtschaftlichen Angelegenheiten beraten und den Betriebsrat über die wirtschaftliche Lage des Unternehmens informieren. Deshalb muss ihn die Unternehmensleitung rechtzeitig über alle wirtschaftlichen Angelegenheiten unterrichten, z.B. über die finanzielle Lage oder über Rationalisierungsmaßnahmen.

Kommt es zu Meinungsverschiedenheiten zwischen Arbeitgeber und Betriebsrat, kann eine **Einigungsstelle** eingerichtet werden, die aus einer gleichen Anzahl von Vertretern des Arbeitgebers und des Betriebsrates zusammengesetzt ist. Beide Seiten müssen sich auf einen unparteiischen Vorsitzenden einigen. Beschlüsse werden mit Stimmenmehrheit gefasst. Bei Mitbestimmungsrechten ist der „Spruch" der Einigungsstelle verbindlich, bei anderen Streitfragen gilt er nur, wenn ihn beide Seiten annehmen.

Anzahl der Betriebsratsmitglieder

Wahlberechtigte	Mitglieder
5– 20	1
21– 50	3
51– 100	5
101– 200	7
201– 400	9
401– 700	11
701–1000	13
1001–1500	15
1501–2000	17
2001–2500	19
2500–3000	21
3001–3500	23
3501–4000	25
4001–4500	27
4501–5000	29
5001–6000	31
6001–7000	33
7001–8000	35
8001–9000	37

Je weitere angefangene 3000 Arbeitnehmer zwei Mitglieder mehr

Betriebsverfassungsgesetz § 80

Allgemeine Aufgaben

(1) Der Betriebsrat hat folgende allgemeine Aufgaben:
1. darüber zu wachen, dass die zugunsten der Arbeitnehmer geltenden Gesetze, Verordnungen, Unfallverhütungsvorschriften, Tarifverträge und Betriebsvereinbarungen durchgeführt werden;
2. Maßnahmen, die dem Betrieb und der Belegschaft dienen, beim Arbeitgeber zu beantragen;
2a die Durchsetzung der tatsächlichen Gleichstellung von Frauen und Männern … zu fördern;
2b die Vereinbarkeit von Familie und Erwerbstätigkeit zu fördern;
3. Anregungen von Arbeitnehmern und der Jugend- und Auszubildendenvertretung entgegenzunehmen und, falls sie berechtigt erscheinen, durch Verhandlungen mit dem Arbeitgeber auf eine Erledigung hinzuwirken; er hat die betreffenden Arbeitnehmer über den Stand und das Ergebnis der Verhandlungen zu unterrichten;
4. die Eingliederung Schwerbehinderter und sonstiger besonders schutzbedürftiger Personen zu fördern;
5. die Wahl einer Jugend- und Auszubildendenvertretung vorzubereiten und durchzuführen und mit dieser zur Förderung der Belange der in § 60 Abs. 1 genannten Arbeitnehmer*) eng zusammenzuarbeiten; er kann von der Jugend- und Auszubildendenvertretung Vorschläge und Stellungnahmen anfordern;
6. die Beschäftigung älterer Arbeitnehmer im Betrieb zu fördern;
7. die Integration ausländischer Arbeitnehmer im Betrieb und das Verständnis zwischen ihnen und den deutschen Arbeitnehmern zu fördern, sowie Maßnahmen zur Bekämpfung von Rassismus und Fremdenfeindlichkeit im Betrieb zu beantragen
8. die Beschäftigung im Betrieb zu fördern und zu sichern
9. Maßnahmen des Arbeitsschutzes und des betrieblichen Umweltschutzes zu fördern.

Wer sitzt im Betriebsrat?
Ergebnisse der Betriebsratswahlen 1998
Betriebsratsmitglieder in %

Deutscher Gewerkschaftsbund DGB	61,9
nicht Organisierte	33,3
Deutsche Angestellten-Gewerkschaft (DAG) [1]	3,2
Christlicher Gewerkschaftsbund Deutschlands (CGB)	0,5
sonstige Gewerkschaften	1,1

[1] Seit 2001 Mitglied in **ver.di**, (Vereinte Dienstleistungsgewerkschaft im DGB)

Arbeitsvorschläge

1. Falls in Ihrem Betrieb ein Betriebsrat besteht: Erkunden Sie seine Zusammensetzung hinsichtlich der Zahl, dem Anteil von Gruppenvertretern (Männer, Frauen) und der Gewerkschaftszugehörigkeit.

2. Stellen Sie für Ihren Betrieb einen Aufgabenkatalog für einen Betriebsrat zusammen und ordnen sie ihn nach der Dringlichkeit. Stellen Sie Ihr Ergebnis der Klasse vor und entwickeln Sie mit ihr einen allgemeinen Dringlichkeitskatalog.

---

*) *Jugendliche und Auszubildende bis 25 Jahre*

3.2.2 Mitwirkung und Mitbestimmung

Das Recht der Arbeitnehmer auf Mitwirkung und Mitbestimmung im Unternehmen wird vor allem durch den Betriebsrat wahrgenommen. Seine Einwirkungs- und Schutzmöglichkeiten sind von abgestufter Wirksamkeit.

Freie Stellen ausschreiben

KASSEL Unternehmen müssen freiwerdende Arbeitsplätze auf Verlangen des Betriebsrates zunächst innerhalb der Firma ausschreiben. Unterlässt der Arbeitgeber das, so kann der Betriebsrat die Zustimmung zu der Stellenbesetzung verweigern, wie das Bundesarbeitsgericht entschied.

AP-Meldung vom 29.10.1993

Was kann der Betriebsrat gegen Kündigungen tun?
1. Umfassende Information vor einer Stellungnahme, z.B. über die Hintergründe beim Kündigungsgrund „Fehlzeiten"
2. Kein Beschluss ohne Anhörung der Betroffenen
3. Widerspruch gegen ordentliche Kündigung innerhalb einer Woche einlegen bei
   - Vernachlässigung sozialer Auswahl,
   - Verstoß gegen Auswahlrichtlinien
   - Weiterbeschäftigungsmöglichkeiten am anderen Arbeitsplatz, nach Umschulung oder mit einem anderen Vertrag

nach: Die Quelle, DGB

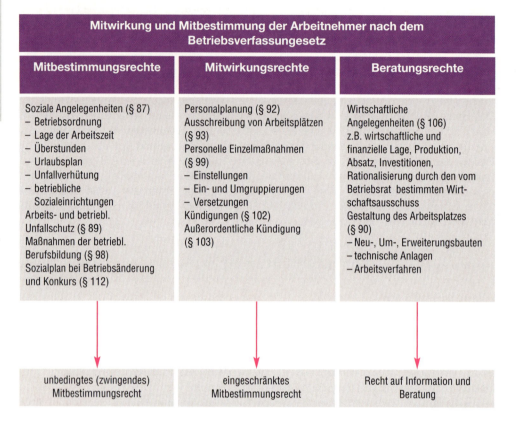

- **Mitbestimmungsrechte:** Bei sozialen Angelegenheiten ist die Zustimmung des Betriebsrates für eine betriebliche Entscheidung unbedingt erforderlich. Der Betriebsrat ist gegenüber der Betriebsleitung gleichberechtigt, denn auch er kann Maßnahmen beantragen (Initiativrecht). Kommt keine Einigung zustande, unterbleibt die Maßnahme oder die Einigungsstelle (S. 55) entscheidet für beide Seiten verbindlich. Das Arbeitsgericht kann nur bei vermuteten Verfahrensfehlern angerufen werden.
Allgemeine personelle Angelegenheiten (§§ 92–95), z.B. Auswahlrichtlinien für Einstellungen, unterliegen der Mitbestimmung, doch entfällt hier das Initiativrecht des Betriebsrates.

- **Mitwirkungsrechte:** Der Betriebsrat kann seine Zustimmung nur verweigern, wenn gegen gesetzliche Bestimmungen verstoßen wurde, z.B. bei Kündigungen. Bei personellen Einzelmaßnahmen (s. Übersicht) setzt sein Mitwirkungsrecht erst bei Betrieben mit mehr als 20 wahlberechtigten Arbeitnehmern an. Zudem kann der Arbeitgeber beim Arbeitsgericht beantragen, die Zustimmung durch eine richterliche Entscheidung zu ersetzen.

- **Beratungsrechte:** In wirtschaftlichen Angelegenheiten muss der Arbeitgeber den Betriebsrat rechtzeitig und umfassend unterrichten und sich mit ihm beraten. Ein Widerspruch des Betriebsrates ist aber rechtlich unwirksam, der Arbeitgeber kann letztlich allein entscheiden.

3.2.3 Internationale Betriebsräte

> **Europäischer VW-Konzernbetriebsrat in Braunschweig**
> ### Für zukunftssichere Arbeit
>
> Braunschweig (jaz) Den Erhalt und die Schaffung zukunftssicherer Arbeit an allen VW-Standorten in Europa hat Klaus Volkert als Präsident des europäischen VW-Konzernbetriebsrates gefordert. Bei einer Sitzung des Gremiums in Braunschweig seien die Auswirkungen der Unternehmensplanung auf die Standorte diskutiert worden, heißt es. Überall versuchten die Arbeitgeber, durch Androhung von Produktionsverlagerungen die Standorte untereinander auszuspielen. Da müssten alle im Europa-Konzernbetriebsrat dagegenhalten.

Braunschweiger Zeitung vom 22. November 1996

Betriebsvereinbarungen bei VW
- Arbeitsordnung
- Vorschlagswesen
- Pausen- und Springerregelung
- Gleitende Arbeitszeit
- Einstellung, Entwicklung und Förderung von Auszubildenden

In der „Richtlinie über die Einsetzung eines Europäischen Betriebsrates" der Europäischen Union von 1994 ist die Grundlage für die Einrichtung von Betriebsräten in „gemeinschaftsweit operierenden Unternehmen" ab 1000 Arbeitnehmern gelegt, sofern sie „mit jeweils mindestens 150 Arbeitnehmern in mindestens zwei Mitgliedstaaten" tätig sind. Die Betriebsräte haben jedoch nur das Recht auf Anhörung und Information. Die Gewerkschaften fordern daher die Erweiterung der Rechte.

Die Einrichtung von Weltbetriebsräten, aus Sicht der Gewerkschaften eine logische Konsequenz aus der „Globalisierung", wurde z. B. von Daimler-Chrysler Ende 1998 abgelehnt, während das Volkswagenwerk 1999 als erster Autokonzern einen Weltbetriebsrat gründete.

3.2.4 Betriebsvereinbarungen und Sozialplan

Betriebsvereinbarungen zwischen dem Betriebsrat und dem Arbeitgeber sind ein wichtiges Instrument zur praktischen Ausgestaltung des Mitbestimmungsrechtes. Gegenstand einer **Betriebsvereinbarung** können alle Angelegenheiten sein, bei denen der Betriebsrat ein Mitbestimmungsrecht hat, vor allem soziale Angelegenheiten nach § 87 BetrVG, z.B. die Gestaltung der Arbeitszeit oder der Urlaubsplan. Weitere freiwillige Vereinbarungen sind möglich, z.B. Maßnahmen zur Unfallverhütung, die über die gesetzlichen Vorschriften hinausgehen.

Schließlich sieht das Betriebsverfassungsgesetz für Betriebe mit mehr als 20 Beschäftigten vor, bei „Betriebsänderung" (§ 111), die „wesentliche Nachteile für die Belegschaft oder erhebliche Teile der Belegschaft zu Folge haben können", mit dem Betriebsrat einen **Interessenausgleich** vorzunehmen oder einen **Sozialplan** aufzustellen (§ 112). In beiden Fällen geht es darum, wirtschaftliche Nachteile für Arbeitnehmer, die durch die geplante Betriebsänderungen entstehen, auszugleichen oder zu mildern, häufig durch Vereinbarung von Abfindungen.

Das Urteil
Tarifvertrag geht vor
Kassel Im Tarifvertrag festgelegte Arbeitszeitverkürzungen dürfen nicht mit Vereinbarungen zwischen Betriebsrat und Firmenleitung unterlaufen werden. Das entschied das Bundesgericht. Das Gericht wies aber einen Antrag der Gewerkschaft ÖTV ab, den Betriebsrat einer Hamburger Spedition wegen solcher unzulässiger Vereinbarungen zwangsweise aufzulösen (Aktenzeichen: 1 ABR 62/92).

Arbeitsvorschläge

1. Diskutieren Sie die Gewerkschaftsforderung nach Erweiterung der Rechte der Euro-Betriebsräte.

2. Ermitteln Sie die beiden Bedingungen, die erforderlich sind, um bei Betriebsänderungen oder Betriebsschließungen einen Sozialplan zu erwirken.

3. Erörtern Sie in einer Pro- und Kontra-Diskussion, ob Tarifverträge auch künftig vor Betriebsvereinbarungen gelten sollen.

3.2.5 Die Jugend- und Auszubildendenvertretung

Betriebsversammlung der mittelständischen Bauunternehmung „Hochtief" an einem Nachmittag im Saale der Gaststätte beim Betriebsgelände. Der Betriebsrat berichtet über eine insgesamt gute Zusammenarbeit mit dem Chef, kritisiert aber u.a. die häufigen Überstunden, die der Chef in seinem jährlichen Bericht mit dem Termindruck durch die Auftraggeber begründete.

An einem Tisch in der Saalecke langweilen sich die „Jungen". „Keiner redet über unsere Probleme", meint Marc. Er ist Auszubildender als Maurer im zweiten Jahr und gerade 18 geworden. André widerspricht: „Das mit den Überstunden betrifft auch mich und Eric. Wir sind häufig auf Baustellen außerhalb, fahren mit dem Betriebsbus mit und müssen solange auf der Baustelle bleiben wie die Gesellen. André lernt im dritten Jahr und ist 19. Eric ist mit 17 der Jüngste in der Firma. Gregor, der Umschüler aus Kasachstan, ergänzt: „Außerdem ist da noch das Problem mit dem Urlaub. Häufig werden wir vertröstet, wegen der Arbeit oder weil gerade zwei Gesellen im Urlaub sind. Und wir sollten den Urlaub doch in den Berufsschulferien nehmen." „Das ist auch mein Hauptproblem", mein Katja. Sie ist 20 Jahre alt und lernt Bürokauffrau.

„Ich habe aber eine Idee! Meine Freundin arbeitet in einem Betrieb, in dem gibt es eine Jugend- und Auszubildendenvertretung. Die haben über den Betriebsrat einen Urlaubsplan durchgesetzt. Wir sollten uns auch eine Vertretung wählen und dann versuchen unsere Probleme zu regeln."

In Betrieben mit mindestens fünf Jugendlichen oder Auszubildenden kann eine Jugend- und Auszubildendenvertretung (JAV) gewählt werden, wenn im Betrieb ein Betriebsrat besteht.

Deine JAV informiert
Eure Jugend- und Auszubildendenvertretung trifft sich alle zwei Wochen Dienstags im Betriebsratsbüro zur Sitzung. Nächster Termin: …

Zum Kreis der Wahlberechtigten zur Jugend- und Auszubildendenvertretung (JAV) zählen neben den Jugendlichen und den Auszubildenden auch Anlernlinge, Umschüler und Praktikanten unter 25 Jahre. „Wählbar sind alle Arbeitnehmer des Betriebes, die das 25. Lebensjahr noch nicht vollendet haben" (§ 61 Abs. 2 BetrVG) mit Ausnahme von Betriebsratsmitgliedern und Personen, denen wegen einer Straftat das Recht auf Bekleidung öffentlicher Ämter aberkannt wurde.

Vorbereitet wird eine JAV-Wahl, indem der Betriebsrat einen Wahlvorstand und seinen Vorsitzenden bestimmt. In kleineren Betrieben mit 5 bis 50 Jugendlichen und Auszubildenden bis 25 Jahre kann die JAV nach dem vereinfachten Wahlverfahren wie bei den Betriebsratswahlen (§ 14 a BetrVG) gewählt werden. Ohne Betriebsrat kann aber keine JAV gegründet werden.

Wahlvorschläge benötigen die Unterstützung von mindestens zwei Wahlberechtigten. Sie müssen schriftlich und können beim vereinfachten Wahlverfahren auch mündlich auf der ersten Wahlversammlungen erfolgen. Für eine JAV, die aus einer Person besteht, können Vorschläge für die Wahl eines Ersatzmitgliedes gemacht werden.

Da die JAV nur über den Betriebsrat tätig werden kann, entsendet sie zu allen Betriebsratssitzungen einen Vertreter. Auch kann sie beantragen, eigene Anliegen auf die Tagesordnung zu bringen. Werden solche Angelegenheiten behandelt, habe alle Mitglieder der JAV das Recht, an der Sitzung teilzunehmen. „Überwiegen" diese Anliegen, haben sie sogar volles Stimmrecht.

Die JAV kann vor oder nach jeder Betriebsversammlung eine **Jugend- und Auszubildendenversammlung** abhalten, um Tätigkeitsbereiche, Ausbildungsfragen und andere sozialpolitische Themen zu diskutieren. In Betrieben mit über 50 Wahlberechtigten sichern Sprechstunden den Kontakt mit den Jugendlichen und Auszubildenden.

An das Kreiswehrersatzamt

Betr.: Rückstellung vom Wehr-/Zivildienst

Ich bin bei der Firma … seit dem … Jugend- und Auszubildenenvertreter. Die laufende Amtsperiode geht bis zum … Ich beantrage, bis zum Ablauf der Amtsperiode vom Wehr-/Zivildienst zurück gestellt zu werden.

Unterschrift:

Anlage:

Bescheinigung des Betriebsrates

Unsere Aufgaben

Die Qualität der Ausbildung wird für die Zukunft der Auszubildenden immer entscheidender. Die gestellten Anforderungen im späteren Beruf sind gerade durch den Einsatz neuer Technologien höher geworden. Darüber hinaus ist die Sicherheit eines Arbeitsplatzes eher gewährleistet, wenn jeder eine breit angelegte Qualifikation nachweisen kann …

Im Besonderen muss es der Jugend- und Auszubildendenvertretung darum gehen, dass

- Umweltschutz im Betrieb und in der Ausbildung berücksichtigt wird,
- die Qualifikationen entsprechend der Ausbildungsordnung der neu geordneten Berufe vermittelt werden,
- betriebliche Ausbildungs- und Versetzungspläne vorhanden sind,
- genügend qualifizierte Ausbilder und Ausbildungbeauftragte tätig sind (…),
- die Ausstattung der Ausbildungswerkstatt und der Ausbildungsabteilung den Anforderungen (z.B. CNC-Maschinen) entspricht,
- nach neuen Ausbildungsmethoden (z.B. Leittext, Gruppenarbeit) ausgebildet wird,
- keine eintönigen und ausbildungsfremden Tätigkeiten durchgeführt werden,
- die vorhandenen Ausbildungsplätze erhalten und neue, qualifizierte geschaffen werden,
- alle Ausgebildeten nach der Ausbildung eine sinnvolle, qualifizierte Vollzeitbeschäftigung im erlernten Beruf erhalten.

IG Metall, Jugend- und Auszubildendenvertreter, Frankfurt/Main 1996, S. 9

Arbeitsvorschlag

Ermitteln Sie aus dem Text „Unsere Aufgaben" die für Ihren Ausbildungs- und Arbeitsplatz wichtigen Punkte und ordnen Sie diese nach der Dringlichkeit in eine Reihenfolge. Erörtern Sie mit Ihren Mitschülerinnen und Mitschülern Möglichkeiten der Abhilfe.

3.3 Mitbestimmung auf Unternehmensebene

Politik und Wirtschaft demokratisch steuern –

zeitgemäße Mitbestimmung, Ausgleich von wirtschaftlichen und sozialen Interessen.

DGB Wahlprüfsteine

Kooperation ist besser als Konfrontation – Partnerschaft statt Klassenkampf, Mitbestimmung ist ein Standortvorteil für Deutschland.

Norbert Blüm
ehem. Arbeitsminister

(1) Das Eigentum und das Erbrecht werden gewährleistet. (...)
(2) Eigentum verpflichtet. Sein Gebrauch soll zugleich dem Wohle der Allgemeinheit dienen.

Artikel 14 GG

Karikatur in einem IG-Metall-Flugblatt zur Beeinflussung von Gesetzesberatungen im Deutschen Bundestag zur Mitbestimmung

Entscheidend für den Unternehmenserfolg und damit auch für die Sicherung von Arbeitsplätzen sind „wirtschaftliche Angelegenheiten", bei denen Betriebsräte nur Informations- und Beratungsrecht haben (s. S. 56). Deshalb haben die Gewerkschaften durchgesetzt, dass in den Aufsichtsräten der Kapitalgesellschaften und großer Genossenschaften Arbeitnehmervertreter die Interessen der Beschäftigten vertreten.

Bereits im vorigen Jahrhundert wurde von Politikern und Gewerkschaften die Forderung erhoben, Arbeitnehmer müssten an der Gestaltung des Arbeitslebens beteiligt werden. Zwei Gründe werden vorwiegend angeführt:
– Zwischen Kapital und Arbeit bestehe Gleichberechtigung, da beide Faktoren für die Produktion notwendig seien.
– Die wirtschaftliche Macht der Unternehmer müsse durch die Arbeitnehmer und ihre Vertretungen kontrolliert werden, deshalb sei auch die Wirtschaft zu „demokratisieren".

Dieser Forderung wurde nach dem Kriege in drei Gesetzen entsprochen, in denen die Mitwirkung und Mitbestimmung der Arbeitnehmer auf Unternehmensebene in den Aufsichtsräten der großen Kapitalgesellschaften geregelt ist.
– **Gesetz über die Mitbestimmung** der Arbeitnehmer in den Aufsichtsräten und Vorständen der Unternehmen des Bergbaus und der Eisen und Stahl erzeugenden Industrie von 1951 (**Montanmitbestimmungsgesetz**) mit Änderungen, zuletzt 1998
– **Betriebsverfassungsgesetz** von 1952 in der Fassung von 1994
– Gesetz über die Mitbestimmung der Arbeitnehmer von 1976 (**Mitbestimmungsgesetz**) in der Fassung von 1994

Mit zunehmender internationaler Verflechtung der Unternehmen werden erste europäische (s. S. 57) und weltweite Konzernbetriebsräte gegründet.

Arbeitsvorschlag

Beschreiben Sie die Karikatur und erläutern Sie die Gewerkschaftsforderung, die von dem Zeichner herausgestellt wird. Halten Sie die Aussage heute noch für angemessen?

3.3.1 Mitbestimmung nach dem Betriebsverfassungsgesetz

Aufgaben des Aufsichtsrates

Zu den wesentlichen Aufgaben des Aufsichtsrates gehört die Bestellung des Vorstandes (Management) und dessen Kontrolle. Je nach Geschäftsordnung entscheidet der Aufsichtsrat auch über grundsätzliche Angelegenheiten der Unternehmenspolitik sowie über Investitionen ab einer bestimmten Größenordnung sowie über den Investitionsplan.

IG Metall, Vertretung von Arbeitnehmerinteressen ... im Unternehmen, Frankfurt/Main o.J.

In Aktiengesellschaften mit bis zu 2000 Beschäftigten sowie für Gesellschaften mit beschränkter Haftung und Genossenschaften mit einer Belegschaft zwischen 500 und 2000 Arbeitnehmern sind die Aufsichtsräte zu einem Drittel mit Arbeitnehmervertretern zu besetzen. Den Vorsitz hat ein Kapitalvertreter. Die Arbeitnehmervertreter werden von der Belegschaft des Unternehmens in allgemeiner, geheimer, gleicher und unmittelbarer Wahl gewählt. Vorschlagsberechtigt sind die Betriebsräte und die Arbeitnehmer. Bei zwei und mehr Arbeitnehmervertretern muss der eine bzw. müssen mindestens zwei von ihnen aus den Betrieben des Unternehmens kommen, darunter ein Arbeiter und ein Angestellter. Sind mehr als die Hälfte der Beschäftigten Frauen, muss mindestens eine von ihnen darunter sein.

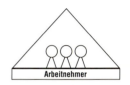

3.3.2 Mitbestimmung nach dem Mitbestimmungsgesetz

In Unternehmen mit mehr als 2000 Beschäftigen mit Ausnahme des Montanbereichs und der „Tendenzbetriebe" (s. S. 55) werden die Aufsichtsräte zu gleichen Teilen mit Vertretern der Anteilseigner und der Arbeitnehmer besetzt. Die Zahl der Aufsichtsratssitze hängt von der Unternehmensgröße ab. Auf Arbeitnehmerseite müssen Arbeiter, Angestellte, „leitende" Angestellte und Gewerkschaftsvertreter berücksichtigt werden. Die Zahl der Gewerkschaftsvertreter ist gesetzlich geregelt, die der Arbeitnehmergruppen ergibt sich aus ihrem Anteil an der Belegschaft. Aus Gründen des Minderheitsschutzes stellt jede Arbeitnehmergruppe mindestens einen Vertreter.

Der Aufsichtsrat wählt seinen Vorsitzenden und einen Stellvertreter mit Zweidrittelmehrheit. Gelingt dies im ersten Wahlgang nicht, wählen der Vertreter der Anteilseigner den Vorsitzenden und die Arbeitnehmervertreter den Stellvertreter.

Da der Aufsichtsratsvorsitzende in der Regel von den Anteilseignern gestellt wird und bei Abstimmungen mit Stimmengleichheit doppeltes Stimmrecht hat, kann kein Beschluss gegen den Willen der Kapitalseite durchgesetzt werden. Deshalb sehen vor allem die DGB-Gewerkschaften keine gleichberechtigte Mitbestimmung der Arbeitnehmer und fordern eine Verbesserung des Gesetzes mit Gleichgewichtigkeit der Stimmen.

Mitbestimmung im Aufsichtsrat

Mitbestimmung in großen Kapitalgesellschaften
(mit über 2 000 Mitarbeitern) nach dem MitbestGesetz von 1976 hier: 2 000 bis 10 000 Mitarbeiter

Arbeitnehmerseite

4 Betriebsangehörige (darunter ein leitender Angestellter)

2 Gewerkschaftsvertreter

Kapitalseite

6 Vertreter der Anteilseigner, darunter 1 Aufsichtsratsvorsitzender mit zusätzlicher Stimme in Pattsituationen

2. Stimme des Aufsichtsratsvorsitzenden in Pattsituationen ausschlaggebend

Globus-*INFO* 0025

Mitbestimmung für Arbeitnehmer

Wo?	Für wie viele?
Montanindustrie	0,4 Mio.
Große Kapitalgesellschaften	4,1 Mio.
Kleinere Kapitalges.	0,9 Mio.

(Alte Bundesländer)

3.3.3 Montanmitbestimmung

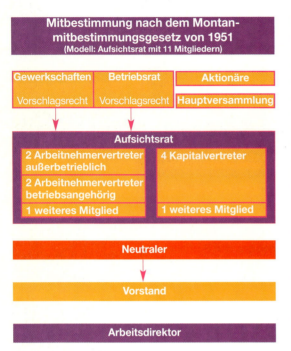

BDA = Bundesvereinigung der Deutschen Arbeitgeberverbände

DGB = Deutscher Gewerkschaftsbund

Die Montanmitbestimmung ist auf Unternehmen des Bergbaus und der Eisen- und Stahlindustrie beschränkt, so weit diese „überwiegend" (mehr als 20%) Grundstoffe fördern und umwandeln (z. B. Kohle zu Koks) oder Eisen- und Stahlprodukte (z. B. Bleche, Träger) erzeugen. Hier setzt sich der Aufsichtsrat auch zu gleichen Teilen (paritätisch) aus Vertretern der Anteilseigner und Arbeitnehmer zusammen. In Patt-Situationen entscheidet jedoch ein unabhängiges elftes, fünfzehntes oder einundzwanzigstes Mitglied (mögliche Mitgliederzahlen von Aufsichtsräten). Der „Unabhängige" kann zwar mit der Mehrheit aller Stimmen gewählt werden, doch müssen sich darunter mindestens je drei Mitglieder beider „Bänke" befinden.

1951 lag die Zahl der montanmitbestimmten Firmen noch bei über 100. Seitdem ging sie zurück. Anfang 1999 waren es noch 45 Unternehmen mit rund 400 000 Beschäftigten. Die sinkende Bedeutung der Stahlproduktion für die längst zu Multikonzernen erweiterten ehemaligen Montankonzerne führte 1989 zu einem Sicherungsgesetz. Die Konzernobergesellschaft unterliegt der paritätischen Mitbestimmung, wenn eine montanmitbestimmte Tochter statt bisher 50% nun entweder 20% des Umsatzes macht oder mindestens 2000 Arbeitnehmer beschäftigt.

3.3.4 Mitbestimmung in der Diskussion

Seit der Einführung der Mitbestimmung im Betrieb und in Unternehmen gibt es strittige Diskussionen. Dabei geht es nicht um die Abschaffung der Mitbestimmung sondern um ihre Ausgestaltung. Jüngstes Beispiel ist die Diskussion um die Reform der Betriebsverfassung von 2001, bei der u.a. ihr Geltungsbereich erweitert und die Zahl der Betriebsräte und ihre Freistellungen erhöht wurden.

Ursula Engelen-Kefer, stellv. DGB-Vorsitzende	Dietmar Heise, BDA Hauptgeschäftsführung
Durch Umstrukturierungen und Ausgliederungen von Betriebsteilen werden Betriebsräte ausgeschaltet. Unternehmen befinden sich im Fusionsfieber … neue Beschäftigungsformen wie Fremdfirmenarbeit höhlen den Schutz der Beschäftigten und deren Rechte aus. Um der Mitbestimmung eine Zukunft zu geben, muss das Betriebsverfassungsgesetz novelliert werden.	Die bisherige Mitbestimmung hat sich bewährt. Durch das neue Gesetz werden die jährlichen Kosten in den Unternehmen allein durch größere Gremien und mehr Freistellungen um 750 Mrd. EUR steigen und Entscheidungen gebremst. Dies verfestigt die bestehende Arbeitslosigkeit und gefährdet gerade noch rentable Arbeitsplätze.

nach Braunschweiger Zeitung vom 13. Februar 2000

Arbeitsvorschläge

1. Untersuchen Sie den Einfluss der Arbeitnehmervertreter in den drei Formen der Mitbestimmung in den Aufsichtsräten der Unternehmen und ermitteln Sie eine Reihenfolge.

2. Stellen Sie die unterschiedlichen Standpunkte zur Reform des Betriebsverfassungsgesetzes in Stichworten gegenüber und nehmen Sie Stellung dazu.

3. Organisieren Sie eine Podiumsdiskussion mit Vertretern einer Gewerkschaft und eines Arbeitgeberverbandes zur Erweiterung der Mitbestimmung in großen Unternehmen.

4 | *Lebenskonzepte*

Methode

Herstellung einer Collage

Die Collagentechnik ist weit verbreitet und führt mit relativ geringem Aufwand häufig zu erstaunlichen Ergebnissen. Aus alten Zeitschriften, Zeitungen, Büchern, Bildern und anderen Materialien werden Teile entnommen, neu geordnet, gruppiert, bebildert und beschriftet und anschließend auf einem Träger zu einem neuen Ganzen zusammengestellt.

Arbeitsvorschlag

Nun sollen Sie mit Hilfe dieser Methode herausfinden, wie Sie Ihre Zukunft gestalten möchten, welche Ziele und Wünsche Sie haben und was Sie vielleicht überhaupt nicht wollen.

Ablauffolge
1. Beschaffung von Material
   alte Zeitungen, Zeitschriften, Illustrierte, Bücher, Bilder, Versandhauskataloge sowie Packpapier als Trägermaterial.
2. Aufteilung der Schülerinnen und Schüler
   Collagen in Einzel-, Partner- oder Gruppenarbeit erstellen (Gruppengröße keinesfalls über 5 Teilnehmer).
3. Durchführung
   Einlesen in das Thema auf den folgenden Seiten. – Herausarbeiten der wesentlichen Inhalte. – Auswählen von Collagenmaterial. – Skizzen und Entwürfe erstellen.
   Collage anfertigen.
4. Auswertung
   Alle Collagen werden im Klassenraum aufgehängt und betrachtet.
   Collagen werden von den Herstellern erläutert und kommentiert.

Kinder und Jugendliche: Shell-Studie

Mit der 13. Shell Jugendstudie hat die Deutsche Shell AG die bisher umfassendste Untersuchung über Jugend in Deutschland der Öffentlichkeit vorgestellt. Als zentrales Ergebnis wurde unter den 15- bis 24jährigen eine deutlich gewachsene Zuversicht in bezug auf die persönliche wie auch auf die gesellschaftliche Zukunft ermittelt. Dennoch kann nach Einschätzung des Forscherteams nicht von einer Generation „unbekümmerter Optimisten" gesprochen werden. Die Mehrheit der Jugendlichen habe vielmehr nüchtern und illusionslos erkannt, welche Herausforderungen in der modernen, globalisierten Gesellschaft auf sie zukommen.

- **Optimismus**: Knapp die Hälfte aller Jugendlichen beurteilten 1999 ihre persönliche, zwei Drittel die gesellschaftliche Zukunft eher zuversichtlich. Weder verängstigt noch leichtsinnig unbekümmert, sondern in Kenntnis der Herausforderungen in der globalisierten Welt und überzeugt von der eigenen Leistungsfähigkeit, versuchte die Mehrheit der Jugendlichen nach Aussagen der Forscher die eigene Lebensperspektive aktiv vorzubereiten.

- **Familie und Beruf**: Für die übergroße Mehrheit der befragten Jugendlichen war die vorehliche/eheliche Lebensgemeinschaft die am stärksten angestrebte Lebensform. Die Ehe wurde nicht als Versorgungsinstitution, sondern als Ort des emotionalen Rückhalts und der Partnerschaft verstanden. Den meisten Jugendlichen galt als sicher, dass sich Beruf und Familie miteinander verbinden lassen; sie wünschten sich eine Balance zwischen beiden Bereichen. Rund 80% der jungen Frauen strebten dies an, klagten aber über Probleme. Der Beruf erschien als selbst gewähltes Lebenskonzept, für das man sich aktiv einsetzen muss.

- **Werte**: In der Werteorientierung schlossen sich für die Jugendlichen Autonomie und Menschlichkeit ebenso wenig gegenseitig aus wie das Befürworten von Modernität und Technik sowie soziales Interesse.

- **Einstellung zur Politik**: Das politische Interesse der Jugendlichen sank laut Studie weiter, auch das Vertrauen in nichtstaatliche politische Organisationen (Bürgerinitiativen und Umweltschutzgruppen), vor allem aber in Parteien, insbesondere für ostdeutsche Jugendliche. Je belasteter ihnen ihre eigene Zukunft erschien, desto stärker lehnten sie den Politikbetrieb ab. Für wachsenden organisierten Rechtsradikalismus gab es in der Studie keine Anhaltspunkte. Für „Europa" interessierten sich die Jugendlichen in der Mehrheit nicht.

- **Verhältnis zu Ausländern**: Das Verhältnis zwischen deutschen und ausländischen Jugendlichen erschien in den meisten Fällen als undramatisch, auch wenn es wenig Kontakt zwischen beiden Gruppen gab. Ausländerfeindlich war nur eine Minderheit unter den Jugendlichen eingestellt, diese aber entschieden und ausgeprägt. Dahinter verbarg sich nach Einschätzung der Jugendforscher weniger eine Gesinnung als die Angst vor Konkurrenz um Arbeitsplätze und Zukunftschancen. Die große Mehrheit der befragten Jugendlichen, insbesondere in Ostdeutschland, war der Ansicht, dass zu viele Ausländer in Deutschland lebten.

- **Religion**: Bei den Glaubensvorstellungen und bei der Ausübung religiöser Rituale gab es in beiden christlichen Konfessionen einen deutlichen Rückgang.

- **Ost-West-Unterschiede**: In fast allen untersuchten Bereichen ergaben sich größer gewordene Unterschiede zwischen ost- und westdeutschen Jugendlichen. Jugendliche im Osten erlebten ihre Zeit als belasteter, z.T. auch als bedrückender, auch wenn ein Teil der ostdeutschen Jugendlichen einsatzbereiter, höher motiviert und leistungsorientierter erschien als westdeutsche Jugendliche.

www.shell-jugend2000.de

Familie
ist ein Beziehungsverhältnis zwischen Eltern und Kindern, seien diese ehelich oder nichtehelich, minder- oder volljährig, Adoptiv-, Stief- oder Pflegekinder.

4.1 Familie – Selbstverwirklichung oder Selbstbeschränkung?

Die Familie ist für den Menschen die wichtigste Gruppe. In ihr wird der Mensch am stärksten geprägt, im positiven wie im negativen Sinn. Obwohl sie fortgesetzt Wandlungen unterworfen ist, hat sie sich als die widerstandsfähigste gesellschaftliche Gruppe erwiesen.

Die heute in der Bundesrepublik Deutschland und fast allen Industriestaaten vorherrschende Form der Familie ist die Kleinfamilie. Das sind Ehepaare bzw. Mütter oder Väter, die mit ihren heranwachsenden Kindern zusammenleben (Zweigenerationenfamilie). Diese Familien haben als wesentliche Aufgaben:

- Sie sind Lebens- und Wirtschaftsgemeinschaft.
- Sie sorgen für Nachkommen.
- Sie sind für die Erziehung der Kinder und deren gesellschaftliche und soziale Zukunft verantwortlich.
- Sie geben ihren Mitgliedern Halt und Geborgenheit (Nestwärme).

> **Die Deutschen wollen Familie und Haus**
> Die Mehrheit der Deutschen wünscht sich nach einer 1998 durchgeführten Umfrage eine Familie mit Kindern und ein eigenes Haus. Bei der Erhebung nannten 89% der Befragten den Wunsch nach einer Familie, 77% den Wunsch nach einem Eigenheim.

Ebenso wie die gesamte Gesellschaft verändert und entwickelt sich auch die Familie ständig weiter. Besonders deutlich sieht man dies im Verhältnis zwischen Eltern und Kindern und im Verhältnis zwischen Frau und Mann.
Auch von Problemen bleibt die Familie nicht verschont. Wegen sinkender Eheschließungen und steigender Scheidungsziffern wird sogar befürchtet, dass sich die Familie als grundlegende Einrichtung unserer Gesellschaft mehr und mehr auflöst.

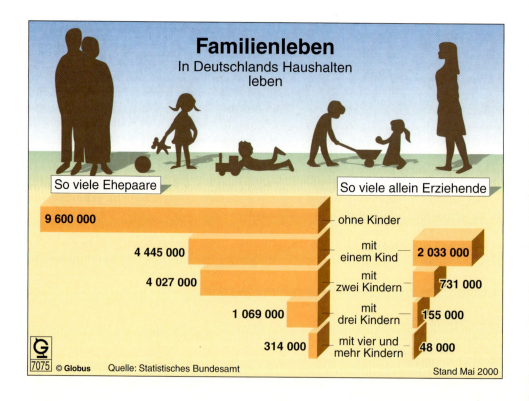

4.2 Familie und Wertewandel

Die vorindustrielle Großfamilie

Familie von 200 Jahren

Vor der Industrialisierung besteht eine Familie meist aus Angehörigen mehrerer Generationen. Diese Großfamilie hat Aufgaben, die mittlerweile vom Staat oder anderen gesellschaftlichen Einrichtungen übernommen wird. Dazu gehören zum Beispiel Produktion von Gütern, schulische und berufliche Ausbildung, finanzielle Absicherung und Versorgung kranker und alter Familienmitglieder.

In der Zeit vor der Industrialisierung lebt der größte Teil der Bevölkerung auf dem Lande. Man lebt von Landwirtschaft und Handwerk. Großfamilien stellen im Wesentlichen selbst her, was sie brauchen. Die Form des Zusammenlebens in der Großfamilie ist durch die Aufgaben bestimmt, die sie damals zu erfüllen hatte.

Die Kernfamilie

Die industrielle Revolution im 19. Jahrhundert verändert die Familien grundlegend. Durch neue Anbaumethoden und Maschineneinsatz in der Landwirtschaft werden Arbeitskräfte freigesetzt. Ein großer Teil der Landbevölkerung zieht in die Städte, um dort in den Fabriken zu arbeiten. Zahlreiche Großfamilien werden aufgelöst.

In den Städten leben meist nur noch die Eltern mit ihren unverheirateten Kindern zusammen. Bei Krankheit und im Alter kann nicht mehr auf die Hilfe der Großfamilie zurückgegriffen werden.

Ein Eingreifen des Staates wird notwendig. So gehen der Familie immer mehr Aufgaben verloren:
– Die Ausbildung wird durch die Einführung der Schulpflicht und die Verlagerung der Berufsausbildung auf Schulen und Betriebe den Familien entzogen.
– Die Erziehung wird von staatlichen und kirchlichen Einrichtungen mitgetragen (Kinderhort, Kindergarten, Vorschule).
– die Alten- und Krankenfürsorge wird von öffentlichen Einrichtungen übernommen.

Arbeitsvorschläge

1. Nennen Sie die wesentlichen Unterschiede zwischen der vorindustriellen Großfamilie und der heutigen Kleinfamilie.

2. Entwerfen Sie ein Szenario.
Was wäre, wenn in der Bundesrepublik Deutschland keine Kinder mehr aufwachsen würden?

Wie läuft es eigentlich bei Ihnen?

Das folgende Test-Spiel soll Sie dazu anregen, einmal darüber nachzudenken: Wie verhalte ich mich, und wie verhalten sich meine Eltern?

Lesen Sie die Aussagen durch und überlegen Sie, was für eine Situation zutreffen könnte. Wir haben mit Absicht zum Teil extreme Beispiele genommen. Überlegen Sie, wie es wirklich ist, was Sie und was Ihre Eltern sagen und wie Sie sich verhalten.

Freizeit

Ich	Meine Eltern
… meine, dass ich darüber keine Rechenschaft ablegen muss	… werfen mir vor, dass ich mich dauernd herumtreibe
… sage, was ich mache und wo ich hingehe	… finden meist gut, was ich mache

Praktische Aufgaben in der Familie

Ich	Meine Eltern
… rühre zu Hause keinen Finger	… halten mir ständig vor, dass ich sie nur ausnutze
… halte meine Sachen in Ordnung und mache mit bei der Hausarbeit	… verlangen nicht zu viel von mir

Schule und Betrieb

Ich	Meine Eltern
… kann Fragen danach einfach nicht ausstehen	… halten mir vor, dass ich dumm und faul bin
… erzähle, was los war	… interessieren sich dafür

Liebe

Ich	Meine Eltern
… finde, dass das eine Sache ist, die nur mich etwas angeht	… warnen mich immer nur vor den Folgen
… habe meine(n) Freund(in) schon mit nach Hause gebracht	… haben Verständnis für meine Freundschaft

Arbeitsvorschlag

Diskutieren Sie, welche Aufgaben der Familie in den nächsten Jahren an Bedeutung verlieren oder gewinnen werden.

4.3 Schutz der Familie

Artikel 6 Grundgesetz [Ehe, Familie, nichteheliche Kinder]

(1) Ehe und Familie stehen unter dem besonderen Schutze der staatlichen Ordnung.
(2) Pflege und Erziehung der Kinder sind das natürliche Recht der Eltern und die zuvörderst ihnen obliegende Pflicht. Über ihre Betätigung wacht die staatliche Gemeinschaft.
(3) Gegen den Willen der Erziehungsberechtigten dürfen Kinder nur auf Grund eines Gesetzes von der Familie getrennt werden, wenn die Erziehungsberechtigten versagen oder wenn die Kinder aus anderen Gründen zu verwahrlosen drohen.
(4) Jede Mutter hat Anspruch auf den Schutz und und Fürsorge der Gemeinschaft.
(5) Den unehelichen Kindern sind durch die Gesetzgebung die gleichen Bedingungen für ihre leibliche und seelische Entwicklung und ihre Stellung in der Gesellschaft zu schaffen wie den ehelichen Kindern.

Traditionelle Familie

Familie mit Hausmann

Aus einer Umfrage

„Wenn Sie so nachdenken, was sind Ihrer Meinung nach die größten Probleme für Familien mit Kindern in der Bundesrepublik Deutschland?"	
Wohnungsprobleme	65%
Fehlende Einrichtungen für Kinder	62%
Geldprobleme	53%
Probleme der Kindererziehung	43%
Probleme der Schulerziehung	39%
Keine Zeit füreinander	37%
Ungewissheit über Zukunft	16%
Sonstiges	5%

nach: Bundesministerium für Jugend, Familie und Gesundheit, Zweiter Familienbericht

Alleinerziehende Mütter

Alleinerziehende Väter

Wochenend-Familie

Infos zur Familie
www.statistik-bund.de

Arbeitsvorschläge

1. Welche Aussagen finden Sie im Grundgesetz über
  – die Stellung von Ehe und Familie in der Gesellschaft,
  – das Recht der Eltern bei der Kindererziehung,
  – die staatliche Mitwirkung in der Erziehung,
  – den Mutterschutz,
  – die Stellung unehelicher Kinder?

2. Führen Sie die Meinungsumfrage in Ihrer Klasse durch. Vergleichen Sie die Ergebnisse.

3. Bilden Sie Gruppen, die Aussagen von je einer Partei zur Familienpolitik auswerten. Suchen Sie anschließend in den anderen Gruppen Bündnispartner für Ihre Familienpolitik.

4. Erarbeiten Sie Vorschläge zur Minderung der größten Probleme für Familien in der Bundesrepublik Deutschland.

4.4 Staatliche Unterstützung von Familien

Nach dem Grundgesetz ist der Staat verpflichtet, Ehe und Familie zu fördern und zu schützen. Pflege und Erziehung der Kinder aber sind oberste Pflicht und das natürliche Recht der Eltern, dem Staat fällt nur eine überwachende und ergänzende Aufgabe zu.

Elternzeit
Nach der Geburt eines Kindes können beide Eltern gleichzeitig bis zu drei Jahren Elternzeit nehmen.
Ein Jahr kann mit Zustimmung des Arbeitgebers bis spätestens zum 8. Lebensjahr „aufgespart" werden.

Anmeldefrist
Elternzeit, genommen sofort nach Mutterschutz:
6 Wochen
andere Fälle: *8 Wochen*

Zulässige Teilzeitarbeit
30 Stunden/Woche für beide = max. 60 Std./Woche

Rechtsanspruch auf Teilzeitarbeit in Betrieben mit mehr als 15 Mitarbeitern.

Familiengerechtes Wohnen Sozialer Wohnungsbau Wohngeld		Mutterschutz Erziehungsgeld Elternzeit Anrechnen von Erziehungszeiten bei der Altersversorgung (Babyjahr)
Kindergeld/Kinderfreibeträge Ausbildungsförderung Arbeitsförderung	Schutz von Ehe und Familie Art. 6 Grundgesetz	Förderung der Eigentums- und Vermögensbildungs 480-Euro-Gesetz Wohnungsbau- und Spar-Prämien- gesetz

Schutz und Förderung der Familie

Zu den Förderungsmaßnahmen des Staates für die Familie zählen:

– **Gewährung von Kindergeld**. Unabhängig vom Einkommen erhalten alle Eltern Kindergeld, wenn sie mit ihren Kindern den Wohnsitz in der Bundesrepublik Deutschland haben. Im Allgemeinen wird es bis zum 18. Lebensjahr gewährt, in besonderen Fällen bis zum 27. Lebensjahr. Die Mittel kommen ausschließlich aus dem Bundeshaushalt. Zuständig für die Auszahlung ist die Kindergeldkasse bei den Arbeitsämtern, für Arbeitnehmer im öffentlichen Dienst der Arbeitgeber.

– **Ausbildungsförderung für Schüler und Studenten** nach dem Bundesausbildungsförderungsgesetz.

– **Gewährung von Ausbildungsbeihilfen für Jugendliche** nach dem Arbeitsförderungsgesetz.

– **Gewährung von Wohngeld** zur Sicherstellung einer familiengerechten Wohnung zu tragbaren Mieten.

– **Förderung des sozialen Wohnungsbaues** und des Familienheimbaues.

– **Förderung der Eigentums- und Vermögensbildung**, wobei sich die Spar- und Wohnungsbauprämien nach der Kinderzahl richten.

Arbeitsvorschläge

1. Sind die staatlichen Maßnahmen für die Familien Ihrer Meinung nach ausreichend? Begründen Sie Ihre Antwort.

2. Entwerfen Sie in Gruppen ein familiengerechtes Wohngebiet. Bewerten Sie die Gruppenergebnisse.

4.5 Die Ehe

Sehr geehrtes Brautpaar!

Sie treten heute vor den Standesbeamten, um vor dem Gesetz den Ehebund zu schließen. Damit vollendet sich nach außen hin, was Sie einander wohl schon längst im Herzen gelobt haben; ein neuer Abschnitt in Ihrem Leben, tief einschneidend in Ihre gesamten Rechtsverhältnisse, beginnt.

Doch so bedeutungsvoll diese Stunde auch für Ihr Leben ist, so vermag sie eben nur diese Rechtsverhältnisse zu regeln, nicht auch Ihr nun gemeinsames Leben. Wenn Ihre Ehe Bestand haben soll, ist gegenseitige Rücksichtnahme, Achtung, Liebe und Treue die unbedingte Voraussetzung.

Die Ehe verpflichtet auch zu gegenseitiger Hilfe im Kampf des Lebens und gegen die Mühen und Sorgen des Alltags, die niemandem erspart bleiben.

Aber nicht nur helfend sollen Sie sich zur Seite stehen, fast wichtiger noch ist gegenseitiges Vertrauen und gegenseitiges Verständnis. Schnell ist ein hartes Wort gesprochen. Es verletzt den Stolz und reizt zur Widerrede. Wie ein schleichendes Gift dringt es in die Herzen zweier Menschen.

In solch einer Stunde erweist sich die wahre Stärke nicht durch Trotz und Pochen auf Recht, sondern durch den ersten versöhnenden Schritt, der den Weg zum anderen wieder findet.

Nur so wird ihre Ehe wirkliche Gemeinschaft.
Der heutige Höhepunkt in Ihrem Leben ist deshalb nicht nur freudiges Erleben, sondern auch ernstes Besinnen.

In diesem Bewusstsein sollen und wollen Sie sich Ihr Ja-Wort geben, das Sie für Ihr ganzes langes Leben aneinander bindet.

Ich bitte nun das Brautpaar, sich zu erheben. Reichen Sie sich die rechte Hand.

Ich frage Sie, Herr ..., wollen Sie mit Frau ... die Ehe eingehen, dann antworten Sie mit ja.

Frau ..., wollen Sie mit Herrn ... die Ehe schließen, dann antworten Sie mit ja.

Nachdem Sie beide vor mir als dem zuständigen Standesbeamten, erklärt haben, die Ehe miteinander eingehen zu wollen, sind Sie nun Kraft Gesetz rechtmäßig verbundene Eheleute.

Ansprache eines Standesbeamten bei der Trauung

Eheschließung
- nur vor dem Standesbeamten
- persönliches Ja-Wort
- **Ehemündigkeit:** Volljährigkeit mindestens eines Partners bzw. Erlaubnis des Vormundschaftsgerichts
- **Ehehindernisse:** es besteht noch eine Ehe, verwandschaftl. Verbindung

Die Eheschließung ist ein familienrechtlicher Vertrag zwischen Mann und Frau vor dem Standesbeamten mit Rechten und Pflichten.

Mit der **Eheschließung** gehen Frau und Mann weitreichende rechtliche Verpflichtungen ein. Die gesetzlichen Bestimmungen sind im Bürgerlichen Gesetzbuch (BGB) festgehalten.

Familie

Rechtliche Bestimmungen für die Ehe

Artikel 3 GG
Alle Menschen sind vor dem Gesetz gleich. Männer und Frauen sind gleichberechtigt. Niemand darf wegen seines Geschlechts … benachteiligt oder bevorzugt werden.

Die Eheschließung ist ein familienrechtlicher Vertrag zwischen Mann und Frau vor dem Standesbeamten mit Rechten und Pflichten. Mit der Eheschließung gehen Frau und Mann weit reichende rechtliche Verpflichtungen ein. Die gesetzlichen Bestimmungen sind im Bürgerlichen Gesetzbuch (BGB) festgelegt.

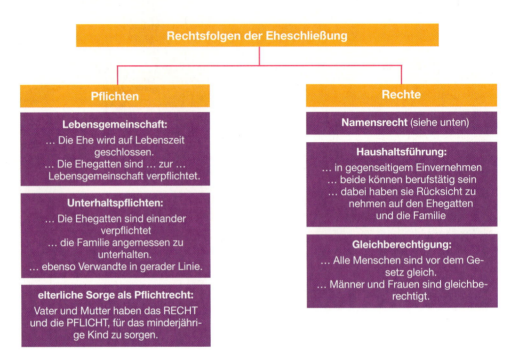

Rechtsfolgen der Eheschließung

Pflichten

Lebensgemeinschaft:
… Die Ehe wird auf Lebenszeit geschlossen.
… Die Ehegatten sind … zur … Lebensgemeinschaft verpflichtet.

Unterhaltspflichten:
… Die Ehegatten sind einander verpflichtet
… die Familie angemessen zu unterhalten.
… ebenso Verwandte in gerader Linie.

elterliche Sorge als Pflichtrecht:
Vater und Mutter haben das RECHT und die PFLICHT, für das minderjährige Kind zu sorgen.

Rechte

Namensrecht (siehe unten)

Haushaltsführung:
… in gegenseitigem Einvernehmen
… beide können berufstätig sein
… dabei haben sie Rücksicht zu nehmen auf den Ehegatten und die Familie

Gleichberechtigung:
… Alle Menschen sind vor dem Gesetz gleich.
… Männer und Frauen sind gleichberechtigt.

Das seit 1994 geltende Namensrecht lässt den beiden Ehepartnern völlig freie Wahl bei der Festlegung eines gemeinsamen Ehenamens. Die Regelung lässt sogar zu, dass beide ihren Namen nach der Heirat behalten.

Die Kinder erhalten den Ehenamen der Eltern oder den Namen der Mutter oder den des Vaters, aber keinen Doppelnamen.

Auch bei der Erwerbstätigkeit bestimmt das BGB heute, dass beide Ehegatten das Recht haben berufstätig zu sein.

Eine Gleichberechtigung in der Partnerschaft und Elternschaft scheint für die meisten jungen Ehepaare normaler Einstellungswert zu sein. Immerhin sind nach einer aktuellen Umfrage 90 % überzeugt, dass sich beide Partner um Familien- und Erziehungsarbeit kümmern sollten. Doch häufig erfolgt mit der Geburt des ersten Kindes eine deutliche Aufgabendifferenzierung in Partner- und Elternschaft. Häufig werden die traditionellen Rollen eingenommen: Der Mann ist für die finanzielle Versorgung der Familie zuständig, die Frau unterbricht ihre Berufstätigkeit oder gibt sie sogar auf, um sich familiären Aufgaben zu widmen.

Arbeitsvorschlag

Wo klaffen Anspruch und Wirklichkeit im Eherecht Ihrer Meinung nach am stärksten auseinander?

4.6 Eheliches Güterrecht

Ein wichtiger Bestandteil des Eherechts ist das eheliche **Güterrecht**. Wenn die Ehepartner keinen Ehevertrag abschließen und darin Gütertrennung oder Gütergemeinschaft vereinbaren, leben sie im gesetzlichen Güterstand einer **Zugewinngemeinschaft**. Das heißt, dass beide ihre Vermögen selbst verwalten und am Ende einer Ehe, z.B. bei einer Scheidung, der entstandene Zugewinn ausgeglichen wird.

	Mann	Frau
Vermögen am Anfang der Ehe	20 000,00 €	10 000,00 €
Vermögen am Ende der Ehe	70 000,00 €	40 000,00 €
Zugewinn	50 000,00 €	30 000,00 €
Ausgleichsforderung der Ehefrau gegen den Ehemann	$\frac{50\,000{,}00\,€ - 30\,000{,}00\,€}{2} = 10\,000{,}00\,€$	

Aus dem BGB:

§ 1363. [Zugewinngemeinschaft]
(1) Die Ehegatten leben im Güterstand der Zugewinngemeinschaft, wenn sie nicht durch Ehevertrag etwas anderes vereinbaren.
(2) Das Vermögen des Mannes und das Vermögen der Frau werden nicht gemeinschaftliches Vermögen der Ehegatten; dies gilt auch für Vermögen, das ein Ehegatte nach der Eheschließung erwirbt: Der Zugewinn, den die Ehegatten in der Ehe erzielen, wird jedoch ausgeglichen, wenn die Zugewinngemeinschaft endet.

§ 1364. [Selbständige Vermögensverwaltung]
Jeder Ehegatte verwaltet sein Vermögen selbständig.

§ 1365. [Einschränkung der Verfügungsmacht über Vermögen im Ganzen]
(1) Ein Ehegatte kann nur mit Einwilligung des anderen Ehegatten über sein Vermögen im Ganzen verfügen.

§ 1369. [Verfügungen über Haushaltsgegenstände]
(1) Ein Ehegatte kann über ihm gehörende Gegenstände des ehelichen Haushalts nur verfügen, wenn der andere Ehegatte einwilligt.

§ 1373. [Begriff des Zugewinns]
Zugewinn ist der Betrag, um den das Endvermögen eines Ehegatten das Anfangsvermögen übersteigt.

§§ 1378. [Ausgleichsforderung]
(1) Übersteigt der Zugewinn des einen Ehegatten den Zugewinn des anderen, so steht die Hälfte des Überschusses dem anderen Ehegatten als Ausgleichsforderung zu.
(3) Die Ausgleichsforderung entsteht mit der Beendigung des Güterstandes und ist von diesem Zeitpunkt an vererblich und übertragbar.

Mittelweg bei Ehevertrag

(ap) Vielen Paaren bereitet bei ihrer Eheschließung die Vermögensregelung Kopfzerbrechen. Über die Frage einer pauschalen Gütertrennung oder Zugewinngemeinschaft in einem Ehevertrag geraten sie in eine Zwickmühle. Die Notarkammern machen darauf aufmerksam, dass es zwischen beiden Extremen durchaus einen „goldenen" Mittelweg gibt: Die modifizierte Zugewinngemeinschaft, eine Art maßgeschneiderter Ehevertrag. Vor einer pauschalen Gütertrennung müsse in jedem Fall gewarnt werden – auch wenn sie oft empfohlen werde.
Mit der modifizierten Zugewinngemeinschaft bleibt es zunächst beim gesetzlichen Güterstand der Zugewinngemeinschaft. Allerdings können einzelne Vermögenswerte wie Häuser, Praxen, Anteile an Gesellschaften oder Wertpapierdepots, deren Zuwachs normalerweise ausgleichspflichtig wäre, dabei ausgeklammert werden. Sie verbleiben dem Ehepartner allein.

WeserKurier vom 6.9.1998

Arbeitsvorschläge

1. Wem gehören Grundstück, Haus, Wohnungseinrichtung und Auto eines Ehepaares, wenn keinerlei Regelungen über das Vermögen getroffen worden sind?

2. Diskutieren Sie Vor- und Nachteile der unterschiedlichen Vermögensregelungen in einer Ehe.

4.7 Die Ehescheidung

Obwohl die Ehe eine Gemeinschaft auf Lebenszeit sein soll, steigt die Zahl der Scheidungen an – insbesondere die von Ehen mit Kindern. Demzufolge steigt auch die Zahl der davon betroffenen Kinder. Es ist davon auszugehen, dass die heutigen Scheidungskinder sich auch eher werden scheiden lassen. Das Scheidungsrisiko kann sich deshalb im Laufe der Zeit potenzieren.

Die Aufhebung einer Ehe durch ein Scheidungsurteil eines Familiengerichtes kann nach dem seit 1977 geltenden Scheidungsrecht ohne Rücksicht auf Verschulden von einem der Ehepartner verlangt werden:

Bei der Scheidung gelten folgende Grundsätze:

- **Zerrüttungsprinzip**: Eine Ehe gilt als zerrüttet, wenn die Ehepartner drei Jahre getrennt leben.

- **Unterhaltsverpflichtung**: Der finanziell „Stärkere" ist verpflichtet, dem „Schwächeren" Unterhalt zu bezahlen.

- **Versorgungsausgleich**: Die während des bisherigen Berufslebens erworbenen Rentenansprüche werden gegeneinander ausgeglichen.

- **Scheidungsfolgen**: Eine Ehe wird erst dann geschieden, wenn alle Folgeregelungen getroffen sind (Sorgerecht, Unterhalt, Vermögensfragen, Versorgungsausgleich).
  Das Scheidungsrecht wird vor allem von Männern in einigen Punkten kritisiert. Es geht nicht mehr von der traditionellen Vorstellung aus, dass der Mann berufstätig und die Frau für Haushalt und Kindererziehung zuständig ist, sondern dass beide in gleicher Weise zum Lebensunterhalt beitragen.

Arbeitsvorschläge

1. Berichten Sie über Rollenverteilung in Ihren Familien.

2. Worin sehen Sie Ursachen für die stetige Zunahme der Ehescheidungen?

3. Starten Sie eine Umfrage zum Thema Familie.

4.8 Das Kindschaftsrecht

Seit dem 1. Juli 1998 sind eheliche und nichteheliche Kinder, wie im Grundgesetz gefordert, durch das neue Kindschaftsrecht weitgehend gleich gestellt. Kindschaftsrecht: Geschiedenen Eltern steht grundsätzlich das Sorgerecht für ihr Kind gemeinschaftlich zu; ein alleiniges Sorgerecht muss bei Gericht beantragt werden. Auch nicht miteinander verheiratete Eltern können das gemeinsame Sorgerecht ausüben. Es bleibt nach der Trennung bestehen, sofern nicht ein Elternteil die Alleinsorge beantragt. Gegen den Wunsch der Mutter kann der nichteheliche Vater das Sorgerecht nicht erhalten. Kinder haben ein Recht auf Umgang mit beiden Elternteilen, diese sind zum Umgang mit dem Kind verpflichtet. Geschwister und Großeltern haben ebenfalls ein Umgangsrecht. Auch im Erbrecht sind eheliche und nichteheliche Kinder, die nach dem 30. Juni 1947 geboren sind, weitgehend gleich gestellt. Scheidungskinder und nichteheliche Kinder werden bei Unterhaltszahlungen gleich behandelt. Gerichte dürfen bei säumigen Vätern bei Arbeitgebern und Sozialversicherungsträgern entsprechende Auskünfte einholen.

Kinder in Ehe und eheähnlichen Lebensgemeinschaften

	Ehe	Lebensgemeinschaft
Name	Familienname	Name der Mutter
Unterhalt	Pflicht	Pflicht
Erbe	Nach Familienerbfolge	Wie eheliches Kind. Erbersatzansprüche, wenn der Vater später noch eine andere Ehe eingeht und weitere Kinder hat. Vorzeitiger Erbausgleich möglich
Sorgerecht	Ehepartner gemeinsam	Die Mutter. Gemeinsames Sorgerecht auf Wunsch möglich.
Elternzeit	Für Vater und/oder Mutter	Nur für die Mutter
Kindergeld	Gemeinsam	Nur für die Mutter
Steuervorteile	Ja. Nach Splitting	Nein. Einzelveranlagung
Freibeträge	Haushaltsfreibetrag Ausbildungsfreibetrag Kinderbetreuungskosten	dito dito dito

Positive Trends

Der Anstieg der Lebenserwartung (1910: rund 50 Jahre, 1998: ca. 75 Jahre) hat die nachelterliche Lebensphase in den Industriestaaten deutlich verlängert; immer mehr Menschen erleben ihre Enkel und Urenkelkinder.
Trotz erheblichen Funktionswandels im 20. Jh. ist die Familie Ursprung und Ziel grundlegender ethischer Normen und Überzeugungen.
Eine geplante Kinderlosigkeit in der Ehe wird nicht mehr sozial missbilligt.

Negative Trends

Eltern haben u.a. bei doppelter Berufstätigkeit wenig Zeit für Kinder, andere Instanzen (Schule) sind bei den Erziehungsaufgaben überfordert. Flexibilität, Leistungspräsenz, Mobilität u.a. Forderungen des modernen Arbeitslebens stehen im Konflikt zum Familienleben. Durch die Auflösung der traditionellen Großfamilie wächst die Einsamkeit insbesondere unter älteren Menschen. Der ständige Wunsch nach Unabhängigkeit und Freizeit gefährdet tendenziell die Partnerschaften und könnte die Scheidungsraten in den Industrieländern noch weiter erhöhen.

Nach: aktuell 2000

4.9 Alternative Lebensformen

Die nicht ehelichen oder eheähnlichen Lebensgemeinschaften haben in den letzten Jahren stark zugenommen. Gegenwärtig leben über 2 Mio. der erwachsenen Bundesbürger in einer solchen Gemeinschaft. Der Bundestag hat auf diese Entwicklung mit einem entsprechenden Gesetz reagiert.

Gesetz zur Beendigung der Diskriminierung gleichgeschlechtlicher Gemeinschaften: Lebenspartnerschaften

Der Bundestag hat das folgende Gesetz beschlossen:
Artikel 1
Gesetz über die Eingetragene Lebenspartnerschaft (Lebenspartnerschaftsgesetz - L-PartG)

Lebensformen

Wochenend-Beziehung

Freie Wohn- und Lebensgemeinschaften

Schwule/lesbische Partnerschaften

Singles

Partnerschaft

Abschnitt 1 Begründung der Lebenspartnerschaft
§1 Form und Voraussetzungen

(1) Zwei Personen gleichen Geschlechts begründen eine Lebenspartnerschaft, wenn sie gegenseitig persönlich und bei gleichzeitiger Anwesenheit erklären, miteinander eine Partnerschaft auf Lebenszeit führen zu wollen (Lebenspartnerinnen oder Lebenspartner). Die Erklärungen können nicht unter einer Bedingung oder Zeitbestimmung abgegeben werden. Die Erklärungen werden wirksam, wenn sie vor der zuständigen Behörde erfolgen. Weitere Voraussetzung für die Begründung der Lebenspartnerschaft ist, dass die Lebenspartner eine Erklärung über ihren Vermögensstand (§ 6 Abs. 1) abgegeben haben.
(2) Eine Lebenspartnerschaft kann nicht wirksam begründet werden
1. mit einer Person, die minderjährig oder verheiratet ist oder bereits mit einer anderen Person eine Lebenspartnerschaft führt;
2. zwischen Personen, die in gerader Linie miteinander verwandt sind;
3. zwischen vollbürtigen und halbbürtigen Geschwistern;
4. wenn die Lebenspartner bei der Begründung der Lebenspartnerschaft darüber einig sind, keine Verpflichtungen gemäß § 2 begründen zu wollen.

Abschnitt 2
Wirkungen der Lebenspartnerschaft
§2 Partnerschaftliche Lebensgemeinschaft

Die Lebenspartner sind einander zu Fürsorge und Unterstützung sowie zur gemeinsamen Lebensgestaltung verpflichtet. Sie tragen füreinander Verantwortung.

Bundesgesetzblatt Jahrgang 2001 Teil I Nr. 9, ausgegeben zu Bonn am 22. Februar 2001, Seite 266

Arbeitsvorschläge

1. Diskutieren Sie Vor- und Nachteile von Ehe und eheähnlicher Lebensgemeinschaft.

2. Nehmen Sie zur folgenden Äußerung Stellung!
„Das Lebenspartnerschaftsgesetz lässt den Wert von Ehe und Familie in unserer Gesellschaft schwinden!"

3. Entwerfen Sie einen Vertrag für das Zusammenleben mit einem Lebenspartner. Stellen Sie ihn zur Diskussion.

5 | Sozialversicherung – Individualversicherung

5.1 Soziale Sicherung

Aussagen zu der Frage:
„Worin sehen Sie die Bedeutung der Sozialversicherung?"
- „Mit 65 Jahren kann ich aufhören mit dem Arbeiten, sonst müsste ich bis an mein Lebensende malochen."
- „Einen Arztbesuch könnte ich mir ohne Versicherung kaum leisten, schon gar nicht einen Krankenhausaufenthalt – bei diesen Tagessätzen."
- „Keine Berufsgenossenschaft würde sich darum kümmern, ob die Maschinen hinreichend gesichert sind."
- „Sollte mich ein Arbeitsunfall arbeitsunfähig machen, müsste ich selbst schauen, wie ich weiterkomme."
- „Kein Arbeitsamt würde sich um mich kümmern, wenn ich ohne Arbeit wäre."
- „Fort- und Weiterbildungen auf eigene Kosten kämen für mich nicht in Frage. Ich könnte mich den technologischen Veränderungen kaum anpassen."

Das System der **Sozialen Sicherung** gewährt vielfältige Sozialleistungen. Den Kern bilden die
- **Sozialhilfe:** Sie hilft in Not geratenen Menschen, wenn weder eigene Geldmittel noch Geldmittel von Familienangehörigen des Betroffenen herangezogen werden können.
- **Sozialversicherung:** Sie schützt die Bevölkerung vor den besonderen Belastungen des Lebens.
- **Versorgung:** Sie entschädigt für ein der Allgemeinheit erbrachtes Opfer. Beispielsweise Kriegsbeschädigte, Opfer von Gewaltverbrechen und Vertriebene.

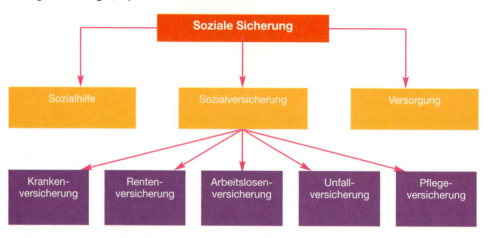

Gründe für Sozialhilfe

Arbeitslosigkeit	28 %
Zu geringe Rente	14 %
Tod oder Ausfall des Ernährers	10 %
Krankheit	7 %
Zu geringes Einkommen	7 %

Statistisches Bundesamt 2001

Gegensätze der sozialen Gerechtigkeit		
Sozialpolitische Grundsätze	Der Sozialstaat muss jedem das Existenzminimum sichern, Altersarmut verhindern, die Kluft zwischen Arm und Reich nicht vergrößern.	Der Abbau von Sozialstaatsleistungen und Verringerung der Staatsverschuldung ist nötig für Modernisierung, für globale Wettbewerbsfähigkeit, für die Arbeitsplätze.
Verteilung des Wohlstandes	Die Reallöhne steigen nur langsam, die Arbeitslosenzahl pendelt um die 4 Millionen.	Die Unternehmensgewinne, die Dividenden, die Aktienkurse steigen stark seit fünf Jahren.
Steuerbelastung	Anteil der lohnabhängigen Steuern ist gestiegen.	Der Anteil der gewinnabhängigen Steuern ist gesunken.
Arbeitsplatzverteilung	Bei hohen Löhnen haben Langzeitarbeitslose kaum Chancen.	Die Gewerkschaften kämpfen für Arbeitsplatzinhaber um Reallohnerhöhungen.

Steigende Sozialabgaben

Ein Problem der sozialen Sicherung ist die Beitragsentwicklung. Jährlich steigen in der Bundesrepublik Deutschland die Kosten für das **soziale Netz**.
Sie müssen vom beitrags- und steuerzahlenden Bürger, von den Unternehmen sowie durch Zuschüsse vom Staat aufgebracht werden. Ihre Abgaben nehmen ständig zu. Allerdings kann auch nur das an Sozialleistungen erbracht werden, was zuvor erwirtschaftet worden ist.

Die Kostensteigerung bei den Sozialleistungen hat verschiedene Ursachen:

- erhöhte Ansprüche der Versicherten,
- weniger Eigenverantwortung der Versicherten,
- steigender Arzneimittelverbrauch,
- steigende Arzneimittelpreise,
- höhere Krankenhauspflegesätze,
- Honorarsteigerung für Ärzte und Zahnärzte,
- steigender Anteil älterer Menschen an der Gesamtbevölkerung,
- steigende Ausgaben in der Rentenversicherung.

Wer finanziert den Sozialstaat?

Private Haushalte	31,3%
Unternehmen	27,1%
Bund	20,0%
Länder	10,8%
Gemeinden	8,9%
Private Organis.	1,4%
Sozialvers.	0,3%

BMA 2001

Streit um die Lohnnebenkosten

Ziel des Bündnisses für Arbeit ist die Senkung der Lohnnebenkosten, damit die Arbeitskosten in Deutschland langfristig gesenkt werden können.

NOZ vom 7.1.2000

Arbeitsvorschläge

1. Schildern Sie Fälle, in denen Sie schon Sozialleistungen in Anspruch genommen haben. Berücksichtigen Sie dabei die Abb. „Das soziale Netz".

2. Diskutieren Sie die Frage: Wie kann ich dazu beitragen, die Kosten des sozialen Netzes in Grenzen zu halten?

3. Die Gegensätze der sozialen Gerechtigkeit müssen durch demokratisch gewählte Regierungen gelöst werden. Wie würden Sie sich in den beispielhaft genannten Konfliktfällen entscheiden? Begründen Sie ihre Entscheidungen.

4. Der Sozialstaat wird oft als „soziale Hängematte" bezeichnet. Nehmen Sie Stellung zu dieser Aussage. Erörtern Sie dabei die Konsequenzen aus den hohen Kosten für den Bürger, die Volkswirtschaft und die Sozialpolitik.

5.2 Sozialgesetzbuch (SGB)

§ 1 Sozialgesetzbuch

(1) Das Recht des Sozialgesetzbuchs soll zur Verwirklichung sozialer Gerechtigkeit und sozialer Sicherheit Sozialleistungen einschließlich sozialer und erzieherischer Hilfen gestalten. Es soll dazu beitragen, ein menschenwürdiges Dasein zu sichern, gleiche Voraussetzungen für die freie Entfaltung der Persönlichkeit, insbesondere auch für junge Menschen, zu schaffen, die Familie zu schützen und zu fördern, den Erwerb des Lebensunterhalts durch eine frei gewählte Tätigkeit zu ermöglichen und besondere Belastungen des Lebens, auch durch Hilfe zur Selbsthilfe, abzuwenden oder auszugleichen

Sozialstaat
Bezeichnung für den modernen Staat, der die Daseinsfürsorge für seine Bürger durch eine Wirtschafts-, Konjunktur-, Struktur-, Vermögens- und Sozialpolitik sichert und ein festgesetztes Mindestmaß an materiellem Wohlstand garantiert.
nach Mickel, W., Handlexikon zur Politikwissenschaft

§ 9 Sozialgesetzbuch
Wer nicht in der Lage ist, aus eigenen Kräften seinen Lebensunterhalt zu bestreiten oder in besonderen Lebenslagen sich selbst zu helfen, und auch von anderer Seite keine ausreichende Hilfe erhält, hat ein Recht auf persönliche und wirtschaftliche Hilfe, die seinem besonderen Bedarf entspricht, ihn zur Selbsthilfe befähigt, die Teilnahme am Leben in der Gemeinschaft ermöglicht und die Führung eines menschenwürdigen Lebens sichert.

Artikel 1 Absatz 1 Grundgesetz [Schutz der Menschenwürde]
Die Würde des Menschen ist unantastbar. Sie zu achten und zu schützen ist Verpflichtung aller staatlichen Gewalt.

Artikel 20 Absatz 1 Grundgesetz [Verfassungsgrundsätze]
Die Bundesrepublik Deutschland ist ein demokratischer und sozialer Bundesstaat.

www.bma.bund.de

Heute garantiert das Sozialrecht jeder Bürgerin und jedem Bürger ein Mindestmaß an sozialer Sicherheit. Befindet sich das einzelne Mitglied der Gesellschaft in wirtschaftlicher und sozialer Not und kann es sich nicht mehr aus eigener Kraft helfen, so hat es einen Anspruch auf Hilfe durch die Gemeinschaft.
Mit ihren Leistungen will die **Sozialversicherung**
- die ärgste Not lindern,
- den Lebensstandard des Versicherten sichern,
- seine Stellung im Sozialgefüge erhalten.

Dieses setzt eine große Leistungsfähigkeit der Sozialversicherung voraus, wie sie nur durch die Gemeinschaft vieler erreicht und gewährleistet werden kann. Grundlage dieses Sozialstaats ist die Übereinstimmung aller Gruppen und Parteien, dass unsere Gesellschaft eine **Solidargemeinschaft** darstellt, in der die Stärkeren für die Schwächeren eintreten.

Abkommen über die Sozialpolitik der EU

Die Gemeinschaft und die Mitgliedsstaaten haben folgende Ziele:
Die Förderung der Beschäftigung, die Verbesserung der Lebens- und Arbeitsbedingungen, einen angemessenen Schutz, den sozialen Dialog von Tarifparteien auf europäischer Ebene, die Entwicklung des Arbeitskräftepotentials im Hinblick auf ein dauerhaft hohes Beschäftigungsniveau.
Sozialprotokoll des Vertrages von Maastricht 1999

Arbeitsvorschläge

1. Erörtern Sie die Grundsätze des Sozialgesetzbuches. Vergleichen Sie diese mit dem Auftrag gemäß Artikel 20 Absatz 1 Grundgesetz.
2. Ordnen Sie folgende soziale Leistungen den angeführten Zielen im § 1 Sozialgesetzbuch zu: Kindergeld, Wohngeld, Einrichtung einer Berufsinformationszentrale (BIZ), Sozialhilfe, Bafög, Arbeitslosenhilfe, Kfz-Haftpflichtversicherung und Unfallrente.

5.3 Versicherungsprinzipien

Das könnte auch Ihnen passieren.

Klaus F. ist unterwegs zur Arbeit. In einer langgezogenen Rechtskurve verliert er die Kontrolle über sein Fahrzeug, gerät ins Schleudern und prallt frontal auf einen entgegenkommenden Pkw. Während der Fahrer des anderen Fahrzeugs wie durch ein Wunder fast unverletzt bleibt, erleidet Klaus F. schwere Verletzungen.

Die Bilanz (Sachschaden ausgenommen):

Bergung des Verletzten	200,00 €
Arztkosten	3.350,00 €
Krankenhauskosten 90 Tage à 185,00	16.650,00 €
Rehabilitationsmaßnahmen/Kurzaufenthalt	7.150,00 €
Verdienstausgleich durch Verletztengeld	2.250,00 €
Umschulungsmaßnahmen wegen Berufsunfähigkeit	5.000,00 €
Summe der einmaligen Kosten	34.600,00 €
Verletztenrente pro Jahr	17.500,00 €

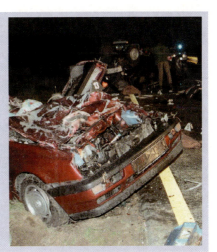

Die Sozialversicherung ist eine durch öffentliche Rechte geregelte Zwangsversicherung, die nach dem Grundsatz der Selbstverwaltung aufgebaut ist und unter staatlicher Aufsicht steht.

Die Sozialversicherung ist
- **Versicherung** – überwiegende Finanzierung aus Beiträgen,
- **Versorgung** – Staatszuschüsse, Ausgleich nach sozialen Gesichtspunkten und keine risikogerechten Beiträge,
- **Fürsorge** – Leistungen zur Rehabilitation.

Jeder muss entsprechend seinem Einkommen seinen Beitrag leisten. Wer mehr verdient, zahlt mehr; wer arbeitslos ist, zahlt selbst keine Beiträge. Nach dem **Solidaritätsprinzip** „Einer für alle und alle für einen" trägt dann nicht mehr der einzelne Arbeitnehmer das alleinige Risiko, sondern die Gemeinschaft der Versicherten. Im Versicherungsfall erhalten die Mitglieder der Sozialversicherung gesetzlich festgelegte Leistungen.
Nach dem **Umlageverfahren** werden die Beiträge, die von den Versicherten und den Arbeitgebern eingezahlt werden, sogleich als Leistungen in Form von Renten und Krankengeld ausgezahlt („umgelegt").

Solidarität (lat.-fr.)
Zusammengehörigkeitsgefühl, Kameradschaftsgeist, Übereinstimmung

Die sozialen Hilfen (z.B. Sozialhilfe, Jugendhilfe), früher als Armenfürsorge oder Wohlfahrtspflege praktiziert, werden erst gewährt, wenn die private Vorsorge nicht gewährleistet ist (**Subsidiaritätsprinzip**). Dabei werden die Leistungen der Besonderheit des einzelnen Falles angepasst und sind nur Hilfe zur Selbsthilfe.

Subsidiarität (lat.-fr.)
Gesellschaftspolitisches Prinzip, nach dem der Staat nur solche Aufgaben übernehmen soll, zu deren Wahrnehmung die Familie nicht in der Lage ist.

Arbeitsvorschläge

1. Diskutieren Sie mit Ihren Mitschülern sozialpolitische Beweggründe für die Zwangsmitgliedschaft in der Sozialversicherung. Erläutern Sie dabei wichtige Versicherungsprinzipien.

2. Überlegen Sie, ob es jedem einzelnen Bürger überlassen bleiben soll, sich gegen die Risiken Krankheit, Unfall, Arbeitslosigkeit und Erwerbsunfähigkeit zu versichern. Entscheiden Sie, welches Risiko am leichtesten zu tragen ist.

5.4 Entwicklung der sozialen Sicherheit

„Schon im Februar d. J. haben wir Unsere Überzeugung aussprechen lassen, dass die Heilung der sozialen Schäden nicht ausschließlich im Wege der Repression sozialdemokratischer Ausschreitungen, sondern gleichmäßig auf dem der positiven Förderung des Wohles der Arbeiter zu suchen sein werde..."

Kaiser Wilhelm I., 17.11.1881

„Wenn wir 700 000 kleine Rentner, die vom Reiche ihre Renten beziehen, haben, gerade in diesen Klassen, die sonst nicht viel zu verlieren haben und bei einer Veränderung irrtümlich glauben, dass sie viel gewinnen können, so halte ich das für einen außerordentlichen Vorteil; ... Wir beugen damit einer Revolution vor, die in 50 Jahren ausbrechen kann, aber auch schon in 10 Jahren, und die, selbst wenn sie nur für ein paar Monate Erfolg hätte, ganz andere Summen verschlingen würde als unsere Vorbeugungsmittel."

Bismarck, 18.5.1889, Rede vor dem Reichstag

aus: Rothfels, Bismarck und der Staat. Ausgewählte Dokumente, Darmstadt 1953

Im 19. und 20. Jahrhundert vollzieht sich ein gewaltiger gesellschaftlicher Umbruch; aus einer landwirtschaftlich-handwerklich geprägten Gesellschaft wird die Industriegesellschaft. Die industrielle Revolution schafft die neue Klasse der „Arbeiter". Sie und ihre Familien waren sozial nicht abgesichert und litten daher bei Invalidität oder im Alter oft unter großer Not.

Soziale Unruhen und der zunehmende Druck der Arbeiterbewegung veranlassen schließlich die politisch Verantwortlichen, Arbeitsschutzgesetze zu verabschieden. Der Reichskanzler Bismarck wird zum Begründer der deutschen Sozialgesetzgebung, als er auf gesetzlichem Wege die ersten Sozialversicherungen einführt.

Otto von Bismarck (1815–1898)

Bismarck ist erster Reichskanzler des 1871 gegründeten Deutschen Reiches. Nach Zerwürfnissen mit dem dt. Kaiser Wilhelm II., wird er von diesem 1890 entlassen.

1883	Krankenversicherungsgesetz für Arbeiter
1884	Unfallversicherungsgesetz; erste Ortskrankenkassen
1889	Gesetz über die Invaliden- und Altersversicherung der Arbeiter
1911	Reichsversicherungsordnung (RVO) mit Rentenversicherung sowie Angestelltenversicherungsgesetz
1916	Rentenaltersgrenze für Frauen (60 J), Männer (65 J)
1927	Gesetz über die Arbeitsvermittlung und die Arbeitslosenversicherung
1952	Mutterschutzgesetz
1954	Sozialgerichte nehmen ihre Arbeit in 3 Instanzen auf
1957	Bruttolohnbezogene, dynamische Rente; Altershilfe für Landwirte
1963	Bundesurlaubsgesetz
1971	Unfallversicherung für Kinder, Schüler und Studenten
1972	Öffnung der Rentenversicherung für Selbständige und Hausfrauen
1975	Gesetz über die Sozialversicherung Behinderter
1976	Jugendarbeitsschutzgesetznovelle
1979	Mutterschaftsurlaub
1986	Gleichstellung von Witwen und Witwer bei der Rente; Babyjahr
1989	Gesundheitsreformgesetz (Kostendämpfung)
1990	Rentenreform (Nettolohnbezug)
1992	Betriebsrentengesetz (Unverfallbarkeit der Leistungen)
1995	Gesetzliche Pflegeversicherung

Arbeitsvorschlag

Die Ausbeutung der Arbeiterschaft im 19. Jh. wird als soziale Frage bezeichnet. Informieren Sie sich über die Arbeits- und Lebensbedingungen der Arbeiterschaft und erstellen Sie dazu ein Referat. Hilfen gibt es in den Bibliotheken, bei den Gewerkschaften und Parteien.

5.5 Gesetzliche Krankenversicherung (GKV)

Was sein muss, muss sein.

Auf Zimmer 311 in der Chirurgie liegt Ulrike Fuchs. Jetzt ist sie schon wieder ganz munter. Vor drei Wochen war das ganz anders. Da hatte ihr Arzt bei der routinemäßigen Krebsvorsorgeuntersuchung eine kleine Geschwulst in der Brust festgestellt. Er hatte ihr dringend geraten, im Krankenhaus prüfen zu lassen, ob es sich um eine gutartige oder um eine bösartige Geschwulst handelt.
Ganz geknickt war sie nach Hause gegangen und hatte mit ihrem Mann darüber gesprochen. Der brauchte nicht lange, um sie davon zu überzeugen, dass eine sofortige Behandlung für sie und die Familie das beste sei. Probleme bereiteten den beiden allerdings die Kinder. Stefan war sechs, Nicole acht Jahre alt. Wer sollte sie versorgen? Vor kurzem erst waren sie in die Stadt gezogen, Bekannte hatten sie noch nicht. Und Verwandte? Die wohnten weit weg.
Ein Anruf bei ihrer Krankenkasse beschleunigte Ulrike Fuchs Entschluss, alles schnell hinter sich zu bringen. Die Krankenkasse besorgte ihr eine Haushaltshilfe, die sich um die Kinder kümmerte.

Aufgaben und Leistungen der gesetzlichen Krankenversicherung

Die Krankenversicherung (GKV) hat die Aufgabe, die Gesundheit der Versicherten zu erhalten, wiederherzustellen oder ihren Gesundheitsstand zu bessern. Dafür stellen die Krankenkassen die erforderlichen Leistungen zur Verfügung. Die gesetzlich vorgeschriebenen Regelleistungen werden von allen Krankenkassen im gleichen Umfang, in gleicher Höhe und unter gleichen Bedingungen bewilligt. Daneben dürfen die Krankenkassen entsprechend ihrer Satzung die sogenannten Mehrleistungen gewähren.

- **Gesundheitsvorsorge**
  Maßnahmen zur Früherkennung und Verhütung von Krankheiten wie ärztliche Untersuchungen und Kuren.
- **Heilung von Krankheiten**
  Krankenpflege, Krankenhauspflege, Hauspflege wie ärztliche Behandlung, Arznei-, Heil- und Hilfsmittel, Zahnersatz und Haushaltshilfe.
- **Mutterschaftshilfe**
  Mutterschaftsvorsorge wie ärztliche Betreuung, Hebammenhilfe, Entbindung, Mutterschaftsgeld und Familienhilfe.
- **Krankengeld**
  In der Regel ohne zeitliche Begrenzung 80% des Bruttolohns ab der siebten Kalenderwoche.

Beitragserhöhung rechtfertigt Wechsel

Pflichtversicherte Mitglieder gesetzlicher Krankenkassen (AOK, Betriebs-, Innungs- und Ersatzkassen) können ihrer Versicherung jeweils zum Jahresende den Rücken kehren und sich einer anderen Krankenkasse im System anschließen, wenn sie ihrer bisherigen Kasse bis zum 30. September das Kündigungsschreiben geschickt haben.

dpa 28.12.99

Arbeitsvorschlag

Katalogisieren Sie die Ihrer Ansicht nach wichtigsten Leistungen der Krankenversicherung. Berücksichtigen Sie dabei, welche Leistungen Sie schon benötigten sowie den Fall Ulrike Fuchs. Auf welche Leistungen könnte verzichtet werden? Informieren Sie sich auch über den Leistungskatalog Ihrer Krankenversicherung.

Träger der Krankenversicherung
– Orts-,
– Betriebs-,
– Innungs-,
– Ersatz-,
– Seekrankenkassen
– Landwirtschaftliche Krankenkassen

Versicherte und Beiträge

In der gesetzlichen Krankenversicherung gibt es Pflichtversicherte, freiwillig Versicherte und Familienversicherte.

- **Pflichtversichert** sind alle Arbeitnehmer, deren Bruttoentgelt 75% der Beitragsbemessungsgrenze in der Rentenversicherung nicht übersteigt, Auszubildende, Studenten, Rentner, Arbeitslose und selbständige Landwirte.
- **Freiwillig versichern** können sich Beschäftigte, die der Versicherungspflicht nicht mehr unterliegen (Weiterversicherte) und Personen, für die keine Versicherungspflicht besteht (Selbstversicherte).
- **Familienversichert** können der Ehegatte und die Kinder eines Mitgliedes der GKV sein, vorausgesetzt, sie sind nicht schon selbst Mitglied.

Beitragsbemessungsgrenze
3.375,00 € (2002) in allen Bundesländern

Die Beitragssätze sind je nach Krankenkasse (AOK, BKK, Ersatzkassen) verschieden. Sie liegen durchschnittlich bei 14,3 % (2002) des Bruttoarbeitsverdienstes höchstens bis zur Beitragsbemessungsgrenze. Arbeitnehmer und Arbeitgeber zahlen je die Hälfte der Beiträge. Beitragsfrei sind Arbeitnehmer, deren Arbeitsentgelt die Geringfügigkeitsgrenze nicht überschreitet (s. S. 91).

Kostendämpfung in der gesetzlichen Krankenversicherung

Leistungsausgaben der GKV in Mrd. Euro

Jahr	Mrd. Euro
1950	0,92
1960	4,9
1965	7,6
1970	12,9
1975	29,8
1980	45,5
1985	55,6
1990	68,4
1991	93,0
1995	122,3
1999	129,8

Statistisches Jahrbuch 2001

Die wachsende finanzielle Belastung der gesetzlichen Krankenkassen bleibt ein Dauerproblem der Sozialpolitik. Mit verschiedenen Gesundheitsreformgesetzen wird ab 1989 versucht, die Ausgabenflut zu stoppen. Der Kostenauftrieb ist aber nur vorübergehend gebremst.
Ziel der Reformen ist es, die Kassenleistungen auf das medizinisch Notwendige zu begrenzen, um die Beiträge zu senken oder zumindest über längere Zeit stabil halten zu können.

Der Gesetzgeber hat u.a. folgende Maßnahmen beschlossen:

- geringerer Zuschuss für Zahnersatz und Kieferorthopädie,
- Festbeträge für Arznei- und Hilfsmittel,
- höhere Selbstbeteiligung bei Medikamenten,
- höhere Zuzahlung bei Krankenhausaufenthalten,
- Festbeträge für Brillen, Kontaktlinsen und Hörgeräte,
- verringertes Sterbegeld,
- verminderte Zuschüsse für Fahrten zum Arzt,
- vorgegebener Ausgaberahmen für Kliniken,
- Obergrenzen für ärztliche Verordnungen.

Arbeitsvorschläge

1. Untersuchen Sie, inwieweit die Ursache der hohen Kosten im Gesundheitswesen bei den Versicherten selbst liegt.

2. „Wer oft krank ist, soll auch höhere Krankenversicherungsbeiträge zahlen." Setzen Sie sich mit dieser Aussage auseinander.

3. Informieren Sie sich bei Ihrer Krankenkasse über verschiedene kostendämpfende Maßnahmen im Gesundheitswesen genauer.

Gesetzliche Krankenversicherung (GKV)

„Hannemann geh du voran ...".

Risikostrukturausgleich
Durch gesetzliche Bestimmungen haben Krankenkassen mit einem höheren Anteil an „günstigen Versicherungsrisiken" Ausgleichszahlungen an andere Kassen vorzunehmen, die aufgrund ihres versicherten Klientels geringere Beitragseinnahmen zu verzeichnen haben.

Gegen zum Teil massiven Widerstand der beteiligten Interessengruppen wurden die verschiedenen Reformen durchgesetzt. Sie belasteten sowohl die Patienten als auch die Leistungsanbieter, d.h. Ärzte, Krankenhäuser und Pharmaindustrie. Nach Expertenmeinung greifen diese Maßnahmen noch nicht genügend. Die Politik will handeln.

Spielball der Lobby

Sachverständige stellen dem Gesundheitswesen ein vernichtendes Urteil aus.

Nahezu ohnmächtig sieht die Bundesregierung unter Gerhard Schröder zu, wie das Verbundsystem aus Ärzten, Kassen und Pharmakonzernen sich künftig noch mehr Geld einverleibt. Eine Tradition setzt sich fort. Ob Horst Seehofer (CSU), Andrea Fischer (Grüne) oder jetzt Ulla Schmidt (SPD): Jeder Politiker, der sich als Minister mit den Mächtigen des Gesundheitssystems auseinander setzte, ist gescheitert.

Gegen die feinen Herren der Gesundheitsbranche haben die Politiker kein Rezept. Den größten Schaden tragen die Patienten davon. Für Behandlungen, Medikamente und die Gesundheitsvorsorge müssen sie Jahr für Jahr mehr ausgeben. Gleichzeitig haben sie das Gefühl, immer weniger dafür zu bekommen – obwohl, wie etwa in der Therapie von Herzkrankheiten, der Fortschritt der Medizin verblüffend ist.

Und das Gefühl trügt nicht. Renommierte Fachleute rechnen, dass ein Gutteil der etwa 27,5 Milliarden Euro Jahresumsatz im Gesundheitswesen ohne medizinischen Nutzen versickert. Bei der Qualität der medizinischen Versorgung belegte Deutschland international gerade einmal einen Platz im Mittelfeld, urteilte der von der Regierung eingesetzte „Sachverständigenrat für die konzertierte Aktion im Gesundheitswesen".

Die größten Einsparmöglichkeiten stecken jedoch im Kartell aus Ärztevereinigungen und Krankenkassen. Nur die 23 regionalen Kassenärztlichen Vereinigungen (KV) wissen, wie sie jährlich 27,5 Milliarden Euro Honorare unter den etwa 115 000 niedergelassenen Kassenärzten aufteilen. Welcher Arzt welche Patienten mit welchem Erfolg behandelt haben will, erfährt die Krankenkasse in aller Regel nicht. Den Kassen stellen die 10 000 Beschäftigten der KV zum Quartal lediglich anonymisierte Sammelbelege in Rechnung.
Auch die angeblich Not leidenden Krankenkassen haben vielerorts mehr Geld, als sie der Öffentlichkeit vermitteln. 6,5 Milliarden Euro verschlingt ihre Verwaltung. Deutschlands Krankenversicherte finanzieren ein Heer von fast 150 000 („Sofas") und anderen Bürokraten.

Der Spiegel, 27/2001, S. 22ff.

Arbeitsvorschlag

Prüfen Sie die Forderungen der Experten. Erörtern Sie in Ihrer Klasse, inwieweit die Verwirklichung dieser Ansinnen hohe Kosten verursachen würden und ob Sie sich persönlich diesen Maßnahmen anschließen könnten.

5.6 Gesetzliche Unfallversicherung (GUV)

Ein Unheil muss reichen.
Klaus Göller liegt auf der Intensivstation der Uni-Kliniken. Lendenwirbelbruch, Rippenbrüche und Prellungen am ganzen Körper, das hatten die Mediziner schon festgestellt. Ob er auch innere Verletzungen hat, konnten sie noch nicht abschließend ausfindig machen. Schließlich ist der Motorradunfall erst zwei Stunden her.
Frau Göller machte sich Vorwürfe. Hatte sie doch trotz Bedenken letztlich zugestimmt, dass sich ihr Mann das gebrauchte Motorrad kaufte. Weil er schneller zur Arbeit kommen wollte …
Dass sie sich auch Sorgen um die Zukunft macht, ist wohl verständlich. Denn so viel ist schon klar: Seinen bisherigen Beruf wird ihr Mann wohl nicht mehr ausüben können.
Inzwischen sind zwei Jahre vergangen. Klaus Göller denkt nur noch selten an den Unfall. Über seine Berufsgenossenschaft hat er sich zum Lagerverwalter umschulen lassen. Allerdings ist sein Verdienst jetzt etwas schlechter. Dies gleicht jedoch die Verletztenrente, die ihm von der Berufsgenossenschaft gewährt wird, wieder aus.

Träger der Unfallversicherung
– Gewerbliche-,
– Landwirtschaftliche-,
– See-,
– Berufsgenossenschaften

Rangliste der häufigsten Berufskrankheiten
1. Hautkrankheiten
2. Bandscheibenschäden
3. Lärmschwerhörigkeit
4. Staublunge u.ä.
5. Asthma, Bronchitis
6. Meniskusschäden
7. Infektionen
8. Sehnenscheidenentzündungen
9. Vergiftungen

Unfallverhütungsbericht Arbeit 2000

Das Risiko „Unfall" ist hauptsächlich in zwei Sozialversicherungszweigen versichert: in der gesetzlichen Unfallversicherung, wenn es ein Arbeits- bzw. Wegeunfall oder eine Berufskrankheit ist; in der gesetzlichen Krankenversicherung, wenn es ein Haus- bzw. Freizeitunfall ist oder ein Unfall, den eine nicht durch die Unfallversicherung geschützte Person erleidet, wie z.B. Hausfrauen und Rentner.

Sozialpolitische Zielsetzung und Leistungen

Die Berufsgenossenschaften sollen Arbeitsunfällen und Berufskrankheiten vorbeugen, diese zu verhüten helfen, Unfallfolgen und Berufskrankheiten beseitigen oder mindern sowie eine finanzielle Absicherung leisten.

Ihre Leistungen umfassen drei Kernpunkte:
- **Unfallverhütung (Prävention)**
  Durch Erlass von Unfallverhütungsvorschriften und deren Überwachung sowie durch Kontrollen in den Betrieben sollen Unfälle verhütet werden.
- **Rehabilitation**
  Durch Maßnahmen zur Arbeits- und Berufsförderung, durch Heilbehandlung und Berufshilfe soll die Erwerbsfähigkeit wiederhergestellt werden.
- **Finanzielle Sicherung**
  Durch Leistungen an den Verletzten, seine Angehörigen und seinen Hinterbliebenen soll eine finanzielle Absicherung erreicht werden.

Arbeitsvorschläge

1. Vergleichen Sie die Leistungen, die Klaus Göller erhalten hat, mit den drei Kernpunkten. Kennzeichnen Sie evtl. Übereinstimmungen.

2. Erkunden Sie, welche Sicherheitseinrichtungen an Ihrem Arbeitsplatz vorhanden sind und welchen Unfallgefahren damit vorgebeugt werden soll.

Versicherte und Beiträge

Pflichtversichert sind alle Arbeitnehmer und Auszubildenden, unabhängig von der Art und Dauer der Beschäftigung und der Höhe des Einkommens; ferner Landwirte, Schüler, Studenten, Kinder in Kindergärten und Arbeitslose, auch Helfer bei Unglücksfällen, Zivil- und Katastrophenschutz sowie Blutspender sind versichert.

Den Beitrag in der Unfallversicherung trägt allein der Arbeitgeber. Die Beitragshöhe richtet sich nach dem Gefahrentarif und der Lohnsumme des Unternehmens. Unternehmen mit gut funktionierendem Unfallschutz erhalten einen Beitragsnachlass. Die Unfallversicherung ist eine besondere Art der Haftpflichtversicherung. Damit sind grundsätzlich alle privatrechtlichen Haftpflichtansprüche gegenüber dem Arbeitgeber abgegolten, sofern diesem kein vorsätzliches oder grob fahrlässiges Verhalten nachgewiesen werden kann.

Schüler an berufsbildenden Schulen genießen den Schutz der gesetzlichen Schülerunfallversicherung durch die „Gemeinde-Unfallversicherungsverbände", z.B. Verband Niedersachsen. Sie übernimmt die Kosten, die durch gemeldete Unfälle während des Unterrichts, aber auch auf dem Weg von und zur Schule verursacht werden. Die Versicherungsbeiträge zur Gemeindeunfallversicherung tragen die Gemeinden.

Risiko am Arbeitsplatz
Tödliche Arbeits- und Wegeunfälle im Bereich der gewerblichen Berufsgenossenschaften

1989 '90 '91 '92 '93 '94 '95 '96 '97 '98 1999

- 1 762
- 2 091
- 2 227
- 2 079
- 2 004
- 1 868
- 1 713 1 712
- 1 739
- 1 643
- 1 711

ab 1991 Gesamtdeutschland

Aufteilung 1999
- Arbeitsunfälle: 970
- Wegeunfälle: 741

© Globus 6431

Zeichen für Ihre Sicherheit

- Feuer, offenes Licht und Rauchen verboten
- Warnung vor ätzenden Stoffen
- Gehörschutz tragen
- Augenspüleinrichtung

Physische Belastungen am Arbeitsplatz
(bei % der Erwerbstätigen)

Belastung	%
Lärm	30 %
Kälte, Hitze, Nässe, Zugluft	30 %
Schwere Lasten heben oder tragen	29 %
Öl, Fett, Schmutz, Dreck	25 %
Körperliche Zwangshaltung	25 %
Rauch, Staub, Gase, Dämpfe	21 %
Wechselschicht	19 %
Gefährliche Stoffe	17 %
Nachtarbeit	12 %

1998 sinkt die Zahl der tödlichen Arbeitsunfälle erstmals unter 1000. Mehr Aufklärung der Arbeitnehmer zur Unfallverhütung, mehr Investitionen der Unternehmen für Sicherheit am Arbeitsplatz, aber auch strengere Sicherheitsvorschriften haben diese Entwicklung begünstigt.

Arbeitsvorschläge

1. Begründen Sie die ausschließliche Beitragszahlung des Arbeitgebers zur gesetzlichen Unfallversicherung. Untersuchen Sie dabei die Bedeutung der Abgeltung aller privatrechtlichen Haftpflichtansprüche gegenüber dem Arbeitgeber.

2. Beschreiben Sie Maßnahmen zur Verhütung von Arbeitsunfällen oder Berufskrankheiten in Ihrem Arbeits- und Berufsbereich. Erkundigen Sie sich dazu auch bei Ihrer Berufsgenossenschaft. Vergleichen Sie die Ergebnisse in Ihrer Klasse.

5.7 Arbeitsförderung und Arbeitslosenversicherung

Arbeitslose in Deutschland

1996	3.965.064
1997	4.384.456
1998	4.279.288
1999	4.009.209
2000	3.889.102
2001	3.850.000
2002	4.060.000

Beitragsbemessungsgrenze

s. Rentenversicherung

Träger der Arbeitsförderung

- Bundesanstalt für Arbeit
- Landesarbeitsämter
- Arbeitsämter

Das darf doch nicht wahr sein!

Elke Krüger ist Ende dreißig, geschieden und muss ihre zwei Kinder versorgen, mit denen sie zusammenlebt. Weil das, was ihr Mann an Unterhalt zahlt, nicht reicht, muss sie zusätzlich noch selbst etwas hinzuverdienen. Sie ist als Montagearbeiterin in einer kleinen Maschinenbaufabrik beschäftigt. Natürlich hatte sie mitbekommen, dass Technisierung und damit Rationalisierung nicht nur anderswo, sondern auch in ihrem Betrieb immer weiter voranschritt. Allerdings sah sie keine Gefahren für ihren Arbeitsplatz.

Um so mehr fiel sie aus allen Wolken, als auf einer extra einberufenen Betriebsversammlung der Chef mitteilte, dass er in der Abteilung rationalisieren müsse, in der Elke Krüger tätig war. Alle Arbeitsplätze dort würden wegfallen, Ersatz gebe es im Betrieb nicht. „Das darf doch nicht wahr sein. Wie soll ich denn jetzt über die Runden kommen!?" war das erste, was über ihre Lippen kam.

Sozialpolitische Zielsetzung und Aufgaben des Arbeitsförderungsgesetzes (AFG)

- **Arbeitsförderung**
  Durch Berufsberatung, berufliche Qualifikation sowie Arbeitsvermittlung, um den einzelnen Arbeitnehmer vor dem Risiko Arbeitslosigkeit zu schützen.
- **Sicherung von Arbeitsplätzen**
  Durch Kurzarbeitergeld, Schlechtwettergeld und Maßnahmen zur Arbeitsbeschaffung.
- **Finanzielle Leistungen**
  Durch Arbeitslosengeld und Arbeitslosenhilfe, um die Existenzgrundlage des Arbeitnehmers und seiner Familie im Fall der Arbeitslosigkeit zu sichern.

Versicherte und Beiträge

In der Arbeitslosenversicherung sind alle Arbeiter, Angestellten und Auszubildenden pflichtversichert. Versicherungsfrei sind Selbständige, Beamte und Arbeitnehmer, die das 63. Lebensjahr vollendet haben. Der Beitragssatz beträgt 6,3% (2002) des Bruttoarbeitsverdienstes. Er wird höchstens bis zur Beitragsbemessungsgrenze in der Rentenversicherung angewendet. Arbeitnehmer und Arbeitgeber tragen den Beitrag je zur Hälfte. Eine der gesetzlichen Grundlagen für die Arbeitslosenversicherung ist das **Arbeitsförderungsgesetz** (AFG).

Arbeitsvorschlag

Beraten Sie in der Gruppe, welchen Belastungen und Gefahren unsere Gesellschaft ausgesetzt ist, wenn es viele Arbeitslose gibt. Überlegen Sie dabei, zu welchen Einnahmeausfällen das führt und welche direkten Leistungen unsere Gesellschaft verkraften muss. Informieren Sie sich dazu über die aktuellen Arbeitslosenzahlen in Ihrer Region und auf Bundesebene. Auskünfte erteilen Ihnen die Arbeitsämter.

Versicherungsschutz und Leistungen

- **Ausbildung und Umschulung**
  Im Rahmen der beruflichen Bildung werden ungelernte Arbeitskräfte ausgebildet, ausgebildete Fachkräfte, deren Arbeitsplatz durch wirtschaftliche Veränderungen bedroht ist, werden fortgebildet oder umgeschult.
- **Arbeitsvermittlung und Berufsberatung**
  Über die Arbeitsämter werden dem Stellensuchenden entsprechend seiner Eignung und Fähigkeit geeignete Arbeitsplätze vermittelt. Vor und während des Berufslebens kann sich jeder über Fragen der Berufswahl, der Berufsaussichten und der Berufsbildung beraten lassen.
- **Finanzielle Leistungen an Arbeitslose**
  Anspruch auf **Arbeitslosengeld** hat nur der Versicherte, der einen Antrag stellt, der arbeitslos ist, der sich arbeitswillig zeigt, der die Anwartschaft erfüllt und der sich persönlich beim Arbeitsamt gemeldet hat. Hat ein Arbeitnehmer ohne triftigen Grund gekündigt, besteht mindestens 12 Wochen lang kein Anspruch auf Arbeitslosengeld (Sperrfrist). Ist ein Anspruch auf Arbeitslosengeld nicht mehr oder noch nicht vorhanden, erhalten Versicherte **Arbeitslosenhilfe**. Dabei wird im Unterschied zum Arbeitslosengeld die Bedürftigkeit geprüft.

Arbeitslosigkeit kostet in Milliarden EUR

Bundesanstalt für Arbeit	27,7
Bund	22,3
Länder	7,2
Gemeinden	6,4
Rentenvers.	7,5
Krankenvers.	5,2
Pflegeversicherung	0,7

(Ausgaben und Mindereinnahmen nach Globus 2001)

Missbrauch der Arbeitslosenversicherung

„Der arbeitslose Kfz-Mechaniker Willi F. kümmert sich nicht ernsthaft um einen neuen Arbeitsplatz. Er ist mit seinem Arbeitslosengeld zufrieden. Außerdem verdient er noch „schwarz" nebenbei einiges an Geld. Er repariert in seiner Garage die Autos von Freunden, Bekannten und Nachbarn."

Stundenlöhne von zwei bis drei Euro gezahlt

Bei einer zweitägigen bundesweiten Razzia vor allem in Betrieben des Bausektors, des Hotel- und Gaststättengewerbes, der Landwirtschaft und des Einzelhandels, hat die Bundesanstalt für Arbeit illegale Beschäftigung und Leistungsmissbrauch mit einer Schadenshöhe in Millionenhöhe aufgedeckt … Dabei stießen die Ermittler unter anderem auf nicht vorhandene „Scheinbaustellen". Die dort offiziell zugelassenen Arbeiter wurden wahrscheinlich auf anderen Baustellen illegal eingesetzt … Bei 55 Arbeitgebern besteht der Verdacht auf Lohndumping … Monatslöhne für Ausländer zwischen 500 bis 700 € bei 260 Arbeitsstunden seien keine Seltenheit. 133 illegal beschäftigte Ausländer wurden sofort in ihre Heimatländer abgeschoben.
nach: Neue Osnabrücker Zeitung

Dumping (engl.) = Preisunterbietung

Arbeitslose unter der Lupe
(Mehrfachnennung von je 100 Arbeitslosen)

Jugendliche (unter 20 J.)	3
nur an Teilzeit interessiert	13
gesundheitlich eingeschränkt	29
keine abgeschlossene Berufsausbildung	46
Berufstätigkeit unterbrochen	49
ein Jahr und länger arbeitslos	37
Ältere (ab 55 J.)	23
ohne Berufserfahrung	5

(Quelle: Globus 2001)

Arbeitsvorschlag

Prüfen Sie, ob Ihrer Meinung nach die Leistungen der Arbeitslosenversicherung ihren sozialpolitischen Zielsetzungen gerecht werden. Klären Sie, gegebenenfalls mit Hilfe von Broschüren Ihres Arbeitsamtes, was sich hinter den einzelnen Leistungen im Detail verbirgt.

5.8 Rentenversicherung

Wenn die Arbeitskraft nachlässt.

Mal läuft er, mal ruht er sich aus: Herbert Lüdicke (40) hat zwar einen Trainingsanzug und Turnschuhe an, ein Jogger ist er jedoch nicht. Er ist Patient der Kurklinik Schwabenland der Angestelltenversicherung. Was man nicht sieht: Überall am Körper sind Elektroden befestigt. Über einen Sender gehen die Daten an die medizinisch-technischen Apparaturen der Klinik.
Warum das alles? Herbert Lüdicke hat einen Herzinfarkt hinter sich. Hier soll er sich erholen, damit er wieder an seinen Schreibtisch zurückkehren kann. Ob das gelingt oder ob er, was keiner hofft, eine Rente bekommt – das muss man abwarten.

Gründe für den Rentenbezug

Frauen

Berufs- und Erwerbsunfähigkeit	19%
Flexible Altersgrenze	30%
Altersgrenze 60 J.	49%
Arbeitslosigkeit	2%

Männer

Berufs- und Erwerbsunfähigkeit	46%
Flexible Altersgrenze	21%
Altersgrenze 65 J.	19%
Arbeitslosigkeit	13%

Statistisches Bundesamt 2001

Rehabilitation

Wiedereingliederung eines Kranken, körperlich Behinderten in das berufliche und gesellschaftliche Leben.

Prinzipien der Rentenversicherung

- Die Altersversorgung ist der Lohn für die Lebensarbeit. Sie ist bruttolohn- und beitragsbezogen. Wer mehr und länger einzahlt, hat eine höhere Rente zu erwarten.
- Die Rente soll nicht nur die Existenz sichern, sondern möglichst auch den erreichten Lebensstandard. Sie soll den Mitgliedern ein menschenwürdiges Leben ohne finanzielle Not ermöglichen.
- Die Rentenanpassung richtet sich nach der Nettolohnentwicklung. Auf diese Weise ist die Rente dynamisiert, d.h. sie folgt der allgemeinen wirtschaftlichen Entwicklung.

Leistungen der gesetzlichen Rentenversicherung

- Leistungen zur medizinischen und beruflichen Rehabilitation nach dem Grundsatz: Rehabilitation geht vor Rente.
  Leistungen zur Rehabilitation sind
  - medizinische Leistungen, z. B. Kur- und Heilverfahren
  - berufsfördernde Leistungen, z. B. Umschulung
  - ergänzende Leistungen, z. B. Übergangsgeld
- Rentenzahlungen an Versicherte und Hinterbliebene
  - Die Rente eines Verdieners beträgt nach 45 Versicherungsjahren rund 68% des durchschnittlichen Nettoeinkommens der Arbeitnehmer.

Arbeitsvorschläge

1. Begründen Sie die Notwendigkeit der jährlichen Rentenanpassung an Löhne und Gehälter.

2. Erörtern Sie den Grundsatz „Rehabilitation geht vor Rente"!

Rentenarten

Renten wegen Alters	Renten wegen Erwerbsminderung	Renten wegen Todes	Renten wegen Teilzeitarbeit
– wegen Vollendung des 60. Lebensjahres an weibliche Versicherte bei Beschäftigungsaufgabe – wegen Vollendung des 60. Lebensjahres an Arbeitslose – wegen Vollendung des 60. Lebensjahres an Schwerbehinderte, – wegen Vollendung des 63. Lebensjahres bei Beschäftigungsaufgabe – wegen Vollendung des 65. Lebensjahr (Regelaltersrente)	– Renten wegen Berufsunfähigkeit* – Renten wegen Erwerbsunfähigkeit **Renten wegen Kindererziehung** erhält der geschiedene Ehegatte beim Tod seines früheren Ehegatten, wenn er ein waisenrentenberechtigtes Kind erzieht	– des Mannes – Witwenrente – an frühere Ehefrau bei besonderen Bedingungen – Waisenrente bis zum 18. Lebensjahr bis zum 25. Lebensjahr bei bes. Bedingungen – der Frau Witwenrente bei bes. Bedingungen – an früheren Ehemann bei bes. Bedingungen – Waisenrente bis zum 18. Lebensjahr bis zum 25. Lebensjahr bei bes. Bedingungen	– für Arbeitnehmer/innen mit Teilzeitarbeitsplatz und Anspruch auf eine Altersrente **Teilrentenarten** – ein Drittel – die Hälfte – zwei Drittel der Vollrente

*entfällt für unter 40-jährige (Stichtag 31.12.2000)

Versicherte und Beiträge

Arbeiter und Angestellte, die eine Beschäftigung gegen Entgelt ausüben, sind pflichtversichert. Dazu gehören auch Auszubildende. Freiwillig versichern kann sich jeder, beispielsweise selbständige Ärzte oder Rechtsanwälte sowie Hausfrauen. Der Pflichtbeitragssatz beträgt 19,1% (2002) des Bruttoarbeitsverdienstes. Dieser Beitragssatz wird aber nur bis zu einer bestimmten Einkommensgrenze – der Beitragsbemessungsgrenze – angewendet. Diese Grenze wird jährlich angepasst und liegt für 2002 bei 54.000,00 EUR Jahresverdienst.
- Bei Arbeitern und Angestellten zahlen der Arbeitnehmer und sein Arbeitgeber jeweils die Hälfte des Pflichtbeitrages.
- Freiwillig Versicherte können ihre Beitragshöhe selbst bestimmen.
- Für Versicherte mit geringem Bruttoverdienst (Geringverdienergrenze für 2002: 325,00 EUR monatlich) zahlt der Arbeitgeber allein den gesamten Beitrag.
- Diese Regelung gilt auch für die Kranken- und Arbeitslosenversicherung.

Träger der Rentenversicherung
Bundesversicherungsanstalt für Angestellte
Landesversicherungsanstalten
Bundesbahn-Versicherungsanstalt
Seekasse
Bundesknappschaft
Landwirtschaftliche Alterskassen

Arbeitsvorschläge

1. Begründen Sie die prinzipielle Beitrittspflicht zur Rentenversicherung.

2. Erkundigen Sie sich bei Ihren Großeltern, anderen Verwandten oder Ihnen bekannten Rentnerinnen und Rentnern, aus welchen Gründen und in welchem Lebensjahr sie Rentenbezieher geworden sind. Erfragen Sie jeweils den Grund der Rentenbewilligung. Stellen Sie eine Rangfolge auf und vergleichen Sie das Ergebnis mit der Tabelle auf S. 90.

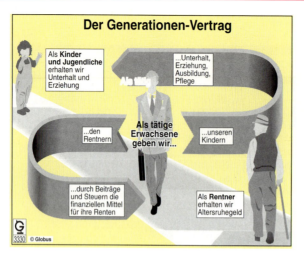

Generationenvertrag

Was eine Generation von der älteren erhalten hat, schuldet sie später der jüngeren, was eine Generation der älteren gegeben hat, darf sie später von der jüngeren fordern.

Zukunftsprobleme der Rentenversicherung

Vor 30 Jahren kamen auf einen Rentner drei Beitragszahler, und in weiteren 30 Jahren muss ein Beitragszahler einen Rentner ernähren.

Diese Faktoren bestimmen die Rentenhöhe

- individuelle Versicherungsdauer
- Beitragsleistung
- Rentenbeginn vor, im oder nach dem 65. Lebensjahr
- Rentenartfaktor z.B. Altersrente 1,0 Berufsunfähigkeitsrente 0,66
- aktueller Rentenwert d.h. mtl. Rentenbetrag für 1 Beitragsjahr eines Durchschnittsverdieners
- für jedes vorgezogene Rentenjahr 3,6% Abschlag von der Rente

Private Altersvorsorge

Laut Arbeitsminister Walter Riester startet nun „das größte Altersvermögensprogramm aller Zeiten". Bundeskanzler Gerhard Schröder sprach von einer „historischen" Leistung und beteuerte, kein Rentner werde künftig weniger Geld haben. Es gebe nur Gewinner.
Ab 2002 haben alle rentenversicherungspflichtigen Bürger auf freiwilliger Basis die Möglichkeit, eine staatlich geförderte Privatvorsorge aufzubauen. Mit der Zusatzvorsorge sollen Abstriche am Niveau der gesetzlichen Rente ausgeglichen werden.
Die Rentenreform ist ein Schlag ins Gesicht aller Beitragszahler und künftigen Rentner, weil diese für immer höhere Beiträge immer geringere Rentenleistungen im Verhältnis zu ihrem früheren Nettoeinkommen erhalten werden. Schon heute haben 75 Prozent der Rentenempfänger nur 600 bis 900 Euro Rente im Monat. Davon ist nichts mehr wegzunehmen, ohne die Mehrzahl der künftigen Rentner in die Altersarmut zu schicken. Genau das aber tut die Bundesregierung, indem sie das Nettorentenniveau von jetzt 70 auf gut 64 Prozent – nach heutiger Rechengrundlage – absenkt. Tatsächlich wird es viel weniger sein, weil schon die 64 Prozent 45 Berufs- und Beitragsjahre voraussetzen. Die aber erreicht kaum noch jemand.

Sozialverband Deutschland in NOZ 12.5.2001

Arbeitsvorschläge

1. Untersuchen Sie die Voraussetzungen zum Funktionieren des Generationenvertrages. Beschreiben Sie dabei mögliche Konsequenzen, wenn sich das Verhältnis von Beitragszahlern zu Rentnern längerfristig zu einem 1:1 Verhältnis entwickelt.

2. Stellen Sie die Aussagen zur privaten Altersvorsorge einander gegenüber und begründen Sie Ihre Meinung dazu.

3. Entwickeln Sie ein Szenario „Versorgung der älteren Generation im Jahre 2050".

5.9 Pflegeversicherung

„Nach arbeitsreichem Leben – Fall für die Sozialhilfe"

Elli S. ist 82 Jahre alt. Seit sie 15 war, hat sie – bis zur kargen Rente – gearbeitet: als Verkäuferin, in der Bäckerei ihres ersten Mannes, als Detacheuse in einer Frankfurter Reinigung und schließlich als Buchhalterin im Betrieb ihres zweiten Ehemanns. „Geschenkt ist uns nicht worden", sagt die geborene Brandenburgerin, die seit Weihnachten im Altenhilfezentrum Stadtwald in Frankfurt lebt. Ihren Platz in dem Pflegeheim kann Elli S. trotz des arbeitsreichen Lebens nur mit der Sozialhilfe bezahlen. Daran hat sich auch mit der Pflegeversicherung nichts geändert. Derzeit stehen den Einkünften von Elli S. in Höhe von 1005,00 Euro monatlich Heimkosten in Pflegegruppe III von 2284,71 Euro gegenüber. Die Differenz schießt der Landeswohlfahrtsverband aus seiner von den Kommunen gefüllten Sozialkasse zu."

nach: Neue Osnabrücker Zeitung

Wehe, wenn Kinder für ihre Eltern zahlen müssen

Es kann jeden treffen. Wenn Eltern plötzlich zum Pflegefall werden, müssen erwachsene Kinder zahlen. Denn die Pflegeversicherung reicht fast nie.

Pflege als die fünfte Säule der Sozialversicherung

Mitglieder in der Pflegeversicherung sind alle Personen, die der gesetzlichen Krankenversicherung angehören. Privatversicherte und Beamte müssen sich in der Regel selbst versichern. Die Beiträge werden je zur Hälfte von Arbeitgebern und Arbeitnehmern bezahlt. Sie betragen höchstens 1,7 % des Bruttolohnes bis zur Beitragsbemessungsgrenze in der KV. Aus wirtschaftlichen Gründen wird der Arbeitgeberanteil voll kompensiert – und zwar durch die Arbeitnehmer. Dazu haben die meisten Bundesländer den Feiertag Buß- und Bettag gestrichen. Soweit in einem Bundesland kein Feiertag abgeschafft wurde, tragen die Arbeitnehmer den gesamten Beitrag in voller Höhe allein.

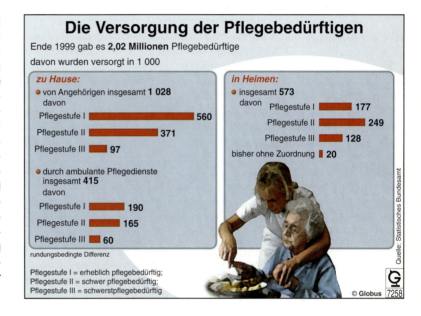

Leistungen

- ambulante Pflege mit Sachleistungen zur häuslichen Pflege oder Pflegegeld
- stationäre Leistungen bis zu 1432,00 Euro monatlich für pflegebedingte Anwendungen. Die Kosten für Unterkunft und Verpflegung muss der Versicherte – wie bei der häuslichen Pflege auch – selbst tragen.

Die Leistungen gehen von den Grundsätzen „Prävention und Rehabilitation" sowie „ambulant vor stationär" aus. Ihr Anspruch richtet sich nach den Stufen der Pflegebedürftigkeit. Diese wird von den Krankenversicherungen festgestellt.

Arbeitsvorschlag

Erkundigen Sie sich bei Parteien, Gewerkschaften, Kirchen, Wohlfahrtsverbänden, Krankenkassen und weiteren sozialen Organisationen über die Voraussetzungen für Leistungen aus der Pflegeversicherung.

5.10 Grenzen staatlicher Sozialpolitik

„Die Wahlen sind vorüber – jetzt geht es wohl ans Eingemachte! Gott steh mir bei!"

Infos im Internet:
www.bma.bund.de
www.bfa-berlin.de

Immer dann, wenn die Konjunktur rückläufig ist, werden Bedenken besonders laut geäußert, ob der Sozialstaat noch zu finanzieren ist. Tatsache ist, dass die Sozialausgaben und die Belastungen der steuerzahlenden Bürger und Unternehmen angewachsen sind. Jeder zweite erarbeitete Euro ist für Sozialleistungen bestimmt. Das Problem wird noch verschärft durch die Vereinigung der beiden deutschen Staaten. Soziale Investitionen in einem bisher nicht bekannten Ausmaß sind erforderlich.

Altbundespräsident Roman Herzog
Staatliche Netze fangen in Notlagen auf, aber sie wärmen nicht. Wirklich menschlich wird eine Gesellschaft erst, wenn die Bürger sich einander zuwenden.

Auch das Anspruchsdenken des Bürgers bürdet unserem Sozialsystem immer neue Soziallasten auf, die Sozialausgaben explodieren. Hier werden die Grenzen unseres Sozialstaates hinsichtlich der Leistungs- und Zahlungsfähigkeit deutlich.

Auf Sozialhilfe angewiesen sind 3,5 % der Bevölkerung

davon
allein erziehende Mütter 23 %
allein stehende Frauen 22 %
allein stehende Männer 20 %
Ehepaare mit Kinder 11 %
Ehepaare ohne Kinder 7 %

Statistisches Bundesamt 2001

Sozialsysteme auf Zeit subventionieren

Unsere Gesellschaft befindet sich im Übergang von der traditionellen Industriegesellschaft zur Wissens-, Informations- und Dienstleistungsgesellschaft … Lebenslange Beschäftigung muss das Ziel sein. Zudem müssen wir einen Teil unserer sozialen Sicherungssysteme dafür fit machen, niedrig bezahlte Arbeiten auf Zeit subventionieren – auf welche Weise auch immer: mittels Bürgergeld, negativer Einkommensteuer oder Kombilohn … Wenn wir uns in Deutschland auf die Grundlagen der Marktwirtschaft – nämlich Eigenverantwortung und Solidarität – besinnen und wieder zur Leistungsgesellschaft bekennen, haben wir denkbar gute Chancen, in der Wissens- und Dienstleistungsgesellschaft von morgen zu noch mehr Wachstum und Wohlstand zu gelangen.

Unternehmensberater Roland Berger in Neue Osnabrücker Zeitung v. 11.8.99

Arbeitsvorschlag

„So viel Sicherheit wie nötig" oder „So viel Sicherheit wie möglich".
Diskutieren Sie diese Aussagen in Ihrer Klasse unter dem Aspekt Grenzen des Sozialstaates. Berücksichtigen Sie dabei die Meinungen der Experten und erstellen Sie eine Rangreihenfolge derjenigen Bereiche, in der Sie Möglichkeiten sehen, Lebensrisiken in Eigenverantwortung zu tragen.

5.11 Internationale Sozialversicherung

Praktikanten in Deutschland

International Association for the Exchange of Students for Technical Experience (IAESTE)
Praktikanten müssen für den gesamten Zeitraum ihres Praktikums in Deutschland versichert sein. Es muss eine kombinierte Kranken-, Unfall- und Haftpflichtversicherung abgeschlossen werden. Der Arbeitgeber in Deutschland wird einen Nachweis über die Krankenversicherung verlangen, weil diese Versicherung für alle Praktikanten in Deutschland gesetzlich vorgeschrieben ist. Praktikanten aus Ländern, mit denen Deutschland ein Sozialabkommen getroffen hat, das auch eine Versicherungsklausel beinhaltet, können in Ihrem Heimatland versichert bleiben (solche Sozialabkommen bestehen mit folgenden Ländern: Belgien, Dänemark, Finnland, Frankreich, Griechenland, Großbritannien, Irland, Island, Italien, Lichtenstein, Niederlande, Norwegen, Österreich, Portugal, Schweden, Schweiz, Spanien, Tunesien, Türkei). Um weiter versichert zu bleiben, müssen Sie bei der örtlichen AOK (Allgemeine Ortskrankenkasse) einen Versicherungsnachweis und ein Antragsformular (E 111 für den EWR) vorlegen. Die AOK befreit Sie dann von der Versicherungspflicht und ermöglicht Ihnen den kostenfreien Besuch von in Deutschland niedergelassenen Ärzten. Kommen Sie aus einem Land ohne Sozialversicherungsabkommen mit Deutschland, raten wir Ihnen das Versicherungsangebot des Deutschen Akademischen Austauschdienstes (DAAD) in Anspruch zu nehmen.
Quelle: http://www.iaeste.de

Die deutschen Gesetze über die Sozialversicherung sehen vor, dass ihre Leistungen nur innerhalb Deutschlands erbracht werden.

International gibt es jedoch immer mehr Verflechtungen. Millionen von Menschen arbeiten in einem fremden Land oder besuchen es als Touristen. Deshalb ist es notwendig, dass soziale Leistungen auch über die Grenzen hinweg erbracht bzw. in einem anderen Land möglich werden. Aus diesem Grund gibt es innerhalb der Europäischen Union (Griechenland, Spanien, Finnland, Frankreich, Belgien, Dänemark, Deutschland, Irland Italien, Luxemburg, Niederlande, Österreich, Portugal, Schweden, Großbritannien) eine Rechtsgrundlage, die es ermöglicht, dass soziale Leistungen über die Grenze an die Berechtigten erbracht werden können und zum Beispiel die nötige Krankenversorgung für sie und ihre Familienangehörigen in den Mitgliedsstaaten sichergestellt ist.

Nach dem Abkommen über den **Europäischen Wirtschaftsraum** (EWR) gilt diese Rechtsgrundlage auch für Norwegen, Island und Liechtenstein. Ähnliche Regelungen bestehen mit einer Reihe von europäischen Staaten. Dazu gehören:
Bosnien-Herzegowina, Bulgarien (nur Rentenabkommen), Jugoslawien, Kroatien, Makedonien, Polen, Schweiz, Slowenien, Türkei, Ungarn.

Sozialversicherungsabkommen bestehen auch mit folgenden Ländern außerhalb Europas: Chile (nur Rentenabkommen), Israel, Japan (nur Rentenabkommen), Kanada (nur Rentenabkommen), Marokko, Tunesien, USA (nur Rentenabkommen). Darüber hinaus bestehen mehrseitige Übereinkommen auf dem Gebiet der sozialen Sicherheit, beispielsweise der Internationalen Arbeitsorganisation (ILO), des Europarats, für die Rheinschiffer. In all diesen Regelungen geht es nicht darum, die Systeme der Sozialen Sicherheit zu harmonisieren. Sie sollen lediglich koordiniert werden. Oberstes Ziel ist es, mögliche Nachteile für betroffene Wanderarbeitnehmer oder Touristen abzuwenden.

Die Regelungen der EU und zum Teil auch der Sozialversicherungsabkommen sind sehr umfassend. Am wichtigsten sind die Leistungen bei Krankheit, bei Invalidität und im Alter sowie Leistungen an Hinterbliebene, Leistungen bei Arbeitsunfällen und bei Berufskrankheit.

Entsendung von Arbeitnehmern:

Nach einem Urteil des EU-Gerichtshofs (Luxemburg) vom 23.11.1999 gilt das Sozialrecht eines EU-Landes für Arbeitnehmer, die aus einem anderen EU-Staat entsandt wurden, wenn sie vorteilhafter sind als die des Landes des entsendenden Unternehmens. Doch dürfen die Behörden des Beschäftigungslandes den freien Dienstleistungsverkehr auf dem europäischen Binnenmarkt nicht durch Formalitäten behindern, wenn die Arbeitnehmer über eine gleichwertige Sozialversicherung im Land ihrer Firma verfügen.

Internet
www.bund.de
www.bma.de

Arbeitsvorschlag

Recherchieren Sie im Internet, ob Deutschland neben den o. a. Ländern noch mit weiteren Staaten Sozialversicherungsabkommen abgeschlossen hat.

Hilfen vor Sozialgerichten geben
- Gewerkschaften
- Versicherungsträger
- Hauptfürsorgestelle
- Rechtsanwälte

Berufung
Das Urteil wird in tatsächlicher und rechtlicher Hinsicht überprüft. Die Parteien haben grundsätzlich die Möglichkeit, noch neue Tatsachen vorzutragen oder zusätzliche Beweismittel beizubringen.

Revision
Das angefochtene Urteil wird lediglich darauf überprüft, ob das Recht richtig angewandt worden ist; das Revisionsgericht ist an die von der Vorinstanz festgestellten Tatsachen gebunden.

5.12 Sozialgerichtsbarkeit

Wie hätten Sie entschieden?

Fall 1: Besuch der Kantine!
Ein Angestellter war nach Dienstschluss in der Kantine noch „ein Bier trinken" gegangen. Dabei stürzte er und verletzte sich.
Das Bundessozialgericht:
Wenn in der Kantine keine Gemeinschaftsveranstaltung stattfindet, gilt solcher Besuch als Privatleben, kein Versicherungsschutz!
(AZ: 9RU 38/81)

Fall 2: Fortbildung!
Ein Arbeitnehmer nahm auf Veranlassung des Arbeitgebers an einer Fortbildungsveranstaltung teil. Während des ersten Rundganges im Gebäude verletzte er sich.
Das Bundessozialgericht:
Der Arbeitnehmer genießt den Schutz der gesetzlichen Unfallversicherung!
(AZ: 2 RU 54/89)

Fall 3: Gefälligkeitsarbeit!
Ein Rentner verunglückt bei der Renovierung des Wohnhauses eines Bekannten.
Das Bundessozialgericht:
Personen, die Gefälligkeitsarbeiten ausführen, stehen unter dem Schutz der gesetzlichen Unfallversicherung der Gemeinde!
(AZ: 2 RU 47/89)

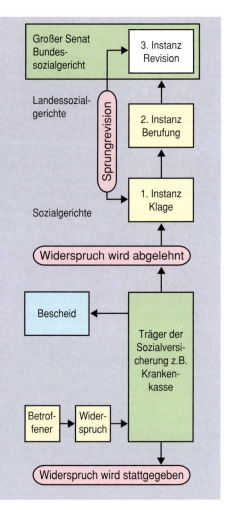

Die **Sozialgerichte** sind zuständig bei Streitigkeiten in der Sozialversicherung und anderen Gebieten des Sozialsystems wie z.B. Versorgung und Kindergeld. Bei einem ablehnenden Bescheid kann der Betroffene Widerspruch beim Sozialversicherungsträger einlegen. Bleibt dieser ohne Erfolg, so steht der Klageweg offen; in erster Instanz beim Sozialgericht. Es entscheidet mit einem Urteil. Dagegen kann, falls die Angelegenheit wichtig ist, Berufung beim **Landessozialgericht** eingelegt werden. Revisionsinstanz ist das **Bundessozialgericht** in Kassel.

Die Gerichte sind mit Berufsrichtern und ehrenamtlichen Sozialrichtern (Laienrichtern) besetzt. Das Verfahren ist kostenfrei für die Versicherten. Vor den Sozial- und Landessozialgerichten besteht kein Anwaltszwang. Beim Bundessozialgericht muss man sich durch einen Anwalt oder Prozessbevollmächtigten vertreten lassen.

Arbeitsvorschläge

1. Arbeiten Sie die jeweiligen Gründe für Ablehnung bzw. Anerkennung des Versicherungsschutzes heraus. Beschaffen Sie sich dazu weitere Urteile von Sozialgerichten.

2. Organisieren Sie einen Besuch mit Ihrer Klasse beim Sozialgericht. Interviewen Sie den Sozialrichter über den zuletzt behandelten Fall. Sprechen Sie mit ihm über häufige Streitfälle im Sozialrecht.

5.13 Zusätzliche Sicherung

Auf Nummer sicher

Die Versicherungskonzerne freuen sich über die Rentenreform. Nach den gesetzlichen Vorgaben müssen ArbeitnehmerInnen eine zusätzliche private Altersvorsorge aufbauen. Nicht nur die Anbieter von Lebensversicherungen stehen mit den passenden Produkten bereit. Sie rechnen mit einem zusätzlichen Beitragswachstum von ca. fünf Prozent. Schon heute zahlen die Deutschen etwa 140 Milliarden € an die Versicherungswirtschaft für
- Lebensversicherung,
- Private Krankenversicherung,
- Private Pflegeversicherung,
- Schaden- und Unfallversicherung,
- Kredit-, Luftfahrt- und Nuklearversicherung.

Quelle: www.gdv.de

§ 823 [Schadensersatzpflicht] BGB

(1) Wer vorsätzlich oder fahrlässig das Leben, den Körper, die Gesundheit, die Freiheit, das Eigentum oder ein sonstiges Recht eines anderen widerrechtlich verletzt, ist dem anderen zum Ersatz des daraus entstehenden Schadens verpflichtet.

Ursprünglich waren Familie und Verwandtschaft die wichtigsten Schutzgemeinschaften, um sich gegen Gefahren des Alltags und materiellen Verlust abzusichern. Heute schützt die gesetzliche Sozialversicherung, als Pflichtversicherung, den Arbeitnehmer vor den Risiken des Arbeitslebens und im Alter. Außerhalb des Arbeitslebens muss sich der Bürger vor weiteren Risiken selbst schützen. Deshalb bieten im Bereich der privaten Vorsorge Versicherungen zusätzlichen Schutz an.

Heute gibt es in der Bundesrepublik Deutschland über 450 Millionen Versicherungsverträge. Die Zahl macht deutlich, welchen Stellenwert die Individualversicherung hat und auch wie sicherheitsbewusst die Menschen geworden sind. Als Kapitalsammelstelle für Versicherungsbeiträge haben die Versicherungen eine volkswirtschaftliche Bedeutung. Ohne Versicherungsschutz wäre sowohl unsere Gesellschaft als auch unsere Wirtschaft nicht voll funktionsfähig.

Unterscheidungsmerkmale zur Sozialversicherung

Die Individualversicherung
- beruht auf einem freiwilligen gegenseitigen Vertrag,
- versichert so gut wie alle Risiken des Alltags,
- kann immer nur den materiellen (gegenständlichen) Schaden absichern,
- regelt die Leistungen im Schadensfall durch vertragliche Vereinbarungen,
- richtet die Beitragshöhe (Prämie) nach der Höhe des versicherten Risikos und der gewünschten Leistung aus,
- kann bei günstigem Schadensverlauf Beitragsrückerstattungen gewähren,
- tragen private und öffentlich-rechtliche Versicherungsunternehmen.

individuell (lat.-fr.)
auf das Individuum, den einzelnen Menschen, seine Bedürfnisse, speziellen Verhältnisse u.ä. zugeschnitten

Arbeitsvorschläge

1. Beschreiben Sie den Tatbestand, auf den der Karikaturist hinweisen will.

2. Schildern Sie einige Risiken, denen Sie und Ihre Angehörigen im Alltag ausgesetzt sind. Überlegen Sie, wie Sie Risiken vermindern oder gar ausschließen können.

Bundesaufsichtsamt für das Versicherungswesen (BAV) in Berlin

Beaufsichtigt und kontrolliert die Versicherungswirtschaft. Diese Behörde kann auch von den Bürgern als Beschwerdeinstanz angegangen werden.
Häufige Anfragen beziehen sich darauf, ob in einem gewissen Schadensfall überhaupt Versicherungsschutz besteht oder warum die Regelung eines Schadensfalles solange dauert. Die Überprüfung einer Beschwerde ist kostenlos.

Versicherungsvertragsgesetz (VVG)

Das VVG enthält allgemeine Vorschriften für den rechtlichen Rahmen eines Versicherungsvertrages.

AVB – Allgemeine Versicherungsbedingungen

Hier formuliert jeder Versicherungszweig eine Produktbeschreibung, wobei Rechte und Pflichten beider Vertragspartner festgelegt werden.

Eine Vielzahl von Versicherungsgesellschaften bietet für fast alle Eventualitäten des privaten Lebens Versicherungsschutz. Aus einer Werbebroschüre:

Profitieren Sie von Ihrem Vorsorgepartner

Gesundheit
- Problemlose Krankenversicherung
- Krankenhaustagegeld
- Krankentagegeld dynamisch
- Privatpatient als Mitglied von gesetzlichen Kassen
- Unfallversicherung progressiv und dynamisch
- Gehaltsumwandlung
- Betriebl. Altersversorg.

Leben
- Alters- und Hinterbliebenenversorgung
- Privat-Rente
- Rentengutachten
- Berufsunfähigkeits-Zusatzversicherung
- Risiko-Absicherung bei Finanzierungen (z.B. Bau)

- Ausbildungs-/Aussteuerversicherung
- Haftpflicht
- Kraftfahrzeuge
- Rechtsschutz
- Handwerker-Altersversicherung
- Sterbegeldversicherung
- Vorsorgeanalyse

Eigentum
- Feuer
- Einbruchdiebstahl
- Beraubung
- Leitungswasser
- Sturm
- Glas
- Hausrat
- Wohngebäude
- Betriebsschließung
- Betriebsunterbrechung

Jede Bürgerin und jeder Bürger kann sich entsprechend ihrer Lebenssituation ihren Versicherungsschutz nach Maß gestalten. Im Interesse der Vorsorge für den Einzelnen und die Gesellschaft hat der Staat z. B. die Haftpflichtversicherung für Kraftfahrzeughalter und die Brandversicherung für Gebäudeeigentümer gesetzlich vorgeschrieben.

Was man bei einem Versicherungsabschluss beachten sollte.
- Angebote von mehreren Unternehmen einholen und die unterschiedlichen Leistungen und Tarife miteinander vergleichen.
- Beim Vergleich muss das billigste Angebot nicht immer das beste sein; neben dem Preis zählt auch Kundenservice wie z.B. Beratung bei Vertragsabschluss und im Schadenfall.
- Jede Frage, die vor Vertragsabschluss geklärt wird, vermeidet Missverständnisse im Schadenfall.
- Der Versicherungsantrag muss wahrheitsgemäß und vollständig ausgefüllt werden.
- Spätestens nach Vertragsabschluss erhält der Versicherte den Versicherungsschein, die „Police" sowie die „Versicherungsbedingungen". Damit ist auch die erste Prämie fällig.

Arbeitsvorschläge

1. Auch Sie haben sich sicherlich privat versichert oder sind bei Ihren Eltern mitversichert. Überprüfen Sie, welche der o. g. Versicherungen Sie oder Ihre Eltern für Sie abgeschlossen haben. Begründen Sie dabei, welche Versicherungen Sie für sinnvoll halten.

2. Erläutern Sie, warum bestimmte Versicherungen gesetzlich vorgeschrieben sind.

3. Erkundigen Sie sich bei privaten Versicherungsunternehmen, unter welchen Bedingungen eine Lebensversicherung abgeschlossen werden kann. Vergleichen Sie dabei Beitragshöhe und Leistungen.

6 | *Freizeitgestaltung und Freizeitverhalten*

6.1 Freizeit

Zu Beginn des 20. Jahrhunderts ist der Begriff der Freizeit in Deutschland unbekannt. Erst mit Einführung des Achtstundentags nach dem Ersten Weltkrieg beginnt die Ausbildung von Freizeit im heutigen Sinn. Seit den 90er Jahren haben die Deutschen erstmals jährlich mehr freie Stunden, als sie für den Erwerb ihres Lebensunterhalts aufwenden. Anfang des 21. Jahrhunderts beträgt in Deutschland die durchschnittliche Freizeit eines Erwachsenen 2457 Stunden pro Jahr (gegenüber 1600 Arbeitsstunden). Faulenzen sind die häufigsten Freizeitinhalte.
Die Industrien, die Produkte und Dienstleistungen zum Füllen der freien Zeit anbieten, erwirtschaften Ende des 20. Jhs. 220 Mrd. Euro und erwarten ein jährliches Umsatzplus von ca. 30%. Die Freizeitindustrie erwirtschaftet etwa 15% des jährlichen Bruttoinlandsprodukts. 1,3 Millionen Anbieter, Anlagen und Einrichtungen stellten Angebote zur Freizeit zur Verfügung. Die höchsten Zuwachsraten werden bei Rentnern in den neuen Bundesländern erzielt, die geringsten bei Haushalten mit Kindern. Zugewinne werden bei Sportartikeln, Autos, Zweirädern, Heimcomputern und Auslandsreisen verzeichnet, Rückgänge beim Haustierbedarf und beim Gastgewerbe. Der Anteil der Freizeitausgaben am Gesamteinkommen stagniert gegenwärtig bei gut 20%.
Im Jahr 2000 sind etwa 41,6 Millionen Deutsche in mindestens einem der rund 345000 Vereine engagiert. Neben Sport und Entspannung zählten kulturelle und kreative Aktivitäten zu den Hauptbereichen der Freizeit.

Positive Trends
Die tägliche Freizeit steigt in der BRD von den 50er bis in die 90er Jahre von 1,5 auf 5,2 h. Wachsende Freizeit lässt sich zu aktivitäts- und konsumorientierter Gestaltung ebenso nutzen wie zur privaten Weiterbildung.

Negative Trends
Konsumimpulse der Freizeitindustrie können zu Unselbstständigkeit und Passivität führen. Freizeitstress.
In Großstädten werden neue Spielplätze entdeckt (Kaufhäuser, Rolltreppen, S- und U-Bahnen), bei denen Illegalität und/oder Lebensgefahr als Nervenkitzel genossen werden.

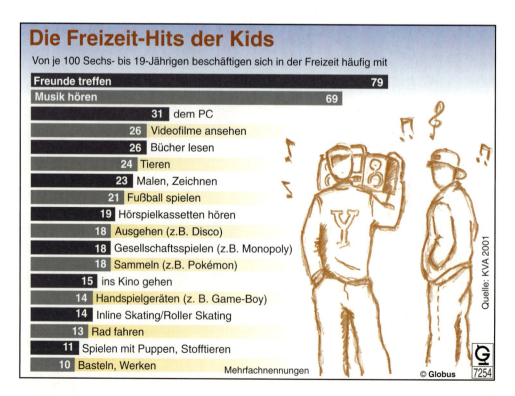

Freizeit

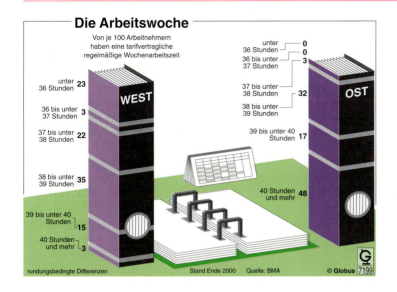

Die Verkürzung der Wochenarbeitszeit und die Verlängerung des Jahresurlaubs ergeben einen deutlichen Freizeitgewinn. Beides sind Folgen der zwischen Gewerkschaften und Arbeitgebern ausgehandelten Arbeitsbedingungen.

Mehr Freizeit bedeutet aber nicht automatisch auch mehr Freiheit. Immer mehr geraten wir in unserer Freizeit unter Zwang. Eine Freizeitindustrie hat uns fest im Griff. Da viele Freizeitaktivitäten mit nicht unerheblichen Kosten verbunden sind, entscheiden die finanziellen Möglichkeiten des Einzelnen, was er unternehmen kann.

> Bis heute wird die Freizeit der Mehrheit durch das Angebot der Freizeit- und Vergnügungsindustrie und durch das Angebot der Massenmedien ausgefüllt; durch billige Unterhaltung, die angeblich dem Geschmack der Menschen entgegenkommt, in Wirklichkeit aber diesen Geschmack und diese Wünsche erst herstellt.
>
> Die Ursachen dafür sind nicht etwa allein bei den Menschen zu suchen, die sich durch das Angebot der Freizeitindustrie prägen lassen. Vielmehr hat unser Bildungssystem die Mehrheit bisher nicht in den Stand versetzt, dieses Angebot kritisch zu beurteilen und ihre Person in der Begegnung mit kulturellen Gütern zu entwickeln. Gemeinde und Staat haben nicht genügend Gelegenheiten für eine sinnvolle, auch schöpferische Betätigung in der Freizeit geschaffen. Hier liegen politische Aufgaben. Sie dürfen freilich nicht dazu führen, dass die Freizeit staatlich organisiert und auch staatlich gesteuert wird.
>
> *Drechsler, Hilfigen. Neumann. Gesellschaft und Staat, Baden-Baden, S. 218*

Durchschnittliche Arbeitszeit der gewerblichen Arbeitnehmer

	Wochenarbeitszeit in Stunden	Urlaub in Tagen	Jahresarbeitszeit in Stunden
1960	44,6	16,5	2124
1965	42,8	18,4	2124
1970	41,5	21,2	2008
1975	40,3	24,3	1898
1980	40,1	27,3	1811
1985	39,8	30,2	1789
1990	39,0	30,3	1720
1997	37,5	29,3	1573
Heute	?	?	?

Quelle: Statistisches Amt der Europäischen Gemeinschaften

Arbeitsvorschläge

1. Nehmen Sie zur Behauptung Stellung, dass die Freizeitgestaltung nur eine Fortsetzung der Tätigkeiten sei, die bei der Arbeit ausgeführt werden.

2. Welche Veränderungen würde es in Ihrer Freizeitgestaltung geben, würde sich Ihre finanzielle Situation entscheidend verändern?

3. Ermitteln Sie Ihre freie Zeit pro Woche. Fassen Sie die Ergebnisse in der Klasse zusammen und vergleichen Sie diese miteinander..

6.1.1 Formen der Freizeitgestaltung

Den Jugendlichen stehen heute mehr denn je Musikanlagen, eigene Fernsehgeräte und Videorecorder sowie Computer zur Verfügung. Kraftfahrzeuge machen Jugendliche schon frühzeitig mobil. Urlaubsreisen ins Ausland sind auch bei Jugendlichen häufig.
Das Interesse an Bildung außerhalb der Schule ist gesunken. Auch politisches Interesse und politische Bildung gehen zurück. Jugendliche lesen weniger, treiben weniger Sport und nehmen weniger an organisierten Freizeitangeboten teil als früher. Sie bestimmen lieber selbst, was in ihrer Freizeit geschehen soll.
Umfragen lassen erkennen, dass es bei den Freizeitaktivitäten von Jugendlichen eine Entwicklung hin zu passiven Beschäftigungen gibt. Doch was sind eigentlich passive Beschäftigungen? Gehört das Spielen am Computer dazu?

> Auch die Vielspieler am Computer verbringen die meiste Zeit mit Freunden und nicht mit Lara Croft, der Heldin im Action-Adventure „Tomb Raider". Dass ein hohes Interesse an Technik keineswegs zugleich „soziale Verarmung" bedeutet, stellt auch die Shellstudie „Jugend 2000" fest. Gerade die Nutzung neuer Medien wie Handy und Internet ist zumeist Bestandteil eines reichhaltigen, engagierten Soziallebens und Grundlage für aktive Freizeitgestaltung. Jugendliche, die viel fernsehen, pflegen weniger soziale Kontakte und sind weniger aktiv in ihrer Freizeit. Sie seien eher rückwärtsgewandt und passiv.
> nach: www.freizeitwirtschaft.de/Zeitung/fw2-00/10.htm

Freitzeit-Lebensstile

Als junge freizeitorientierte Konsumenten können 17 Prozent der erwachsenen Bundesbürger bezeichnet werden. Ihr Lebensstil ist durch ein starkes Bedürfnis nach Selbstentfaltung und Genuss gekennzeichnet. Arbeit ist für sie nur ein Job. Hingegen sind Freizeit und Konsum für sie die zentralen Lebensräume.

Vertriebene Zeit

Freizeit, mühevoll erstrittenes teures Arbeitnehmergut, wird zerstört durch falsche Fitness, wird vertan durch Hobbywut.

Wenn der Feierabend dämmert –
faltet man die Hände? Nein!

Ringsum sägt und bohrt und hämmert man das Wochenende ein.

Ringsum sieht man Trimmgestalten wütend stählen ihren Leib.
Alles scheint man auszuhalten –
nur nicht Zeit ohne –
Vertreib.

Und so wird die Zeit vertrieben,
bis man montags wieder schreit:
„Ach, wo ist sie nur geblieben,
all die schöne freie Zeit?"

DIETER HÖSS

Ebenso von relativ geringer Bedeutung ist die Berufsarbeit für weitere 16 Prozent der Bundesbürger, die als häuslich und familienzentriert bezeichnet werden können. Am meisten Zeit und Gefühl wenden sie für ihre Familie auf. In der Freizeit bleiben sie am liebsten zu Hause, um sich auszuruhen, Radio zu hören, fernzusehen und zu lesen.

Vergleichbar hiermit ist das Verhalten der passiven anpassungsfähigen Arbeitnehmer, die ebenfalls 16 Prozent der Bundesbürger ausmachen. In Sachen Mode und Konsum sind sie sehr zurückhaltend. Ihre Lebensplanung ist auf einen sicheren Arbeitsplatz ausgerichtet.

Anpassung ist auch für den normorientierten Durchschnittsbürger (15%) wichtig. Sein zentrales Ziel ist soziale Anerkennung. Diese sucht er vorrangig im Berufsleben, das dem Familienleben im Konfliktfall vorgezogen wird. Wichtig sind für ihn Aktivitäten in der Freizeit und das Zusammensein mit anderen Menschen.

Kulturelles Interesse und soziales Engagement kennzeichnen den Lebensstil von etwa 15 Prozent der erwachsenen bundesdeutschen Bevölkerung. Für diese motivierten engagierten Jüngeren haben Arbeit und Freizeit etwa gleichrangige Bedeutung. Wie im Beruf bevorzugen diese engagierten Jüngeren auch in der Freizeit Beschäftigungen, die ihnen die Chance zu eigener Aktivität geben. Mehr als andere sind sie aktiv und sportlich. Viel Zeit verwenden sie für Weiterbildung und für Aufgaben in Vereinen und Parteien.
nach Wirtschafsfaktor Freizeit, Köln o.J.

Arbeitsvorschlag

Welchem Freizeit-Lebensstil könnten Sie sich zuordnen?

6.1.2 Freizeitangebote

Die Glotze …und das alles in Farbe

Was zieht mich Abend für Abend nach Haus,
die Glotze,
Wenn ich kaputt bin, wer heitert mich auf,
die Glotze,
Wer unterlegt diese Welt mit Musik,
wer rettet täglich mein Eheglück?
Die Glotze ist doch das Größte – ist ja klar.
Ich glotze mir meine schönsten Träume wahr.
Mord und heiteres Raten,
Aktion, Spannung und Show,
was ich im Leben nicht habe
und das alles in Farbe.
Wer klärt die Kinder mit vier schon auf,
die Glotze.
Wer ist dran schuld, dass ich rauch und sauf,
die Glotze.
Wer stillt den Hunger nach Schmalz und Blut,
wer wäscht das Hirn mit einer Bilderflut?
Die Glotze ist doch das Größte – ist ja klar.
Ich glotze mir meine schönsten Träume wahr.
Fußball und Hitparade, Sport und Revolution,
was ich im Leben nicht habe und das alles in Farbe.
Nein ich kann's nicht bleiben lassen,
muss ans rote Knöpfchen fassen
und das alles in Farbe.

Die Fernbedienung in der Hand,
komm ich durch das ganze Land
und das alles in Farbe.
Wozu Wälder, wozu Wiesen,
Fernsehen lässt mir Blumen sprießen
und das alles in Farbe.
Wozu Leidenschaft und Liebe,
Fernsehen stillt auch diese Triebe
und das alles in Farbe.
Wo das Schicksal grausam waltet,
bin ich live dazugeschaltet
und das alles in Farbe.
Droht 'ne Sendung mit Niveau,
schalt ich um auf Video
und das alles in Farbe.
Die Glotze ist doch das Größte – ist ja klar.
Ich glotze mir meine schönsten Träume wahr.
Opern und Attentate, Werbung und Diskussion,
was ich im Leben nicht habe
und das alles in Farbe.
Die Glotze gibt meinem Leben erst den drive,
ich glotze und wenn es knallt,
dann hab ich's live…

Udo Jürgens/Michael Kunze

Rauschgift, Alkoholismus, Terror, Depression, Melancholie…

…Mordlust, Triebhaftigkeit, Überbevölkerung und Umweltverschmutzung…

…sind die natürlichen Folgen…

…eines schwachen Fernsehprogramms!
Loriot

Erziehungswissenschaftler können gegenwärtig nur schwer abschätzen, welche Auswirkungen der vermehrte Fernsehkonsum auf uns haben wird. Doch viele warnende Äußerungen sind bereits zu hören. So heißt es in einem Bericht über das Buch „Wir amüsieren uns zu Tode" von N. Postman:

Postmans These lautet, dass die Medien zunehmend nicht nur bestimmen, was wir kennen lernen und erleben, welche Erfahrungen wir sammeln, wie wir Wissen ausbilden, sondern auch, was und wie wir denken, was und wie wir empfinden, ja, was wir von uns selbst und anderen halten sollen. Zum ersten Mal in der Geschichte gewöhnen die Menschen sich daran, statt der Welt ausschließlich Bilder von ihr ernst zu nehmen. An die Stelle der Erkenntnis- und Wahrnehmungsanstrengung tritt das Zerstreuungsgeschäft. Die Folge davon ist ein rapider Verfall der menschlichen Urteilskraft. In ihm steckt eine unmissverständliche Bedrohung: Er macht unmündig oder hält in der Unmündigkeit fest. Und er tastet das gesellschaftliche Fundament der Demokratie an.

Arbeitsvorschlag

Stellen Sie eine Liste von Freizeitmöglichkeiten aus Ihrer Umgebung zusammen und beurteilen Sie, ob diese den Wünschen von Jugendlichen entspricht.

6.1.3 Stress und Gefahren in der Freizeit

Der Alkohol bleibt die Suchtdroge Nr. 1

Über 17 Millionen spielen an Geldautomaten

Zum Haschisch gibt's oft schon Gratisproben Heroin

Suff in Schulen macht Schule

Abhängig von Pille und Pulle

EU gemeinsam gegen Drogen

Blutrausch im Kinderzimmer: Horror-Video

Verweigern - Ausreißen - Zerstören als letzte Auswege?

So viele Drogentote wie nie zuvor

Prügelstrafe für Fußball-Rowdys?

Die Zunahme der Freizeit ermöglicht dem einzelnen nicht nur ein größeres Maß an Freiheit. Selbst zu entscheiden, was man tun und lassen möchte, bedeutet häufig auch mehr Stress und mehr Gefahr. Stunden, die eigentlich der Erholung dienen sollen, werden verplant und von Verpflichtungen aufgefressen. Wissenschaftler bezeichnen so etwas mit Freizeitstress.

Alkoholismus, Tablettenmissbrauch, Rauschgiftkonsum, Gewalt und Zerstörung sind Erscheinungen, welche unsere Gesellschaft seit Jahren beschäftigen. Die Ursachen liegen sicher mit in der mangelnden Fähigkeit, Freizeit sinnvoll zu verbringen.

Alkohol, die Volksdroge

| Immer wenn ich trinke... | habe ich das angenehme Gefühl... | dass die ganze böse Welt... | um mich herum versinkt. |

Die Frage, ob Alkohol eine Droge ist, muss eindeutig mit ja beantwortet werden. Im Gegensatz zu anderen Drogen ist er jedoch fester Bestandteil unseres gesellschaftlichen Lebens. Ob bei Partys, beim Fernsehen, im Fußballstadion, am Arbeitsplatz, in der Disco, bei Familienfeiern überall wird Alkohol getrunken. Wer nicht mitmacht, wird oft, gerade unter Jugendlichen, als Feigling bezeichnet und gilt als Außenseiter. Auch die Werbung vermittelt das Gefühl, dass zu Geselligkeit unbedingt Alkohol gehört.

Die Gefährlichkeit des Alkohols besteht vor allem darin, dass sowohl ein kontrollierter und vernünftiger Umgang möglich ist als auch ein Abrutschen in die Sucht. Neben dem Alkohol gibt es noch andere legale Drogen; vor allem Nikotin und Arzneimittel.

Schätzungen zufolge sind ca. 1,5 Millionen Deutsche tablettenabhängig. Die Dunkelziffer ist vermutlich enorm hoch. Die Sucht macht der Alkoholabhängigkeit zunehmend Konkurrenz und wie Alkoholsucht findet sich auch Tablettenabhängigkeit in allen sozialen Schichten. Zwei Drittel aller verschriebenen Medikamente mit Suchtpotential werden von Frauen eingenommen. Am stärksten betroffen ist die Altersgruppe der 25- bis 44-Jährigen, fast 50 Prozent der tablettensüchtigen Frauen sind diesem Alter zuzuordnen.

Macht denn alles süchtig?

Ca. 17 Millionen nikotinabhängige Raucher. Aber immer wieder erfahren wir auch von neuen Süchten, und noch dazu von solchen, für die man gar nichts Besonderes schlucken, spritzen oder sonst wie einnehmen muss: Magersucht, Ess-Brech-Sucht, Spielsucht, Kaufsucht, Sexsucht, Computersucht, Internetsucht, Fernsehsucht, Beziehungssucht. Was aber ist Sucht eigentlich, wenn es dafür nicht einmal nötig ist, sich irgendein Mittel einzuverleiben?
Aktualisiert nach: Brigitte 11/90

Die wichtigsten Alarmsignale

An diesen Symptomen können Sie erkennen, ob Sie von einem Suchtmittel abhängig sind:

- Sie brauchen eine bestimmte Menge des Suchtmittels, um sich wohl zu fühlen oder mit Belastungen fertig zu werden.
- Sie behaupten gegenüber anderen, weniger Suchtmittel zu konsumieren, als es tatsächlich der Fall ist, und belügen sich auch selbst.
- Sie fühlen sich außerstande, aus eigenem Antrieb mit dem Konsum aufzuhören.
- Sie leiden körperlich und seelisch, sobald Ihnen das Suchtmittel ausgeht oder Sie freiwillig darauf verzichten.
- Sie finden immer wieder neue Möglichkeiten, unbemerkt an das Suchtmittel heranzukommen.
- Sie achten darauf, dass Sie immer einen Vorrat des Suchtmittels zur Verfügung haben.

Arbeitsvorschläge

1. Spielen Sie eine Pantomime vor der Klasse mit dem Thema „Freizeit ohne Stress". Lassen Sie das Thema Ihrer Szene von den anderen erraten.

2. Worin liegt der Unterschied zwischen legalen und illegalen Drogen?

3. Gibt es Beweise dafür, dass die im Artikel „Macht denn alles süchtig" genannten Süchte wirklich existieren? Kennen Sie weitere Süchte?

4. Sind Ihrer Meinung nach die genannten Alarmsignale bei jeder Sucht gültig? Prüfen Sie Ihre Aussage an einem Beispiel.

HINTER JEDER SUCHT
STECKT EINE
SEHNSUCHT

ZUSCHÜTTEN,
WEGTAUCHEN,
NICHT MEHR
DENKEN –
NUR NOCH
SAUFEN,
FRESSEN, SICH
ERBRECHEN

ABHÄNGIGE
LÜGEN UND
BETRÜGEN,
WEIL SIE NICHT
ANDERS
KÖNNEN

SUCHT
IST KEINE
CHARAKTERSCHWÄCHE.
SUCHT
IST EINE
KRANKHEIT

LERNEN,
DASS ES EIN
LEBEN OHNE PROBLEME
NICHT GIBT.
LERNEN, ETWAS
AUSZUHALTEN.
DAS IST DAS
SCHWERSTE

MAL SIND
SIE DIE
GRÖSSTEN, MAL
DIE KLEINSTEN

ALLEIN SIND SIE
ÜBERFORDERT,
LASSEN SIE
SICH BERATEN

6.1.4 Illegale Drogen

Während Nikotin und Alkohol legale Drogen sind, handelt es sich bei den illegalen Drogen um Stoffe, deren Einfuhr, Gewinnung, Herstellung, Verbreitung, Erwerb unzulässig und strafbar sind. Die genauen Einzelheiten sind im Betäubungsmittelgesetz festgelegt.

Ein Mitglied der Drogenhilfe

Der Einstieg in die Drogenszene erfolgt häufig nach vorangegangener Einnahme von Psychopharmaka oder aber durch eine Gleichaltrigengruppe, die „kifft". Mitgemacht haben alle, mit dem Bestreben dazuzugehören, nun lief es besser, man war „gut drauf", traf sich nachts immer und sehr lange in Discos und „auf der Szene" und hielt alle anderen für feige Spießer. Über längere Zeit schien man nur in dieser Subkultur wirklich zu leben, die Arbeit (Schule) lief nebenher „man brauchte die Maloche für die Knete". Aber das Gefühl der Einsamkeit, der Angst, der Beschissenheit kehrte zurück. Um diesem zu entfliehen, versuchte man es mit „Drücken". Das half zunächst, aber sofort galt nun alle Sorge dem nächsten „Schuss". Das bedeutete schnell, selbst zu „dealen" oder für die Mädchen, das Geld auf dem Strich anzuschaffen, bzw. für die Jungen, durch „Bruch" die nötige „Kohle" zu besorgen. Das „gut Draufsein" hörte bald wieder auf, selbst mit dem Schuss hast du ein „Scheißgefühl", also kommt mehr und mehr auf den „Löffel" … Verwahrlosung und rascher körperlicher Verfall war die Folge, wobei sich die Angst vor dem Entzug wie durch ein Brennglas verstärkte.

Seelische und körperliche Abhängigkeit

Die Fachleute unterscheiden zwischen seelischer und körperlicher Abhängigkeit. Seelisch oder psychisch abhängig ist man, wenn man nur noch mit Hilfe der Droge sein inneres Gleichgewicht herstellen kann. Wer die Wirkung eines Suchtstoffes kennengelernt und als angenehm empfunden hat, … der neigt leicht dazu, diese Erfahrung zu wiederholen. Schließlich kommt man ohne die anregende oder dämpfende Wirkung solcher „Seelentröster" nicht mehr aus … Körperliche Abhängigkeit bedeutet, dass die Droge in den Stoffwechsel des Organismus einbezogen ist und dass sich der Körper an das Mittel gewöhnt hat … Wird die Droge plötzlich abgesetzt, können sich quälende Entzugserscheinungen einstellen, z.B. Erbrechen, Schweißausbrüche, Gliederschmerzen …

Alltagsdrogen und Rauschmittel, hrsg. vom Bundesministerium für Familie, Jugend und Gesundheit.

Es gibt dann nur noch eine Angst, alle übrigen Gefahren wie Kriminalität, Perversionen, Krankheiten, Tod und viele andere werden unwesentlich. Sie treibt dich zu allem, und hinzu kommt eine wahnsinnige Gleichgültigkeit. Du schmeißt alles weg – selbst dein Kind, deine Freunde, deine Familie. Du wirst aufgefressen bis zum letzten und kommst nie alleine raus.

Irgendwann werden alle mal geschnappt, dann steht man vor der Wahl, Knast oder Therapie. Man wählt aus Angst vor dem Knast die Therapie, aber nicht freiwillig. Ist man dann wieder draußen, beginnt der Totentanz erneut. Jeder Rückfall führt weiter hinab und immer geringer werden die Lebenschancen.

Das Ende: … Entweder du gehst freiwillig in Therapie und packst es noch, oder du bleibst drauf – und gehst drauf.

Mit dem Konsum von Drogen beginnt ein kaum mehr zu durchbrechender Teufelskreis aus Sucht, körperlichem und seelischem Verfall und Kriminalität. Um ihre Sucht finanzieren zu können, benötigen Abhängige täglich bis zu 200 Euro. Entweder sie beschaffen sich dieses Geld durch Einbrüche oder Prostitution, oder sie handeln selbst mit Drogen. Skrupellose Großhändler und Geschäftemacher haben ein ausgeklügeltes System des Drogenhandels aufgebaut, um immer neue Konsumenten zu gewinnen.

Heroin gilt als die gefährlichste unter den illegalen Drogen, und zwar vor allem deshalb, weil die Gefahr der tödlichen Überdosis („goldener Schuss") besonders groß ist.

Allerdings darf man sich keinesfalls dazu verleiten lassen, die anderen Drogen zu verharmlosen.

Freizeit

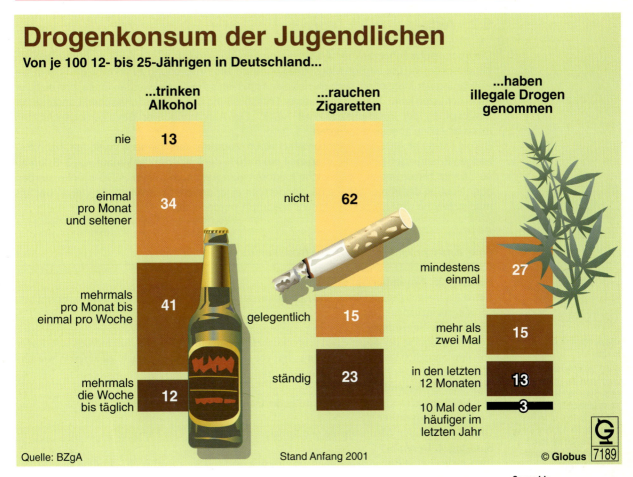

Am wirksamsten kann das Drogenproblem wohl durch **rechtzeitige Information** und **Aufklärung** über die schrecklichen Folgen des Drogenkonsums bekämpft werden. Dabei sind vorbeugende Maßnahmen besonders wichtig. Krankenkassen und Suchtberatungsstellen der Kirchen (Caritas, Diakonisches Werk) halten ausführliches Informationsmaterial bereit. Sehr viel schwieriger ist die Hilfe für junge Menschen, die sich bereits im Teufelskreis der Drogenabhängigkeit befinden. Aber auch in diesen Fällen ist eine Bekämpfung der Sucht möglich. Voraussetzung ist allerdings, dass der Betroffene selbst dazu bereit ist.
An allen Berufsschulen gibt es Informationslehrer/innen für Drogenfragen, die die Adressen von Beratungsstellen am Ort kennen und auch die notwendigen Kontakte herstellen können.

Cannabis
Cannabis dämpft und entspannt, es führt in der Regel zu seelischer Abhängigkeit. Cannabis gilt auch als Einstiegsdroge.

Amphetamine
Aufputschende Wirkung, unkontrollierte Gefühlsausbrüche, seelische Abhängigkeit.

Halluzinogene
Rausch- und Traumgefühl, bei Überdosis Tod durch Krämpfe und Herzversagen.

Kokain
Kokain enthemmt und euphorisiert, es führt zu Depressionen und Verfolgungswahn.

Opiate
Nach der Injektion kommt es zu einem „Orgasmus des ganzen Körpers" (Flash). Opiate führen zu körperlichen Abhängigkeit, eine Überdosierung zum Tod (goldener Schuss).

Arbeitsvorschläge

1. Erklären Sie den Unterschied zwischen seelischer und körperlicher Abhängigkeit.

2. Nehmen Sie zur folgenden Aussage Stellung:
Legale Drogen sind nur deshalb legal, weil ihr Verkauf zu Steuereinnahmen führt. Eigentlich müssten sie genauso verfolgt werden wie illegale Drogen.

3. Beschreiben Sie in einem kurzen Bericht einen möglichen Weg in die Abhängigkeit.

4. Spielen Sie mit in einem Rollenspiel mit dem Thema: Eltern erfahren, dass ihr Kind drogenabhängig ist.

6.2 Aids

Die Immunschwächekrankheit AIDS ist eine Infektionskrankheit, die noch nicht medizinisch beherrschbar ist. Die einzige Möglichkeit, eine weitere Ausbreitung zu verhindern, liegt in der Aufklärung der Menschen. Verhaltensweisen müssen so geändert werden, dass man sich vor AIDS schützen kann. So heißt es in einer Entschließung des niedersächsischen Landtags zur Bekämpfung der Infektionskrankheit AIDS. „Die Aufklärung aller Bevölkerungsschichten muss erheblich intensiviert werden."

Bis die Krankheit AIDS ausbricht, unterscheiden Mediziner verschiedene Vorstufen. Nach bisherigen Erfahrungen bricht die Krankheit bei 5–20% der Infizierten im Verlauf von 2–8 Jahren aus. Es ist bisher unbekannt, welche Faktoren zum Ausbruch führen. AIDS-Kranke sterben aber nicht an der Immunschwäche, sondern an einer anderen Krankheit, die wegen der Immunschwäche vom Körper nicht mehr bekämpft werden kann.

Das Ende eines AIDS-Krankheitsverlaufs

Sonntag, 25. November
Lefert hat morgens hohes Fieber und ist sehr kurzatmig. Der Arzt muss geholt werden. Er stellt eine Lungenentzündung fest.

Montag, 26. November
Lefert bekommt in der Nacht einen schrecklichen Fieberanfall. Es ist ihm fürchterlich kalt. Reijer holt ihm zusätzlich Decken. Mal glüht Lefert vor Hitze, im nächsten Augenblick zittert er wie verrückt vor Kälte. Das Zittern wird zum Keuchen.

Dienstag, 27. November
Der Krankenwagen kommt. Lefert wird in die Universitätsklinik eingeliefert.

Freitag, 30. November
Drei Tage hat Lefert Medikamente und Infusionen bekommen. Das Fieber ist gesunken.

Samstag, 1. Dezember
Ein Arzt hat Lefert Blut abgenommen um zu sehen, wie viel Sauerstoff noch über die kranken Lungen in das Blut gelangt. Lefert wird immer kurzatmiger und nervöser.

Freitag, 7. Dezember
Lefert keucht und pfeift unter dem Beatmungsgerät. Er atmet im Rhythmus der Behandlung. Die Maschine bestimmt weiter sein Leben.

Donnerstag, 13. Dezember
Leferts Hand ist eiskalt und er verfällt zusehends. Man setzt alle Hebel für ihn in Bewegung, aber es wird vergeblich sein.

Mittwoch, 19. Dezember
Lefert Scheeper wurde heute eingeäschert, er war erst 36.
nach: Frings, M.: Dimension einer Krankheit AIDS

Die deutschen Aids-Stiftungen

Die „Deutsche Aids-Stiftung" und die „Nationale Aids-Stiftung" leisten vor allem Einzelfallhilfe für HIV-infizierte und an Aids erkrankte Menschen, die in materielle Not geraten sind. Daneben unterstützen sie Projekte der Selbsthilfe und treten in ihrer Öffentlichkeitsarbeit für die Integration der Menschen mit HIV und Aids ein. Außerdem unterstützen sie ausgewählte Projekte in der Aids-Forschung.
Informationen zur Arbeit der Stiftungen geben die

Deutsche Aids-Stiftung
„Positiv Leben"
Pipinstraße 7
50667 Köln
Tel. 02 21/25 10 61

und die

Nationale Aids-Stiftung
Adenauerallee 58
53113 Bonn
Tel. 02 28/21 40 98

Aids ist nicht eine Krankheit wie jede andere. Wer über Aids spricht, trifft automatisch auf eine Reihe anderer Themen, wie z.B. Sexualität, Gewalt, Partnerschaft, soziale Ausgrenzung, Drogenproblematik, Strafvollzug und kommt an zwei wichtigen gesellschaftlichen Tabu-Themen nicht vorbei: Sexualität und Tod.

Arbeitsvorschläge

1. Nehmen Sie Stellung zu der Aussage: „AIDS ist nicht eine Krankheit wie jede andere".

2. Überlegen Sie, wie sich das Leben verändert, wenn man erfährt, AIDS infiziert zu sein.

3. Welche Erfolgsaussichten bestehen Ihrer Meinung nach, das Verhalten jedes Einzelnen so zu verändern, dass die Übertragungsgefahr von AIDS erheblich eingeschränkt wird?

AIDS - nicht nur ein Problem gesellschaftlicher Randgruppen

Zu Beginn der Ausbreitung von AIDS wurde die Krankheit als „Problem gesellschaftlicher Randgruppen" dargestellt und wenig ernst genommen. Seit sich die Überzeugung durchgesetzt hat, dass nahezu jeder von dieser Krankheit betroffen sein kann, ist AIDS Thema einer breiten Diskussion in der Öffentlichkeit geworden. Heute müssen sich viele der Thematik AIDS stellen, wie z. B.

Eltern
Eltern schulpflichtiger Kinder werden durch die in den Schulen vermittelten Informationen über AIDS teilweise verunsichert. Sie sind durch ihre Kinder gezwungen, sich damit auseinanderzusetzen.

Jugendliche und junge Erwachsene
Jugendliche und junge Erwachsene sind insofern besonders von der AIDS-Problematik betroffen, als für diese Altersstufe das Ausprobieren ein wesentlicher Bestandteil von Identitätsfindung und Lebensplanung ist.

Besonders für die ersten sexuellen Kontakte, die im Allgemeinen mit Scheu verbunden sind, gilt außerdem, dass das rein rationale Wissen über die Bedeutung z.B. von Kondombenutzung noch nicht ausreicht, um zusätzlich die Scheu zu überwinden, die AIDS-Angst anzusprechen oder das sexuelle Erlebnis durch die Benutzung von Kondomen zu unterbrechen.

Frauen
In den letzten Jahren daran gewöhnt, durch Pille, Spirale u.ä. die Verhütung selbst zu regeln, sind sie nun bei der Frage nach dem Schutz vor AIDS darauf angewiesen, geeigneten Schutz (z.B. Kondome) von Männern zu fordern. Viele Frauen scheuen sich zudem, damit indirekt einzugestehen, dass sie der Treue ihres Partners vielleicht nicht völlig vertrauen.

Männer
Jahrelang gewohnt, das Problem der Empfängnisverhütung der Frau zu überlassen, sind sie nun mit der Forderung konfrontiert, Kondome zu benutzen. „Die an Freiheit und Abenteuer gewohnten Männer sollen jetzt den Teil ihres Körpers hinter Gummi präsentieren, der ihnen Zeit ihres Lebens so viel Vergnügen bereitet hat und das muss verständlicherweise jedem Mann den Angstschweiß auf die Stirn treiben. Mit dem Hinweis auf sogenannte Risikogruppen und der Möglichkeit eines Testes sind Männer überraschend schnell bei der Hand, schneller jedenfalls als mit dem Gedanken, selbst ein Kondom zu benutzen."

Landesverband der VHS., a.a.O.

Arbeitsvorschlag

Bei welchen der vier Personengruppen und ihrer Auseinandersetzung mit AIDS treffen Ihrer Meinung nach die Beschreibungen zu, bei welchen sind sie fragwürdig? Begründen Sie Ihre Antwort.

6.3 Jugend und Recht
6.3.1 Der Jugendschutz

Keine Grenzen für Jugendliche
Jugendschutzgesetze werden in großem Umfang missachtet. Dies ist das erschreckende Ergebnis einer WISO-Stichprobe

Niemand griff ein

Jugendliche unter 16 Jahren konnten ungehindert in Restaurants und Bars alkoholische Getränke trinken, Spielsalons besuchen und in Schulen rauchen. In keinem einzigen Fall schritten die verantwortlichen Gewerbetreibenden oder Lehrer ein, so wie es die Gesetze zum Schutz der Jugend verlangen.

Die Stichprobe
Für die Stichprobe verstieß eine Gruppe von Schülern im Alter von 14 und 15 Jahren bewusst gegen die einschlägigen Jugendschutzgesetze. Sie verlangten in Gaststätten nach alkoholischen Getränken, besuchten öffentliche Spielhallen und rauchten in der Öffentlichkeit.

Ergebnis
In allen getesteten Gaststätten – darunter Mövenpick, McDonald's und Pizza Hut – bekamen die jugendlichen Schüler problemlos die alkoholischen Getränke ihrer Wahl – von Bier über Wein und Rum-Cocktails bis hin zu Wodka-Lemon. Sie wurden in keinem Fall nach ihrem Alter gefragt.

Ebenso schlecht war das Ergebnis bei den Spielhallen und in den Schulen: Die Jugendlichen konnten alle Spielhallen problemlos betreten und an den Glücksspiel-Automaten völlig ungestört spielen – auch dort, wo es galt, mit Waffen auf Menschen zu schießen.

In den getesteten Schulen konnten sie trotz Anwesenheit der Lehrer ungehindert rauchen. Keiner der Lehrer nahm seine Aufsichtspflicht im Sinne der Jugendschutzgesetze wahr.

http://www.zdf.de/ratgeber/WISO/Archiv/Themen_2001/44508

Zu den wichtigsten Aufgaben eines Rechtsstaates gehört es, junge Menschen vor Gefahren zu bewahren und ihre Gesundheit zu schützen. Dazu dient eine Reihe von Gesetzen.

Schutzmaßnahmen für Kinder (unter 14 Jahren) und Jugendliche (14 bis 18 Jahre) außerhalb des erzieherischen Einflussbereichs von Eltern, Ausbildern und Lehrern sieht das Gesetz zum Schutz der Jugend in der Öffentlichkeit vor.

Jugendschutz

Art. 5 Abs. II Art. 6 Abs. II

 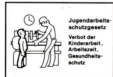 

nach: Zahlenbilder 141 220

„Die wenigsten kennen das Jugendschutzgesetz"

Auszug: Gesetz zur Neuregelung des Jugendschutzes in der Öffentlichkeit vom 25. Februar 1985

§1 Halten sich Kinder oder Jugendliche an Orten auf, an denen ihnen eine unmittelbare Gefahr für ihr körperliches, geistiges oder seelisches Wohl droht, so haben die zuständigen Behörden oder Stellen die zur Abwendung der Gefahr erforderlichen Maßnahmen zu treffen. Wenn nötig, haben sie die Kinder oder Jugendlichen
1. zum Verlassen des Ortes anzuhalten
2. einem Erziehungsberechtigten zuzuführen oder, wenn kein Erziehungsberechtigter erreichbar ist, in die Obhut des Jugendamtes zu bringen.
In schwierigen Fällen haben die zuständigen Behörden oder Stellen das Jugendamt über den jugendgefährdenden Ort zu unterrichten.

§3 (1) Der Aufenthalt in Gaststätten darf Kindern und Jugendlichen unter sechzehn Jahren nur gestattet werden, wenn ein Erziehungsberechtigter sie begleitet. Dies gilt nicht, wenn Kinder oder Jugendliche
1. an einer Veranstaltung eines anerkannten Trägers der Jugendhilfe teilnehmen,
2. sich auf Reisen befinden oder
3. eine Mahlzeit oder ein Getränk einnehmen.
(2) Jugendlichen ab sechzehn Jahren ist der Aufenthalt in Gaststätten ohne Begleitung eines Erziehungsberechtigten bis 24 Uhr gestattet.

§4 (1) In Gaststätten, Verkaufsstellen oder sonst in der Öffentlichkeit dürfen
1. Branntwein, branntweinhaltige Getränke oder Lebensmittel, die Branntwein in nicht nur geringfügiger Menge enthalten, an Kinder und Jugendliche,
2. andere alkoholische Getränke an Kinder und Jugendliche unter sechzehn Jahren weder abgegeben noch darf ihnen der Verzehr gestattet werden.

§6 (1) Die Anwesenheit bei öffentlichen Filmveranstaltungen darf Kindern und Jugendlichen nur gestattet werden, wenn die Filme von der obersten Landesbehörde zur Vorführung vor ihnen freigegeben worden sind.

§9 Das Rauchen in der Öffentlichkeit darf Kindern und Jugendlichen unter sechzehn Jahren nicht gestattet werden.

Arbeitsvorschlag

Geben Sie eine eigene Stellungnahme ab: Schützt oder bevormundet das Jugendschutzgesetz Jugendliche?

Verstöße gegen das Jugendschutzgesetz werden in folgender Weise geahndet:

6.3.2 Das Jugendhilferecht

Nach dem Grundgesetz sind in erster Linie die Eltern für die Pflege und Erziehung von Kindern verantwortlich. Angesichts gestiegener Anforderungen und gesellschaftlicher Veränderungen brauchen Mütter und Väter Unterstützung, Ermutigung und Entlastung bei ihren Erziehungsaufgaben.

Zu diesem Zweck enthält das neue Kinder- und Jugendhilfegesetz, das am 1. Januar 1991 in Kraft getreten ist, ein breites Spektrum von allgemeinen Förderungsangeboten und individuellen Erziehungshilfen. Sie werden von freien Trägern (Wohlfahrtsverbänden, Jugendverbänden, Elterninitiativen, Selbsthilfegruppen) und von den örtlichen Jugendämtern (Kreis, kreisfreie Stadt, kreisangehörige Gemeinde) erbracht.

Im Mittelpunkt des Gesetzes stehen folgende Leistungen:

– Angebote der Jugendarbeit, der Jugendsozialarbeit und des erzieherischen Jugendschutzes
– Angebote der Familienfreizeit und der Familienerholung
– Beratung in Fragen der Partnerschaft, Trennung und Scheidung
– Beratung und Unterstützung bei der Ausübung der Personensorge
– Unterbringung von Müttern und Kindern in Mutter-Kind-Einrichtungen
– Betreuung und Versorgung des Kindes in Notsituationen
– Schaffung eines bedarfsgerechten Angebots zur Tagesbetreuung von Kindern in Krippen, Kindergärten, Horten und in Tagespflege
– ambulante und teilstationäre Hilfe zur Erziehung
– qualifizierte Vermittlung und Begleitung von Pflegekindverhältnissen
– Unterbringung von älteren Kindern und Jugendlichen in Heimen und sonstigen betreuten Wohnformen

Mit seinem vorbeugenden Ansatz will das Gesetz dazu beitragen, dass Kinder und Jugendliche in ihrer individuellen Entwicklung gefördert und Eltern bei ihren Erziehungsaufgaben unterstützt werden. Hilfen stehen nicht erst dann zur Verfügung, wenn die Erziehung von Kindern und Jugendlichen in der Familie ernsthaft gefährdet ist. Das neue Gesetz bietet Unterstützung durch fachlich kompetente Beratung und Hilfestellung schon vor dem Notfall.

Arbeitsvorschläge

1. Halten Sie es für richtig, dass Jugendliche bei Verstößen gegen das Jugendschutzgesetz zwar mit Erziehungsmaßnahmen belegt, aber nicht bestraft werden können? Begründen Sie Ihre Antwort.
2. Welche Überlegungen könnten den Gesetzgeber zu dieser Regelung veranlasst haben?

Das neue Kinder- und Jugendhilfegesetz

Ein Gesetz für
Kinder
Jugendliche
junge Erwachsene
Mütter
Väter

Pflegefamilien
Tagesmütter
Heimerzieher/-innen
Familienberater/-innen
Erziehungsberater/-innen

Jugendämter
Jugendverbände
Wohlfahrtsverbände
Elterninitiativen
Selbsthilfegruppen

Informationen:
bei den örtlichen Jugendämtern, Beratungsstellen, Jugendverbänden und Einrichtungen der freien Wohlfahrtspflege.

6.3.3 Jugendkriminalität und Jugendgerichtsbarkeit

● Drei Schüler im Alter von 16 beziehungsweise 17 Jahren knüpfen einen Mitschüler an einem Seil auf, das zuvor – um ein Lösen des Knotens zu erschweren – nass gemacht worden war: Das Opfer kommt mehr zufällig mit dem Leben davon.

● Ein 19-Jähriger wird auf der Autobahn in einem Auto von einem Betonklotz erschlagen, den ein 15-Jähriger von einer Brücke gestoßen hatte. Er wollte, dass „einmal etwas Großes" geschieht.

● Auf dem Körper eines 13-jährigen Mädchens drücken Jugendliche Zigaretten aus, schneiden ihr die Pulsadern auf und sehen zu, wie sie verblutet.

Was hilft gegen die „Monster-Kids"?

Bonn (eb/zi). Muss das Jugendstrafrecht erheblich verschärft werden? Angesichts der erschreckenden Zunahme der Gewalt durch Kinder, Jugendliche und Heranwachsende fordern nicht nur Unionspolitiker, sondern auch der frühere Präsident des Oberlandesgerichts Braunschweig, Wassermann, härtere Maßnahmen. Wassermann will die Höchststrafe für Jugendliche auf 12 Jahre anheben.

nach: Verdener Nachrichten

In der Bundesrepublik Deutschland kommen immer mehr Kinder und Jugendliche mit dem Gesetz in Konflikt. Zu den häufigsten Vergehen zählen Diebstahl und Sachbeschädigung. Etwa sechzig Prozent der an Straftaten beteiligten Kinder stehen im Verdacht des einfachen Diebstahls (meist Ladendiebstahl). Bei Jugendlichen und Heranwachsenden handelte es sich meist um den Diebstahl von Mofas, Mopeds und Krafträdern sowie Raubüberfälle.

Der Fall des 17-jährigen Hilfsarbeiters Walter K.

Am Abend des 28. Mai wurde Walter K. von Zeugen dabei beobachtet, wie er vom Motorrad aus einer älteren Frau die Handtasche entriss. Er wurde von der Polizei gestellt und dem Jugendrichter vorgeführt.
Es war nicht die erste Tat von Walter K. Bereits früher waren zwei Verfahren wegen Diebstahls gegen ihn eingeleitet worden.

Ein Psychologe zur Situation von Walter K.

Die Eltern sind seit zwölf Jahren geschieden. Walter wächst mit seinem Bruder bei seinem Vater auf, der ist Alkoholiker. Im Rausch wird er oft gewalttätig. Alle leben in einer Einzimmerwohnung. Fehlenden Erfolg bei seiner Arbeit versucht Walter durch sein Verhalten in seiner Clique auszugleichen. Er passt sich dort bedingungslos an.

Arbeitsvorschläge

1. Bestimmte Arten von Kriminalität sind bei Jugendlichen besonders häufig anzutreffen. Nennen Sie diese sowie mögliche Ursachen hierfür.

2. Welche Maßnahmen könnten die Jugendkriminalität verringern?

3. Nennen Sie Gründe, die mitverantwortlich sind für das Verhalten von Walter K.

Das Jugendgerichtsgesetz regelt die strafrechtliche Verantwortung von Jugendlichen sowie das Verfahren in Jugendstrafsachen. Mit dem Gesetz werden in erster Linie erzieherische Zwecke verfolgt. Als Folgen einer Jugendstraftat können Erziehungsmaßregeln, Zuchtmittel und Jugendstrafen angeordnet werden.

Aus dem Jugendgerichtsgesetz

Erziehungsmaßregeln sind 1. die Erteilung von Weisungen, welche die Lebensführung des Jugendlichen regeln und dadurch seine Erziehung fördern sollen, 2. Erziehungsbeistand durch einen Helfer des Jugendamts, 3. Fürsorgeerziehung.

Zuchtmittel sind 1. die Verwarnung, 2. die Auferlegung besonderer Pflichten (z.B. den Schaden wiedergutzumachen, sich bei dem Geschädigten zu entschuldigen, einen Geldbetrag an gemeinnützige Einrichtungen zu zahlen), 3. Jugendarrest (Freizeitarrest, Kurzarrest oder Dauerarrest).

Jugendstrafe wird verhängt, wenn Erziehungsmaßregeln oder Zuchtmittel zur Erziehung des Jugendlichen nicht ausreichen. Es handelt sich dabei um Freiheitsentzug von mindestens sechs Monaten und höchstens 5 Jahren, in besonders schweren Fällen von bis zu zehn Jahren in einer Jugendstrafanstalt, oder auf unbestimmte Dauer mit einer oberen Grenze von vier Jahren und Entlassung je nach dem Fortschritt der Erziehung.

Zu lasch?

Das heutige Jugendstrafrecht von 1974 will Fehltritte, Dumme-Jungen-Streiche, Mutproben und Gedankenlosigkeiten behutsam ahnden und mit Maßregelungen wie Verwarnung, Erziehungshilfe und Verurteilung zu sozialer Arbeit auf den richtigen Weg helfen.
Doch das Bild der Jugendkriminalität hat sich gewandelt. An vielen Schulen, sogar Kindergärten, regiert Gewalt. Aus purer Lust an Gewalt werden Opfer gequält.
Angesichts solcher „Monster-Kids" plädieren 70 Prozent der Bevölkerung bei einer Umfrage für eine Verschärfung der Gesetze.
Weil Kinder nicht schuldfähig sind, haben sie oftmals schon eine kriminelle Karriere hinter sich, wenn sie erstmals vor einem Richter erscheinen.
Allerdings: Strafrecht kann keine Jugendpolitik ersetzen. Wenn angesichts leerer Kassen künftig ausgerechnet an Einrichtungen gespart wird, die verhindern sollen, dass junge Menschen kriminell werden, sind die möglichen Folgen leicht absehbar.

Horst Zimmermann

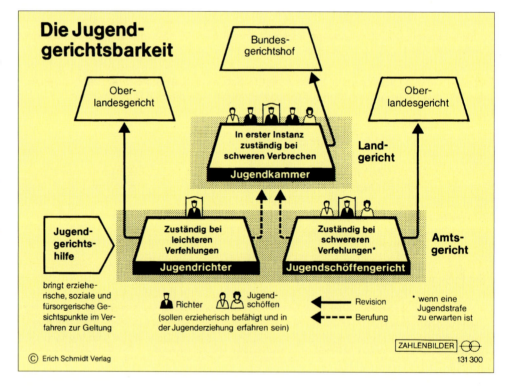

Arbeitsvorschläge

1. Warum werden jugendliche Straftäter vor Gericht anders behandelt als Erwachsene?

2. In welcher Weise sollte Walter K. strafrechtlich zur Verantwortung gezogen werden?

3. Führen Sie die Gerichtsverhandlung in der Klasse durch.

7 | Wirtschaftsordnung – Wirtschaftspolitik

7.1 Die soziale Marktwirtschaft der Bundesrepublik Deutschland

Seit dem Bestehen der Bundesrepublik Deutschland haben wir in unserem Land eine Wirtschaftsordnung, die wir als **soziale Marktwirtschaft** bezeichnen. Die soziale Marktwirtschaft will das Prinzip der Freiheit auf dem Markt mit dem Grundsatz des sozialen Ausgleichs verbinden.

Obwohl das Grundgesetz der Bundesrepublik Deutschland keine bestimmte Wirtschaftsordnung vorschreibt, geben einige Artikel des Grundgesetzes Hinweise auf eine Wirtschaftsordnung.

Zentralverwaltungswirtschaft

auch Planwirtschaft genannt, ist eine Wirtschaftsordnung, in der Produktion, Investitionen, Preise, Löhne und der private Verbrauch von einer zentralen staatlichen Stelle festgelegt werden. Staatliches und genossenschaftliches Eigentum an Produktionsmitteln herrschen vor.

Freie Marktwirtschaft

ist eine Wirtschaftsordnung ohne staatliche Eingriffe, in der Unternehmen und Haushalte eigenständig planen, uneingeschränkt Wettbewerb herrscht und Preise und Löhne auf dem freien Markt gebildet werden.

Artikel 9 [Vereinigungsfreiheit]
(1) Alle Deutschen haben das Recht, Vereine und Gesellschaften zu bilden.
(2) Vereinigungen, deren Zwecke oder deren Tätigkeit den Strafgesetzen zuwiderlaufen oder die sich gegen die verfassungsmäßige Ordnung oder gegen den Gedanken der Völkerverständigung richten, sind verboten.
(3) Das Recht, zur Wahrung und Förderung der Arbeits- und Wirtschaftsbedingungen Vereinigungen zu bilden, ist für jedermann und für alle Berufe gewährleistet. Abreden, die dieses Recht einschränken oder zu behindern suchen, sind nichtig, hierauf gerichtete Maßnahmen sind rechtswidrig. Maßnahmen nach den Artikeln 12a, 35 Abs. 2 und 3, Artikel 87a Abs. 4 und Artikel 91 dürfen sich nicht gegen Arbeitskämpfe richten, die zur Wahrung und Förderung der Arbeits- und Wirtschaftsbedingungen von Vereinigungen im Sinne des Satzes 1 geführt werden.

Artikel 14 [Eigentum, Erbrecht, Enteignung]
(1) Das Eigentum und das Erbrecht werden gewährleistet. Inhalt und Schranken werden durch die Gesetze bestimmt.
(2) Eigentum verpflichtet. Sein Gebrauch soll zugleich dem Wohle der Allgemeinheit dienen.
(3) Eine Enteignung ist nur zum Wohle der Allgemeinheit zulässig. Sie darf nur durch Gesetz oder auf Grund eines Gesetzes erfolgen, das Art und Ausmaß der Entschädigung regelt. Die Entschädigung ist unter gerechter Abwägung der Interessen der Allgemeinheit und der Beteiligten zu bestimmen. Wegen der Höhe der Entschädigung steht im Streitfalle der Rechtsweg vor den ordentlichen Gerichten offen.

Artikel 15 [Sozialisierung]
Grund und Boden, Naturschätze und Produktionsmittel können zum Zwecke der Vergesellschaftung durch ein Gesetz, das Art und Ausmaß der Entschädigung regelt, in Gemeineigentum oder in andere Formen der Gemeinwirtschaft überführt werden. Für die Entschädigung gilt Artikel 14 Abs. 3 Satz 3 und 4 entsprechend.

Artikel 20 [Grundlagen staatlicher Ordnung, Widerstandsrecht]
(1) Die Bundesrepublik Deutschland ist ein demokratischer und sozialer Bundesstaat.
(2) Alle Staatsgewalt geht vom Volk aus. Sie wird vom Volke in Wahlen und Abstimmungen und durch besondere Organe der Gesetzgebung, der vollziehenden Gewalt und der Rechtsprechung ausgeübt.

Insgesamt kann man wohl feststellen, dass sich die soziale Marktwirtschaft der Bundesrepublik Deutschland bewährt hat, denn
- die Produktion von Gütern und Dienstleistungen nimmt seit dem Ende des Zweiten Weltkriegs in geradezu unwahrscheinlichem Maße zu (Wirtschaftswunder),
- die Bundesrepublik Deutschland ist heute eine der größten Industriestaaten der Welt und verfügt über eine gewaltige Wirtschaftskraft.

Nach Berechnungen der Vereinten Nationen weist Deutschland bei den 17 Industrieländern nach Schweden und den Niederlanden die geringste Verbreitung menschlicher Armut auf.

7.2 Wirtschaftspolitik

Auch eine Wirtschaftsordnung bedarf einer ständigen Entwicklung und Anpassung an veränderte Bedingungen. Deshalb greift der Staat in das Wirtschaftgeschehen ein. Dieses staatliche Handeln heißt Wirtschaftspolitik.

Zielsetzungen unserer Wirtschaftsordnung

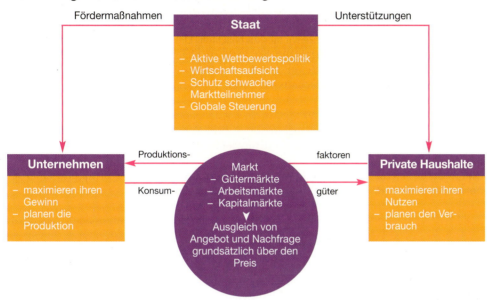

In Deutschland trägt die Bundesregierung in erster Linie die Verantwortung für die Wirtschaftspolitik. Ferner nehmen Länder und Gemeinden durch ihre Ausgaben Einfluss auf die Wirtschaft. Daneben wirken die Tarifparteien mit ihrer Lohnpolitik und die Verbraucher durch ihr Konsumverhalten auf die Wirtschaft ein.

Alle staatlichen Entscheidungen und Maßnahmen, die den Ablauf der Wirtschaft beeinflussen, gehören zum Bereich der Wirtschaftspolitik.

Aus den Veröffentlichungen des Bundeswirtschaftsministeriums

Wirtschaftspolitik, Ausgangslage
Wirtschaft und Gesellschaft befinden sich heute im Übergang vom Industrie- zum Informationszeitalter. Neue Technologien durchdringen alle Bereiche wirtschaftlichen Handelns und stellen uns vor neue Herausforderungen, die es zu meistern gilt. Vor allem die neuen Informations- und Kommunikationstechnologien treiben den Veränderungsprozess voran. Sie beschleunigen und verbilligen Transaktionen, ermöglichen globale Kommunikation und machen damit Güter und Dienstleistungen schneller und umfassender weltweit verfügbar. Die Globalisierung nimmt weiter zu, der Strukturwandel beschleunigt sich. Dieser Prozess bietet Chancen für mehr Wohlstand und zusätzliche Beschäftigung mit zukunftsfähigen Arbeitsplätzen. Diese entstehen in neuen Branchen, aber auch in den „alten" Industrien. Gleichzeitig aber werden in den „alten" Industrien aufgrund des technologischen Fortschritts Arbeitsplätze obsolet. In der Vergangenheit blieben Chancen für mehr Beschäftigung oftmals ungenutzt. Daraus müssen wir lernen.
Nach: www.bmwi.de/Homepage/Politikfelder/Wirtschaftspolitik/Wirtschaftspolitik.jsp

7.3 Ziele der Wirtschaftspolitik

Wirtschaftspolitik umfasst die Ziele und Maßnahmen, die der Staat aus seiner Verpflichtung zur Steuerung der Gesamtwirtschaft ergreift. Diese sind im „Gesetz zur Förderung der Stabilität und des Wachstums", kurz Stabilitätsgesetz genannt, festgelegt.

§ 1 Stabilitätsgesetz vom 8.6.1967

„Bund und Länder haben bei ihren wirtschafts- und finanzpolitischen Maßnahmen Erfordernisse des gesamtwirtschaftlichen Gleichgewichtes zu beachten. Diese Maßnahmen sind so zu treffen, dass sie im Rahmen der marktwirtschaftlichen Ordnung gleichzeitig zur **Stabilität des Preisniveaus**, zu einem **hohen Beschäftigungsstand** und **außenwirtschaftlichem Gleichgewicht** bei stetigem und angemessenem **Wirtschaftswachstum** beitragen."

Der Staat muss sich darum kümmern, dass die vier genannten Ziele erreicht werden. Weil sich seit der Verabschiedung des Gesetzes im Jahre 1967 Wirtschaft und Gesellschaft erheblich verändert haben, meinen viele politische Gruppierungen, dass heute zwei weitere Ziele genauso wichtig sind:
Die **gerechte Verteilung von Einkommen und Vermögen** sowie die **Erhaltung einer lebenswerten Umwelt**.

Zur Erleichterung der Entscheidungen der Bundesregierung und zur Information der Öffentlichkeit wurde 1963 der Sachverständigenrat zur Begutachtung der gesamtwirtschaftlichen Entwicklung geschaffen. Seine Mitglieder, im Volksmund die „Fünf Weisen" genannt, werden auf Vorschlag der Bundesregierung vom Bundespräsidenten ernannt. Der Rat berichtet mindestens einmal im Jahr in einem Gutachten über die aktuelle wirtschaftliche Lage, gibt Hinweise auf die zu erwartende Wirtschaftsentwicklung und Anregungen zur Wirtschaftspolitik. Auch die Tarifparteien erhalten Hinweise zur Lohnpolitik.

7.4 Der Balanceakt der Wirtschaftspolitik

Gegen die sechs Ziele der Wirtschaftspolitik wird sicher niemand etwas einwenden wollen. Das Wort „magisch" beim Sechseck meint aber, dass es der Zauberei bedürfe, alle Ziele gleichzeitig zu erreichen. Welches Ziel Vorrang hat, darüber sind sich die Regierung, die Oppositionsparteien und die Verbände selten einig. Die Wirtschaftspolitik konzentriert sich deshalb meist auf die Ziele, die am stärksten gefährdet sind.

Das magische Sechseck

Vollbeschäftigung	Wirtschaftswachstum	Geldwertstabilität
Außenwirtschaftliches Gleichgewicht	Gerechte Einkommens- und Vermögensverteilung	Umweltschonung und -erhaltung

Arbeitsvorschläge

1. Bringen Sie die sechs Ziele der Wirtschaftspolitik in eine begründete Reihenfolge.

2. Stellen Sie in einem Kurzreferat dar, wie es zur Einführung der sozialen Marktwirtschaft in der Bundesrepublik Deutschland gekommen ist.

7.5 Staatliche Konjunkturpolitik

Die Beratungen über den Bundeshaushalt gehören zu den wichtigsten Debatten im Bundestag, da dieser Einnahmen- und Ausgabenplan die wesentlichen Eckpfeiler für die Politik des kommenden Jahres setzt. Die Steuer- und Ausgabenpolitik ist das Instrument des Staates, um aktive Konjunkturpolitik zu betreiben.

Ist ein konjunktureller Abschwung festzustellen, so kann die Regierung u.a. folgende Maßnahmen ergreifen:

- Senkung der Steuern,
- Vergrößerung der Abschreibungsmöglichkeiten,
- Erhöhung der öffentlichen Ausgaben,
- Freigabe der Kreditaufnahme für die öffentliche Hand,
- Auflösung einer Konjunkturausgleichsrücklage.

Arbeitsvorschläge

1. Kennzeichnen Sie in einem Bericht die gegenwärtige Konjunkturlage mit den entsprechenden Fachbegriffen.

2. Stellen Sie geeignete Maßnahmen zur Steuerung der gegenwärtigen Konjunkturlage zur Diskussion.

3. Diskutieren Sie folgende Frage:
   Soll der Staat Ihrer Meinung nach in die Wirtschaft eingreifen, wenn tausende von Arbeitsplätzen auf dem Spiel stehen?

7.6 Wirtschaftswachstum (Konjunktur)

Die wirtschaftliche Entwicklung in den Industriestaaten ist Schwankungen unterworfen, deren Ursachen vielfältig sind (siehe grafische Darstellung). Der Verlauf des Wirtschaftswachstums wird als Konjunktur bezeichnet.

Biblische Wirtschaftslagen

Wechselnde Wirtschaftslagen sind seit alters her bekannt. Schon das Alte Testament beschreibt die Träume des Königs Pharao von den sieben fetten Kühen, die von sieben mageren gefressen werden. Auf die Deutung des Traumes durch den jüdischen Josef reagierte der Pharao zeitgemäß: Die Überschüsse der sieben fetten Jahre sollten für die folgenden sieben Notjahre gelagert werden.

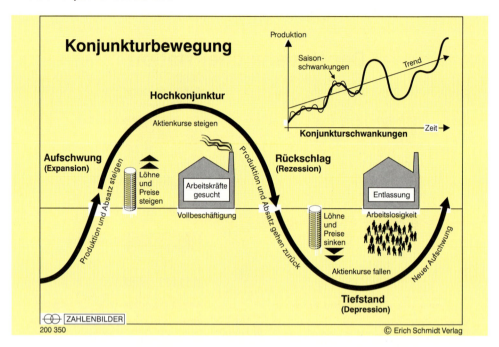

Ziel der staatlichen Wirtschaftspolitik ist es, die Schwankungen des Wirtschaftsverlaufes – die konjunkturellen Auf- und Abschwünge – möglichst klein zu halten und ein gleichmäßiges Wirtschaftswachstum zu erreichen.

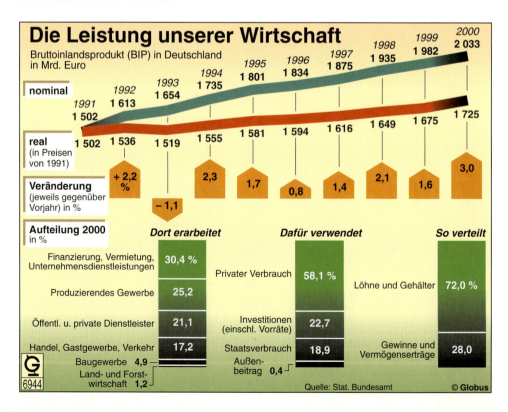

7.7 Vollbeschäftigung

Wenn in einem Land für alle Erwerbstätigen genügend Arbeitsplätze zur Verfügung stehen, also für jeden Arbeit vorhanden ist, dann sprechen wir von Vollbeschäftigung.

Nun wird es sicherlich zu allen Zeiten immer Menschen geben, die aus den verschiedensten Gründen keinen Arbeitsplatz haben, z.B. weil manche ihr Arbeitsverhältnis gelöst haben, um sich einen anderen Arbeitsplatz zu suchen (**friktionelle Arbeitslosigkeit**); weil in einzelnen Wirtschaftszweigen wegen mangelnder Aufträge Arbeitskräfte vorübergehend oder auch für dauernd entlassen werden müssen (**strukturelle Arbeitslosigkeit**); weil jahreszeitlich bedingte Gründe zur Arbeitslosigkeit führen können (**saisonale Arbeitslosigkeit**); weil durch Entwicklung neuer Produktionsmethoden Arbeitskräfte nicht mehr eingesetzt werden können (**technologische Arbeitslosigkeit**); weil es Arbeitsuchende gibt, die keine Arbeitsstelle finden, da sie keine Berufsausbildung haben.

So spricht man selbst bei einer Arbeitslosenquote von 2 bis 3% der unselbstständigen Erwerbspersonen noch von Vollbeschäftigung. Andere aber setzen die Grenze schon bei 1 % an. Wird diese Arbeitslosenquote je nach Standpunkt überschritten, dann liegt keine Vollbeschäftigung mehr vor. Liegen die Ursachen dafür in einem allgemeinen Niedergang der Wirtschaft, dann spricht man von **konjunktureller Arbeitslosigkeit**.
Ziel der staatlichen Wirtschaftspolitik ist es, für alle den richtigen Arbeitsplatz und die Vollbeschäftigung zu sichern.

Erwerbstätigkeit

Beteiligung der Bevölkerung am Erwerbsleben

Die Bevölkerung gliedert sich in Erwerbspersonen und Nichterwerbspersonen. Die Erwerbspersonen umfassen die Erwerbstätigen und die Erwerbslosen (Arbeitslosen). Nichterwerbspersonen sind alle Personen, die keinerlei auf Erwerb gerichtete Tätigkeit ausüben.

Beteiligung der Bevölkerung am Erwerbsleben (Mikrozensusergebnisse)

Jahr	Bevölkerung insgesamt in 1000	Erwerbspersonen zusammen in 1000	Anteil in vH	Erwerbstätige in 1000	Anteil in vH	Erwerbslose in 1000	Anteil in vH	Nichterwerbsperson in 1000	Anteil in vH
1980	61 516	27 640	44,9	26 874	43,7	766	1,2	33 876	55,1
1985	60 987	29 012	47,6	26 626	43,7	2 385	3,9	31 975	52,4
1988	61 338	29 681	48,4	27 366	44,6	2 314	3,8	31 657	51,6
1993	80 500	38 561	47,9	35 142	43,7	3 419	4,2	41 939	52,1
1995	81 600	40 100	49,1	36 000	44,1	4 000	4,9	41 500	50,9
1997	82 029	40 280	49,1	35 805	43,6	4 475	5,4	41 749	50,9
2000	82 160	40 326	49,1	36 604	44,6	3 722	4,5	41 834	50,9

Arbeitsvorschlag

Stellen Sie die Tabelle „Beteiligung der Bevölkerung am Erwerbsleben" als Kurvendiagramm dar.

7.8 Der Wert des Geldes – Geldwertstabilität

Neben der Höhe der Einkommen bestimmt die Stabilität des Geldwertes unseren Lebensstandard. Dabei wird unterschieden zwischen dem
- **Binnenwert des Geldes**, mit dem gemessen wird, was wir uns für eine bestimmte Geldeinheit in Deutschland kaufen können (Kaufkraft), und dem
- **Außenwert des Geldes**, der durch die Wechselkurse des Euro mit ausländischen Währungen außerhalb des Euroraumes gemessen wird. Daraus ergibt sich der Preis, den wir z. B. für Waren aus oder für Ferien in diesen Ländern bezahlen müssen.

Freie Wechselkurse ergeben sich durch Angebot und Nachfrage an den Devisenmärkten (Börsen) und sind häufig stark schwankend, wie z. B. das Verhältnis vom Euro zum US-Dollar.
Feste Wechselkurse entstehen durch die Verabredung eines Leitkurses im Rahmen des Europäischen Wechselkursmechanismus von +/–2,25 %. Nähert sich der Kurs einer dieser Grenzen, müssen die Zentralbanken eingreifen und z. B. sinkende Kurse durch Aufkauf verknappen und dadurch stabilisieren.

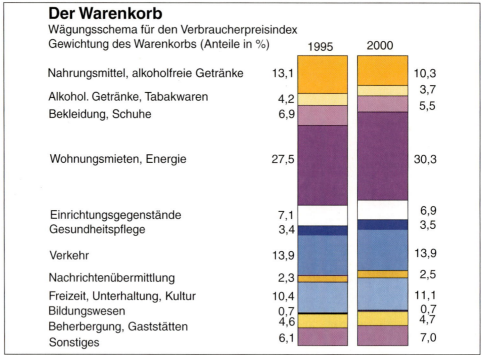

Quelle: Statistisches Bundesamt, Wiesbaden

Der Binnenwert des Geldes
Die Kaufkraft des Geldes ist abhängig von der allgemeinen Preisentwicklung, also dem Durchschnitt der Preisveränderungen aller Waren (z.B. Benzin) und Dienstleistungen (z.B. Kfz-Versicherungsprämien). Bei steigenden Durchschnittspreisen (= Preisniveau) sinkt die Kaufkraft des Geldes und umgekehrt.
Das Statistische Bundesamt in Wiesbaden ermittelt Veränderungen des Preisniveaus mit Hilfe des Preisindex für Lebenshaltung. „Messlatte" für die Preise ist ein **Warenkorb** mit einer Auswahl von über 700 Waren und Dienstleistungen des täglichen Bedarfs unterschiedlicher Haushaltstypen. Am bekanntesten sind
- der Preisindex für die Lebenshaltung aller privater Haushalte und
- der Preisindex für die Lebenshaltung eines 4-Personen-Arbeitnehmerhaushaltes mit mittlerem Einkommen.

Daneben wird die Preisentwicklung für Einpersonenhaushalte, Industriegüter, Einfuhren usw. ermittelt. Wegen Veränderungen der Verbrauchergewohnheiten – und damit der Angebote – veralten die Warenkörbe und andere „Messlatten" schnell, und müssen daher von Zeit zu Zeit angepasst werden.

Die Geldpolitik der Europäischen Zentralbank

Europas Geldpolitik		
1. Offenmarktgeschäfte	**2. „Girokonto für die Geschäftsbanken"** (Ständige Fazilitäten)*	**3. Mindestreservepflicht**
Die EZB verkauft Wertpapiere an Geschäftsbanken → Geldmenge sink oder sie kauft Wertpapiere von den Banken → Geldmenge steigt Zentralbanken bieten zum **europäischen Leitzins** Wertpapiere an: **Hauptrefinanzierungsgeschäfte**	Geschäftsbanken können ihr Konto gegen Sollzinsen „überziehen" (Spitzenrefinanzierungsfazilität) → Geldmenge steigt oder Geschäftsbanken können auf ihrem Konto verzinste Guthaben bilden (Einlagefazilität) → Geldmenge sinkt das ergibt: **„Zinskanal für den Leitzins"**	Die Geschäftsbanken müssen Einlagen (Mindestreserve) bei der EZB halten, diese werden mit dem Leitzins verzinst Niedrige Mindestreserve → Geldmenge steigt Hohe Mindestreserve → Geldmenge sinkt

*Kreditmöglichkeiten

Vorrangiges Ziel der EZB ist es, die Preisstabilität in den Mitgliedsländern des Europäischen Währungssystems zu gewährleisten. Nur wenn das Ziel der Geldwertstabilität nicht gefährdet wird, unterstützt die EZB die allgemeine Wirtschaftspolitik der Europäischen Union.

Die Bundesbank überwacht weiterhin den Zahlungsverkehr und die Währungsreserven in Deutschland. Sie bleibt auch Hausbank des Bundes.

Mit den Mitteln der Geldpolitik kann die Europäische Zentralbank direkt auf die umlaufende Geldmenge Einfluss nehmen und indirekt über Veränderungen der Höhe der so genannten Leitzinsen die Geldnachfrage und damit das Preisniveau beeinflussen.

Info:
Deutsche Bundesbank
Wilh.-Epsteinstr. 14
60431 Frankfurt/M.
www.bundesbank.de

Arbeitsvorschläge

1. Erläutern Sie den Zusammenhang von Preisniveau und Kaufkraft des Geldes mit eigenen Worten.

2. Vergleichen Sie einige Bestandteile und Anteile des Warenkorbs mit den Verbrauchsgewohnheiten des Haushalts, in dem Sie leben. Kennzeichnen Sie Übereinstimmungen und Abweichungen. Entwickeln Sie daraus einen Korrekturvorschlag für einen neuen Warenkorb.

3. Erklären Sie an Beispielen, auf welche Weise niedrige bzw. hohe Zinsen das Kreditverhalten der Unternehmen und privaten Haushalte beeinflussen können.

4. Beschreiben Sie den Einfluss von geringer oder höherer Kreditaufnahme auf das Preisniveau.

5. Erkundigen Sie sich bei Ihrer Bank über die Zinshöhe für einen Privatkredit. Ermitteln Sie dann Ihre jährliche Mehrbelastung bei einem Kredit von 2 500 Euro, wenn die Zinsen nach einem EZB-Beschluss um 2 % steigen.

7.9 Außenwirtschaftliches Gleichgewicht

Deutschland hat umfangreiche wirtschaftliche Beziehungen zu fast allen Ländern der Welt. Soweit diese wertmäßig erfassbar sind, werden sie in der Zahlungsbilanz notiert und sollen in einem möglichst ausgewogenen Verhältnis zueinander stehen: dem außenwirtschaftlichen Gleichgewicht.

„Zur Beurteilung der internationalen Position eines Landes konzentriert man sich in der Praxis vornehmlich auf die Leistungsbilanz. Hat ein Land eine positive Leistungsbilanz (= Überschuss, d. Verf.), gilt seine Wirtschaft als international erfolgreich. Da jeder Leistung (z.B. Warenausfuhr) eine entsprechende Gegenleistung gegenübersteht (z.B. Deviseneinnahmen), ist die Zahlungsbilanz insgesamt immer ausgeglichen. Dennoch wird manchmal (fälschlich) vom Defizit oder Überschuss der Zahlungsbilanz gesprochen. Damit ist dann die Abnahme bzw. der Zuwachs der Währungsreserven eines Landes gemeint."

Fritsch/Knappe, Wirtschaft auf einen Blick, Köln 1996, S. 190 f.

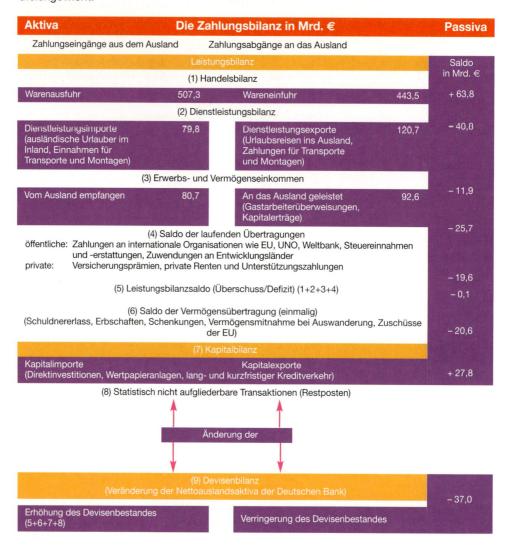

Quelle: Monatsbericht der Deutschen Bundesbank, März 2000, Zahlen für das Jahr 1999

Arbeitsvorschläge

1. Entnehmen Sie der Tabelle „Zahlungsbilanz" die Teilbilanzen der Leistungsbilanz.

2. Ermitteln Sie anhand von Auslandsreisen von Mitgliedern Ihrer Klasse den „Klassenbeitrag" zur Dienstleistungsbilanz.

3. Entnehmen Sie dem Wirtschaftsteil Ihrer Tageszeitung die aktuellen Daten der Leistungsbilanz. Vergleichen Sie die Größenordnungen in einem Diagramm.

7.10 Europäische Struktur- und Beschäftigungspolitik

7.10.1 Europäische Strukturpolitik

> **EU-Kommission stimmt deutschen Vorschlägen zu**
> ### Ja zu Strukturfonds-Gebieten
>
> Brüssel (dpa) Die Europäische Kommission hat den deutschen Strukturfonds-Gebieten zugestimmt.
>
> Die Brüsseler Entscheidung ist Voraussetzung dafür, dass benachteiligte Regionen in den westlichen Bundesländern in den kommenden sieben Jahren von der EU knapp drei Milliarden Euro für die strukturelle Entwicklung bekommen.
>
> Die Fördergebiete Ostdeutschlands gelten insgesamt als Fördergebiet. Insgesamt sollen in den nächsten sieben Jahren aus den Strukturfonds fast 30 Milliarden Euro in die Bundesländer fließen. Wie viel Geld jedes Land konkret bekommt, steht noch nicht fest.

BIP:
Bruttoinlandsprodukt = Wert aller wirtschaftlichen Güter zu Marktpreisen, die in einem Land in einer bestimmten Periode produziert und verkauft werden.

DPA-Meldung vom 25. November 1999

Zwischen den einzelnen Ländern der Europäischen Union und in diesen selbst bestehen erhebliche Unterschiede der Wirtschaftskraft und damit des Einkommens und der Beschäftigung. Das widerspricht dem Gemeinschaftsziel, den Lebensstandard der Mitglieder schrittweise anzunähern und das soziale Gefälle abzubauen. Mittel für dieses Vorhaben sind die Europäischen Strukturfonds:
- Europäischer Fonds für regionale Entwicklung (ERFE)
- Europäischer Sozialfonds (ESF)
- Europäischer Ausrichtungs- und Garantiefonds für die Landwirtschaft (EAGFL)
- Finanzinstrument zur Ausrichtung der Fischerei (FIAF)

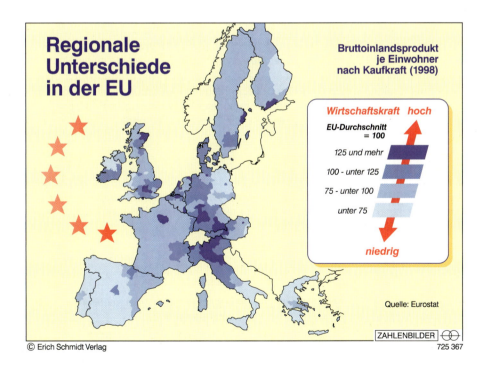

Im Förderzeitraum 1994–1999 sind z.B. in die ostdeutschen Bundesländer insgesamt 13,7 Mrd. Euro geflossen. Für die gesamte EU sind für den neuen Förderzeitraum 2000–2006 rund 182 Mrd. € vorgesehen. Die höchste Förderung erhalten Gebiete, deren Wirtschaftskraft weniger als 75% des Gemeinschaftsdurchschnitts umfasst.

Bildungsprogramme der EU

Sokrates bündelt alle Aktionen im Bereich der allgemeinen Bildung

Leonardo ist für die berufliche Bildung zuständig
Nationale Koordinierungsstelle:
Carl Duisburg Gesellschaft e.V.
Hohenstaufenring 30–32
50674 Köln
Tel.: 0221-20980

In der „Agenda 2000", dem Programm zur Modernisierung der Union, um sie für die Aufnahme weiterer Mitglieder „fit" zu machen, erhalten die Strukturfonds vier zentrale Aufgaben:
- Förderung einer nachhaltigen, ausgewogenen Entwicklung des Wirtschaftslebens
- Förderung eines hohen Beschäftigungsniveaus und der menschlichen Ressourcen
- Förderung der Gleichstellung von Männern und Frauen
- Förderung eines hohen Maßes an Umweltschutz und Verbesserung der Umweltqualität

Europäische Kommission, ESF InfoRevue Nr. 9, September 1999

Um die eingesetzten Mittel wirksamer einzusetzen, wird die Zahl der Föderziele 1999 von sieben auf drei reduziert.

Ziel 1	Ziel 2	Ziel 3
Regionen mit Entwicklungsrückstand	Wirtschaftliche und soziale Umstellung der Gebiete mit Strukturproblemen	Anpassung und Modernisierung der Bildungs-, Ausbildungs- und Beschäftigungspolitik und -systeme
Mittel: 135,9 Mrd. Euro (69,7%)	Mittel: 22,5 Mrd. Euro (11,5%)	Mittel: 24,05 Mrd. Euro (12,3%)
alle Fonds	alle Fonds: EFRE, ESF, EAGFZ	nur Sozialfonds
Entwicklung der ärmsten Regionen mit weniger als 75% des Pro-Kopf BIP	Konzentration auf max. 18% der EU-Bevölkerung	u.a. Förderung der allgemeinen und beruflichen Bildung, Förderung sozialpädagogischer Begleitung

Die Prinzipien der EU-Strukturpolitik sind Partnerschaft, Subsidiarität und Zusätzlichkeit. Die Partnerschaft bedeutet die Mitwirkung der Regionen und Nationalstaaten an der Vorbereitung und Durchführung der Aktionen. Subsidiarität bedeutet, dass die Aufgaben auf derjenigen Ebene wahrgenommen werden, die den Gegebenheiten am besten entspricht. Die in Brüssel beschlossenen Programme werden von den regionalen oder nationalen Behörden nicht nur konzipiert, sondern auch vor Ort abgewickelt. Die Zusätzlichkeit bedeutet, dass die EU-Unterstützung zu den finanziellen Mitteln der Region und der Mitgliedstaaten hinzukommt, sie aber nicht ersetzt.

Die Strukturpolitik der EU gerät häufig in die Medienkritik: Betrugsfälle werden aufgedeckt und Projekte kritisiert, z. B. der Bau von Fischzuchtstationen und Staudämmen in anerkannten Naturschutzreservaten. Daraus wird die Forderung nach einer wirksameren Kontrolle der Verwendung der Fördermittel abgeleitet.

Arbeitsvorschläge

1. Ermitteln Sie anhand der oben abgebildeten Europakarte und einer politischen Europakarte die Länder bzw. ihre Regionen, die zu den ärmsten zählen.

2. Halten Sie Strukturhilfen für gerechtfertigt? Begründen Sie Ihre Aussage.
Schlagen Sie ggf. Maßnahmen gegen den Missbrauch von Fördermitteln vor.

3. Erkunden Sie bei Ihrer Stadt- oder Kreisverwaltung, ob und wenn ja, welche Strukturhilfen der EU in Ihrer Region gewährt werden.

7.10.2 Europäische Beschäftigungspolitik

Die Europäische Beschäftigungsstrategie

Europa geht wieder an die Arbeit

Die EU-Mitgliedstaaten haben im November 1997 die Europäische Beschäftigungsinitiative ins Leben gerufen, um eine aktivere und vorbeugende Beschäftigungspolitik in ganz Europa umzusetzen. InfoReview bat Allan Larsson, Generaldirektor für Beschäftigung und Soziale Angelegenheiten, die Strategie, die Europa wieder auf den Weg zur Arbeit bringen soll, zu erläutern. „Die Beschäftigungsstrategie hat vier klare Ziele", sagt Allan Larsson. „Mehr Menschen neu zu beschäftigen; die Schaffung von Arbeitsplätzen zu fördern und Arbeitslosigkeit vorzubeugen; Unternehmen und Einzelnen bei der Anpassung an den Wandel zu helfen und sicherzustellen, dass für alle Chancengleichheit besteht."
Europäische Kommission, ESF InfoRevue September 1999

Grundlage für die Europäische Beschäftigungspolitik ist der **Vertrag von Amsterdam** von 1997, einer Erweiterung des Vertrages von Maastricht, dem Gründungsdokument der EU. Gegen den anfänglichen Widerstand, u. a. von Deutschland und Großbritannien, wird auf Druck vor allem Frankreichs und Schwedens ein Abschnitt zur Beschäftigung aufgenommen. Die Befürworter sehen darin ein zentrales Instrument zur Milderung der hohen EU-Arbeitslosigkeit als Gegenstück zur Stabilitätsorientierung der Währungspolitik. Für die Gegner ist die Beschäftigungspolitik vorrangig eine nationale Aufgabe.

Hauptmittel der Beschäftigungspolitik ist der Europäische Sozialfonds mit dem Programm 2000–2006. Er enthält vier Ziele, fünf Politikbereiche und drei Aktivitätsfelder.

Ziele

- Beschäftigungsfähigkeit vor allem für Langzeitarbeitslose durch Anpassung an die sich rasch verändernden Arbeitsbedingungen.
- Unternehmertum durch Förderung von lokalen Unternehmerinitiativen vor allem im Wachstumsbereich Dienstleistungen.
- Anpassungsfähigkeit an den immer schneller werdenden technologischen Wandel.
- Chancengleichheit vor allem für Frauen, verbunden mit der Vereinbarkeit von Beruf und Familie.

Politikbereiche

- Entwicklung und Förderung aktiver Arbeitsmarktpolitiken;
- Förderung der Chancengleichheit aller beim Zugang zum Arbeitsmarkt;
- Förderung und Verbesserung der beruflichen Bildung, der allgemeinen Bildung sowie der Beratung im Rahmen einer Politik des lebensbegleitenden Lernens;
- Förderung von qualifizierten, ausgebildeten und anpassungsfähigen Arbeitskräften;
- Spezifische Maßnahmen zur Verbesserung des Zugangs von Frauen zum und ihrer Beteiligung am Arbeitsmarkt.

Beschäftigungsquote in EU 2000
15- bis 64-Jährge (Männer und Frauen)

	2000
EU15	**63,1**
B	60,9
DK	76,4
D	**65,3**
EL	55,9
E	54,7
F	61,7
IRL	64,4
I	53,4
L	62,7
NL	72,9
A	67,9
P	68,1
FIN	68,1
S	71,1
UK	71,2

Im März 2001 wird auf dem Europäischen Rat von Stockholm das Ziel festgelegt, eine Beschäftigungsquote von 67% für Männer und Frauen zusammen bis zum Jahr 2005 in der EU zu erreichen.

http://www.europa.eu.int/comm/eurostat/Public/datashop/print-product/DE?catalogue=Eurostat&product=321062001-DE-AP-DE&mode=download

Arbeitsvorschlag

Erkundigen Sie sich nach aktuellen EU-Förderprogrammen.

7.11 Gerechte Einkommensverteilung

Um die Verteilung des Volkseinkommens wird in den Tarifauseinandersetzungen zwischen den Gewerkschaften und den Arbeitgeberverbänden ständig gekämpft. Die Leistung und Qualifikation des Arbeitnehmers einerseits und die Erfolge der Gewerkschaften bei der Lohnpolitik andererseits entscheiden darüber, wie viel Geld dem Einzelnen vom gesamten Volkseinkommen zufließen. Der Staat greift in diesen Streit nicht direkt ein, er respektiert die Tarifautonomie. Diese „primäre" Verteilung des Einkommens nimmt aber keine Rücksicht auf den besonderen Bedarf bestimmter Personengruppen, z.B. von Jugendlichen in der Ausbildung von Müttern und Vätern. Hier nimmt nun der Staat eine Umverteilung vor. Dazu eignet sich besonders die Lohn- bzw. Einkommensteuer. Soziale Gesichtspunkte spielen eine Rolle beim Errechnen des steuerpflichtigen Einkommens durch den Abzug verschiedener Freibeträge. Diese Freibeträge sind bereits in den Lohnsteuerklassen berücksichtigt und führen zu unterschiedlichen Steuerabzügen bei der monatlichen Entgeltabrechnung.

Die **Vermögenspolitik** schließlich soll die ungleiche Vermögensverteilung mildern. Dies geschieht durch vermögenswirksame Leistungen, vor allem durch die Schaffung von Wohneigentum und die Beteiligung von Arbeitnehmern an Betriebsvermögen (z.B. Aktien).

Sparzulage

- Sparzulage erhalten beschäftigte Arbeitnehmer, ebenso Auszubildende sowie Beamte, Richter, Berufssoldaten und Soldaten auf Zeit.
  Das zu versteuernde Jahreseinkommen darf nicht mehr als 17.900,00 € für Alleinstehende bzw. 35.800,00 € für Verheiratete betragen. Dabei werden alle Einkünfte und steuerlichen Abzugsbeträge berücksichtigt. Die Einkommmensgrenzen werden beispielsweise in der Regel nicht überschritten bei folgenden laufenden Bruttoverdiensten pro Monat:
  - rund 1.740,00 € für Alleinstehende ohne Kinder,
  - rund 3.425,00 € für verheiratete Alleinverdiener ohne Kinder,
  - rund 3.990,00 € für verheiratete Alleinverdiener mit zwei Kindern.

- Damit Sie die staatliche Sparzulage erhalten, müssen Sie Ihren Arbeitgeber veranlassen, vermögenswirksame Leistungen für Sie in den geförderten Anlageform anzulegen. Wenn Sie das Geld selbst einzahlen, erhalten Sie keine Sparzulage.

- Zu den geförderten Anlageformen gehören vor allem
  - Bausparverträge,
  - Aufwendungen zur Entschuldung von Wohneigentum,
  - Beteiligungen.

Betriebsbeteiligung

Daneben können Arbeitnehmer natürlich auch jene Maßnahmen zur Vermögensbildung in Anspruch nehmen, die allen Bürgern zustehen: 479,00 € plus 409,00 € für Betriebsbeteiligung im Jahr vermögenswirksam anlegen, d.h. für eine bestimmte Zeit in bestimmten Formen festlegen.

Arbeitsvorschlag

Schreiben Sie in einem kurzen Aufsatz, was Sie unter einer gerechten Einkommensverteilung verstehen. Stellen Sie Ihren Aufsatz zur Diskussion.

7.12 Umweltschonung und Erhaltung

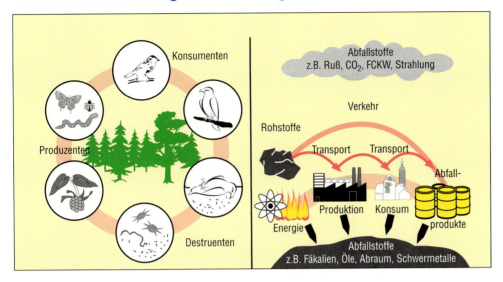

In der „Wirtschaftsweise" der Natur wird ständig produziert, konsumiert und abgebaut, ohne dass unverträgliche „Abfälle" oder Schadstoffe zurückbleiben, dagegen ist die industrielle Art des Produzierens und Konsumierens noch weitgehend eine „Einbahnstraße". Hochkonzentrierte Stoffe werden der Natur entnommen, unter großem Aufwand an Energie zu Gütern umgeformt und veredelt. Was nach dem Gebrauch übrig bleibt, ist „Müll". Diese Vorgänge sind begleitet von energieintensiven Personen- und Gütertransporten und Abfallstoffen verschiedenster Art.

Ozonloch, Treibhauseffekt, Giftmüll, Tankerunglück, Waldsterben, Landschaftsverschandelung, solche fast alltäglichen Meldungen haben zu tun mit dieser Art des Wirtschaftens. Die größten Probleme bereiten derzeit die Bereiche Abfall, Energie und Verkehr.

Umwelttechnische Innovationen
- **Altlasten:** Hannoveraner Physiker entwickelten um 2000 eine Laser- und Fluoreszenztechnik, mit der Schadstoffe wie Mineralöl und Pestizide in Böden und Gewässern ohne aufwändige Laborverfahren vor Ort beseitigt werden.
- **Drei-Liter-Häuser:** In Celle begann der Bau von zehn Ultra-Niedrig-Energiehäusern, die nur 30 kWh Heizenergie pro Quadratmeter und Jahr verbrauchen sollen. Eine gewöhnliche Neubauwohnung braucht dreimal mehr Heizenergie (90 kWh).
- **Hafenschlick:** Bremer Geologen und eine Ziegelei präsentierten im April 2000 die ersten 10.000 aus Bremer Hafenschlick gebrannten Ziegelsteine.
- **Kläranlagen:** Pflanzenkläranlagen, auch Bodenfilter genannt, waren um 2000 im kleineren Maßstab für dezentrale Einsätze in Deutschland marktreif. Ein Prototyp entsteht bei Weimar. Da die Technik viel weniger aufwändig ist als die herkömmliche, wird sie als preiswerte Alternative zu biologischen Großkläranlagen diskutiert.
- **Molke:** Stuttgarter Ingenieure finden eine Methode, die bei der Käseherstellung anfallende Molke mit Mikroben in waschaktive Tenside oder Biodiesel zu verwandeln. Bis dahin belastet Molke das Abwasser.

> Der Weg von der heutigen zu einer ökologischen Wirtschaft ist nicht billig zu haben. Ohne eine Reduktion der Gütermengen und des Energieverbrauchs, ohne Abstriche am Einkommen und Konsum, wird es nicht gehen. Dies ist ein bescheidener Preis für die von vielen herbeigesehnte Verbesserung der Umwelt und der Lebensqualität ... Wir werden diesen Weg nur dann beschreiten, wenn wir ... aus innerer Überzeugung bereit sind, die Natur um ihrer selbst willen zu bewahren.
> *(Toblacher These)*

Eine Landschaft ohne Lärm, saubere Atemluft in der Stadt, gesunde Wasserläufe werden auf dem Markt nicht angeboten. Die Umweltverschlechterungen bedrohen aber die Gesundheit und die freie Entfaltung der Menschen. Ähnlich wie zur Steuerung der Konjunktur kann der Staat zum Wohle seiner Bürger aktive Umweltpolitik betreiben. Die möglichen Instrumente (Maßnahmen) haben in der sozialen Marktwirtschaft drei Schwerpunkte:

Meinungsbildung	Finanzielle Anreize	Direkte Eingriffe
– Appelle an das Gewissen der Bürger – Umweltaufklärung und -information, z.B. durch Umweltzeichen, Umwelterziehung, z.B. Unterricht	– Subventionen, Zuschüsse, z.B. für den Einbau von Solaranlagen, Wärmedämmung – Steuervergünstigungen, z.B. für Autos mit Katalysator – Umweltsteuern und -abgaben, z.B. höhere Mineralölsteuer, Klimaschutzabgabe	– Eigene Investitionen, z.B. Bau gemeindlicher Kläranlagen u. Radwege – Verbote, z.B. Produktionsverbot für FCKW – Gebote, z.B. Rücknahmepflicht für gebrauchte Waren, Tempolimit

Öko-Audit

Am 15.12.1995 trat in Deutschland das Umwelt-Audit-Gesetz (UAG) in Kraft. Dabei handelt es sich um eine freiwillige Umweltbetriebsprüfung von gewerblichen Unternehmen, die daraufhin ein Zertifikat erwerben. Ziel des sog. Ö., dem eine Richtlinie der Europäischen Union (EU) vom April 1995 zugrunde liegt, ist es, den Umweltschutz in den Betrieben kontinuierlich zu verbessern. Staatliche Zuschüsse gibt es nicht.

nach: Aktuell 97, a.a.O.

Zu den Appellen an das Gewissen der Bürger gehört die Information über die Umweltwirkungen von Produkten. Gewünschte Veränderungen stellen sich am ehesten ein, wenn umweltfreundliche Produkte und Verhaltensweisen für Produzenten und Konsumenten auch persönlich vorteilhaft sind. Wenn der Staat beispielsweise durch erhöhte Mineralölsteuer das Autofahren verteuert, gleichzeitig statt neuer Straßen Radwege baut und den öffentlichen Nahverkehr fördert, fällt der Verzicht auf manche „Spritztour" mit dem Auto viel leichter.

Subventionen oder Steuervergünstigungen bezahlt der Staat aus seinem Haushalt, also mit den Steuern der Bürger. Umweltschäden zu vermeiden oder zu beseitigen, ist in dieser Sichtweise eine Aufgabe, zu der alle Bürger beitragen müssen (Gemeinlastprinzip). Mit solchen Maßnahmen kann die Umstellung auf umweltfreundliche Produkte schnell vorankommen. Für mehr Gerechtigkeit sorgt aber das Verursacherprinzip: Der Käufer eines Produkts soll nicht nur für die Kosten der Herstellung, sondern in Form einer Steuer oder Abgabe auch für die damit verbundenen Schäden an der Umwelt bezahlen. Umweltschädliche Produkte werden damit teurer, die Nachfrage am Markt wird zurückgehen. Der bürokratische Aufwand ist bei diesen Maßnahmen gering. Ge- und Verbote des Staates sind zwar oft wirkungsvoll, ihre Überwachung durch die Behörden ist aber arbeitsaufwendig.

Arbeitsvorschläge

1. Beschreiben Sie ein selbstgewähltes Beispiel für Kreislaufwirtschaft und Durchlaufwirtschaft.

2. Nennen Sie Beispiele für staatliche Umweltpolitik durch Meinungsbildung, finanzielle Anreize und direkte staatliche Eingriffe.

3. Stellen Sie an Beispielen dar, zu welchem umweltschonenden Verhalten Sie freiwillig und ohne materielle Anreize bereit wären.

4. Nehmen Sie Stellung zur Forderung: „Höhere Benzinsteuern für den Ausbau des öffentlichen Personennahverkehrs und für neue Radwege!"

Das Prinzip der Nachhaltigkeit – ein neues ökologisches Entwicklungskonzept

Die Natur ist endlich

Wir haben gelernt, dass wir nicht in einer unerschöpflichen, sondern in einer endlichen Welt leben, und dass unsere nahe und ferne Zukunft von unserer Fähigkeit abhängt, mit den Chancen und Grenzen dieser endlichen Welt umzugehen. Noch vor der ersten Konferenz der Vereinten Nationen zu Bevölkerungswachstum und Umwelt in Stockholm 1972 und vor der Veröffentlichung der Grenzen der Wachstums im gleichen Jahr, jenem Buch, das viele seit den fünfziger Jahren auf Foren und in Berichten diskutierte Konzepte und Anaylsen erfolgreich unter die Menschen brachte, begannen Menschen sich darüber bewusst zu werden, dass die Ressourcen unserer Erde nicht unerschöpflich sind. Die nachfolgende Arbeit von Hunderten von Gruppen und Institutionen und die Veröffentlichung des Brundtland-Berichtes „Unsere gemeinsame Zukunft 1987", der das Konzept der nachhaltigen Entwicklung (sustainable development) prägte, haben dazu beigetragen, dass die Öffentlichkeit die Endlichkeit unserer Welt zu akzeptieren gelernt hat.
Quelle: Die Gruppe von Lissabon, Grenzen des Wettbewerbs. Darmstadt 1997, S. 7

Mit dem Begriff der „Nachhaltigkeit" wird versucht, ein Gegenmodell zum gegenwärtigen Wachstums- und Wohlstandsmodell unserer Industriegesellschaft zu beschreiben. Damit wird eine Wirtschaftsweise und Entwicklung beschrieben, welche die Bedürfnisse der Gegenwart so befriedigt, dass auch die Lebens- und Rohstoffgrundlagen zukünftiger Generationen nicht gefährdet werden. Der Begriff nachhaltiges Wachstum bezeichnet einen Entwicklungspfad der Menschheit, der dauerhafte Entwicklungschancen sichern soll. Mit Nachhaltigkeit ist eine Wirtschaftsweise gemeint, bei der die Summe der Abbauprozesse gleich der Summe der Aufbauprozesse ist, das heißt bei der das natürliche Produktionspotenzial der Wirtschaft erhalten bleibt.

Ökologie und Technologie – (k)ein Gegensatz?

Es ist eine Illusion zu glauben, Menschen könnten auf der Erde leben, ohne die Umwelt zu beeinflussen. Kein Organismus kann das, ja noch nicht einmal anorganische Stoffe. In der Natur ist alles miteinander durch Kreisläufe vernetzt, in die auch der Mensch eingebunden ist. Wir müssen uns also mit der Tatsache abfinden, dass wir auf die Natur einwirken. Wir können die Natur gar nicht ungestört sich selbst überlassen. Umso dringlicher stellt sich die Aufgabe, die Konsequenzen unserer Aktivitäten für die Umwelt abzuschätzen und nach dem Prinzip des „Sustainable Development" zu handeln – verantwortungsbewusst und zukunftsorientiert.

Migration = Wanderung von Völkern, Volksgruppen

Der Begriff der „Nachhaltigen Entwicklung" kommt aus der Forstwirtschaft und bedeutet, nur so viel Walt zu roden wie gleichzeitig nachwächst. Auf die Wirtschaft übertragen heißt das, nicht vom Kapitel, sondern von den Zinsen zu leben. Und auf die Umwelt bezogen bedeutet es, die Lebensgrundlagen zukünftiger Generationen nicht zu zerstören, sondern zu erhalten. Nachhaltigkeit verbindet wirtschaftliche Leistungsfähigkeit und ressourcenschonendes Wachstum.
Genau hierbei kann Technologie helfen, denn eine Windmühle und eine Solarzelle sind genauso das Produkt technologischer Entwicklungen wie ein rauchender Schornstein. Erst die Anwendung durch den Menschen macht eine Technologie nützlich oder schädlich. Nicht zu vergessen: Technologie ist auch unsere beste Informationsquelle bezüglich Umweltverschmutzung. Ohne Erfindungen, wie z. B. Geräte zur Wasseranalyse, wüssten wir über den Zustand unseres Ökosystems nicht Bescheid.
Dieses Ökosystem verändert und entwicklet sich auch ohne den Einfluss des Menschen weiter. Deswegen sehen wir die Hauptaufgabe im Umweltschutz nicht darin, den Status quo zu stabilisieren oder Schäden zu reparieren. Es geht vielmehr um das Management von ökologischen Systemen.
Quelle: Asea Brown Bovery Deutschland, Umweltreport – Umweltfreundliche Technologien entlang der gesamten Energiekette. Mannheim 1998, S. 3

Arbeitsvorschlag

Erlären Sie den Begriff der Nachhaltigkeit und nehmen Sie dazu Stellung

Methode

Einsatz von Karikaturen im Politikunterricht

Zum Wesen der Karikatur gehört, dass sie in ihrer Darstellung absichtlich übertreibt. Durch ihre Anschaulichkeit deckt sie Widersprüche auf zu dem, was eigentlich wünschenswert wäre. Sie weckt Problembewusstsein.

Karikaturisten arbeiten häufig mit dem Mittel der Verfremdung. Darstellungen, die auf bekannte Bildvorstellungen anspielen, bringen den Betrachter nicht selten zum Lachen oder Schmunzeln. Ferner gehört zum Wesen der Karikatur, dass nur der Betrachter sie versteht, der ihren Sachverhalt schon kennt. Die Karikatur will also nicht nur darstellen, sie will vielmehr kommentieren. Das bedeutet, dass verstandene Karikaturen ihre Betrachter immer zur eigenen Stellungnahme herausfordern.

- **Arten von Karikaturen**
  Karikaturisten kommentieren Ereignisse in verschiedener Weise.
- **Bild ohne Text**
  Nicht jede Karikatur benötigt einen Text, um verstanden zu werden.
- **Bild mit Text**
  Der Text ist notwendiges Hilfsmittel.
- **Abfolgenkarikatur**
  Bildfolge dient der Darstellung eines Handlungsablaufs.
- **Individualkarikatur**
  Darstellung konkreter Individuen.
- **Typenkarikatur**
  Eine soziale Gruppe wird klischeehaft definiert.

Im Umgang mit Karikaturen empfehlen sich drei einfache Schritte.
- Genau beschreiben, was zu sehen (und zu lesen) ist.
- Erkennen, was der Karikaturist zum Ausdruck bringen, was er kritisieren will.
- Stellungnahme zur Aussage der Karikatur.

Arbeitsvorschlag

1. Ordnen Sie die Karikatur nach ihrer Art ein.

2. Bearbeiten Sie die Karikatur nach den drei vorgeschlagenen Schritten.

8 | *Betrieb in Wirtschaft und Gesellschaft*

8.1 Arten von Betrieben

Betrieb
Produktions- oder Arbeitsstätte, wo durch Kombination von Arbeit, Boden und Kapital Güter oder Dienstleistungen bereitgestellt werden.

Betrieb	Sektoren der Wirtschaft	Wirtschaftliche Leistungen
Landwirtschaftlicher Betrieb	primär	Vorwiegend Erzeugung von Kosumgütern
Handwerksbetrieb Industriebetrieb	sekundär	Herstellung von Sachgütern, als – Konsumgüter zum Verbrauch in den Haushalten – Produktionsgüter zum Einsatz in den Betrieben
Handelsbetrieb	teritär	Verteilung, Lagerung und Verkauf von Gütern und Dienstleistungen
Dienstleistungsbetrieb	teritär	Beratung, Wartung, Serviceleistung z.B. bei Kreditinstituten, Versicherungs-, Verkehrs- und Nachrichtenbetrieben

Anforderungen an das ideale Unternehmen nach Meinung der Bürger in %

- 70 Sichere Arbeitsplätze
- 57 Gute Bezahlung
- 49 Gutes Betriebsklima
- 48 Umweltengagement
- 37 Preisgünstige Produktion
- 34 Qualitätsprodukte
- 33 Umweltverträgliche Produkte
- 28 Ehrliche Informationspolitik
- 24 Forschungsinvestitionen
- 23 Bildungsangebote

Sample-Institut, Mölln, o.J.

In Betrieben wie in den privaten Haushalten wird gewirtschaftet. Sie sind die Produktionsstätten mit einer Organisation, den Menschen, den Maschinen und den Gebäuden. Betriebe sind zum Beispiel ein großes Stahlwerk, ein kleiner Einzelhandelsbetrieb, eine Automobil-Werksvertretung mit Tankstelle oder ein Postamt. In ihnen wird etwas produziert, etwas hergestellt, verarbeitet, verkauft, repariert, verbessert oder montiert sowie Dienstleistungen bereit gestellt. Betriebe können von unterschiedlicher Größe und von unterschiedlicher Art sein und sie haben verschiedene Aufgaben.

Fertigungsstraße in der Autoproduktion

Arbeitsvorschläge

1. Erklären Sie aufgrund Ihrer eigenen Erfahrungen im Beruf oder Betriebspraktikum, wie sich der Mensch in den betrieblichen Produktionsprozess einordnet.

2. Zeigen Sie die Schwierigkeiten auf, die bei Produktionsbetrieben und privaten Haushalten auftreten würden, wenn es keinen tertiären Wirtschaftssektor gäbe.

8.1.1 Betriebliche Grundaufgaben

Leitung
Sie wird von der Geschäftsleitung ausgeübt. Diese legt fest, welche Automobile hergestellt und wie sie innerhalb des betrieblichen Ablaufs technisch produziert werden. Die Geschäftsleitung entscheidet über alle durchzuführenden Pläne, setzt ihre Beschlüsse gegenüber den Mitarbeitern durch und kontrolliert deren Einhaltung. abends die Schularbeiten gemacht. Jetzt kann das Wetter noch so schön sein, man kommt nicht weg.

Beschaffung
Um die Automobile produzieren zu können, muss das Unternehmen sich die Arbeitskräfte für Fertigung und Verwaltung sowie Maschinen und Werkzeuge beschaffen. Ebenfalls sind Rohstoffe und Halbfabrikate, beispielsweise Bleche und vorgeformte Kunststoffe, erforderlich. Ferner benötigt es eigene und eventuell fremde Geldmittel zur Finanzierung der Produktionsmittel und Bezahlung der Löhne.

Absatz
Jeder Betrieb lebt vom Absatz seiner Güter und Dienstleistungen. Zur Absatzvorbereitung, dem Marketing, gehören Marktforschung und Marktbeobachtung, Produktgestaltung, Werbung, Preisgestaltung sowie Verkauf und Versand der Kraftfahrzeuge. Aufgabe der Marktforschung ist es zum Beispiel, zu ermitteln, welche Käuferschichten Mittelklasse- bzw. Kleinwagen kaufen.

Produktion
Zur Kraftfahrzeugherstellung muss das Unternehmen die betrieblichen Produktionsfaktoren Arbeit, Betriebsmittel und Werkstoffe ökonomisch, das heißt, wirtschaftlich sinnvoll miteinander kombinieren, um das bestmögliche Leistungsergebnis zu erzielen. Darum muss ein Automobilproduzent den betrieblichen Ablauf exakt organisieren, beispielsweise die Arbeitskräfte nach Befähigung gezielt einsetzen.

Arbeitsvorschläge

1. Beschreiben Sie beispielhaft die Grundaufgaben eines Betriebes, die in Klein- und Großbetrieben gleichermaßen vorhanden sind.

2. Eine oft angewandte Methode in der Marktforschung ist die Konsumentenbefragung durch Fragebögen. Entwickeln Sie einen Musterfragebogen „Automobilkauf" in Gruppenarbeit. Diskutieren Sie die Ergebnisse in einem Konferenzspiel in Ihrer Klasse und testen Sie die Eignung der Fragebögen für die gewünschte Informationsbeschaffung.

Produktion

In der Produktionsstätte Betrieb erzeugen Menschen mit Hilfe von Betriebsmitteln und Werkstoffen betriebliche Leistungen. Die Betriebsmittel sind Grundstücke, Geldmittel, Einrichtungsgegenstände, Maschinen und Werkzeuge. Als Werkstoffe werden Roh-, Hilfs- und Betriebsstoffe verwendet.

Bestimmte Betriebe, beispielsweise Banken, Versicherungsunternehmen oder Nachrichtenbetriebe, stellen Dienstleistungen für die Menschen und andere Betriebe bereit.
Die für die **Produktion** verwendeten Güter nennt man **Produktions- oder Investitionsgüter**. Güter, die der unmittelbaren Befriedigung der menschlichen Bedürfnisse dienen, werden als **Konsumgüter** bezeichnet.

Um Güter in der gewünschten Form herzustellen, müssen Rohstoffe, Naturprodukte oder Halbfabrikate zu dem Endprodukt verarbeitet werden. Bis zur Fertigstellung sind verschiedene Bearbeitungsvorgänge und Fertigungsverfahren erforderlich.

Produktion als volkswirtschaftlicher Begriff
Handlungen, mit deren Hilfe Sachgüter gewonnen, umgeformt und bearbeitet, ferner von einem Ort zum anderen befördert, zeitlich aufbewahrt und denjenigen zugeführt werden, die bereit sind, sie zu bezahlen.

Produktionsfaktoren
Die vielfältigen Erscheinungsformen der Produktion lassen sich auf drei Produktionsfaktoren zurückführen:
- Boden,
- Arbeit,
- Kapital.

Investitionsgüter
z.B.:
Maschinen
Fahrzeuge
Werkhallen

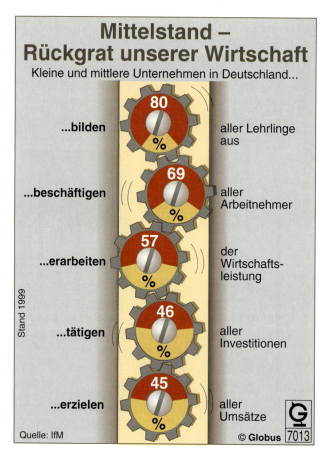

In der Bundesrepublik Deutschland ist das Handwerk nach der Industrie der größte Wirtschaftszweig. Mit seinen ca. 4 Millionen Beschäftigten erwirtschaftet es über 10% der wirtschaftlichen Gesamtleistung.

Die Industriebetriebe beschäftigen ca. 10 Millionen Menschen. Sie erbringen fast die Hälfte der wirtschaftlichen Gesamtleistung. Ihre Spitzenunternehmen verteilen sich im Wesentlichen auf fünf Branchen: Automobil-, Stahl- und Elektroindustrie sowie Energie- und Chemiewirtschaft.

Arbeitsvorschläge

1. Kennzeichnen Sie die Industrie in der Bundesrepublik Deutschland. Ordnen Sie dabei die Spitzenunternehmen den einzelnen Branchen zu. Verwenden Sie die Aussagen in den Schaubildern.

2. Begründen Sie, ob Sie lieber in einem Kleinbetrieb oder in einem Großbetrieb arbeiten würden. Stellen Sie Pro und Contra gegenüber. Fassen Sie die Ergebnisse Ihrer Klasse zusammen und werten Sie diese aus.

8.1.2 Wirtschaftliche Leistungen

Der von den einzelnen Wirtschaftsbereichen geleistete Beitrag zur wirtschaftlichen Gesamtleistung eines Landes innerhalb eines Jahres bildet das **Bruttoinlandsprodukt**. Es ist eine Grundlage für Entscheidungen in Unternehmen und in der Wirtschaftspolitik. Seine Höhe dient häufig als Maßstab für Wohlstand und wirtschaftliche Leistungsfähigkeit einer Gesellschaft. Für Bürger, Politiker und Wirtschaftsforscher ist nicht nur die Höhe des Bruttosozialprodukts von Bedeutung, sondern auch an welche Bevölkerungsgruppen es verteilt und wofür es verwendet wird.

Bruttoinlandsprodukt (BIP)
ist die im Inland erbrachte wirtschaftliche Leistung.

Erhöhung des Sozialproduktes durch die Schäden der industriellen Produktion

Bei der Fahrt mit dem Pkw verursacht dieser je 100 Personenkilometer 1,85 EUR an Kosten für Luftverschmutzung.
Bei der Eisenbahn liegen diese Kosten bei 0,11 EUR.

nach PLANCO, Essen.

Die Kosten des Wachstums in Milliarden EUR

Mehrbelastung aufgrund längerer Fahrtwege	17,8
Folgekosten von Verkehrsunfällen	8,9
Folgekosten von Umweltschäden	6,4
Umweltschutzausgaben	10,2
Mehrbelastung fürs Wohnen	6,1
Ausgaben für Sicherheitspersonal usw.	3,6
Staatliche Mehrausgaben aufgrund steigender Kriminalität	6,5
Defensive Gesundheitsausgaben	21,1

Die Verwendung des Sozialprodukts als Wohlstandsmaßstab ist vor allem aus ökologischer (die Umwelt der Organismen betreffend) Sicht kritisiert worden.

Diese Kritik beruht auf der Erkenntnis,
- dass das Wachstum des Sozialprodukts und damit die Erfolge der Wirtschaftspolitik mit immer größeren Umweltschäden und Naturverlusten erkauft werden.
- dass die ökologischen Folgekosten des wirtschaftlichen Wachstums bei der Berechnung des Sozialprodukts entweder unberücksichtigt bleiben oder sogar noch als positive Erträge des Wirtschaftsprozesses verbucht werden.

Arbeitsvorschläge

1. Erläutern Sie die Kosten des Wachstums und überlegen Sie für verschiedene Kosten, durch welche Verhaltensweisen und/oder politische Maßnahmen diese vermindert werden können.

2. Die Rohstoffe der Erde sind begrenzt. Teile können durch Wiederverwertung (Recycling) eingespart werden. Erkunden Sie in Ihrem Betrieb und im privaten Haushalt, ob und welche Wiederverwertungsmaßnahmen dort ergriffen werden. Stellen Sie die Ergebnisse in Ihrer Klasse vor und erörtern Sie zukünftig mögliche Wiederverwertungsmaßnahmen.

3. Ermitteln Sie in Gruppenarbeit mögliche Auswirkungen für eine Volkswirtschaft, wenn
- von Unternehmen wenig investiert wird,
- von Bürgern wenig neue Güter gekauft werden.

Stellen Sie Ihre Ergebnisse in der Klasse vor und diskutieren Sie die Auswirkungen.

8.2 Aufbau von Betrieben

8.2.1 Organisation eines Handwerksbetriebes

KFZ-Meisterbrief

Ein Betrieb bildet mit seiner Belegschaft und seinen technischen Einrichtungen eine in sich geschlossene Einheit. Verschiedene wirtschaftliche Handlungen kennzeichnen das Geschehen innerhalb dieser Einheit.

Die Herstellung eines Produkts erfordert verschiedene Bearbeitungsvorgänge bis zur Fertigstellung. Dazu ist eine genaue Planung, gezielte Steuerung und Kontrolle des gesamten betrieblichen Produktionsablaufs erforderlich. Eine Voraussetzung für die Erfüllung der Produktionsaufgabe ist die überschaubare Gliederung eines Betriebes nach Aufgabenbereichen. Zuständigkeit und Verantwortung der einzelnen Betriebsangehörigen müssen klar geregelt sein, damit Spannungen und Konflikte vermieden werden.

Das Organisationsschema eines Kfz-Handwerksbetriebes soll dieses verdeutlichen.
Organisation eines KFZ-Handwerksbetriebes

In kleineren Betrieben im Handwerk, im Einzelhandel und in der Landwirtschaft ist der Produktionsablauf für den Einzelnen übersichtlich. Das Verhältnis der Belegschaftsmitglieder zueinander ist persönlicher. Die Einsicht in den betrieblichen Arbeitsablauf ist ausgeprägter, denn die zahlreichen betrieblichen Aufgaben sind auf wenige Mitarbeiter verteilt. Die wesentlichen Aufgaben übernimmt der Betriebsinhaber.

Arbeitsvorschlag

Teilen Sie die Klasse in zwei Gruppen. Eine Gruppe erkundigt sich in einem örtlichen Kfz-Betrieb über die Organisationsstruktur und die andere Gruppe in einem Betrieb einer anderen Branche. Stellen Sie Ihre Ergebnisse einander gegenüber und vergleichen Sie mit dem Schaubild.

8.2.2 Organisation eines Industriebetriebes

In einem Industriebetrieb sind die betrieblichen Aufgaben vielfältiger und in ihrem Zusammenwirken komplizierter. Das Betriebsgeschehen in größeren Industriebetrieben wird für den Einzelnen immer weniger überschaubar. Die betrieblichen Aufgaben sind auf viele Abteilungen und Belegschaftsmitglieder verteilt. Der einzelne Mitarbeiter kennt meist nur seinen unmittelbaren Vorgesetzten und seine nächsten Arbeitskollegen. Er hat auch kaum Kontaktmöglichkeiten zu anderen Mitarbeitern. Arbeitsaufträge und Informationen erfolgen häufig schriftlich oder telefonisch. Der Betrieb wird anonym. Diese Situationen schaffen oftmals das Gefühl, ein „kleines Rädchen" im Getriebe betrieblicher Entscheidungen und Abläufe zu sein.

Durch den **Organisationsplan** wird der Arbeitsablauf und die Aufgabenverteilung unter den Mitarbeitern geregelt. Dieser Plan wird um so verzweigter, je mehr Mitarbeiter ein Betrieb hat.

Die betriebliche Organisation soll ein planvolles Wirtschaften sichern und ein ungeordnetes, zielloses Wirtschaften verhindern. Ziel der Aufbau- und Ablauforganisation ist es, die Wirtschaftlichkeit zu erhöhen, die Zusammenarbeit konfliktfrei zu ermöglichen und die Arbeitsleistung zu steigern. Das reibungslose Funktionieren jeder Organisation ist nur dann sichergestellt, wenn die vorgeschriebenen Wege genau eingehalten werden: sonst treten Störungen im Betriebsablauf auf. Der Organisationsplan gibt an, an welchen Stellen die betrieblichen Teilaufgaben erledigt werden. Mehrere Stellen mit gleichartigen Aufgaben sind zu **Abteilungen** zusammengefasst.

Organisationsstruktur
Sie bestimmt die Zuständigkeiten und Über- sowie Unterordnung bzw. den Ablauf von betrieblichen Vorgängen.

Obere Leitung
- Geschäftsleitung
- Produktionsleitung
- Kaufm. Leitung

Mittlere Leitungsebene
- Konstruktions-
- Planungs-
- Forschungs-
- Entwicklungs-
- Produktions-
- Datenverarbeitungs-
- Personal-
- Rechts-
- Einkaufs-
- Verkaufs-
- Lagerabteilung

Arbeitsvorschläge

Untere Leitungsebene
- Meister
- Vorarbeiter
- Gruppenleiter

1. Beschreiben Sie wesentliche Unterschiede in der Organisation eines Kfz-Handwerksbetriebes und eines Automobilherstellers. Stellen Sie Gemeinsamkeiten heraus. Benutzen Sie dazu die Abbildungen.

2. Erstellen Sie einen einfachen Organisationsplan Ihres Betriebes.

3. Untersuchen Sie den Kommunikations- und Informationsstrom für den gekennzeichneten Mitarbeiter in der Karikatur. Stellen Sie in einem kurzen Rollenspiel beispielhaft diesen Kommunikations- und Informationsstrom dar.

8.3 Der Betrieb als Ort wirtschaftlicher Entscheidungen

8.3.1 Ziele von Betrieben

Der Unternehmer Peter Schramm hat 80 000 € Eigenkapital in sein Geschäft investiert. Er möchte dieses Kapital zu mindestens 7% verzinsen. Als monatliches Unternehmergehalt beansprucht Peter Schramm 2500 €. Außerdem berechnet er insgesamt 4000 € für Forderungsausfälle und 2500 € für Warenverderb als Risikoersatz. Im Vorjahr belief sich der Umsatz auf 534 500 €, der Einkaufspreis dafür belief sich auf 415 200 €. Die Geschäftskosten schlugen mit 77 200 € zu Buche.

Umsatz	534 500 €
Einkaufskosten	− 415 200 €
Geschäftskosten	− 77 200 €
Gewinn	42 100 €

Gewinnermittlung	
Kapitalverzinsung	5 600 €
Unternehmergehalt	30 000 €
Wagnisse	6 500 €
Gewinn	42 100 €

Ökonomie (gr.-lat.)
Die Lehre von der Wirtschaftswissenschaft

Ökonomisches Prinzip
Es kann zwei Formen annehmen:
- Entweder können die Mittel gegeben sein, dann gilt es, mit diesen Mitteln den größten Erfolg zu erzielen (Prinzip des größten Erfolges oder **Maximalprinzip**),
- oder aber ein bestimmter Erfolg soll mit dem geringsten Aufwand erreicht werden (Prinzip des kleinsten Mitteleinsatzes oder **Minimalprinzip**).

Der Wunsch nach **Steigerung der Produktion** und nach **Steigerung des Umsatzes** ergibt sich aus dem Gewinnstreben und soll eine **Erhöhung des Marktanteils** bewirken.

Durch ihre wirtschaftliche Tätigkeit mit dem investierten (eingesetzten) Kapital wollen die Unternehmungen einen Gewinn erzielen. Betriebe mit dieser Zielsetzung sind **erwerbswirtschaftliche Betriebe**.

Der Gewinnzuschlag dient dazu:
- die unternehmerische Tätigkeit zu bezahlen, **Unternehmergehalt**;
- das eingesetzte Kapital zu verzinsen, **Kapitalverzinsung**;
- die Wagnisse abzudecken, **Risikoersatz**.

Ohne einen angemessenen Gewinn kann das Unternehmen:
- seine Betriebsmittel nicht erneuern und verbessern,
- keine neuen Arbeitsplätze schaffen oder alte sichern,
- sein Eigenkapital nicht stärken, um Neuinvestitionen zu ermöglichen.

Je stärker die Eigenkapitalbasis eines Unternehmens ist, desto größer sind seine Chancen, eine längere wirtschaftliche Flaute zu überwinden. Unternehmen können auch in finanzielle Schwierigkeiten geraten. Beispielsweise durch
- Umsatzrückgang
- Gewinnminderung, eventuell sogar Verluste
- Schrumpfen des Eigenkapitals
- Zunahme der Verschuldung
- fehlende Geldmittel.

Arbeitsvorschläge

1. Berechnen Sie den Prozentsatz, den der Unternehmer Peter Schramm auf den Selbstkostenpreis aufschlagen muss, um sein Unternehmensziel zu erreichen. Erörtern Sie in der Klasse, ob die Höhe angemessen ist.

2. Sie möchten sich einen Gebrauchtwagen anschaffen. Untersuchen Sie in Partnerarbeit Ihre Vorgehensweise, um wirtschaftlich zu handeln.

Öffentliche Betriebe – Erwerbswirtschaftliche Betriebe

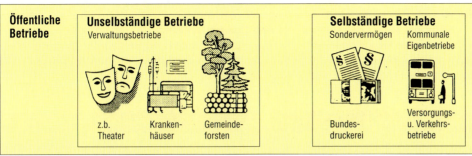

nach Erich Schmidt, Zahlenbilder, Nr. 201 190

Im Gegensatz zu den erwerbswirtschaftlichen Betrieben mit ihrem Gewinnstreben versuchen die **gemeinwirtschaftlichen** oder gemeinnützigen **Betriebe** und Einrichtungen, nach dem Kostendeckungsprinzip zu wirtschaften. Durch angemessen kalkulierte Preise werden die entstehenden Kosten abgedeckt. Viele öffentliche Einrichtungen können mit ihren Einnahmen nicht ihre Kosten decken. Sie sind auf Zuschüsse **(Subventionen)** der öffentlichen Hand aus Steuermitteln angewiesen.

Die öffentlichen Betriebe decken dort einen Bedarf ab, wo das Wohl der Allgemeinheit im Vordergrund steht. Daneben hält der Staat auch an Unternehmen mit erwerbswirtschaftlicher Zielsetzung die Mehrheit, z.B. an der Deutschen Post AG.

Genossenschaft
Die genossenschaftlichen Betriebe stellen nicht das Gewinnstreben in den Vordergrund ihrer wirtschaftlichen Tätigkeit. Sie wollen ihren Mitgliedern vielfältige Vorteile verschaffen. Beispielsweise Preisvorteile durch Einkaufsgenossenschaften, Gewinnbeteiligung und günstige Darlehen der Genossenschaftsbanken.

Soziale Rücksichten
Bei der Preisgestaltung wird vielfach auf sozial schwache Personengruppen, z.B.: Rentnerinnen, Rentner oder kinderreiche Familien, Rücksicht genommen.

Dauerdroge Subventionen
Subventionen sind Transfers des Staates an den Unternehmensbereich. Sie können die Ausgabenseite des Staates (über Finanzhilfen) wie die Einnahmenseite betreffen (über selektive Steuervergünstigungen). Mit Subventionen versucht der Staat, das Verhalten der Unternehmen und Verbraucher über eine Veränderung der Preise und damit der Kosten-/Erlössituation im Sinne wirtschafts- und vor allem strukturpolitischer Ziele zu beeinflussen.

Übersicht

Betrieb	Ziel	Beispiele
erwerbswirtschaftlich	Gewinn	Handwerksbetriebe Industriebetriebe Einzelhandelsbetriebe
gemeinwirtschaftlich	Bedarfsdeckung Kostendeckung soziale Ziele	öffentliche Verkehrsbetriebe öffentliche Versorgungsbetriebe öffentliche Krankhäuser
genossenschaftlich	Vorteile für Mitglieder	Konsumgesellschaften Genossenschaftsbanken Landwirtschaftliche Genossenschaften

Arbeitsvorschlag

Verhalten sich viele Städte und Gemeinden noch zeitgemäß, wenn sie mit kommunalen Wasserwerken die Verantwortung für die Grundversorgung der Bevölkerung übernehmen? Stellen Sie Pro und Kontra gegenüber.

8.3.2 Betriebswirtschaftliche Kenndaten

Um im täglichen Wettbewerb erfolgreich zu sein, muss ein Unternehmer laufend die Leistungsfähigkeit seines Betriebes überprüfen. Das wirtschaftliche Prinzip soll mit den betriebswirtschaftlichen Kenndaten Produktivität, Wirtschaftlichkeit und Rentabilität, die vernünftige Verwendung und den geplanten Einsatz der knappen Betriebsmittel kennzeichnen, um das bestmögliche Produktionsergebnis zu erzielen.

Produktivität

In den allermeisten Wirtschaftszweigen ist die menschliche Arbeitskraft, insbesondere dank moderner Technik, heute bedeutend produktiver als früher. Mit der Produktivität lässt sich die Ergiebigkeit einer wirtschaftlichen Tätigkeit ausdrücken.

$$\text{Produktivität} = \frac{\text{Produktionsergebnis (Output)}}{\text{Faktoreneinsatz (Input)}}$$

Die Produktivität lässt sich auch für einzelne Produktionsfaktoren ermitteln.

$$\text{Arbeitsproduktivität} = \frac{\text{Produktionsergebnis}}{\text{Arbeitsstunden}}$$

Die Arbeitsproduktivität spielt eine große Rolle bei Tarifverhandlungen.

Wirtschaftlichkeit

Bei der Berechnung der Wirtschaftlichkeit werden Wertgrößen aufeinander bezogen.

$$\text{Wirtschaftlichkeit} = \frac{\text{Leistung}}{\text{Kosten}}$$

Beispiel:
Eine Firma produziert verschiedene Produkte. Produkt A lässt sich für 5000 € verkaufen, die Herstellungskosten betragen 3500 €. Bei Produkt B wird ein Verkaufspreis von 9000 € erzielt; die Herstellung kostet 6000 €.

Wirtschaftlichkeit für

A: $\frac{5000}{3500} = 1{,}42$ B: $\frac{9000}{6000} = 1{,}50$

Demnach kann Produkt B wirtschaftlicher hergestellt werden. Um die Wirtschaftlichkeit von Produkt A zu erhöhen, könnte der Verkaufspreis angehoben werden oder/und die Kosten der Herstellung müssten gesenkt werden.

Rentabilität

Die Verzinsung des eingesetzten Kapitals wird mit dem Begriff Rentabilität bezeichnet.

$$\text{Eigenkapitalrentabilität} = \frac{\text{Gewinn} \times 100}{\text{Eigenkapital}}$$

Beispiel:
Frau M., Inhaberin eines Dienstleistungsbetriebs, erwirtschaftet in einem Geschäftsjahr mit einem Eigenkapital von 700 000 € einen Reingewinn von 50 000 €.

$$\text{Eigenkapitalrentabilität} = \frac{50\,000 \times 100}{700\,000} = 7{,}1\%$$

Durch diese Meßgröße erfährt der Unternehmer, ob sein Kapital angemessen verzinst wird.

Für viele Betriebe ist die Umsatzrentabilität eine wichtige Kenngröße. Dieser Wert besagt, wie viel Gewinn ein bestimmter Umsatz einbringt, d.h. wie viel pro 100 € Umsatz verdient wird.

$$\text{Umsatzrentabilität} = \frac{\text{Gewinn} \times 100}{\text{Umsatz}}$$

Arbeitsvorschlag

„Eine Steigerung der Produktivität muss nicht immer auch eine Steigerung der Wirtschaftlichkeit bedeuten." Untersuchen Sie diese Aussagen am Beispiel einer „Pommesbude".

Investitionen

Ein Sprichwort sagt: „Spare in der Zeit, dann hast du in der Not." In volkswirtschaftlicher Sichtweise ist das Sparen, also der Konsumverzicht, die entscheidende Voraussetzung für Investitionen und damit für den zukünftigen Lebensstandard in einer Volkswirtschaft.

Darüber hinaus muss in jeder Volkswirtschaft eine Entscheidung darüber getroffen werden, ob die Konsumenten bereit sind, vorübergehend auf die Produktion von Konsumgütern zu verzichten, um zunächst die dazu notwendigen Produktionsgüter zu erstellen.

In der Marktwirtschaft kommt den Investitionen (langfristige Anlage von Kapital in Sachgütern) – also dem Kauf neuer Maschinen und Anlagen, der Errichtung neuer Gebäude, dem Bau von Kraftwerken und Verkehrswegen, der Erweiterung des Fuhrparks – eine Schlüsselrolle zu. Sie sind eine der wichtigsten Voraussetzungen für eine gute Konjunktur (wirtschaftliche Gesamtlage). Wenn Unternehmen investieren, schaffen sie Nachfrage und können auf diese Weise selbst für eine gute Konjunktur sorgen.

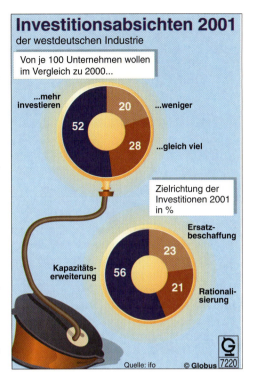

Schlüsselrolle der Investitionen

- **Ersatz**
  dient der Substanzerhaltung, also dem Ersatz veralteter Produktionsanlagen;
- **Erweiterung**
  bedeutet in der Regel Ausweitung der bestehenden Produktionskapazitäten und Schaffung zusätzlicher Arbeitsplätze;
- **Rationalisierung**
  dient der Einsparung von Kosten und möglicherweise auch von Arbeitsplätzen.

Genossenschaftsgesetz
§ 1 Begriff
Gesellschaften von nicht geschlossener Mitgliederzahl, welche die Förderung des Erwerbes oder der Wirtschaft ihrer Mitglieder mittels gemeinschaftlichen Geschäftsbetriebes bezwecken [...] erwerben die Rechte einer „eingetragenen Genossenschaft" nach Maßgabe dieses Gesetzes.

Arbeitsvorschläge

1. Was veranlasst ein Unternehmen zu investieren?

2. Erläutern Sie den Zusammenhang zwischen Investitionen der Unternehmen und der wirtschaftlichen Situation eines Staates.

3. Beschreiben Sie die Grundidee des Genossenschaftswesens sowie welche Rechte und welche Pflichten ein Genosse hat. Erkundigen Sie sich dazu bei den Experten einer Genossenschaft Ihrer Heimatgemeinde. Stellen Sie Ihre Ergebnisse in der Klasse vor und erörtern Sie die Resultate unter dem Gesichtspunkt: ist es heute noch sinnvoll, einer Genossenschaft beizutreten.

4. Gegen den Widerstand von Teilen der Bevölkerung erscheint es heute kaum mehr möglich, ein größeres industrielles Projekt (Schienen- und Straßenwegetrassen, Mülldeponien, etc.) in Angriff zu nehmen. Erkunden Sie derartig gelagerte Planungen und Projekte in Ihrer Kommune und in Ihrem Landkreis. Präsentieren Sie die Ergebnisse in Ihrer Klasse.

8.3.3 Rationalisierung

Fahrkartenautomat

Parkscheinautomat

Geldautomat

Utopie?

Orwell, George
eigentl. Eric Arthur Blair, englischer Schriftsteller, geb. 1903 in Motihari (Indien), gest. 1950 in London. Orwell begann mit sozialen Anklageschriften und wurde ein Warner vor totalitären Denk- und Lebensformen. 1949 erschien sein Roman „1984" in deutscher Sprache.

Der Televisor ließ einen ohrenbetäubenden Pfeifton hören, der in gleicher Höhe dreißig Sekunden lang anhielt. Es war Punkt sieben Uhr fünfzehn, Zeit zum Aufstehen für alle Behördenangestellten. Winston wälzte seinen Körper aus dem Bett... in drei Minuten begann die Morgengymnastik... „Gruppe der Dreißig- bis Vierzigjährigen!" kläffte eine schrille Frauenstimme. „Gruppe der Dreißig- bis Vierzigjährigen, auf die Plätze! Dreißig- bis Vierzigjährige." Winston nahm stramme Haltung vor dem Televisor an,... Die Vorturnerin hatte sie wieder zum Stillstehen aufgerufen. „Und jetzt wollen wir mal sehen, wer von uns seine Zehen berühren kann!" sagte sie betont munter. „Aus den Hüften heraus beugt, Genossen. Eins-zwei! Eins-zwei! ..." Winston war diese Übung schrecklich, da sie ihm von den Fersen bis ins Gesäß einen stechenden Schmerz verursachte... „Smith!" schrie die giftige Stimme aus dem Televisor. „Smith W.! Ja, Sie meine ich! Tiefer bücken, wenn ich bitten darf! Sie bringen mehr fertig, als was Sie da zeigen. Sie geben sich keine Mühe. Tiefer, bitte! So ist es schon besser, Genosse. Rühren, der ganze Verein und alle mal herschauen!"

Heißer Schweiß war Winston plötzlich am ganzen Körper ausgebrochen. Sein Gesicht blieb völlig undurchdringlich. Nur keine Unlust verraten! Niemals entrüstet sein! Ein einziges Zucken in den Augen konnte einen verraten. Es stand da und sah aufmerksam zu...
George Orwell, 1984, Ullstein Verlag, Berlin 1976, S. 31ff

JOBKILLER ↓
SUPERDING ↑

Segen oder Fluch?

Einen Abbau von Arbeitsplätzen wird es überall dort geben, wo Mechanik durch Mikroelektronik ersetzt wird. In einem modernen Farbfernseher befinden sich sechs Mikroprozessoren, wo früher 267 elektromechanische Teile notwendig waren... Allgemein scheint bei der Umstellung von Mechanik auf Mikroelektronik im Durchschnitt die Zahl der Arbeitsstunden um die Hälfte bis ein Drittel zurückzugehen. Das muss aber nicht automatisch den Verlust von Arbeitsplätzen im gleichen Umfang bedeuten.
Als Jobveränderer hat die Mikroelektronik zwei unterschiedliche Gesichter. Das eine macht den Menschen zum Sklaven des Computers, bedeutet die Entwertung von Qualifikationen.
Beispiel: Der Lichtbogenschweißer, der dem neuen Schweißroboter das Werkstück vorlegen muss, oder der Schriftsetzer, der für den Rest seines Arbeitslebens in der Pförtnerloge Platz nehmen muss. Das andere Gesicht ist der Computer als Helfer des Menschen. Mikroelektronik wird innerhalb weniger Jahre alle Routinearbeiten des Menschen übernehmen können. Das bedeutet aber auch: Der Mensch kann sich auf kreatives Handeln beschränken, auf Tätigkeiten, die Geschick und Denken erfordern. Jeder muss in seinem Bereich aufpassen, dass nur die sympathische Seite zum Zuge kommt, dass nicht aus Facharbeitern plötzlich Hilfsarbeiter oder Arbeitslose werden. In den meisten Fällen heißt das aber auch die Notwendigkeit zur Umschulung auf eine in der Regel höhere Qualifikation.

Zeitbild, Bonn 1983, Auszüge

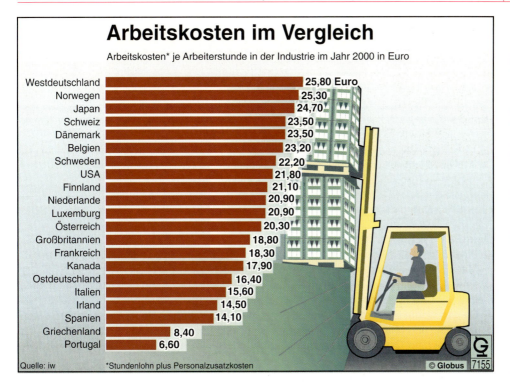
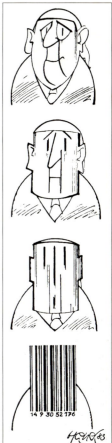

Die Rationalisierungsmaßnahmen verringern die betrieblichen Lohn- und Sozialkosten, da Arbeitskräfte eingespart werden. Dadurch erhöht sich die Wettbewerbsfähigkeit eines Unternehmens am Markt; es kann die Güter insgesamt kostengünstiger produzieren. Jedoch erhöht sich das betriebliche Investitions- und Kapitalrisiko, denn die Anschaffung von Spezialmaschinen und Robotern ist teuer.

Für den Arbeitnehmer kann die Rationalisierung eine Arbeitserleichterung bewirken, wenn die Automaten zum Beispiel schwere und gefährliche Arbeiten übernehmen. Die Gefahr, dass Arbeitsplätze verloren gehen, ist sehr groß, wenn Menschen durch Roboter ersetzt werden. Für den Arbeitnehmer besteht die Gefahr der Arbeitslosigkeit, wenn er keine Chancen hat, sich beruflich höher zu qualifizieren.

Arbeitsvorschläge

1. Die Mikroelektronik hat die Arbeitswelt und das Privatleben stark verändert. Belegen Sie diese Aussage an Beispielen aus beiden Bereichen und erörtern Sie mögliche, zukünftige Entwicklungstendenzen. Diskutieren Sie denkbare Chancen und Folgen.

2. George Orwell hat in seinem Roman „1984" das Zukunftsbild einer Gesellschaft dargestellt. Entwickeln Sie für unsere Gesellschaft eine Vorstellung für die Wirtschaft in der Zukunft. Stellen Sie Ihre Gruppenarbeitsergebnisse in Ihrer Klasse vor.

3. Ermitteln Sie anhand des obigen Schaubildes, warum gerade für deutsche Unternehmer Rationalisierungsmaßnahmen die Kosten senken.

4. Tragen Sie mögliche Vor- und Nachteile für Arbeitnehmer durch die Automation zusammen. Erstellen Sie eine Pro- und Kontra-Liste und legen Sie gemeinsam mit der Klasse eine Rangfolge Ihrer Argumente fest.

8.3.4 Konflikte im Betrieb

Schikane, Ärger, Stichelei ... Mobbing am Arbeitsplatz

Tagein, tagaus wird in Betrieben gemobbt. Schätzungen zufolge unterliegt jeder vierte Arbeitnehmer einmal im Leben dem „Psychoterror am Arbeitsplatz". Die Betroffenen merken es zu spät, dass sie in einen Teufelskreis geraten sind: Isolation, Verzweiflung, Krankheit, Arbeitsunfähigkeit bis hin zum Arbeitsverlust können die Folge sein.

Mobbing verursacht hohen Leidensdruck sowie immense betriebs- und volkswirtschaftliche Kosten. Deshalb darf Mobbing nicht stillschweigend hingenommen werden. Wer mit Konflikten im Betrieb offen umgeht und gegen Schikane mutig einschreitet, gibt Mobbing keine Chance.

Arbeit und Gesundheit 2/2001,
Hrsg. Hauptverband der gewerblichen Berufsgenossenschaften

Beispiele typischer Mobbing-Handlungen
- Die gemobbte Person wird ständig unterbrochen, angeschrien oder laufend kritisiert.
- Man spricht nicht mehr mit der Person, sie wird wie „Luft" behandelt.
- Es werden Gerüchte verbreitet, man macht die gemobbte Person lächerlich, spricht hinter ihrem Rücken schlecht über sie.
- Die gemobbte Person erhält sinnlose Arbeitsaufgaben, oder solche, die sie nicht bewältigen kann und über die Arbeitsleistungen wird falsch oder kränkend geurteilt.
- Das Mobbing-Opfer wird zu gesundheitsschädlichen Arbeiten gezwungen, ihm wird Gewalt angedroht.

Hilfen
Mobbing-Zentrale e.V.,
Kirchwerder Elbdeich 177,
21037 Hamburg
Telefon 040/79319
-627/626/625
www.mobbing-zentrale.de

Was tun gegen Mobbing?
- Miteinander reden – Ärger und Kummer nicht in sich hineinfressen.
- Sich in das Mobbing-Opfer hineinversetzen.
- Sich vorstellen, wie das eigene Verhalten auf andere wirkt.
- Verantwortung übernehmen und eigene Schwächen zugeben.
- Stress vermeiden und Entspannungstechniken lernen.
- Mobbing-Handlungen niemals stillschweigend dulden.

Checkliste für Betriebsklima
- Aufstiegschancen
- Verdienst
- Ansehen des Berufs
- Ansehen der Firma
- Arbeitszeit
- Ausgeübte Tätigkeit
- Kollegen/innen
- Selbständiges Arbeiten
- Vorgesetzte
- Entscheidungsspielraum
- Weiterbildungsmöglichkeiten

Arbeitsvorschlag

Berichten Sie in Ihrer Gruppe über ihre Erfahrungen mit Ärger und Konflikten am Arbeitsplatz. Unterscheiden Sie dabei zwischen harmlosen Konflikten und Mobbing am Arbeitsplatz. Folgende Kernfragen können Ihnen helfen:
- „Wie haben Sie sich nach einem Streit am Arbeitsplatz gefühlt"?
- „Haben Sie einmal erlebt, wie eine Kollegin oder ein Kollege ungerecht behandelt wurde?"
- „Fühlten Sie sich selbst einmal am Arbeitsplatz unfair behandelt?"

8.4 Rechtsformen der Unternehmung

Jedes Jahr werden in der Bundesrepublik Deutschland viele hundert Unternehmen neu gegründet. Zusätze in den Firmennamen wie e.K., GmbH, GmbH & Co KG, OHG und AG weisen auf die jeweilige Rechtsform hin. Sie ist von weit reichender Bedeutung. Mit der Entscheidung über die Rechtsform ergeben sich bestimmte Vor- und Nachteile für die Führung der Unternehmung.

Firma
Die Firma ist der Name eines Kaufmanns, unter dem er im Handel seine Geschäfte betreibt und die Unterschrift abgibt. Er kann unter seiner Firma klagen und verklagt werden (HGB § 17).

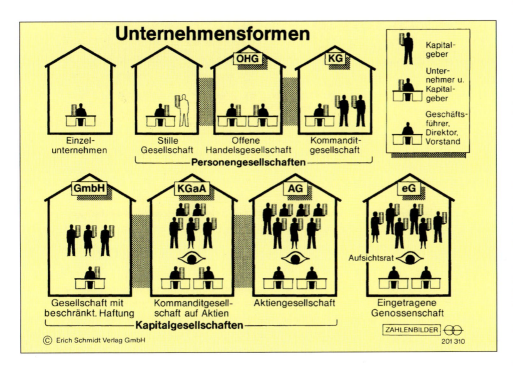

Amtsgericht Lingen/Ems Handelsregister
HRB 2371 13.7.2001
Firma **Faserwerke GmbH**, Lingen/Ems. Der mit der Bayer Faser GmbH Dormagen bestehende Ergebnisabführungsvertrag ist aufgehoben.

10 HRA 1922 25.7.2001
Firma **Hartholt-Berends Farm GmbH & Co. KG** Gersten.
Gegenstand des Unternehmens ist der Betrieb einer Landwirtschaft.

10 HRB 3362 25.7.2001
Firma **Maria Rekers GmbH**, Spelle.
Gegenstand des Unternehmens ist der Handel mit Floristikartikel.

10 HRB 3363 26.7.2001
Firma **MEFS-Technik-GmbH**, Lingen.
Gegenstand des Unternehmens ist die Fertigung und der Vertrieb von elektromechanischen Baugruppen und die Erbringung von Ingenieurleistungen.

HRB 3346 30.7.2001
Veränderung
Firma **Verführt Personal Leasing, GmbH** nunmehr TUJA Zeitarbeit GmbH, Lingen/Ems.

Jegliche geschäftliche Tätigkeit richtet sich nach dem allgemeinen Recht des **Bürgerlichen Gesetzbuches (BGB)**. Für Kaufleute gilt zusätzlich das Sonderrecht des **Handelsgesetzbuches (HGB)**, welches auf den Grundregeln des BGB aufbaut. Für bestimmte Unternehmensformen gelten weitere Rechtsgrundlagen wie Aktiengesetz (AktG), GmbH-Gesetz und Genossenschaftsgesetz.

Aus der Rechtsform der Unternehmung kann man vier Grundfragen beantworten:
1. Wem gehört die Unternehmung?
2. Wer leitet die Unternehmung?
3. Wem gehört der Gewinn, der aus der Unternehmenstätigkeit erwächst?
4. Wer haftet für die Schulden, die das Unternehmen hat?

Arbeitsvorschläge

1. Versuchen Sie die vier Grundfragen aus der Rechtsform am Beispiel eines Ihnen bekannten Betriebes zu beantworten.

2. Ist es für Sie in Ihrem späteren Berufsleben persönlich erstrebenswert, ein Unternehmen zu gründen? Erstellen Sie dazu in Partnerarbeit eine Liste mit Vor- und Nachteilen einer Unternehmensgründung.

Handelsregister

ist ein beim Amtsgericht geführtes Verzeichnis aller eingetragenen Kaufleute. Eingetragen werden die wichtigsten Daten des Unternehmens, wie Rechts- und Haftungsverhältnisse sowie Vertretungsberechtigungen (Geschäftsführer, Prokuristen) eingetragen. Das Handelsregister ist öffentlich, d. h. jedermann kann sich über die Verhältnisse eines Unternehmens informieren.

Das wünschen sich die Kunden von ihrem Handwerker

1. Zuverlässigkeit
2. Fachkönnen
3. Ehrlichkeit
4. Sauberkeit
5. Interesse an Ihren Problemen
6. Beratung
7. Preiswürdigkeit
8. Höflichkeit

8.4.1 Einzelunternehmung

Klaus Heinen, gelernter Kfz-Mechaniker, hat die Meisterprüfung im Kfz-Handwerk bestanden. Zusammen mit seiner Ehefrau Silvia hat er 22 000 € gespart. Ihr gemeinsames Ziel ist es, sich selbständig zu machen.
Klaus übernimmt eine Tankstelle und eröffnet eine kleine Kfz-Reparaturwerkstatt. Nach anfänglichen Schwierigkeiten läuft das Geschäft gut. Er stellt einen Auszubildenden ein und benutzt den erwirtschafteten Gewinn, um seine Werkstatt technisch besser auszurüsten.

Als Einzelunternehmen werden die meisten Klein- und Mittelbetriebe insbesondere in Handel, Handwerk und Landwirtschaft betrieben. Der Alleininhaber, wie Klaus Heinen, trifft alle betrieblichen Entscheidungen selbst, schließt alle Verträge ab und vertritt die Firma nach außen. Er muss allein das gesamte Betriebskapital aufbringen und entscheidet allein über die Verwendung des Betriebsgewinns. Der Einzelunternehmer trägt allein Verantwortung und Risiko und haftet unbeschränkt auch mit seinem Privatvermögen für die Geschäftsschulden. In der Regel erhält das Unternehmen als Firmenbezeichnung den Namen und Vornamen des Inhabers. Es können auch andere Bezeichnungen gewählt werden, aber mit dem Zusatz „e.K.", „e.Kfm." oder „e.Kfr.".

Der Einzelkaufmann			
leitet	entscheidet	trägt	haftet
allein und ist Alleininhaber	allein über die Gewinnverwendung	allein die Verluste	allein und unbeschränkt

Arbeitsvorschläge

1. Beschreiben Sie, in welcher Weise sich Klaus Heinen selbständig gemacht hat und welche wesentlichen Voraussetzungen dazu erforderlich waren.

2. Was erwarten sie als Kunde von Ihrem Handwerker?
Äußern Sie mit einem Satz blitzlichtartig Ihre Erwartungen.

8.4.2 Offene Handelsgesellschaft (OHG)

> Seit einigen Jahren betreibt Klaus Heinen erfolgreich seinen Kfz-Reparaturbetrieb. Ihm wird die Möglichkeit angeboten, sich an der benachbarten Unternehmung, der Heinz Meyer OHG, zu beteiligen.
> Zwei der drei OHG-Gesellschafter wollen ihre Unternehmensanteile aus Altersgründen veräußern. Klaus Heinen und Ehefrau Silvia kaufen mit Zustimmung des dritten gleichberechtigten Gesellschafters die beiden Anteile. Klaus und Silvia sind nun Gesellschafter der OHG.
> Durch den Gesellschaftsvertrag wird Klaus mit der Geschäftsführung beauftragt und übernimmt die örtliche Werksvertretung eines Automobilunternehmens. Die Firma heißt jetzt Heinen und Meyer OHG.

Geschäftsführung
Geschäftsführung betrifft das Innenverhältnis der Unternehmung. Sie umfasst die Berechtigung, alle Handlungen vorzunehmen, die der Betrieb des Handelsgewerbes gewöhnlich mit sich bringt.

Vertretungsbefugnis
Vertretungsbefugnis betrifft das Außenverhältnis der Unternehmung gegenüber Dritten. Der Vertretungs-berechtigte gibt rechtswirksame Willenserklärungen gegenüber Dritten (Kunden, Lieferanten, usw.) ab.

Prokura
Die Prokura ermächtigt zu allen gerichtlichen und außergerichtlichen Geschäften und Rechtshandlungen, die der Betrieb eines Handelsgewerbes mit sich bringt (§ 49 HGB).

Die Offene Handelsgesellschaft ist eine Personengesellschaft, in der jeder Gesellschafter grundsätzlich gleichberechtigt ist. Jeder hat das gleiche Recht und die gleiche Pflicht zur Geschäftsführung, sofern im Gesellschaftsvertrag keine andere Regelung vereinbart ist.

Das Reinvermögen der Firma gehört den Gesellschaftern entsprechend ihrem Anteil am gesamten Eigenkapital. Die Kapitaleinlagen können in Geld, in Sachwerten, beispielsweise einem Grundstück mit Werkstattgebäuden, oder in anderen Rechten, wie Patenten, geleistet werden.

Falls keine andere vertragliche Regelung über die Gewinnverteilung beschlossen ist, gilt die gesetzliche Regelung. Danach erhält jeder Gesellschafter zunächst 4% auf seinen Kapitalanteil, der noch verbleibende Gewinn wird gleichmäßig auf die Gesellschafter verteilt.

Bei Verlusten der OHG haftet jeder Gesellschafter unmittelbar. Weiterhin haftet jeder Gesellschafter unbeschränkt für die Gesellschaftsschulden, auch mit seinem Privatvermögen. Außerdem haftet jeder Gesellschafter solidarisch für die übrigen Gesellschafter.

In einer Offenen Handelsgesellschaft (OHG), bestehend aus mindestens zwei gleichberechtigten Gesellschaftern			
leitet	entscheidet	trägt	haftet
grundsätzlich jeder Gesellschafter	der Gesellschaftsvertrag oder das Gesetz über die Gewinnverteilung	die Gesellschafter die Verluste zu gleichen Teilen	alle Gesellschafter unmittelbar, solidarisch, unbeschränkt

Handlungsvollmacht
- **Allgemeine Handlungsvollmacht** erstreckt sich auf die branchenüblichen Rechtsgeschäfte
- **Artvollmacht** zur Erledigung der üblichen Geschäfte eines Arbeitsgebietes
- **Einzelvollmacht:** Zeichnungsbefugnis „im Auftrag"

Arbeitsvorschlag

Überlegen Sie, unter welchen Voraussetzungen eine gute Zusammenarbeit zwischen den drei Gesellschaftern gelingen kann.

8.4.3 Gesellschaft mit beschränkter Haftung (GmbH)

Ein paar Jahre später sind Silvia und Klaus Heinen alleinige Gesellschafter der Unternehmung. Die Firmenbezeichnung lautet jetzt Silvia und Klaus Heinen OHG. Insgesamt 45 Mitarbeiter sind in den zwei Betrieben beschäftigt.

Um die Haftung ihrer Unternehmung auf eine kalkulierbare Höhe zu beschränken, beschließen Silvia und Klaus Heinen, eine Kapitalgesellschaft, und zwar eine GmbH, zu gründen. Bei Verlusten haften Kapitalgesellschaften nur bis zur Höhe ihres Gesellschaftsvermögens.

Das dazu erforderliche Stammkapital der Gesellschaft in Höhe von 25.000,00 € ist in Form des OHG-Betriebsvermögens bereits vorhanden.

Zur Gründung einer Gesellschaft mit beschränkter Haftung ist ein Gesellschafter und ein Stammkapital von 25.000,00 € erforderlich. Eigentümer einer GmbH sind die Gesellschafter. Jeder Gesellschafter muss mindestens 100,00 € als Stammeinlage einzahlen. Entsprechend der jeweiligen Stammeinlage bestimmt sich jeder Geschäftsanteil, der veräußerlich, vererblich und teilbar ist. Die Gesellschafter einer GmbH stellen die Geschäftsführung.

Beschäftigt die Gesellschaft mehr als 500 Arbeitnehmer, muss ein Aufsichtsrat eingerichtet werden. Er setzt sich wie bei der Aktiengesellschaft aus Vertretern der Kapitalgeber und der Arbeitnehmer zusammen.

Der Gewinn der GmbH steht den Gesellschaftern zu. Sie beschließen in der Gesellschafterversammlung, ob und in welcher Höhe der Gewinn an die Gesellschafter ausgeschüttet wird.

Verluste der Gesellschaft vermindern das Kapital. Sofern vorhanden, werden die Verluste aus der Rücklagenauflösung gedeckt.

Die Gesellschaft mit beschränkter Haftung ist die einfachste Form der Kapitalgesellschaft. Sie eignet sich für Unternehmungen jeder Größe und ist wegen der beschränkten Haftung sehr beliebt.

Konkurs
Gerichtliches Verfahren zur zwangsweisen Auflösung eines Unternehmens, weil es überschuldet ist. Eine Überschuldung liegt vor, wenn die Schulden das Vermögen übersteigen.

In einer Gesellschaft mit beschränkter Haftung (GmbH), Stammkapital mindestens 25 000,00 €			
leitet	entscheidet	trägt	haftet
die von den Gesellschaftern eingesetzte Geschäftsführung	die Gesellschafterversammlung über die Gewinnverteilung	die Gesellschaft mit ihrem Kapital die Verluste	nur die Gesellschaft als juristische Person mit ihrem Vermögen

Arbeitsvorschläge

1. In einer GmbH können sich alle Kapitalgeber der unbeschränkten Haftung entziehen. Erörtern und bewerten Sie die Vor- und Nachteile dieser unbeschränkten Haftung.

2. Vergleichen Sie die Rechtsformen einer AG mit einer GmbH in den Punkten: Gründung, Geschäftsführung, Haftung, Gewinn und Verlust sowie Vor- und Nachteile. Nennen Sie die Vor- und Nachteile beider Rechtsformen und bewerten Sie diese in Hinblick auf die Anwendungsbereiche.

8.4.4 Kommanditgesellschaft (KG)

In der Kommanditgesellschaft gibt es zwei Arten von Gesellschaftern, Komplementäre und Kommanditisten. Die **Komplementäre** sind in ihren Rechten und Pflichten den Gesellschaftern einer OHG gleichgestellt, also auch Vollhafter. Die **Kommanditisten** sind nur Geldgeber, die nicht mehr als ihre Kapitaleinlage verlieren können (Teilhafter), dafür aber auch kein Geschäftsführungs- und -vertretungsrecht besitzen. Im angemessenen Verhältnis zu ihrer Einlage können sie Gewinne beanspruchen und Verluste übernehmen.

In einer Kommanditgesellschaft (KG) bestehend aus mindestens je einem Komplementär und Kommanditisten			
leitet	entscheidet	tragen	haften
der Komplementär allein, Kommanditisten haben nur Einsichts- und Widerspruchsrecht	der Gesellschaftsvertrag über die Gewinnverteilung	die Gesellschafter die Verluste im angemessenen Verhältnis	Komplementäre voll und Kommanditisten nur bis zur Höhe ihrer Einlage

GmbH & Co KG
Mischform eines Unternehmenszusammenschlusses. Eine Personengesellschaft mit nur einer natürlichen Person. Ziel des Zusammenschlusses ist es, Vorteile der Personengesellschaft KG mit den Vorteilen einer Kapitalgesellschaft zu verknüpfen.
Die GmbH übernimmt die Haftung in der KG. Die Geschäfte werden über die KG abgewickelt.
Die Kreditwürdigkeit dieser Mischform ist wegen der begrenzten Haftung oft gering.

8.4.5 Aktiengesellschaft (AG)

Bei einer Aktiengesellschaft wird das Kapital in der Regel von vielen Gesellschaftern aufgebracht. Das Gesellschaftskapital heißt nach dem Aktiengesetz Grundkapital. Für die Gründung einer AG sind ein oder mehrere Gesellschafter erforderlich, die Aktionäre. Weiterhin ist zur Gründung ein Grundkapital von mindestens 50.000,00 € notwendig.
Die einzelnen Anteile einer AG sind die Aktien mit einem Nennwert von mindestens 1,00 €. Wenn die Aktien an der **Börse** frei gehandelt werden, so werden sie zu einem Kurswert, der unterschiedlich vom Nennwert ist, gekauft und verkauft.
Alle Aktionäre haben einen Anspruch auf Dividende. Diese Dividende (Gewinnanteil) wird auf der Hauptversammlung aller Aktionäre festgelegt.
Die Organe der Aktiengesellschaft sind die Hauptversammlung der Aktionäre der Aufsichtsrat und der Vorstand.
Der Aufsichtsrat bestellt und überwacht den Vorstand. Der Vorstand führt die Geschäfte und vertritt das Unternehmen nach außen. Seine Mitglieder sind die eigentlichen Unternehmer, man nennt sie auch Manager.

In einer Aktiengesellschaft (AG) Grundkapital mindestens 50.000,00 €			
leitet	entscheidet	trägt	haftet
der vom Aufsichtsrat bestellte Vorstand	die Hauptversammlung der Aktionäre über die Gewinnbeteiligung	die Gesellschaft mit ihrem Grundkapital die Verluste	nur die Gesellschaft mit ihrem Vermögen

KGaA
Kommanditgesellschaft auf Aktien. Mischform zwischen der AG und der KG. Mindestens ein Gesellschafter haftet unbeschränkt (Komplementär), die anderen sind als Teilhafter (Kommanditaktionäre) mit Aktien am Grundkapital beteiligt.

Arbeitsvorschläge

1. Vergleichen Sie die rechtliche Stellung der Gesellschafter einer OHG und einer KG miteinander.

2. Stellen Sie die aktuellen Aktienkurse ausgewählter Unternehmen im Wirtschaftsteil Ihrer Zeitung fest. Wenn Sie Veränderungen erkennen, erkunden Sie mögliche Ursachen dafür in den Wirtschaftsnachrichten oder bei Ihrem Kreditinstitut und versuchen Sie den Zusammenhang zu erläutern.

8.5 Wirtschaftliche Verflechtungen

„Die neuen europäischen Übernahmerichtlinien für Fusionen? Gefährlich, höchst gefährlich. Es kann nicht sein, dass sich Deutschland der Welt ausliefert und andere Länder die Schotten für Übernahmen dichtmachen. Die angegriffenen Unternehmen müssen sich wehren können."

Unternehmensberater Ronald Berger, in DER SPIEGEL 24/2001

Fressen und gefressen werden
Die größten Fusionen der letzten Jahre mit deutscher Beteiligung

→ Übernahme →← feindliche Übernahme
◯ Fusion ● angekündigt ● vollzogen

		Volumen in Mrd. Mark	Jahr
Vodafone →←	Mannesmann	413	2000
Deutsche Telekom →	VoiceStream	115	2001
Daimler Benz ◯	Chrysler	75	1998
Mannesmann →	Orange	60	1999
Rhône-Poulenc ◯	Hoechst	50	1999
Veba ◯	Viag	33	2000
British Telecom →	Viag Interkom	29	2001
Deutsche Telekom →	One-2-One	25	1999
RWE →	Thames Water	20	2000
BellSouth, KPN →	E-Plus	19	2000
Siemens →	Mannesmann Atecs	19	2000
Hypo-Bank ◯	Vereinsbank	18,7	1997
Roche →	Boehringer Mannheim	18,7	1997
Deutsche Bank →	Bankers Trust	17	1998
HypoVereinsbank ◯	Bank Austria	15	2000
Dasa ◯	Aerospatiale Matra	14	2000
Krupp →	Thyssen	12	1998
Allianz →	AGF	9,1	1997

DER SPIEGEL 24/2001

Regeln für Fusionen des deutschen Übernahmegesetzes

● **Kontrolle**
Spätestens vier Wochen nach Ankündigung der Übernahme muss dem Bundesaufsichtsamt für den Wertpapierhandel ein detailliertes Kaufangebot vorliegen, das anschließend veröffentlicht wird.

● **Information**
Aktionäre und Beschäftigte sollen vom Käufer umfassend über die Folgen einer Übernahme unterrichtet werden.

● **Kaufwährung**
Die Bieter können zum Kauf eigene, an der Börse gehandelte Aktien einsetzen.

● **Abwehr**
Das Management der Zielgesellschaft kann sich, ohne die Aktionäre zu fragen, gegen eine Übernahme wehren, wenn die Hauptversammlung es vorher per so genanntem Vorratsbeschluss dazu ermächtigt hat.

Allein gegen Brüssel

Gegen den erbitterten Widerstand aus Brüssel will Kanzler Schröder deutsche Unternehmen vor feindlichen Übernahmen schützen. Während manche Industriebosse applaudieren, warnt vor allem die Finanzbranche vor dem drohenden Imageschaden für den Standort Deutschland.

DER SPIEGEL 24/2001

Seit im Frühjahr 2000 der britische Konzern Vodafone die deutsche Mannesmann-AG übernahm, fragen sich das die Bürger, die Unternehmen und die Gewerkschaften. Auch die Regierung muss sich diesem Thema stellen. Vodafone machte den Aktionären öffentlich attraktive Angebote, um die Mehrheit der Aktien zu erwerben. Die Manager von Mannesmann wehrten sich heftig. Erst nach mehreren Wochen einigten sich beide Seiten. Die Mannesmann-Mitarbeiter litten sehr unter diesem Gezerre. Ein künftiges Übernahmegesetz soll verlässliche Rahmenbedingungen für Fusionen schaffen.

Es geht um die Weltoffenheit des Standortes Deutschland und um die brisante Frage: Wer hat darüber zu bestimmen, ob ein Unternehmen selbstständig bleiben soll?
● Das Management? ● Die Arbeitnehmer?
● Die Eigentümer? ● Die Finanzmärkte?
Soll ein florierender Konzern wirklich nur deshalb zerschlagen werden, weil davon der Aktienkurs profitiert?

Entscheidet das Management möglicherweise gemeinsam mit den Beschäftigten gegen die Fusion, werden die alten Strukturen verfestigt. Das mag für die Betroffenen erstrebenswert sein, kann aber volkswirtschaftlich schädlich wirken. Fusionen dagegen ermöglichen
● Kostensenkungen im Unternehmen durch Synergieeffekte,
● Effizienz in Produktion und gemeinsamer Finanzierungsmöglichkeit,
● Bessere Ausrichtung auf die Märkte.

Arbeitsvorschlag

Schildern Sie Beispiele aus jüngster Zeit, bei denen das deutsche oder das europäische Kartellamt einen Unternehmenszusammenschluss untersagt hat. Untersuchen Sie daraufhin die Wirtschaftsnachrichten verschiedener Medien.

Formen der wirtschaftlichen Zusammenarbeit

Der Unternehmenszusammenschluss (Konzentration) kann sich vollziehen durch:
- **Kooperation** (Zusammenarbeit), wenn die beteiligten Unternehmungen in ihrer Selbständigkeit nicht oder kaum eingeschränkt werden,
- **Beteiligung** oder **Übernahme**, wenn einzelne beteiligte Unternehmungen ihre wirtschaftliche Selbständigkeit verlieren, z.B. Konzerne, oder ihre wirtschaftliche und rechtliche Selbständigkeit verlieren, z.B. Trusts.

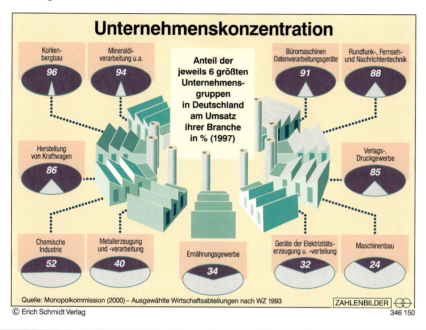

Kooperationsformen
- Arbeitsgemeinschaft
- Interessengemeinschaft
- Gewinngemeinschaft (Pool)
- Wirtschaftsverband

Trust (engl.)
Den Vorgang der Trustbildung bezeichnet man als Fusion (lat. = Verschmelzung, Zusammenfluss)

Kartelle
- Preiskartell
- Konditionskartell
- Rabattkartell
- Rationalisierungskartell
- Strukturkrisenkartell
- Exportkartell
- Importkartell
- Gebietskartell

Konzern
„Sind ein herrschendes und ein oder mehrere abhängige Unternehmen unter der Leitung des herrschenden Unternehmens zusammengefasst, so bilden sie einen Konzern..." § 18 (1) Aktiengesetz

Holding
Die Mutter eines Konzerns wird auch Dachgesellschaft bzw. Holding genannt, da sie die Anteile „hält" (halten = to hold engl.).

Kartell
ist ein vertraglicher Zusammenschluss von Firmen der gleichen Branche mit dem Ziel, den Wettbewerb zu beschränken oder sogar auszuschließen. Die Vertragspartner bleiben wirtschaftlich und rechtlich selbständig.

Monopol
ist vom Grundsatz her verboten, denn der Monopolist als alleiniger Anbieter von Waren auf dem Markt braucht auf keine Konkurrenten Rücksicht zu nehmen. Er kann sowohl den Preis als auch die angebotene Warenmenge bestimmen, so dass er seinen größtmöglichen Gewinn erzielt.

Konzern
ist der Zusammenschluss von Unternehmen durch Kapitalbeteiligung. Dabei werden die rechtlich selbständigen Unternehmungen von einer zentralen Leitung, dem Großunternehmen, wirtschaftlich geführt. Man spricht dann von der Muttergesellschaft und ihren Tochtergesellschaften.

Arbeitsvorschläge

1. Versuchen Sie zu erklären, warum der Konzentrationsprozess in verschiedenen Branchen so unterschiedlich weit fortgeschritten ist.
2. Mineralölkonzerne sind in der Regel weltweit tätig. Begründen Sie diese Aussage.
3. Besorgen Sie sich den Geschäftsbericht (mit Anhang und Lagebericht) eines großen Konzerns. Untersuchen Sie, wie die Teilunternehmen miteinander verflochten sind und welche Auswirkungen sich hieraus für die Konsumenten und die Gesellschaft insgesamt ergeben können.

8.6 Globalisierung – Wem gehört der Globus?

Der Globalisierung nicht tatenlos zusehen

Die Weltwirtschaft wächst immer schneller zusammen. Die globale Vernetzung der Kommunikationsstränge macht Zusammenarbeit über die Grenzen hinweg möglich. Immer mehr große Unternehmen fusionieren mit Partnern aus anderen Staaten. Programmierer in Indien erledigen Aufträge für Firmen in den USA, Japan oder Deutschland. Gleichzeitig sorgen internationale Vereinbarungen dafür, dass Handelshemmnisse und Subventionen weiter abgebaut werden. Die Welt wird zu einem einheitlichen Handelsplatz. Diese Entwicklung, kurz als Globalisierung bezeichnet, hat einschneidende Konsequenzen für die Beschäftigung und die Gestaltung der Arbeitsbeziehungen auch in Deutschland.

blickpunkt bundestag 1/2000

Unternehmen so groß wie Volkswirtschaften

Umsätze der weltweit größten Firmen im Vergleich zum Bruttoinlandsprodukt (BIP) in US-Dollar

Quelle: IMF 2001
Fortune 500 2001

EXONMobil
Umsatz 2000: **210,4** Mrd
Schweden
BIP 2000: **228,3** Mrd

Wal*Mart
Umsatz 2000: **193,3** Mrd.
Österreich
BIP 2000: **190,3** Mrd.

Ford
Umsatz 2000: **180,6** Mrd.
Polen
BIP 2000: **160,8** Mrd.

General Motors
Umsatz 2000: **184,6** Mrd.
Dänemark
BIP 2000: **162,3** Mrd.

Daimler Chrysler
Umsatz 2000: **150,1** Mrd.
Indonesien
BIP 1999: **153,7** Mrd.

Weltweite Proteste gegen die Globalisierung
„Ihr entscheidet über uns und ohne uns!"

1999: WTO-Konferenz in Seattle	50000 Demonstranten
2000: Weltbank u. IWF-Tagung in Prag	9000 Demonstranten
2001: EU-Gipfel in Göteborg	20000 Demonstranten
2001: G8-Gipfel in Genua	Tod eines Demonstranten

„Die Demonstranten sind dagegen, dass von den hundert größten Wirtschaftseinheiten der Welt 51 Firmen sind und 49 Länder. Es missfällt ihnen, dass die Einnahmen der 200 größten Unternehmen mehr betragen als ein Viertel der weltweiten Wirtschaftsaktivität. Sie beschuldigen die großen, von den Regierungen gegründeten Institutionen wie WTO, IWF und Weltbank, sich nur um die Interessen der Unternehmen zu kümmern, deren weltweite Aktivitäten der Umwelt und den Menschen, insbesondere den Armen und den Frauen schaden."

John Cavanagh, Institute for Policy Studies, USA 2001

Beispiel Finanzmärkte:
Nach der Finanzkrise 1997/98 in Asien und Südamerika, die viele Millionen in die absolute Armut stößt, versprechen die Industrieländer eine grundlegende Stabilisierung der Kapitalflüsse und Devisenkurse. Alle Vorschläge scheitern am gut organisierten Widerstand der Finanzindustrie.

(Der Spiegel 30/2001)

Beispiel Armutsbekämpfung:
Seit Jahrzehnten steht die Armutsminderung in den Entwicklungsländern an erster Stelle der Agenda der G-7 Staaten und der von ihnen gelenkten Finanzinstitutionen Weltbank und IWF. Bis heute verfehlen die meisten Programme ihr Ziel, weil sie auf die Interessen der Exporteure und der Finanzindustrie in den Industrieländern zugeschnitten sind.

(Der Spiegel 30/2001)

Organisationen des Weltkapitals

Internationaler Währungsfonds (IWF)	Weltbank	Welthandelsorganisation (WTO)
Gegründet 1944 in Bretton Woods, 183 Mitgliedsländer sind mit Einlagen beteiligt. Der IWF überwacht die Währungspolitik der Mitglieder, leistet finanzielle Hilfe bei Zahlungsbilanzproblemen und stellt Krisenländern Kredite sowie das notwendige Know-how zu Einleitung finanzpolitischer und institutioneller Reformen zur Verfügung.	Ebenfalls 1944 in Bretton Woods gegründet, 183 Mitgliedsländer, 10.600 Mitarbeiter. Vergibt Kredite u.a. für Großprojekte wie Staudämme oder Brückenbauten, legt Entwicklungshilfeprogramme auf und koordiniert Kooperationen im öffentlichen und privaten Sektor. Mit 15 Milliarden Dollar vergebener Kredite im Jahr 2000 ist die Weltbank die größte Entwicklungshilfeagentur weltweit.	1995 als Sonderorganisation der UNO gegründet. Die 141 Mitgliedsländer legen in internationalen Vereinbarungen die Spielregeln des Welthandels fest. Die Organisation vermittelt bei Handelsstreitigkeiten und überwacht die Handelspolitik der Mitgliedstaaten.
Kritik: Strenge wirtschaftliche Auflagen für Krisenländer verschärfen bestehende soziale und politische Konflikte, politische Auflagen greifen tief in die Handlungsfreiheit der Nehmerländer ein.	**Kritik:** Förderung monströser Großprojekte, die an den ökonomischen und ökologischen Bedürfnissen der Entwicklungsländer vorbeigehen und vorwiegend den Interessen internationaler Konzerne dienen.	**Kritik:** Die WTO forciert die Liberalisierung des Handels im Interesse der mächtigen Industrienationen und treibt damit die Globalisierung voran. Oft werden sinnvolle nationale Handelsbeschränkungen von der WTO mit der Berufung auf den Abbau von Handelshemmnissen für unzulässig erklärt.

Pro

Die wachsende wirtschaftliche Verpflichtung hat die deutschen Löhne nicht gedrückt, sondern gesteigert, den Spielraum für Sozialleistungen und Umweltschutz erhöht, die Chancen nationaler Politik keineswegs beeinträchtigt. Alle Bevölkerungsteile in Deutschland, so sieht es der Wirtschaftsprofessor Carl C. von Weizsäcker, haben aus der Globalisierung Vorteile gezogen …
Die Kapitalrenditen und die Löhne qualifizierter Facharbeiter steigen … Weil Arbeitsteilung und Handel das Einkommen weltweit steigen, erhöht sich auch das Umteilungsvolumen für die Regierungen.

FOCUS 14/1999, S. 90ff.

Kontra

Die Globalisierung dämonisieren Politiker wie Publizisten gern als unüberwindliche Megamacht und die Finanzmärkte als neue Weltherrscher des ausgehenden Jahrhunderts – verantwortlich für Lohndruck, Sozialabbau, Umweltdumping und den schwindenden Einfluss der Politik …
Der Fall der Mauer und die Entwicklung Südostasiens hätten Millionen Arbeitskräfte in die Weltwirtschaft und so die Löhne gedrückt …
Der internationale Wettbewerb zwinge die Nationalstaaten zum Abbau ihrer Sozialleistungen.

FOCUS 14/1999, S. 90ff.

Wird der Spielraum für politische Entscheidungen in Deutschland durch die starke internationale Verflechtung in Politik und Wirtschaft stark eingeschränkt, oder nicht so stark?

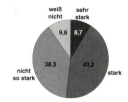

Wirtschaftswoche Nr. 48/2001

Die einen sehen in der Globalisierung die Ursache für Verarmung und Arbeitslosigkeit, die anderen die letzte Hoffnung für überfällige Strukturreformen. Es ist noch nicht lange her, da war von den gigantischen Errungenschaften einer vernetzten Welt die Rede. Wer die neuen Technologien Internet, Computer, mobile Kommunikation nicht besitzt, hat Sendepause für immer. Der Globalisierungsschub der letzten Jahre ist heftig. Die Fusionswelle hat viele einst selbstständige Firmen zu Filialen und damit zu Befehlsempfängern gemacht. Doch die Börsen trudeln, die Internet-Euphorie entweicht, die Gen-Revolution verunsichert die Gesellschaft und die Weltkonjunktur lahmt.

Arbeitsvorschläge

1. Vergleichen Sie die unterschiedlichen Positionen Pro und Kontra. Welchen Aussagen können Sie zustimmen, welchen nicht? Begründen Sie Ihre Meinung.
2. Erstellen Sie in Teamarbeit eine Collage zum Reizwort „Globalisierung". Präsentieren Sie Ihre Ergebnisse in der Klasse und besprechen Sie die einzelnen Collagen unter dem Aspekt ihrer Aussage.
3. Entwickeln Sie in der Klasse gemeinsam eine Grafik als Tafelbild, die über mögliche Folgen der Globalisierung informiert.

8.7 Organisationen des Handwerks, des Handels, der Industrie und der Landwirtschaft

8.7.1 Organisationen des Handwerks

Die Organisation des Handwerks ist der **Handwerksordnung (HwO)** entsprechend zweigleisig aufgebaut.

Kammerpräsident rügt „Politik für die Konzerne"

Osnabrück/Emsland Massive Kritik an der Mittelstandspolitik der Bundesregierung hat der Präsident. „Ich wünsche mir, dass Politiker und die Ministeriumsstrategen in Berlin endlich begreifen, dass auf industrielle Großunternehmen und Konzerne zugeschnittene Gesetze nicht für das Handwerk und den Mittelstand passen".
Bereits bei der Steuerreform und den Ausgleichsregelungen für die Ökosteuer seien die kleineren Handwerksunternehmen benachteiligt worden.
Neue Osnabrücker Zeitung, 16.1.2001

 Handwerksinnung

§ 54 Absatz 1 HwO
Aufgabe der Handwerksinnung ist, die gemeinsamen gewerblichen Interessen ihrer Mitglieder zu fördern. Insbesondere hat sie

1. den Gemeingeist und die Berufsehre zu pflegen,
2. ein gutes Verhältnis zwischen Meistern, Gesellen und Lehrlingen anzustreben,
3. entsprechend den Vorschriften der Handwerkskammer die Lehrlingsausbildung zu regeln und zu überwachen sowie für die berufliche Ausbildung der Lehrlinge zu sorgen und ihre charakterliche Entwicklung zu fördern.
4. die Gesellenprüfungen abzunehmen und hierfür Gesellenprüfungsausschüsse zu errichten, sofern sie von der Handwerkskammer dazu ermächtigt ist, das handwerkliche Können der Meister und Gesellen zu fördern; zu diesem Zweck kann sie insbesondere Fachschulen errichten oder unterstützen und Lehrgänge veranstalten.

Arbeitsvorschläge

1. *Erläutern Sie den Unterschied zwischen der fachlichen und regionalen Gliederung der Handwerksorganisation.*
2. *Vergleichen Sie als Auszubildende/r den gesetzlichen Anspruch gemäß § 54 Handwerksordnung mit der Wirklichkeit. Begründen Sie Ihre Meinung in der Klasse.*
3. *Erkundigen Sie sich bei der örtlichen Kreishandwerkerschaft, welche Innungen es auf Stadt- bzw. Kreisebene gibt.*

Die selbständigen Handwerker des gleichen Handwerks oder einander nahe stehender Handwerke eines bestimmten Bezirks schließen sich freiwillig zu Handwerksinnungen, z.B. Friseur-, Bäcker- oder Tischlerinnung, zusammen. Sie sind Arbeitgeberverbände und wollen ihre gemeinsamen gewerblichen Interessen fördern. Sie können Tarifverträge abschließen, solange solche Verträge nicht durch den Landesinnungsverband geschlossen sind. Für ihre Mitglieder und deren Angehörige können sie Innungskrankenkassen errichten.

Kreishandwerkerschaft

Die Handwerksinnungen der verschiedenen Berufe eines Stadt- oder Landkreises bilden die Kreishandwerkerschaft. Sie ist eine örtliche Interessenvertretung in den einzelnen Kammerbezirken.

Handwerkskammer

§ 91 Absatz 1 HwO

(1) Aufgabe der Handwerkskammer ist insbesondere,
1. Interessen des Handwerks zu fördern und für einen gerechten Ausgleich der Interessen der einzelnen Handwerke und ihrer Organisationen zu sorgen,
2. die Behörden in der Förderung des Handwerks durch Anregungen Vorschläge und durch Erstattung von Gutachten zu unterstützen und regelmäßig Berichte über die Verhältnisse des Handwerks zu erstatten,
3. die Handwerksrolle (§ 6) zu führen,
4. die Berufsausbildung zu regeln (§ 41), Vorschriften hierfür zu erlassen, ihre Durchführung zu überwachen (§ 41 a) sowie eine Lehrlingsrolle (§ 28 Satz 1) zu führen,
4a. Vorschriften für Prüfungen im Rahmen einer beruflichen Fortbildung oder Umschulung zu erlassen und Prüfungsausschüsse hierfür zu errichten,
5. Gesellenprüfungsordnungen für die einzelnen Handwerke zu erlassen (§ 38), Prüfungsausschüsse für die Abnahme der Gesellenprüfungen zu errichten oder Handwerksinnungen zu der Errichtung von Gesellenprüfungsausschüssen zu ermächtigen (§ 37) und die ordnungsmäßige Durchführung der Gesellenprüfung zu überwachen,
6. Meisterprüfungsordnungen für die einzelnen Handwerke zu erlassen (§ 50) und die Geschäfte des Meisterprüfungsausschusses (§ 47 Abs. 2) zu führen.

Eine wichtige Aufgabe einer Handwerkskammer ist die Beratung, die Bildung und die Betreuung ihrer Mitglieder. Die Handwerkskammer ist die gesetzliche Berufsstandsvertretung des Gesamthandwerks, in der Regel auf Regierungsbezirksebene. Ihr müssen alle Unternehmer angehören, die ein Handwerk oder ein handwerksähnliches Gewerbe im Kammerbereich betreiben. Die Handwerkskammer führt die Dienstaufsicht über die Innungen und die Kreishandwerkerschaften.

Das bestimmende Organ der Handwerkskammer ist die Vollversammlung. Zwei Drittel ihrer Mitglieder sind Eigentümer von Handwerksbetrieben bzw. handwerksähnlichen Unternehmen, ein Drittel stellen die Arbeitnehmer.

Die Aufgaben der Kreishandwerkerschaft:
- *Vertretung der Gesamtinteressen des Handwerks auf örtlicher Ebene,*
- *Schaffung von Einrichtungen zur Förderung der Mitglieder, wie überbetriebliche Ausbildungsstätten, Schlichtungsstellen,*
- *Führung der Geschäfte der Innungen, Auskünfte, Rechtsberatung,*
- *Unterstützung der Behörden,*
- *Betreuung der Auszubildenden zusammen mit den Ausbildungsberatern der Kammern.*

Arbeitsvorschläge

1. Stellen Sie wichtige Aufgaben einer örtlichen Handwerksinnung dar. Erkundigen Sie sich bei Ihrem Ausbilder, der Kreishandwerkerschaft oder dem Innungsobermeister.

2. Vergleichen Sie die Aufgaben einer Innung mit denen einer Handwerkskammer. Stellen Sie die Gemeinsamkeiten und die Unterschiede in Tabellenform dar.

3. Informieren Sie sich bei Ihrer zuständigen Innung, Kreishandwerkerschaft und Handwerkskammer über Hilfen und Weiterbildungsmöglichkeiten im Rahmen Ihrer Berufsausbildung.

8.7.2 Organisationen des Handels und der Industrie

BDI für drastische Sozialreformen
„Arbeitslosengeld reduzieren"

Hamburg, 16.1. (dpa)
Der neue Präsident des Bundesverbands der Deutschen Industrie, Michael Rogowski, hat drastische Reformen zur Bekämpfung der Massenarbeitslosigkeit gefordert.
Der „Bild"-Zeitung sagte er: „Wir müssen Arbeitslosengeld und Sozialhilfe zusammenfassen, befristen und reduzieren und mit Anreizen durchsetzen, dass Arbeitssuchende zumutbare freie Stellen in anderen Städten annehmen." Dabei solle mehr Druck auf Arbeitslose ausgeübt werden, einen Job anzunehmen.
Zu den Erfolgsaussichten für das Bündnis für Arbeit äußerte sich Rogowski skeptisch: „Das werden wir hart ringen müssen, um die rückwärts gerichteten Signale wie ein arbeitgeberfeindlicheres Betriebsverfassungsgesetz abzuwenden. Ich mache mir da Riesensorgen."
Rogowski plädierte dafür, die Förderung der neuen Bundesländer umzustrukturieren und stufenweise zurückzuführen: „Wenn man langfristig Soli und Subventionen auf Null abbauen will, was vernünftig wäre, dann sollte das Geld eher in Infrastruktur als in soziale Wohltaten fließen." Die im Vergleich zu Westdeutschen doppelt so hohe Arbeitslosigkeit im Osten sei unter anderem durch falsche Tarifpolitik verursacht worden.
Der BDI-Chef forderte eine deutliche Ausweitung der Zuwanderung nach Deutschland: „Mit Familienförderung allein können wir geschätzte 1,3 Millionen offene Stellen nicht besetzen. Wir brauchen mehr qualifizierte Zuwanderer und müssen Quoten diskutieren, nach denen wir sie nach Arbeitsmarktlage, Herkunft, Beruf familärer und humanitärer Situation steuern können."

Neue Osnabrücker Zeitung 16.1.2001

International Chamber of Commerce (ICC) Paris
Zuständig für die überstaatliche Zusammenarbeit

Internet
www.diht.de

Die **Industrie- und Handelskammer (IHK)** ist die gesetzliche Gesamtvertretung der gewerblichen Wirtschaft eines Kammerbezirkes. Alle gewerblichen Betriebe und Handelsunternehmen, die nicht in der Handwerksrolle bei der Handelskammer eingetragen sind, müssen ihr angehören.

Die Aufgaben der IHK sind ähnlich wie die der Handwerkskammer:
– Wahrnehmung der Gesamtinteressen der Mitglieder,
– Förderung der gewerblichen Wirtschaft, Ausgleich zwischen den einzelnen Gewerbezweigen,
– Beratung der Mitgliedsfirmen, Berichte und Gutachten für Behörden,
– Überwachung der Berufsausbildung, Führen eines Verzeichnisses der Ausbildungsverhältnisse, Abnahme der Zwischen- und Abschlussprüfungen.

Die Berufsbildung fördert die Kammer durch Beratung, Betreuung und Überwachung der Auszubildenden und der Betriebe. Sie fördert die Weiterbildung der Ausbilder sowie des betrieblichen Nachwuchses durch die Veranstaltung von Kursen.

Die IHK wird vom Wirtschaftsministerium des Landes beaufsichtigt. Auf Landesebene können die Kammern sich freiwillig zum Kammerverband zusammenschließen. Ihre organisatorische Spitze auf Bundesebene ist der „Deutsche Industrie- und Handelstag" (DIHT). Er ist die Interessenvertretung gegenüber den Bundesbehörden und der Gesamtöffentlichkeit.

Arbeitsvorschläge

1. *Nehmen Sie zu den Aussagen des BDI-Präsidenten Stellung und begründen Sie dabei, warum sich der BDI dazu geäußert hat.*
2. *Verfolgen Sie in den Medien Zeitung und Internet, zu welchen Themen sich die Kammern in ihrer Regel äußern.*

Verbände

Die Unternehmungen der Industrie können sich zu Fachverbänden zusammenschließen, um ihre gemeinsamen wirtschaftlichen und wirtschaftspolitischen Interessen gegenüber den Parlamenten und der Öffentlichkeit besser wahrnehmen zu können. Dabei bleibt ihre rechtliche Selbständigkeit erhalten. So gibt es Verbände der Automobilindustrie, der Geflügelschlachtereien oder des Groß- und Außenhandels. Diese Fachverbände vereinigen Unternehmungen des gleichen Wirtschaftszweiges.

Die 34 Industrieverbände haben sich wiederum freiwillig im **Bundesverband der Deutschen Industrie** (BDI) zusammengeschlossen. Er zählt zu den einflussreichsten Interessenverbänden auf Bundesebene und befasst sich mit gemeinsamen Problemen wie Industrieforschung, Umweltschutz und Fragen des Wettbewerbsrechts.

Die **Bundesvereinigung der Deutschen Arbeitgeberverbände** (BDA) verfolgt die sozialpolitischen Interessen der angeschlossenen Fachverbände. Die einzelnen Arbeitgeberverbände sind Verhandlungspartner der Gewerkschaften beim Abschluss von Tarifverträgen.

Michael Rogowski, Präsident des Bundesverbandes der Deutschen Industrie

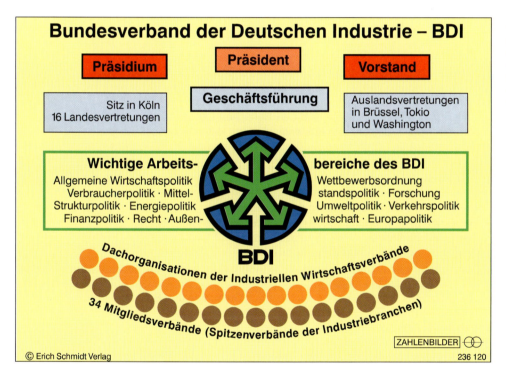

Fachverbände
Etwa 80 000 private industrielle Unternehmen in der Bundesrepublik Deutschland sind in ca. 500 Fachverbänden organisiert.

Arbeitsvorschläge

1. Beschreiben Sie wichtige Aufgaben einer Industrie- und Handelskammer im Rahmen Ihrer Berufsausbildung. Erkundigen Sie sich bei Ihrem Ausbilder.
2. Ordnen Sie den Fachverbänden und den Arbeitgeberverbänden im industriellen Bereich ihre unterschiedlichen Aufgaben zu. Entwickeln Sie dazu eine Tabelle.

8.7.3 Organisationen der Landwirtschaft

> **BSE – Was jetzt?**
> **Bauernverband: Die Verbraucher müssen mitmachen**
>
> „Wir haben unsere Position nach den aktuellen Ereignissen überdacht. Um die Verbraucher wirklich vor BSE schützen zu können, muss das ab Mittwoch bei uns geltende Produktions-, Import- und Fütterungsverbot von Tiermehl möglichst weltweit durchgesetzt werden." Der stellvertretende Vorsitzende des Deutschen Bauernverbandes, Wilhelm Niemeyer aus Hilter, appelliert an die Verbraucher, „für mehr Sicherheit auch höhere Fleischpreise zu akzeptieren". Gegenüber unserer Zeitung zeigte er sich am Sonntag „geschockt" über die aktuelle BSE-Krise.
>
> Niemeyer forderte dass die Probleme, die ein Sofortverbot von Tiermehl mit sich brächten, umgehend gelöst werden müssten. So explodierten die Preise von alternativen Eiweißträgern wie Sojaschrot derzeit, so dass viele Rinderhalter ohne staatliche Finanzhilfen vor dem wirtschaftlichen Aus stünden. Auch müsse geklärt werden, was mit den toten Tieren, die bislang zu Tiermehl verarbeitet worden seien, in Zukunft geschehen solle. Eine unkontrollierte Entsorgung, wie sie derzeit vielfach in Frankreich praktiziert werde, dürfe es in Deutschland nicht geben.

Neue Osnabrücker Zeitung, 27.11.2000

Gerd Sonnleitner
Präsident des Deutschen Bauernverbandes seit 1997

Die **Landwirtschaftskammer** ist die gesetzliche Berufsvertretung der Landwirtschaft eines Kammerbezirkes. In Niedersachsen sind es die Landwirtschaftskammern Weser-Ems und Hannover.
Zu ihnen gehören alle Betriebe aus den Bereichen Landwirtschaft, Gartenbau, Forstwirtschaft, Fischerei in Binnen- und Küstengewässern, kleine Hochseefischereoien und Imkereien.

Die Aufgaben der Landwirtschaftskammer entsprechen weitgehend denen der Handwerkskammer und der Industrie- und Handelskammer:
– Sie vertritt die Gesamtinteressen der Mitglieder.
– Sie fördert die Erzeugung und den Absatz landwirtschaftlicher Produkte.
– Sie regelt und überwacht die Berufsausbildung.
– Sie schult, betreut und berät ihre Mitglieder.
– Sie erfüllt staatliche Aufgaben, u.a. auf dem Gebiet der Tierzucht, Tierseuchenbekämpfung und der Saatguterzeugung.
– Sie unterstützt Behörden und Gerichte durch Gutachten und Berichte.
– Sie unterhält landwirtschaftliche Untersuchungs- und Forschungsanstalten sowie Lehr- und Versuchsgüter.

Auf Bundesebene haben sich die Landwirtschaftskammern zum Verband der Landwirtschaftskammern zusammengeschlossen. Durch den **Deutschen Bauernverband** werden die kulturellen, wirtschafts- und sozialpolitischen Interessen der Mitglieder vertreten.

Arbeitsvorschläge

1. Beschreiben Sie wichtige Aufgaben der für Sie zuständigen Landwirtschaftskammer im Rahmen Ihrer Berufsausbildung. Erkundigen Sie sich bei Ihrem Ausbilder und beachten Sie den Zeitungstext.

2. Stellen Sie tabellarisch die prinzipiell gemeinsamen Aufgaben von IHK, Handwerks- und Landwirtschaftskammern fest. Interpretieren Sie diese Gemeinsamkeiten.

3. Informieren Sie sich bei Ihrer zuständigen Landwirtschaftskammer über Hilfen und Weiterbildungsmöglichkeiten im Rahmen Ihrer Berufsausbildung.

9 | Arbeits- und Tarifrecht

Methode

Rollenspiel

Das Rollenspiel gibt Ihnen die Möglichkeit „Wirklichkeit einzuüben". Dabei bietet das Spiel gegenüber der Realität den unschätzbaren Vorteil, dass Fehler folgenlos bleiben und Sie aus ihren Fehlern lernen können. Zudem dürfen Sie Dinge tun, die Ihnen in der Wirklichkeit nicht zugetraut werden. Sie lernen dadurch, sich auf künftige Ereignisse einzustellen, z.B. auf ein Vorstellungsgespräch. Auch lernen Sie unterschiedliche Interessen leichter einzuordnen und komplizierte Zusammenhänge besser zu verstehen, wie beim „Spiel" einer Tarifverhandlung.

Mögliche Ablauffolge für ein Rollenspiel

1. Allgemeine Spielregeln aufstellen

In der Klasse wird ein Spielleiter, in der Regel der Lehrer, bestimmt. Dieser soll die Gesprächsführung leiten; sie soll sachlich und nicht abwertend sein. Wichtig ist, dass die Mitspielenden nicht ernsthaft unter psychischen Druck geraten. Ein zeitlicher Rahmen wird gemeinsam festgelegt und, falls erforderlich, der Klassenraum entsprechend gestaltet.

2. Vorbereitung durch Rollenvorgabe und Rollenverteilung

Rollenspiele können sehr unterschiedlich ablaufen, weil es unterschiedliche Arten gibt.
Ein einfaches Beispiel für die Durchführung eines **offenen Rollenspiels** finden Sie auf S. 167, Arbeitsvorschlag.
In Partnerarbeit werden die „Merklisten" für das Vorstellungsgespräch von Sabine angefertigt. Ein oder mehrere „Paarungen" spielen für das Spiel, um es anschließend mit der ganzen Klasse auszuwerten (s. 163).
Alternativ können in Anlehnung an die Vorschläge im Buch Vorstellungsgespräche für die eigene Bewerbung gespielt werden: „Stellen Sie sich vor, Sie haben Ihre Gesellen-, Facharbeiter- oder Gehilfenprüfung bestanden und suchen ein neues Betätigungsfeld!"

Methode

Bei einem **geschlossenen Rollenspiel** mit Vorgaben auf Rollenkarten werden die Aktionen der Spieler begrenzt und auf ein bestimmtes Ziel gerichtet, z.B. die Aushandlung eines neuen Tarifvertrages (s. S. 190 ff.). Gruppen werden eingeteilt, die Zuordnung sollte möglichst freiwillig geschehen. Bei diesem Beispiel sind es die Verhandlungskommissionen der Gewerkschaft und der Arbeitgeber. Vorsorglich könnte auch ein Schlichter vorgesehen werden. Die nicht eingeteilten Mitschülerinnen und Mitschüler stellen hier die Belegschaft dar und übernehmen Beobachtungsaufgaben mit Hilfe von Protokollen oder Auswertungsformularen. Die wichtigsten Ereignisse und Ergebnisse werden festgehalten bzw. bewertet. Falls technisch möglich, werden Ton-, oder Filmaufnahmen angefertigt.

3. Durchführungs- oder Spielphase

Die Gruppen Gewerkschaft, Arbeitgeber und der Schlichter erhalten ihre Anweisungen auf den Rollenkarten mit den Vorgaben des Zieles und der Rollen. Weiterhin erhalten alle Gruppen Hinweise auf die Inhalte des Buches und eventuell zusätzliche Sachinformationen.

In einer Vorphase erarbeiten die Einzelnen eine Strategie über das eigene Vorgehen und bereiten sich auf mögliche Strategien der anderen Spieler vor. Dazu erarbeiten sie einen Katalog von Forderungen und Lösungsmöglichkeiten einschließlich eines Kompromissvorschlages. Die Vorbereitungszeit ist vom Informationsstand der Spieler abhängig. Die Beobachter (die Belegschaft) lösen während dieser Zeit eigene Aufgaben, z.B. zum Ablauf von Tarifverhandlungen mit Arbeitskampf.

Zu der gemeinsamen Debatte lädt der Spielleiter ein. Nach seinen einleitenden Worten gibt jeder kurze Stellungnahmen ab. Dann beginnt die Verhandlung mit den anderen Teilnehmern. Kommt es zu keinem Kompromiss, tritt der Schlichter in Aktion.

4. Reflexions- oder Auswertungsphase

Die von den Spielern gefundene Lösung (der Tarifkompromiss) wird in der Klasse diskutiert, eventuell vorhandene Aufzeichnungen werden zur Hilfe genommen. In diesem Beispiel könnte über das Verhandlungsergebnis eine „Urabstimmung" durchgeführt werden.

Folgende Leitfragen dienen zur Nachbearbeitung des Rollenspiels:
– War das Rollenspiel insgesamt wirklichkeitsnah?
– Haben die einzelnen Spielerinnen und Spieler sich entsprechend ihrer Rolle verhalten?
– Wie waren die Beziehungen zwischen den Spielerinnen und Spielern?
– Sind die Sachverhalte, Probleme oder Konflikte, die der Rollensituation zugrunde liegen, wirklich sichtbar geworden?
– Waren die Zielsetzungen und Strategien der Gruppen in der Verhandlungsführung erkennbar?
– Welche Argumente und welches persönliche Verhalten der Interessenvertreter waren ausschlaggebend für die Lösung eines Problems?
– Welche Folgerungen für die Wirklichkeit lassen sich aus dem Rollenspiel ableiten?

9.1 Grundlagen des Arbeitsrechts

Jeder, der in ein Arbeitsverhältnis eintritt, schließt einen Einzelarbeitsvertrag ab. Durch Verträge werden Rechte erworben und Pflichten übernommen, hier z.B. das Recht auf Vergütung und die Pflicht zur Arbeit.

Bei Verträgen gilt der Grundsatz der **Vertragsfreiheit**. Das bedeutet, dass es unter Berücksichtigung der geltenden Gesetze jedem freigestellt ist, ob, mit wem und mit welchen Inhalten ein Vertrag abgeschlossen wird. Seit Mitte des vorigen Jahrhunderts schreiben Gesetze und Verordnungen Mindestarbeitsbedingungen zwingend vor, weil sich herausgestellt hatte, dass der einzelne Arbeitnehmer gegenüber dem Arbeitgeber häufig der schwächere Vertragspartner war. Die Verbesserungen zeigen sich deutlich, wenn Bestimmungen aus Betriebsordnungen des vorigen Jahrhunderts mit der heutigen Rechtslage verglichen werden.

damals	heute
Unsere Firma hat die Arbeitsstunden verkürzt. Das Personal braucht jetzt nur noch an den Wochentagen zwischen 7 Uhr vormittags und 7 Uhr nachmittags anwesend zu sein. Der Sonntag dient dem Kirchendienst. (...) Ferien gibt es nur in dringenden familiären Fällen. Lohn wird für diese Zeit nicht gezahlt. *Bureau-Ordnung um 1860*	Die werktägliche Arbeitszeit der Arbeitnehmer darf acht Stunden nicht überschreiten. Sie kann bis zu zehn Stunden verlängert werden, wenn innerhalb von sechs Kalendermonaten oder innerhalb von 24 Wochen im Durchschnitt acht Stunden werktäglich nicht überschritten werden. *§ 3 Arbeitszeitgesetz von 1995* Jeder Arbeitnehmer hat in jedem Kalenderjahr Anspruch auf bezahlten Erholungsurlaub. Der Urlaub beträgt jährlich mindestens 24 Werktage. *§§ 1 und 3 Bundesurlaubsgesetz von 1993 in der Fassung von 1994.*

Arbeitsvorschläge

1. Ermitteln Sie die wöchentliche Arbeitszeit nach der „Bureau-Ordnung" und nach dem Arbeitszeitgesetz von 1995. Beachten Sie dabei, dass der Sonnabend ein Werktag war und es keine Pausen gab. Um wie viele Stunden hat sich die Wochenarbeitszeit vermindert?

2. Vergleichen Sie die gesetzliche Wochenarbeitszeit mit der in Ihrem Betrieb üblichen Arbeitszeit. Welche Entwicklung stellen Sie fest? Worauf ist sie zurückzuführen?

Grundlagen des Arbeitsrechts

Wie der Vergleich betrieblicher Arbeitsbedingungen mit den gesetzlichen Mindestarbeitsbedingungen zeigt, sind in vielen Betrieben und in ganzen Berufszweigen für Arbeitnehmer günstigere Regelungen üblich. Überwiegend beruhen sie auf **Tarifverträgen** und **Betriebsvereinbarungen**. Betriebsvereinbarungen werden von Betriebsräten für die Belegschaft mit dem Arbeitgeber getroffen. Tarifverträge schließen die Gewerkschaften mit einzelnen Arbeitgebern oder Arbeitgeberverbänden ab (s. S. 183).

Die Rechtsgrundlagen für solche Kollektivverträge, bei denen nicht mehr der einzelne Arbeitnehmer mit seinem Arbeitgeber die Arbeitsbedingungen aushandelt, sondern seine Interessenvertreter, zählen zum **Kollektivarbeitsrecht**. Kollektives Arbeitsrecht regelt die Rechte von Organisationen und Betriebsgemeinschaften untereinander und gegenüber ihren Partnern. Dazu gehören das Tarifvertragsrecht und das Betriebsverfassungsrecht.

Im Unterschied dazu regelt das **Individualarbeitsrecht** die Rechtsbeziehungen zwischen dem einzelnen Arbeitnehmer und dem Arbeitgeber. Bestandteile sind das Arbeitsvertragsrecht und das Arbeitsschutzrecht.

Wegen der Vielfalt der Rechtsgrundlagen und dem schnellen wirtschaftlichen, technischen und sozialen Wandel entstehen häufig neue rechtliche Probleme, die Grundsatzfragen aufwerfen und von oberen Gerichten zu entscheiden sind. Deshalb wird die so entstandene neue Rechtslage als eigenständige Rechtsquelle angesehen (Richterrecht).

Die Gesamtheit der Gesetze, Verordnungen, Verträge und richterlichen Entscheidungen, welche die Rechtsbeziehungen zwischen Arbeitgebern und Arbeitnehmern regeln, wird als Arbeitsrecht bezeichnet. Es dient vor allem dem Schutz der Arbeitnehmer, die sich gegenüber den Arbeitgebern oft in der schwächeren Position befinden. Von der ersten gesetzlichen Regelung in Deutschland, dem preußischen Regulativ von 1839 über die Beschäftigung jugendlicher Arbeiter in Fabriken, bis heute ist das Arbeitsrecht zwar stetig fortentwickelt worden. Ein einheitliches Arbeitsgesetzbuch steht aber noch aus und sollte bei Politikern angemahnt werden.

Arbeit und Urlaub

So lang ist die Arbeitswoche

So lang ist der Jahresurlaub

Gliederung des Arbeitsrechts

Rechte durch Gesetze und Verordnungen

Individualrecht	Kollektivrecht
Bundesurlaubsgesetz Arbeitszeitgesetz	Tarifvertragsgesetz Betriebsverfassungsgesetz
Arbeitsvertrag Berufsausbildungsvertrag Lohnregelung eines geltenden Tarifvertrages	Schlichtungsabkommen bei Tarifstreitigkeiten Zusatzversorgungskasse im Baugewerbe

◄ **Richterrecht** Bundesverfassungsgericht / Bundesarbeitsgericht / Landesarbeitsgerichte

Vertragsrecht

Arbeitsvorschläge

1. Vergleichen Sie die Urlaubsregelung der „Bureau-Ordnung" mit den Bestimmungen des Bundesurlaubsgesetzes und mit dem in Ihrem Betrieb üblichen Urlaubsanspruch. Erläutern Sie die jeweiligen Rechtsgrundlagen.

2. Ordnen Sie das Jugendarbeitsschutzgesetz, das Mitbestimmungsgesetz und eine Betriebsvereinbarung den Rechtsbereichen zu.

9.2 Der Einzelarbeitsvertrag

9.2.1 Die Bewerbung

Löwen Krone

in der Stadthalle Braunschweig
sucht qualifizierte

Servier- u. Büfettkräfte

Tel. BS 7 20 76
ab Dienstag 10 Uhr

Kraftfahrer Kl. II
für Kranzüge.

Schlosser
als Maschinenführer gesucht.

GP Papenburg GmbH
Braunschweiger Betonsteinwerk

Bienrode

In den Waashainen, BS
Telefon (05 31) 35 00 43

Maschinenschlosser ges., gt. Schweißkenntn. sind Voraussetzung, telef. Anmeld. in der Zeit 10-13 Uhr am Samstag, nach 14 Uhr am Wochentag, Automationstechnik GmbH, Zum Wiesengrund 7, 38114 BS-Ölper

---

Kfm. Angestellte für alle anfallenden Büroarbeiten (Schwerpunkt: Fakturierung, Reklamationswesen) wegen Verlegung des Firmensitzes nach Cremlingen zum nächst möglichen Zeitpunkt gesucht. Schriftl. Bewerbung an Munera-Import, Hauptstr. 95-97, 53615 Rheinbreitbach

Gaststätte „Mutter Habenicht"
38100 Braunschweig, Papenstieg 3,
Telefon (05 31) 4 59 56

sucht

weibl. Bedienung
zwischen 20 und 35 Jahren
in Wechselschicht.
Sonn- und Feiertage frei.

1	Sabine Schulze Bahnhofstr. 3 38300 Wolfenbüttel	11. November 20..
2	An das Restaurant Löwenkrone Personalabteilung Stadthalle Leonhardstr. 10 38102 Braunschweig	
3	Bewerbung um eine Stelle als Büfettkraft Ihre Anzeige in der Braunschweiger Zeitung vom 8. November 20..	
4	Sehr geehrte Damen und Herren,	
5	ich bewerbe mich um die von Ihnen ausgeschriebene Stelle als Büfettkraft.	
6	Zur Zeit befinde ich mich in ungekündigter Stellung als Restaurantfachfrau im Restaurant Kronprinz in Wolfenbüttel. Da ich am 1. Dezember in Braunschweig eine Wohnung bekomme, möchte ich gern eine Arbeitsstelle am Ort. Alle weiteren Daten zu meiner Person und zu meinem Ausbildungsgang	
7	gehen aus den beigefügten Unterlagen hervor. Für weitere Auskünfte stehe ich gern in einem Vorstellungsgespräch zur Verfügung.	
8	Mit freundlichen Grüßen *Sabine Schulze*	
9	Anlagen: 1. Lebenslauf 2. Zeugniskopien 3. Lichtbild	

Um einen Arbeitsplatz zu finden, muss man sich bewerben. Dies kann schriftlich oder mündlich geschehen, in beiden Fällen wird häufig ein Vorstellungsgespräch verlangt. Dabei können Eignung und Neigung der Bewerber überprüft, Fragen zum Arbeitsverhältnis geklärt und so falsche Erwartungen vermieden werden.

Für Bewerbungen gilt immer: zeigen, was man kann	
schriftliche Bewerbung	Vorstellungsgespräch
die äußere Form	
Saubere Unterlagen (Anschreiben, Lichtbild und Lebenslauf, Zeugnisse), Fehler der Rechtschreibung und Zeichensetzung vermeiden	Bekleidung und Körperpflege auf den angestrebten Arbeitsplatz abstimmen
Kenntnisse, Fähigkeiten, Erfahrungen	
im Anschreiben oder Lebenslauf darstellen, im Vorstellungsgespräch vertiefen: – schulischer und beruflicher Werdegang – Ausbildungsschwerpunkte und/oder Besonderheiten bei der bisherigen beruflichen Tätigkeit – Spezialkenntnisse und Fortbildungs-/Schulungsmaßnahmen	
Bewerbungsgründe, Erwartungen	
– Begründung der Bewerbung (z.B. Ausbildung beendet, Kenntnisse und Fähigkeiten erweitern, bisherige Firma hat Auftragsmangel) – Höhe der Vergütung und der übrigen Arbeitsbedingungen erkunden (Tarifverträge, Betriebsvereinbarungen?) – wenn möglich, z.B. bei ungekündigter Stellung, Ansprüche anmelden – nicht auf Mitleid bauen!	
weitere Hinweise	
– Zeugnisse und Bescheinigungen vollständig beilegen (unbeglaubigte Kopien)	– keine negativen Aussagen über ehemalige Arbeitgeber und Kollegen – Informationen über das Unternehmen einholen

Frage nach Schwangerschaft muss nicht ehrlich beantwortet werden

Diese Entscheidung des Bundesarbeitsgerichtes fördert nach Auffassung der Arbeitgeber „nicht gerade die Arbeitsmarktchancen der Frauen" ...Es stelle sich die Frage, ob dem einzelnen Arbeitgeber erhebliche Teile der finanziellen Lasten einer Schwangerschaft aufgebürdet werden dürfen.

nach: Braunschweiger Zeitung vom 17.10.92

Bei **Vorstellungsgesprächen** und Einstellungsverhandlungen sind einige Grundsätze zu beachten. Die wichtigsten sind:
– Ein Rechtsanspruch auf Erstattung von Fahrt- und anderen Kosten bei Vorstellungsgesprächen besteht nur dann, wenn der Arbeitgeber dazu ausdrücklich auffordert.
– „Offenbaren" muss der Arbeitnehmer von sich aus gegenüber dem Arbeitgeber Umstände, die seine Verwendbarkeit für bestimmte Arbeiten (z.B. fehlender Führerschein bei Fahrertätigkeit) oder zu einem vorhersehbaren Zeitpunkt (bewilligte Kur, Gefängnisstrafe) ausschließen.
– Einige Fragen sind wegen der Persönlichkeitsrechte der Bewerber grundsätzlich unzulässig, u.a. nach einer Gewerkschafts-, Partei- oder Religionszugehörigkeit, es sei denn, es handelt sich z.B. um einen Gewerkschaftsbetrieb. Nach einem Urteil des Europäischen Gerichtshofes von 1990 und später des Bundesarbeitsgerichts gilt dies auch für eine Schwangerschaft, sofern keine Gesundheitsrisiken zu erwarten sind. Solche Fragen dürfen wahrheitswidrig beantwortet werden, ohne dass dies später ein Kündigungsgrund wegen arglistiger Täuschung wäre.

Arbeitsvorschläge

1. Werten Sie die Stellenanzeigen hinsichtlich ihrer Aussagen über die Arbeitsstätte und die Art der Tätigkeit aus.
2. Erörtern Sie die Entscheidung der Gerichte, dass die Frage nach einer Schwangerschaft bei Einstellungen unzulässig ist und somit nicht ehrlich beantwortet werden muss.
3. Sammeln Sie aus Zeitungen Stellenanzeigen, die Ihren künftigen Berufs- und Beschäftigungswünschen nahe kommen. Werten Sie auch diese aus.
4. Fertigen Sie für ein mögliches Vorstellungsgespräch von Sabine Schulze eine „Merkliste" der wichtigsten Fragen an, die ihr gestellt werden könnten und ergänzen Sie die Liste um Fragen, die Sabine selbst stellen sollte. Führen Sie ein Rollenspiel durch.
5. Stellen Sie einen Anforderungskatalog von Kenntnissen, Fertigkeiten und Eigenschaften zusammen, auf die in Ihrem Beruf besonders geachtet werden müsste.

9.2.2 Der Abschluss des Arbeitsvertrages

ARBEITSVERHÄLTNIS

Anweisungen, Entgelt

Arbeitsleistung

Arbeitnehmer

Arbeitgeber

Arbeitsverhältnis

Ein Arbeitsverhältnis im Sinne des Arbeitsrechts besteht dann, wenn Arbeitnehmer und Arbeitnehmerinnen auf der Grundlage eines freiwilligen Arbeitsvertrages nach den Weisungen eines Arbeitgebers tätig sind, wobei sie sich in wirtschaftlicher und zugleich persönlicher Abhängigkeit befinden.

Art. 12 (1) GG

Alle Deutschen haben das Recht, Beruf, Arbeitsplatz und Ausbildungsstätte frei zu wählen.

Arbeitspapiere

– Lohnsteuerkarte,
– Versicherungsnachweisheft,
– Bescheinigung über den im laufenden Kalenderjahr gewährten oder abgegoltenen Urlaub,
– Unterlagen für vermögenswirksame Leistungen,
– die vom Arbeitgeber bei Ende des Arbeitsverhältnisses auszustellende Arbeitsbescheinigung,
– Zeugnis und
– Sozialversicherungsausweis

Außer Zeugnis, Sozialversicherungsausweis und Arbeitsbescheinigung hat der Arbeitnehmer alle Papiere dem Arbeitgeber zu übergeben. Dieser muss sie sorgfältig verwahren.

Bundesministerium für Arbeit..., Arbeitsrecht, S. 18, Bonn 2000.

Ein Arbeitsverhältnis beginnt mit dem Abschluss eines Arbeitsvertrages, einem zweiseitigen Rechtsgeschäft, das durch Antrag (Angebot) und Annahme zustande kommt. Arbeitgeber und Arbeitnehmer müssen sich dabei über den Vertragsinhalt geeinigt haben.

Ein Arbeitsvertrag braucht in der Regel nicht schriftlich abgeschlossen zu werden, es sei denn, die Schriftform ist durch Tarifvertrag oder eine Betriebsvereinbarung festgelegt worden. Die Vereinbarung kann mündlich oder sogar „stillschweigend" erfolgen, wenn beide Partner übereinstimmend (schlüssig) handeln. Übereinstimmung würde z.B. durch die wortlose Übergabe von Fahrzeugpapieren bestehen, wenn ein Kraftfahrer wegen einer Stellenanzeige nachfragt. Die Schriftform ist jedoch immer dann anzuraten, wenn Sondervereinbarungen getroffen werden, die nicht durch Tarife oder Gesetze geregelt sind. Ohne schriftlichen Arbeitsvertrag ist der Arbeitgeber verpflichtet, dem Arbeitnehmer spätestens einen Monat nach Beginn des Arbeitsverhältnisses eine Niederschrift über die wesentlichen Arbeitsbedingungen mit Hinweisen auf geltende Tarifverträge oder Betriebsvereinbarungen auszuhändigen. Befristete Arbeitsverträge müssen immer schriftlich abgeschlossen werden.

Arbeitsvorschläge

1. Warum kann Sie grundsätzlich niemand zwingen, einen bestimmten Arbeitsplatz anzunehmen? Erörtern Sie Ausnahmen, z.B. Wehr- und Ersatzdienst.

2. In welchen Fällen sollte für Ihren Beruf ein schriftlicher Arbeitsvertrag abgeschlossen werden?

3. Erkundigen Sie sich bei Ihren Kolleginnen und Kollegen, welche Form von Arbeitsverträgen in Ihrer Firma üblich sind. Ermitteln Sie Gründe für die Wahl dieser Form.

9.2.3 Rechte und Pflichten aus dem Arbeitsvertrag

Die allgemeinen Rechte und Pflichten aus dem Arbeitsvertrag werden vor allem durch folgende Gesetze geregelt:
- Grundgesetz (GG),
- Bürgerliches Gesetzbuch (BGB),
- Handelsgesetzbuch (HGB),
- Gewerbeordnung (GewO).

Daneben gibt es zahlreiche weitere Gesetze und Verordnungen, die der Vertragsfreiheit Grenzen setzen. Es werden unterschieden:
- **„Zwingende" Gesetze,** die vertraglich nicht verändert werden dürfen, es sei denn zum Vorteil der Arbeitnehmer. Dazu zählen die meisten Arbeitsschutzvorschriften, deren Einhaltung zugleich staatlich überwacht wird, z.B. das Nachtarbeitsverbot für Jugendliche.
- **Veränderbare Gesetze,** bei denen abweichende Arbeitsbedingungen entweder nur durch Tarifverträge (z.B. Kündigungsfristen) oder auch durch Betriebsvereinbarungen oder Einzelarbeitsverträge verabredet werden können, z.B. die Aufteilung des Jahresurlaubes. Die Einhaltung dieser Gesetze oder Vereinbarungen muss der Arbeitnehmer notfalls vor Gericht einklagen.

Wenn es zwischen Gesetzen, Tarifverträgen, Betriebsvereinbarungen und Einzelarbeitsverträgen unterschiedliche Regelungen gibt, gilt im Allgemeinen das **„Günstigkeitsprinzip"**, d.h. die für den Arbeitnehmer günstigste Vorschrift.

Die wichtigsten Rechte und Pflichten der Partner eines Arbeitsvertrages sind in der folgenden Übersicht zusammengestellt:

Rangfolge der Verbindlichkeit im Arbeitsrecht

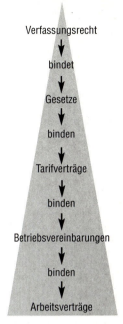

Es gilt das „Günstigkeitsprinzip".

Vertragsverletzung

Bei fahrlässiger oder vorsätzlicher Vertragsverletzung hat der Geschädigte, je nach Lage der Dinge, vier Möglichkeiten:
1. Leistung verweigern (nicht arbeiten oder keinen Lohn zahlen)
2. Erfüllung verlangen (Lohn nachzahlen, Arbeitszeit nachholen)
3. haftbar machen (Schaden ersetzen)
4. fristlos kündigen

Rechte und Pflichten aus dem Arbeitsvertrag	
Pflichten des Arbeitnehmers (= Rechte des Arbeitgebers)	Pflichten des Arbeitgebers (= Rechte des Arbeitnehmers)
Hauptpflichten	
Arbeitsleistung erbringen – persönlich – nach den Weisungen des Arbeitgebers – in der vereinbarten Art (z.B. als Schlosser) und Zeit	Lohn, Gehalt, Entgelt zahlen – in der vereinbarten Höhe – pünktlich zur vereinbarten Zeit – am vereinbarten Ort (Konto, Lohnbüro)
Nebenpflichten	
„Treuepflicht" – Verschwiegenheit bei Betriebsgeheimnissen – Unterlassung von Rufschädigung – Verbot von Schmiergeldannahme – Wettbewerbsverbot (dem Arbeitgeber keine Konkurrenz machen, z.B. durch Schwarzarbeit) – Pflicht zur Anzeige drohender Schäden – Haftung für schuldhafte Herbeiführung von Schäden	„Fürsorgepflicht" – Beschäftigungspflicht – Schutz für Leben und Gesundheit – Schutz von Persönlichkeitsrechten (u.a. Datenschutz) – Schutz des Eigentums des Arbeitnehmers (Haftung) – Gleichbehandlungspflicht (keine Benachteiligung Einzelner) – Abführen der Sozialabgaben – Pflicht zur Urlaubsgewährung – Zeugnispflicht

Außerdem haben alle Arbeitnehmer nach dem Betriebsverfassungsgesetz u.a. das Recht, in eigener Sache angehört zu werden, sich bei ungerechter Behandlung zu beschweren und Einsicht in die eigene Personalakte zu erhalten.

Arbeitsvorschlag

Begründen Sie mit je einem Beispiel aus Ihrem beruflichen Umfeld den Sinn von zwingenden und veränderbaren Gesetzen.

Fürsorgepflicht

Gleicher Lohn für Frauen

KASSEL (dpa) Weniger Lohn für Frauen bei gleicher Arbeit ist diskriminierend: Eine niedrigere tarifliche Eingruppierung im Vergleich zu den männlichen Kollegen verstößt gegen den Lohngleichheitssatz.
Das Bundesarbeitsgericht Kassel gab damit fünf im Lager einer Oldenburger Großhandelsfirma beschäftigten Frauen Recht, die ... gegen eine Benachteiligung geklagt hatten (Az.: 4 AZR 30/92). Laut BAG haben die Frauen zwar aufgrund ihrer Tätigkeit als Lagerarbeiterinnen keinen tariflichen Anspruch auf Eingruppierung in die nächst höhere Lohngruppe Drei. Da aber in dieser Lohngruppe ein erheblich stärkerer Anteil von Männern eingestuft gewesen sei, sei die Forderung der weiblichen Beschäftigten nach dem Lohngleichheitssatz gerechtfertigt.

Braunschweiger Zeitung vom 25. 9. 1993

Ein noch immer nicht gelöstes Problem der Gesellschaft ist die häufig unterschiedliche Behandlung von Männern und Frauen bei der Arbeit. Dies verstößt gegen den **Gleichheitsgrundsatz** von Artikel 3 des Grundgesetzes. Daraus abgeleitet ist es verboten, z.B. Stellen nur für Männer auszuschreiben oder Männer und Frauen, Deutsche und Ausländer unterschiedlich zu bezahlen, wenn sie die gleiche Arbeit verrichten. Um dies durchzusetzen wurde z.B. 1980 das Bürgerliche Gesetzbuch ergänzt:

Bürgerliches Gesetzbuch

Artikel 3 GG (Gleichheit vor dem Gesetz)
(1) Alle Menschen sind vor dem Gesetz gleich.
(2) Männer und Frauen sind gleichberechtigt.
(3) Niemand darf wegen seines Geschlechtes, seiner Abstammung, seiner Rasse, seiner Sprache, seiner Heimat und Herkunft, seines Glaubens, seiner religiösen und politischen Anschauungen benachteiligt oder bevorzugt werden

§ 611a Abs. 1 (Benachteiligungsverbot, Beweislast)
Der Arbeitgeber darf einen Arbeitnehmer...nicht wegen seines Geschlechts benachteiligen. Eine unterschiedliche Behandlung wegen des Geschlechts ist jedoch zulässig, soweit...ein bestimmtes Geschlecht unverzichtbare Voraussetzung für diese Tätigkeit ist. Wenn im Streitfall der Arbeitnehmer Tatsachen glaubhaft macht, die eine Benachteiligung wegen des Geschlechts vermuten lassen, trägt der Arbeitgeber die Beweislast dafür, dass nicht auf das Geschlecht bezogene, sachliche Gründe eine unterschiedliche Behandlung rechtfertigen...

§ 612 Abs. 3 Gleicher Lohn für Mann und Frau
Bei einem Arbeitsverhältnis darf für gleiche oder gleichwertige Arbeit nicht wegen des Geschlechts des Arbeitnehmers eine geringere Vergütung vereinbart werden als bei einem Arbeitnehmer des anderen Geschlechts. Die Vereinbarung einer geringeren Vergütung wird nicht dadurch gerechtfertigt, dass wegen des Geschlechts des Arbeitnehmers besondere Schutzvorschriften bestehen. § 611a Abs. 1 Satz 3 ist entsprechend anzuwenden.

Arbeitsvorschläge

1. Notieren Sie wichtige Aussagen des BAG-Urteils, des Bürgerlichen Gesetzbuches und von Artikel 3 des Grundgesetzes zur rechtlichen Gleichstellung von Mann und Frau. Ziehen Sie auch § 75 des Betriebsverfassungsgesetzes heran.
2. Stellen Sie fest, unter welchen Bedingungen eine unterschiedliche Behandlung zulässig ist und finden Sie Beispiele dafür. Halten Sie solche Unterschiede für gerechtfertigt?
3. Ermitteln Sie anhand der Tabelle, in Ihrem Betrieb und in Ihrem Bekanntenkreis, in welchem Umfang der Gleichheitsgrundsatz verwirklicht ist bzw. aus welchen Gründen gegen ihn verstoßen wird. Führen Sie eine Diskussion darüber, ob und mit welchen Mitteln der von Ihnen gefundene Zustand zu ändern ist.

Vom Gleichheitsgrundsatz unterscheidet das Arbeitsrecht die **Gleichbehandlungspflicht** des Arbeitgebers. In einem Betrieb müssen für vergleichbare Arbeitnehmergruppen, z.B. alle Lohnempfänger oder alle im Außendienst Beschäftigten, gleiche Arbeitsbedingungen gelten. Damit sollen Benachteiligungen Einzelner und Willkürmaßnahmen ausgeschlossen werden.

Treuepflicht

Im Zusammenhang mit dem Missbrauch sozialer Leistungen gerät u.a. Schwarzarbeit zunehmend in die öffentliche Diskussion. Vor allem wird beklagt, dass viele Arbeitslose „schwarz" arbeiten und weder Steuern noch Sozialabgaben zahlen. Typische Erscheinungsformen von Schwarzarbeit sind Arbeits- und Dienstleistungen ohne Gewerbeerlaubnis oder Eintragung in die Handwerksrolle. Alle Schwarzarbeiter verstoßen gegen das „Gesetz zur Bekämpfung der Schwarzarbeit", Beschäftigte gegen die Treuepflicht, kaufmännische Angestellte außerdem gegen das Wettbewerbsverbot des HGB. Die Bundesregierung plant, „gewerbliche" Schwarzarbeit unter Strafe zu stellen.

Gesetz zur Bekämpfung der Schwarzarbeit

§ 1
(1) Ordnungswidrig handelt, wer wirtschaftliche Vorteile in erheblichem Umfange durch Ausführen von Dienst- oder Werkleistungen erzielt...
(3) Absatz 1 gilt nicht für Dienst- oder Werkleistungen, die auf Gefälligkeit oder Nachbarschaftshilfe beruhen, sowie für Selbsthilfe...

§ 2
(1) Ordnungswidrig handelt, wer...Personen mit der Ausführung von Dienst- oder Werkleistungen beauftragt...
(Für Auftraggeber und Ausführende sind Geldbußen bis zu 25 000,00 Euro möglich.)

Handelsgesetzbuch

§ 60
(1) Der Handlungsgehilfe darf ohne Einwilligung des Prinzipals (= Geschäftsinhaber, Anm. d. Verf.) weder ein Handelsgewerbe betreiben noch in dem Handelszweige des Prinzipals für eigene oder fremde Rechnung Geschäfte machen.
(2) Die Einwilligung zum Betrieb eines Handelsgewerbes gilt als erteilt, wenn dem Prinzipal bei der Anstellung des Gehilfen bekannt ist, dass er das Gewerbe betreibt und der Prinzipal die Aufgabe des Betriebs nicht ausdrücklich vereinbart.

Arbeitsvorschläge

1. *Die vor mehr als einem halben Jahr eingestellte Yasmin L. stellt beim Urlaubsantritt fest, dass ihr der übertarifliche Urlaubstag der übrigen Mitarbeiterinnen nicht gewährt wird. Welches arbeitsrechtliche Prinzip wird verletzt, was kann sie dagegen unternehmen?*
2. *Nach Feierabend arbeitet der Maurer Bernd M. mehrmals in der Woche an einem Neubau mit. Er benötigt Geld für ein neues Auto. Eines Abends wird er von seinem Chef gesehen und zur Rede gestellt.*
   a) *Liegt in diesem Fall Schwarzarbeit vor?*
   b) *Welche Pflicht aus dem Arbeitsvertrag verletzt Bernd M.?*
   c) *Welche Folgen könnte eine solche Pflichtverletzung für ihn haben?*
3. *Weshalb kommt Schwarzarbeit in bestimmten Berufszweigen besonders häufig vor?*
4. *Lea R. wirbt in ihrer arbeitsfreien Zeit mit Wissen des Inhabers der Buchhandlung Eule für einen Bücherclub. Sie geht von Haus zu Haus und klingelt auch an der Tür ihres Abteilungsleiters. Der ist empört: „Sie haben das Wettbewerbsverbot verletzt!"*
   a) *Prüfen Sie anhand § 60 HGB, ob ein Verstoß gegen das gesetzliche Wettbewerbsverbot vorliegt.*
   b) *Wie wäre die Rechtslage, wenn Lea R. ihre Nebentätigkeit nicht angegeben hätte?*

9.2.4 Lohn, Gehalt, Entgelt

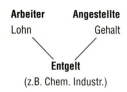

Zeitlohn
= Arbeitszeit x Lohnsatz

Akkordlohn
= produzierte Menge
   x Zeitsatz oder Lohnsatz

Sven und Ines treffen sich am Wochenende mit Freunden. Bald dreht sich das Gespräch um das „liebe Geld". Sie stellen fest, dass sich ihre Vergütungen nicht nur in der Höhe des Geldbetrages unterscheiden.

Sven ist als Maschinenführer am **Akkordlohn** seiner Arbeitsgruppe beteiligt. Anfallende Reparaturarbeiten bekommt er im **Stundenlohn** bezahlt.

Ines erhält vorerst Stundenlohn. „Meine Chefin hat mir aber in Aussicht gestellt, mich bei Bewährung als Angestellte zu übernehmen und mir dann ein festes **Gehalt** zu zahlen."

Wibke ist als Chemielaborantin in einem größeren Betrieb beschäftigt. „In unserer Firma bekommen Arbeiter und Angestellte gleichermaßen ein **Entgelt**, so heißt das in unserem Tarifvertrag. Außerdem erhalten wir am Jahresende, anstelle des Weihnachtsgeldes, eine **Gewinnbeteiligung**."

Lohn im engeren Sinne gilt als die Bezahlung von „Arbeitern" verschiedener Qualifikationsstufen (z.B. Ungelernte, Angelernte, Facharbeiter), Gehalt hingegen gilt als monatliche Bezahlung von Angestellten. Auch sie werden nach Qualifikation und Aufgabenbereich eingestuft (s. S. 188). Erstmals in der chemischen Industrie wurde 1989 für Arbeiter und Angestellte ein einheitlicher „Entgelttarifvertrag" abgeschlossen.

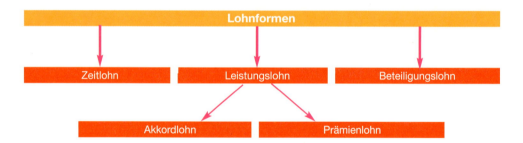

Zeitlohn wird vor allem für Tätigkeiten bezahlt, bei denen
– Leistungen nicht oder schwierig zu messen sind, z.B. bei Reparaturen,
– die Qualität der Arbeit wichtiger ist als die produzierte Menge,
– der Arbeitende keinen Einfluss auf das Arbeitstempo nehmen kann, z.B. bei Fließbandarbeit,
– unterschiedliche Arbeitsmengen anfallen, z.B. beim Einzelhandel.

Zeitlohn wird als Stunden-, Wochen- oder Monatslohn gezahlt. Angestellte und Beamte erhalten Gehalt. In einigen Branchen (z.B. Chemieindustrie) und Firmen (z.B. VW) erhalten Arbeiter und Angestellte Entgelt.

Akkordlohn berücksichtigt vor allem die Mengenleistung, die nach Stück, Fläche, Länge, Gewicht oder Volumen abgerechnet wird. Akkordarbeit als Einzel- oder Gruppenakkord findet Anwendung bei Tätigkeiten:
– die sich über eine längere Zeit wiederholen,
– deren Mengenergebnis verhältnismäßig leicht messbar ist,
– deren Arbeitstempo von den Arbeitnehmern selbst beeinflusst werden kann.

Die durchschnittliche Zeit zur Erledigung der Arbeitsaufgabe (Vorgabezeit) wird bei Akkordarbeiten durch Arbeitszeitstudien ermittelt.

Der Einzelarbeitsvertrag

Vorteile des Zeitlohns	Nachteile des Zeitlohns
– Einfache Lohnberechnung – Vermeidung von Hetze, Stress und daraus entstehendem Qualitätsrückgang	– Leistungskontrollen erforderlich – Leistungsanreiz, Unzufriedenheit bei leistungsfreudigen Mitarbeitern – Arbeitnehmer kann Lohnhöhe nicht selbst beeinflussen

Vorteile des Akkordlohns	Nachteile des Akkordlohns
– Leistungsgerechte Entlohnung – Arbeiter kann die Höhe seines Verdienstes beeinflussen – Bessere Ausnutzung von Maschinen und Anlagen – Leistungskontrollen sind überflüssig	– Hohes Arbeitstempo kann zu körperlicher und seelischer Überforderung führen („Akkord ist Mord") – Erhöhter Ausschuss an Material, starker Verschleiß von Maschinen und Werkzeugen – Qualitätskontrollen sind notwendig

Geldakkord
Produzierte
Menge   10 Stück
Lohnsatz
pro Stück   1,80 €
Lohn = Stückzahl x
           Lohnsatz
       = 10 x 1,80 €
       = **18,00 €**

Zeitakkord
Produzierte
Menge   10 qm
Stundensatz/qm 2,10 Std.
Lohnsatz pro
Stunde   22,11 €
Lohn = Menge x
           Stunden/qm
           x Lohnsatz
       = 10 x 2,10 x 22,11
       = **464,31 €**

Ergebnisbeteiligung
Stuttgart (r) Rund 140 000 Mitarbeiter des Fahrzeugbereichs von Daimler-Chrysler erhalten für das Jahr 1998 eine Ergebnisbeteiligung von fast 870 € pro Person.

nach: Braunschweiger Zeitung vom
15. September 1998

Prämienlohn wird als Zusatzvergütung zu Akkord- oder Zeitlohn für besondere Leistungen gezahlt, u.a. als
– Mengenprämien bei Überschreitung der Normalleistungen
– Qualitätsprämien bei besonders sorgfältiger Arbeit mit geringem Ausschuss
– Nutzungsprämie für pflegliche Behandlung von Betriebsmitteln oder Verringerung der Leerlaufzeiten von Maschinen
– Termineinhaltungsprämien bei vorgegebenen Terminen
– Anerkennungsprämien, z.B. für Verbesserungsvorschläge

Beteiligungslohn wird entweder als Umsatzbeteiligung oder als Gewinnbeteiligung gewährt. Umsatzbeteiligung neben einem Grundlohn erhalten z.B. Verkaufsfahrer für Bäckereierzeugnisse und Tiefkühlkost. Gewinnbeteiligung gewähren mehrere Tausend deutscher Unternehmen in verschiedenen Formen:
– Durch Auszahlung des Gewinnanteils an die Arbeitnehmer, die über den Betrag sofort frei verfügen können.
– Durch Kapitalbeteiligung, indem die Gewinnanteile im Unternehmen für eine gewisse Zeit als Darlehen gegen Zinszahlung überlassen werden oder als Beteiligung am Eigenkapital (z.B. Belegschaftsaktien) im Unternehmen verbleiben.

Bei der Gewinnbeteiligung ist die Frage umstritten, ob die Arbeitnehmer auch am Verlust der Unternehmen zu beteiligen seien. Dem wird entgegengehalten, dass das Verlustrisiko des Arbeitgebers durch das Arbeitsplatzrisiko der Arbeitnehmer ausgeglichen werde.

Arbeitnehmer als Miteigentümer deutscher Aktiengesellschaften

Zahl der Belegschaftsaktionäre
Jahr	Zahl
1985	441 500
1990	593 000
1994	742 700
1996	1 600 000
1999	1 800 000

Arbeitsvorschläge

1. Nennen Sie Tätigkeiten, möglichst aus Ihrem Berufsfeld, für die entweder überwiegend Zeitlohn oder überwiegend Akkordlohn gezahlt wird. Geben Sie dafür eine kurze Begründung.

2. Welche Vorteile könnte ein Gruppenakkord für Arbeitnehmer und Arbeitgeber haben?

3. Von Sozialexperten wurde der Vorschlag gemacht, allgemein neben einem Grundlohn einen gewinnabhängigen Lohnanteil einzuführen. Dadurch werde die Ertragslage der Unternehmen berücksichtigt und der Verteilungskampf um Löhne und Gewinne entschärft. Holen Sie Stellungnahmen von Gewerkschaften und Arbeitgeberverbänden zu diesem Thema ein. Erörtern Sie Vor- und Nachteile einer solchen Regelung. Berücksichtigen Sie dabei auch die Beschäftigten im Öffentlichen Dienst.

9.2.5 Beendigung des Arbeitsverhältnisses und Kündigungsschutz

Aufgepasst beim Aufhebungsvertrag
Ein Aufhebungsvertrag setzt Kündigungsschutz und Mitwirkungsrechte des Betriebsrates außer Kraft. Vor Zustimmung sollte geprüft werden: Liegt eine rechtswidrige Drohung (z.B: fristlose Kündigung) oder Täuschung vor?

Tipp: Anfechtung

Übersteigt eine mit dem Aufhebungsvertrag gewährte Abfindung die Grenze für Steuerbefreiung? (Über 6.000,00 €, vgl. § 3 Nr. 9 Einkommensteuergesetz)

Tipp: Einzelheiten erfahren Sie beim Finanzamt.

Droht anschließend Arbeitslosigkeit? (Sperrzeit von 12 Wochen beim Arbeitslosengeld) Sind Kündigungsfristen eingehalten worden? (sonst kein Arbeitslosengeld für diese Zeit, vgl. § 117 Arbeitsförderungsgesetz.)

Tipp: Erkundung beim Arbeitsamt über Auswirkungen der Abfindung

Arbeitsverträge werden überwiegen unbefristet abgeschlossen, also auf unbestimmte Zeit. Befristete Arbeitsverträge sind nur bis zu zwei Jahren zugelassen und enden mit der vereinbarten Tätigkeit, z.B. Bau einer Brücke, oder zum vereinbarten Termin, z.B. bei Urlaubsvertretungen. Sie dürfen höchstens dreimal bis zu der Gesamtdauer von zwei Jahren verlängert werden. Tarifverträge können andere Vereinbarungen enthalten.

Unbefristete Arbeitsverhältnisse können gelöst werden durch
- **Aufhebungsvertrag** zu jeder Zeit, wenn sich Arbeitgeber und Arbeitnehmer im gegenseitigen Einvernehmen trennen,
- **Kündigung** als einseitige „empfangsbedürftige" Willenserklärung, d.h. sie muss dem Gekündigten schriftlich zugegangen sein.
- durch **Tod** des Arbeitnehmers (selten durch den Tod des Arbeitgebers, da meist Erben vorhanden sind, die den Betrieb weiterführen).

Das Arbeitsrecht unterscheidet ordentliche und außerordentliche Kündigungen. Bei **ordentlichen Kündigungen** sind gesetzliche Kündigungsfristen einzuhalten (siehe Tabelle). Innerhalb einer Probezeit von höchstens sechs Monaten beträgt die Kündigungsfrist zwei Wochen. Bei den verlängerten Kündigungsfristen zählt die Betriebszugehörigkeit erst vom 25. Lebensjahr an. Die verlängerten Kündigungsfristen können tarifvertraglich geändert werden und gelten nur für die Kündigung eines Arbeitnehmers durch den Arbeitgeber.

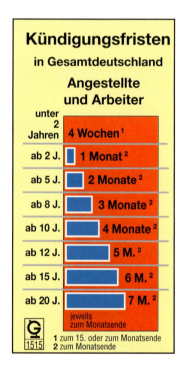

Eine **außerordentliche Kündigung** erfolgt in der Regel fristlos und darf nur aus einem „wichtigen Grund" erfolgen, z.B. bei Diebstahl oder Geheimnisverrat. Sie muss innerhalb von zwei Wochen, nachdem der Kündigungsgrund bekannt wurde, ausgesprochen werden. Gibt es in der Firma einen Betriebsrat, muss er vor einer Kündigung angehört werden und den Kündigungsgrund erfahren. Widerspricht er der Kündigung, ist die Einigungsstelle (s. S. 55) oder das Arbeitsgericht anzurufen. Sind Arbeitnehmer länger als sechs Monate in einem Betrieb mit in der Regel mehr als 10 Beschäftigten tätig (Auszubildende zählen nicht), sind nach dem **Kündigungsschutzgesetz** nur sozial gerechtfertigte Kündigungen zulässig. Für vor dem 1.1.2004 eingestellte Mitarbeiter gilt noch der frühere Kündigungsschutz bei mehr als 5 Beschäftigten.

Bei der Auswahl der Personen, denen gekündigt werden soll, sind u.a. die Dauer der Betriebszugehörigkeit, das Alter und Unterhaltspflichten des Arbeitnehmers zu berücksichtigen. Als sozial ungerechtfertigt gilt eine Kündigung auch, wenn keine dringenden betrieblichen Erfordernisse vorliegen oder eine Weiterbeschäftigungsmöglichkeit an einem anderen Arbeitsplatz des Unternehmens besteht.

Abmahnung

Sehr geehrte/r
am ... haben Sie ... folgende Pflichten aus dem Arbeitsvertrag verletzt:
( ) Verlassen des Arbeitsplatzes ohne Genehmigung
( ) eigenmächtiger Urlaubsantritt
( ) verspäteter Dienstantritt
( ) nicht genehmigte Nebentätigkeit
( ) Vortäuschung einer Krankheit
( ) Arbeit während der Krankheit
( ) Unentschuldigtes Fehlen
( ) Arbeitsverweigerung
( ) Schlechtleistung
Wir weisen Sie darauf hin, dass Sie im Wiederholungsfall mit der Auflösung des Arbeitsvertrages rechnen müssen.

Wenn ein Arbeitnehmer meint, ihm sei sozial ungerechtfertigt gekündigt worden, kann er innerhalb von drei Wochen beim Arbeitsgericht eine **Kündigungsschutzklage** einreichen. Bei ihm liegt jedoch die „Beweislast", d.h. er muss begründen, worin er die Ungerechtigkeit sieht. Ist ein Betriebsrat vorhanden, kann er bei diesem innerhalb einer Woche Einspruch einlegen. Der Betriebsrat hat sich dann um eine Verständigung mit dem Arbeitgeber zu bemühen. Verzichtet ein Arbeitnehmer bei einer betriebsbedingten Kündigung auf die Kündigungsschutzklage, hat er Anspruch auf eine **Abfindung** von 0,5 Monatsverdiensten für jedes Beschäftigungsjahr.

Wird einem Arbeitnehmer wegen seiner Person oder wegen seines Verhaltens gekündigt (s. Kasten), muss grundsätzlich vorher eine **Abmahnung** erfolgen. Dies gilt auch für eine fristlose Kündigung, wenn nicht ein „besonders schwerwiegender Tatbestand" vorliegt, z.B. bei sexueller Belästigung. Wer eine Abmahnung als ungerechtfertigt ansieht, kann diese beim Arbeitsgericht anfechten. Dies ist auch noch nachträglich möglich, wenn eine Kündigung mit einem erneuten Verstoß gegen den gleichen Tatbestand begründet wird.

Arbeitsvorschläge

1. In der kleinen Maschinenfabrik Anker herrscht Auftragsmangel. Die Betriebsleitung beschließt daher, von den 46 Beschäftigten drei Mitarbeiter zum 15. November zu entlassen. Das Kündigungsschreiben geht den Betroffenen am 14. Oktober zu.
Betroffen sind der vor einem Jahr eingestellte Kraftfahrer Wilhelm Rother, unverheiratet, die vor drei Jahren eingestellte Buchhalterin Jutta Helbig, ebenfalls ledig, und der 48-jährige Betriebsschlosser Ernst Voges, verheiratet, drei Kinder, seit sechs Jahren im Betrieb.
  a) Ermitteln Sie für die drei gekündigten Mitarbeiter die gesetzlichen Kündigungsfristen und zulässigen Entlassungstermine. Sind diese eingehalten worden?
  b) Herr Voges meint, seine Kündigung sei sozial nicht gerechtfertigt, denn vor ihm hätte einem kinderlosen Schlosser gekündigt werden müssen. Nehmen Sie Stellung zu dieser Meinung. Untersuchen Sie dabei auch, ob sich Herr Voges auf das Kündigungsschutzgesetz berufen kann.
  c) Welchen Rat würden Sie den Gekündigten geben, die berechtigte Einwände gegen die Kündigung haben?

2. Jan Meyer ist seit einem Jahr in einem Betrieb mit 9 Mitarbeitern beschäftigt. Er kommt zuweilen zu spät zur Arbeit, wenn sich auf seiner Fahrtstrecke Staus bilden. Unverhofft, ohne daraufhin angesprochen zu werden, wird ihm deswegen gekündigt.
  a) Überprüfen und begründen Sie, ob Jan Meyer unter die Vorschriften des Kündigungsschutzgesetzes fällt.
  b) Erörtern Sie seine Erfolgsaussichten bei einer Kündigungsschutzklage.

Seit dem 1. Mai 2000 sind fristgerechte und fristlose Kündigungen durch Arbeitgeber und Arbeitnehmer nur gültig, wenn sie schriftlich erklärt wurden (§ 623 BGB) und „zugegangen" sind. Dies ist der Fall, wenn eine Kündigung persönlich übergeben wurde oder mit der Post zugegangen ist. Bei Einschreibbriefen ist es die Aushändigung durch die Post. Kündigungen können auch während einer Krankheit oder eines Urlaubs ausgesprochen werden.

Bei Beendigung des Arbeitsverhältnisses hat jeder Arbeitnehmer Anspruch auf ein schriftliches **Zeugnis** und auf die Herausgabe der **Arbeitspapiere.**

Zeugnisarten
– Einfaches Zeugnis mit Angaben zur Person und genauer Beschreibung von Art und Dauer der Beschäftigung.
– Qualifiziertes Zeugnis mit zusätzlichen Angaben über Führung und Leistung.
Der Arbeitnehmer kann ein qualifiziertes Zeugnis verlangen und ein nicht verlangtes ablehnen.

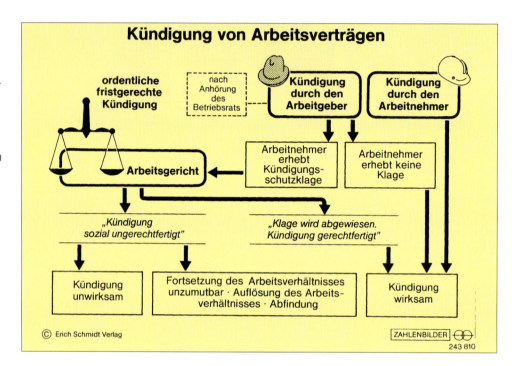

Fristlose Kündigung eines Auszubildenden

Zwei Auszubildende fertigten gemeinsam ein großes Blechschild mit dem Text „Arbeit Macht frei – Türkei schönes Land" und dem handschriftlichen Zusatz „Döner" und schraubten es an die Werkbank eines türkischen Auszubildenden. Die weiteren Ermittlungen ergaben, dass beide Auszubildende mit anderen antisemitische Lieder gesungen hatten, so ein Lied mit dem Titel „Auschwitz wir kommen". Das BAG hat hierzu festgestellt, dass bei einer solchen schwerwiegenden Pflichtverletzung eine fristlose Kündigung ohne vorherige Abmahnung rechtens ist.

Soziale Ordnung 3/2002

Besonderer Kündigungsschutz

Für besonders schutzbedürftige Arbeitnehmergruppen gilt ein über den allgemeinen Kündigungsschutz hinausgehender besonderer Kündigungsschutz, denn sie sind im besonderen Maße gefährdet, ihren Arbeitsplatz zu verlieren.
– **Frauen** sind während der Schwangerschaft und innerhalb von vier Monaten nach der Entbindung unkündbar. Dasselbe gilt für die Zeit des Erziehungsurlaubes, den Mütter oder Väter nehmen können.
– Die Kündigung von **Schwerbehinderten** bedarf der Zustimmung der Hauptfürsorgestelle (in Niedersachsen das Landessozialamt Hildesheim), sofern dem Arbeitgeber die Schwerbehinderung angezeigt wurde.
– **Wehrpflichtige** sind während des Grundwehrdienstes und bei Wehrübungen unkündbar, ebenso **Zivildienstleistende.**
– Auszubildenden darf nach der Probezeit nur aus einem wichtigen Grund außerordentlich gekündigt werden. Schlechte Leistungen und Aufsässigkeit sind z.B. für sich allein noch kein wichtiger Grund. Gekündigt werden kann nur dann, wenn die Fortsetzung des Ausbildungsverhältnisses trotz aller „Erziehungsmaßnahmen" unzumutbar oder die Erreichung des Ausbildungszieles aussichtslos erscheint. „Kurz vor dem Ende der Ausbildungszeit ist die Kündigung im Allgemeinen ausgeschlossen". (Bundesarbeitgericht, 10. Mai 1973)
– **Mitglieder des Betriebsrates und der Jugend- und Auszubildendenvertretung** sind während ihrer Amtszeit und ein Jahr danach unkündbar, es sei denn, es liegt ein besonders wichtiger Grund vor, der eine fristlose Kündigung rechtfertigt.

Betriebsverfassungsgesetz § 78a

(1) Beabsichtigt ein Arbeitgeber, einen Auszubildenden, der Mitglied der Jugend- und Auszubildendenvertretung, des Betriebsrats, der Bordvertretung oder des Seebetriebsrates ist, nach Beendigung des Berufsausbildungsverhältnisses nicht in ein Arbeitsverhältnis auf unbestimmte Zeit zu übernehmen, so hat er dies drei Monate vor Beendigung des Berufsausbildungsverhältnisses dem Auszubildenden schriftlich mitzuteilen.
(2) Verlangt ein in Absatz 1 genannter Auszubildender innerhalb der letzten drei Monate vor Beendigung des Berufsausbildungsverhältnisses schriftlich vom Arbeitgeber die Weiterbeschäftigung, so gilt zwischen Auszubildendem und Arbeitgeber ein Arbeitsverhältnis auf unbestimmte Zeit als begründet...
(3) Die Absätze 1 und 2 gelten auch, wenn das Berufsausbildungsverhältnis vor Ablauf eines Jahres nach Beendigung der Amtszeit der Jugend- und Auszubildendenvertretung, des Betriebsrats, der Bordvertretung oder des Seebetriebsrats endet.
(4) Der Arbeitgeber kann spätestens bis zum Ablauf von zwei Wochen nach Beendigung des Berufsausbildungsverhältnisses beim Arbeitsgericht beantragen,
1. festzustellen, dass ein Arbeitsverhältnis ... nicht begründet wird, oder
2. das bereits ... begründete Arbeitsverhältnis aufzulösen,
wenn Tatsachen vorliegen, aufgrund derer dem Arbeitgeber unter Berücksichtigung aller Umstände die Weiterbeschäftigung nicht zugemutet werden kann.

Auch bei so genannten **Massenentlassungen** enthält das Kündigungsschutzgesetz besondere Bestimmungen, vor allem um die Vermittlung der Betroffenen in neue Arbeitsstellen zu erleichtern. Massenentlassungen liegen vor, wenn

– in Betrieben mit 21 bis 59 Arbeitnehmern mehr als fünf,
– in Betrieben mit 60 bis 499 Arbeitnehmern 10% oder mehr als 25,
– in Betrieben ab 500 Arbeitnehmern 30 und mehr Arbeitnehmer

entlassen werden sollen. Sie müssen mit dem Betriebsrat beraten und mindestens 30 Tage vorher dem Arbeitsamt gemeldet werden. Die Stellungnahme des Betriebsrates ist beizufügen. Das Landesarbeitsamt kann eine Entlassungssperre von bis zu zwei Monaten bestimmen.

> **§ 78 BetrVG**
> (Schutzbestimmungen) Die Mitglieder des Betriebsrats, ... der Jugend- und Auszubildendenvertretung ... dürfen in der Ausübung ihrer Tätigkeit nicht gestört werden. Sie dürfen wegen ihrer Tätigkeit nicht benachteiligt oder begünstigt werden; dies gilt auch für ihre berufliche Entwicklung.

Arbeitsvorschläge

1. Dem Auszubildenden Denis L. wurde zwei Monate vor dem Termin der Facharbeiterprüfung wegen angeblich schlechter schulischer und betrieblicher Leistung mündlich gekündigt. Überprüfen Sie
    a) ob die Kündigung wirksam oder nichtig und
    b) ob sie gerechtfertigt ist;
    c) welche Schritte Denis L. unternehmen kann, um gegen eine ungerechtfertigte Kündigung anzugehen.

2. Allen Auszubildenden der Firma S. wird drei Monate vor Abschluss der Ausbildung schriftlich mitgeteilt, dass sie wegen schlechter Auftragslage nicht übernommen werden können, darunter auch ein ehemaliges Mitglied der JAV, dessen Amtszeit mit der Ausbildungszeit endet. Dieser besteht wegen des besonderen Kündigungsschutzes auf Übernahme. Diskutieren Sie, ob eine Klage Erfolgsaussichten hätte.

3. Erörtern Sie für eine der gefährdeten Personengruppen mit besonderem Kündigungsschutz, worin die Gefährdung besteht.

4. Wägen Sie am Beispiel einer gefährdeten Personengruppe ab, ob ihr besonderer Kündigungsschutz ausreicht. Erarbeiten Sie in Gruppen Argumente für oder gegen eine Ausweitung des Kündigungsschutzes und diskutieren Sie diese in einem Streitgespräch.

9.2.6 Sozialer Arbeitsschutz

Arbeitszeitgesetz und Jugendarbeitsschutzgesetz

Vorgeschriebene Ruhepausen in Minuten

Arbeits-stunden	bis 6	über 6–9	über 9
Männer	–	30	45
Frauen	–	30	45
Jugendliche	30	60	verboten

| Arbeitsstunden | 4,5–6 | 6–8 | über 8 |

Das Arbeitsrecht unterscheidet zwischen technischem und sozialem Arbeitsschutz. Beim technischen Arbeitsschutz (s. S. 40) soll der Arbeitsplatz sicher gestaltet werden. Der soziale Arbeitsschutz soll körperliche und seelische Überforderung verhindern. Gesetzliche Grundlagen des sozialen Arbeitsschutzes sind vor allem:
- Arbeitszeitgesetz
- Bundesurlaubsgesetz
- Arbeitsplatzschutzgesetz
- Jugendarbeitsschutzgesetz
- Mutterschutzgesetz
- Schwerbehindertengesetz

Das **Arbeitszeitgesetz (ArbZG)** vom 6. Juni 1994 regelt die Arbeitszeit der Arbeitnehmer (Arbeiter und Angestellte) über 18 Jahre in Betrieben und Verwaltungen. Es löst die alte Arbeitszeitordnung von 1938 ab und soll
- Sicherheit und die Gesundheit bei der Arbeitszeitgestaltung gewährleisten,
- Rahmenbedingungen für flexiblere Arbeitszeiten verbessern und
- den Sonntag und die staatlich anerkannten Feiertage schützen.

Kern des Arbeitszeitgesetzes ist die Arbeitszeitregelung. Die „werktägliche" Regelarbeitszeit von 8 Stunden kann bis 10 Stunden verlängert werden, wenn sie innerhalb von sechs Monaten oder 24 Wochen ausgeglichen wird. Daneben werden Mindestpausen und eine grundsätzliche ununterbrochene Ruhezeit von mindestens 11 Stunden zwischen zwei Arbeitsphasen festgelegt.

Werktage – Arbeitstage

§ 3 Bundesurlaubsgesetz (2) Als Werktage gelten alle Kalendertage, die nicht Sonn- oder Feiertage sind.
(Arbeitstage sind die Tage, an denen im Betrieb tatsächlich gearbeitet wird. Anm. d. Verf.)

Bei Nacht- und Schichtarbeit sind in besonderem Maße die Arbeitszeiten „nach den gesicherten arbeitswissenschaftlichen Erkenntnissen über die menschengerechte Gestaltung der Arbeit festzulegen" (§6 ArbZG, s. auch S. 40).
Abweichende Regelungen sind in bestimmten Grenzen durch Tarifverträge, Betriebsvereinbarungen oder durch Ausnahmegenehmigungen möglich.

Das **Bundesurlaubsgesetz** schreibt einen bezahlten Mindesturlaub von 24 Werktagen für Arbeitnehmer über 18 Jahre vor. Der volle Jahresurlaub wird erstmals nach sechs Monaten Betriebszugehörigkeit fällig, soll möglichst zusammenhängend und grundsätzlich im laufenden Jahr genommen werden, spätestens in den ersten drei Monaten danach, sonst verfällt er.

Besondere Schutzrechte

Einige Personengruppen benötigen besondere Schutzrechte. Für Jugendliche gilt das **Jugendarbeitsschutzgesetz** (s. S. 18 f.). Sodann hat nach Artikel 6 des Grundgesetzes jede Mutter „Anspruch auf den Schutz und die Fürsorge der Gemeinschaft". Dieser Forderung trägt das **Mutterschutzgesetz** Rechnung. Ergänzt wird der Schutz der Familie durch das **Bundeserziehungsgeldgesetz** von 1989.

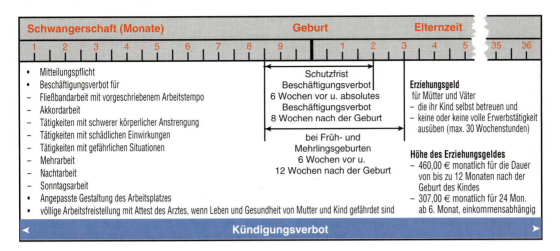

§ 4 Mutterschutzgesetz

(1) Werdende Mütter dürfen nicht mit schweren körperlichen Arbeiten und nicht mit Arbeiten beschäftigt werden, bei denen sie schädlichen Einwirkungen von gesundheitsgefährdenden Stoffen oder Strahlen, von Staub, Gasen oder Dämpfen, von Hitze, Kälte oder Nässe, von Erschütterungen oder Lärm ausgesetzt sind.
(2) Werdende Mütter dürfen insbesondere nicht beschäftigt werden
1. mit Arbeiten, bei denen regelmäßige Lasten von mehr als 5 kg Gewicht oder gelegentlich von mehr als 10 kg Gewicht ohne mechanische Hilfsmittel von Hand gehoben, bewegt oder befördert werden. ...
(3) die Beschäftigung werdender Mütter mit
1. Akkordarbeiten und sonstigen Arbeiten, bei denen durch ein gesteigertes Arbeitstempo ein höheres Entgelt erzielt werden kann.
2. Fließbandarbeit mit vorgeschriebenem Arbeitstempo ist verboten.

Schwerbehinderte genießen nach dem Schwerbehindertengesetz einen besonderen Schutz, wenn der Grad der körperlichen, geistigen oder seelischen Behinderung mit wenigstens 50% anerkannt wurde. Behinderte mit einem Behinderungsgrad von 30–49% können ihnen zeitweilig gleichgestellt werden, wenn sie dadurch ihren alten Arbeitsplatz erhalten oder einen neuen bekommen können. Die Arbeitsplätze sollen der Behinderung entsprechend gestaltet werden. Weil es für Schwerbehinderte oft schwierig ist, einen geeigneten Arbeits- oder Ausbildungsplatz zu erhalten, muss jeder Arbeitgeber mit mehr als 19 Beschäftigten 5% der Arbeits- und Ausbildungsplätze mit ihnen besetzten. Andernfalls ist für jeden unbesetzten Pflichtplatz eine Ausgleichsabgabe von 105,00 bis 256,00 € zu leisten. Die Höhe hängt von der Betriebsgröße und davon ab, in welchem Umfang Pflichtplätze besetzt wurden.
Schwerbehinderte erhalten einen zusätzlichen Jahresurlaub von fünf Arbeitstagen und genießen nach sechsmonatiger Beschäftigung einen besonderen Kündigungsschutz (s. S. 176). In Betrieben mit mehr als fünf Schwerbehinderten ist eine Vertrauensperson zu wählen, die an den Sitzungen des Betriebsrates teilnimmt.

§ 47 Schwerbehindertengesetz

...verteilt sich die Arbeitszeit auf mehr oder weniger Arbeitstage in der Kalenderwoche, erhöht oder vermindert sich der Zusatzurlaub entsprechend.

Arbeitsvorschläge

1. Ordnen Sie die in den Zeitungsschlagzeilen aufgeführten Verletzungen von Arbeitsschutzbestimmungen den jeweiligen Rechtsgrundlagen zu.
2. Berichten Sie über die Arbeitszeit- und Pausenregelung Ihres Betriebes und ermitteln Sie deren Rechtsgrundlagen.
3. Begründen Sie das Verbot von Schwer- und Akkordarbeit für werdende Mütter.
4. *Erarbeiten Sie Vorschläge zur Regelung der Nachtarbeit. Stellen Sie diese zur Diskussion.*

Querschnittgelähmter EDV–Kaufmann nach Umschulung wieder am Arbeitsplatz

9.2.7 Humanisierung und Mitbestimmung

Sicherheit durch moderne Arbeitsplatzgestaltung

Die tägliche Arbeit soll nicht auf die Knochen gehen. Im Gegenteil: Sie soll Befriedigung bringen und, wenn möglich, auch noch Spaß machen. Das kann sie aber nicht, wenn man an einem zugigen, dunklen Arbeitsplatz stehen muss, unter Kälte, Hitze oder Lärmbelastungen zu leiden hat, vielleicht mit ungeeignetem Werkzeug oder in körperlicher Zwangshaltung arbeiten muss. An so einem Arbeitsplatz verliert man schnell seine Motivation und wird auf lange Sicht vielleicht sogar krank.

Hauptverband der gewerblichen Berufsgenossenschaften, Blickpunkt Arbeitssicherheit, Dezember 1992

Seit Jahren wird versucht, neben der Verbesserung des Arbeits- und Gesundheitsschutzes, auch die Arbeitsplätze „humaner" d.h. menschengerechter zu gestalten. Die äußeren Arbeitsbedingungen sollen an die körperliche und seelische Leistungsfähigkeit der Menschen angepasst werden.

Arbeitswissenschaftliche Untersuchungen haben ergeben, dass sich die Belastungen am Arbeitsplatz in den letzten Jahren gewandelt haben. Einem langsamen Rückgang „harter" Belastungen wie Lärm, Kälte und Schmutz steht die Zunahme „weicher" Belastungen gegenüber: u.a. Monotonie (Eintönigkeit), Termin- und Leistungsdruck, Mobbing.

> „Die meisten Umgebungsbelastungen und körperlichen Belastungen verringern sich. (...) Absolut gesehen gibt es solche Arbeitsplätze noch immer in mehrfacher Millionenhöhe. Arbeitsorganisatorische Belastungen, wie z.B. eintönige Arbeiten, Termindruck und Hetze, nehmen zu und sind oftmals weiter verbreitet als viele ‚harte' Belastungen. Die Autonomie (= Selbstständigkeit) am Arbeitsplatz nimmt allem Anschein nach nicht zu, sondern eher ab. Die Unzufriedenheit mit der Arbeit, dem Betriebsklima, den Kollegen und Vorgesetzten wächst."

Institut für Arbeitsmarkt- und Berufsforschung, Arbeitsbelastungen aus der Sicht der Erwerbstätigen, 1998

Zu den neueren Formen der Arbeitsorganisation zählen neben der Gruppenarbeit, bei der ein komplettes Teilprodukt bei Selbstbestimmung von Arbeitsablauf und -organisation erstellt wird,
- der **Aufgabenwechsel** (job rotation): regelmäßiger Wechsel der Reihenfolge unterschiedlicher Tätigkeiten
- die **Aufgabenerweiterung** (job enlargement): Kombination ähnlicher Arbeitsaufgaben,
- die **Aufgabenbereicherung** (job enrichment): Eigenverantwortlichkeit bei Planung, Arbeitstempo, Kontrolle der Arbeitsqualität.

> **Humanisierung: Übergreifende Ziele**
> Die Humanisierung des Arbeitslebens soll nach Ansicht der Bundesregierung zu einer Zielgröße auch für andere Forschungsbereiche werden:
>
> - *Sicherheit*
>   Verbesserung der Unfallverhütung: Schutz vor Berufskrankheiten
> - *Erhöhung der Qualifikation*
>   z.B. durch Fortbildung; entsprechender Einsatz des Arbeitnehmers im Betrieb
> - *Stressabbau*
>   Abbau schädlicher Belastungen und Beanspruchungen
> - *Gesundheitsschutz*
>   z.B. mehr Flexibilität bei der Arbeitszeit-Gestaltung
> - *Persönliche Entfaltung*
>   durch Verbesserung der Arbeitsorganisation und menschengerechte Arbeitstechnologien
> - *Mitwirkung*
>   der Arbeitnehmer an arbeitsbezogenen Entscheidungsprozessen

An der Arbeitsplatzgestaltung sind aber nicht nur Politiker, Wissenschaftler und Betriebsleitungen beteiligt, sondern auch die Belegschaften durch ihre Betriebsräte. Die gesetzliche Grundlage bildet das Betriebsverfassungsgesetz.

§ 90 Unterrichtungs- und Beratungsrechte

(1) Der Arbeitgeber hat den Betriebsrat unter Vorlage der erforderlichen Unterlagen über die Planung
1. von Neu-, Um- und Erweiterungsbauten,
2. von technischen Anlagen,
3. von Arbeitsverfahren und Arbeitsabläufen oder
4. der Arbeitsplätze rechtzeitig unter Vorlage der erforderlichen Unterlagen zu unterrichten.
(2) Der Arbeitgeber hat mit dem Betriebsrat die vorgesehenen Maßnahmen und ihre Auswirkungen auf die Arbeitnehmer so rechtzeitig zu beraten, dass Vorschläge und Bedenken des Betriebsrats bei der Planung berücksichtigt werden können. Arbeitgeber und Betriebsrat sollen dabei auch die gesicherten arbeitswissenschaftlichen Erkenntnisse über die menschengerechte Gestaltung der Arbeit berücksichtigen.

Wenn Arbeitnehmer bei Änderungen der äußeren Arbeitsbedingungen in besonderer Weise belastet werden, weil diese den arbeitswissenschaftlichen Erkenntnissen über die menschengerechte Gestaltung der Arbeit „offensichtlich" widersprechen, kann der Betriebsrat „Maßnahmen zur Abwendung, Milderung oder zum Ausgleich der Belastung" verlangen (§ 91 BtrVG).

Darüber hinaus fordern vor allem Kirchen und Gewerkschaften, dass bei der Gestaltung des Arbeitslebens auch ethische Gesichtspunkte zu berücksichtigen seien, z.B. die grundsätzliche Sicherung des arbeitsfreien Sonntags.

Arbeitsvorschläge

1. Stellen Sie den Konflikt dar, der mit der Karikatur auf der Vorseite aufgezeigt werden soll.

2. Ermitteln Sie die Art der Belastungen in Ihrem Betrieb und befragen Sie Kollegen, ob und wie sich die Arbeitsbelastungen in den letzten Jahren verändert haben.

3. Entwerfen Sie für Ihren Arbeitsplatz Möglichkeiten der Humanisierung und stellen Sie diese Ihrer Klasse vor. Sprechen Sie darüber mit Ihrem Betriebsrat oder Ihrer Jugend- und Auszubildendenvertretung (sofern vorhanden).

9.3 Der Tarifvertrag

9.3.1 Tarifautonomie

Artikel 9 Absatz 3 Grundgesetz (Vereinigungsfreiheit)

(3) Das Recht, zur Wahrung und Förderung der Arbeits- und Wirtschaftsbedingungen Vereinigungen zu bilden, ist für jedermann und für alle Berufe gewährleistet. Abreden, die dieses Recht einschränken oder zu behindern suchen, sind nichtig, hierauf gerichtete Maßnahmen sind rechtswidrig.

> Wenn Gewerkschaften stark sind, ist es am leichtesten, soziale Fortschritte zu erzielen.
> Denn Tarifautonomie und Gewerkschaftsfreiheit, sie sind wie ein Gütesiegel der Demokratie.
>
> *DGB Wahlprüfsteine*

Tarifverträge regeln einheitliche Arbeitsbedingungen für ganze Wirtschaftszweige in bestimmten Regionen oder auch im gesamten Gebiet der Bundesrepublik Deutschland, aber auch für einzelne Firmen, z.B. beim Volkswagenwerk. Sie werden von den Tarifvertragsparteien ohne staatlichen Zwang ausgehandelt. Dieses Recht wird **Tarifautonomie** genannt und beruht auf dem Grundrecht auf Vereinigungsfreiheit (Koalitionsfreiheit) des Grundgesetzes. Es unterscheidet sich damit grundsätzlich von einer staatlichen Lohnfestsetzung.

Regierungen und andere Institutionen setzen sich immer wieder der Kritik von Gewerkschaften aus, wenn sich ihre Mitglieder zu tarifpolitischen Fragen äußern.

Gewerkschaften weisen Maßhalte-Apell von Wirtschaftsminister Müller zurück

Die Kritik der Gewerkschaft am Apell von Bundeswirtschaftsminister Werner Müller (parteilos) zur Lohnzurückhaltung weitet sich aus.
ÖTV, IG Metall und IG Medien bekräftigten, dass sie in den bevorstehenden Tarifrunden 5,5 bis 6,5 Prozent mehr Lohn fordern wollten.
ÖTV-Chef Herbert Mai fordert einen kräftigen Schub bei den Löhnen zur Kräftigung der Binnennachfrage. Die IG Medien erklärte, „die Unternehmen fahren seit Jahren fette Ernten ein, da bestehe für Arbeitnehmer kein Grund zur Zurückhaltung."
Der Wirtschaftsprofessor Rolf Peffekoven dagegen sprach sich für Lohnerhöhungen von höchstens zwei Prozent aus. Dann seien 1999 die Schaffung von 300 000 neuen Arbeitsplätzen möglich.
Wirtschaftsminister Werner Müller hatte die Lohnforderung als zu hoch kritisiert. Die neue Bundesregierung habe mit der Kindergelderhöhung und der Senkung der Einkommensteuer „ein Stück mehr in die Lohntüte getan" was bei den Tarifgesprächen berücksichtigt werden müsse. DAG-Chef Roland Issen wies „die Belehrung" Müllers als ungebührlichen Eingriff in die Tarifautonomie zurück.

Nach AP-Meldungen vom 27. und 28. Dezember 1998

Arbeitsvorschläge

1. Nehmen Sie Stellung zur Gewerkschaftsschelte bei Äußerungen von Politikern zur Tarifpolitik. Berücksichtigen Sie dabei deren rechtliche Möglichkeiten, ihre Auffassung durchzusetzen.

2. Ein Bundestagsabgeordneter schlägt vor, wegen dramatischer Einbußen beim Export zur Sicherung der internationalen Wettbewerbsfähigkeit die Löhne für zwei Jahre gesetzlich „einzufrieren". Überprüfen Sie, ob dieser Vorschlag realisierbar ist.

3. Wie ist es mit der Tarifautonomie zu vereinbaren, dass Minister, also Regierungsmitglieder, Verhandlungspartner der Gewerkschaften bei Tarifverhandlungen für den öffentlichen Dienst sind?

9.3.2 Tarivertragsparteien

> **Zwischen**
> a) dem **Niedersächsischen Hotel- und Gaststättenverband in DEHOGA**, Hannover,
> b) dem **Braunschweigischen Hotel- und Gaststättenverband
> in DEHOGA**, Braunschweig, einerseits und der **Gewerkschaft Nahrung-Genuss-
> Gaststätten**, Landesbezirk Niedersachsen/Bremen, Hannover

> Zwischen dem **Einzelhandelsverband
> Niedersachsen e.V.**, und der
> **Vereinten Dienstleistungsgewerkschaft ver.di** –
> Landesbezirk Niedersachsen – Bremen

> Zwischen der **VOLKSWAGEN AG Wolfsburg**
> und der **INDUSTRIEGEWERKSCHAFT METALL**,
> Bezirksleitung Hannover

> Zwischen dem **Verband der Metallindustriellen
> Niedersachsens**, Hannover, und der **Industrie-
> gewerkschaft Metall**, Bezirksleitung Hannover

> ... anderseits, wird folgender Tarifvertrag vereinbart: ...

2002 gelten im Bundesgebiet rund 57 595 Tarifverträge, darunter 23 158 Firmentarifverträge für etwa 80% aller Arbeitnehmer. Wer Tarifverträge abschließen darf, also „tariffähig" ist, regelt das Tarifvertragsgesetz.

§ 2 Tarifvertragsparteien

(1) Tarifvertragsparteien sind Gewerkschaften, einzelne Arbeitgeber sowie Vereinigungen von Arbeitgebern.
(2) Zusammenschlüsse von Gewerkschaften und von Vereinigungen von Arbeitgebern (Spitzenorganisationen) können im Namen der ihnen angeschlossenen Verbände Tarifverträge abschließen, wenn sie eine entsprechende Vollmacht haben.
(3) Spitzenorganisationen können selbst Parteien eines Tarifvertrages sein, wenn der Abschluss von Tarifverträgen zu ihren satzungsgemäßen Aufgaben gehört.

Tariffähige Koalitionen (Vereinigungen) müssen folgende Bedingungen erfüllen:
- **Freiwilligkeit des Zusammenschlusses**, d.h. die Gründung muss ohne Zwang erfolgen, ebenso darf niemand zum Beitritt gezwungen werden;
- **Unabhängigkeit von der Gegenseite**, von Staat, Kirchen und Parteien;
- **überbetriebliche Organisation** nach demokratischen Regeln (z.B. Satzung);
- **Tarifwilligkeit**, d.h. Anerkennung der Verbindlichkeit von Tarifverträgen.

In Deutschland sind 2002 etwa 10 Millionen Arbeitnehmer Mitglieder von Gewerkschaften, das sind etwa 36% der Beschäftigten. Die meisten Gewerkschaften sind auf Orts- oder Kreis-, Bezirks-, Landes- und Bundesebene organisiert. Wenn sich mehrere Einzelgewerkschaften auf Bundesebene zusammenschließen, entstehen Dachverbände. Der größte ist der Deutsche Gewerkschaftsbund (DGB) mit 8 Einzelgewerkschaften.

Während die übrigen Dachverbände (s. Schaubild S. 184), z.B. der Christliche Gewerkschaftsbund (CGB), zugleich Spitzenorganisationen im Sinne des Tarifvertragsgesetzes sind, trifft dies für den DGB nicht zu. Nur seine Einzelgewerkschaften sind Tarifvertragsparteien.

Arbeitsvorschläge

1. *Ermitteln Sie anhand der Auszüge aus Tarifverträgen unterschiedliche Kombinationen tariffähiger Parteien.*
2. *Erkunden Sie in Ihrem Betrieb, welche Vertragsparteien die für Sie gültigen Tarifverträge abgeschlossen haben.*
3. *Die Belegschaft eines Großbetriebes ist mit der Arbeit der Gewerkschaft unzufrieden und will eine eigene Betriebsgewerkschaft gründen. Beurteilen Sie, ob eine solche Vereinigung Tarifverträge abschließen kann.*
4. *Erörtern Sie in einer Pro- und Kontra-Diskussion, ob es Betriebsräten ermöglicht werden soll mit ihren Firmenleitungen Tarifverträge abzuschließen.*

Arbeitgeber streiten über Tarifpolitik

Arbeitgeberpräsident Dieter Hundt wies Forderungen von BDI-Präsident Hans Olaf Henkel entschieden zurück, auch Betriebsräten Lohnverhandlungen zu erlauben. Statt dessen plädierte Hundt für eine Reform der Tarifverträge. Notwendig seien tarifliche oder notfalls auch gesetzliche Öffnungsklauseln.
Henkel hatte gefordert, dass konkurrierend zu Gewerkschaften und Arbeitgeberverbänden künftig auch Betriebsräte und Firmen über Lohn und Gehalt verhandeln dürfen. Dazu müsste das Betriebsverfassungsgesetz geändert werden, das dies bisher untersagt. (…) Hundt wies den Vorstoß Henkels zurück. Ein Recht des Betriebsrates, Lohnverträge abzuschließen, sei unakzeptabel, schade der Wirtschaft und dem Standort Deutschland. Als Folge würden die Betriebsparteien zu Arbeitskampfparteien. Dies bedeute das Ende der bisherigen Friedenspflicht.

Braunschweiger Zeitung vom 11. Januar 1997

Will ein Arbeitnehmer in eine Gewerkschaft eintreten, hat er die Wahl zwischen der für seinen Betrieb zuständigen DGB-Gewerkschaft und einem Berufs- oder Fachverband der übrigen Gewerkschaften.

Organisationsprinzip der DGB-Gewerkschaften

Industrieverbandsprinzip: ein Betrieb – eine Gewerkschaft. Das heißt, jede dieser Gewerkschaften vertritt die Interessen der Beschäftigten bestimmter Wirtschaftszweige und demnach aller Betriebe, die diesen Wirtschaftszweigen angehören.

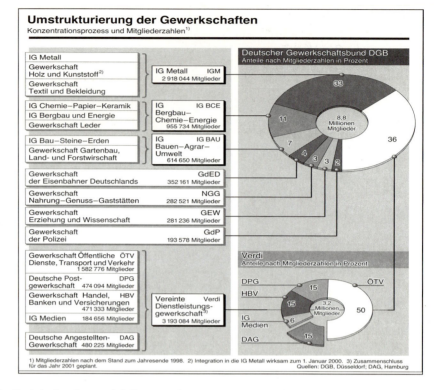

Auch die **Arbeitgeber** und Selbstständigen haben sich zu Verbänden mit ganz unterschiedlichen Zielsetzungen zusammengeschlossen. So weit es um die Durchsetzung wirtschafts- und sozialpolitischer Interessen geht, ist die Mitgliedschaft freiwillig. Nur bei den Kammern besteht eine Zwangsmitgliedschaft.

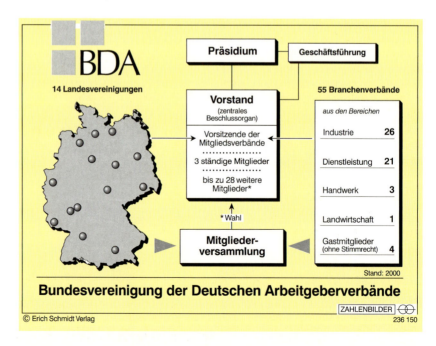

9.3.3 Verbindlichkeit von Tarifverträgen

In einer neu gebildeten Bauzeichnerklasse der Fachstufe 1 herrscht Ratlosigkeit und Empörung. Die künftigen Bauzeichnerinnen und Bauzeichner hatten die Höhe der Ausbildungsvergütungen und den Jahresurlaub verglichen und erhebliche Unterschiede festgestellt. Einer kam auf die Idee, das Alter könne eine Rolle spielen. Man habe doch im BGJ etwas vom Jugendarbeitsschutz gehört.

Damit konnten die Unterschiede in der Urlaubsdauer der 16- und 17-Jährigen erklärt werden, nicht aber die bei der Vergütung. Und da waren auch noch die drei „Erwachsenen" Klaus, Sabine und Lisa. Klaus und Sabine erhielten über 50,00 € im Monat mehr als Lisa und außerdem 30 Arbeitstage Urlaub, Lisa hingegen nur 24 Werktage.

„Ich bin gleich in die Gewerkschaft eingetreten", sagte Klaus, „vielleicht liegt das daran". Sabine bezweifelte die Vermutung von Klaus; sie sei nicht in der Gewerkschaft, beide erhielten von ihrem gemeinsamen Betrieb, einer Baufirma, auch gleiche Leistungen. Bezahlt werde nach Tarif, habe sie gehört. Lisa lernt bei einem Architekten, der keinem Verband angehört.

Sicher bleibt nur, was unser Tarifvertrag sichert.

Rechtsanspruch auf diesen Tarifvertrag haben nur **Mitglieder der IG Metall**

Tarifvertragsgesetz

§ 3 Tarifgebundenheit
(1) Tarifgebunden sind die Mitglieder der Tarifvertragsparteien und der Arbeitgeber, der selbst Partei des Tarifvertrages ist.
(3) Die Tarifgebundenheit bleibt bestehen, bis der Tarifvertrag endet.

§ 5 Allgemeinverbindlichkeit
(1) Der Bundesminister für Arbeit und Sozialordnung kann einen Tarifvertrag im Einvernehmen mit einem aus je drei Vertretern der Spitzenorganisationen der Arbeitgeber und der Arbeitnehmer bestehenden Ausschuss auf Antrag einer Tarifvertragspartei für allgemeinverbindlich erklären, wenn
1. die tarifgebundenen Arbeitgeber nicht weniger als 50 vom Hundert der unter den Geltungsbereich des Tarifvertrags fallenden Arbeitnehmer beschäftigen und
2. die Allgemeinverbindlicherklärung im öffentlichen Interesse geboten erscheint.
(4) Mit der Allgemeinverbindlicherklärung erfassen die Rechtsnormen des Tarifvertrages in seinem Geltungsbereich auch die bisher nicht tarifgebundenen Arbeitgeber und Arbeitnehmer.

Tarifverträge werden von den Tarifvertragsparteien grundsätzlich nur für ihre Mitglieder abgeschlossen. In der betrieblichen Praxis überwiegen jedoch tarifliche Leistungen auch für die Nichtorganisierten. Außerdem können Tarifverträge unter bestimmten Voraussetzungen für allgemeinverbindlich erklärt werden. Dies traf Anfang 2001 für 534 Tarifverträge mit einem Geltungsbereich für rund 4 Millionen Arbeitnehmer zu.

Tariflohn nur bei Firmen im Verband

Kassel Es gibt keinen Anspruch auf den vollen Tariflohn, wenn der Unternehmer nicht dem Arbeitgeberverband angehört und deswegen nicht tarifgebunden ist.
Das hat das Bundesarbeitsgericht in Kassel entschieden. Der Arbeitgeber kann in derartigen Fällen den Lohn mit den Arbeitnehmern frei vereinbaren.
...
(AZ: BAG 5 AZR 151/88)

Braunschweiger Zeitung vom 14.7.1989

Arbeitsvorschläge

1. a) Warum erhalten Klaus und Sabine gleiche Leistungen, obgleich Sabine in keiner Gewerkschaft ist?
   b) Ermitteln Sie den Grund dafür, dass Lisa keine tariflichen Leistungen erhält. Würde ein Gewerkschaftsbeitritt helfen?
2. Unter welchen Bedingungen kann ein Tarifvertrag für allgemeinverbindlich erklärt werden? Gibt es solche Verträge in Ihrem Wirtschaftszweig?
3. Einem Arbeitgeber ist die von seinem Verband vereinbarte Lohnerhöhung von 6,3% zu hoch und er tritt eine Woche nach der Vereinbarung aus dem Verband aus. Gegenüber der Belegschaft begründet er diesen Schritt mit der Wettbewerbssituation und bietet 4%. Muss sich die Belegschaft damit abfinden? Überprüfen Sie die Rechtslage anhand des Tarifvertragsgesetzes.
4. Diskutieren Sie in einem Streitgespräch die Aussage: „Rechtsanspruch auf Tarifverträge haben nur Gewerkschaftmitglieder!"

9.3.4 Arten und Inhalte von Tarifverträgen

Die vereinbarten Inhalte der Tarifverträge, also Löhne, Urlaubsdauer usw. sind staatlichen Gesetzen gleichgestellt und binden die Vertragspartner „unmittelbar und zwingend" (§ 4 Tarifvertragsgesetz). Abweichende Vereinbarungen müssen im Tarifvertrag zugelassen oder zugunsten des Arbeitnehmers sein.

Arbeitszeitverkürzungen
1900: Gewerkschaften erreichen 10-Stunden-Tag
1918: 8-Stunden-Tag gesetzlich eingeführt
1956: Von 48 auf 45 Stunden in der Metallindustrie
1967: 40-Stunden-Woche in der Metallindustrie
1975: 40-Stunden-Woche wird Normalarbeitszeit
1984: Einstieg in die 35-Stunden-Woche in der Metallindustrie

> **Die Funktionen des Tarifvertrags:**
> - **Schutzfunktion:** durch Tarifverträge soll die Unterlegenheit, mit der der einzelne Arbeitnehmer dem Arbeitgeber gegenübersteht, aufgehoben werden; Arbeitsbedingungen können damit nicht mehr einseitig diktiert werden.
> - **Ordnungsfunktion:** durch Tarifverträge werden die Millionen von Arbeitsverhältnissen typisiert und vereinheitlicht; das Arbeitsleben wird geordnet und bleibt damit einigermaßen überschaubar.
> - **Friedensfunktion:** während der Laufzeit von Tarifverträgen sind Arbeitskämpfe um bereits im Tarifvertrag geregelte Gegenstände ausgeschlossen.

Wilhelm Adamy/Johannes Steffen: Handbuch der Arbeitsbeziehungen, Schriftenreihe der Bundeszentrale für politische Bildung, Band 215, Bonn 1985, S. 245

Jeder Tarifvertrag wird für bestimmte Geltungsbereiche abgeschlossen. Was darunter zu verstehen ist, wird an der folgenden Aufstellung der IG-Metall deutlich.

Geltungsbereiche von Tarifverträgen

Für die Mitglieder der IG Metall werden Tarifverträge abgeschlossen

mit dem **räumlichen Geltungsbereich**:	mit dem **persönlichen Geltungsbereich**:
– für das ganze Bundesgebiet – für Tarifgebiete – für einzelne Unternehmen	– für Arbeiter – für Angestellte – für Auszubildende – für Arbeiter und Angestellte – für Arb., Angest. und Auszubildende
mit dem **fachlichen Geltungsbereich**: – für die Metallindustrie – für die Eisen- und Stahlindustrie – für die Branchen (Werften, Heizungsindustrie usw.) – für das Metallhandwerk	

Aufgrund der Satzung der Industriegewerkschaft Metall werden Tarifverträge abgeschlossen

vom Vorstand der IG Metall (z.B. vermögenswirksame Leistungen)	von den Bezirksleitungen im Auftrag des Vorstandes – (Lohn- und Gehaltstarifverträge, – Manteltarifverträge für Arbeiter, Angestellte und Auszubildende – Lohn- und Gehaltsrahmentarifverträge, – Urlaubstarifverträge usw.)

Erster Tarifvertrag
1873 wird als erster, einheitlich für das Deutsche Reich geltender Tarifvertrag der Buchdruckertarif abgeschlossen. In ihm werden Vereinbarungen über Mindestlöhne, Arbeitszeit, Überstunden und Kündigungsfristen getroffen.

IG Metall, Daten, Fakten, Informationen 2001

Nach ihren Inhalten werden traditionell **Lohn-** und **Gehaltstarifverträge** einerseits und **Rahmen-** oder **Manteltarifverträge** andererseits unterschieden. Erstere verzeichnen vor allem die Höhe der Vergütung und ihre Differenzierung nach Leistungsgruppen. In der chemischen Industrie wurde 1989 erstmalig auch ein einheitlicher **Entgelttarifvertrag** für Arbeiter und Angestellte vereinbart. In den Mantel- oder Rahmentarifverträgen werden allgemeine Arbeitsbedingungen wie Arbeitszeit und Urlaubsdauer festgelegt. Sie „ummanteln" bzw. „umrahmen" den Vergütungsanspruch.

Daneben gehen die Tarifvertragsparteien in den letzten Jahren zunehmend häufiger dazu über, **Einzeltarifverträge** mit besonderen Vereinbarungen abzuschließen, z.B. für vermögenswirksame Leistungen oder Vorruhestandsregelungen. Auch werden die Einstufungen in Leistungsgruppen nicht immer in den Lohn- und Gehaltstarifverträgen, sondern auch in gesonderten **Lohn-** und **Gehaltsrahmenabkommen** vereinbart.

Auf diese Weise können die Streitgegenstände bei Neuverhandlungen begrenzt und unterschiedliche Laufzeiten (Gültigkeitsdauer) der Tarifverträge vereinbart werden. Lohn-, Gehalts- und Entgelttarifverträge werden meist nur für ein Jahr abgeschlossen, um sie schneller an die jeweilige Wirtschaftslage anpassen zu können. Die übrigen Tarifverträge haben längere Laufzeiten.

Während der Laufzeit eines Tarifvertrages herrscht **Friedenspflicht**, d.h. es dürfen keine Kampfmaßnahmen zur Veränderung von Arbeitsbedingungen aus diesem Vertrag ergriffen werden. Die Vertragsparteien haben zudem die Pflicht, ihre Mitglieder zur Erfüllung der Verträge anzuhalten: Erfüllungs- und Einwirkungspflicht.

Arten der Tarifverträge

Manteltarifverträge Rahmentarifverträge regeln Arbeitsbedingungen, z.B.	**Lohn-, Gehalts-, Entgeltrahmentarifverträge** regeln Tarifgruppen:	**Einzeltarifverträge** regeln Einzelleistungen, z.B.	**Lohn-, Gehalts, Entgelttarifverträge** regeln in den Tarifgruppen:
– Urlaub – Arbeitszeit – Mehrarbeit – Urlaubsgeld – Probezeit – Kündigungsfristen – Beilegung von Streitigkeiten	– Bezeichnung der Tarifgruppen – Zuordnung der Tätigkeit zu den Tarifgruppen – Grundsätze der Arbeits- und Leistungsbewertung	– Berufsausbildung – vermögenswirksame Leistungen – Vorruhestands-Regelungen – Rationalisierungsschutz	– Löhne – Gehälter – Entgelt in den einzelnen Tarifgruppen

Bei den jüngsten Tarifauseinandersetzungen werden Tarifkorridore und Öffnungsklauseln bei Tarifverträgen diskutiert und z.T. praktiziert. Diese tarifpolitischen Möglichkeiten werden vor allem von Arbeitgebern und ihren Verbänden gefordert.
- **Tarifkorridore** ermöglichen Lohnerhöhungen innerhalb eines verabredeten Rahmens, z.B. zwischen drei und fünf Prozent. Betriebsleitungen und Belegschaften bzw. ihre Betriebsräte haben dann die Möglichkeit, die Lohnsteigerungen der jeweiligen Wirtschaftslage des Betriebes anzupassen.
- **Öffnungsklauseln** sollen es Betrieben ermöglichen, in wirtschaftlichen Notlagen von tarifvertraglichen Regelungen abzuweichen. Voraussetzung ist, dass die Geschäftsleitung und die Arbeitnehmervertretung eine Ausnahmesituation „einvernehmlich" feststellen. Erst dann besteht die Möglichkeit, abweichende Vereinbarungen zu treffen.

Arbeitsvorschläge

1. Ermitteln Sie die Geltungsbereiche der Tarifverträge, die für Ihren Ausbildungsbetrieb angewendet werden. Besteht Allgemeinverbindlichkeit?

2. Ordnen Sie Ihre Tarifverträge den vier Tarifvertragsarten zu.

3. Diskutieren Sie Vor- und Nachteile von Tarifkorridoren und Öffnungsklauseln in Ihrer Klasse in einem Rollenspiel mit Arbeitnehmern, Betriebsräten und Gewerkschaftsvertretern.

Zwischen dem
**Landesinnungsverband Niedersachsen des Kraftfahrzeughandwerks
und dem Landesverband des Kraftfahrzeuggewerbes Niedersachsen/Bremen e.V.**
und der
**Industriegewerkschaft Metall
Bezirksleitungen Hannover, Hamburg und Nordrhein-Westfalen**
wird folgender

Entgeltrahmentarifvertrag

vereinbart:

§ 1 Geltungsbereich

Dieser Tarifvertrag gilt:
A) räumlich:
   für das Land Niedersachsen;
B) fachlich:
a) für alle Betriebe des Handels mit Kraftfahrzeugen und Anhängern, Ersatzteilen und Zubehör und Reifen mit Ausnahme des reinen Teile- und Zubehörgroßhandels;
b) für alle Betriebe des Kfz–Mechaniker–Handwerks sowie Motoreninstandsetzungsbetriebe, Kfz–Elektrikerbetriebe, Kühlerbauer und die hiermit verbundenen zum Zwecke der Kfz–Reparatur unterhaltenen Nebenbetriebe.
C) persönlich:
   für alle Beschäftigten einschließlich der Auszubildenden

§ 2 Allgemeine Eingruppierungsgrundsätze

1. Jeder Beschäftigte wird unter Berücksichtigung seines Arbeitsvertrages und der ausgeübten Tätigkeiten in eine Entgeltgruppe eingruppiert. (...)
2. Maßgeblich für die Eingruppierung sind die aufgeführten Gruppenmerkmale bezüglich ihrer Tätigkeit. (...)

§ 3 Entgeltgruppen

Entgeltgruppe 0 - Ausbildungsvergütungen
Die Vergütung beträgt monatlich brutto:
Ab 1. Ausbildungsjahr 405 €   Ab 2. Ausbildungsjahr 460 €
Ab 3. Ausbildungsjahr 540 €   Ab 4. Ausbildungsjahr 570 €

Entgeltgruppe 1:
Tätigkeiten, die keine berufsfachlichen Kenntnisse und Fertigkeiten erfordern.

Entgeltgruppe 2:
Tätigkeiten, die geringe berufsfachliche Kenntnisse und Fertigkeiten erfordern, wie sie in der Regel durch mehrwöchiges betriebliches Anleiten oder Anlernen erworben werden oder den Nachweis einer einjährigen Berufspraxis im Kfz-Gewerbe.

Entgeltgruppe 3:
Tätigkeiten im Rahmen allgemeiner Anweisungen. Erforderlich sind Kenntnisse und Fähigkeiten, wie sie durch eine abgeschlossene Berufsausbildung im Kraftfahrzeuggewerbe erworben werden.
Gleichzusetzen sind andere abgeschlossene Berufsausbildungen sowie Kenntnisse und Fähigkeiten, die zu einer gleichwertigen Tätigkeit befähigen. Bei dem Nachweis einer mindestens dreijährigen Berufsausbildung ohne Abschluss im Kfz-Gewerbe genügt
eine einjährige Berufspraxis.
Beispiele: – Instandsetzungsarbeiten,
 – Wartungsarbeiten,
 – Juniorverkäufer/-in (Neu- und Gebrauchtwagen),
 – Sekretariatsaufgaben.

Monatsentgelt: 01.01.2002   01.07.2003
                 1.585,00 EUR   1.614,00 EUR

Entgeltgruppe 4 (Eckentgelt 100%):
Tätigkeiten, die eine einschlägige gewerblich-technische Berufsausbildung oder eine kaufmännische Berufsausbildung mit Abschluss und zweijährige Berufspraxis (ab 3. Berufsjahr) im Ausbildungsberuf erfordern oder für die gleichwertige vertiefte Fachkenntnisse vorausgesetzt werden, (...).

Beispiele: – Kfz-Mechaniker, Kfz-Elektriker, Karosserie- und Fahrzeugbauer,
 – Kaufmännische Sachbearbeitung im Sekretariat, Betriebsbüro, Information, Kasse, Neu- und Gebrauchtwagendisposition, Gewährleistung, (....).
 – Neu- und Gebrauchtwagenverkauf während der Einarbeitungszeit (ca. 3 bis 6 Monate),
 – Teile- und Zubehörverkauf einschließlich Kundenberatung,
 – Verantwortliche Arbeiten an der Tankstelle (...).

Monatsentgelt: 01.01.2002   01.07.2003
                 1.782.00 EUR   1.845.00 EUR

Entgeltgruppe 5
Tätigkeiten qualifizierter Art, die eine einschlägige gewerblich-technische Berufsausbildung oder kaufmännische Berufsausbildung mit Abschluss voraussetzen und die nach allgemeiner Einweisung selbständig ausgeführt werden.

Entgeltgruppe 6
Hochwertige Tätigkeiten und die Fähigkeiten andere Mitarbeiter/-innen anzuleiten oder Tätigkeiten, die spezielle gleichwertige Fachkenntnisse erfordern, die durch Fortbildung oder mehrjährige Berufspraxis erworben werden.

Entgeltgruppe 7
Verantwortliche Tätigkeiten, die eine umfangreiche Weiterbildung mit abgelegter Prüfung nach bundeseinheitlichem Konzept erfordern (...).

Entgeltgruppe 8
Selbständige und verantwortliche Tätigkeit mit begrenzter Leitungsbefugnis für einen Arbeitsbereich.(...)

Entgeltgruppe 9
Selbständige und verantwortungsvolle Tätigkeiten mit eigenständiger Leitungsbefugnis für einen Arbeitsbereich(...).

§ 4 Allgemeine Entgeltbestimmungen

2. Die Tarifentgelte sind Mindestentgelte. Das Entgelt ist als verstetigte Monatsvergütung zu zahlen,(...).

§ 5 Günstigkeitsklausel

1. Bestehende günstigere Regelungen werden durch den Abschluss des Vertrages nicht berührt. (…)

§ 6 Monatsentgelt

1. Das Monatsentgelt stellt eine Vergütung für den Kalendermonat bei einer Arbeitszeit von 36 Wochenstunden dar.

§ 9 Laufzeit

1. Der vorliegende Vertrag tritt am 01.01.2002 in Kraft.
2 Die Entgeltgruppenbestimmungen können mit einer Frist von 3 Monaten, erstmals zum 31.12.2003 gekündigt werden.

Hannover, den 12.12.2001

Zwischen dem
Unternehmensverband Einzelhandel Niedersachsen e.V.
der
**Gewerkschaft Handel, Banken und Versicherungen
Landesbezirksleitung Niedersachsen/Bremen**
und der
**Deutschen Angestellten-Gewerkschaft
Landesverband Niedersachsen-Bremen**
wird folgender **MANTELTARIFVERTRAG** abgeschlossen

Inhaltsverzeichnis des Tarifvertrages über die Berufsbildung im Baugewerbe – Bundesrepublik Deutschland (Auszug)

§ 1   Geltungsbereich
§ 2   Ausbildungsvergütung
§ 3   Ausbildungsvergütung bei Verlängerung der Ausbildungszeit
§ 5   Zuschläge bei Mehrarbeit und bei Arbeit an Sonn- und Feiertagen
§ 6   Freistellung zwischen Weihnachten und Neujahr
§ 7   Erschwerniszuschläge
§ 8   Fahrtkosten bei überbetrieblicher Ausbildung
§ 10 Urlaubsdauer für gewerbliche Auszubildende
§ 11 Urlaubsvergütung...
§ 12 Entstehung der Urlaubsansprüche...
§ 15 Geltung der Rahmentarifverträge
§ 16 Ausschlussfristen (Verfall von Ansprüchen)
§ 17 Gebühren der überbetrieblichen Ausbildungsstätte
§ 18 Urlaubs- und Lohnausgleichskasse der Bauwirtschaft.

§ 1 Geltungsbereich

Dieser Tarifvertrag gilt:

räumlich: für das Land Niedersachsen in den Grenzen vom 01.01.93
fachlich: für alle Betriebe des Einzelhandels
persönlich: für alle Beschäftigten einschließlich der Auszubildenden (nachstehend „Beschäftigte" genannt)

§ 2   Beginn und Ende des Arbeits- und Ausbildungsverhältnisses
§ 3   Probezeit
§ 4a Aushilfen
§ 4b Teilzeitarbeit
§ 5   Arbeitszeit und Pausen
§ 6   Gehalts- und Lohnregelung (allgemeine Grundsätze)
§ 7   Mehr-, Nacht-, Sonn- und Feiertagsarbeit
§ 8   Verdienstsicherung für ältere Arbeitnehmer
§ 9   Urlaub
§ 10 Urlaubsgeld
§ 11 Freistellung von der Arbeit
§ 12 Arbeitsverhinderung
§ 13 Zahlung im Sterbefall
§ 14 Verwirkung von Ansprüchen
§ 15 Tarifschiedsgericht
§ 16 Schlussbestimmungen

1. Dieser Manteltarifvertrag tritt am 1. Januar 2000 in Kraft.
2. Die Bedingungen des Tarifvertrages sind Mindestbedingungen. Für die Beschäftigten bestehende günstigere Bedingungen dürfen nicht zu ihren Ungunsten verändert werden.
3. Dieser Vertrag kann von jeder Vertragspartei mit einmonatiger Frist zum Monatsende, erstmalig zum 30.11.2000 schriftlich gekündigt werden.
4. Dieser Tarifvertrag bleibt auch nach erfolgter Kündigung bis zum Inkrafttreten eines neuen Tarifvertrages gültig. Hierbei bleibt die Friedenspflicht der Vertragspartner jedoch nur bis zum Ablauf der Kündigungsfrist bestehen.

Hannover, den 13. April 2000

*Die gewerkschaftlichen Vertragsparteien sind seit 2001 Mitglied der Vereinte Dienstleistungsgewerkschaft **ver.di** (s. S. 184). Der Manteltarifvertrag wurde gekündigt und wird neu verhandelt, ist aber noch gültig. Mit einem Abschluss wird für Herbst 2002 gerechnet. Stand: Mai 2002.*

Arbeitsvorschläge

1. *Im Lohntarifvertrag sind unterschiedliche Vergütungen vorgesehen. Wonach wird unterschieden?*

2. *Wählen Sie aus der Inhaltsangabe des Manteltarifvertrages fünf für Sie wichtige Vereinbarungen aus.*

3. *Vergleichen Sie die Laufzeiten und Kündigungsfristen beider Tarifverträge. Begründen Sie die Unterschiede.*

4. *Vergleichen Sie die Bestandteile der abgedruckten Tarifverträge mit den für Sie oder Ihre Berufsgruppe üblichen Verträgen. Fehlt bei Ihnen eine wünschenswerte Regelung? – Benennen Sie diese.*

5. *Erläutern Sie den tariflichen Begriff „Friedenspflicht".*

9.3.5 Tarifverhandlungen

Unterschiede je nach Tarifgebiet
Lohnfortzahlung wird zur Nagelprobe

Durchbruch für Niedersachsen Metaller
Einig: Lohnfortzahlung, aber ohne Zuschläge

Metallgewerkschaft lehnt Angebot ab

Arbeitgeber fordern „absolute Nullrunden"
„Wohlstand nur durch Lohnverzicht zu halten"

Keine Annäherung bei Ost-Metall-Gesprächen

Die „Lohnquote" ist der Arbeitnehmeranteil am gesamten Volkseinkommen. Sie beträgt 2001 72,7 %. Im statistischen Gegenstück dem „Einkommen aus Unternehmertätigkeit und Vermögen" sind allerdings auch Vermögenseinkünfte von Arbeitnehmern aus Vermögens und Grundbesitz enthalten.

Arbeitnehmer und Arbeitgeber tragen ihre Interessengegensätze in Tarifverhandlungen aus. Diese werden notwendig, wenn die vereinbarte Geltungsdauer eines Tarifvertrages abgelaufen und dieser fristgerecht gekündigt worden ist (sonst gilt er bis zum nächsten Kündigungstermin weiter). Da wirtschaftliche Erträge zunächst den Unternehmen zufließen, sind es in der Regel die Gewerkschaften, die für ihre Mitglieder neue Verträge anstreben. Es gibt aber auch Fälle von Tarifkündigungen durch Arbeitgeber, vor allem in den neuen Bundesländern, wie die Kündigung von Bautarifverträgen im Sommer 1996 zeigt.
Jede Partei bestimmt ihre Tarif- und Verhandlungskommissionen. Nach Beratungen mit den Mitgliedern werden dann die Forderungen bzw. Angebote formuliert.

Mit Presseerklärungen, Flugblättern und Zeitungsanzeigen wird versucht, die öffentliche Meinung für die eigene Position zu gewinnen und damit die Gegenseite zu beeinflussen. Dabei wird mit Daten zur wirtschaftlichen Lage argumentiert. Vor allem drei wirtschaftliche Daten spielen dabei eine Rolle:
- der **Produktivitätszuwachs**, mit dem die Leistungssteigerung der Wirtschaft im Verhältnis zur aufgewendeten Arbeitszeit gemessen wird (s. S. 142).
- der erwartete künftige **Preisanstieg** („Inflationsrate"), der die Kaufkraft der Einkommen mindert.
- die **Lohnquote**, d.h. das Verhältnis der Einkommen aus unselbständiger Arbeit (Arbeitnehmereinkommen) zum Einkommen aus Unternehmertätigkeit und Vermögen.

Bei hohen Unternehmensgewinnen fordern Gewerkschaften häufig Zuschläge (Verteilungskampf, „expansive" Lohnpolitik).
In den neuen Bundesländern kommt die Gewerkschaftsforderung nach einer Angleichung der Löhne und der übrigen Arbeitsbedingungen an das Niveau der alten Bundesländer hinzu.

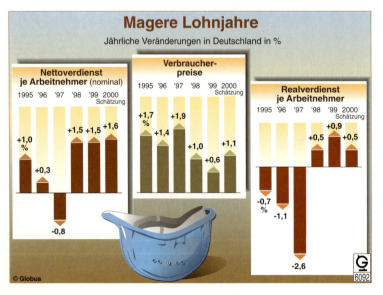

Meinungen zur Tarifrunde 2002

IG Metall trotz Appell zu maßvoller Tarifrunde

(Frankfurt) In der Tarifpolitik stehen die Zeichen auf Sturm. Die IG Metall macht ihre Ankündigungen wahr und geht mit einer Forderung von 5 bis 7 % mehr Lohn und Gehalt in die Tarifrunde 2002. Dies (...) teilte der IG-Metall-Vorsitzende Klaus Zwickel mit. (...)
Die IG Metall leiste mit ihrer Lohn- und Gehaltsforderung einen Beitrag zur Belebung der Nachfrage. „Die leeren Taschen der Arbeitnehmer werden zum Konjunkturrisiko". Außerdem hätten die Erfahrungen der Vergangenheit gezeigt, dass Lohnzurückhaltungen nicht zu mehr Beschäftigung führe.
Zwickel begründete die Forderung der IG Metall mit einem erwarteten Preisanstieg im kommenden Jahr von 2 % und einer Produktivitätssteigerung von ebenfalls 2 %. Der Rest sei „Umverteilung und Nachholbedarf". (...) Die neuen Tarifverträge sollen eine Laufzeit von 12 Monaten haben.

Aktuelle Forderung der IG-Metall:
6,5 % mehr Lohn.
Angebot der Arbeitgeber:
2 % mehr Lohn

Braunschweiger Zeitung vom 2. November 2001

Arbeitgeber für Nachschlagklausel

Die Arbeitgeber haben zu einer Kursänderung in der Wirtschafts-, Finanz- und Tarifpolitik aufgerufen, um eine Rezession in Deutschland zu verhindern. Hundt (Präsident der Bundesvereinigung der Deutschen Arbeitgeberverbände – BDA) regte an, bei den längerfristigen Tarifverträgen verbindliche Nachbesserungen zu vereinbaren. (...) Vorstellbar sei etwa ein mehrjähriger Tarifvertrag der die Verpflichtung für Nachbesserungen enthält, falls die Produktivität um 0,5 % stärker wachsen sollte als angenommen. (...) Grundlage für die Tarifverträge müsste das gesamtwirtschaftliche Wachstum sein.

Braunschweiger Zeitung vom 2. November 2001

Europäische Zentralbank warnt vor Preis-Lohn Spirale

Frankfurt (dpa) Die Europäische Zentralbank sieht Gefahren für eine Preis-Lohn-Spirale. EZB Chef-Volkswirt Otmar Issing appeliert deshalb an die Gewerkschaften im Euroraum, die aktuell hohen Preissteigerungsraten nicht zum Anlass für massive Lohnforderungen zu nehmen. Am Ende einer solchen Fehlentwicklung „sind die Arbeitnehmer die Verlierer". Steigende Verbraucherpreise führen unmittelbar zu höheren Zinsen als Folge einer schärferen Geldpolitik der EZB, womit schließlich die Konjunktureinwicklung zusätzlich gebremst werde.

Nach Braunschweiger Zeitung vom 8. November 2001

Arbeitsvorschläge

1. Vergleichen Sie die Erhöhungen der Nettoverdienste der beschäftigten Arbeitnehmer mit dem jeweiligen Preisanstieg. In welchen Jahren konnten sie reale Einkommensverbesserungen verzeichnen?

2. a) Stellen Sie die Argumente von Arbeitgebern und Gewerkschaften zur Tarifrunde 2002 gegenüber.
b) Überprüfen Sie, in welchem Umfang die drei wirtschaftlichen Daten Inflationsausgleich, Produktivität und Umverteilung in den Forderungen zum Ausdruck kommen.
c) Diskutieren und ermitteln Sie mit verteilten Rollen einen eigenen Tarifvorschlag. (Holen Sie bei Bedarf weitere Informationen ein.)
d) Vergleichen Sie Ihren Vorschlag mit dem tatsächlichen Ergebnis.

9.3.6 Schlichtung

Schlichtungsabkommen für das Baugewerbe in der Bundesrepublik Deutschland vom 12. März 1979 (gilt noch)

§ 1 Voraussetzungen...

(1) Entsteht zwischen den Tarifvertragsparteien ... ein Streitfall, der zu Kampfmaßnahmen führen kann, so haben die Tarifvertragsparteien innerhalb von vierzehn Kalendertagen in Verhandlungen einzutreten und zu versuchen, zu einer Einigung zu gelangen.

(2) Erklärt eine der streitenden Tarifvertragsparteien der anderen, dass eine Einigung nicht zu erzielen sei oder lehnt eine dieser Parteien es ab, weiter zu verhandeln, so ist ein Schlichtungsverfahren... durchzuführen.

§ 2 Verfahren

(2) Die Zentralschlichtungsstelle hat in jedem Stadium des Verfahrens zu versuchen, eine Einigung der Parteien herbeizuführen.

„Bitte die Herren, das übliche Zeremoniell – es ist angerichtet!"

Bei den meisten Tarifverhandlungen kommen die Vertragspartner nach mehr oder weniger zähen Verhandlungen zu einem für beide Seiten tragbaren Kompromiss. Können sie sich nach mehreren Verhandlungsrunden nicht einigen, bleibt es zunächst beim „tariflosen" Zustand. In der Regel gelten dann die bisherigen Arbeitsbedingungen weiter. Die Gewerkschaften versuchen nun, über die Belegschaften auf die Arbeitgeber Druck auszuüben. Es gibt Betriebsversammlungen, Demonstrationen und es wird mit Streik gedroht.

Der Arbeitsfriede kann erhalten werden, wenn eine Seite das **Scheitern** der Verhandlungen erklärt und ein **Schlichtungsverfahren** beantragt. Es gibt tarifliche Vereinbarungen über die Einsetzung von Schlichtungskommissionen. Häufig wird ein neutraler Schlichter hinzugezogen, der nach eingehender Beratung einen Einigungsvorschlag unterbreitet. Dieser wird wirksam, wenn beide Seiten zustimmen.

Arbeitsvorschläge

1. Interpretieren Sie die Karikatur.
2. Erläutern Sie den Begriff „Schlichtung".
3. Begründen Sie den Abschluss von Schlichtungsabkommen.

9.3.7 Arbeitskampf

Nach Scheitern einer Schlichtung kann es zu Arbeitskämpfen kommen. Das Kampfmittel der Gewerkschaften ist der **Streik**, das der Arbeitgeber die **Aussperrung**.

Streik

Streik ist die planmäßige gemeinsame Arbeitsniederlegung einer Mehrzahl von Arbeitnehmern, um ihre Forderungen zur Verbesserung der Arbeitsbedingungen durchzusetzen. Streiks sind nur dann rechtmäßig, wenn sie gewerkschaftlich organisiert sind und einen neuen Tarifvertrag erzwingen sollen.

Die erste Stufe des Arbeitskampfes der Arbeitnehmer sind zeitlich befristete Warnstreiks (bis zu drei Stunden). Abweichend von einer früheren Auffassung hat das Bundesarbeitsgericht 1988 festgestellt, dass auch diese erst nach Ausschöpfung aller Mittel stattfinden sollen. Dieses Urteil wird von den Gewerkschaften als arbeitgeberfreundlich kritisiert.

Lange Zeit war umstritten, ob Auszubildende überhaupt an Streikaktionen teilnehmen dürfen. In einem Urteil von 1984 hat das Bundesarbeitsgericht (BAG) festgestellt:

Der Tarifvertrag

Legale Streikformen
- Warnstreik: kurzfristige Streiks, ohne Urabstimmung und Streikgeld
- Schwerpunktstreik: nur wenige Betriebe werden bestreikt, z.B. Zulieferbetriebe.
- Flächenstreik: eine größere Zahl oder sämtliche Betriebe eines umkämpften Tarifbezirks werden bestreikt.

Chronik der Streikziele
- 1951: mehr Lohn
- 1955: 5-Tage-Woche
- 1957: Lohnfortzahlung im Krankheitsfalle
- 1978: Sozialschutz bei Rationalisierungsmaßnahmen
- 1984: Einstieg in die 35-Stunden-Woche
- 1993: Stufenplan zur Angleichung der Ostlöhne an das Westniveau

Die Gewerkschaft darf Auszubildende zur Teilnahme an kurzen zeitlich befristeten Warnstreiks jedenfalls dann auffordern, wenn über die Ausbildungsvergütung verhandelt wird. Ausbildungsvergütungen sind auch ein Teil der Arbeits- und Wirtschaftsbedingungen im Sinne von Art. 9 Abs. 3 GG, selbst wenn man das Ausbildungsverhältnis als ein Vertragsverhältnis besonderer Art ansieht ...

Ausbildungsvergütungen können durch Tarifverträge geregelt werden. Deshalb müssen Auszubildende auch die Möglichkeit haben, auf die Ausbildungsbedingungen über ihre Gewerkschaft Einfluss nehmen zu können. Ob damit dem Auszubildenden auch ein Recht zusteht, für längere Zeit zu „streiken", kann hier offenbleiben. Die Teilnahme an Warnstreiks kann den Ausbildungszweck nicht gefährden.

Aus einem Urteil des Bundesarbeitsgerichts vom 12.9.1984

Gesetzlich zugelassene Streiks – im Gegensatz zu „wilden Streiks" – sind von Gewerkschaften entsprechend ihren satzungsgemäßen Bestimmungen zu organisieren.

Satzung der IG–Metall (gültig ab 1. Januar 2000)
§ 22 Streik

1. Der Vorstand kann Bezirksleitungen und Ortsverwaltungen ermächtigen, zu Warnstreiks aufzurufen.
2. Arbeitseinstellungen setzen den Beschluss des Vorstandes voraus.
3. Vor der Beschlussfassung über Arbeitseinstellungen hat der Vorstand sowohl die Geschäftslage der betreffenden Industriegruppe als auch die allgemeinen wirtschaftlichen Verhältnisse in Betracht zu ziehen. Der Vorstand hat ferner zu berücksichtigen, ob zur Durchführung des Streiks die nötigen Mittel vorhanden sind oder beschafft werden können.... Der Antrag muss abgelehnt werden, wenn nicht mindestens 75 Prozent der für die Bewegung in Betracht kommenden Gewerkschaftsmitglieder in der vom Vorstand beschlossenen geheimen Urabstimmung für die Arbeitseinstellung gestimmt haben.

Arbeitsvorschläge

1. Stellen Sie anhand des Urteils des Bundesarbeitsgerichtes (BAG) fest, ob Auszubildende grundsätzlich an Warnstreiks teilnehmen dürfen. Geben Sie dafür eine Begründung.
2. Nehmen Sie unter Berücksichtigung von Streikzielen dazu Stellung, ob Auszubildende wegen eines Streiks dem Berufsschulunterricht fernbleiben dürfen.
3. Welche Aussage trifft das BAG hinsichtlich der Teilnahme von Auszubildenden an längerfristigen Arbeitskämpfen?
4. Halten Sie eine Erweiterung des Streikrechts für Auszubildende für wünschenswert? Führen Sie zu diesem Thema eine Umfrage durch, möglichst mit begründeten Antworten. Werten Sie die Ergebnisse aus, diskutieren Sie diese und veröffentlichen Sie das Umfrageergebnis, z.B. am SV–Brett der Schule.

Kasseler Grundsatzurteil

Feiertagspause bei Streiks rechtens

KASSEL (ap) Ein Arbeitskampf darf von der Gewerkschaft vor gesetzlichen Feiertagen mit dem Ziel unterbrochen werden, dass die Beschäftigten den Anspruch auf Feiertagszahlung behalten.

Das entschied das Bundesarbeitsgericht in einem Grundsatzurteil. Die Arbeitgeber können sich nach der höchstrichterlichen Feststellung gegen eine solche Streiktaktik der Gewerkschaft nur mit Aussperrungen wehren.

AP-Meldung vom 11.5.1993

Während einer legalen Arbeitsniederlegung „ruht" das Arbeitsverhältnis. Es wird ohne Lohnanspruch unterbrochen. Außer bei Warnstreiks erhalten streikende oder ausgesperrte Gewerkschaftsmitglieder allerdings ein Streikgeld. Das Arbeitsverhältnis wird nach Beendigung des Arbeitskampfes fortgesetzt. Vorsorglich werden jedoch beim Abschluss von Tarifverträgen „Maßregelungsklauseln" vereinbart, d.h. die am Arbeitskampf beteiligten Arbeitnehmer dürfen keine Nachteile erleiden. Hingegen kann die Teilnahme an einem „wilden" Streik, der nicht gewerkschaftlich organisiert ist, wegen Arbeitsverweigerung zu einer fristlosen Kündigung führen.

Ein Streik wird beendet, wenn die Tarifkommission ein Verhandlungsergebnis erreicht hat, dem in der Regel mindestens 25% der Gewerkschaftsmitglieder in einer erneuten Urabstimmung zustimmen.

Aussperrung

Aussperrung ist der planmäßige Ausschluss einer Gruppe von Mitarbeitern eines Betriebes oder einer Betriebsabteilung (z. B. der Arbeiter), um durch diese Maßnahme bei Einstellung der Lohnzahlung Druck gegen einen Streik zu erzeugen.

Bei einer „Abwehraussperrung" gegen einen von einer Gewerkschaft begonnenen Streik werden – mit Ausnahme des Notpersonals – auch die arbeitswilligen Beschäftigten von der Arbeit ausgeschlossen. Unzulässig ist es, bei Arbeitskämpfen z.B. nur Gewerkschaftsmitglieder auszusperren.

Von einer **„kalten Aussperrung"** sprechen Gewerkschaften dann, wenn nicht bestreikte Betriebe (z.B. VW) aussperren, weil sie nicht mehr weiter produzieren können. Dies ist der Fall, wenn bestreikte Zulieferbetriebe dringend benötigte Bauteile nicht mehr liefern können.

Bundesverfassungericht schränkt das Recht auf Aussperrung ein

KARLSRUHE Das Bundesverfassungsgericht hat das Recht der Arbeitgeber auf Aussperrung von Beschäftigten beschränkt.

Bei Tarifauseinandersetzungen ist die Aussperrung danach nur zulässig, wenn die Arbeitgeber damit angemessen auf Streikmaßnahmen reagieren.

Zwar seien Aussperrungen vom Grundrecht auf Koalitionsfreiheit insofern gedeckt, als sie durch Abwehr von Teil- und Schwerpunktstreiks „der Herstellung der Verhandlungsparität" dienten. Sie könnten jedoch nach dem Grundsatz der Verhältnismäßigkeit beschränkt werden.

Mit dem Gebot der Verhältnismäßigkeit ist gemeint, dass höchstens die gleiche Zahl von Arbeitnehmern ausgesperrt werden darf, wie die, die sich im Streik befindet. Das Recht auf Aussperrungen endet, wenn insgesamt 50% der Arbeitnehmer bei einer Tarifauseinandersetzung an Streiks beteiligt oder von Aussperrung betroffen sind.

Während das Streikrecht unumstritten zu den Merkmalen demokratischer Gesellschaften zählt, fordern die Gewerkschaften seit Jahren das gesetzliche Verbot der Aussperrung.

Arbeitsvorschläge

1. Erklären Sie die Begriffe „Streik" und „Aussperrung" mit eigenen Worten.
2. Unterscheiden Sie Warnstreiks von anderen Formen des gewerkschaftlich organisierten Arbeitskampfes.
3. Ermitteln Sie die Voraussetzungen für den Beginn und für die Beendigung eines Streiks:
   a) für die IG–Metall anhand ihrer Satzung und
   b) für Ihren Berufszweig, z.B. durch Befragung des Betriebsrates
4. Nehmen Sie Stellung zu der Aussage eines Arbeitnehmers: „Wenn ich als Nichtorganisierter schon kein Streikgeld bekomme, möchte ich doch zumindest bei der Urabstimmung darüber mitentscheiden, ob es zu Arbeitsniederlegungen kommen soll."

Spielregeln für den Arbeitskampf

- Tarifverhandlungen Gewerkschaften/Arbeitgeber oft begleitet von Warnstreiks
- Erklärung des Scheiterns
- Schlichtungsverfahren möglich*
- Erklärung des Scheiterns – Ende der Friedenspflicht
- Urabstimmung der Gewerkschaftsmitglieder über Streik
- **STREIK**
- Gegenmaßnahme der Arbeitgeber: Aussperrung**
- Neue Verhandlungen
- Urabstimmung über Ergebnis; Streik-Ende
- **Neuer Tarifvertrag**

*im öffentl. Dienst zwingend, wenn von einer Seite gefordert
**im öffentl. Dienst nicht praktiziert

AUSSPERREN HEISST AUSHUNGERN

Streik ist unsere letzte Waffe, wenn es darum geht, unsere Rechte durchzusetzen.
Wir entscheiden mehrheitlich darüber. Wie's sich in der Demokratie gehört. Nicht leichtfertig (denn wir müssen verzichten).

AUSSPERRUNG – DAS IST DER „WILDE WESTEN".

Das Recht des Stärkeren gilt. Die Tür wird zugeschlagen, willkürlich, selbstherrlich.
Aussperren ist unmenschlich. Aussperren ist undemokratisch.
Ein paar entscheiden, viele müssen parieren.

Angst und Unsicherheit werden geschaffen. Das Recht auf Arbeit genommen. Die Unternehmer wollen, dass wir kuschen.
Dass unsere Gewerkschaften ausbluten.

AUSSPERRUNG VERSTÖSST GEGEN MENSCHENWÜRDE.

DGB

Pro und Kontra Aussperrung

Gewerkschaften	Arbeitgeber
Aussperrung verstößt gegen die Menschenwürde, weil sie Arbeitnehmern Angst macht und ihnen das Recht auf Arbeit nimmt.	Aussperrung erfolgt nur als Gegenmaßnahme von Schwerpunktstreiks. Die Gewerkschaften haben es also bei ihrer Streiktaktik in der Hand, ob ausgesperrt werden muss. Aussperrungen verkürzen Arbeitskämpfe.
Aussperrung gefährdet das Streikrecht und die Tarifautonomie, weil sie die Gewerkschaften schwächt.	Die Gewerkschaften bestimmen selbst Umfang und Dauer von Arbeitskämpfen. Zudem verfügen sie über hohe Mitgliederzahl mit großen Beitragseinnahmen.
Die Verfügungsmacht der Unternehmer über die Produktionsmittel ist Übermacht und kann nur durch das Streikrecht eingeschränkt werden.	Die Verfügungsmacht über Produktionsmittel endet bei Streiks, wenn keiner mehr arbeitet. Stillstehende Maschinen erfordern zudem hohe Kosten.

Arbeitsvorschläge

1. Informieren Sie sich, z.B. anhand von Zeitungsberichten, über den Ablauf einer aktuellen Tarifauseinandersetzung.
2. Bei Arbeitskämpfen streiken in einem Tarifgebiet 10% der Beschäftigten, in einem anderen 60%. Stellen Sie fest, in welchem Umfang die vom Streik betroffenen Unternehmen entsprechend dem Gebot der Verhältnismäßigkeit zusätzlich aussperren dürfen.
3. Diskutieren Sie die Gewerkschafts- und Arbeitgeberargumente zum Verbot der Aussperrung. Nehmen Sie dazu Stellung.
4. Ermitteln Sie die für Ihren Schulstandort zuständigen Gewerkschafts- und Arbeitgeberverbandsgeschäftsstellen und besorgen Sie zusätzliches Material zum Thema Pro und Kontra Aussperrungsverbot. Bereiten Sie damit ein Rollenspiel vor und führen Sie es in der Klasse durch.

9.3.8 Wirtschaftliche Auswirkungen der Tarifpolitik

Metaller-Demo: Gesamtmetall-Forderungen abgelehnt
IGM-Nr. 17-1994

Tarifverträge sind zeitlich befristete Kompromisse (ausgleichende Vereinbarungen) im Streit zwischen den beteiligten Parteien, wie die Erträge der Wirtschaft – der sogenannte „Kuchen" – aufgeteilt werden. Wer in einer Lohnrunde wirklich „gewonnen" hat, bleibt häufig offen.

Die Gewerkschaften messen die Erfolge ihrer Tarifpolitik u.a. an der steigenden Kaufkraft der Löhne, an verbesserten Arbeitsbedingungen und – auch als Ergebnis der erkämpften Arbeitszeitverkürzungen – an der Sicherung bestehender und Schaffung neuer Arbeitsplätze.

Aus Unternehmersicht gefährden Lohnabschlüsse und andere Vereinbarungen, z.B. mehr Urlaub, deren Gesamtkosten über dem Produktivitätszuwachs liegen (s. S. 142, 190) entweder die Preisstabilität oder die Beschäftigung.

Kaufkraft der Lohnstunde
Für diese Lebensmittel mussten Arbeitnehmer so viele Minuten arbeiten

1970		2000
96	1 kg Schweinekotelett	34
72	1 kg Rindfleisch zum Kochen	32
16	1 kg dunkles Mischbrot	12
22	10 Eier	8
22	250 g Butter	5
6	1 kg Kartoffeln	4
9	1 ℓ Milch	3

Errungenschaften am Arbeitsplatz
von je 100 Arbeitnehmern haben tarifvertraglichen Anspruch auf:

	West	Ost
Sonderzahlungen	98	88
Vermögenswirksame Leistungen	97	62
Urlaubsgeld	95	95
mind. 6 Wochen Urlaub	80	55

Stand 1998 nach Globus 5375

Bei Lohnverzicht bewegt sich nichts

Lohnverzicht – Kaufkraftverlust
Kaufkraftverlust – Absatzschwund
Absatzschwund – Produktionsrückgang
Produktionsrückgang – Arbeitsplatzverlust

Arbeitgeberpräsident Dr. Hundt 2002: Beschäftigungsorientierte Tarifpolitik

Die Tarifpolitik der letzten drei Jahre ist der Hauptgrund für die Belebung am Arbeitsmarkt, ein kräftigeres Wachstum, die Erhöhung der Investitionen und die anhaltende Preisstabilität. (…)
Die private Nachfrage ist nicht trotz, sondern wegen der Lohnzurückhaltung angesprungen. Die richtige Formel für Kaufkrafttheoretiker lautet:
– Moderate Lohnpolitik bedeutet verbesserte Wettbewerbsfähigkeit,
– moderate Lohnpolitik bedeutet deshalb mehr Investitionen und mehr Arbeitsplätze
– und moderate Lohnpolitik bedeutet auch Preisstabilität.

Nur so kann die Kaufkraft gesteigert werden.

Der Sachverständigenrat, die so genannten „Fünf Weisen" (s. S. 118), und andere wirtschaftswissenschaftliche Institute nehmen jedes Jahr zur Tarifpolitik Stellung.

Lohnpolitik: beschäftigungsorientiert bleiben

Die Tarifvertragsparteien sollten die Flexibilitätspuffer in den Entgelttarifverträgen und Manteltarifverträgen ausbauen. Betriebe müssen bei der Arbeitszeit mit der Auftragslage atmen können; sie verbessern auf diese Weise ihre Wettbewerbsfähigkeit. Dies sollte auch den Arbeitnehmern in Form höherer Löhne oder sicherer Arbeitsplätze zugute kommen. Dann erübrigen sich Debatten um die Abschaffung der Überstunden teilweise. Bei der Entlohnung sollte mehr Flexibilität geschaffen werden, und zwar dadurch, dass die Arbeitnehmer stärker als bisher in guten Zeiten am Erfolg des Unternehmens durch ein Bonussystem partizipieren und gleichzeitig die Fixlohnkomponente niedriger ansetzen. Dadurch, dass die Beschäftigten ein Einkommensrisiko übernehmen, könnte ihnen das Arbeitsplatzrisiko – wenn auch nicht vollständig, so doch teilweise – abgenommen werden.

Im Frühjahr 2002 gilt es, die moderate Lohnpolitik der letzten beiden Jahre fortzusetzen, und zwar deshalb, damit die Chancen für den Abbau der Arbeitslosigkeit verbessert werden. Für die Schaffung von Arbeitsplätzen ist in einer unterbeschäftigten Volkswirtschaft wichtig, dass der Lohnanstieg hinter dem Produktivitätsfortschritt zurückbleibt, wenn im Interesse der Arbeitslosen Spielraum dafür geschaffen werden soll, dass zusätzlich Arbeitsplätze zustande kommen können. Bewegt sich der Lohnanstieg dagegen im Ausmaß des Produktivitätsfortschritts, so wird die Beschäftigung gerade gehalten. Der durch den Produktivitätsfortschritt erweiterte Verteilungsspielraum wird dann zwischen Arbeitsplatzbesitzern und Unternehmen aufgeteilt, und die Arbeitslosen bleiben bei der Verteilung der Produktivitätsgewinne draußen vor.

Jahresgutachten des Sachverständigenrates, Herbst 2001, Ziffer 402

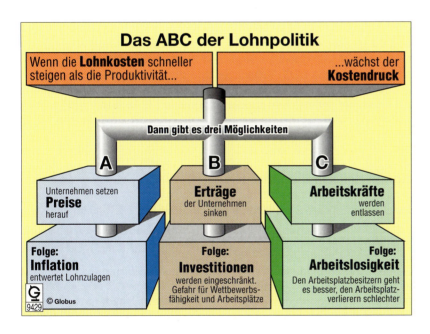

Arbeitsvorschläge

1. Vergleichen Sie den Kaufkraftzuwachs der „Lohnminute" an zwei Beispielen Ihrer Wahl. Begründen Sie die Veränderungen.
2. a) Stellen Sie die unterschiedlichen Standpunkte von Gewerkschaften und Arbeitgebern über die Auswirkungen von Lohnerhöhungen gegenüber, die den Produktivitätszuwachs übersteigen und nehmen Sie Stellung dazu.
   b) Überprüfen Sie die Aussagen der Verbände anhand Ihrer eigenen Erfahrungen und der Aussagen des Sachverständigenrates.
3. Regen Sie die Schülervertretung über Ihren Klassensprecher an, Gewerkschafts- und Arbeitgebervertreter zu einer Diskussion über Tarifpolitik einzuladen. Bereiten Sie dafür einen Fragenkatalog vor.

9.4 Arbeitsgerichte

Arbeitsgerichtliche Klagen in Niedersachsen
(erste Instanz)

	Eingänge	erledigt
1998	37 975	41 141
1999	38 279	39 282
2000	38 648	30 070
2001	43 209	41 174

Berufungen beim Landesarbeitsgericht Hannover

	Eingänge	erledigt
2000	2 233	2 572
2001	1 917	2 009

Streitgegenstände 2000 (Niedersachsen)

Arbeitsentgelt	15 232
Kündigungen	19 374
Zeugniserteilung u.a.	1 884
Schadensersatz	358
Tarifl. Einstufungen	207
Sonstige	8 701

Quelle: LAG Hannover

Freier als ein Schiedsrichter
ZEIT–Gespräch mit Otto Rudolf Kissel, Präsident des Bundesarbeitsgerichts

ZEIT: Vorwürfe gegen Ihre Rechtsprechung kommen nicht nur von den Gewerkschaften, sondern auch von Arbeitgebern. Eine Entscheidung zur Arbeitszeitordnung in Tarifverträgen zum Beispiel ist vom Vertreter der Metallarbeitgeber, Herrn Kirchner, harsch kritisiert worden: Das Bundesarbeitsgericht sei zu beinahe jeder Rechtsfortbildung zugunsten der Arbeitnehmer bereit. ...
Hinter diesem Vorwurf steckt ja, dass Sie grundsätzlich zugunsten einer Partei – der Arbeitnehmer – entscheiden.
Kissel: Das Arbeitsrecht war von seiner Herkunft einmal Arbeitnehmerschutzrecht und auch die ganze Entwicklung in der Gesetzgebung bis zum Beschäftigungsförderungsgesetz ist eine Ansammlung wiederkehrender Arbeitnehmerschutz.
Eine Rechtsprechung, die – im Sinne von Herrn Kirchner arbeitnehmerfreundlich, in meinem Sinne gesetzestreu – zugunsten des Arbeitnehmers wirkt, ist daher genau die Konsequenz aus den sozialen Schutzvorschriften des Gesetzgebers – Kündigungsschutz, Mutterschutz, Schwerbehindertengesetz und was man alles auflisten kann. Die Arbeitsgesetzgebung hat aktuell Arbeitnehmerschutz zum Gegenstand, so dass zwangsläufig, eben kraft Gesetzes, viele Entscheidungen arbeitnehmerfreundlich sein müssen.

Die Zeit vom 23. 09. 1988

Die Arbeitsgerichte gehören im Rahmen der Zivilgerichtsbarkeit zu den besonderen (Fach–)Gerichten im Gegensatz zu den „ordentlichen" (normalen) Gerichten, wie z.B. die Amtsgerichte mit Kammern (Abteilungen) für Straf– und Zivilprozesse. Die Rechtsgrundlage ist das Arbeitsgerichtsgesetz (ArbGG). Arbeitsgerichte sind mit einem Berufsrichter als Vorsitzendem und zwei ehrenamtlichen Richtern besetzt. Letztere werden „je zur Hälfte aus den Kreisen der Arbeitnehmer und der Arbeitgeber entnommen" (§ 16 Abs. 1 ArbGG). Von ihren Verbänden (Gewerkschaften, Arbeitgeberverbände) vorgeschlagen, werden sie in Niedersachsen vom Sozialminister für vier Jahre berufen.

9.4.1 Zuständigkeit der Arbeitsgerichte

Infos zum Bundesarbeitsgericht
www.bundesarbeitsgericht.de

Arbeitsgerichte sind zuständig für alle Streitfälle, die sich aus einem Arbeitsverhältnis ergeben oder in einem Zusammenhang damit stehen. Vor allem sind dies Streitfälle aus:
– Einzelarbeitsverträgen (insbesondere Kündigungsschutz nach dem Kündigungsschutzgesetz),
– weiteren besonderen Schutzbestimmungen (z.B. Jugendarbeitsschutzgesetz),
– Tarifverträgen und Betriebsvereinbarungen,
– Bestimmungen des Betriebsverfassungsgesetzes, der Mitbestimmungsgesetze.

9.4.2 Gerichtsverfahren

Eine Klage beim zuständigen Arbeitsgericht muss schriftlich in dreifacher Ausfertigung eingereicht oder mündlich zu Protokoll gegeben werden. Bei Beginn eines Prozesses ist in einer **Güteverhandlung** vor dem Berufsrichter der Versuch einer Einigung in Form eines Vergleichs zu unternehmen. Dabei sollen den Prozessbeteiligten Kosten erspart werden.

Vergleiche bei Kündigungsschutzklagen enden häufig mit der Lösung des Arbeitsverhältnisses. Der Arbeitnehmer erhält dann oft eine Abfindung, deren Höhe sich nach seinem Verdienst und der Dauer der Betriebszugehörigkeit richtet. Gelingt die Güteverhandlung nicht, so schließt sich das eigentliche Verfahren an, in dessen Mittelpunkt die Beweisaufnahme steht. Beweismittel sind z.B. Zeugenaussagen, Urkunden, Sachverständige und richterlicher Augenschein. Nach Abschluss der Verhandlung wird das Urteil verkündet; es wird vom Gericht den Parteien zugestellt.

Erhält ein Arbeitnehmer zur vorzeitigen Auflösung eines Arbeitsverhältnisses eine Abfindung und wird arbeitslos, droht beim Arbeitslosengeld eine Sperrzeit von 12 Wochen. Außerdem gibt es kein Arbeitslosengeld für die Zeit eventueller Kündigungsfristen, die nicht eingehalten wurden. (s. auch S. 174, Randspalte)

Bei einem Arbeitsgerichtsverfahren hat jede Partei drei Möglichkeiten der Prozessführung. Für einen Arbeitnehmer bedeutet das:
- Er führt seinen Prozess selbst. Wenn er verliert, hat er die Gerichtskosten zu tragen.
- Er kann sich, wenn er Mitglied ist, von seiner Gewerkschaft vertreten lassen, die auch die Gerichtskosten übernimmt.
- Er lässt sich von einem Rechtsanwalt vertreten. Diese Kosten muss er selbst tragen, auch wenn er den Prozess gewinnt; es sei denn, er hat eine Rechtsschutzversicherung abgeschlossen. Bei geringem Verdienst oder Arbeitslosigkeit kann das Gericht auf Antrag (bei Erfolgsaussicht) Prozesskostenhilfe bewilligen.

Auch Arbeitgeber können sich von ihren Verbänden oder von einem Anwalt vertreten lassen.

Die eigentlichen Prozesskosten sind niedrig: Sie betragen in der ersten Instanz bei einem Streitwert von bis zu 150,00 € nur 10,00 €. Sie können höchstens 500,00 € erreichen, wenn der Streitwert 12.000,00 € übersteigt. Ein Rechtsstreit wird erst teuer, wenn Anwälte eingeschaltet werden.

Streitigkeit bei Auszubildenden

Bei Streitigkeiten zwischen Auszubildenden und Auszubildenden können bei den Handwerksinnungen und den übrigen „zuständigen Stellen" Ausschüsse gebildet werden, die vor Einschaltung des Arbeitsgerichtes versuchen müssen, eine Einigung zu erzielen.

§ 111 Arbeitsgerichtsgesetz

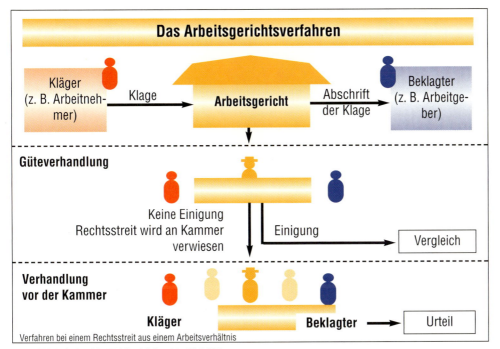

nach Erich Schmidt, Zahlenbilder, Nr. 236 150

Arbeitsvorschläge

1. Für welche Art von Streitigkeiten sind die Arbeitsgerichte zuständig?
2. Erläutern Sie die Besetzung der Arbeitsgerichte.
3. Welchen Zweck verfolgt die Güteverhandlung?
4. Wer trägt die Anwaltskosten beim Arbeitsgericht, wenn ein Prozess gewonnen wurde? Begründen Sie die Regelung.
5. Erkundigen Sie sich nach dem Ort und den Geschäftszeiten des für Sie zuständigen Arbeitsgerichts.

Bei Prozessen in der zweiten Instanz, vor dem Landesarbeitsgericht, müssen sich die Parteien von ihren Verbandsvertretern oder von Rechtsanwälten vertreten lassen. Hier sind erhöhte Rechtskenntnisse erforderlich. Die dritte Instanz, das Bundesarbeitsgericht, prüft nicht mehr allein die Sache, sondern auch grundsätzliche Rechtsfragen. Deshalb sind vor diesem Gericht nur noch Rechtsanwälte mit entsprechendem Sachwissen zugelassen. Sie kommen überwiegend von den Verbänden.

Jedes **Urteil** eines Arbeitsgerichtes muss Angaben über die Höhe des Streitwertes und eine Rechtsmittelbelehrung enthalten. Mit Ausnahme von Kündigungsschutzklagen ist nämlich eine Berufung beim Landesarbeitsgericht nur möglich, wenn der festgesetzte Streitwert 600 € übersteigt, es sei denn, die Möglichkeit der Berufung ist ausdrücklich zugelassen. Bei Kündigungsschutzklagen wird der Streitwert auf höchstens drei Monatseinkommen festgesetzt. Bei Rechtsstreitigkeiten, die das Betriebsverfassungsgesetz oder die Mitbestimmungsgesetze betreffen, werden keine Urteile, sondern **Beschlüsse** gefasst. Gegen diese kann ohne jede Begrenzung durch den Streitwert beim Landesarbeitsgericht **Beschwerde** eingelegt werden.

Arbeitsvorschläge

1. Wegen einer angeblich stark fehlerhaften Arbeit, verursacht durch grobe Fahrlässigkeit, hat eine Baufirma einem Maurer mit einem Bruttoverdienst von 2450,00 € fristgemäß gekündigt. Dieser erhebt eine Kündigungsschutzklage und beantragt, die Kündigung als sozial ungerechtfertigt zu erklären und das Arbeitsverhältnis wegen Unzumutbarkeit der Fortsetzung gegen Zahlung einer Abfindung aufzulösen. Er kann auch einen Kollegen als Zeugen benennen, der ihn entlastet.
   Der Maurer bekommt Recht. Die Baufirma wird zur Zahlung einer Abfindung in Höhe eines Monatlohns verpflichtet.
   Die Baufirma ist mit diesem Urteil nicht einverstanden. Sie führt an, dass ihr Zeuge, der Bauherr, nicht vernommen worden sei.
   a) Benötigte der Maurer für seine Klage beim Arbeitsgericht einen Rechtsstand oder konnte er sich selbst vertreten?
   b) Stellen Sie die erforderlichen Voraussetzungen fest, eine Abfindung zu erwirken.
   c) Überprüfen Sie, ob die Baufirma die Möglichkeit der Berufung hat. Welches Gericht ist die Berufungsinstanz?
   d) Begründen Sie, ob der Maurer im Falle einer Berufungsverhandlung eine Vertretung benötigt.

2. a) Besuchen Sie eine Verhandlung des Arbeitsgerichtes und fertigen Sie ein Protokoll über Streitgegenstand, Ablauf und Ergebnis an.
   b) Bitten Sie in einer Verhandlungspause oder am Verhandlungsende um ein Gespräch mit dem Richter bzw. der Richterin über die Verhandlung.

10 | Konsumenteninteresse – Produzenteninteresse

10.1 Privatrechtliche Verträge im Alltag

10.1.1 Rechtsfähigkeit

§ 1 Bürgerliches Gesetzbuch
Die Rechtsfähigkeit des Menschen beginnt mit der Vollendung der Geburt.

Bekanntmachungen des Amtsgerichts
Handelsregister

HRB 3128 – 17.7.01
Humanitas GmbH, Osnabrück

HRB 3156 – 30.7.01
Diersen GmbH, Fürstenau

Die 85-jährige Frau Grundmann lässt sich zu einem Notar bringen, um ihr Testament zu machen. Sie will ein Viertel ihres kleinen Vermögens an ihren Hund vererben, um seine Versorgung zu sichern. Den Rest des Vermögens soll die Kirche erben, da keine Verwandten mehr am Leben sind.

Der Notar erklärt Frau Grundmann die Rechtslage:

Erben kann, wer **rechtsfähig** ist. Nach dem Bürgerlichen Gesetzbuch (BGB) haben nur Personen die Rechtsfähigkeit. Sie haben Rechte (z.B. das Eigentumsrecht) und Pflichten (z.B. die Steuerpflicht). Das BGB unterscheidet zwischen **natürlichen Personen** (Menschen) und **juristischen Personen** (Personenvereinigungen wie Vereine oder Gemeinden und Stiftungen wie z.B. die VW-Stiftung). Juristische Personen können wie natürliche Personen Rechte haben und mit Pflichten belastet sein. Ein Sportverein e.V. kann Eigentümer des Grundstückes sein, auf dem sich der Sportplatz befindet. Gleichzeitig ist er verpflichtet, Grundsteuer zu zahlen. Eine juristische Person kann selbst nicht handeln, sie braucht dazu natürliche Personen als **gesetzliche Vertreter**.

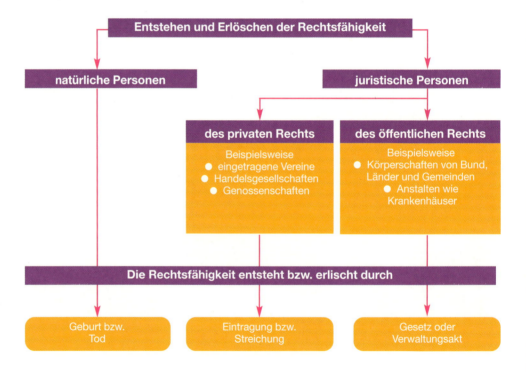

Die Rechtsfähigkeit kann nicht eingeschränkt oder ausgeschlossen werden. Auch Geisteskranke und Entmündigte sind rechtsfähig.

Arbeitsvorschläge

1. Siehe Text oben: Kann der Hund von Frau Grundmann, kann die Kirche erben?

2. Erklären Sie die Unterschiede zwischen natürlichen und juristischen Personen.

10.1.2 Geschäftsfähigkeit

Natürliche und juristische Personen sind rechtsfähig. Damit ist jedoch noch nicht gesagt, ob sie auch rechtswirksam handeln können, d.h. ob sie geschäftsfähig sind. Der Gesetzgeber geht davon aus, dass jeder Mensch seine Geschäfte vernünftig führen kann. Menschen, die das nicht können, sind nicht geschäftsfähig.

Geschäftsfähigkeit ist die Fähigkeit, selbständig rechtswirksame Willenserklärungen abgeben zu können.

Willenserklärungen sind Willensäußerungen, die eine Rechtswirkung erzielen sollen.

Stufen der Geschäftsfähigkeit

Der Auszubildende Stefan Rolfes (17 Jahre alt) hat seine Vergütung von monatlich 450,00 € gespart, um sich einen PC für 2.500,00 € zu kaufen. Kurz vor dem vereinbarten Liefertermin erhält sein Vater folgenden Brief:

Stufen der Geschäftsfähigkeit:

Computer- und Softwarehaus PC WORLD – 49326 Melle

Herrn
Sebastian Rolfes
Mozartstraße 121
49326 Melle

12. August 20..

Sehr geehrter Herr Rolfes,
Ihr Sohn Stefan hat am 3. August 20.. bei mir einen Personal-Computer, 800 MHz, mit Betriebssystem, Textverarbeitungs- und Tabellenkalkulationsprogramm von Microsoft sowie HP-Drucker Desk Jet zum Bundle-Preis von 2.500,00 € gekauft.
Wie ich erst jetzt erfahren habe, ist Ihr Sohn noch minderjährig. Ich bitte Sie deshalb, den Kauf innerhalb einer Woche zu genehmigen, andernfalls trete ich vom Vertrag zurück.

Mit freundlichen Grüßen

Ingo Meiners
Computer- und Softwarehaus PC WORLD

– geschäftsunfähig bis Vollendung des 7. Lebensjahres; kein Rechtsgeschäft möglich

– beschränkt geschäftsfähig vom vollendeten 7.–18. Lebensjahr; Rechtsgeschäfte nur mit Zustimmung der gesetzlichen Vertreter, Ausnahme: Taschengeld

– voll geschäftsfähig ab vollendetem 18. Lebensjahr; alle Rechtsgeschäfte möglich

Das Alter sowie der geistige und körperliche Zustand eines Menschen bestimmen den Umfang seiner Geschäftsfähigkeit. Minderjährige im Alter von 7–18 Jahren sind **beschränkt geschäftsfähig**. Sie benötigen zu einer Willenserklärung für einen Kaufabschluss, also z.B. zum Kauf eines Fahrrades, die Zustimmung des gesetzlichen Vertreters. Wird die Zustimmung vor Abschluss des Rechtsgeschäftes erteilt, bezeichnet man sie als Einwilligung, nach dem Abschluss des Rechtsgeschäftes als Genehmigung. Bis zur Genehmigung ist ein solches Rechtsgeschäft „schwebend unwirksam".

Der Abschluss von Rechtsgeschäften durch Minderjährige ohne Zustimmung des gesetzlichen Vertreters ist möglich,
- wenn der Minderjährige durch das Rechtsgeschäft lediglich einen rechtlichen Vorteil erlangt (z.B. Annahme einer Schenkung ohne Gegenverpflichtung),
- im Rahmen des Taschengeldes.

Konsumenteninteresse – Produzenteninteresse

10 Jahre
Es gibt einen Ausweis mit Passbild.

12 Jahre
Besuch von „ab 12 Jahre" freigegebenen Kinofilmen bis 20 Uhr.

14 Jahre
Jugendliche sind religionsmündig. Sie bestimmen selbst Zugehörigkeit und Wechsel ihrer Religion.

16 Jahre
In Ausnahmefällen ist Heirat möglich. Die Gerichte können eine Aussage vor Gericht unter Eid verlangen.

§ 110 („Taschengeldparagraph")

Ein von dem Minderjährigen ohne Zustimmung des gesetzlichen Vertreters geschlossener Vertrag gilt als von Anfang an wirksam, wenn der Minderjährige die vertragsmäßige Leistung mit Mitteln bewirkt, die ihm zu diesem Zwecke oder zu freier Verfügung von dem Vertreter oder mit dessen Zustimmung von einem Dritten überlassen worden sind.

Nach geltender Rechtsprechung können Ratenkäufe im Rahmen des Taschengeldes nicht abgeschlossen werden im Rahmen eines Dienst- oder Arbeitsverhältnisses, das mit Zustimmung des gesetzlichen Vertreters eingegangen wurde. Hat also der gesetzliche Vertreter seine Zustimmung zum Abschluss eines Dienst- oder Arbeitsverhältnisses gegeben, so kann der Minderjährige den Vertrag selbst lösen und einen neuen der gleichen Art abschließen. Dies gilt nicht für Ausbildungsverhältnisse.

Geschäftsunfähig sind Kinder unter 7 Jahren.
Geschäftsunfähige Personen können kein Rechtsgeschäft gültig abschließen. Ihre Willenserklärungen sind **nichtig**, d.h. von Anfang an unwirksam. Für sie müssen Eltern oder Vormund (gesetzliche Vertreter) handeln. Ein geschäftsunfähiges Kind aber, das von der Mutter zum Einkaufen geschickt wird, ist als Bote tätig. Das Rechtsgeschäft kommt zwischen der Mutter und dem Kaufmann gültig zustande.

Voll geschäftsfähig sind alle übrigen Personen, die das 18. Lebensjahr vollendet haben. Volljährige können nur **tatsächlich geschäftsunfähig** sein. Das ist der Fall, wenn sich jemand in einem Zustand befindet, der die freie Willensbildung aufgrund einer Geisteskrankheit auf Dauer ausschließt. Diese sogenannte „natürliche Geschäftsunfähigkeit" kann nur durch fachärztliche Gutachten festgestellt werden. Andernfalls muss das Vormundschaftsgericht einen Betreuer bestellen und einen Einwilligungsvorbehalt anordnen. Damit kann die Teilnahme des Betreuten am Rechtsverkehr eingeschränkt werden.

Gesetz zur Beschränkung der Haftung Minderjähriger

Ein neues Gesetz verhindert, dass Eltern ihren Kindern eine lebenslange Schuldenlast aufbürden. Für Mietverträge, Ratenkäufe, Versicherungs- und Bausparpeschäfte sowie für Erbschafts- und Grundstücksangelegenheiten brauchen Minderjährige außer Ihrer Zustimmung als Eltern auch die des Vormundschaftsgerichts. Fehlt sie, kann der Jugendliche das Geschäft nach dem 18. Geburtstag rückgängig machen. Er sollte aber schnell handeln. Sonst könnten die Gerichte das Zögern als Einwilligung in den Vertrag werten.

Arbeitsvorschläge

1. Beschreiben Sie die Stufen der Geschäftsfähigkeit.

2. In welcher Weise ist der gesetzliche Vertreter am Abschluss von Rechtsgeschäften eines fünfjährigen Kindes, eines fünfzehnjährigen Jugendlichen beteiligt?

3. Welche der folgenden Rechtsgeschäfte sind rechtswirksam?
   a) Ein Sechsjähriger erhält von seiner Großmutter 10,00 € geschenkt und kauft sich davon eine CD.
   b) Ein Siebzehnjähriger kündigt das Arbeitsverhältnis, weil er den Beruf aufgeben will.
   c) Eine Sechzehnjährige kauft sich ein Mofa auf Raten, die sie aus ihrer monatlichen Ausbildungsvergütung zahlen kann.
   d) Für einen Zehnjährigen fällt eine Erbschaft an.

4. Überprüfen Sie die Rechtslage im Fall Stefan Rolfes mit Hilfe des BGB.

10.1.3 Rechtsgeschäfte

Willenserklärungen

Wenn Sie die verlangten Hinweise geben, könnten Sie sicher sein, die ausgesetzte Belohnung zu bekommen. Welche Gründe gibt es für diese Sicherheit?
- Eine juristische Person (das Landeskriminalamt München) hat einen Willen geäußert.
- Die Willensäußerung ist rechtlich bedeutsam, denn es soll Geld gezahlt werden.
- Sobald das Landeskriminalamt München diese Erklärung veröffentlicht hat, ist es an sie gebunden.

500.000,00 €
BELOHNUNG

für Hinweise, die zur Aufklärung des versuchten **SPRENGSTOFFANSCHLAGS** in Oberammergau und des **MORDES** an Dr. Zimmermann in Gaufing bei München und Festnahme der Täter führen. ...
Hinweise bitte an das Bayer. Landeskriminalamt, Telefon (089) 12 51-1 oder jede andere Polizeidienststelle.

Vorsicht Schusswaffen!

Willenserklärungen
Sie werden immer so ausgelegt, wie sie ein unbefangener Dritter nach Treu und Glauben verstehen darf. (§§ 157, 162, 242 BGB)

Durch eine oder mehrere Willenserklärungen kommen Rechtsgeschäfte zustande. Sie sind das Mittel, womit einzelne Personen ihre rechtlichen Beziehungen regeln können. Willenserklärungen können erfolgen
- durch ausdrückliche Äußerung (mündlich, telefonisch, schriftlich),
- durch bloßes Handeln (Automatenkauf, Handheben bei Versteigerungen),
- durch Schweigen (gilt meistens als Ablehnung eines Antrages).

Mein letzter Wille
1. Ich setze meine Kinder Holger S. und Kristin S. als Erben zu je ein Halb ein.
2. Als Ersatzerben setze ich für jeden meiner Erben dessen Kinder zu gleichen Teilen ein.
Ort, Datum,
Unterschrift

Arten der Rechtsgeschäfte

Nach der Zahl der notwendigen Willenserklärungen unterscheidet man:

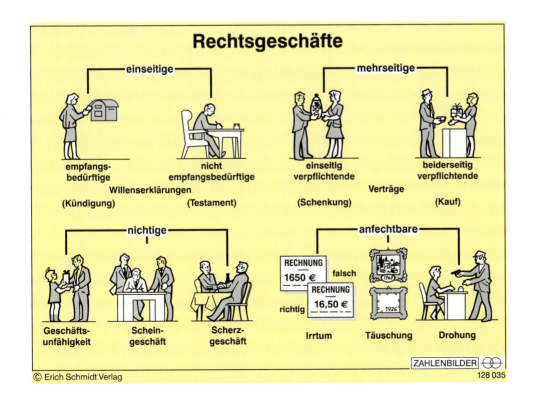

Bundestag gibt Weg frei für elektronische Unterschrift

Mit dem Signatur-Gesetz wird eine EU-Richtlinie von 1999 umgesetzt. Es schaffe die Grundlage für einen sicheren europaweiten elektronischen Geschäftsverkehr, sagte Bundeswirtschaftsminister Müller. Die Signatur ist als verschlüsselter Code auf Chip-Karten ähnlich einer EC-Karte gespeichert. Über ein Kartenlesegerät am privaten Computer kann der Nutzer sich ausweisen und verschlüsselt über einen PIN-Code unterschreiben. Ein Teil der Verschlüsselung ist öffentlich zugänglich, damit die Empfänger die Echtheit überprüfen können. Der andere Teil des Schlüssels bleibt Privatgeheimnis des Nutzers.

dpa 14.2.001

Trojanische Pferde

Unterschreiben per Mausklick gilt als wegweisende Zukunftstechnologie. Doch die Software für digitale Signaturen ist leicht zu knacken.
Die Hacker-Attacke der Bonner Informatiker klappte erstaunlich schnell. Das Virenprogramm der Universität Bonn übertölpelte die als unangreifbar geltende Software der Deutschen Post AG und fing die PIN des Benutzers ab. Eines der sichersten Computerprogramme der Republik war damit geknackt.

Der Spiegel 24/2001, S. 48

Form der Rechtsgeschäfte

Urkundenrollen-Nr. 936/…
Verhandelt zu Braunschweig, am 20.04.20..

Vor mir, dem Notar Rolf Schrader, mit dem Amtssitz zu Braunschweig erscheinen, von Person bekannt:
1. als Verkäuferin: die Witwe Dora Giller geb. Bertram, Braunschweig, Autorstr. 11
2. als Käufer: die Eheleute Klaus und Gaby Kuhn, Braunschweig, Körnerstr. 3
und erklären mit der Bitte um Beurkundung zur Niederschrift des Notars:
Wir schließen hiermit folgenden

Grundstückskaufvertrag
§ 1 Grundstück
Die Beteiligte zu 1. verkauft an die Beteiligten zu 2. je zur …

Für die meisten Rechtsgeschäfte ist keine bestimmte Form vorgeschrieben. Ein Pferdehandel wird mit Handschlag abgeschlossen, der Grundstückskaufvertrag dagegen muss vom Notar beurkundet werden. Wenn der Gesetzgeber eine bestimmte Form für Rechtsgeschäfte vorschreibt, sollen die Beteiligten vor übereiltem Handeln geschützt werden. Gleichzeitig dienen Formvorschriften der Beweiserleichterung im Streitfalle. Vorgeschrieben sind:
– **Schriftform**; (§ 126 BGB) schriftliche Erklärung mit eigenhändiger Unterschrift bei Mietverträgen mit einer Dauer von über einem Jahr, Teilzahlungskauf (sofern der Käufer Nichtkaufmann ist) …
– **öffentliche Beglaubigung**;(§ 129 BGB) schriftliche Erklärung, Unterschrift von einem Notar beglaubigt, bei Anmeldung der Firma zum Handelsregister, Bewilligung der Eintragung im Grundbuch...
– **notarielle Beurkundung**; (§ 128 BGB) Willenserklärungen vom Notar protokolliert, Echtheit der Unterschriften und des Inhalts bestätigt, bei Grundstückskaufvertrag, Schenkungsversprechen …

Anfechtbare und nichtige Rechtsgeschäfte

Man stelle sich vor:

- Ein Kunsthändler verkauft ein Bild als Kopie eines alten Meisters und Experten entdecken unmittelbar nach dem Verkauf, dass das Bild ein Original ist ...
- Ein Gebrauchtwagenhändler versichert dem Käufer, dass der Pkw unfallfrei gefahren ist. Der erste Werkstattbesuch beweist das Gegenteil ...
- Ein Buchhalter erlangt von seinem Chef eine Gehaltserhöhung, weil er ihm mit einer Anzeige wegen Steuerhinterziehung droht ...

Gegen derartige Rechtsgeschäfte „muss etwas unternommen werden können"! Im BGB werden sie als **anfechtbare** Rechtsgeschäfte bezeichnet. Sie sind bis zur Anfechtung gültig, werden aber durch die Anfechtung rückwirkend unwirksam.

Für die Anfechtbarkeit gibt es drei Gründe: Arglistige Täuschung, widerrechtliche Drohung und Irrtum. Der Irrtum muss wesentlich sein, d.h. die Willenserklärung wäre bei Kenntnis der Sachlage nicht abgegeben worden. Es ist schwierig, ein Rechtsgeschäft anzufechten, weil der Grund für die Anfechtung bewiesen werden muss. Man muss nicht nur Recht haben, sondern auch Beweise.

Wird ein Rechtsgeschäft erfolgreich angefochten, so sind bereits erbrachte Leistungen zurückzugeben, weil sie ohne rechtlichen Grund empfangen worden sind. Der Empfänger wäre andernfalls „ungerechtfertigt bereichert".

Rechtsgeschäfte sind nichtig (von Anfang an unwirksam),

- wenn sie gegen ein gesetzliches Verbot verstoßen (z.B. Rauschgifthandel),
- wenn eine Willenserklärung durch Geschäftsunfähige oder im Zustand der Bewusstlosigkeit oder vorübergehender geistiger Störung (z.B. Trunkenheit) oder im Scherz oder zum Schein abgegeben wird,
- wenn die vorgeschriebene Form nicht eingehalten wird,
- wenn sie gegen die guten Sitten verstoßen, wie z.B. Wucher, Ausnutzung einer Zwangslage oder Unerfahrenheit, ...

Nichtigkeit wegen Formmangels
Ein Rechtsgeschäft, welches der durch Gesetz vorgeschriebenen Form ermangelt, ist nichtig. (§ 125 BGB)

Ungerechtfertigte Bereicherung
§ 812 BGB (Grundsatz) Wer durch die Leistung eines anderen oder in sonstiger Weise auf dessen Kosten etwas ohne rechtlichen Grund erlangt, ist ihm zur Herausgabe verpflichtet ...

Arbeitsvorschläge

1. Zu welcher Art der Rechtsgeschäfte gehört die Vollmacht, das Schenkungsversprechen, der Mietvertrag, die Auslobung (öffentliche Bekanntmachung einer Belohnung)?

2. Wodurch unterscheiden sich öffentliche Beglaubigung und notarielle Beurkundung?

3. Ordnen Sie die obigen Fallbeispiele den verschiedenen Anfechtungsgründen zu.

4. Der stark angeheiterte Carsten Bruns verkauft seinem Freund Horst Göbel auf dem Nachhauseweg von der Gastwirtschaft unter Zeugen seinen neuen VW-Polo für 1000,00 €. Als Horst am folgenden Tage das Auto bezahlen und abholen will, weist Carsten das Geld zurück und lehnt die Herausgabe des Autos ab.
Wie ist die Rechtslage nach BGB?

Konsumenteninteresse – Produzenteninteresse

Vertrag
ist ein Rechtsgeschäft, bei dem mindestens zwei Personen Willenserklärungen abgeben, die inhaltlich übereinstimmen.

Rabatt
ist ein Preisnachlass z.B. für abgenommene Menge oder erwiesene Treue.

Skonto
ist eine Vergütung für vorzeitige Bezahlung. (max. 5%)

10.1.4 Kaufvertrag

Das Angebot als Grundlage des Kaufvertrages

Der Feinkosthändler Schäfer bietet seinem Kunden Harms Wein an:

1989er Mainzer Domherr Müller-Thurgau
Qualitätswein b.A. trocken   € 3,50
Bei Abnahme von 12 Flaschen zusätzlich eine Flasche gratis, Lieferung frei Haus.
Glas und Verpackung leihweise.
Ab € 100,00 Rechnungssumme Zahlungsziel 30 Tage, bei Zahlung innerhalb von 10 Tagen 2% Skonto.

Ein ausführliches Angebot enthält Angaben über
– die Art der Ware in Form einer genauen Beschreibung,
– die Beschaffenheit und Güte in Form von Mustern, Handelsklassen u.a.,
– die Menge der Ware in Form von gesetzlichen oder handelsüblichen Maßeinheiten,
– den Preis der Ware je Einheit,
– die Lieferungsbedingungen wie Verpackungs-, Beförderungskosten, Lieferzeit,
– die Zahlungsbedingungen einschließlich Rabatt- und Skontogewährung,
– den Erfüllungsort und den Gerichtsstand.

Bestellt Harms, haben Schäfer und Harms einen **Kaufvertrag** abgeschlossen. Der Kaufvertrag – wie alle anderen zweiseitigen Rechtsgeschäfte – kommt durch zwei übereinstimmende Willenserklärungen – **Antrag** und **Annahme** – zustande. Dabei kann der Antrag vom Verkäufer oder vom Käufer ausgehen:

Für Schnäppchen gilt Wochenfrist

Wirbt ein Händler in einer Zeitungsbeilage mit einem Schnäppchenangebot (hier: Computer für 999,00 E), muss dieses in der Regel eine Woche vorrätig sein. Da die Geltungsdauer des Angebots nicht konkret benannt war, erwartet der Markt lt. BGH nicht mehr als eine Woche, die Schnäppchen vor Ort im Geschäft zu erhalten. Wenn die Ware danach bestellt werden müsse, stelle das keine Irreführung dar.
(Urteil BGH I ZR 71/97 und 74/97)

Arbeitsvorschlag

Harms bestellt 60 Flaschen. Er bezahlt die Rechnung unter Ausnutzung des Skontos. Welchen Betrag hat er zu zahlen? Wie viel Prozent Mengenrabatt bekommt er?

Die Verbindlichkeit des Angebots

Ein Angebot muss an eine bestimmte Person gerichtet sein. Nur dann bindet es den Verkäufer. Schaufensterauslagen, Zeitungsanzeigen u.ä. richten sich an die Allgemeinheit. Sie sind lediglich Aufforderungen zum Kauf, keine Angebote.

Für unbefristete Angebote gilt: Die Verbindlichkeit besteht bei mündlichen und telefonischen Angeboten während der Gesprächsdauer, bei schriftlichen Angeboten so lange, als unter verkehrsüblichen Umständen eine Antwort erwartet werden kann. Das bedeutet für ein briefliches Angebot:

Postlaufzeit des Angebots	2 Tage
Prüfzeit	2 Tage
Postlaufzeit der Bestellung	2 Tage
Verbindlichkeit	6 Tage

Tatsächliches Angebot
Die Leistung muss dem Gläubiger so ... tatsächlich angeboten werden.
(§ 294 BGB)

Schaufensterauslagen sind keine Angebote im rechtlichen Sinne; auch die angegebenen Bruttopreise sind unverbindlich.

Der Verkäufer kann die Bindung an sein Angebot durch „Freizeichnungsklauseln" einschränken oder ausschließen: Preis freibleibend (bei schwankenden Preisen macht der Verkäufer eine unverbindliche Preisangabe; alle anderen Angaben sind verbindlich), Lieferung solange der Vorrat reicht (bei begrenzten Vorräten wird die Lieferverpflichtung eingeschränkt) u.a.

Arbeitsvorschläge

1. Auf einem Weg durch die Stadt sehen Sie im Schaufenster eines Schuhgeschäfts ein Paar Schuhe, das Ihnen gefällt, zumal es mit dem unglaublichen Preis von 11,60 € ausgezeichnet ist. Sie betreten das Geschäft, um die Schuhe zu kaufen. Dabei stellt sich heraus, dass der Preis tatsächlich 116,00 € beträgt. Können Sie auf dem Kauf zu 11,60 € bestehen?

2. Welche Rechtswirkung hat die Klausel „solange Vorrat reicht" in einem Angebot? Ist es rechtlich notwendig, die Klausel in eine Zeitungsanzeige aufzunehmen, um sich abzusichern?

3. Eine Elektrogerätefabrik unterbreitet einem Kunden am 03.09. folgendes Angebot:

> Kühltruhen K 4, 331,50 € je Stück,
> Preis freibleibend, lieferbar sofort ab Fabrik

Am 06.09. bestellte der Kunde 15 Kühltruhen, worauf am 08.09. die Bestellung schriftlich bestätigt wird. Mit Schreiben vom 10.09. teilt die Fabrik mit, dass sich der Preis auf 346,80 € erhöht habe, weil Kostensteigerungen aufzufangen waren.
a) Muss die Fabrik zu 331,50 € liefern, oder muss der Kunde zu 346,80 € abnehmen?
b) Wie wäre die Rechtslage, wenn die Auftragsbestätigung am 08.09. nicht erfolgt wäre? Lösen Sie den Fall mit Hilfe des BGB.

Erfüllung des Kaufvertrages

> Frau Bock kauft in einem Fachgeschäft für Porzellan ein 15-teiliges Kaffeeservice und vereinbart mit dem Verkäufer die Lieferung in ihre Wohnung am selben Ort (3). Die Ware wird durch einen Boten des Porzellangeschäfts am nächsten Vormittag gebracht und ihr an der Wohnungstür übergeben (1). Sie zahlt den Kaufpreis an den Boten (2).

Einzelhändler müssen künftig zwei Jahre lang für alles geradestehen, was ihren Laden verlässt

Spätestens zum Jahresbeginn 2002 muss die EU-Richtlinie zum Verbrauchsgüterkauf in deutsches Recht umgesetzt sein. Ihr Kernstück: Die gesetzliche Mindestgarantie von derzeit sechs Monaten wird für Verbraucher auf zwei Jahre verlängert. So haftet der Verkäufer für alle Mängel, die das Produkt zum Zeitpunkt der Lieferung hatte.

Wirtschaftswoche Nr. 13, 25.03.1999

(1) Der Verkäufer ist verpflichtet, den Kaufgegenstand mängelfrei und rechtzeitig dem Käufer zu übergeben und ihm das Eigentum an der Sache zu verschaffen. Das Eigentum an beweglichen Sachen wird durch **Einigung und Übergabe** übertragen. Bei Grundstücken heißt die Einigung **Auflassung** und an die Stelle der Übergabe tritt die **Eintragung** im Grundbuch.

(2) Der Käufer muss die ordnungsgemäß gelieferte Ware abnehmen und den vereinbarten Kaufpreis zahlen.

(3) Der Ort, an dem die Vertragspartner ihre Leistungen erbringen müssen, heißt **Erfüllungsort**. Ist nichts vereinbart, gilt der Wohnsitz oder der Ort der gewerblichen Niederlassung des Schuldners als Erfüllungsort. Wohnen Verkäufer und Käufer nicht am selben Ort, gibt es zwei Erfüllungsorte: den Wohnsitz des Verkäufers, der die Ware schuldet, und den Wohnsitz des Käufers, der das Geld für die Bezahlung schuldet.

> Die Abwicklung des Porzellankaufs verläuft wie im ersten Fall, jedoch stolpert der Bote des Porzellangeschäfts auf der Treppe zur Wohnung von Frau Bock, stürzt und zerbricht dabei das Porzellan. Die Firma verlangt die Zahlung des Kaufpreises, weil der Bote am Stolpern nicht schuld sei, aber Frau Bock die Lieferung in ihre Wohnung verlangt habe (4).

Wenn das Stolpern weder auf höhere Gewalt (z.B. Blitzschlag) noch auf Verschulden des Boten zurückzuführen ist, kann die Ursache rechtlich gesehen nur Zufall sein. Es fragt sich, wer den Schaden bei einer zufälligen Verschlechterung der Ware zu tragen hat.

(4) Den Schaden trägt, wer die Gefahr des zufälligen Unterganges und einer zufälligen Verschlechterung trägt (§ 446 BGB). Die Gefahr geht mit der Übergabe der Sache vom Verkäufer auf den Käufer über. Für den Gefahrenübergang sind drei Fälle zu unterscheiden: Beim Handkauf wird die Ware im Geschäft des Verkäufers dem Käufer übergeben. Beim Zusendungskauf findet die Übergabe und damit der Gefahrenübergang in der Wohnung oder dem Geschäft des Käufers statt. Wird die Ware auf Verlangen des Käufers an einen anderen Ort als den Erfüllungsort versandt, so geht die Gefahr auf den Käufer über, wenn die Ware dem mit der Versendung Beauftragten (z.B. einem Spediteur) übergeben wird.

Arbeitsvorschlag

Ein Lieferant in Hannover übergibt dort einem Spediteur Ware, die vereinbarungsgemäß einem Käufer in Braunschweig zugestellt werden soll. Auf dem Transport wird die Ware bei einem Unfall des Lieferwagens ohne Verschulden des Fahrers vernichtet.
Wer trägt (abgesehen von der Versicherung) den Schaden, wenn ein Erfüllungsort nicht vereinbart wurde?

Methode

Textanalyse

Bereits in den dreißiger Jahren hat der Sozialwissenschaftler Harold Lasswell, um die Wirkung von politischen Reden, Zeitungstexten oder auch Fernsehsendungen analysieren zu können, folgende Formel gefunden:

Who says **What** in **Which** channel to **Whom** with **What** effect?
(**Wer** sagt **Was**, **Wie**, zu **Wem**, mit **welcher** Wirkung?)

Mit dieser Formel beabsichtigte Lasswell, Ziele, Absichten und Wirkungen nationalsozialistischer Propaganda zu erfassen.
Das Schema wirkt auf den ersten Blick sehr einfach, ermöglicht aber, die Zusammenhänge zwischen Absender, Inhalt der Aussage, dem jeweiligen Medium und dem Empfänger sichtbar zu machen.

Ablauffolge

Die Textanalyse umfasst folgende, nacheinander abzuarbeitende Schritte:

Wer sagt	1. **Welche Quelle** (Absender) liegt dem Text zugrunde? – Was erfährt man über den Autor (Politiker, Journalist, Wissenschaftler)? – Welches Medium bringt den Beitrag (welche Zeitung, welches Buch, welcher Fernsehsender)?
Was	2. **Was** ist der **Inhalt** des Textes? – Was lässt die Überschrift vom Text erwarten (umfassende Sachdarstellung, wertender Kommentar, neutraler Bericht)? – Was wird im Text gesagt oder gezeigt, bzw. was wird verschwiegen oder nicht gezeigt)?
Wie	3. Welche **Form**, welcher **Stil**, welche **Methode** werden verwendet? – Welchen Inhalt haben die einzelnen Textabschnitte und in welchem Zusammenhang stehen sie zueinander (Kritik, Bewertung, Erklärung, Zweifel, Aneinanderreihung)? – Welche zentralen Aussagen macht der Text?
Wem	4. **Wer** ist der **Leser, Zuhörer, Zuschauer**? – Welcher Personenkreis soll angesprochen werden (gilt der Text einem breiten Publikum oder nur ausgesuchten Personen, z.B. nur Jugendlichen, nur Älteren, nur Arbeitnehmern)?
Mit welcher Wirkung	5. **Welche Absicht verbirgt sich hinter dem Text**? – Welche Wirkung möchte der Autor mit seinem Text erzielen (Zustimmung oder Widerstand, objektive Information oder Manipulation, Beruhigung oder Aufregung, Empörung, Neugier)?

10.1.5 E-Commerce – Einkaufen im Internet

Deutsche sind die leidenschaftlichsten Online-Banker in Europa. Mehr als 5,4 Millionen Kunden verwalten Konten und Aktien per Internet

Focus 16/2001

Internet-Banking hat bei den Online-Nutzern in Deutschland die besten Aussichten auf Erfolg

---

Internetautokauf
Verkauf rollt schleppend an

Die Mehrheit der deutschen Autofahrer ist skeptisch gegenüber dem Kauf eines Neuwagens über das Internet. Die meisten nutzen das Netz vor allem zum Preisvergleich.
Dies ist das Ergebnis einer Studie der GfK-Marktforschung.

Wirtschaftswoche Nr. 24/2001

ONLINESHOPPING
Jahre voraus

Für die Briten sind die Lieferwagen mit dem Logo www.tesco.com ein längst gewohnter Anblick. Eine Million Kunden kaufen ihr Gemüse oder das indische Fertiggericht mittlerweile online und lassen es sich von der Supermarktkette nach Hause bringen. 70 000 Bestellungen im Wert von sechs Millionen Pfund gehen wöchentlich ein, binnen Jahresfrist stieg der Onlineumsatz um 250 Prozent. „Ich habe keine Ahnung, wie groß das Geschäft am Ende sein könnte", kokettiert Tesco-Chef Terry Leahy.

In nur fünf Jahren hat Onlinegeschäftsführer John Browett das Old-Economy-Unternehmen Tesco zum weltweit führenden Onlinelebensmittelhändler gemacht ... .
Für entscheidend halten Fachleute auch den Service. Tesco liefert in einem Korridor von zwei Stunden zwischen 10 und 22 Uhr, sonntags bis 15 Uhr. Dem extremen Preiswettbewerb konnte sich der Supermarkt im Internet entziehen: Kunden, die fünf Pfund (8,00 EUR) Liefergebühr zahlen, gehören nicht zu denen, die auf den Penny achten.   *ZOE/CGS*

Nr. 19/3.5.2001 WIRTSCHAFTSWOCHE 55

Internet
www.sicherheit-im-internet.de

Infos des Bundeswirtschaftsministerium
www.datenschutz.de

Vier von fünf Internet-Nutzern haben bereits Erfahrungen mit dem Online-Shopping und die Hälfte kauft sogar regelmäßig im Internet ein – Einkaufen mit dem Mausklick, hauptsächlich weil es so schön bequem ist. Genutzt wird das Internet im **E-Business** als **B2B** – **Business to Business** (Ein- und Verkauf zwischen Geschäftskunden) und **B2C – Business to Consumer** (Verkaufen an Verbraucher).

Die größte Barriere sind Sicherheitsbedenken beim Zahlungsverkehr – da sind sich Online-Käufer und Nicht-Käufer einig. Fast 75 Prozent der Befragten schließen Missbrauch des Datenschutzes nicht aus.

Arbeitsvorschlag

Führen Sie in Ihrer Gruppe eine Umfrage durch und ermitteln Sie, welche Waren und Dienstleistungen über das Internet gekauft wurden, worauf Käufer beim Online-Shopping achten und erkunden Sie Formen der Lieferung und der Zahlweisen.

10.2 Störungen bei der Erfüllung des Kaufvertrages

Mangelhafte Lieferung

Herr Harms holt 3 Wochen nach dem (Kauf s. S. 208) eine Flasche Wein aus dem Keller und stellt beim Eingießen fest, dass der Wein getrübt ist. Er untersucht daraufhin die anderen Flaschen und findet weitere zwei mit Trübung.

Mängel (Fehler)
- in der Beschaffenheit
- in der Güte (Qualität)
- in der Art
- in der Menge der Ware

Der Verkäufer muss den verkauften Gegenstand mangelfrei liefern. Sind Mängel vorhanden, muss sie der Käufer rügen, d.h. reklamieren. Nach dem Handelsgesetzbuch, das auch für Handwerker gilt, die im Handelsregister eingetragen sind, muss die Ware nach Eingang unverzüglich, d.h. ohne schuldhafte Verzögerung, geprüft und offene Mängel müssen unverzüglich gerügt werden. Versteckte Mängel sind unverzüglich nach Entdeckung, spätestens aber nach 6 Monaten zu reklamieren. Nach dem Bürgerlichen Gesetzbuch hat der Käufer eine Gewährleistungsfrist von 2 Jahren (gesetzliche Gewährleistungsfrist) sowohl für offene als auch für versteckte Mängel. Die Gewährleistungsfrist kann vertraglich verkürzt oder verlängert werden.

Rücktritt
vom Vertrag bedeutet, den Zustand vor Vertragsabschluss wiederherzustellen.

Aufgrund einer fristgerechten Mängelrüge kann ein Käufer unter folgenden Rechten wählen:
- **Wandlung** = Rücktritt vom Kaufvertrag
- **Minderung** = Herabsetzung des Kaufpreises
- **Umtausch** = Lieferung einer mangelfreien Sache an Stelle der mangelhaften (nicht möglich bei Einzelanfertigungen)
- Schadensersatz wegen Nichterfüllung kann beansprucht werden, wenn der Ware eine zugesicherte Eigenschaft fehlt oder ein Mangel arglistig verschwiegen wurde.

Garantie bei Sonderangeboten
Auch bei Sonderangeboten oder Waren, die zu Discounterpreisen verkauft werden, hat der Käufer ein Recht auf Garantie. Das hat das Oberlandesgericht (AZ: 6 U 137/96) entschieden.

AP, 10. Mai 1999

Gewährleistung ist das gesetzlich verankerte Recht, vom Vertragspartner („Übergeber") ein Einstehen für Mängel an der übergebenden Sache zu fordern. Der Übergeber kann dieses Recht gegenüber einem privaten Verbraucher in keinem Vertrag (z.B. in den Allgemeinen Geschäftsbedingungen, das „Kleingedruckte") beschränken.

Garantie ist ein vertraglich eingeräumtes Versprechen – in der Regel des Herstellers (und nicht des Vertragspartners) – für Mängel, die an einer Sache während der Garantiezeit auftreten, entsprechend der Garantieerklärung einzustehen. Das muss nicht bedeuten, dass alle Leistungen aus der Garantie kostenlos sind. Das muss man alles in den Garantiebedingungen genau nachlesen.

Quelle: Nach EU-Richtlinie 1999/44/EG „Verbrauchsgüterkauf-Richtlinie"

Arbeitsvorschläge

1. a) In der Lieferung des Weinhändlers Schäfer befanden sich drei Flaschen mit getrübtem Wein. Welche Rechte kann Herr Harms gegenüber der Fa. Schäfer geltend machen?
b) Von welchem Recht sollte er Ihrer Meinung nach Gebrauch machen?

2. Die Fa. Klemm & Co. kaufte für 3.750,00 € eine gebrauchte Werkzeugmaschine, weil während der Kaufverhandlungen vom Verkäufer ausdrücklich versichert worden war, dass sie bisher ohne Reparatur einwandfrei gearbeitet habe. Schon nach 14 Tagen aber streikte die Maschine. Nach Feststellung eines Fachmannes waren mehrere laienhaft vorgenommene Reparaturen und das Auswechseln von Maschinenteilen für das Versagen verantwortlich.
Welche Rechte kann die Firma Klemm & Co. nach BGB geltend machen? Für welches Vorgehen würden Sie sich entscheiden?

Andere Störungen des Kaufvertrages

Verzug
Wer eine fällige Leistung schuldhaft nicht erbringt, gerät in Verzug.
Bei unklarem Termin ist eine Mahnung nötig.

Annahmeverzug
Der Gläubiger kommt in Verzug, wenn er die ihm tatsächlich angebotene Leistung nicht annimmt.
(§ 293 BGB)

- **Lieferungsverzug des Verkäufers**
  Voraussetzungen dafür, dass ein Lieferungsverzug entstehen kann, sind
  – Fälligkeit der Lieferung,
  – Verschulden des Lieferers (er hat vorsätzlich oder fahrlässig gehandelt),
  – Mahnung durch den Käufer. Ist für die Lieferung ein Termin bestimmt, gerät der Lieferer ohne Mahnung in Verzug.

- **Rechte des Käufers:**
  – Auf Lieferung bestehen und eventuell Ersatz des Verzugsschadens verlangen.
  – Nach Ablauf einer angemessenen Nachfrist die Lieferung ablehnen und vom Vertrag zurücktreten oder Schadensersatz wegen Nichterfüllung verlangen.

- **Annahmeverzug des Käufers**
  Der Käufer nimmt die rechtzeitig und ordnungsgemäß gelieferte Ware nicht an. Der Verkäufer kann
  – die Ware in eigene Verwahrung nehmen und auf Abnahme klagen. Ein Kaufmann kann die Ware an jedem geeigneten Ort in sicherer Weise einlagern.
  – den Selbsthilfeverkauf durchführen. Die Ware wird öffentlich versteigert.

- **Zahlungsverzug des Käufers**
  Der Käufer zahlt trotz einwandfreier und ordnungsgemäßer Lieferung nicht. Der Zahlungsverzug tritt ein
  – am Fälligkeitstag, wenn der Zahlungstermin kalendermäßig bestimmt ist,
  – nach Mahnung mit Fristsetzung, wenn ein Zahlungstermin nicht vereinbart ist.

Arbeitsvorschläge

1. Welche Rechte wird ein Käufer bei Lieferungsverzug geltend machen:
   a) Der Preis für die Ware steigt (z.B. auf dem Weltmarkt).
   b) Um die eigenen Verpflichtungen gegenüber Kunden erfüllen zu können, musste ein Deckungskauf bei einem anderen Lieferanten zu einem höheren Preis vorgenommen werden.
   c) Ein neuer Lieferant macht ein preiswertes Angebot.

2. Wenn ein Kunde in Zahlungsverzug gerät, muss er gemahnt werden. Welche beiden Ziele sollten dabei grundsätzlich verfolgt werden?

10.3 Andere wichtige Verträge

Ob ich mir die Unterschiede merken kann?

Beim **Werkvertrag** verpflichtet sich ein Unternehmer zur Erstellung eines Werkes für den Besteller. Der Auftraggeber liefert das Material. Beispiele: Reparaturarbeiten durch den Handwerker, Anfertigung eines Kleides durch den Schneider.

Beim **Werklieferungsvertrag** verpflichtet sich der Unternehmer, das Material für die Erstellung des Werkes zu liefern. Beispiel: Ein Schreiner fertigt z.B. ein Bücherregal aus eigenen Holzvorräten an.

Der **Dienstvertrag** verspricht Dienste, meistens über einen bestimmten Zeitraum, ohne einen festgelegten Erfolg. Ein Kfz-Mechaniker repariert nach Anweisung seines Chefs einen Pkw. Dienstverträge werden z.B. mit einem Arzt oder einem Rechtsanwalt abgeschlossen (Einzelheiten zum Arbeitsvertrag s. S. 168).

Die wichtigste Form des Dienstvertrages ist der **Arbeitsvertrag** zwischen dem Arbeitgeber und einem Arbeitnehmer (Arbeiter, Angestellter).

Beim **Pachtvertrag** überlässt der Verpächter dem Pächter Sachen (z.B. landwirtschaftlicher Betrieb) zum Gebrauch und Nutzen gegen ein Entgelt, die Pacht. Das Verwerten der Ernte bezeichnet das BGB als „Fruchtgenuss".
Ein **Leihvertrag** ist die vertragliche, unentgeltliche Gebrauchsüberlassung einer Sache mit der Verpflichtung zur Rückgabe. Eine Gebrauchsüberlassung gegen Entgelt im rechtlichen Sinn ist die Miete oder das Darlehen.

Vertragsfreiheit
ist die Möglichkeit für den geschäftsfähigen Bürger, gesetzlich vorgegebene Verträge abzuschließen oder Vereinbarungen beliebigen Inhalts zu treffen, soweit sie nicht gegen die guten Sitten verstoßen.

Arbeitsvorschläge

1. Um welche Vertragsarten handelt es sich im Folgenden? Welche Pflichten ergeben sich für die Vertragspartner?
   a) Ein Schuhmacher soll ein Paar Schuhe für einen Kunden besohlen.
   b) Ein Bildhauer erhält den Auftrag, eine Figur zu formen.
   c) Ein Steuerberater wird beauftragt, eine Steuererklärung zu erstellen.

2. Sind die Begriffe richtig? Mietwagenzentrale, Leihbücherei, Bootsverleih

3. Wodurch unterscheidet sich der Mietvertrag vom Pacht- und vom Leihvertrag?

Musterverträge zur Erleichterung des privaten Rechtsverkehrs:
- Mietverträge (erhältlich bei Mieterverbänden)
- Arbeitsverträge (erhältlich bei Tarifvertragsparteien) u.a.

Der **Mietvertrag** ist die Überlassung von Wohnungen oder beweglichen Sachen (z. B. Kfz) zum Gebrauch gegen Miete, den Mietins. Der Vertrag kann formlos abgeschlossen werden. Die Schriftform ist nur vorgeschrieben für Miete von Grundstücken, Wohnungen, Geschäftsräumen und Ähnlichem auf längere Zeit als ein Jahr. Für die Kündigung von Wohnungsmietverträgen gelten besondere Vorschriften zum Schutze des Mieters.

Wohnungs-Einheitsmietvertrag

Vertrag-Nr. _____
Ausfertigung für Vermieter / Mieter

(● grüne Punkte am Rande weisen darauf hin, dass eine zusätzliche Eintragung oder eine Streichung vorzunehmen ist.)

Unter Mieter und Vermieter werden der Vertragsparteien auch dann verstanden, wenn sie aus mehreren Personen bestehen. Alle im Vertrag genannten Personen haben den Mietvertrag eigenhändig zu unterschreiben. Nichtzutreffende Teile des Mietvertrages sind durchzustreichen, Zutreffendes ist anzukreuzen, freie Stellen sind auszufüllen oder durchzustreichen.

● Zwischen _____
● in _____
● vertreten durch _____ als Vermieter,
● und _____
● sowie _____
● wohnhaft in _____, zurzeit _____, als Mieter,
wird folgender Mietvertrag geschlossen:

§ 1 – Mieträume

1. Vermietet werden im Haus _____
   (genaue Anschrift und genaue Lagebezeichnung nach Vorderhaus, Seitenflügel, Quergebäude, Stockwerk, rechts, links, Mitte)

   folgende Räume: ___ Zimmer, ___ Kammer, ___ Küche, ___ Korridor/Diele, ___ Bad, ___ Toilette, ___ Toilette mit Bad/Dusche, ___ Kellerraum Nr. ___, ___ Bodenraum Nr. ___,
   zur Benutzung als Wohnung _____ Wohnfläche: _____ m².
   Die nachstehend aufgeführten Einrichtungen dürfen nach Maßgabe der Benutzungsordnung mitbenutzt werden: (z. B. Waschanlage, Fahrzeugeinstellplatz usw.) _____

2. Der Vermieter verpflichtet sich, dem Mieter spätestens bei Einzug folgende Schlüssel auszuhändigen: ___ Haus-, ___ Wohnungs-, ___ Zimmer-, ___ Boden-, ___ Keller-, ___ Aufzug-, ___ Garagen-, ___ Hausbriefkasten-, ___ Schlüssel.
   Die Beschaffung weiterer Schlüssel durch den Mieter bedarf der Einwilligung des Vermieters.
   Der Mieter hat bei Beendigung des Mietverhältnisses sämtliche Schlüssel, auch selbst angeschaffte, an den Vermieter herauszugeben; anderenfalls ist der Vermieter berechtigt, auf Kosten des Mieters Ersatzschlüssel zu beschaffen oder – soweit dies im Interesse des Nachmieters erforderlich ist – auch die Schlösser zu verändern und dazu Schlüssel zu beschaffen.

3. Die Miträume dürfen vom Mieter nur zu Wohnzwecken genutzt werden. Die Gesamtzahl der Personen, die die Wohnung beziehen werden – bewohnen – beträgt _____. – Der Mieter ist verpflichtet, seiner gesetzlichen Meldepflicht nachzukommen.
   Die Anbringung von Schildern, Werbung, Automaten und dergleichen außerhalb der Miträume bedarf der vorherigen schriftlichen Einwilligung des Vermieters.

§ 2 – Mietzeit und ordentliche Kündigung

1. a) ☐ Das Mietverhältnis beginnt am _____, es läuft auf **unbestimmte Zeit**. Kündigungsfristen siehe 2.
   b) ☐ Die Wohnung ist **nur zu vorübergehendem Gebrauch** durch den Mieter gemietet, nämlich wegen _____
   sie kann daher jeweils bis zum 3. Werktag jeden Monats zum Schluss dieses Monats s c h r i f t l i c h gekündigt werden.

2. Kündigungsfristen zu 1. a): Die Kündigungsfrist beträgt für den Mieter 3 Monate, für den Vermieter 3 Monate, wenn seit der Überlassung des Wohnraums weniger als 5 Jahre vergangen sind, 6 Monate, wenn seit der Überlassung des Wohnraums 5 Jahre vergangen sind, 9 Monate, wenn seit der Überlassung des Wohnraums 8 Jahre vergangen sind, jeweils zum Ende eines Kalendermonats.
   Die Kündigung muss s c h r i f t l i c h bis zum dritten Werktag des ersten Monats der Kündigung erfolgen, durch den Vermieter unter Angabe sämtlicher Kündigungsgründe und unter Hinweis auf das binnen einer Frist von 2 Monaten vor Beendigung des Mietverhältnisses schriftlich auszuübende Widerspruchsrecht. Für die Rechtzeitigkeit ist der Zugang der Kündigung maßgeblich.

§ 3 – Miete und Nebenkosten

EUR

1. Die Miete ☐ netto kalt ☐ brutto kalt beträgt monatlich _____
   Neben der Miete sind monatlich zu entrichten für
   Betriebskostenvorschuss _____ zzt. _____
   Heizkostenvorschuss _____ zzt. _____
   _____ zzt. _____
   _____ zzt. _____
   Insgesamt zzt. _____

2. In der Miete sind die nachfolgenden Betriebskosten gemäß § 27 der Zweiten Berechnungsverordnung, ermittelt aufgrund der letzten Berechnung des Vermieters (vom _____) ☐ enthalten ☐ nicht enthalten. Die Betriebskosten, wie nachfolgend spezifiziert, sind als Vorschuss vom Mieter an den Vermieter zu zahlen und werden jährlich mit _____ mit dem Mieter abgerechnet. Die Umlegung der Kosten für Sammelheizung und Warmwasserversorgung ist in § 5 dieses Vertrages vereinbart.

   1) Die laufenden öffentlichen Lasten des Grundstücks, insbesondere Grundsteuer
   2) Die Kosten der Wasserversorgung
   3) Die Kosten der Entwässerung
   4) Die Kosten des Betriebs der Aufzugsanlagen
   5) Die Kosten der Straßenreinigung und Müllabfuhr
   6) Die Kosten der Hausreinigung und Ungezieferbekämpfung
   7) Die Kosten der Gartenpflege
   8) Die Kosten der Beleuchtung
   9) Die Kosten der Schornsteinreinigung
   10) Die Kosten der Sach- und Haftpflichtversicherung
   11) Die Kosten für den Hauswart
   12) Die Kosten des Betriebs der Gemeinschafts-Antennenanlage bzw. Kabelanschluss (Breitbandkabelnetz)
   13) Die Kosten des Betriebs der maschinellen Wascheinrichtung
   14) Sonstige Betriebskosten
   15) Mietausfallwagnis gem. § 29 der Zweiten Berechnungsverordnung

   Die Kosten der Treppenhausreinigung sind in den Betriebskosten ☐ enthalten ☐ nicht enthalten. Sofern die Kosten für die Treppenhausreinigung in den Betriebskosten nicht enthalten sind, ist der Mieter verpflichtet, die Treppe von seinem Podest abwärts bis zum nächsten Podest – im Erdgeschoss den Hausflur – regelmäßig und ordnungsgemäß, insbesondere in ausreichenden Abständen, unentgeltlich zu reinigen.

Verlags-Nr. **599**

Keine Haftung des Verlages für irrtümliche bzw. unrichtige Rechtsanwendung
Nachdruck, Abschrift, Kopieren und elektronische Speicherung auch auszugsweise verboten.

9.01 AGB 152

Neufassung nach dem Mietrechtsreformgesetz 2001

Arbeitsvorschläge

1. Erkunden Sie anhand eines „Wohnungs-Einheitsmietvertrags" welche Kündigungsfristen gegeben sind. Hinweise finden Sie auch in den §§ 564, 565 BGB.

2. Welchen Sinn haben Vorschriften zum Schutz des Mieters vor Kündigung?

10.4 Durchsetzung von Rechten aus Verträgen

Im Wirtschafts- und Privatleben werden täglich Lieferungen und Zahlungen angemahnt, weil Schuldner nicht pünktlich ihren Verpflichtungen nachkommen. Aber auch die Mahnschreiben führen häufig noch nicht zum gewünschten Erfolg. Dann müssen die Gläubiger versuchen, die Leistungen der Schuldner zu erzwingen. Die Zivilprozessordnung **(ZPO)** sieht dafür das gerichtliche Mahnverfahren und das Klageverfahren vor.

Die Zivilprozessordnung **(ZPO)** sieht zwei Möglichkeiten vor, diesen Zahlungsanspruch gerichtlich geltend zu machen:
1. durch **Klageerhebung** und Durchführung eines streitigen Verfahrens vor dem Richter oder
2. durch ein gerichtliches **Mahnverfahren.**

Das Mahnverfahren ist im Gegensatz zur Klage eine einfache, schnelle und kostengünstige Möglichkeit zur Durchsetzung des Zahlungsanspruchs. Ziel ist dabei die Erlangung eines Mahnbescheids bzw. Vollstreckungsbescheids, mit dem der Gläubiger seinen Anspruch gegen den Schuldner zwangsweise durchsetzen kann.
Ist ein Widerspruch des Schuldners gegen den Anspruch zu erwarten, so bietet sich ein **Mahnverfahren** nicht an, da es in einem solchen Fall doch noch zum Verfahren vor dem Gericht kommt. Ein vorher eingeleitetes **Mahnverfahren** kann dann nur eine unnötige Verzögerung des Klageverfahrens bedeuten.

Gerichtliches Mahnverfahren

Hat der Gläubiger seine vertraglichen Verpflichtungen erfüllt und Anspruch auf Zahlung einer Geldsumme als Gegenleistung, kann er das gerichtliche Mahnverfahren einleiten. Er füllt das vorgeschriebene Formular aus (erhältlich im Papierwarengeschäft) und reicht den Antrag auf Erlass eines Mahnbescheids beim zuständigen Gericht ein. Gebühren sind im Voraus zu entrichten. Sachlich zuständig ist immer das Amtsgericht, örtlich zuständig jenes Amtsgericht, in dessen Bezirk der Antragsteller (Gläubiger) seinen Wohnsitz hat. Mit Hilfe des gerichtlichen Mahnverfahrens kann der Antragsteller seine Ansprüche rasch, einfach und billig durchsetzen.

Rechtspfleger
ist Beamter, nimmt zur Entlastung von Richtern und Staatsanwälten bestimmte Aufgaben wahr: u.a. im Mahnverfahren, in Nachlasssachen.

Der Vollstreckungsbescheid

Gerichtsvollzieher
ist unabhängiges staatliches Vollstreckungsorgan, führt die Zwangsvollstreckung durch, soweit sie nicht den Gerichten zugewiesen ist.

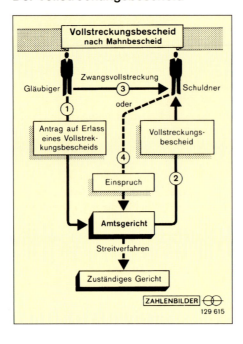

(1) Der Gläubiger beantragt nach Ablauf der Widerspruchsfrist innerhalb von 6 Monaten beim Amtsgericht einen Vollstreckungsbescheid.

(2) Das Amtsgericht stellt den Vollstreckungsbescheid dem Schuldner zu.

(3) Der Gläubiger erhält damit einen vorläufig vollstreckbaren Titel (eine Urkunde, welche die Zwangsvollstreckung zulässt) gegen den Schuldner.

(4) Der Schuldner kann gegen den Vollstreckungsbescheid innerhalb von 14 Tagen Einspruch einlegen. Das Amtsgericht gibt dann die Angelegenheit an das für den Zivilprozess zuständige Gericht weiter.
Unterbleibt der Einspruch, so wird der Vollstreckungsbescheid rechtskräftig. Er kann nicht mehr angefochten werden.

Die Zwangsvollstreckung

Der Gerichtsvollzieher nimmt die Zwangsvollstreckung im Auftrag des Gläubigers vor. Dies geschieht durch Pfändung.

– Bei beweglichem Vermögen nimmt der Gerichtsvollzieher wertvolle Gegenstände (z.B. Schmuck) bei der **Pfändung** in seinen Besitz. Schwertransportierbare Sachen (z.B. Teppiche, Maschinen) versieht er mit einem Pfandsiegel („Kuckuck"). Die Verwertung der Pfänder erfolgt durch öffentliche Versteigerung.
Unpfändbar sind Sachen, die für den persönlichen Haushalt oder für die Berufsausübung notwendig sind.

– Bei Grundstücken und Gebäuden, die das unbewegliche Vermögen darstellen, erfolgt die Zwangsvollstreckung durch:
  1. Zwangsversteigerung. Aus dem Erlös werden die Schulden bezahlt.
  2. Zwangsverwaltung. Aus den Einnahmen wie Mieten werden die Schulden bezahlt.
  3. Eintragung einer Sicherungshypothek (Zwangshypothek) in das Grundbuch. Sie führt nicht zur Befriedigung des Gläubigers, sondern nur zur Sicherung seiner Ansprüche.

– Bei Ansprüchen aus Arbeitseinkommen (Lohn, Gehalt) erlässt das Gericht einen **Pfändungs- und Überweisungsbeschluss**. Der Arbeitgeber z.B. darf dann nur einen für den Lebensunterhalt notwendigen Betrag an den Arbeitnehmer auszahlen. Den Rest muss er an den Gläubiger überweisen. Dieser Betrag wird in der Lohnpfändungstabelle ausgewiesen. Sie kann über den Buchhandel bezogen werden.

Auch Privatpersonen können in Konkurs gehen

Für mehr als zwei Millionen überschuldete Bundesbürger gibt es mit der Insolvenzordnung vom 1.1.99 erstmals die Möglichkeit des Privatkonkurses und damit die Chance für einen wirtschaftlichen Neuanfang. Zunächst muss ein Schuldner versuchen, innerhalb von sechs Monaten eine Einigung mit seinen Gläubigern herbeizuführen. Schlägt der außergerichtliche Einigungsversuch fehl, kann er beim Amtsgericht Insolvenzverfahren und Restschuldbefreiung beantragen. Es folgt eine sieben Jahre währende Periode des „Wohlverhaltens". In dieser Zeit wird der pfändbare Teil des Einkommens an einen Treuhänder abgeführt, der ihn an die Gläubiger verteilt. Wer vor 1997 zahlungsunfähig war, hat eine Wohlverhaltensperiode von fünf Jahren. Danach erklärt das Amtsgericht den Betroffenen für schuldenfrei. Gläubiger können dann keine Ansprüche mehr geltend machen.

Klageverfahren (Zivilprozess)

Zu einem Zivilprozess kommt es
- auf Antrag einer Partei nach einem Widerspruch gegen einen Mahnbescheid,
- von Amts wegen nach einem Einspruch gegen einen Vollstreckungsbescheid,
- nach Einreichung einer Klage.

Grundlage für das Verfahren ist der Streitwert, also der Wert des Streitgegenstandes (z.B. die Höhe der Geldforderung). Bei einem Streitwert
- bis einschließlich 5.000,00 € ist das Amtsgericht (Einzelrichter),
- über 5.000,00 € das Landgericht zuständig.

Das Verfahren findet vor dem Gericht statt, in dessen Bezirk der Schuldner seinen Wohnsitz hat (Kaufleute können einen anderen Gerichtsstand vereinbaren).
Gegen das Urteil kann die unterlegene Partei in bestimmten Fällen **Rechtsmittel** (z.B. Berufung) einlegen. Ein rechtskräftiges Urteil kann vollstreckt werden.

Instanzenzug

im Zivilprozess
- Amtsgericht
- Landgericht
- Oberlandesgericht
- Bundesgerichtshof

Rechtsmittel

- Berufung
  gegen Endurteile erster Instanzen. Sie führt zu einer Überprüfung des Urteils in tatsächlicher und rechtlicher Hinsicht.
- Revision
  wird eingelegt nur zur rechtlichen Überprüfung eines Urteils durch eine höhere Instanz.

(1) Der Kläger reicht die Klageschrift beim zuständigen Gericht ein.
(2) Das Gericht stellt sie dem Beklagten zu und bestimmt den Termin für die mündliche Verhandlung.
(3) Die mündliche Verhandlung dient der Klärung des Sachverhaltes. Die streitenden Parteien haben Gelegenheit, ihre Standpunkte vorzutragen (Parteivernehmung). Als weitere Beweismittel kommen in Frage: Zeugenaussagen, Gutachten von Sachverständigen, Urkunden, Augenschein (Besichtigung des Streitgegenstandes).
(4) Das Gericht versucht, die Parteien zu einem Vergleich zu bewegen. Misslingt dieses, so endet das Verfahren mit der Verkündung des Urteils.

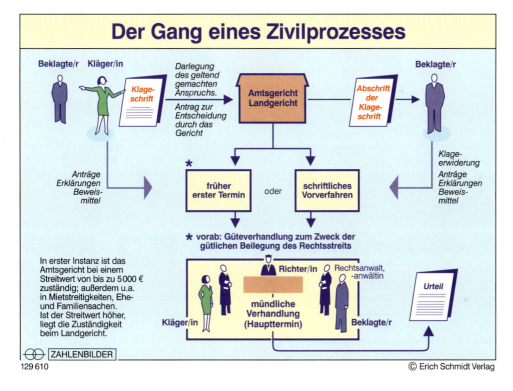

Arbeitsvorschläge

1. Was spricht für die Durchsetzung eines Zahlungsanspruches
   a) durch das Mahnverfahren,
   b) durch einen Zivilprozess?

2. Womit muss ein Schuldner rechnen, wenn er gegen einen Mahnbescheid
   a) nichts unternimmt,
   b) Widerspruch einlegt?

3. Wie kann eine Zwangsvollstreckung durchgeführt werden?

10.5 Verbraucherschutz

In Zeiten von Rinderwahnsinn und Medikamentenmissbrauch bei der Schweinemast sind viele Verbraucher verunsichert – eine Chance für ökologische Lebensmittel, die bisher in Deutschland nur einen Marktanteil von zwei Prozent am gesamten Lebensmittelumsatz haben. Leicht wird es den Verbrauchern allerdings nicht gemacht, sich zu orientieren, wenn sie nicht direkt im Naturkostladen oder beim Biobauern einkaufen. So gibt es eine Vielzahl von Öko-Zeichen, zum Beispiel das bundeseinheitliche Öko-Prüfzeichen für ökologisch erzeugte Produkte oder die Zeichen der neun deutschen Anbauverbände wie Bioland und ANOG; daneben finden sich noch die Gütezeichen der Öko-Handelsmarken wie Füllhorn und Bio-Wertkost. Diese Zeichen geben nach Angaben der Verbraucherzentralen eindeutige Sicherheit.

Gesetzliche Warenkennzeichnung

Der Gesetzgeber verlangt von den Herstellern bestimmter Waren besondere Angaben, die auf der Verpackung bzw. der Ware anzubringen sind. Der Verbraucher kann sich so ein besseres Bild über Beschaffenheit und Qualität machen. Auf Lebensmittelpackungen müssen folgende Angaben zu finden sein:
- Anschrift des Herstellers oder Anbieters,
- Inhalt nach der handelsüblichen Bezeichnung,
- Menge entsprechend deutschem Maß oder Gewicht zur Zeit der Füllung.

Lebensmittel mit TÜV-Siegel
www.vitacert.de

Freiwillige Warenkennzeichnung

Die Qualität bestimmter Warengruppen wie Textilien, Möbel, Nahrungsmittel lässt sich an Gütezeichen feststellen, die vom Ausschuss für Lieferbedingungen und Gütesicherung beim Deutschen Normenausschuss (früher: Reichs-Ausschuss für Lieferbedingungen und Gütesicherung = RAL) vergeben werden.

Von diesen Gütezeichen streng zu unterscheiden sind die Waren- und Firmenzeichen. Weil das Markengesetz die „Marken" schützt, kann der Verbraucher sicher sein, ein Originalprodukt zu erwerben. Eine Qualitätsgarantie ist damit nicht gegeben.

Prüf- und Sicherheitszeichen

Jeder weiss, dass Papierabmessungen nach DIN angegeben werden. Das DIN-Zeichen darf verwendet werden, wenn die damit gekennzeichneten Erzeugnisse den für sie vom „Deutschen Institut für Normung e.V." festgelegten Normen entsprechen.

Für den Bereich der elektrischen Sicherheit ist das VDE-Prüfzeichen (Verband Deutscher Elektrotechniker) allgemein bekannt. Kraftfahrzeuge, aber auch Maschinen und technische Anlagen werden durch den TÜV (Technischer Überwachungsverein) geprüft. Mehr und mehr setzt sich das GS-Zeichen (Geprüfte Sicherheit) durch. Es ist ein einheitliches Prüfsymbol, das die zahlreichen bisher verwendeten Zeichen ersetzen soll.

Von besonderer Aktualität ist das Umweltzeichen, das an Produkte verliehen wird, die sich durch umweltfreundliche Herstellung bzw. umweltfreundlichen Gebrauch auszeichnen.

Dieses Gerät entspricht den strengen Vorschriften des Verbandes deutscher Elektrotechniker und trägt somit das VDE- und das GS-Zeichen

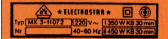

Hier ist die Herstellerfirma genannt, VDE-Funkschutz- und Schutzisolierungszeichen sind vorhanden, zudem bekommen Sie die Informationen über Spannung und Dauerbetriebszeit

Links das Funkschutzzeichen, in der Mitte das Symbol für den Spritzwasserschutz und rechts das Zeichen für die Schutzisolierung

Verbraucherverbände

Die Verbraucherverbände wollen den Verbraucher durch Veranstaltungen, Beratungen, Testzeitschriften aufklären. Sie sammeln Material, z. B. Reklamationen, von ihren Mitgliedern, schreiben die betreffenden Firmen an und gewähren Rechtsschutz durch Anwälte und Zuschüsse bei Prozessen. In allen Bundesländern gibt es Verbraucherzentralen mit Beratungsstellen in den größeren Städten – für Niedersachsen: Verbraucherzentrale Niedersachsen e. V., Georgswall 7, 30159 Hannover.

Auf Beschluss des Bundestages wurde 1964 in Berlin die Stiftung Warentest gegründet, die aufgrund von selbst erstellten Prüfprogrammen durch Fachinstitute vergleichende Waren- und Leistungstests durchführen lässt. Die Ergebnisse werden in der Zeitschrift „test" veröffentlicht. Sie ist über den Buch- und Zeitschriftenhandel zu beziehen.

Gesetzlicher Schutz des Verbrauchers

In der Marktwirtschaft wird der Verbraucher stark umworben. Die Unternehmen wollen die Zahl ihrer Kunden erhöhen, um größeren Umsatz und mehr Gewinn zu erzielen. Dieser Wettbewerb um Kunden und Märkte muss in Bahnen gelenkt werden, weil andernfalls Wettbewerb und Verbraucher leiden würden. Ein „Lockvogelangebot" schadet dem Verbraucher, weil es dazu dient, andere Waren als die angebotenen loszuschlagen. Waren des Lockvogelangebots sind gar nicht oder in nicht ausreichender Menge vorhanden. **Das Gesetz gegen den unlauteren Wettbewerb** (UWG) will Auswüchse im Wettbewerbsverhalten (z.B. unrichtige Angaben, Zusendung unbestellter Ware, Anschwärzen von Mitbewerbern) und Irreführung der Kunden durch Nachahmen von Waren- und Firmenzeichen („Markenpiraterie") unterbinden.

Wichtige Adressen

Stiftung Warentest,
Lützowplatz 11–13,
10785 Berlin,
Tel. 030-2623014

Verbrauchertipps per Telefon:
606 oder 0606

Arbeitsgemeinschaft der Verbraucher,
Heilsbacherstr. 20
43123 Bonn,
0211-641011

Internet

www.agv.de
www.warentest.de
www.verbraucher-information.de

Arbeitsvorschlag

Erstellen Sie durch Informationsbeschaffung im Internet eine Dokumentation über die geschützten Warenzeichen für Öko/Bio-Produkte nach der EG-Öko-Verordnung. Berücksichtigen Sie dabei die Gütezeichen der Anbieter von Produkten aus Ihrer Region.

Digitale Piraten – Was digital vorliegt wird geklaut

Dutzende von Programmen, die neuesten CDs selbst gebrannt. Spiele für Playstation und alles für lau. Und dann noch die Kopien verticken. Digitale Piraterie nennt das die Software- und Musikbranche. Und wie läuft das Geschäft?

Wann er das letzte Male ein Computerprogramm gekauft hat? Elmar überlegt nicht lange: „Noch nie! O.k., das Betriebssystem habe ich legal erstanden." Möglichkeiten sich Software unter der Hand zu besorgen, hat Elmar reichlich: auf dem Schulhof, an der Uni, im Internet. Komprimierte Programme auf CDs, von Bildbearbeitungsprogrammen über Office-Pakete bis zu Datenbanksystemen – Elmar sucht sich einfach aus, was er gerade braucht. Rund 1,2 Mio. Brenner stehen derzeit in deutschen Haushalten, viele werden für Raubkopien genutzt. Solche Geräte können CDs ohne Qualitätsverluste vervielfältigen.

'ran 1/2000, S. 10ff.

Der Pfad des Gesetzes, eng aber sicher

Musik
CDs darf man nur für den eigenen Bedarf vervielfältigen. Fast alle Musikhits, die im Internet zum kostenlosen Download angeboten werden, sind illegal.

Software/Spiele
Kopien sind nur als Sicherheit für die eigene Schublade erlaubt.

Das **Gesetz gegen Wettbewerbsbeschränkungen** (GWB, auch Kartellgesetz) lässt nur noch für Verlagserzeugnisse eine Preisbindung zu. In allen anderen Fällen dürfen die Hersteller keine Endverkaufspreise festsetzen. Sie dürfen nur unverbindliche Richtpreise empfehlen.

Piratenjäger auf Spurensuche

Die Gesellschaft zur Verfolgung von Urheberrechtsverletzungen (GVU) in Hamburg versucht im Auftrag des Verbandes der Unterhaltungssoftware den Softwarepiraten auf die Schliche zu kommen. Täglich durchforsten die Internet-Cops das Netz und Zeitungsanzeigen nach illegalen Seiten und Angeboten.

'ran 1/2000, S. 13

Gesetz zur Regelung des Rechts der Allgemeinen Geschäftsbedingungen (AGB-Gesetz). Vorformulierte Bedingungen sind aus dem Geschäftsverkehr nicht mehr wegzudenken: Kaufleute, Handwerker, Kreditinstitute, Reiseunternehmen – alle verwenden „Allgemeine Geschäftsbedingungen". Lange Zeit nannte man sie „das Kleingedruckte" auf der Rückseite von Verträgen, weil diese Klauseln oft nur mit der Lupe zu lesen waren. Die Vertragsfreiheit hatte den Anbietern gestattet, ein eigenes Klausel-Recht neben dem BGB zu entwickeln. Das war möglich, weil Vertragspartner grundsätzlich frei sind bei der Festlegung der Bedingungen, die sie zur Grundlage ihres Vertrages machen wollen. Die vorformulierten Bedingungen haben aber den Käufern zu viele Rechte genommen und Risiken aufgebürdet. Mit dem AGB-Gesetz hat der Gesetzgeber eingegriffen und sichergestellt, dass einseitig Vorgedrucktes nicht mehr einseitiges Recht ist. Rund 40 Klauseln, die den Käufer benachteiligten, sind inzwischen verboten.

Allgemeine Geschäftsbedingungen
1. Allgemeines und Geltungsbereich
2. Lieferungsbedingungen
3. Zahlungsbedingungen
4. Ratenkauf
5. Gewährleistung
6. Eigentumsvorbehalt
7. Reparaturen
8. Allgemeine Haftungsbegrenzungen
9. Erfüllungsort und Gerichtsstand

Wichtige Bestimmungen des Gesetzes sind:
– Der Kunde muss auf die AGB hingewiesen werden und sie in angemessener Weise zur Kenntnis nehmen können.
– Persönliche Absprachen (Sondervereinbarungen) haben Vorrang vor den AGB.
– Unangemessen lange Fristen für die Vertragsannahme und für die Lieferung sind nicht zulässig.
– Preiserhöhungen sind frühestens 4 Monate nach Vertragsabschluss möglich.
– Bei mangelhafter Lieferung gelten grundsätzlich die Bestimmungen des BGB (Wandlung und Minderung, s. S. 213). Ist Nachbesserung vereinbart, so muss die Reparatur (Material und Arbeitslohn) kostenlos erfolgen.

Verbraucherschutz

„Mensch, Karl, die Maschine tut's nicht mehr"

Mitten in der gesetzlichen Gewährleistungszeit sitzen Sie abends friedlich da, die Waschmaschine dreht so vor sich hin, da knallt's und das Bullauge ist geplatzt. Jetzt denken Sie natürlich nicht an Ihre BGB-Rechte, sondern, wie Sie mit Ihrer Wäsche weiterkommen.

Nachbesserung: AGB oder BGB?
Wenn Sie die Maschine ganz normal fabrikneu im Handel gekauft haben, können Sie Ihre BGB-Rechte tatsächlich erstmal vergessen. Dazu müssen Sie jetzt ihren Vertrag holen und in den Allgemeinen Geschäftsbedingungen nachsehen, unter „Gewährleistung" oder „Garantie". Da steht wahrscheinlich, dass sich der Verkäufer das Recht nimmt („vorbehält"), Mängel am gekauften Gerät zunächst durch Nachbesserung zu beseitigen. Sie als Käufer können in solchem Fall vom Verkäufer nicht sofort fordern, dass er den Kauf rückgängig macht oder den Kaufpreis herabsetzt. Sondern: Sie schreiben Ihre übliche Mängelrüge und fordern den Verkäufer auf, umgehend eine Nachbesserung vorzunehmen. Setzen Sie für die Nachbesserung auf jeden Fall eine Frist. Bevor Sie aber die Nachbesserung in Gang bringen, nehmen Sie den Kaufvertrag noch einmal unter die Lupe: Hat der Verkäufer sich in den Bedingungen (AGB) die Nachbesserung vorbehalten? Wenn ja, dann muss er noch ein Weiteres tun: An derselben Stelle muss er Sie ausdrücklich darauf hinweisen, dass Sie bei Fehlschlagen der Nachbesserung Ihre BGB-Rechte wieder in Anspruch nehmen können. Hat der Verkäufer diesen Hinweis in seinen AGB vergessen, dann brauchen Sie als Käufer keine Nachbesserung über sich ergehen zu lassen. Sie können sofort Ihre BGB-Rechte beanspruchen.

Alles was Recht ist, S. 82, Verbraucher-Handbuch (ohne Jahr)

Satte Rabatte!

Buy one shirt, get one free!

Kauf zwischen 10 und 11 Uhr zehn Prozent billiger!

So oder ähnlich heißt es seit Juli 2001 in Deutschland, wie schon lange in England, den Niederlanden oder den USA. Das alte Rabattgesetz und die Zugabeverordnung ist abgeschafft. Es erlaubte bisher maximal drei Prozent Preisnachlass. Händler dürfen so viel Rabatt geben wie sie wollen. Gleichzeitig dürfen Sie durch kleine oder große Extras den Kaufanreiz erhöhen.

Die Fußgängerzone wird zum Basar!
Der Nachteil für die Kunden ist eine verwirrende Preisvielfalt, die keiner mehr durchblickt – so wie jetzt schon bei den Telefontarifen oder den Strompreisen.

TV-Hören und Sehen 6/2001

Preise freigegeben!
Für die Preisgestaltung gelten aber auch künftig weiterhin die Regeln des Wettbewerbsrechts. So bleibt es verboten, Kunden mit hohen Rabatten zum Kauf vom Produkten mit künstlich überhöhten Preisen („Mondpreise") zu locken.

Wirtschaftswoche 1/2001, S. 74

Arbeitsvorschläge

1. Entscheiden Sie, ob es sich in den folgenden Beispielen um Maßnahmen handelt, die den Wettbewerb um den Kunden verzerren.
   a) Im Schaufenster und in der Zeitung wird ein „Räumungsverkauf wegen Geschäftsaufgabe" angekündigt. Tatsächlich wird das Geschäft von einem neuen Inhaber weitergeführt.
   b) Aus einer Anzeige: „Empfohlener Richtpreis 120,00 €, bei mir 98,99 €.

2. Am 1. Juli… wurde ein Kaufvertrag über einen Pkw in Höhe von 16.980,00 € abgeschlossen. Die Lieferfrist für dieses Modell betrug zu diesem Zeitpunkt 11 Monate. Am 2. Januar des folgenden Jahres wurden die Preise des Herstellers um 2,4% erhöht. Welcher Preis war bei Auslieferung am 1. Juni zu zahlen, wenn in den Allgemeinen Geschäftsbedingungen des Produzenten die Zahlung des zur Zeit der Auslieferung gültigen Preises festgelegt ist? Prüfen Sie mit Hilfe des AGB-Gesetzes.

Konsumenteninteresse – Produzenteninteresse

10.6 Kreditgeschäfte

Jeder hat heute die Möglichkeit, einen Kauf „finanzieren" zu lassen. Banken und Sparkassen bieten ihre Hilfe in vielen Formen an: Geld wird verkauft wie jede andere Ware auch. Die Last der Rückzahlung jedoch bleibt. Ein mit fremden Mitteln finanzierter Kauf ist immer teurer als der mit vorhandenem Geld bezahlte. Das sollte jeder bedenken, bevor er sich entschließt, Geld zu borgen.

Ratenkredite

Disagio
Ein Disagio (Damnum) ist ein Abschlag vom Kreditbetrag, den die Bank bereits bei der Auszahlung eines Hypothekendarlehens einbehält.

Teilzahlungsbedingungen
1. Anzahl und Höhe der Raten
2. Fälligkeit der Raten
3. Teilzahlungspreis
4. Barzahlungspreis
5. Effektiver Jahreszins
6. Widerrufsrecht

Was immer Sie sich kaufen wollen – wir haben den passenden Kredit für Sie.

Bitte ausfüllen und bei der nächsten Geschäftsstelle abgeben, einwerfen oder in einen Umschlag stecken und mit der Post senden.

Ich interessiere mich für einen Kredit in Höhe von _____ €.

Diesen Kredit möchte ich in _____ Monaten zurückzahlen.

Bitte bereiten Sie alles vor.

Ich komme am _____

in Ihre Geschäftsstelle _____

Name/Vorname

geboren am/Beruf

Straße

PLZ, Wohnort

Telefon

Datum, Unterschrift

Sie haben die Wahl

Der eine spart vorher und macht die schon längst fällige Anschaffung erst, wenn er das Geld dafür beisammen hat.
Der andere kauft gleich, nimmt Kredit und spart im nachhinein in Form von regelmäßigen Raten.
Manchmal kann man mit Anschaffungen wirklich nicht warten, bis man das Geld dafür hat. Zum Beispiel wenn das Auto von heute auf morgen stehen bleibt. Oder wenn man endlich die lang ersehnte größere Wohnung bekommt – oder vielleicht auch nur die alte „neu aufmöbeln" möchte. Oder wenn sich eine besonders günstige Gelegenheit bietet. In solchen Fällen sollten Sie erst einmal mit uns über einen Kredit sprechen.

Unsere Zinsen sind fair Vergleichen Sie selbst:

Kreditsumme €	Laufzeit Monate	Monatsraten €	Letzte Monatsrate €	Effektiv verzinsung p.a. (%)
3000,00	24	138,00	160,00	10,94*
	30	113,00	125,00	10,50*
	36	96,00	110,00	10,22*
25000,00	36	803,00	815,00	10,22*
	47	642,00	668,00	10,29**
	60	525,00	525,00	9,96**

*Zinssatz: 0,38% p.M.; einmalige Bearbeitungsgebühr: 2% vom Ursprungsbetrag
**Zinssatz: 0,40% p.M.; einmalige Bearbeitungsgebühr: 2% vom Ursprungsbetrag

Ratenkredit-Vergleich.de ist der spezialisierte Marktplatz für den Kreditvergleich von Allzweckdarlehen und Ratenkrediten in Deutschland. Unser Ziel ist es, Ihnen zu helfen, in der weiten Welt des Internet die für Sie günstigste Finanzierung zu finden sowie Ihre Fragen rund um das Thema Ratenkredit zu klären. Haben Sie dieses schon einmal von anderer Seite vernommen? – Ratenkredit-Vergleich.de wird Sie überzeugen, weil …
Quelle: www.Ratenkredit-Vergleich.de

Arbeitsvorschläge

Beantworten Sie mit Hilfe des Prospektes folgende Fragen:

1. Wann entsteht in privaten Haushalten ein Kreditbedarf?
2. Wie kann man den im Prospekt angebotenen Kredit bezeichnen?
3. Was wird ein Kreditinstitut prüfen, bevor es einen Kredit gewährt?
4. Recherchieren Sie im Internet den günstigsten Anbieter für einen Kleinkredit über 1.500,00 EUR mit einer Laufzeit von 24 Monaten.

Kreditgeschäfte

Ratenkredite sind Darlehen, die private Haushalte zur Beschaffung von Konsumgütern aufnehmen. Sie werden in festen monatlichen Teilbeträgen (Raten) zurückgezahlt.

Die Kreditkosten werden zu Beginn der Laufzeit kapitalisiert, d.h. sie werden dem Kapital zugeschlagen und erhöhen die Darlehensverpflichtung. Sie sind bei der Berechnung der Raten zu berücksichtigen.

BARGELD für Auto-, Haus-Altschulden etc. **Sonderdarlehen** ohne Auskunft vermittelt **Anruf genügt** v. 9–18 Uhr.

Ein Beispiel aus dem Prospekt

Kreditbetrag (Laufzeit 60 Monate)	25 000,00 €
+ 2% Bearbeitungsgebühr	500,00 €
+ 0,4% Zinsen pro Monat auf den beantragten Kreditbetrag (0,4 x 60 x 25 000 : 100)	6 000,00 €
Darlehensverpflichtung	31 500,00 €
: Zahl der Monatsraten	60
= Höhe der Monatsrate	525,00 €

Bargeld, Sofortauszahlung, vermittelt von Schweizer Banken
bis € 30 000,00
zur völlig freien Verwendung.

Nach der Preisangabenverordnung sind die Kreditinstitute verpflichtet, die tatsächliche Verzinsung pro Jahr (Effektivverzinsung p.a.) anzugeben. Wenn man den Zinssatz für ein Jahr ermitteln will, ist zu berücksichtigen, dass der Kredit monatlich zurückgezahlt wird. Die Zinsen werden aber im Voraus für die gesamten 60 Monate vom ursprünglichen Kreditbetrag berechnet. So ergibt sich als effektiver Zins nicht (0,4 x 12) + (2 : 5) = 5,2%, sondern 9,96% nach einer komplizierten Rechnung.

Probleme? Giroüberzug? Laufende Kredite! Kein Problem für uns – wir helfen Ihnen gerne. Kredit bis 25 000,00 € für jedermann – für jeden Zweck. Testen Sie unsere Leistungsfähigkeit.

Kreditsuchenden ist in jedem Falle zu empfehlen, sich an ein Kreditinstitut zu wenden. Gerade Ratenkredite werden schnell und unbürokratisch eingeräumt. Der Kreditnehmer gibt über seine Vermögensverhältnisse eine Selbstauskunft und legt einen Einkommensnachweis vor.

Zeitungsanzeigen wie die Nebenstehenden sind mit Vorsicht zu betrachten. Die Kosten der vermittelten Kredite liegen meistens erheblich höher als die der regulären Bankkredite.

Grundsätzlich muss vor jeder Kreditaufnahme sorgfältig geprüft werden, ob für Zinsen und Rückzahlung ausreichende Mittel zur Verfügung stehen.

Geliehens Geld ist teures Geld

Und wer trotz eines festen regelmäßigen Einkommens sein Konto ständig überzogen hat, der zahlt viel Zinsen. Für einen Dispositionskredit verlangen die Banken im Schnitt einen höheren Prozentsatz als beim Ratenkredit.
Aber **„plusminus"** wollte es genau wissen und hat gehandelt. Damit Sie ermitteln können, wie der Vergleich bei Ihrer persönlichen Haushaltslage ausfällt, hat **„plusminus"** ein kleines Computerprogramm für Sie erstellt. Darin können Sie Ihre individuelle Einnahmen- und Ausgabensituation erfassen und anhand eines detaillierten Kontoverlaufs die Kosten eines Dispositionskredits den Kosten eine Ratenkredits gegenüberstellen.

Quelle: www.wdr.de/tv/plusminus/aktuell/990223_1.html

Arbeitsvorschlag

Welche Gefahr bringt der angebotene Kredit für den Antragsteller stets mit sich?

Teil eines Kontoauszuges

Dispositionskredite

Im Rahmen der bargeldlosen Lohn- und Gehaltszahlungen müssen die Arbeitnehmer Girokonten einrichten lassen, auf die ihre Arbeitsvergütungen überwiesen werden können. Wenn die Kreditinstitute ihren Privatkunden auf diesen Konten Kredite ohne besondere Sicherheiten zur Verfügung stellen, spricht man von **Dispositionskrediten**.

Die Kunden können bis zu einer Grenze (z.B. dem Dreifachen des monatlichen Nettoeinkommens) **das Konto überziehen**. Die Kreditinstitute erwarten von den Kontoinhabern, dass sie besonders verantwortungsbewusst über ihr Konto verfügen. Zinsen werden nur vom tatsächlich beanspruchten Kredit berechnet, eine Bearbeitungsgebühr entfällt.

Der Dispositionskredit ist immer dann zu empfehlen, wenn das Geld für kürzere Zeit benötigt wird und der Kreditbetrag durch Gutschriften auf dem Konto laufend gesenkt wird. Trotz eines höheren Zinssatzes kann der Zinsbetrag geringer bleiben als beim vergleichbaren Ratenkredit.

Die Kontoüberziehung ist für den Bankkunden der einfachste Weg, Kredit in Anspruch zu nehmen. Darin liegt aber auch die Gefahr. Die Verpflichtung, einen Kredit zurückzuzahlen, hat noch niemand dem Kreditnehmer abgenommen.

Kreditsicherung

Vor der Gewährung eines Kredites wird die persönliche und wirtschaftliche Kreditwürdigkeit des Kreditnehmers geprüft. Als kreditwürdig wird ein Antragsteller angesehen, wenn

– er ein festes, ungekündigtes Arbeitsverhältnis nachweisen kann,
– der Kreditbetrag in einem angemessenen Verhältnis zum Einkommen und zu den laufenden Verpflichtungen steht.

Die Sicherung des Ratenkredites erfolgt grundsätzlich durch Lohn- oder Gehaltsabtretung (der abgetretene Teil des Lohnes dient der Rückzahlung des Kredites). Daneben kommen Bürgschaft des Ehegatten, Abtretung von Lebensversicherungsansprüchen und Verpfändung eines Grundstücks in Frage. Die Belastung durch eine Hypothek muss im Grundbuch beim Amtsgericht eingetragen werden.

Arbeitsvorschläge

1. Der Facharbeiter Dirk Ewers beantragt bei seiner Bank einen Ratenkredit, mit dem er den Kauf eines neuen Autos finanzieren will. Den Pkw braucht Ewers für die Fahrten zum Arbeitsplatz. Die Bank gewährt den Kredit und verlangt als Sicherheit eine Lohnabtretung und die Sicherungsübereignung des Kraftfahrzeugs.
   a) Welche Vorteile hat Ewers durch die Kreditaufnahme?
   b) Welche Risiken ergeben sich für die Bank bzw. den Kunden aus diesem Kreditgeschäft?
   c) Was kann die Bank von Dirk Ewers zusätzlich verlangen, um ihr Risiko zu verringern?

2. Unter welchen Umständen kann ein Dispositionskredit billiger sein als ein Ratenkredit, obwohl der Zinssatz höher als beim Ratenkredit ist?

11 | Ökonomie und Ökologie

11.1 Umweltsch(m)utz

„So leben wir,
so leben wir,
so leben wir alle Tage
…"

Raumschiff Erde

„Stellen wir uns die Erde als ein riesiges Raumschiff vor. Mit Menschen an Bord rast es durch das Weltall. Die Verbindungen zum Heimatplaneten sind abgebrochen. Es gibt keine Rückkehr mehr. Die Passagiere müssen mit den vorhandenen Vorräten an Nahrung, Wasser, Sauerstoff und Energie auskommen.

Während die Zahl der Menschen an Bord steigt, verringern sich die Vorräte. Gleichzeitig steigen Abfall- und Schadstoffmengen an. Das Leben wird immer schwieriger, die Luft zum Atmen immer knapper. Einige Bewohner des Raumschiffes geraten in Panik. Sie prophezeien einen baldigen Tod durch Ersticken, Verdursten, Verhungern oder Erfrieren. Andere beuten die zu Ende gehenden Vorräte aus, schlagen Warnungen in den Wind, maßvoller damit umzugehen. Sie vertrauen darauf dass jemandem noch in letzter Minute etwas zur gemeinsamen Rettung einfallen werde."

„Umweltschutz – die Schöpfung bewahren", Berlin 1990
(in Zusammenarbeit mit dem Bundesministerium für innerdeutsche Beziehungen), S. 5.

Ökologie
bezeichnet die Lehre vom Naturhaushalt. Sie untersucht die Wechselbeziehungen zwischen den Lebewesen und ihrer Umwelt.

Ökonomie
heißt Wirtschaftlichkeit. Unternehmen arbeiten nach dem ökonomischen Prinzip. Das heißt, dass ein bestimmtes Ergebnis mit dem geringstmöglichen Aufwand erzielt werden soll.

In einer Minute

Um den Text „Raumschiff Erde" zu lesen, haben Sie etwa eine Minute gebraucht. Stellen Sie sich einmal vor, was in dieser Zeit – statistisch gesehen – auf der Erde passiert:

In einer Minute

- werden zwei Tonnen Fluorchlorkohlenwasserstoffe (FCKW) frei
- beträgt der Kohlendioxid Ausstoß über 38.000 Tonnen
- zerstören die Menschen 3,5 qkm Wald
- produzieren wir alle über 15.000 Tonnen Müll
- belasten zusätzlich über 90 neue Autos unsere Umwelt
- werden rund 60.000 Tonnen Erde abgetragen
- nimmt die Erdbevölkerung um 165 Menschen zu
- geht fast ein Quadratkilometer Naturfläche durch Bebauung oder Versiegelung verloren
- sterben ca. 40 Menschen an Hunger

Dies alles in nur einer Minute!

Zusammengestellt aus: Grafik „Umweltprobleme der Erde", UPI Heidelberg, 1992; Praxis Schulfernsehen 209193.

Die Menschen erkennen nur langsam, dass die Natur ein kompliziertes und empfindliches Ökosystem ist, das durch zu große Eingriffe seine Ausgewogenheit verliert. Als Folge ergeben sich Schäden für alle Lebewesen.

Das natürliche Ökosystem

Die Erde hat also eine Biosphäre, das ist die Gesamtheit der unterschiedlich dicht mit Lebewesen besiedelten Schichten dieses Planeten, von der Atmosphäre bis in die Oberflächenschichten der Erdkruste und bis auf den Grund der Weltmeere. Jedes Lebewesen findet dort bestimmte Lebensbedingungen vor, die sich aus dem ergeben, was der jeweilige Lebensraum dort bietet: zum einen an Stoffen, Energien und Gegebenheiten der „unbelebten Natur und zum anderen an Nachbarlebewesen aus der „belebten Natur". Diesen Lebensraum mit seinen Lebensbedingungen bezeichnet man als Umwelt.

Ökosystem ist ein Einheit der Landschaft, die aus dem Zusammenwirken von Lebensraum und Lebensgemeinschaft von Pflanzen und Lebewesen entsteht.

Mit ihrer so definierten Umwelt stehen die Lebewesen in vielfältigen Beziehungen. Die Wechselwirkungen zwischen den Lebewesen und ihrer Umwelt im belebten und unbelebten Lebensraum machen das aus, was man als ökologisches System oder kurz als Ökosystem bezeichnet.

Das Ökosystem hat eine natürliche Ausgewogenheit. Durch vielfältige Regelungsvorgänge sind Nutzen und Schaden, Verletzung und Heilung, Entnahmen und Abgaben über das Gesamtsystem so verteilt, dass sich das Leben als Ganzes nicht selbst vernichtet, aber „seine Bäume auch nicht in den Himmel wachsen".

Umweltschutz – Versuch einer Systemdarstellung, Siemens AG 1986

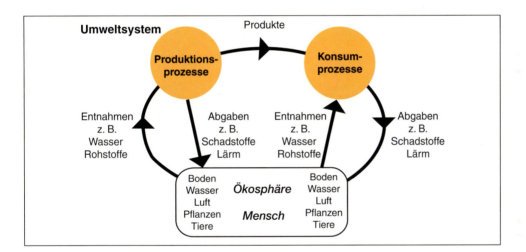

nach: Hartkopf, Bohne: Umweltpolitik, Opladen 1983

Mit der Entwicklung ihrer Kulturen vor rund 10000 Jahren haben die Menschen begonnen, die natürliche Umwelt zu verändern, um sich bessere Lebensbedingungen zu schaffen. Insbesondere seit Beginn der Industrialisierung und der damit verbundenen Steigerung des Lebensstandards ist die Umwelt mehr und mehr bedroht.

Arbeitsvorschläge

1. Interpretieren Sie die Karikatur.

2. Nutzen Sie die Gedanken des Artikels „Raumschiff Erde" zu einem Rollenspiel über das weitere Geschehen an Bord.

3. Erklären Sie das Schaubild Umweltsysteme.

11.2 Die Menschheit in der Wärmefalle

Treibhaus.
Wir müssen darüber reden.

Wir müssen jetzt handeln, damit die Erde nicht zum Treibhaus wird. Vor allem die wirtschaftlich hoch entwickelten Länder müssen mit fossilen Brennstoffen wie Kohle, Öl und Gas sorgsam umgehen. Das gilt auch für die Stromerzeugung. Wir, die deutschen Stromversorger, haben bereits rohstoffschonende und schadstoffarme Kohlekraftwerke entwickelt. Zugleich fördern wir den sparsamen Umgang mit Strom. Wir nutzen Wasser, Sonne und Wind zur Stromerzeugung, wo es technisch möglich und wirtschaftlich sinnvoll ist. Und wir nutzen die Kernkraft. Mit Strom aus Uran decken wir 40 Prozent unseres Strombedarfs. Umweltschonend und preiswert. Unsere Kernkraftwerke sind so sicher, dass wir ihren Betrieb verantworten können. Außerdem: Kernkraft produziert kein CO_2.

Ihre Stromversorger

▼

Reden Sie darüber!

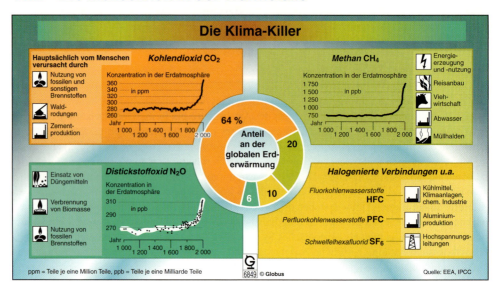

Ohne den natürlichen Treibhauseffekt wäre die Erde eine Eiswüste, die unbewohnbar wäre. Erst die Zunahme der Konzentration von Treibhausgasen, die von den Menschen verursacht wird, verstärkt den Treibhauseffekt: Die durchschnittliche Temperatur auf der Erde steigt.

Mögliche Auswirkungen des Treibhauseffektes und der Klimaänderungen

… Die Auswirkungen einer ungebremsten Entwicklung des Treibhauseffektes und der Klimaänderungen werden insbesondere wegen ihrer rapiden Entwicklung innerhalb von ein oder zwei Menschengenerationen mit sehr großer Wahrscheinlichkeit für viele Regionen der Welt katastrophal sein. Deshalb müssen möglichst schnell einschneidende Maßnahmen zur Verringerung der Emissionen der Treibhausgase ergriffen werden.

Die Klimagürtel der Erde, insbesondere die subtropischen Wüstenregionen, werden sich sonst weiter polwärts verschieben. In kontinentalen Regionen der mittleren Breiten werden die Sommer trockener, während die Subarktis auftaut. Der Meeresspiegel wird sich erhöhen, wovon tropische Küstenstaaten besonders betroffen sind, vor allem Bangladesh und Java (Indonesien).

Katastrophale Folgen werden für die Landwirtschaft und für die Ernährungssituation der Menschheit erwartet. Die landwirtschaftlichen Anbauweisen müssten sehr schnell verändert werden, da sie sich den geänderten Klimabedingungen anpassen müssen und zusätzlich durch den ansteigenden Meeresspiegel Land verloren geht. Auch die Wasserversorgung kann regional über große Gebiete schlechter werden, da die Verdunstungsraten infolge der steigenden Temperaturen ansteigen würden.

Besonders die ökologischen Folgen wären katastrophal, da angenommen wird, dass ganze Ökosysteme, z.B. die Wälder, dem Treibhauseffekt zum Opfer fallen.

Die gravierendsten sozialen Auswirkungen des Treibhauseffektes wären Völkerwanderungen, die erzwungen würden durch die schlechtere Ernährungslage und Überschwemmungen in küstennahen Tiefländern.

Zwischenbericht der Enquete-Kommission des 11. Deutschen Bundestages „Vorsorge zum Schutz der Erdatmosphäre", S. 437f.

Arbeitsvorschlag

Aus welchen Gründen wird der Treibhauseffekt katastrophale Folgen für viele Regionen der Welt haben?

Klimakonferenzen – um Treibhauseffekt und Klimaveränderung in den Griff zu bekommen

Mittlerweile sind fast zehn Jahre seit dem Umwelt- und Entwicklungsgipfel in Rio vergangen. Dort führte die grundsätzliche Übereinstimmung, dass etwas getan werden müsste, zur Klima-Rahmenkonvention. 1997 wird in Japan das Kioto-Protokoll über den Klimaschutz verabschiedet, das erstmals für die 38 führenden Industrieländer rechtlich verpflichtend vorschreibt, Treibhausgase zu vermindern. Danach sollen die Industriestaaten ihre Emissionen bis 2012 um fünf Prozent gegenüber 1990 reduzieren. Deutschland hat zugesagt, seinen Ausstoß um 21 Prozent zu senken, Japan um sechs und die USA um sieben Prozent. Die Entwicklungsländer sind zunächst von den Verpflichtungen ausgenommen. Sie müssen der Vereinbarung nur zustimmen. Das Kioto-Protokoll bietet den Staaten auch die Möglichkeit, die Reduktion von Treibhausgasen in anderen Ländern zu bezahlen und sich anrechnen zu lassen, wenn dies kostengünstiger als zu Hause ist. Ein Verfahren dafür ist der Handel mit Emissionen zwischen Industriestaaten: Jedem Land steht ein bestimmtes Kontingent an Emissionen zu. Wenn es dieses Kontingent nicht verbraucht, kann es Teile davon an ein anderes Land verkaufen, das sich diese Menge dann gutschreiben lässt. Die andere Möglichkeit besteht darin, Klimaschutzprojekte in anderen Staaten durchzuführen. Details dieser Verfahren, etwa wie Wälder als Kohlendioxidspeicher in die Emissionskalkulationen eingehen, sollen in Den Haag geregelt werden. Der Gipfel scheiterte, weil die USA die Forderungen der Europäer nicht erfüllen können. Die Amerikaner haben nämlich – anders als etwa Deutschland – nicht die Möglichkeit, Öl und Kohle durch Gas zu ersetzen, weil ihre eigenen Vorkommen zu gering sind und Pipelines nach draußen fehlen. Das Kioto-Protokoll tritt erst in Kraft, wenn es von 55 Ländern ratifiziert ist, die zusammen mehr als 55 Prozent der Emissionen der Industriestaaten produzieren. Im Juli 2001 wird in Bonn weiterverhandelt. Auf der Tagesordnung stehen Fragen über weiteres Vorgehen und wieder die Details einer weltweit verbindlichen Klimapolitik. Mehr als 150 Staaten nehmen teil sowie Nichtregierungsorganisationen und internationale Organisationen wie das UN-Umweltprogramm oder die Weltbank. Die USA erklären, dass sie ihr Ziel von 7% Reduktion im eigenen Land nicht erreichen können.

Natur und Kosmos, 7/2001

Klimawandel

In 3000 Metern Höhe hat die Artenvielfalt zugenommen.

Durch die Erwärmung geraten ganze Berge ins Rutschen.

Der Gletscher am Jungfraujoch wird künstlich gekühlt

Gedeihen in einer Treibhauswelt Pflanzen üppiger?

Kyoto heißt: Ein sparsameres Auto oder weniger Kilometer

Klimagipfel in Bonn im Juli 2001

Es ist der weltweiten Staatengemeinschaft in Bonn erstmals gelungen, verbindliche Maßnahmen gegen den fortschreitenden Klimawandel zu vereinbaren und ein System zu entwickeln, das die Verfolgung stringenterer Reduktionsziele in der Zukunft ermöglicht. Wir haben damit gezeigt, dass die Politik auch auf globaler Ebene ihrer Verantwortung gerecht werden kann. Das ist übrigens auch eine wichtige Botschaft an die Globalisierungskritiker.

Die Europäische Union hat einen wesentlichen Anteil am Zustandekommen des Bonner Abkommens gehabt. Aber alle, die sich über das Ergebnis gefreut haben, bis hin zu den im Klimaschutz aktiven Umweltverbänden, sind sich natürlich bewusst, dass das Bonner Abkommen kein EU-Papier ist. Es ist schon gar kein Papier der Bundesregierung. Es ist ein Kompromiss – und man muss ihn vor dem Hintergrund der Widerstände in vielen Staaten der Welt gegen das Kyoto-Protokoll sehen.

Arbeitsvorschlag

Welche Folgen würde die Übertragung des Lebensstils der Industriestaaten – gekennzeichnet durch den Energieverbrauch – auf alle Staaten der Erde für die Umwelt haben?

Emissionsreduktionsverpflichtungen der Industrieländer

Im Kyoto-Protokoll sind für die erste Phase (2008–2012) verbindliche Pflichten der Industrieländer zur Begrenzung und Minderung ihrer Treibhausgasemissionen festgelegt. Im Protokoll ist festgehalten, dass folgende Staaten ihre Treibhausgasemissionen bezogen auf 1990 wie folgt begrenzen:
Bulgarien, Estland, alle EU-Staaten, Lettland, Litauen, Monaco, Rumänien, Schweiz, Slowakei, Slowenien, Tschechien: –8 %,
USA: –7 %,
Japan, Kanada, Polen, Ungarn: –6 %,
Kroatien: –5 %,
Neuseeland, Russland, Ukraine: +/–0 %
Norwegen: +1 %
Australien: +8 %
Island: +10 %
Dies bedeutet eine Gesamtreduktion der Treibhausgasemissionen in den genannten Ländern um –5,2 %. Die Staaten der Europäischen Union haben in einer so genannten EU-Lastenverteilung ihre Reduktionsverpflichtungen neu verteilt.

Ihre persönliche Klimarechnung

Dürre.
Wenn die globalen Temperaturen steigen, werden Wüsten immer weiter in fruchtbare Gebiete vordringen. Äcker verdorren, Missernten und Hunger drohen.

Greenpeace-Nachrichten 1/89

CO_2-Rechner im Internet
www.prima-klima-weltweit.de

Ein Amerikaner erzeugt durchschnittlich 20,5 Tonnen Kohlendioxid (CO_2) im Jahr; ein Bewohner eines typischen Dritte-Welt-Landes nur 0,7 Tonnen. Die Klimaforscher sagen, dass jeder Bürger dieser Welt zwei Tonnen CO_2 produzieren darf, ohne dass wir schwere Klimaveränderungen in Kauf nehmen müssen.
Beginnen wir mit dem **Autofahren**: Ein Liter Sprit erzeugt beim Verbrennen etwa 2,4 Kilogramm CO_2. Wenn Sie im Jahr 20.000 Kilometer zurücklegen, macht das bei einem durchschnittlichen Verbrauch von zehn Litern auf 100 Kilometer fünf Tonnen CO_2.
Wer mit einem **Flugzeug** fliegt, produziert etwa 10,3 Kilogramm CO_2 pro 100 Kilometer.
Jeder Bundesbürger trägt durch **Heizen und Stromkonsum** durchschnittlich mit vier Tonnen zum bundesweiten CO_2 Ausstoß bei. Wenn Sie eine kleine Wohnung besitzen, dürfen Sie von dieser Zahl etwas abziehen. Leben Sie in einer großzügigen Villa mit Swimmingpool, so müssen Sie ordentlich was dazurechnen.
Sieben Tonnen kommen noch hinzu, wenn Sie all die **Nahrungsmittel und Konsumgüter** berücksichtigen, die Sie während eines Jahres kaufen. Wiederum ziehen Sie ein paar Tonnen ab, wenn Sie sehr bescheiden leben und beispielsweise wenig Fleisch essen. Legen Sie hingegen Wert auf Kleidung mit dem letzten Chic, auf CD-Player, Videogerät oder Erdbeeren im Dezember, so müssen Sie ein paar Tonnen draufschlagen. Pro Kopf emittiert jeder Deutsche im Mittel elf Tonnen CO_2 im Jahr. Das ist in jedem Fall weit mehr Treibhausgas, als unser Planet vertragen kann.
Und wie viel erzeugen Sie?
Nach: Natur und Kosmos, 7/2001

Kohlendioxid entsteht bei allen Verbrennungsvorgängen auf der Erde. Industrie, Kraftwerke, Haushalte und Verkehr sind die wichtigsten „Produzenten". Wenn man davon ausgeht, dass Industrie und Kraftwerksbetreiber ständig daran arbeiten, den CO_2-Ausstoß zu verringern und die Haushalte erst auf lange Sicht den Energieverbrauch wesentlich senken können, bleibt die Frage nach den Möglichkeiten des Verkehrsbereichs zur Senkung des CO_2-Ausstoßes beizutragen.

Arbeitsvorschläge

1. Berechnen Sie die Jahresmenge CO_2, die Sie oder Ihre Familie erzeugen. Welche Möglichkeiten haben Sie, diese Menge zu verringern?
2. Beurteilen Sie die Reduktionsverpflichtung der einzelnen Industriestaaten.

11.3 Der Konflikt zwischen Ökonomie und Ökologie

Dieser Konflikt ist geradezu typisch für den Massentourismus. Die Reisebranche ist mit mehr als 100 Millionen Beschäftigten der größte Arbeitgeber auf der Erde. Der Tourismus ist für viele Staaten eine wichtige Einnahmequelle, die vielen Menschen Arbeit sichert.

Aber 100 Millionen Urlauber jährlich in den Alpen sind einfach zu viel. Freizeit- und Sporteinrichtungen haben in den Alpen zu spürbaren Landschaftszerstörungen geführt.

Der Massentourismus hat den Tourismusländern bereits die Erkenntnis gebracht, dass die Urlauber ausbleiben, wenn die Umwelt nicht mehr intakt ist. Zwar werben Freizeitanbieter immer noch mit River-Rafting auf den wenigen Wildflüssen, mit Sky-Surfen über den Wolken, mit Mountain-Biking in den Bergen, um dem Bedürfnis ihrer Kunden nach Abwechslung zu entsprechen. Auf der anderen Seite ist ein umwelt- und sozialverträglicher Tourismus immer mehr gefragt. Ein großer deutscher Reiseveranstalter stellt seinen Angeboten Informationen über Umweltfragen voraus.

Die Industrie hat längst erkannt:
Wer umweltverträglich produziert und umweltfreundliche Produkte anbietet, hat einen Wettbewerbsvorteil. So ist in der Werbung Umweltschutz zum Absatzförderungsinstrument geworden. Auch der „Blaue Engel", der für besonders umweltfreundliche Produkte vergeben wird, hat sich als erfolgreiche Hilfe für den umweltbewussten Verbraucher inzwischen durchgesetzt.

NATUR & UMWELT

Zakynthos ist nicht nur für Urlauber ein Paradies!
Auch eine Spezies, die schon seit etwa 250 Millionen Jahren in den Meeren schwimmt und so um ein unvorstellbar Vielfaches länger auf der Erde existiert als der Mensch, hat diese Insel auserkoren:
die Meeresschildkröte Caretta caretta. Die weiblichen Tiere kommen zur Eiablage an die Strände der Insel Zakynthos, die im Mittelmeerraum das wichtigste Brutgebiet für diese Tierart darstellt. Der Tourismus und seine Randerscheinungen sind für die vom Aussterben bedrohten Schildkröten ein großes Problem. Aufgrund der für die Tiere existenzbedrohenden Lage am touristisch sehr stark genutzten Laganas-Strand – Hauptbrutstätte der Schildkröten haben wir uns bereits letztes Jahr aus dieser Ferienregion zurückgezogen. Wir unterstützen die Bemühungen der Sea Turtle Protection Society (STPS) und der Arbeitsgemeinschaft Artenschutz.

Unsere Bitte an Sie:
Tragen auch Sie durch rücksichtsvolles Verhalten zum Fortbestehen dieser Tierart bei! Informieren Sie sich bei den vor Ort tätigen Tierschutzverbänden oder bei Ihrer TUI-Reiseleitung.

Um Schaden von vielen Ferienregionen abzuwenden, ist es wichtig, dass alle Beteiligten an einem Strang ziehen – Fluggesellschaften, Verkehrsbetriebe, Veranstalter, Hotels und Fremdenverkehrsämter.

Arbeitsvorschlag

Stellen Sie eine Öko-Checkliste für den Tourismus auf.

- *Was die Hotels tun können:*
- *Was die Gäste tun können:*
- *Was die Veranstalter tun können:*
- *Was die Verkehrsbetriebe tun können:*
- *Was die Gemeinden tun können:*

11.4 Umwelttechnik

Umwelttechnik: Innovationen

Altlasten: Hannoveraner Physiker entwickelten um 2000 eine Laser- und Fluoreszenztechnik, mit der Schadstoffe wie Mineralöl und Pestizide in Böden und Gewässern ohne aufwändige Laborverfahren vor Ort nachgewiesen und gemessen werden können.

Biodiesel: Ein Konsortium aus Wissenschaftlern und Herstellern einigt sich im Mai 2000 auf einen deutschen Qualitätsstandard für Rapsöl als Kraftstoff. Damit kann ein problemloser Betrieb von Dieselmotoren mit Biodiesel gleichbleibender Qualität gewährleistet werden.

Drei-Liter-Häuser: In Celle werden zehn Ultra-Niedrig-Energiehäusern gebaut, die nur 30 kWh Heizenergie pro m² und Jahr verbrauchen sollen. Eine gewöhnliche Neubauwohnung braucht dreimal mehr Heizenergie (90 kWh).

Hafenschlick: Bremer Geologen und eine Ziegelei präsentierten im April 2000 die ersten 10000 aus Bremer Hafenschlick gebrannten Ziegelsteine.

Molke: Stuttgarter Ingenieure finden eine Methode, die bei der Käseherstellung anfallende Molke mit Mikroben in waschaktive Tenside oder Biodiesel zu verwandeln. Bis dahin belastete Molke das Abwasser.

Abfallsortierung: An der Universität Münster wird eine Messanlage entwickelt, die durch Nah-Infrarot-Spektroskopie gebrauchte Kunststoffverpackungen berührungsfrei ordnet, um sie sortenrein wiederverwerten zu können.

Autogas: Das Umweltbundesamt (Berlin) fördert den Einsatz erdgasbetriebener Autos, Busse u.a. Nutzfahrzeuge. Weltweit fahren etwa 1 Million solcher schadstoffarmen und sehr leisen Fahrzeuge. Anders als Elektroautos und Wagen mit Brennstoffzellen haben sie jetzt schon eine günstige Energiebilanz.

Umwelttechnik: Zukunftskonzepte

Faktor 10: Unter dem Schlagwort „Faktor 10" diskutierten internationale Umweltexperten, Manager und Politiker Ende des 20. Jh. neue Wohlstandsmodelle, die dem Umwelt und Klimaschutz gerecht werden sollen. Wohlstand und Konsum müssten in den Industrieländern so organisiert werden, dass die Menschheit langfristig das Wohlstandsniveau der Industrieländer erreicht, ohne die Erde zu zerstören. Dafür müsste der Pro-Kopf-Verbrauch an natürlichen Ressourcen (Luft, Wasser, Boden usw.) in den Industrieländern auf ein Viertel (um den Faktor 4), später auf ein Zehntel (Faktor 10) des Standes von 1998/99 reduziert werden.

Dematerialisierung: Bestandteil des Faktor-10-Konzepts ist die Umstellung auf geringen Material- und Energiefluss. Langlebige Geräte, die nicht weggeworfen, sondern von Hand repariert und an neue Aufgaben angepasst werden, sollen neue Arbeitsplätze schaffen. Friedrich Schmidt Bleek, Gründer des Faktor-10-Klubs, nannte 1998 als Beispiele: Häuser, die meist aus Holz bestehen, brauchen vier- bis sechsmal weniger Material als Ziegel- oder Betonhäuser. Kleine langlebige Autos aus faserverstärktem Kunststoff statt Blech benötigen 20–30 Mal weniger Material als herkömmliche Autos.

http://www.techfak.uni_bielefeld.de
http://iisdl.iisd.ca/didigest/jan96/3jan96.htm

Arbeitsvorschläge

1. Finden Sie weitere neue Verfahren der Umwelttechnologie

2. Erörtern Sie die Vorschläge und praktischen Anregungen des Faktors 10 und der Dematerialisierung.

11.5 Umweltschutz als Staatsziel

Mit der Aufnahme des Staatsziels Umweltschutz in das Grundgesetz ist die Bundesrepublik Deutschland verpflichtet, in allen Bereichen staatlichen Handelns den Umweltschutz unmittelbar zur Geltung kommen zu lassen. Gesetzgebung, Verwaltung und Rechtsprechung gleichermaßen sind in ihrem Handeln dem Staatsziel verpflichtet. Bei jeder Gesetzgebungsmaßnahme muss also der Umweltschutz berücksichtigt werden, soweit das von der Sache her zu rechtfertigen ist.

Grundgesetz [Schutz der natürlichen Lebensgrundlagen] Artikel 20a

Der Staat schützt auch in Verantwortung für die künftigen Generationen die natürlichen Lebensgrundlagen im Rahmen der verfassungsmäßigen Ordnung durch die Gesetzgebung und nach Maßgabe von Gesetz und Recht durch die vollziehende Gewalt und die Rechtsprechung.
Das Parlament vom 14. Januar 1994

Das Umweltrecht ist bis jetzt in zahlreichen Gesetzen verteilt geregelt. Zu Recht wird deshalb die Unübersichtlichkeit der derzeitigen Regelung kritisiert. Alle Umweltanforderungen, für die der Bund verfassungsmäßig zuständig ist, sollen in einem Gesetzbuch gebündelt werden. Das Umweltrecht der Länder bleibt zunächst ausgenommen. Im September 1997 wird der Entwurf eines Umweltgesetzbuches vorgelegt.

Gesetze in denen sich z.Zt. **Umweltschutzregelungen** befinden:

Abfallgesetz
Abfallverbringungsverordnung
Abwasserabgabengesetz
Allgemeines Eisenbahngesetz
Atomgesetz
Baugesetzbuch
Gesetz zur Einrichtung eines Bundesamtes für Naturschutz
Bundesimmissionsschutzgesetz
Bundesnaturschutzgesetz
Bundesstatistikgesetz
Bundeswaldgesetz
Chemikaliengesetz
Düngemittelgesetz
Fernstraßengesetz
Gesetz zur Regelung der Fragen der Gentechnik
Hohe-See-Einleitungs-Gesetz
Kreislaufwirtschafts- und Abfallgesetz
Luftverkehrsgesetz
Pflanzenschutzgesetz
Produkthaftungsgesetz
Raumordnungsgesetz
Strahlenschutzverordnung
Strahlenschutzvorsorgegesetz
Gesetz über die Einrichtung eines Umweltbundesamtes
Umwelthaftungsgesetz
Umweltinformationsgesetz
Gesetz über die Umweltverträglichkeitsprüfung
Verpackungsverordnung
Bundeswasserstraßengesetz
Wasserhaushaltsgesetz
Wasch- und Reinigungsmittelgesetz

Arbeitsvorschläge

1. Stellen Sie die globalen Umweltprobleme aus der Karikatur zusammen.

2. Wie schätzt der Karikaturist die Fähigkeit der Politiker ein, auf Umweltprobleme angemessen zu reagieren? Teilen Sie diese Meinung?

11.6 Umweltpolitik

Prinzipien der Umweltpolitik	Eine wichtige Grundlage der umweltpolitischen Praxis bildet das Umweltprogramm der Bundesregierung, vom September 1971, das 1976 fortgeschrieben wird und von seinen konzeptionellen Zielsetzungen auch heute noch die Umweltpolitik bestimmt. Das Programm hat die umweltpolitischen drei Ziele formuliert, nämlich – dem Menschen eine Umwelt zu sichern, wie er sie für seine Gesundheit und für ein menschenwürdiges Dasein braucht; – Luft, Wasser und Boden, Pflanzenwelt und Tierwelt vor nachteiligen Wirkungen menschlicher Eingriffe zu schützen und – Schäden oder Nachteile aus menschlichen Eingriffen zu beseitigen. Diese Ziele sollen auf der Grundlage der drei Prinzipien Vorsorge, Verursacher und Kooperation verwirklicht werden. In der umweltpolitischen Praxis spielt allerdings heute auch das Gemeinlastprinzip eine Rolle. Es hängt von der grundsätzlichen Ausrichtung der Umweltpolitik ab, welches in der Praxis dominieren soll.
Verursacherprinzip	Das Verursacherprinzip geht von dem Grundgedanken aus, dass derjenige die Kosten der Vermeidung oder Beseitigung einer Umweltbelastung tragen soll, der für ihre Entstehung verantwortlich ist. Es ist ein allgemein akzeptiertes Prinzip der Umweltpolitik. Es wird vor allen Dingen von denjenigen herausgehoben, die ein marktwirtschaftliches Konzept der Umweltpolitik vertreten.
Kooperationsprinzip	Umweltschutz ist eine Gemeinschaftsaufgabe, zu der alle gesellschaftlichen Gruppen ihren Beitrag leisten müssen. Dazu bedarf es einer umfassenden Kooperationsbereitschaft (Bereitschaft zur Zusammenarbeit.) zwischen Wirtschaft, Staat und nicht zuletzt den Bürgern. Das Kooperationsprinzip setzt auf eine einvernehmliche Durchsetzung von umweltpolitischen Zielen. Probleme werden nach diesem Prinzip durch Zusammenarbeit aller Beteiligten gelöst…
Gemeinlastprinzip	Das Gemeinlastprinzip ist das Gegenstück zum Verursacherprinzip. Weil die Erhaltung der Umwelt im Interesse aller liegt, soll nach diesem Prinzip die Gemeinschaft für die Kosten des Umweltschutzes aufkommen… Allerdings wird in der Praxis das Gemeinlastprinzip auch mit dem Verursacherprinzip kombiniert. Das gilt zum Beispiel für die Fälle, in denen Verursacher von Umweltschäden bei der Beseitigung oder Vermeidung von Schäden durch öffentliche Mittel unterstützt werden. Beispiel: Die Instrumente für eine kombinierte Anwendung des Verursacher-Gemeinlastprinzips sind Subventionen, Finanzhilfen oder Steuererleichterungen…
Vorsorgeprinzip	Das Vorsorgeprinzip zielt auf einen vorausschauenden, zukunftsorientierten Umweltschutz. Es geht von dem Gedanken aus, dass es fast immer billiger ist, Umweltschäden von vornherein zu vermeiden als sie nachträglich wieder zu beseitigen. Ziel ist, die Natur von Anfang an so zu nutzen, dass Umweltschäden gar nicht erst entstehen. In der umweltpolitischen Praxis wird dieses Prinzip insbesondere auch als ein Gebot zur Risikoverminderung gegenüber den Gefahren von Umweltschädigungen verstanden…

Voss, Problemfelder der Umweltpolitik, in Informationen zur politischen Bildung 219, Bonn 1988

Arbeitsvorschlag

In der Praxis sind der Anwendung des Verursacherprinzips Grenzen gesetzt. Überlegen Sie, welche Schwierigkeiten sich bei der Anwendung ergeben könnten.

11.7 Das Umweltbundesamt

Die Umweltpolitik der Bundesregierung wird in Zusammenarbeit mit den nachgeordneten Behörden des Bundes und der Länder durchgeführt. Eine besondere Stellung unter den Bundesbehörden besitzt dabei das Umweltbundesamt. Dieses Amt ist ausschließlich mit Aufgaben des Umweltschutzes befasst.

Der Aufgabenkatalog des Umweltbundesamtes hat sich im Laufe der Jahre um zahlreiche Einzelaufgaben erweitert: Die Zusammensetzung von Wasch- und Reinigungsmitteln wird registriert, Umweltauswirkungen von Pflanzenschutzmitteln und neuen chemischen Stoffen werden bewertet, an der Sanierung von Altlasten wird mitgearbeitet, die Entwicklung umweltfreundlicher Technologien und Produkte wird gefördert. Dabei hat das Umweltbundesamt allerdings keine Entscheidungs-, Weisungs- und Kontrollbefugnisse. Der Gesetzesvollzug ist allein Aufgabe der Bundesländer.

Ob der Gesellschaft der ökologische Umbau der Wirtschaft gelingt, ist ungewiss. Erforderlich wäre ein Leben, das „die Bedürfnisse der Gegenwart deckt, ohne künftigen Generationen die Grundlagen für deren Bedürfnisbefriedigung zu nehmen" (UN-Kommission für Umwelt).

Die Gesellschaft auf dem Öko-Trip (Zeichnung: DS/Gerhard Mester)

Arbeitsvorschlag

Interpretieren Sie die Karikatur. Teilen Sie die Meinung des Karikaturisten oder gibt es Argumente gegen sie?

11.8 Mittel der Umweltpolitik

Als Mittel zur Durchsetzung ihrer Umweltprinzipien stehen der Bundesregierung die Anordnung von Umweltauflagen, die Gewährung wirtschaftlicher Anreize und Absprachen mit der Wirtschaft zur Verfügung.

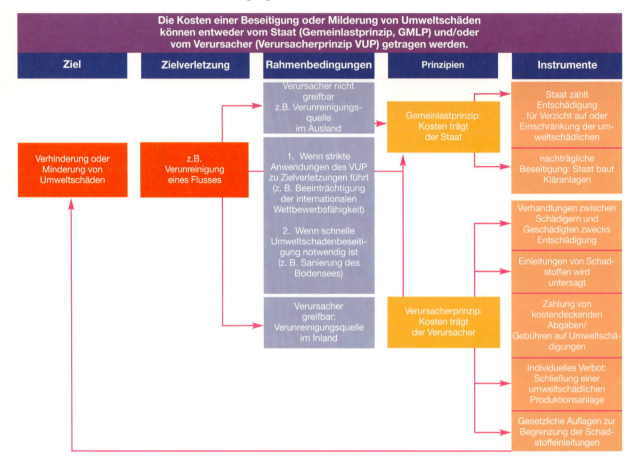

Umweltprobleme sind immer häufiger internationale Probleme und machen internationale Kooperationen zu einer Lebensnotwendigkeit. Innerhalb der EU sind bereits zahlreiche Kompetenzen der Mitgliedstaaten auf den Europäischen Rat übertragen worden. Die UN erkundet die Möglichkeiten einer globalen, kooperativen Umweltpolitik. Im Zentrum steht dabei der Schutz des Klimas. So wurden im Wiener Übereinkommen zum Schutz der Ozonschicht von 1985 und dem Montrealer Protokoll von 1987 der stufenweise Ausstieg aus der Produktion von Flurchlorkohlenwasserstoffen (FCKW) vereinbart. Die Grenzen einer internationalen Kooperation in Sachen Umweltschutz sind aber nach dem Umweltgipfel von Rio 1992 und insbesondere auf der Weltklimakonferenz von 1997 im japanischen Kyoto deutlich geworden.

Arbeitsvorschläge

1. Mit einem System von Umweltabgaben sollen ökonomisch finanzielle Anreize zur Schonung der Umwelt geschaffen werden.
   a) Unter welchen Voraussetzungen könnten Umweltabgaben ihre Funktion erfüllen?
   b) Machen Sie am Beispiel einer C02-Steuer die Wirkung von Umweltabgaben deutlich.

2. Die Festsetzung von Grenzwerten für Schadstoffe (z.B. in Abgasen) verhindere den umwelttechnologischen Fortschritt. Nehmen Sie zu dieser These Stellung.

11.9 Die Agenda 21 – das Aktionsprogramm für das 21. Jahrhundert

Die menschliche Entwicklung im Spannungsfeld von Fortschritt und Risiko

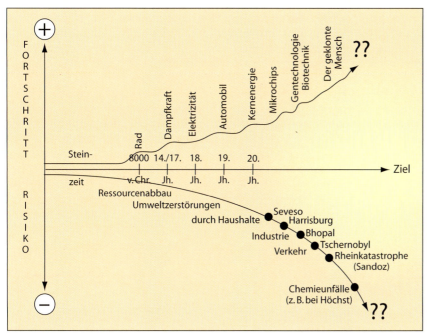

Quelle: Weinbrenner, Peter: Zukunftswerkstätten – Eine Methode zur Verknüpfung von ökonomischem, ökologischem und politischem Lernen. In: Gegenwartskunde Nr. 4/1988, S. 5423

Seit der Konferenz der Vereinten Nationen für Umwelt und Entwicklung (UNCED) in Rio de Janeiro im Jahre 1992 hat die Umweltdiskussion eine neue Qualität bekommen: Und zwar durch die AGENDA 21, das Aktionsprogramm für das 21. Jahrhundert. Die mehr als 170 in Rio vertretenen Staaten haben sich auf folgenden Beschluss geeinigt:

> „In der Agenda 21 werden die dringlichsten Fragen von heute angesprochen, während gleichzeitig versucht wird, die Welt auf die Herausforderungen des nächsten Jahrhunderts vorzubereiten. Die Agenda 21 ist Ausdruck eines globalen Konsenses und einer politischen Verpflichtung auf höchster Ebene zur Zusammenarbeit im Bereich von Entwicklung und Umwelt". (Präambel)

Mit diesem Programm will die Konferenz auch ihre Absicht dokumentieren, „eine neue globale Partnerschaft" einzugehen und einer „nachhaltigen Entwicklung" den Vorrang einzuräumen. In verschiedenen Kapiteln werden Ziele festgelegt, wie die Forderung einer nachhaltigen Entwicklung in den Entwicklungsländern, die Armutsbekämpfung, die Veränderung der Konsumgewohnheiten, der Schutz und die Förderung der menschlichen Gesundheit, der Schutz der Erdatmosphäre, die Bekämpfung der Entwaldung, die Erhaltung der biologischen Vielfalt und ein umweltverträglicher Umgang mit Abfällen. „Eine Grundvoraussetzung für die Erzielung einer nachhaltigen Entwicklung ist die Beteiligung der Öffentlichkeit an der Entscheidungsfindung". Dazu gehören auch die Stärkung der Rolle wichtiger gesellschaftlicher Gruppen wie Frauen, Kinder, Jugendliche, nichtstaatliche Organisationen, Gewerkschaften, Verbraucherorganisationen, Privatwirtschaft und Wissenschaft.

Arbeitsvorschlag

Bringen Sie die Ziele der Agenda 21 in eine begründete Reihenfolge.

Großes fängt im Kleinen an

Der Begriff „nachhaltige Entwicklung" ist für viele Menschen nur eine Worthülse. Erst wenn im eigenen Umfeld, in der Gemeinde oder im Landkreis eine Lokale Agenda 21 in Gang kommt, wird aus dem abstrakten Wort konkrete Erfahrung. Eine Lokale Agenda 21 durchzuführen bedeutet, nachhaltige Entwicklung von unten her umzusetzen. Der Weg ist ebenso wichtig wie das Ziel einer Lokalen Agenda 21. Eine Gemeinde wird sich nur dann nachhaltig entwickeln, wenn alle Betroffenen die Wegrichtung zusammen ausdiskutieren und festlegen.

Die zukunftsfähigen Lösungen, die nicht auf kurzsichtige Prestigeprojekte schielen, und der sparsame Umgang mit Ressourcen markieren den Orientierungsrahmen. Die Palette der Themen zeigt, dass zu einer ernst gemeinten nachhaltigen Politik nicht alleine der Schutz von Luft, Boden und Wasser, der nächste Verkehrsplan oder das Abfallmanagement gehören. Die Finanzpolitik der Gemeinde, ihre lokalen Strategien in den Bereichen Gesundheit, Kultur oder soziale Integration sind ebenfalls wichtige Bausteine. Agenda 21 verfolgt folgendes Ziel: Unsere Gemeinden sollen lebenswerter werden und damit ihren Beitrag zu einer lebenswerten Welt leisten.

Willkommen auf der Website der Agenda21 der Stadt Hannover

Stadt führt Bürgerbefragung zu Agenda-Themen durch

Ab dem 1. März 2002 führt die Stadtverwaltung eine Bürgerbefragung per Internet zu Themen und Aktivitäten im Rahmen der Lokalen Agenda 21 durch. Mit Hilfe dieser Befragung möchten Verantwortliche der Agenda-Arbeit in unserer Stadt wichtige Hinweise bekommen – und zwar aus erster Hand von den Bürgerinnen und Bürgern selbst.
Im Fragebogen geht es um Freizeitverhalten aber auch um die Zukunft der politischen Planung und Umsetzung neuer Vorhaben. Es werden Angebote und Dienstleistungen angesprochen, für die verschiedene Einrichtungen und Ämter in der Stadt verantwortlich sind. Die Stadt hofft auf eine große Resonanz. Um so besser können sich Planungen und Entscheidungen an den Interessen und Belangen der Bürgerinnen und Bürger orientieren.

Der Fragebogen steht in verschiedenen Sprachen zur Verfügung.
Machen Sie mit! **Starten Sie hier den Fragebogen.**
Vielen Dank!

nach: http://www.agenda21.de/deutsch/hannover/fragebogen.html

---

Arbeitsvorschlag

Erkundigen Sie sich in Ihrer Heimatgemeinde nach der Agenda 21 und ihrer Umsetzung.

12 | Information und Meinungsbildung

Medien
[lat. „Mittel"]. Sie übertragen Informationen (Politik, Unterhaltung, Werbung). Massenmedien erreichen einen großen Kreis von Empfängern. Kennzeichnend für die Massenmedien ist, dass im Gegensatz zum Gespräch der Empfänger von Informationen nicht direkt antworten kann.

12.1 Medien als vierte Gewalt

Politik in modernen Staaten und Massengesellschaften ist ohne die Massenmedien nicht mehr möglich. Anders als im antiken Athen können sich die Bürger nicht mehr auf der *agora* versammeln, um die anstehenden Entscheidungen zu diskutieren.

Politik wird massenmedial vermittelt. Was wir über die Politik unseres Landes wissen, haben wir im Wesentlichen durch Fernsehen, Radio, Zeitung und Internet erfahren. Insofern kommt den Medien im intermediären System eine zentrale Rolle zu. Verbände und Parteien betreiben Öffentlichkeitsarbeit, das heißt, sie versuchen gezielt, die Medien zu nutzen.

Informations- und Meinungsfreiheit sind Grundfreiheiten in demokratisch regierten Staaten. Parteien und Regierungen, Kirchen und Verbände, Vereine und andere Gruppen, Zeitungen und Zeitschriften, Rundfunk, Fernsehen und neue Medien versuchen, uns zu informieren und zu beeinflussen.

Artikel 5 Absatz 1 und 2 Grundgesetz (Die Meinungs- und Pressefreiheit)

(1) Jeder hat das Recht, seine Meinung in Wort, Schrift und Bild frei zu äußern und zu verbreiten und sich aus allgemein zugänglichen Quellen ungehindert zu unterrichten. Die Pressefreiheit und die Freiheit der Berichterstattung durch Rundfunk und Film werden gewährleistet. Eine Zensur findet nicht statt

(2) Diese Rechte finden ihre Schranken in den Vorschriften der allgemeinen Gesetze, den gesetzlichen Bestimmungen zum Schutze der Jugend und in dem Recht der persönlichen Ehre.

These:
Ebenso wie in allen anderen sogenannten hochzivilisierten Industrienationen, haben hier die Medien heute weit mehr Einfluss auf das Leben der Menschen als Politik oder Religion.

In Diktaturen kann von den Herrschenden genau vorgegeben werden, welche Informationen weitergegeben werden dürfen und welche Meinungen zugelassen sind. Informations- und Meinungsbildung wird staatlich aufbereitet. Wenn die Freiheit der Berichterstattung fehlt, kann sich die Bevölkerung nicht ausreichend informieren.

Gesteuerte Presse

> „Wie ich schon betont habe, soll die Presse nicht nur informieren, sondern muss auch instruieren. Ich wende mich dabei vor allem an die ausgesprochene nationale Presse. Meine Herren! Sie werden auch einen Idealzustand darin sehen, dass die Presse so fein organisiert ist, dass sie in der Hand der Regierung sozusagen ein Klavier ist, auf dem die Regierung spielen kann, dass sie ein ungeheuer wichtiges und bedeutsames Massenbeeinflussungsinstrument ist, dessen sich die Regierung … bedienen kann."

Aus der Ansprache von Joseph Goebbels über die Aufgaben der Presse am 18. März 1933

Jeder Bürger, der in einem demokratischen Staat am politischen Geschehen teilnehmen will, muss sich über anstehende Fragen informieren. Die folgende Übersicht zeigt Beispiele für politische Probleme auf verschiedenen regionalen Ebenen.

Ebenen	Beispiel für politisches Problem
Bundespolitik	Wie kann Arbeitslosigkeit beseitigt werden?
Landespolitik	Wie soll das Schulsystem weiterentwickelt werden?
Gemeindepolitik	Soll der Ansiedlung eines Industriebetriebes zugestimmt werden?

Informationen über politische Probleme können durch unmittelbare Teilnahme am Geschehen (eigene Erlebnisse und Erfahrungen, Gespräche mit anderen usw.) oder mittelbare Teilnahme (Nachrichten, Berichte, Kommentare usw.) gewonnen werden.

Information	→	Orientierung	→	Entscheidung
Informationsquellen		Orientierung		Entscheidung
Massenmedien Familie Freund/in Eigene Erlebnisse Erfahrung		Sammeln, Ordnen, Vergleichen von Informationen		Kauf bestimmter Produkte, Wahl- entscheidung, – Vertretung des eigenen Standpunkts

In großen Gesellschaftssystemen wie der Bundesrepublik Deutschland ist die unmittelbare Teilnahme für den Einzelnen bei den meisten politischen Fragen kaum noch möglich. Viele Politiker leben heute abgeschirmt von der Öffentlichkeit. Oft können nur noch Berichterstatter Zugang zu ihnen finden. Deshalb ist es auch ihre Aufgabe, Politikern die Fragen zu stellen, die viele Bürger beschäftigen und auf die sie Antworten erwarten. Die Medien stellen somit das Bindeglied zwischen dem Bürger und dem politischen Geschehen dar.

Besonders in Wahlkampfzeiten setzen Politiker auf die Wirksamkeit der Medien. Sie sind vielfach der Ansicht, dass über ihren Sieg oder ihre Niederlage wesentlich dadurch entschieden wird, wie sie in den Medien dargestellt werden.

„Das Duell kann wahlentscheidend sein"

Was bringt es, wenn zwei Spitzenkandidaten im Fernsehen gegeneinander antreten? Wem nutzt ein Fernsehduell mehr – dem Herausforderer oder dem Kanzler?
Es bringt dem Herausforderer die große Chance, bekannt zu werden. Vermutlich genau deshalb hat zuletzt jeder Kanzler ein Fernsehduell abgelehnt. Der Kanzler hat einen Bonus, er ist wegen seines Amtes ohnehin ständig in den Medien – da braucht er kein Duell, das vor allem dem Gegner nutzt.

Die Fernsehduelle sind eine US-Tradition. Kann so etwas in Deutschland überhaupt klappen?
Eigentlich kann es nicht sein, dass nur der Herausforderer gegen den Kanzler antritt. Es gibt hier im Gegensatz zu den USA noch kleinere Parteien – und die Zuspitzung auf zwei Spitzenkandidaten würde ich mir als Kleinpartei nicht gefallen lassen.

Kann ein Duell die Wählerstimmen wirklich drehen?
Dem Duell Nixon–Kennedy 1960 wird nachgesagt, Kennedy zum US-Präsidenten gemacht zu haben. Das ist aber sicher auch Legendenbildung. Ein Duell kann entscheidend sein, wenn es knapp zwischen den Kandidaten steht. Immer wenn es eng wird, können Details den Ausschlag geben.
Nach: http://www.stefanploechinger.de/Texte/TexteDuell.htm

Arbeitsvorschläge

1. *Begründen Sie die Notwendigkeit, schon junge Menschen zur kritischen Aufnahme von Informationen zu erziehen.*

2. *Schreiben Sie den Auszug der Rede Goebbels so um, dass er Artikel 5 Grundgesetz entspricht.*

3. *Listen Sie aktuelle politische Probleme auf und ordnen Sie sie den regionalen Ebenen zu. Nennen Sie dazu jeweils geeignete Informationsquellen.*

Wie die Presse arbeiten sollte

1. Achtung vor der Wahrheit und wahrhaftige Unterrichtung der Öffentlichkeit sind oberstes Gebot der Presse.

2. Zur Veröffentlichung bestimmte Nachrichten und Informationen in Wort und Bild sind mit der nach den Umständen gebotenen Sorgfalt auf ihren Wahrheitsgehalt zu prüfen. Ihr Sinn darf durch Bearbeitung, Überschrift oder Bildbeschriftung weder entstellt noch verfälscht werden. Dokumente müssen sinngetreu wiedergegeben werden. Unbestätigte Meldungen, Gerüchte und Vermutungen sind als solche erkennbar zu machen.

3. Bei Wiedergabe von symbolischen Fotos muss aus der Unterschrift hervorgehen, dass es sich nicht um ein dokumentarisches Bild handelt.

4. Veröffentlichte Nachrichten oder Behauptungen, die sich nachträglich als falsch erweisen, hat das Publikationsorgan, das sie gebracht hat, unverzüglich von sich aus in angemessener Weise richtig zu stellen.

5. Bei der Beschaffung von Nachrichten, Informationsmaterial und Bildern dürfen keine unlauteren Methoden angewandt werden.

6. Die Verantwortung der Presse gegenüber der Öffentlichkeit gebietet, dass redaktionelle Veröffentlichungen nicht durch private oder geschäftliche Interessen Dritter beeinflusst werden. Verleger und Redakteure wehren derartige Versuche ab und achten auf eine klare Trennung zwischen redaktionellem Text und Veröffentlichungen zu werblichen Zwecken. Werbetexte, Werbefotos und Werbezeichnungen sind als solche kenntlich zu machen.

7. Die Presse achtet das Privatleben und die Intimsphäre des Menschen. Berührt jedoch das private Verhalten eines Menschen öffentliche Interessen, so kann es auch in der Presse erörtert werden. Dabei ist zu prüfen, ob durch eine Veröffentlichung Persönlichkeitsrechte Unbeteiligter verletzt werden.

8. Veröffentlichungen in Wort und Bild, die das sittliche oder religiöse Empfinden einer Personengruppe nach Form und Inhalt wesentlich verletzen können, sind mit der Verantwortung der Presse nicht zu vereinbaren,

9. Die Berichterstattung über schwebende Ermittlungs und Gerichtsverfahren muss frei von Vorurteilen erfolgen. Die Presse vermeidet deshalb vor Beginn und während der Dauer eines solchen Verfahrens in Darstellung und Überschrift jede einseitige oder präjudizierende Stellungnahme. Ein Verdächtiger darf vor einem gerichtlichen Urteil nicht als Schuldiger hingestellt werden. Bei Straftaten Jugendlicher sind mit Rücksicht auf die Zukunft der Jugendlichen möglichst Namensnennungen und identifizierende Bildveröffentlichungen zu unterlassen, sofern es sich nicht um schwere Verbrechen handelt. Über Entscheidungen von Gerichten soll nicht ohne schwerwiegende Rechtfertigungsgründe vor deren offizieller Bekanntgabe berichtet werden.

Auszug aus: Publizistische Grundsätze (Pressekodex), beschlossen vom Deutschen Presserat 1973 in der Fassung vom 14. Februar 1990

Arbeitsvorschlag

Überprüfen Sie anhand eines selbst ausgewählten Beispiels, ob die publizistischen Grundsätze eingehalten worden sind.

12.2 Chancen und Risiken der Informations- und Kommunikationstechniken

In demokratischen Staaten werden den Medien heute vielfach folgende Aufgaben zugewiesen:

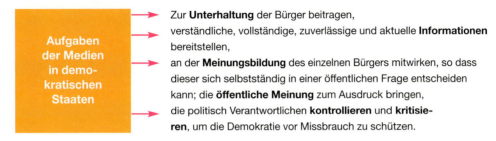

Aufgaben der Medien in demokratischen Staaten
- Zur **Unterhaltung** der Bürger beitragen,
- verständliche, vollständige, zuverlässige und aktuelle **Informationen** bereitstellen,
- an der **Meinungsbildung** des einzelnen Bürgers mitwirken, so dass dieser sich selbstständig in einer öffentlichen Frage entscheiden kann; die **öffentliche Meinung** zum Ausdruck bringen,
- die politisch Verantwortlichen **kontrollieren** und **kritisieren**, um die Demokratie vor Missbrauch zu schützen.

Unterhaltung durch Medien

Betrachtet man die beliebtesten Sendungen eines Jahres, so entsteht der Eindruck, als dienten die Massenmedien vor allem der Unterhaltung des Publikums. Besonders am Wochenende ist das Bedürfnis der Bevölkerung nach Unterhaltung sehr groß.

Neil Postman, amerikanischer Zukunftsforscher
Problematisch am Fernsehen ist nicht, dass es uns unterhaltsame Themen präsentiert; problematisch ist, dass es jedes Thema als Unterhaltung präsentiert.

Mediennutzung in Deutschland (Nutzungsdauer pro Tag 2002)

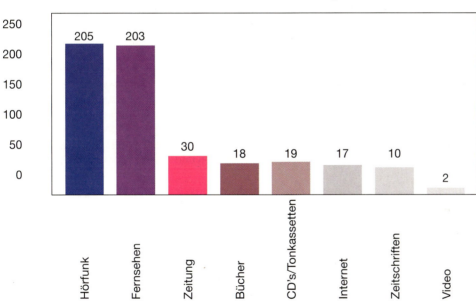

Angaben in Minuten

- Hörfunk: 205
- Fernsehen: 203
- Zeitung: 30
- Bücher: 18
- CD's/Tonkassetten: 19
- Internet: 17
- Zeitschriften: 10
- Video: 2

Basis: Erwachsene ab 14 Jahren in Deutschland, Montag bis Sonntag, 3:00 bis 3:00 Uhr.
Quellen: GfK-PC#TV, MA 2000 Radio, Massenkommunikation 2000

Arbeitsvorschlag

Untersuchen Sie die Fernsehprogramme öffentlich-rechtlicher Anstalten und Privatsender unter folgenden Gesichtspunkten:
- *Anteil der Nachrichtensendungen*
- *Anteil der Sendungen aus Politik und Wirtschaft*
- *Anteil der Unterhaltungssendungen*
- *Anteil der Sportsendungen*
- *Anteil der Sendungen aus den Bereichen Kultur, Kirche, Gesellschaft*

Werten Sie Ihre Untersuchung aus.

12.3 Information durch Medien

Positive Trends

Die tägliche Zeitungsnutzungsdauer ist seit den 80er Jahren von 33 auf 31 Minuten gesunken und damit fast konstant geblieben.
131 Tageszeitungen stellten 1998 ihre Informationen auch online zur Verfügung.
Die deutschen Tageszeitungen behaupteten 1998 ihre Position als führende Werbeträger.
Die Zahl der Special-Interest-Zeitschriften steigt in Deutschland von 237 (1970) auf 751 (1998). Die größte deutsche Zeitschrift ist die ADAC-Motorwelt (12,5 Mio).

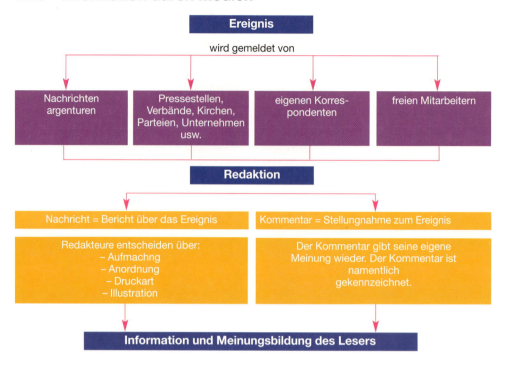

Massenmedien sind auf Informationen angewiesen, wenn sie die ihnen zugeschriebenen Funktionen in einer Demokratie erfüllen wollen. Deswegen haben die Bundesländer Behörden zur Auskunftserteilung verpflichtet. In der Bundesrepublik Deutschland gibt es amtliche Pressestellen. Die von ihnen ausgegebenen Nachrichten sollen das Regierungs und Verwaltungsgeschehen transparent machen, Maßnahmen und Ansichten von Regierungen und Verwaltungen darstellen, die Bereitschaft zur Teilnahme an den öffentlichen Angelegenheiten wecken. Die Praxis hat jedoch gezeigt, dass amtliche Pressestellen dazu neigen, Regierungen und Verwaltungen genehme Nachrichten zu verbreiten und unangenehme zurückzuhalten.

Negative Trends

Die Zahl der Zeitungen mit Vollredaktion geht in Deutschland in den 90er Jahren von 157 auf ca. 130 zurück.
Vier Verlagsgruppen kontrollieren 43,6% aller Publikumszeitschriften in Deutschland.
nach: aktuell 2000, S. 396

Vorenthaltene Informationen

„Eine gesellschaftliche Ordnung, die stolz darauf ist, sich demokratisch zu nennen... steht unter der klaren Forderung, den Bereich der vorenthaltenen Informationen auf ein Minimum zu beschränken. Die Exekutivorgane einer solchen Gesellschaft müssen im Zweifelsfall eher zu großzügig informieren. Umgekehrt gilt das natürlich auch für Journalisten, die in einer solchen Gesellschaft tätig sind. Sie müssen die Grenzen ihrer Informationssuche so weit wie irgend möglich ziehen, dürfen sich auf Geheimhaltungswünsche der Exekutive nur so sparsam wie irgend möglich einlassen. In den Machtzentren unserer Exekutiven herrscht aber das gegenteilige Bestreben: den Bereich der Geheimhaltung immer weiter auszudehnen."
Engelmann: Anspruch auf Wahrheit, Göttingen 1981, S. 137

Journalisten bemühen sich, sachlich zu berichten. Eine Berichterstattung ist jedoch nur annähernd möglich. Auf dem Weg vom Ereignis bis hin zum Empfänger als Leser, Hörer oder Zuschauer durchläuft eine Information viele Stationen.

Bei der Weitergabe der Informationen besteht immer die Gefahr von Übertragungsfehlern. Ursache können Sprech-, Hör-, Druckfehler und andere Fehler sein. Diese Ursachen können auf dem Weg der Informationen zu unbeabsichtigten Falschmeldungen führen.

Wenn Redakteure Informationen dabei so verändern, dass Leser, Hörer oder Zuschauer diese nur noch aus einem bestimmten Blickwinkel sehen können, spricht man von **Manipulation**.

Die schlimmste Form der Manipulation gibt es in Diktaturen. Dort werden Informationen sogar gefälscht und Fakten verändert. Dadurch soll der Bevölkerung ein falsches Bild von der Wirklichkeit vermittelt werden. Während in diktatorisch regierten Staaten nur eine politische Richtung zugelassen ist, gibt es in demokratischen Staaten innerhalb der Medien verschiedene politische Richtungen. Die Bürgerinnen und Bürger können sich vor Manipulation schützen, indem sie mehrere Medien kritisch nutzen und dadurch vergleichen können.

Manipulation =
Handgriff
Kunstgriff
Verfahren
Machenschaft

Manipulationstechniken

Redaktionen können
- einen Sachverhalt mitteilen oder verschweigen,
- einen Sachverhalt hervorheben oder an einer unwichtigen Stelle veröffentlichen,
- eine Information mittels einer Überschrift aufwerten oder abwerten,
- eine unwichtige Information besonders hervorheben und eine wichtige Information weniger betonen.

Wenn hier jemand manipuliert, dann wir uns selbst

Der „Uses and Gratification Approach" (UGA, etwa: Nutzungs- und Belohnungs-Ansatz) feierte ab etwa 1972 seinen Siegeszug. Der Mensch, hieß es nun, werde nur von den Inhalten erreicht, die er selbst an sich heranlasse. Der Zuschauer wähle aus dem laufenden Programm die Botschaften aus, die ihn befriedigten: Durch Informationen, durch Spannung, Nutzen, Humor, sexuelle Erregung – die Liste ist beliebig verlängerbar. Denn Medienkonsum sei rein bedürfnisorientiert – und die Bedürfnisse der Menschen sind unterschiedlich. Spreche eine mediale Botschaft das Bedürfnis des Zuschauers an, dann gäbe dieser sich dem Wirkungspotenzial hin. Erst wenn der Mensch seinen Geist öffne, hätten Medien eine Chance zur Wirkung.

Im Klartext: Der Mensch macht das Programm, er schreibt die Botschaft. Alle Wahrnehmung sei selektiv. Egal, was der Nachrichtensprecher erzähle, der Zuschauer höre nur das, was er hören wolle. Angewandt auf jugendliche Gewalttäter heißt dies: Sie allein wären verantwortlich – und ihr soziales Umfeld. Denn der Heranwachsende forme seine Bedürfnisse erst im Kontakt mit anderen Menschen aus.

http://www.spiegel.de/panorama/0,1518,54959,00.html

Arbeitsvorschläge

1. Wenden Sie mindestens eine der oben genannten Manipulationstechniken an einem selbst gewählten Beispiel an.

2. Spielen Sie in der Klasse Redaktionskonferenz. Kürzen Sie eine Tageszeitung auf zwei DIN-A4-Seiten.

12.4 Meinungsbildung durch Medien

Die verschiedenen Informationen, die Leser, Hörer oder Zuschauer erhalten, sollen ihnen helfen, eine eigene Meinung zu bilden.

Verkabelung und Satellitentechnik ermöglichen es seit Beginn der 80-er Jahre, dass verstärkt private Rundfunk- und Fernsehsender ihre Programme anbieten können. 1986 schließen die Bundesländer einen Staatsvertrag, in dem die Zulassung von Privatsendern geregelt wird. Die beiden größten Privatsender sind RTL und SAT 1, die beide bundesweit über Kabel bzw. Satellit empfangen werden können. Daneben bestehen auf lokaler Ebene bereits viele private Hörfunksender. Die meisten von ihnen sind im Besitz von Zeitungsverlagen. Sie finanzieren sich durch Werbung und arbeiten teilweise noch nicht kostendeckend.

Die Vielzahl der Anbieter sagt noch nichts über den Informationswert der Sendungen aus. Mehr Programme bedeuten noch lange nicht mehr Informationen. Vielmehr muss eine noch stärkere Medienkonzentration befürchtet werden als bisher. Medienkonzerne und Verlage beherrschen in immer stärkerem Maß auch Rundfunk und Fernsehen.

Nutzungsschwache und -starke Sendezeiten

Das Schwergewicht privater Informationsangebote liegt in nutzungsschwachen Tageszeitphasen, während Fiction-Unterhaltung die nutzungsstarke Hauptsendezeit prägt. Mit dieser Plazierungsstrategie konterkarieren die privaten Programme weitgehend die Informations- und Bildungsangebote der öffentlich-rechtlichen Programme. Indem die privaten Programme der Leitlinie folgen, morgens informieren (wie die Zeitung) und abends unterhalten (wie das Kino), entsprechen sie vermutlich eher den habitualisierten, tageszeitabhängigen Bedürfnisstrukturen der Bevölkerungsmehrheit und verstärken sie gleichzeitig.

Media Perspektiven, Heft 5/91

Inwieweit Medien allerdings zur Meinungsbildung beitragen können, ist weiterhin strittig.

Beispiel Holocaust

Dass Fernsehbeiträge möglicherweise politisches Bewusstsein ändern oder doch wenigstens bewegen können, zeigte die 1979 ausgestrahlte und von der Presse als „Medienereignis" groß herausgestellte US-Serie „Holocaust" über die Judenvernichtung im Dritten Reich. Nach einer Untersuchung der Bundeszentrale für politische Bildung diskutierten darüber 64 Prozent der Zuschauer in der Familie und 40 Prozent mit Freunden, Bekannten oder Arbeitskollegen. Von denen, die den Film gesehen hatten, waren 39 Prozent dafür, auch jetzt noch NS-Verbrechen zu verfolgen, von den Nichtsehern teilten diese Ansicht nur 24 Prozent. Offen bleiben muss allerdings, ob diese Meinungen sich erst durch die Sendung gebildet haben oder schon vorher, vielleicht undeutlicher, vorhanden waren, wie lange die von so vielen bekundete Einsicht und Erschütterung anhielt. Immerhin hat hier ein TV-Programm viele Menschen dazu gebracht, über ein ihnen sonst fernes politisches Thema betroffen zu sprechen.

H. Meyn, Massenmedien in der Bundesrepublik Deutschland, Berlin 1993

Kontrolle durch Medien

Nach Grundgesetz Artikel 20 wird unser demokratisches System durch die Kontrolle der Staatsgewalt gekennzeichnet. Indem sie Missstände in unserem Staat und unserer Gesellschaft aufdecken und die Verantwortlichen nennen, üben die Medien eine Art Kontrolle aus.

Aufgabe der Presse in einer Demokratie

Was ist die Aufgabe der Presse? Die übliche und wohl zutreffende Antwort lautet: zu informieren und zu kontrollieren. Kontrollieren scheint ein großes Wort zu sein, aber es gibt niemanden außer der Presse, der so gründlich und ausdauernd recherchieren könnte – auch das Parlament kann dies nicht, es hat gar nicht die Möglichkeiten dazu. Überdies besteht die Gefahr, dass die Fälle, die durchleuchtet werden müssten, unter Umständen durch parteipolitischen Kuhhandel zugedeckt werden.

Marion Gräfin Dönhoff, Kompassnadel der Journalisten, in: Die Zeit Nr. 44 v. 23.10.1987, S. 3

Arbeitsvorschläge

1. Den Medien wird oft vorgeworfen, sie stürzten sich vor allem auf die Sensationsberichterstattung. Nennen Sie Beispiele und überlegen Sie Gründe, warum es zu dieser Entwicklung gekommen ist.

2. Suchen Sie im politischen Teil einer Tageszeitung (oder am Beispiel einer Nachrichtensendung) die Stellen heraus, die Ihrer Ansicht nach zu einer Meinungsbildung beim Leser (Zuschauer) führen könnten.

3. Stellen Sie mit Hilfe von Programmzeitschriften die Sendungen von öffentlich-rechtlichen sowie privaten Sendern gegenüber und werten Sie diese Gegenüberstellung hinsichtlich nutzungsschwacher und -starker Sendezeiten aus.

4. Diskutieren Sie Pro und Kontra, ob Medien Meinungsbildung betreiben können.

Medienkritik

Die Medien, die neuen Informationstechniken mit einbezogen, sind einer der wichtigsten Katalysatoren für die weltweiten Veränderungen der letzten Jahre gewesen. Wir leben in einem Zeitalter, in dem es für Informationen keine Grenzen mehr gibt und keine Barrieren, die ihren freien Fluss aufhalten könnten ... Gewaltherrscher wie Bürokratien sind nun nicht mehr länger den ungeschminkten Nachrichten und Ansichten, die das Denken von Frauen und Männern befreien, gewachsen. Dennoch zeichnen die Medien zu oft noch ein düsteres und ödes Bild unseres Lebens und unserer Zeit, angefangen bei Mord und schwerer Körperverletzung, die in den Regionalnachrichten vorherrschen, bis hin zu dem fast durchgängigen Pessimismus der Experten in den Leitartikeln und in den Talkshows des Fernsehens. Da die Medien ganz zu Recht andere Elemente der Gesellschaft einem kritischen Blick und der Skepsis aussetzen, ist es diesmal vielleicht angebracht, das gleiche mit den Medien zu tun. Im Folgenden eine nur unvollständige Liste von Problemen.

1. Kritik: Verwischung von Nachrichten und Unterhaltung
Erstens gibt es eine zunehmende Verwischung der Trennungslinie zwischen Journalismus und Unterhaltung. Für beides ist Platz, beide können gut gemacht werden und in der weiten Spanne zwischen seriösen Fernsehnachrichten und bloßer Sensationshascherei gibt es wohl einige große Bereiche....

2. Kritik: Die Linie von Nachricht und Meinung wird verwischt
Zweitens wird die Linie zwischen Nachricht und Meinung zusehends verwischt. Auch hier ist Platz für beides, aber es ist gefährlich, diese Unterscheidung aufzuheben.

3. Kritik: Gefahren durch Rudeljournalismus
Drittens sind mit dem Rudeljournalismus große Gefahren verbunden. ... Wenn aber Dutzende von Reportern der gleichen Geschichte hinterher jagen, macht sich oft eine Infektion breit. Was die Öffentlichkeit dann zu sehen bekommt, ist ein Rudel von Jagdhunden auf der Spur der Beute... Je größer das Rudel, um so armseliger ist die Leistung.

4. Kritik: Neigung zu einem übertriebenem Pessimismus
Viertens ist eine Neigung zu einem übertriebenen Pessimismus in vielem zu erkennen, was wir lesen oder hören. Die Presse hat eine Verpflichtung, die Wahrheit zu sagen. Pessimismus ist jedoch etwas anderes. Er ist eine Geisteshaltung, die von dem Schlimmsten ausgeht und die Realität so beugt, dass sie passt...

5. Kritik: Die Presse muss sich in Frage stellen
Eine Presse, die sich von landläufigen Lehrmeinungen verführen lässt, ist weniger effektiv als eine Presse, die sich in Frage stellt, überprüft und herausfordert.

6. Kritik: Hang zu übertriebenem Puritanismus
Die Presse ist von einem Hang zu einem ethischen Puritanismus mit ungenauen Maßstäben bedroht. Dies betrifft vor allem amerikanische Journalisten, die Schimpf und Schande rufen und öffentliche Personen wegen Fehltritten im privaten Leben anprangern und belangen, die, bezogen auf deren gesellschaftliche Funktion oder auf die Gesellschaft selbst, wenig relevant sind über das reine Sensationslüsterne hinaus.

7. Kritik: Es gibt das Problem der Aufmerksamkeit
Es gibt das Problem der kurzen Aufmerksamkeit. Nur ganz wenige Themen vermögen die Aufmerksamkeit der Medien über längere Zeit erhalten. Dabei ist es so, dass die größeren Herausforderungen unserer Zeitung grundsätzlich langfristig sind, die größten Probleme der Gesellschaft brauchen zu ihrer Lösung auch die längste Zeit und die wichtigsten Geschichten sind nur sehr schwer zu erklären.

8. Kritik: Die Macht der Presse
Schließlich gibt es noch das Thema Macht. Innerhalb der freien Welt ist die Presse ein Machtfaktor. Wir sollen dies nicht zum Selbstzweck nehmen. Die Aufgabe der Presse ist, den Lesern und Zuschauern mit relevanten Informationen die Möglichkeit zu geben, Entscheidungen als Individuen und Bürger zu treffen. Der Einfluss der Presse ist jedoch eine Tatsache.

nach Handelsblatt vom 16.01.1992

Arbeitsvorschlag

Suchen Sie für jeden Kritikpunkt ein aktuelles Beispiel.

13 | *Einheit und Vielfalt*

13.1 Leben in der heutigen Gesellschaft

Das Leben in unserer modernen Gesellschaft ist das Ergebnis der Industrialisierung. Dieser Vorgang hat in rund 150 Jahren die Güterherstellung, die Wirtschaftsbereiche, die Umwelt (s. S. 228) und die Sozialstruktur (Aufbau der Gesellschaft) tief greifend verändert.

Schlagwortartige Kennzeichnungen wie z.B. Wohlstandsgesellschaft weisen auf bestimmte Erscheinungen und Entwicklungen der heutigen Gesellschaft hin. Schlagworte sind Behauptungen, die richtig oder falsch sein können. Um der Gefahr von unzulässiger Vereinfachung oder Fehleinschätzung zu entgehen, muss untersucht werden, was sich hinter dem Schlagwort verbirgt.

Sozialstruktur

Soziologen (Gesellschaftswissenschaftler) verstehen darunter den Aufbau der modernen Gesellschaft in Schichten (Unter-, Mittel- und Oberschicht). Menschen fühlen sich aufgrund gemeinsamer Merkmale wie Bildung, Beruf und Einkommen einer bestimmten Schicht zugehörig. Schichten sind nicht festgefügt; gesellschaftlicher Auf- und Abstieg (soziale Mobilität) ist grundsätzlich möglich (offene Gesellschaft).

Wohlstandsgesellschaft

Lebensstandard

die Gesamtheit aller Güter, Rechte und Nutzungen, die der privaten Lebensführung zugute kommen. Hauptbestandteil des Lebensstandards ist die Lebenshaltung. Darunter versteht man alle Güter und Dienstleistungen, die für die private Lebensführung in Anspruch genommen und aus den Einnahmen der privaten Haushalte finanziert werden.

Freizeitausgaben

Eine vierköpfige Arbeitnehmerfamilie mit mittleren Einkommen hat ausgegeben:
1969 705,00 €
1992 4 494,00 € (West)
      3 002,00 € (Ost)
1997 5 197,00 € (West)
      4 665,00 € (Ost)
2000 5 815,00 € (West)
      5 107,00 € (Ost)

Bruttoinlandsprodukt

ist die im Inland erbrachte wirtschaftliche Leistung.

Arbeitsproduktivität

Man vergleicht den Einsatz an Arbeitszeit mit dem Produktionsergebnis. Beispiel: A fertigt ein Werkstück in acht Stunden.
B und C benötigen dafür nur zwei Stunden Arbeitszeit. Beide sind zusammen 4 Stunden tätig gewesen, d.h. ihre Arbeitsproduktivität ist im Vergleich zu A 100% höher.

Materieller Wohlstand drückt sich in einem hohen Lebensstandard aus. Er stellt einen wichtigen Teil der Lebensqualität dar. Unsere moderne Industriegesellschaft kann die Bevölkerung der Bundesrepublik Deutschland reichlich mit allen notwendigen Gütern und Dienstleistungen versorgen. Neben der Grundversorgung besteht beispielsweise ein riesiges Freizeitangebot: Erlebnisbäder, Campingplätze, Erlebnisreisen, Berg- und Radwandern, Holiday-Parks, Reiter- und Sportferien, Open-Air- und Rock-Konzerte, Festivals, Theater- und Museumsbesuche und vieles mehr.

Wir können uns diesen Wohlstand leisten, weil sich die Leistung unserer Wirtschaft gewaltig erhöht hat. Das Bruttoinlandsprodukt stieg von 853 Milliarden Euro im Jahre 1983 auf 2 036 Milliarden Euro im Jahre 2000.

Die enorme Steigerung der Wirtschaftsleistung ist vor allem auf die Erhöhung der Arbeitsproduktivität (s. S. 142) zurückzuführen.

Mit steigendem Lebensstandard sind die Möglichkeiten der Bundesbürger gewachsen, für den privaten Bereich, der nicht der Sicherung von Grundbedürfnissen dient, Geld auszugeben. Immer mehr Familien haben sich kostspielige und langlebige Gebrauchsgüter – der geschätzte Wert liegt bei 410 Milliarden Euro – angeschafft. Ein riesiges Geldvermögen zeugt ebenfalls vom Wohlstand der Gesellschaft.

Arbeitsvorschläge

1. Worin sehen Sie Ursachen für die Steigerung der Arbeitsproduktivität?

2. Fertigen Sie einen Fragebogen für eine Umfrage in der Klasse nach dem Besitz langlebiger Gebrauchsgüter (s. Grafik) an. Werten Sie die Fragebögen aus und überprüfen Sie die Übereinstimmung des Umfrageergebnisses mit den Angaben in der Grafik.

13.2 Lebens- und Arbeitsverhältnisse im vereinigten Deutschland

> „Gleichwertigkeit der Lebensverhältnisse in Ost und West heißt das Ziel: Einheit heißt nicht Einheitlichkeit. Einheit heißt Gleichwertigkeit unterschiedlicher Lösungen und Wege, heißt auch Wettbewerb, heißt vor allen Dingen Chancengleichheit."

Bundeskanzler Gerhard Schröder, 18. November 1999

Auch mehr als zehn Jahre nach der deutsch-deutschen Vereinigung ist das Land in vielen Dingen noch zweigeteilt. Angleichung der Lebensverhältnisse, Anschluss gewinnen an den Westen – wie stehen die ostdeutschen Bürger und Bürgerinnen heute da?

Erreichtes	Fehler
Unternehmergeist In Ostdeutschland existieren mehr als 500.000 mittelständische Unternehmen. Die durchschnittlichen Bruttoverdienste sind auf ca. 80% des Westniveaus gestiegen.	**Übergangsregelungen** Obwohl den ostdeutschen Betrieben die Märkte in Osteuropa weggebrochen sind, bekamen sie zuwenig Übergangs- und Schutzklauseln.
Wandel der Arbeit Mehr als 30% aller Ostdeutschen arbeiten nicht mehr in ihrem erlernten Beruf. Ohne die Qualifikationen, die Flexibilität und die Mobilität der ostdeutschen Beschäftigten wäre dieses nicht möglich gewesen.	**Marktüberschätzung** Viele Betriebe konnten dem Strukturwandel des Marktes nicht widerstehen. Den Betrieben hätten lokale Standortvorteile gewährt werden müssen.
Infrastruktur Der Wohnungsbestand in den östlichen Bundesländern ist renoviert bzw. Plattenbauten abgerissen worden. Alte Stadtkerne sind saniert, Fernstraßen Verkehrsnetze und Kommunikationsnetze modernisiert, in Zukunftstechnologien wie Gentechnologie, Biotechnik und Informatik nehmen ostdeutsche Betriebe Spitzenplätze ein.	**Gefühl der Entfremdung** In Ostdeutschland ist die Mauer in den Köpfen noch vielfach vorhanden. Eine Entfremdung und eine Enttäuschung ist auch bei denjenigen spürbar, die ihren privaten und beruflichen Weg unter den neuen Verhältnissen erfolgreich gegangen sind. Vierzig Jahre getrennte, aber auch zehn Jahre gemeinsame, aber unterschiedlich erlebte Geschichte, hinterlassen ihre Spuren.

Arbeitsvorschlag

Der Einigungsprozess beider deutscher Staaten ist vielfältig. Entwickeln Sie in Teamarbeit einen Fragebogen unter dem Thema: „Ist die Einheit schon vollzogen?" Führen Sie die Befragung an Ihrer Schule durch und werten Sie aus.

Lebens- und Arbeitsverhältnisse im vereinigten Deutschland

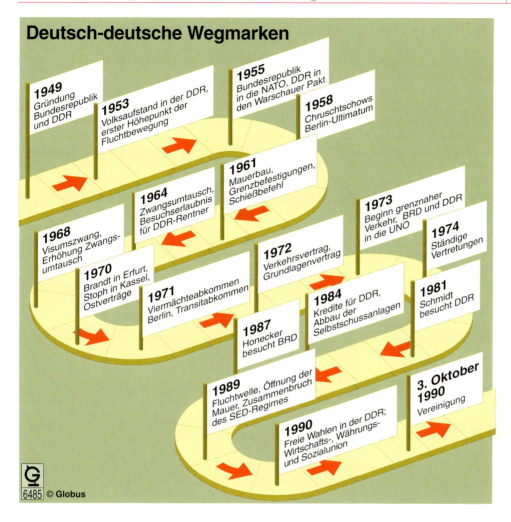

Seit der friedlichen Revolution des Herbstes 1989 in der ehemaligen Deutschen Demokratischen Republik ist vieles nicht mehr so in Deutschland, wie es einmal war. Mit dem Beitritt der DDR zur Bundesrepublik Deutschland ist die Einheit nicht vollendet – sie hat als Gemeinschaftsaufgabe aller Deutschen erst richtig begonnen. Die Folgen der Vereinigung haben vor allem die ostdeutsche Bevölkerung vor riesige Probleme gestellt, die erst teilweise überwunden sind: Der Wandel von der zentral gelenkten Planwirtschaft zur freiheitlich orientierten Sozialen Marktwirtschaft verlangt eine Umstellung am Arbeitsplatz und bedeutet daneben für viele Menschen Arbeitslosigkeit; der Aufbau der Länder und der Gemeindeselbstverwaltung stellt hohe Anforderungen im personellen, finanziellen und organisatorischen Bereich; die neue Rechtsordnung kann nur mit Hilfe aus den alten Bundesländern eingeführt werden.

Mit einer gewissen Verzögerung haben die Auswirkungen der deutschen Vereinigung auch die Westdeutschen erreicht. Zu den Problemen, deren Lösung sich nicht mehr hinausschieben lässt, gehören die stark zunehmende Verschuldung des Staates, die Dauerarbeitslosigkeit, die Parteienverdrossenheit der Bürger und ein zunehmender politischer Extremismus. Dazu zählt auch die seit Jahren in Westdeutschland verdrängte Erkenntnis, dass die Wohlstandsgesellschaft sich selbst in Frage stellt, wenn sie ihre Ansprüche an Konsum und ihre Erwartungen an Wachstum nicht zurücksteckt. Das Wohlstandsgefälle zwischen West und Ost, das trotz des Fortschritts bei der Umwandlung der jungen Bundesländer vorhanden ist, kann nur durch eine große Umverteilung ausgeglichen werden. Ein so verstandener „Solidarpakt" ist eine nationale Aufgabe, die der Zukunftssicherung und dem inneren Frieden dient.

Meilensteine der Einheit

1989

22. Dezember: Das Brandenburger Tor wird für Fußgänger geöffnet. Westdeutsche können von Weihnachten an ohne Visum und Zwangsumtausch in die DDR reisen.

1990

18. Mai: Staatsvertrag über eine Währungs-, Wirtschafts- und Sozialunion zwischen der DDR und der Bundesrepublik Deutschland.

1. Juli: Die DM ist alleiniges Zahlungsmittel in beiden Staaten.
23. August: Die DDR-Volkskammer beschließt den Beitritt zur Bundesrepublik zum 3. Oktober.
12. September: Die 4 Siegermächte des 2. Weltkriegs unterzeichnen in Moskau das Abschlussdokument – am Tag der Einheit wird Deutschland ein souveräner Staat. Die Alliierten verzichten auf sämtliche Besatzungsrechte – 45 Jahre nach der Kapitulation.
3. Oktober: Wir sind vereint.

1991

17. Januar: Der Deutsche Bundestag wählt Helmut Kohl zum Bundeskanzler des vereinten Deutschlands.
20. Juni: Der Deutsche Bundestag spricht sich dafür aus, dass Berlin Sitz von Regierung und Parlament wird.

Journal für Deutschland Nr. 2 Okt./Nov. 1993

13.3 Armut in Deutschland

Kluft zwischen Arm und Reich wächst
2,8 Millionen Haushalte überschuldet

Berlin, 20. 4. (dpa) Die Kluft zwischen Arm und Reich hat sich in Deutschland in den vergangenen Jahren weiter vergrößert. Dies ist das Ergebnis des ersten „Armuts- und Reichtumsberichts" der Bundesregierung, der am kommenden Mittwoch vom Kabinett verabschiedet werden soll.

Nach dem maßgeblich vom Bundesarbeitsministerium erstellten Papier gab es in Deutschland Ende 1998 rund 1,5 Millionen Vermögensmillionäre – fast sieben Mal so viele wie 1978, berichten der Berliner „Tagesspiegel" und die „Süddeutsche Zeitung".
Die Zahl der Einkommensmillionäre wird auf 13 000 beziffert. Dagegen leben 2,88 Millionen Menschen von Sozialhilfe, etwa ein Fünftel der Bevölkerung galt als Geringverdiener. Langfristig habe sich die Ungleichheit der Einkommen verstärkt, heißt es.
Weiter konzentrierten sich dem Bericht zufolge 42 Prozent des Privatvermögens auf ein Zehntel der westdeutschen Haushalte. Andererseits musste sich die Hälfte der dortigen Bevölkerung mit einem Anteil von 4,5 Prozent zufrieden geben. Im Osten besaß das obere Zehntel sogar 48 Prozent des Privatvermögens.
Das durchschnittliche Privatvermögen der Westhaushalte lag bei etwa 127 000 Euro. Dagegen kam der durchschnittliche Haushalt im Osten lediglich auf 44 000 Euro. In ganz Deutschland stieg die Zahl der überschuldeten Haushalte von 1994 bis 1999 um 30 Prozent auf rund 2,8 Millionen.

Neue Osnabrücker Zeitung, 21.4.2001

www.bma.bund.de/de/sicherung/armutsbericht

Was ist Armut?
Als einkommensarm gelten Personen oder Familien, wenn sie aus eigener Kraft einen **angemessenen Lebensunterhalt** nicht bestreiten können. Meist wird Einkommensarmut von schlechten Wohnverhältnissen, hoher Verschuldung und sozialer Ausgrenzung begleitet.

Aus dem Inhalt des Berichtes der Bundesregierung:

– Über 14% der Kinder und 11% der Erwachsenen fallen unter die Armutsgrenze.
– Bundesweit leben 9,1% der Bevölkerung in Armut, im Westen sind es 8,7%, im Osten 10,7%.
– Fast drei Millionen Deutsche beziehen Sozialhilfe.
– Über 7% aller deutschen Haushalte ist überschuldet.
– Schon jeder fünfte Jugendliche im Westen hat Schulden.
– Rund 7 000 Jugendliche leben auf der Straße.
– Familienhaushalte mit Kindern sind besonders betroffen.
– Bei Alleinerziehenden liegt die Armutsquote bei 30%.
– Behinderte sind überdurchschnittlich von Armut betroffen.
– Migranten bleiben häufiger und länger in Armut.
– Das Privatvermögen in Deutschland summiert sich auf 4,2 Billionen Euro.
– In Deutschland lebten 1995 rund 13 000 Einkommensmillionäre.

In Deutschland und in der Europäischen Union gelten Bürger als arm, deren Einkommen unter der so genannten **Armutsschwelle** von 50% des durchschnittlich verfügbaren Pro-Kopf-Einkommens liegen.
Die Armutsschwelle lag 1998 in den westlichen Bundesländern bei etwa 550 Euro Monatseinkommen, im Osten bei 460 Euro. Für jedes Kind kommt die Hälfte, für jeden Erwachsenen 7/10 des Wertes zum Grundbetrag hinzu.

Ein Mensch gilt als **absolut arm**, wenn seine physische Existenz bedroht ist, er also nicht über ausreichende Nahrung und Schutz vor Kälte und Krankheiten verfügt.

Kinder in der Schuldenfalle

Sandra Bergner, 16
„Die Schulden arbeite ich später ab!"
„Ja, ich habe Schulden, etwa 1 500 Euro zurzeit", sagt die Bonner Azubi. „Ich stehe auf Designer-Klamotten. Und die sind teuer. Die Miesen arbeite ich später einmal ab."

High-Tech ist Standard
Freizeitforscher haben ermittelt: Teenager geben am meisten Geld für Computerspiele aus.

Statussymbol Handy
Etwa 100 000 Kids ist bereits der Anschluss gesperrt worden, weil Rechnungen offen bleiben.

Inline-Skates mit 5
Schon im Kindergarten sind „Blades" Pflicht. Wer keine hat, ist out. Der Druck auf die Eltern wächst.

Computer mit 3 Jahren
Sicher: Lernen ist gut. Eltern aber, die stets nur das Feinste kaufen, erziehen ihre Kinder zum Konsum.

Jochen Sievert, 16
„Ich will immer erreichbar sein!"
„Bei uns in der Clique gehört das Handy dazu", so der Bremer Realschüler. „Meine erste Rechnung betrug 240 Euro. Dazu kam die Grundgebühr. Vati war sauer, hat aber gezahlt." Eine trügerische finanzielle Sicherheit, die schnell in die Schuldenspirale führen kann.

Bankkarte mit 14
Ständige Verfügbarkeit: 250,00 Euro Miese darf Astrid machen – bei 50,00 Euro Taschengeld.

Handys, sündhaft teure Kleidung und Computer – die Generation der unter 20-Jährigen lebt fürt Statussymbole und Fun wie keine vor ihr. Experten warnen: Schon 850 000 Jugendliche sind nicht mehr in der Lage, sich aus eigener Kraft aus dem Schuldensumpf zu ziehen. Eine der Hauptursachen für die Flucht in den Konsumrausch ist mangelnde familiäre Geborgenheit.

So können Kinder und Jugendliche den Umgang mit Geld lernen
– Kindern und Jugendlichen den Umgang mit Geld vorleben.
– Den Zusammenhang zwischen Geld und Job verdeutlichen.
– Angemessenes und regelmäßiges Taschengeld zahlen.
– Eine Art „Haushaltsplan" aufstellen – Rechnen schützt vor Schulden.

Vorschläge zur Bekämpfung von Armut in Deutschland
– Einführung eines Familiengeldes von 600,00 Euro monatlich für drei Jahre.
– Vermehrte Ausbildungsplatzförderung für junge Menschen.
– Offensivere Wirtschafts- und Beschäftigungspolitik.
– Gezielte Qualifizierungs- und Beschäftigungsangebote für Problemgruppen.
– Sozialhilfe als bedarfsorientierte Grundsicherung neu gestalten.
– Vermögensbildung für ArbeitnehmerInnen verbessern.
– Neue Arbeitszeitmodelle und Teilzeitarbeit fördern.
– Das teilweise uneffektive Sozialsystem reformieren.
– Möglichkeiten der Kinderbetreuung verbessern.

Arbeitsvorschlag

Entwickeln Sie in Gruppenarbeit zu den oben angeführten Vorschlägen zur Schulden- und Armutsbekämpfung oder weiteren Tipps exemplarisch einzelne strukturierte Handlungsanweisungen. Stellen Sie ihre Ergebnisse in der Gruppe vor.

Einheit und Vielfalt

13.4 Zuwanderung – Einwanderung – Einbürgerung

Deutschland – ein Einwanderungsland?
Fast jede zehnte in Deutschland lebende Person ist nicht hier geboren. Viele sind inzwischen Bürger dieses Staates. Doch insgesamt 7,3 Millionen Menschen haben keinen deutschen Pass. Hinzu kommt eine nicht bezifferbare Zahl von Ausländern, die sich illegal in Deutschland aufhalten.
Sie alle konkurrieren mit der einheimischen Bevölkerung um Arbeitsplätze. Auf der anderen Seite meldet die Wirtschaft einen Mangel an qualifizierten Arbeitskräften. Wie soll die Politik in Deutschland auf diese Situation reagieren?

Quelle: Blickpunkt +Bundestag 7/2001, S. 85

Wanderung
(Migration)
Sozialwissenschaftler und politisch-historischer Begriff; bezeichnet räumliche Bewegung von Menschen.

Zuwanderung
(Arbeitsmigration)
Durch ausländische Arbeitnehmer, die vorübergehend in Deutschland arbeiten.

Einwanderung
(Immigration)
Zuzug von Ausländern in das deutsche Staatsgebiet mit der Absicht der Einbürgerung.

Einbürgerung
(Naturalisierung)
Staatsrechtlicher Hoheitsakt, durch den einem Ausländer die deutsche Staatsangehörigkeit verliehen wird.
Voraussetzungen sind: Niederlassung im Inland, eigene Wohnung, unbeschränkte Geschäftsfähigkeit, Unbescholtenheit, Gewähr für Lebensunterhalt.

Die Prognosen sind eindeutig. Die Bevölkerungszahlen in der Bundesrepublik Deutschland werden in den nächsten Jahrzehnten drastisch zurückgehen. Bereits jetzt können zahlreiche Arbeitsplätze nicht besetzt werden, obwohl gut vier Millionen Menschen arbeitslos gemeldet sind. Zugleich steht diesem Mangel an spezialisierten Arbeitskräften eine zunehmende Zahl von Asylanträgen gegenüber. Jährlich kommen rund 100 000 Menschen als Asylbewerber, Flüchtlinge und Nachzügler ins Land.
Neben Asylbewerbern, Spätaussiedlern und deren Familienangehörigen kommen jüdische Zuwanderer aus der ehemaligen Sowjetunion sowie Kriegs- und Bürgerkriegsflüchtlinge nach Deutschland – und nicht zuletzt EU-Bürger, die von ihrem Recht auf Freizügigkeit Gebrauch machen.

Kriegs- und Bürgerkriegsflüchtlinge sind nach deutschem Recht Ausländer, die in ihrer Heimat wegen ihrer sozialen, religiösen oder ethnischen Zugehörigkeit oder wegen politischer und weltanschaulicher Überzeugungen verfolgt werden. Sie haben das Recht in Deutschland aufgenommen zu werden, um sich vor Gefahren für Leib und Leben zu schützen.

Quelle: Blickpunkt Bundestag 7/2001, S. 86

Wirtschafts- und Arbeitsmigranten sind meist gut ausgebildete Fachkräfte, die befristete Engpässe beheben. Mit der **Greencard-Verordnung** vom August 2000 sollen ausländische IT-Spezialisten angeworben werden.

Arbeitsvorschlag

Informieren Sie sich im Internet (Download: www.bmi.bund) über den Bericht „Zuwanderung gestalten – Integration fördern" der Zuwanderungskommission. Stellen Sie die formulierten Lösungsansätze und Empfehlungen vor und bewerten Sie diese Konzepte. Berücksichtigen Sie dabei die aktuellen Vorstellungen der im Bundestag vertretenen Fraktionen.

14 | *Grundrechte und Menschenrechte*

14.1 Menschenrechte für alle

Am 18. Dezember 1948 beschließt die Generalversammlung der Vereinten Nationen die Allgemeine Erklärung der Menschenrechte. Damit wird erstmals von einer Versammlung, der fast alle Staaten der Welt angehören, ein umfassender Katalog von Individualrechten (persönliche Rechte) proklamiert. Das ist ein wichtiger Schritt auf dem mühsamen Weg zur Durchsetzung der Menschenrechte.

Artikel 1: Alle Menschen sind frei und gleich an Würde und Rechten geboren. Sie sind mit Vernunft und Gewissen begabt und sollen einander im Geiste der Brüderlichkeit begegnen.

Artikel 7: Alle Menschen sind vor dem Gesetz gleich und haben ohne Unterschied Anspruch auf gleichen Schutz durch das Gesetz.

Artikel 11: Jeder Mensch, der einer strafbaren Handlung beschuldigt wird, ist so lange als unschuldig anzusehen, bis seine Schuld in einem öffentlichen Verfahren, in dem alle für seine Verteidigung nötigen Voraussetzungen gewährleistet waren, gemäß dem Gesetz nachgewiesen ist.

Artikel 20: Jeder Mensch hat das Recht auf Versammlungs- und Vereinigungsfreiheit zu friedlichen Zwecken. Niemand darf gezwungen werden, einer Vereinigung anzugehören.

Artikel 3: Jeder Mensch hat das Recht auf Leben, Freiheit und Sicherheit der Person.

Artikel 5: Niemand darf der Folter oder grausamer, unmenschlicher oder erniedrigender Behandlung oder Strafe unterworfen werden.

Artikel 9: Niemand darf willkürlich festgenommen, in Haft gehalten oder des Landes verwiesen werden.

Artikel 18: Jeder Mensch hat Anspruch auf Gedanken-, Gewissens- und Religionsfreiheit.

Artikel 19: Jeder Mensch hat das Recht auf freie Meinungsäußerung.

Artikel 23: Jeder Mensch hat das Recht auf Arbeit, auf freie Berufswahl, auf angemessene und befriedigende Arbeitsbedingungen sowie auf Schutz gegen Arbeitslosigkeit. Alle Menschen haben ohne jede unterschiedliche Behandlung das Recht auf gleichen Lohn für gleiche Arbeit.

14.1.1 Geschichte der Menschrenrechte

ca. 300 v. Chr. Bereits im antiken Griechenland taucht die Idee des selbständigen (autonomen) Staatsbürgers auf, dessen Würde geachtet werden müsse. Dieses Recht gilt jedoch nicht für Frauen, Kinder und Sklaven.

nach dem Jahre 0 Die Verbreitung des Christentums stärkt die Menschenrechtsidee durch den Glauben an die Gleichheit aller Menschen vor Gott.

16./17. Jahrhundert Aus diesem religiösen Gleichheitsideal leiten dann die Philosophen der Aufklärung ihre Überzeugung von der natürlichen Gleichheit und Freiheit aller Menschen ab. Der Mensch, so heißt es, ist von Natur aus frei und gleich. Erst im Laufe der geschichtlichen Entwicklung seien Unfreiheit, Abhängigkeit und Ungleichheit entstanden.

John Locke (1632–1704)

vertritt in seiner Staatslehre das Recht auf Unverletzlichkeit von Person und Eigentum, das der Staat zu schützen habe.

1628
Petition of Rights
1679
Habeas-Corpus-Akte
1689
Bill of Rights

1776
Unabhängigkeitserklärung der Vereinigten Staaten von Amerika

Erste Erfolge auf dem Weg zu einem umfassenden Menschenrechtsverständnis zeigen sich in England. Die Petition of Rights schützt den Bürger vor willkürlicher Verhaftung, die Habeas-Corpus-Akte, ergänzt durch die Bill of Rights, zählt Freiheiten der Untertanen auf, die vom Herrscher ohne Einwilligung des Parlaments nicht angetastet werden dürfen. Diese Entwicklung setzt sich in Nordamerika fort. Die Siedler der Neuenglandstaaten empfinden die Steuer- und Handelspolitik der englischen Regierung als ungerecht und erklären ihre Unabhängigkeit vom Mutterland. Dieses Ereignis kennzeichnet den Beginn der Vereinigten Staaten von Amerika (USA).

Die wenig später verkündete „Virginia Bill of Rights" (Verfassung des Staates Virginia) ist die erste geschriebene Verfassung, in der die Menschenrechte enthalten sind.

Immanuel Kant (1724–1804)

sieht die Menschen in „selbstverschuldeter Unmündigkeit". Mit Hilfe der eigenen Vernunft sollen sie sich aus religiöser und staatlicher Bevormundung lösen.

1789
Erklärung der Rechte der Menschen und Bürger in Frankreich

Die Vorgänge in Nordamerika wirken auf Europa zurück. In der Französischen Revolution kommt es aufgrund unhaltbarer sozialer und wirtschaftlicher Verhältnisse zur Auflösung der alten Ständeordnung und der damit verbundenen Königsherrschaft. Die Vertretung des Bürgertums, der so genannte Dritte Stand, erklärt sich zur alleinigen Vertretung des Volkes und bezeichnet sich als Nationalversammlung. Die dabei beschlossene Menschenrechtserklärung umfasst alle bedeutenden Freiheits- und Gleichheitsrechte (klassische Menschenrechte), die von da an in fast alle nachfolgenden Verfassungen anderer Länder übernommen werden.

1948
Allgemeine Erklärung der Menschenrechte, UN

Leider ist die Deklaration für die in der UNO vertretenen Staaten letztlich noch kein bindendes Recht. Sie ist jedoch eine moralische Aufforderung an jeden Einzelnen und an alle politischen Organe, die Achtung der formulierten Rechte zu fördern und zu gewährleisten.

Europarat
Gegründet 1949; ihm gehören 41 Staaten an. Der Sitz ist in Straßburg. Er setzt sich für Demokratie und Menschenrechte ein und für kulturelle und soziale Zusammenarbeit in Europa. Beim Europarat besteht der Europäische Gerichtshof für Menschenrechte.

Internet
www.europa.eu.int/index-de.htm

Aus der KSZE-Schlussakte vom 1. August 1975
„Die Teilnehmerstaaten werden die Menschenrechte und Grundfreiheiten, einschließlich der Gedanken-, Gewissens-, Religions- oder Überzeugungsfreiheit für alle ohne Unterschied der Rasse, des Geschlechts, der Sprache oder der Religion achten."

OSZE
Seit dem 1. Januar 1995 hat sich die KSZE in Organisation für Sicherheit und Zusammenarbeit in Europa (OSZE) umbenannt.

Internet
www.osce.org

Auf der Grundlage der UN-Menschenrechtserklärung gelingt es den im Europarat vertretenen Staaten, untereinander verbindliche und gerichtlich durchsetzbare Abmachungen bezüglich der Sicherung er Menschenrechte zu treffen (Menschenrechtskonvention). Zur Kontrolle der Menschenrechtskonvention nimmt der **Europäische Gerichtshof für Menschenrechte** beim Europarat seine Arbeit auf. Jeder der über 400 Millionen Bürger der EU kann, wenn er sich in seinen Menschenrechten verletzt fühlt, seinen eigenen Staat anklagen und Wiedergutmachung verlangen. Jährlich wenden sich 400 Menschen, die mit ihrem Anliegen in ihrem Heimatland nicht durchdringen können, hilfesuchend an den Europäischen Gerichtshof.

Straßburg gibt Ankara Recht
Verbot von Islamistenpartei bestätigt

Straßburg. Das Verbot der islamistischen Wohlfahrtspartei (Refah) in der Türkei vor drei Jahren stellt nach Ansicht des Europäischen Gerichtshofs für Menschenrechte keinen Verstoß gegen die Grundrechte dar.
Die Richter entschieden in Straßburg, dass die Entscheidung des türkischen Staates gerechtfertigt gewesen sei, um ein Funktionieren des demokratischen Systems zu garantieren. Mit dem Aufruf zur Wiedereinführung der Scharia, des islamischen Rechts, hätten die Refah-Politiker gegen die Menschenrechtskonvention verstoßen. Überdies wollten sie ein System einrichten, das auf einer Diskriminierung nach Glaubensrichtungen aufbaue. Sie hätten zudem Zweifel daran gelassen, ob sie Gewalt als Mittel zur Machtergreifung und des Machterhalts billigen oder nicht.

AP, 31.7.2001

Einen weiteren Ansatz zur Sicherung der Menschenrechte bietet die **Konferenz für Sicherheit und Zusammenarbeit in Europa (KSZE)**. Unter dem Stichwort „Korb III" behandeln die Konferenzteilnehmer im Sinne der Menschenrechtsidee die Frage, wie die menschlichen Kontakte zwischen west- und osteuropäischen Ländern zu verbessern sind. In der gemeinsamen Schlussakte bekunden 35 Unterzeichnerstaaten gemeinsame Anstrengungen für mehr gegenseitiges Vertrauen auf militärischem Gebiet, stärkere wirtschaftliche und wissenschaftliche Zusammenarbeit und stetige Achtung der Menschenrechte. Sofern es gelingt, die Anstrengungen der KSZE mit der Europäischen Menschenrechtskonvention zusammenzuführen, kämen zumindest die Völker Europas der Verwirklichung der Menschenrechte ein gutes Stück näher.

Europa und Nordamerika haben sich in Paris im Herbst 1990 eine neue Friedensordnung gegeben. In der „Pariser Charta" schreiben die damals 34 KSZE-Staaten Grundrechte des Menschen fest und geloben, die gegenseitige Souveränität zu achten und Streit nicht mehr gewaltsam auszutragen.

Arbeitsvorschläge

1. Erklären Sie die Aussage: „Im Kampf um die Menschenrechte ist von der Aufklärung eine große Wirkung ausgegangen."

2. Überprüfen Sie, ob die von UNO verkündeten Menschenrechte einklagbar und damit durchsetzbar sind.

14.1.2 Menschenrechte und soziale Rechte

Absolute Armut, wie sie heute von 800 Millionen Menschen erlebt wird, höhlt den Kerngehalt aller Menschenrechte aus: das Recht auf Achtung der Menschenwürde, das Recht auf Leben und auf körperliche Unversehrtheit. Angesichts der grundsätzlich vorhandenen Möglichkeiten, die Grundbedürfnisse aller heute lebenden Menschen zu befriedigen, kann das Bestehen und die Ausweitung absoluter Armut selbst als Menschenrechtsverletzung betrachtet werden.

Diesem Zusammenhang ist in den internationalen Menschenrechtsdebatten dadurch Rechnung getragen worden, dass die UN 1966 einen über die Allgemeine Erklärung der Menschenrechte hinausgehenden Sozialpakt beschlossen hat. Darin wird u.a. das Recht auf einen angemessenen Lebensstandard ausdrücklich anerkannt.

ai-info 9/90 S. 16

Deutsche UNESCO, Kommission (Hrsg.), Reihe Menschenrechte, Heft 3, Bonn 1988, S. 4 (Text leicht verändert)

Die Menschenrechte sind umfassend. Freiheitsrechte hängen mit sozialen Rechten zusammen und bedingen sich gegenseitig. Das grundlegende Recht auf Leben nutzt wenig, wenn es keine Arbeit gibt, um den Lebensunterhalt zu verdienen. Andererseits kann sich an dieser Armutssituation auch nichts ändern, wenn z.B. das Recht auf freie Wahlen aus Resignation nicht mehr wahrgenommen wird oder freie Wahlen überhaupt nicht zugelassen sind. Grundsätzlich besteht dieses Problem nicht nur für die Armen in der Dritten Welt, sondern auch für verarmte Randgruppen in den reichen Industrieländern.

Europäische Sozialcharta

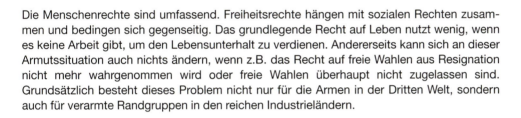

Von den 19 sozialen Rechten sind sieben sogenannte Kernrecht, von denen mindestens fünf für jeden Mitgliedsstaat bindend sind:
– Recht auf Arbeit,
– Recht auf Kollektivverhandlungen,
– Recht auf sozialen, gesetzlichen und wirtschaftlichen Schutz der Familie,
– Recht der Wanderarbeitnehmer auf Schutz und Beistand,
– Recht auf Fürsorge,
– Vereinigungsrecht,
– Recht auf soziale Sicherheit.
1964 von der Bundesrepublik Deutschland ratifiziert und damit gültig.
Vertrag über soziale Rechte, Europarat 1961

Der unterdrückte Mensch

In dem Sozialpakt und in der Sozialcharta verpflichten sich die Vertragsstaaten, alles zu tun, um die sozialen Rechte zu verwirklichen. Wo die Verwirklichung auf sich warten lässt, hat der einzelne Bürger jedoch keine Möglichkeit, seine sozialen Rechte einzuklagen. Das ist die Schwäche dieser internationalen Vereinbarungen.

Plakat von Eric Schug, gewidmet amnesty international

Arbeitsvorschläge

1. Erklären Sie die Unterschiede zwischen der Europäischen Menschenrechtskonvention und der Europäischen Sozialcharta.

2. Begründen Sie, weshalb es fast überall auf der Welt tagtäglich zu Menschenrechtsverletzungen kommt.

14.1.3 Missachtung der Menschenrechte

In einer Samstagnacht im Februar 1999 hat sich die Skinhead-Szene zur „Jagd auf Neger" zusammengerottet. Dabei geht es nicht nur um Menschen anderer Hautfarbe, sondern um alle, die nicht deutsch genug aussehen. Einige Bewohner eines Neubaugebietes beobachten, wie Autos mit laut grölenden Insassen die Wohnblocks umkreisen. Plötzlich ist das Klirren von Glasscheiben zu hören. Ein Bewohner des Hauses Nr. 14 öffnet die Wohnungstür. Auf dem Absatz der blutüberströmten Treppe liegt ein offensichtlich ohnmächtiger junger Mann. Als der Notarzt kommt, ist es bereits zu spät, der algerische Asylbewerber Omar Ben Noui ist verblutet.

Guben
Südöstlich von Berlin gelegene Stadt mit 29 000 Einwohnern, deren östliche Stadthälfte in Polen liegt.

Skinheads
(englisch Hautköpfe) Subkultur Jugendlicher, die durch kurz geschorene Haare beziehungsweise Glatze, Kleidung und militantes Auftreten auffallen. Viele Skinheads neigen zu rechtsextremen und neofaschistischen Vorstellungen.

Synagoge
(griechisch) das Gotteshaus der jüdischen Gemeinde (hebräisch **Beth hak-knesseth**, jiddisch **Schul**)

Bilanz dieser schrecklichen Nacht

Es werden acht Jugendliche festgenommen. Der getötete Asylbewerber hinterlässt eine deutsche Freundin, die ein Kind von ihm erwartet. In der Öffentlichkeit des gesamten In- und Auslandes ist ein weiterer brutaler Übergriff auf Ausländer in Deutschland zu verzeichnen.

Äußerungen der Bevölkerung:
- „Wenn nicht in vielen Familien und an Kneipentischen fremdenfeindliches Denken vorherrschen würde, kämen Jugendliche gar nicht auf die Idee, Ausländer zu jagen."
- „Das Ganze wird doch wieder hochgespielt. Eigentlich war es nur Randale und Spaß. Die haben Omar Noui doch gar nicht angefasst."
- „In Guben gibt es zu viele ausländische Mitbürger und Asylbewerber. Da darf man sich nicht wundern."
- „In Guben und Brandenburg leben verhältnismäßig wenig Ausländer. Je weniger, umso stärker die Vorurteile!"
- „Bei 22 Prozent Arbeitslosigkeit und wenigen Freizeitangeboten kommt es zwangsläufig zu solchen Aggressionen von Jugendlichen. Da ist die ganze Gesellschaft verantwortlich."
- „Das sind doch keine Argumente. Die allermeisten Jugendlichen in Guben sind friedlich. Und die Stadt beschäftigt 30 Sozialarbeiter."
- „Das sind einige wenige, die sich so barbarisch gegenüber Ausländern verhalten."
- „Da möchte ich den Schweizer Dichter Max Frisch zitieren: Die meisten taten ihnen nichts, also auch nichts Gutes."

nach: „basta- Nein zur Gewalt", ein Heft für Jugendliche 1999/2000

Anschläge auf ausländische Mitbürger, auf jüdische Friedhöfe, auf Synagogen und auf Asylbewerberheime sind als traurige Bilanz in den letzten Jahren immer wieder in den Schlagzeilen der Medien zu finden gewesen. Die Täter dieser gewaltsamen Übergriffe werden von Eltern und Mitschülern teilweise als Mitläufer aber auch als Menschen mit nationalsozialistischem und rassistisch geprägtem Gedankengut bezeichnet. Befragt man die Täter nach ihren Motiven, so erfährt man meist nicht viel mehr als platte Sprüche („Die sollen weg hier.", „Die nehmen uns die Arbeit und die Frauen weg.", „Deutschland den Deutschen." oder Ähnliches). Andere wiederum wiederholen das Propagandageschwätz der Nazis aus Deutschlands dunkelster Vergangenheit. Bei näherer Befragung wird deutlich, dass diese Jugendlichen kaum über Informationen über die Zeit des Nationalsozialismus verfügen. Sie erzählen Witze über Juden, obwohl sie keinen Menschen dieser Religionsgemeinschaft kennen. In dumpfem Hass wird gegen jeden vorgegangen, der nicht „deutsch genug" aussieht.

Intoleranz – Vorurteile – Antisemitismus – Rassenhass

Die Menschenrechte stehen in Deklarationen, Konventionen und Verfassungen und werden dennoch immer wieder missachtet. Zwischen Idee und Wirklichkeit besteht oft eine tiefe Kluft. Die Gründe für Menschenrechtsmissachtungen sind verschieden. Menschen werden aus politischen, religiösen, rassischen oder kulturellen Gründen verfolgt, unterdrückt oder misshandelt. Die eigentliche Ursache dafür ist die fehlende Bereitschaft, die Rechte andersdenkender und andersartiger Menschen anzuerkennen.

Die Durchsetzung der Menschenrechte hängt von friedlichen und rechtsstaatlichen Lebensbedingungen ab. Wo nur eine politische oder religiöse Überzeugung als wahr gilt, wo Menschen weißer Hautfarbe auf Menschen mit anderer Hautfarbe herabsehen, wo die eigene Lebensweise als Maßstab für die Lebensweise fremder Menschen gilt, sind Menschenrechte zusätzlich gefährdet. Die Gefahr ist umso größer, je weniger zugelassene oder wirkungsvolle Kontrollorgane (Parlamente, Gerichte, Parteien, freie Zeitungen) es gibt. Besonders anfällig für Menschenrechtsverletzungen sind Einparteien-Systeme und Militärdiktaturen.

Der Schutz der Menschenrechte ist eine Herausforderung für alle. Der Vorzug, in einem Land zu leben, in dem die Menschenrechte mehr bedeuten als bloße Forderungen auf dem Papier, sollte dazu verpflichten, gegenüber anderen gemäß den Menschenrechten zu handeln.

Arbeitsvorschläge

1. Nehmen Sie Stellung zu den Meinungsäußerungen der Bevölkerung über den Skinhead-Überfall in Guben.
2. Suchen Sie innerhalb einer Woche aus den Medien Meldungen heraus, die auf Menschenrechtsverletzungen hindeuten.
3. Stellen Sie zu dem Thema „Intoleranz-Vorurteile-Antisemitismus-Rassenhass" eine Collage her.
4. Formulieren Sie Vorschläge, wie Ihre Gruppe an der Verwirklichung der Menschenrechte mitwirken kann. Wählen Sie den geeigneten Vorschlag und führen Sie ihn aus.

Aus dem Jahresbericht von „amnesty international"

„Mehrere zehntausend Menschen sind im vergangenen Jahr weltweit auf Geheiß oder mit Duldung staatlicher Stellen getötet worden.
Das geht aus dem Ende Oktober vorgelegten Jahresbericht 1992 von amnesty international hervor, in dem Menschenrechtsverletzungen in insgesamt 142 Ländern dieser Erde aufgelistet werden."

Adressen von Hilfsorganisationen:

amnesty international (ai)
Heerstraße 178
53111 Bonn
1961 gegründete internationale Organisation für die Einhaltung der Menschenrechte. Betreut Menschen, die aus politischen, weltanschaulichen oder rassischen Gründen in Haft sind.

Internet
www.amnesty.org

Internationale Gesellschaft für Menschenrechte (IGFM)
Kaiserstr. 72
60329 Frankfurt/M.
Die IGFM unterstützt u.a. alle Einzelpersonen und Gruppen, die sich gewaltlos für die Verwirklichung der Grundrechte in ihren Ländern einsetzen.

terre des hommes (tdh)
1959 gegründete internationale Hilfsorganisation für in Not geratene Kinder ohne Ansehen politischer, rassischer oder religiöser Unterschiede.
tdh Deutschland e. V.
Ruppenkampstr. 11a
49084 Osnabrück

14.2 Menschenrechte im Grundgesetz

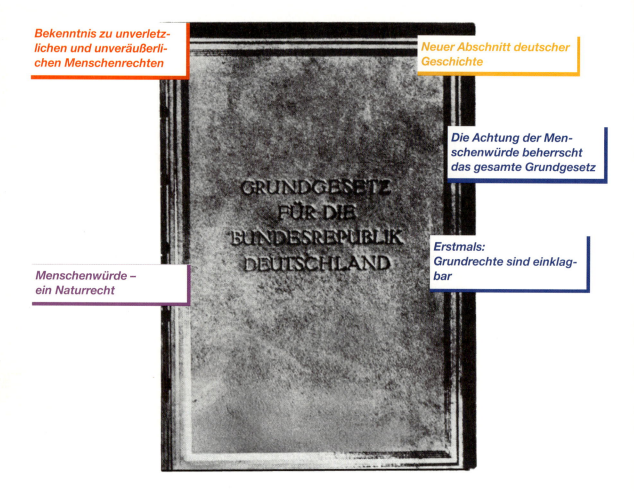

Bekenntnis zu unverletzlichen und unveräußerlichen Menschenrechten

Neuer Abschnitt deutscher Geschichte

Die Achtung der Menschenwürde beherrscht das gesamte Grundgesetz

Erstmals: Grundrechte sind einklagbar

Menschenwürde – ein Naturrecht

Paulskirchen-Verfassung
So genannt nach der in der Frankfurter Paulskirche zusammengetretenen Nationalversammlung, die 1848/49 eine Verfassung erarbeitete. Die Verfassung scheiterte aber am Widerstand der Fürsten.

Die Verkündung der Menschenrechte durch die Vereinten Nationen hat nicht automatisch geltendes Recht geschaffen. Anders verhält es sich, wenn die Menschenrechte in die Verfassungen der einzelnen Staaten übernommen werden. Dann wird die Einhaltung der Menschenrechte für den Staat und seine Bürger zum unausweichlichen Auftrag. In der Verfassung der Bundesrepublik Deutschland – dem Grundgesetz (GG) – werden die Menschenrechte ausdrücklich anerkannt.

Artikel 1 GG (Schutz der Menschenwürde)

Die Würde des Menschen ist unantastbar. Sie zu achten und zu schützen ist Verpflichtung aller staatlicher Gewalt.
Das deutsche Volk bekennt sich darum zu unverletzlichen und unveräußerlichen Menschenrechten als Grundlage jeder menschlichen Gemeinschaft, des Friedens und der Gerechtigkeit in der Welt.

Weimarer Verfassung
Bezeichnung für die am 11.8.1919 von der Nationalversammlung in Weimar beschlossenen Verfassung.

Die im Grundgesetz niedergelegten Menschenrechte werden als Grundrechte bezeichnet. Bei der Ausarbeitung des Grundgesetzes durch den Parlamentarischen Rat sind die Grundrechtsregelungen aus früheren deutschen demokratischen Verfassungen (Paulskirchen-Verfassung und Weimarer Verfassung) mit einbezogen worden, aber erstmalig stehen die Grundrechte gleich am Beginn des Verfassungstextes. Das weist auf die Bedeutung hin, die den Grundrechten zugemessen wird.

14.3 Die Grundrechte

Zu den grundlegenden Prinzipien einer freiheitlich-demokratischen Grundordnung gehört die Achtung der im Grundgesetz konkretisierten Menschenrechte. Gemeint ist die Achtung der Grundrechte, die in den Artikeln 2 bis 19 des Grundgesetzes aufgeführt werden, ergänzt durch Rechte aus anderen Teilen des Grundgesetzes (s. grafische Darstellung). Untersucht man diese Grundrechte im Hinblick auf ihre Bedeutung für die Menschen in der Bundesrepublik Deutschland, so lassen sich folgende Funktionen der Grundrechte beschreiben:

- **Sie sollen dem Bürger einen Freiraum gegenüber dem Staat sichern.**
  Eingriffe des Staates in bestimmte Lebensbereiche (z.B. Kunst und Wissenschaft) sollen ausgeschlossen werden, die Unverletzlichkeit bestimmter Rechtsgüter (z.B. Briefgeheimnis) wird garantiert.

- **Sie sollen die politisch-gesellschaftliche Mitwirkung der Bürger sichern.**
  Meinungs- und Interessenvielfalt der Bürger, Mitwirkung des Volkes im Staat durch Wahlen, gleiche Chancen beim Zugang zu öffentlichen Ämtern sollen bewahrt werden.

- **Sie sollen den Staat zur Betreuung von in Not geratenen Bürgern verpflichten.**
  Aus der Bestimmung des Grundgesetzes, dass die Bundesrepublik Deutschland ein sozialer Staat ist, wird die Pflicht des Staates abgeleitet, das so genannte „soziale Netz" zu knüpfen. Der Staat trifft Vorsorge für Notfälle im Leben seiner Bürger (s. S. 79).

Die Voraussetzungen, unter denen die Grundrechte derartige Aufgaben erfüllen können, schafft das Grundgesetz selbst. Es setzt fest:

Menschenwürde
bezieht sich auf den Anspruch des Menschen, als Träger geistig-sittlicher Werte um seiner selbst willen geachtet zu werden. Sie verbietet jede erniedrigende Behandlung oder die Behandlung eines Menschen als „bloßes Objekt".
Bibliographisches Institut & F. A. Brockhaus AG, 1999

Bürgerrechte
sind im eigentlichen Sinne die Rechte, die einem Staatsangehörigen zustehen, insbesondere das Recht zur Teilnahme am Staatsleben durch aktives und passives Wahlrecht und das Recht, öffentliche Ämter zu bekleiden.

Grundrechte und Menschenrechte

„Wo kämen wir denn hin, wenn sich alle unentwegt auf das Grundgesetz beriefen?"

Kurt Halbritter: Jeder hat das Recht. Mit freundlicher Genehmigung des Carl Hanser Verlags München/Wien

Bundesverfassungsgericht

ist das höchste bundesdeutsche Gericht und eines der fünf Verfassungsorgane der Bundesrepublik Deutschland. Seine Aufgaben sind die Kontrolle der öffentlichen Gewalt auf Antrag des Bürgers und die Kontrolle des Gesetzgebers.

- **Grundrechte binden die Staatsgewalt als unmittelbar geltendes Recht.**
  Es gibt keine Durchführungsverordnungen und -richtlinien für die Grundrechte. Der Bürger darf sich allein auf den Text des Grundgesetzes verlassen.

- **Grundrechte sind subjektive Rechte.**
  Dem Bürger steht zur Durchsetzung seiner Grundrechte der Rechtsweg offen. Unabhängige Gerichte schützen den Bürger und seine Rechte. Die Verfassungsbeschwerde beim Bundesverfassungsgericht ist für den einzelnen Bürger das äußerste Mittel, gegen Grundrechtsverletzungen vorzugehen.
  Aufsehen erregt hat das Urteil des Bundesverfassungsgerichts zur Volkszählung 1983. Durch eine einstweilige Anordnung hat das Gericht die Volkszählung ausgesetzt (s. Karikatur).

- **Grundrechte dürfen in ihrem Wesensgehalt nicht angetastet werden.**
  Möglichkeiten, Grundrechte einzuschränken, legt das Grundgesetz selbst fest. Artikel 1 und 20 dürfen gemäß Artikel 79 weder eingeschränkt noch geändert werden.

„... werden die Angeklagten zu gleichen Teilen schuldig gesprochen"
Neue Osnabrücker Zeitung

Arbeitsvorschläge

1. Nennen Sie Grundrechte,
   a) die es den Bürgern ermöglichen, ihre Interessen gegenüber dem Staat zu wahren;
   b) welche die politisch-gesellschaftliche Mitwirkung der Bürger im Staat sichern.
2. Erläutern Sie die Karikatur.
3. Suchen Sie im Internet Informationen zum Thema „Der Staat trifft Vorsorge für Notfälle im Leben seiner Bürger". Stellen Sie Ihre Ergebnisse in der Gruppe vor.
4. Stellen Sie aus der Übersicht über die Grundrechte mit Hilfe des Grundgesetztextes Menschenrechte und Bürgerrechte (sie gelten nur für deutsche Staatsbürger) gegenüber.

Methoden

Methode Informationsbeschaffung im Internet

Die Beschaffung von Informationen über das weltweite Internet kann auf zwei Wegen erfolgen. Über den „**direkten Zugriff**", wenn man die Adresse kennt und über „**Suchmaschinen**", wenn man Informationsseiten zu einem bestimmten Thema sucht.

Beim direkten Zugriff landet man auf einer Übersichtsseite, der „**Homepage**". Diese Internetseiten sind beispielsweise von Firmen oder Institutionen redaktionell betreute Seiten. Ihr Inhalt wird geprüft, meistens ständig aktualisiert („gepflegt") und auf einem Server dem Internet zur Verfügung gestellt. Auf der Homepage befinden sich farbig markierte Stichworte ähnlich wie im Lexikon oder dem Wörterbuch, kurz „**Links**". Sie stellen Querverweise zu anderen Internet-Dokumenten dar.

Das Suchen von Adressen erfolgt über die verschiedensten Suchmaschinen, die im Internet meist kostenlos nutzbar sind. Suchmaschinen sind Computer, die im Internet systematisch jede Seite absuchen und auf ihnen vorkommende Begriffe speichern. Diese Suchmaschinen liefern aber bei nicht präziser Stichworteingabe oft zu viele oder schlechte Ergebnisse, die nur durch einzelnes Sichten der bis zu mehreren hundert gelieferten Adressen ausgewertet werden können. Des weiteren existieren sogenannte **Meta-Suchmaschinen** (z.B. **Metacrawler** oder **Metager**), die mehrere „einfache" Suchmaschinen gleichzeitig abfragen und die Ergebnisse zusammengefasst darstellen.

Einige Suchmaschinen:

Yahoo International	http://www.yahoo.com
Yahoo Deutschland	http://www.yahoo.de
Excite	http://www.excite.de
Lycos Deutschland	http://www.lycos.de
MetaGer	http://www.metager.de
Web	http://www.web.de
Infoseek	http://www.infoseek.com
Google	http://www.google.com
Dino	http://www.dino-online.de
Alta Vista	http://www.altavista.com
Netguide	http://www.netguide.de
Fireball	http://www.fireball.de

Das **W**orld **W**ide **W**eb ist ein ständig in Bewegung befindliches Medium. Neue Quellen tauchen schnell auf, aber andere verschwinden auch wieder ebenso schnell. Sollte eine schon benutzte www-Adresse nicht mehr verfügbar sein, findet man bestimmt über eine Suchmaschine, über „Links" oder eine Sammlung von Adressen Informationen zu dem gewünschten Thema. Einige Internetadressen sind im Politikbuch abgedruckt.

Suchstrategien im Internet		
1.	Nachdenken und Vorüberlegen:	Was will ich wie wo warum ... finden?
2.	Genaue Suchanfrage:	Welchen Begriff/Stichwort suche ich?
3.	Sprache:	In welcher Sprache suche ich das Dokument?
4.	Suchmaschinenauswahl:	Welche Suchmaschine ist passend?
5.	Kataloge/Links/Stichwort:	Ist der Suchbegriff genügend präzis?
6.	Erweiterte Suche:	Kann ich mit Operatoren (z.B. „", AND, OR, NOT...) die Suchergebnisse sinnvoll einschränken?

14.4 Asylbewerber – ein Menschenrechtsproblem?

Artikel 16a Absatz 1 Grundgesetz: „Politische Verfolgte genießen Asylrecht"

Der neue Artikel 16a des Grundgesetzes

Art. **16a.** [**Asylrecht**] (1) Politisch Verfolgte genießen Asylrecht.
(2) Auf Absatz 1 kann sich nicht berufen, wer aus einem Mitgliedstaat der Europäischen Gemeinschaften oder aus einem anderen Drittstaat einreist, in dem die Anwendung des Abkommens über die Rechtsstellung der Flüchtlinge und der Konvention zum Schutze der Menschenrechte und Grundfreiheiten sichergestellt ist. Die Staaten außerhalb der Europäischen Gemeinschaften, auf die die Voraussetzungen des Satzes 1 zutreffen, werden durch Gesetz, das der Zustimmung des Bundesrates bedarf, bestimmt. In den Fällen des Satzes 1 können aufenthaltsbeendende Maßnahmen unabhängig von einem hiergegen eingelegten Rechtsbehelf vollzogen werden.
(3) Durch Gesetz, das der Zustimmung des Bundesrates bedarf, können Staaten bestimmt werden, bei denen auf Grund der Rechtslage, der Rechtsanwendung und der allgemeinen politischen Verhältnisse gewährleistet erscheint, dass dort weder politische Verfolgung noch unmenschliche oder erniedrigende Bestrafung oder Behandlung stattfindet. Es wird vermutet, dass ein Ausländer aus einem solchen Staat nicht verfolgt wird, solange er nicht Tatsachen vorträgt, die die Annahme begründen, da er entgegen dieser Vermutung politisch verfolgt wird.

Asyl (griech.) =
Zufluchtstätte, politischer Schutz
Das Völkerrecht gibt dem Einzelnen kein Recht, in einem Staat seiner Wahl Zuflucht zu suchen. Es garantiert den Staaten aber das Recht, Asyl zu gewähren, sei es auf seinem Territorium (territoriales Asyl) oder in seiner Auslandsvertretung (diplomatisches Asyl).

Wirtschaftsflüchtlinge
Menschen, die wegen fehlender Arbeits- und Konsummöglichkeiten in ihrem Heimatland in einem anderen Land Zuflucht suchen.

Internet
www.bma.bund.de

Großzügige Gesetze, eine von der Zahl der Anträge auf Asyl überforderte Verwaltung und ein zunehmend großer Anteil von unredlichen Asylbewerbern ließen im Laufe der Jahre das Asylrecht zu einem Asylbewerberrecht werden. Der Status des Asylbewerbers gewährt eine Reihe von Vorteilen: Recht auf Einreise nach Deutschland, Anspruch auf Unterkunft, Verpflegung, Taschengeld und medizinische Versorgung.

Die ständig steigende Zahl von Asylbewerbern hat den Gesetzgeber gezwungen, die Praxis des Asylrechts zu überdenken und eine Änderung des Grundgesetzes zu beschließen, die noch immer umstritten ist.

Unsere Gesellschaft steht heute vor einer großen Herausforderung. Gelingt es, das Asylrecht so zu handhaben, dass politisch Verfolgte in Deutschland Verständnis und Hilfe finden und das Grundrecht auf Asyl gewahrt bleibt? Und können wir verhindern, dass – durch einen unkontrollierten Zuzug von Asylbewerbern – die Angst der Deutschen vor Arbeitsplatzverlust, zunehmender Wohnungsnot und Kriminalität zu Vorurteilen gegenüber Menschen anderer Hautfarbe, Sprache und Sitte führt?

Flucht vor autoritären Regimen

Rund 450 000 Menschen kamen im Jahr 2000 nach Europa, weil sie in ihrer Heimat verfolgt wurden. Im Irak, in Afghanistan und im Iran herrschen autoritäre Regierungen, die Regimegegner und andere unbequeme Bürger brutal verfolgen. Aus diesen Ländern kamen viele Asylbewerber, und sie haben meist gute Chancen, dauerhaft Asyl zu erhalten. Gemessen an der Einwohnerzahl nehmen die kleinen Länder Europas die meisten Asylbewerber auf.

Wirbel um Schilys Asylkonzept
SPD und Grüne kritisieren Pläne für Verschärfung – „Probleme mit Fraktion"

Berlin, 29.7. (AP/ddp) Bundesinnenminister Otto Schily (SPD) muss mit heftigem Widerstand in der Koalition rechnen, falls er das Asylrecht verändern möchte.

Politiker von SPD und Grünen reagierten besorgt auf Berichte, wonach Schily die Aufenthaltsgenehmigung für anerkannte Asylberechtigte auf zwei Jahre befristen und dann erneut überprüfen wolle. Bayerns SPD-Chef Wolfgang Hoderlein bekräftigte, der Landesverband werde Einschränkungen des Asylrechts „unter keinen Umständen" hinnehmen.

Schily wird sein Einwanderungskonzept Anfang August präsentieren. Sein Ministerium wollte einen Bericht nicht kommentieren, wonach es prüft, Ausländer mit einer Strafe zu belegen, wenn sie falsche Angaben über ihre Personalien und ihr Herkunftsland machen. Laut „Spiegel" plädiert das Papier dafür, bei Ausländern aus bestimmten Staaten bereits beim Visumsantrag Fingerabdrücke und Fotos zu machen.

Zur Bekämpfung der Schwarzarbeit werde vorgeschlagen, Unternehmen, die Ausländer illegal beschäftigen, von öffentlichen Aufträgen auszuschließen. Zudem sollen Ausländer verpflichtet werden, eine fälschungssichere Arbeitserlaubnis mitzuführen. Das Konzept sieht auch ein „Kirchenkontingent" für Fälle vor, in denen sich Flüchtlinge in den Schutz von Kirchen begeben. Wenn die Kirchen die Kosten für die Asylsuchenden übernehmen, könnten sie in Härtefällen künftig selbst entscheiden, wer in Deutschland bleiben dürfe oder nicht.

Zu Schilys angeblichem Vorhaben, die Aufenthaltsgenehmigung für anerkannte Asylberechtigte auf zwei Jahre zu befristen, äußerten Grünen-Chefin Claudia Roth und der SPD-Innenpolitiker Rüdiger Veit verfassungsrechtliche Bedenken. In der „Frankfurter Rundschau" kündigte Veit an, Schily werde „Probleme mit der Fraktion" bekommen, wenn er tatsächlich einen solchen Plan habe.

Hunderte Demonstranten haben am Sonntag vor dem Frankfurter Flughafen gegen die Ausweisung von Flüchtlingen protestiert. Mit Sprechchören, Transparenten und Pfeifkonzerten forderten sie offene Grenzen und ein Bleiberecht für alle Asylsuchenden. Ein massives Aufgebot von Polizei und Bundesgrenzschutz verwehrte ihnen den Zutritt zur Abfertigungshalle. Zu den Terminals hatten nur Passagiere mit Ticket Zutritt.

AP/ddp 29.7.2001

Arbeitsvorschlag

Nehmen Sie Stellung zum Asylkonzept der Bundesregierung. Berücksichtigen Sie dabei den Artikel 16a GG und die Statistik „Asylbewerber".

Herkunftsländer im Jahr 2000

Jugoslawien:
42 250 Asylbewerber
Irak:
34 680 Asylbewerber
Afghanistan:
28 790 Asylbewerber
Iran:
27 969 Asylbewerber

Dann brennen wieder Asylantenheime

Zuerst wird die Empörung ausgedrückt: Dann die Bestürzung. Dann das Entsetzen. Dann die Scham. Dann ist man frei.

Dann kann man Verständnis zeigen. Dann kann man Verständnis ausdrücken. Dann kann man Verständnis äußern, das aber keine Entschuldigung darstellt.

Dann kann man sagen, dass es die Arbeitslosigkeit war, die den ersten Stein geworfen hat. Dann kann man sagen, dass es die Aussichtslosigkeit war, die den zweiten warf. Dann kann man sagen, dass es die Wohnungsnot war, die einen Molotow-Cocktail schmiss. Dann kann man sagen, dass es die niedriegen Löhne waren, die Fenster einschlugen. Dann kann man sagen, dass es die fehlenden Freizeitstätten waren, die Häuser abbrannten. Dann kann man sagen, dass da gar keine Menschen am Werk waren, sondern die Umstände.

Dann kann man Verständnis für die Umstände zeigen. Dann kann man Verständnis für die Umstände ausdrücken. Dann kann man Verständnis für die Umstände äußern, das aber keine Entschuldigung für die Umstehenden darstellt.

Dann kann man sagen, dass die Täter auch Opfer sind und die Opfer auch Täter. Dann kann man sagen, dass es nur Opfer gibt und Opfer der Opfer und Opfer der Opfer der Opfer: unser Ansehen im Ausland. Dann kann man sagen, dass es sogar Opfer der Opfer der Opfer der Opfer gibt: die nun zögernde Investitionsbereitschaft der Unternehmer. Dann kann man sagen, dass es sogar ein fünffaches Opfer, sozusagen das Opfer der Opfer der Opfer der Opfer der Opfer, gibt: Es ist der Schlussstrich unter unsere Vergangenheit.

Dann kann man Verständnis für die Opfer zeigen. Dann kann man Verständnis für die Opfer ausdrücken. Dann kann man Verständnis für die Opfer äußern, das aber keine Entschuldigung für die Opfer darstellt.

Dann kann man sagen, dass es das Fremde war, das sich die Brandwunde beibrachte. Dann kann man sagen, dass es das Unangepasste war, das sich entzündet hat. Dann kann man sagen, dass es andere Sitten, Länder und Gebräuche waren, die mit den Streichhölzern spielten. Dann kann man sagen, dass es die anderen waren, die an sich Feuer legten. Dann kann man sagen, dass es die Hölle war, die sich die Hölle heiß gemacht hat.

Dann brennen wieder Asylantenheime, Aussiedler-Container und Ausländer-Baracken.

Dann wird wieder die Empörung ausgedrückt. Dann wieder die Bestürzung. Dann wieder das Entsetzen. Dann wieder die Scham. Und dann wieder ...

Peter Maiwald, in: Satirische schweizer Zeitschrift „Nebelspalter"

Arbeitsvorschlag

Untersuchen Sie die Argumentation, die im Artikel „Dann brennen wieder Asylantenheime" geschildert wird
a) im Hinblick auf die Schuld der Gewalttäter,
b) im Hinblick auf die Mitschuld der Gesellschaft.

15 | Die Bundesrepublik Deutschland – ein demokratischer Staat

Methode

Debatte

Die Debatte ist die wesentliche Form zur Klärung und Erklärung politischer Standpunkte von Parteien in einem Parlament (s. S. 292). Im Bundesrat (s. S. 294) geschieht dies durch seine Mitglieder aus den verschiedenen Bundesländern. Jeder hat schon Übertragungen z.B. von Bundestagssitzungen im Fernsehen miterlebt oder war mit seiner Schulklasse bereits einmal „live" dabei. Bei einer solchen Veranstaltung geht es allerdings häufig nicht mehr darum, die Gegenseite zu überzeugen, sondern den eigenen Standpunkt der Öffentlichkeit, also den Wählern, zu verdeutlichen. Die eigentlichen Entscheidungen fallen vorher in den Sitzungen der Fraktionen und der Ausschüsse und den dort stattfindenden Debatten.

So ist es auch zu verstehen, dass häufig Abgeordnetensitze leer bleiben, denn die Abgeordneten haben vielfältige andere Aufgaben zu erledigen. Anders ist es meist in kleinen Gemeindeparlamenten, bei Verbänden oder auch im privaten Bereich. Hier sind Debatten geeignet, Kompromisse zu finden und Entscheidungen herbeizuführen.
Für eine erfolgreiche Debatte sind gewisse Regeln einzuhalten, z.B. werden bei Bundestagsdebatten die Dauer der Redezeiten zwischen den Fraktionen abgesprochen.

Eine Bundestagsdebatte kann im Unterricht simuliert werden. Wenn Sie bei einem Besuch des Bundesrates mit Ihrer Klasse an keiner Plenarsitzung teilnehmen können, wird in den Räumen des Bundesrates eine Bundesratssitzung nachgespielt. Sie kann auch in der Klasse erfolgen. Der Ablauf ist in beiden Fällen ähnlich.

1. Vorbereitung der Debatte

Thema der Debatte ist ein Entscheidungsproblem, das aktuell in der Öffentlichkeit umstritten ist oder von Ihnen gewählt wird. Der Verfasser hat z.B. mit seinen Klassen im Bundesrat die Diskussion folgender selbst gewählter Themen erlebt:
- Sollen Frauen bei der Bundeswehr auch an Waffen ausgebildet werden?
- Sollen weiche Drogen freigegeben werden?
- Allgemeine Dienstpflicht auch für Frauen?

Bei der „Bundesratssitzung" wurden die Themen durch Zuruf und Abstimmung „vor Ort" festgelegt. Im Unterricht ist es möglich, das Thema so rechtzeitig zu verabreden, dass jeder die Gelegenheit zur Informationsbeschaffung hat. Während im Bundesrat die Sitzordnung „original" vorgegeben ist, sollte für die Debatte im Klassenraum möglichst ein Rednerpult vorgesehen werden (z.B. ein Karton) und die Sitzordnung nach Fraktionen (beim Bundestag) oder Bundesländern (beim Bundesrat) umgeräumt werden.

Methode

2. Durchführung

Bundestagssitzung	Bundesratssitzung

Schritt 1: Von der Lerngruppe sind zunächst die jeweiligen Präsidenten und mindestens ein Schriftführer/eine Schriftführerin zu „wählen". Freiwillige sollten bevorzugt werden. Außerdem werden jeweils ein Bundeskanzler und Minister benötigt, in deren Verantwortungsbereich der zu beratende „Gegenstand" gehört. Regierungsvertreter haben in beiden „Häusern" Rederecht.

Schritt 2: Bildung von Kleingruppen (evtl. durch Los)

nach im Bundestag vertretenen Parteien	nach (ausgewählten?) Ländervertretungen

Die Kleingruppen haben die Aufgabe, eine Stellungnahme zu dem gewählten Thema zu erarbeiten. Die Begründung sollte wirkungsvoll aufgebaut werden, z.B. von weniger wichtigen Argumenten zu den Hauptargumenten. Es sollte auch versucht werden, mögliche Gegenargumente zu entkräften.

Jede Gruppe notiert die Ergebnisse in der verabredeten Reihenfolge zu einem knappen Redekonzept. Für den Debattenbeitrag wird ein Sprecher/eine Sprecherin gewählt. Die übrigen Teilnehmer bekommen einen Beobachtungsauftrag.

Schritt 3: Plenardebatte

Der Bundestagspräsident	Der Bundesratspräsident

eröffnet die Sitzung, nennt den „Beratungsgegenstand" (das Thema), begrüßt die Anwesenden und ruft die Redner auf.

Der verantwortliche Minister bringt seinen Gesetzesentwurf ein und begründet ihn. Die Sprecher der Fraktionen geben ihre Stellungnahme (in verabredeter Reihenfolge) ab.	Die „Stimmführer" der Bundesratsmitglieder werden in alphabetischer Reihenfolge aufgerufen und geben ihre Stellungnahme ab.
„Herr Präsident, verehrte Kolleginnen und Kollegen, ich möchte ... sprechen."	

Schritt 4: Abstimmung

Es folgt die Abstimmung über den Antrag

per Handzeichen oder Stimmzettel. Die Stimmen aller Teilnehmer werden gezählt.	per Handzeichen durch den Stimmführer. Die Stimmen der Länder werden gezählt und mit ihrer jeweiligen Stimmenzahl gewichtet. (s. S. 295)

Der Bundestagspräsident	Der Bundesratspräsident

gibt das Ergebnis bekannt.

3. Auswertung

Verlauf und Ergebnisse der Debatte können in einer Video-Sequenz oder als Tonband-Reportage mit Interviews festgehalten werden. Anhand der Video-Aufzeichnungen können die Debattenbeiträge auch analysiert werden. Mögliche Gesichtspunkte:
- Aufbau und Überzeugungskraft der Argumentation
- Einsatz rhetorischer Mittel: Veranschaulichung durch Beispiele und Vergleiche, Ironie, Humor, Sprechgeschwindigkeit, Pausensetzung
- Körpersprache: Blickkontakt, Gestik

15.1 Grundlagen der Demokratie

15.1.1 Demokratie und Volkssouveränität

Die wahre Macht liegt in den Händen der Emire, die einst gewählt wurden, heute aber durch Vererbung ihren Machtanspruch ausüben, die das endgültige Sagen haben, in allen Bereichen und ohne Widerspruch: Sayed und Maktoum, die Scheichs von Abu Dhabi und Abu Dubai.
Herbert Feuerstein, Feuersteins Reisen, Welt am Sonntag, 1.10.2000

Nach SPD-Wahlsieg:
Gerhard Schröder zum Bundeskanzler gewählt

Landtagswahlen:
CDU erreicht Regierungswechsel in Saarbrücken

Yoweri Muserewi siegt im Buschkrieg und ernennt sich zum Präsidenten von Uganda

Im Kongo herrscht nur eine Macht: das Chaos. Es wurde entfesselt durch Armeeverbände aus sieben Staaten, drei kongolesischen Widerstandsfraktionen, ...
Die Zeit, 18. Mai 2000

Macht
Sie wird ausgeübt, wenn ein Partner innerhalb einer sozialen Beziehung die Möglichkeit hat, seinen Willen gegen den Widerstand des anderen durchzusetzen.
(nach Max Weber)

Herrschaft
Ist Macht an bestimmte Institutionen (Einrichtungen, Ämter) gebunden, spricht man von Herrschaft.

Nicht nur der Blick in die Vergangenheit, sondern auch die Betrachtung der Gegenwart zeigt, dass es immer noch unterschiedliche Wege zur politischen Macht und Herrschaft gibt. Die Erfahrung aus Jahrtausenden hat die Menschen aber auch gelehrt, dass Freiheit und Gerechtigkeit für alle am ehesten in der **Demokratie** zu erreichen sind. Dieses griechische Wort bedeutet „Volksherrschaft". Ein Volk entscheidet selbstständig über seine Angelegenheiten: Es ist souverän. „Alle Staatsgewalt geht vom Volke aus" bestimmt das Grundgesetz, die Verfassung der Bundesrepublik Deutschland.

Grundgesetz für die Bundesrepublik Deutschland vom 23. Mai 1949

Artikel 20
[Grundlagen staatlicher Ordnung, Widerstandsrecht]
(1) Die Bundesrepublik Deutschland ist ein demokratischer und sozialer Bundesstaat.
(2) Alle Staatsgewalt geht vom Volke aus. Sie wird vom Volke in Wahlen und Abstimmungen und durch besondere Organe der Gesetzgebung, der vollziehenden Gewalt und der Rechtsprechung ausgeübt.
(3) Die Gesetzgebung ist an die verfassungsmäßige Ordnung, die vollziehende Gewalt und die Rechtsprechung sind an Gesetz und Recht gebunden.
(4) Gegen jeden, der es unternimmt, diese Ordnung zu beseitigen, haben alle Deutschen das Recht zum Widerstand, wenn andere Abhilfe nicht möglich ist.

Widerstandsrecht 1690
„So oft deshalb die Legislative ... aus Ehrgeiz, Furcht, Torheit oder Verderbtheit versucht, eine absolute Gewalt über Leben, Freiheit und Vermögen des Volkes entweder selbst an sich zu reißen oder in die Hände eines anderen zu legen, verwirkt sie ... die Gewalt, die das Volk ihr ... verliehen hatte, und die Gewalt fällt an das Volk zurück [...]"
John Locke: Zwei Abhandlungen über politische Regierung, 1690, In: Richard Schottky: Texte der Staatstheorie, München 1969, S. 18

In Europa hat sich ein Weg durchgesetzt, Demokratie zu verwirklichen, der Weg über ein parlamentarisches System. Das Volk wählt seine Vertreter in das Parlament. Dieses wählt seine Regierung, berät und beschließt Gesetze, kontrolliert die Regierung und beruft die obersten Richter.

Arbeitsvorschläge

1. Ermitteln Sie aus den Texten und Schlagzeilen oben drei Wege zur politischen Herrschaft. Für welchen Weg entscheiden Sie sich?

2. Formulieren Sie mit eigenen Worten, unter welchen Umständen Widerstand gegen den Staat gerechtfertigt wird.

15.1.2 Merkmale der Demokratie

Die Frage, was unter Demokratie zu verstehen ist, wird immer wieder gestellt. Ein Kommunist wird sie anders beantworten als ein Christ- oder Sozialdemokrat.
Das Bundesverfassungsgericht hat bereits 1952 in einem Urteil festgehalten, dass Grundlage der staatlichen Gesamtordnung der Bundesrepublik Deutschland die freiheitlich-demokratische Grundordnung ist. Zu den Prinzipien einer solchen Ordnung rechnet das Gericht mindestens

- **die Achtung der im Grundgesetz konkretisierten** (bestimmbar gemachten) Menschenrechte, vor allem des Rechtes der Persönlichkeit auf Leben und freie Entfaltung.

- **die Volkssouveränität**
  Alle Staatsgewalt muss vom Volke ausgehen, so dass die Selbstbestimmung des Volkes gewährleistet ist.

- **die Gewaltenteilung**
  Die Staatsgewalt ist aufgeteilt in gesetzgebende (Legislative), ausführende (Exekutive) und rechtsprechende Gewalt (Jurisdiktion). Die Staatsgewalten sind unabhängig voneinander und sollen sich gegenseitig kontrollieren.

- **die Verantwortlichkeit der Regierung**
  Die Bundesregierung ist für ihr Handeln dem Bundestag verantwortlich. Der Bundestag kann den Bundeskanzler und damit auch seine Minister abwählen.

- **die Gesetzmäßigkeit der Verwaltung**
  Die öffentliche Verwaltung ist in ihrer Tätigkeit ausschließlich an Recht und Gesetz gebunden.

- **die Unabhängigkeit der Richter**
  Richter, die nur nach Recht und Gesetz entscheiden, schließen jede Willkürherrschaft aus. (Problem: Gesetze, die nicht den Menschenrechten entsprechen)

- **das Mehrparteienprinzip und die Chancengleichheit für alle politischen Parteien**
  Der Bürger als Wähler kann eine echte Auswahl unter den Parteien und ihren Kandidaten treffen, die im Wahlkampf Konkurrenten mit gleichen Chancen sind.

- **das Recht auf verfassungsmäßige Bildung und Ausübung einer Opposition**
  Die Opposition – der politische Gegner – kontrolliert die Regierung, sie ist der gewählte Aufpasser. Gleichzeit ist die Opposition die politische Alternative (andere Möglichkeit) zur Regierung und ihrer Mehrheit im Parlament.

Die Richter des höchsten Gerichts der Bundesrepublik Deutschland legten ihrem Urteil eine bestimmte Vorstellung von einer demokratischen Gesellschaft zugrunde. In dieser Gesellschaft gibt es Bürger mit unterschiedlichen Interessen und unterschiedlichen politischen Meinungen (pluralistische Gesellschaft). Konflikte, die hieraus entstehen, müssen ohne Gewalt in Bahnen gelenkt und in Einrichtungen der Gesellschaft (z.B. Gerichte) ausgetragen werden.

Verfassung
nennt man die Grundordnung eines Staates, welche Vorrang vor allem anderen Recht (zum Beispiel Gesetzen) hat. Sie bestimmt Aufbau und Zuständigkeit der Staatsorgane, zum Beispiel durch Trennung der Gewalten in gesetzgebende, vollziehende und rechtsprechende Gewalt. Die meisten Verfassungen enthalten Grundrechte. Diese sollen die Freiheit des Einzelnen gegenüber der Staatsgewalt schützen.

„So lässt sich die freiheitlich-demokratische Grundordnung als eine Ordnung bestimmen, die unter Ausschluss jeglicher Gewalt- und Willkürherrschaft eine rechtsstaatliche Herrschaftsordnung auf der Grundlage der Selbstbestimmung des Volkes nach dem Willen der jeweiligen Mehrheit und der Freiheit und Gleichheit darstellt."

Aus einem Urteil des Bundesverfassungsgerichts

Arbeitsvorschläge

1. Untersuchen Sie, welche der Prinzipien des Grundgesetzes von Interessen und Meinungsvielfalt ausgehen.

2. Ermitteln Sie im Grundgesetz die Textstellen, die vom Bundesverfassungsgericht für die Formulierung der Prinzipien herangezogen werden.

15.1.3 Parteien in einer parlamentarischen Demokratie

Die Stellung der Parteien in der parlamentarischen Demokratie

Parteien in der Weimarer Verfassung und heute

In der Verfassung von Weimar sind die Parteien nicht erwähnt. Das Grundgesetz bestätigt ausdrücklich den Verfassungsauftrag der Parteien. Es darf nicht mehr möglich sein, antidemokratische Parteien aufzubauen und die Grundrechte zur Zerstörung unserer Freiheit zu missbrauchen wie es während der Weimarer Republik geschehen ist.

Die politischen Parteien in der Bundesrepublik Deutschland erfüllen nach dem Parteiengesetz zwei wesentliche Aufgaben.

Gesetz über die politischen Parteien (Parteiengesetz)

§ 1 Verfassungsrechtliche Stellung und Aufgaben der Parteien

(1) Die Parteien sind ein verfassungsrechtlich notwendiger Bestandteil der freiheitlichen demokratischen Grundordnung. Sie erfüllen mit ihrer freien, dauernden Mitwirkung an der politischen Willensbildung des Volkes eine ihnen nach dem Grundgesetz obliegende und von ihm verbürgte öffentliche Aufgabe.

(2) Die Parteien wirken an der Bildung des politischen Willens des Volkes auf allen Gebieten des öffentlichen Lebens mit, indem sie insbesondere

auf die Gestaltung der öffentlichen Meinung Einfluss nehmen, die politische Bildung anregen und vertiefen,

die aktive Teilnahme der Bürger am politischen Leben fördern, zur Übernahme öffentlicher Verantwortung befähigte Bürger heranbilden,

sich durch Aufstellung von Bewerbern an den Wahlen in Bund, Ländern und Gemeinden beteiligen,

auf die politische Entwicklung im Parlament und Regierung Einfluss nehmen,

die von ihnen erarbeiteten politischen Ziele in den Prozess der staatlichen Willensbildung einführen und

für eine ständige lebendige Verbindung zwischen dem Volk und den Staatsorganen sorgen.

Parteien als Sprachrohr

Die Parteien sind das Sprachrohr, dessen sich das organisierte Volk bedient, um sich artikuliert äußern und Entscheidungen fällen zu können. Ohne die Zwischenschaltung der Parteien würde das Volk nicht in der Lage sein, irgendeinen politischen Einfluss auf das staatliche Geschehen auszuüben und sich so selber zu verwirklichen. Ein Volk würde politisch ohnmächtig und hilflos sein, wenn man ihm die Parteien nehmen würde.

Gerhard Leibholz, Rechts- und Staatswissenschaftler, Bundesverfassungsrichter

(3) Die Parteien legen ihre Ziele in politischen Programmen nieder.

Das Parteiengesetz beruht auf einer Forderung, die im Grundgesetz verankert ist.

Artikel 21 Grundgesetz [Parteien]

(1) Die Parteien wirken bei der politischen Willensbildung des Volkes mit. Ihre Gründung ist frei. Ihre innere Ordnung muss demokratischen Grundsätzen entsprechen. Sie müssen über die Herkunft ihrer Mittel öffentlich Rechenschaft geben.
(2) Parteien, die nach ihren Zielen oder nach dem Verhalten ihrer Anhänger darauf ausgehen, die freiheitliche demokratische Grundordnung zu beeinträchtigen oder zu beseitigen oder den Bestand der Bundesrepublik Deutschland zu gefährden, sind verfassungswidrig. Über die Frage der Verfassungswidrigkeit entscheidet das Bundesverfassungsgericht.
(3) Das Nähere regeln Bundesgesetze.

Man unterscheidet verschiedene Arten von Parteiprogrammen.

Grundsatzprogramme	Orientierungsprogramme	Wahl- und Regierungsprogramme
langfristig (ca. 30 Jahre) notwendig allgemein gehalten	**mittel- bis längerfristig** (ca. 10 J.)	**kurzfristig** (4 Jahre) konkret für eine Legislaturperiode
prinzipielle Standortbestimmung	auf von Grundsätzen abgeleitete Handlungskonzepte bezogen Leitfaden für kontinuierliche praktische Politik	begrenztes und überprüfbares Aktionsprogramm Wahl- und Regierungsprogramme vor jeder Bundestags- und Landtagswahl
Beispiele: Godesberger Programm der SPD von 1959; Grundsatzprogramm der CDU von 1978; Allgemeiner Teil („Liberale Gesellschaftspolitik") der Freiburger Thesen der F.D.P. von 1971, Parteiprogramm der SPD von 1989	Beispiele: Orientierungsrahmen '85 der SPD; Mannheimer Erklärung der CDU; auch kommunalpolitische Programme von SPD und CDU	

Parteienverbot

Nur das Bundesverfassungsgericht darf entscheiden, ob eine Partei verfassungswidrige Ziele verfolgt.
1952 wurde die Deutsche Reichspartei als neonazistische Partei verboten, 1956 wurde die KPD verboten. Obwohl es auch heute radikale Parteien gibt, die das Grundgesetz bekämpfen, hielt man es lange Zeit für besser, sich mit den Anhängern auseinanderzusetzen als ihre Parteien zu verbieten.

NPD – Verbotsantrag

Berlin (DPA) Die Bundesregierung wird den Verbotsantrag gegen die rechtsextremistische Partei beim Bundesverfassungsgericht in Karlsruhe stellen. Auch der Bundestag und der Bundesrat werden ein Verbot der rechtsextremistischen Partei beantragen.

Braunschweiger Zeitung 23. Januar 2001

Die Tatsache, dass das Parteiensystem in der Verfassung verankert ist, zeigt allerdings, dass diese Möglichkeit der politischen Willensbildung als besonders wichtig angesehen wird.

Heute nehmen die Parteien eine zentrale Stellung innerhalb des parlamentarischen Systems ein. Politische Willensbildung ohne Parteien ist in unserem Staat praktisch nicht möglich. Dabei geht die Reichweite der Parteien über den rein politischen Bereich hinaus.

Die leitenden Beamten in Stadt- und Gemeindeverwaltungen z.B. werden von Abgeordneten der Parteien gewählt, die häufig die Parteizugehörigkeit der Bewerber berücksichtigen. Das führt dann zum sogenannten „Parteienproporz": der Chef eines Amtes hat das Parteibuch der stärksten Ratsfraktion, sein Vertreter gehört der Partei der zweitstärksten Fraktion an. Auf diese Weise können auch Verwaltungsentscheidungen indirekt von Parteien beeinflusst werden. Diese Gepflogenheit wird dann zum Problem, wenn das Parteibuch wichtiger als der Sachverstand wird.

Arbeitsvorschläge

1. Versuchen Sie, die Aufgaben nach § 1 Absatz 2 Parteiengesetz mit eigenen Worten zu erklären.
2. Verdeutlichen Sie, unter welcher Voraussetzung die Parteien an der politischen Willensbildung teilnehmen können.
3. Was will das Schlagwort „Parteibuchdemokratie" ausdrücken?

Die Parteien der Bundesrepublik Deutschland

In der Bundesrepublik Deutschland gibt es eine Vielzahl von Parteien. Sechs von ihnen sind einer breiten Öffentlichkeit bekannt, weil sie in den Parlamenten vertreten sind:
- Die Christlich Demokratische Union (CDU) und ihre bayerische Schwesterpartei
- die Christlich Soziale Union (CSU),
- die Sozialdemokratische Partei Deutschlands (SPD),
- die Freie Demokratische Partei (FDP),
- das Bündnis 90/die Grünen (Bündnis 90/Grüne),
- die Partei des Demokratischen Sozialismus (PDS).

Parteien, die nur eine bestimmte Weltanschauung vertreten, haben in der Bundesrepublik Deutschland keine Chance mehr, die für die Übernahme der Regierung notwendige Mehrheit zu erhalten. Aus diesem Grunde sind die großen Parteien sogenannte Volksparteien. Sie sprechen mit ihren Programmen und Zielen weite Bevölkerungskreise an. Es fällt deshalb auch schwer, aus den Grundsatzprogrammen der Parteien deutliche Unterschiede herauszulesen. Erst in der praktischen Politik werden die Unterschiede sichtbar.

Regierungsbeteiligung der PDS:
Bei den übrigen Parteien und in der Bevölkerung war lange Zeit und ist immer noch umstritten, ob die PDS als Nachfolgepartei der SED (Sozialistische Einheitspartei Deutschlands = faktisch herrschende Partei der SED-Diktatur) an Regierungen beteiligt werden soll. Seit 1998 jedoch bildet sie in Mecklenburg-Vorpommern eine Regierungskoalition mit der SPD, „duldet" die Minderheitsregierung der SPD in Sachsen-Anhalt und beteiligt sich an der Wahl eines regierenden Bürgermeisters (SPD) nach dem Bruch der CDU/SPD-Koalition in Berlin.

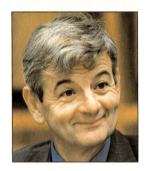

Aufgaben der Parteien

Sie bewirken bei der politischen Willensbildung mit, indem sie

- den Bürgerinnen und Bürgern die Möglichkeit bieten, sich aktiv politisch zu betätigen, Erfahrungen zu sammeln, um politische Verantwortung zu übernehmen,
- die unterschiedlichen Vorstellungen und Interessen der Gesellschaft diskutieren, sie zu politischen Konzepten und Programmen bündeln und nach Lösungen suchen,
- in der Öffentlichkeit für ihre Vorstellungen werben und damit auch versuchen, die politischen Ansichten der Bevölkerung zu beeinflussen,
- Kandidaten für die Volksvertretungen in Bund, Ländern und Gemeinden sowie das Führungspersonal für politische Ämter stellen,
- als Regierungsparteien die politische Führung unterstützen oder als Opposition die Regierung kontrollieren, kritisieren und politische Alternativen entwickeln.

Parteiengesetz

§ 2 (1) „Parteien sind Vereinigungen von Bürgern, die dauernd oder für längere Zeit von Bürgern für den Bereich des Bundes oder eines Landes auf die politische Willensbildung Einfluss nehmen und an der Vertretung des Volkes im Deutschen Bundestag oder einem Landtag mitwirken wollen, wenn sie ... eine ausreichende Gewähr für die Ernsthaftigkeit dieser Ziele bieten."

Grundsätze des Parteiensystems
Das Grundgesetz und das Parteiengesetz formulieren (u.a.) folgende Prinzipien:
- **Mehrparteienprinzip und Parteienfreiheit:** Ein Einparteiensystem wird ausgeschlossen, jeder Bürger kann eine Partei gründen.
- **Chancengleichheit:** Jede Partei kann an Wahlen teilnehmen und Wahlwerbung betreiben, indem sie (je nach Bedeutung unterschiedlich lange) Sendezeiten im öffentlichen Fernsehen erhält, auf Sichtwänden plakatieren und öffentliche Räume für Wahlveranstaltungen nutzen kann.
- **Innerparteiliche Demokratie:** Alle Parteiämter müssen für zwei Jahre in geheimer Wahl besetzt werden, für die Wahlen und Abstimmungen (z.B. zu Parteiprogrammen) gibt es besondere Regelungen.
- **Finanzielle Rechenschaft:** Parteien müssen über ihre Einnahmen und Ausgaben öffentlich Rechenschaft ablegen.

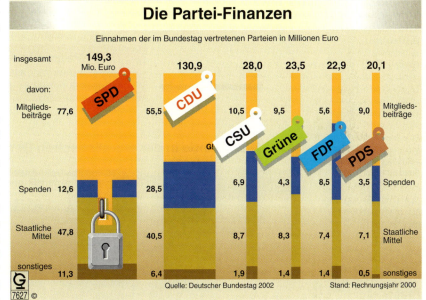

Finanzierung der Parteien

Wenn Parteien ihre gesetzlichen Aufgaben erfüllen sollen, müssen ihnen auch finanzielle Mittel zur Verfügung gestellt werden. Dies wird im begrenzten Rahmen, entsprechend der Zahl der Wählerstimmen (2000: ca. 120 Mio Euro) gewährt. Die absolute Obergrenze bei den jährlichen Staatsgeldern im April 2002 liegt bei 133 Millionen Euro. Bei privaten Spenden über 10 000,00 Euro sind die Spender zu benennen, um mögliche Einflussnahmen offen zu legen.

Arbeitsvorschläge

1. *Kennen Sie die Namen der Politiker, ihre Parteien und Ämter?*
2. *Welche weiteren Spitzenpolitikerinnen sind Ihnen bekannt?*

3. *Besorgen Sie sich die Parteiprogramme (Wahlprogramme, Grundsatzprogramme) und gestalten Sie eine Wandzeitung mit den wesentlichen Inhalten der Programme. Kennzeichnen Sie dabei Gemeinsamkeiten und Unterschiede, z.B. durch unterschiedliche Farbmarkierungen.*

4. *Die Parteienfinanzierung ist gesetzlich geregelt.*
   a) Nennen Sie die wichtigsten Einnahmequellen der Parteien.
   b) Wägen Sie Für und Wider der Finanzierung aus öffentlichen Mitteln ab.
   c) Welche Probleme treten im Zusammenhang mit Parteispenden auf?

Beispiele für Verbände aus verschiedenen Bereichen:

Wirtschaft:
Gewerkschaften, Arbeitgeberverbände, Arbeitsgemeinschaft der Verbraucherverbände

Soziales:
Rotes Kreuz, Arbeiterwohlfahrt, Krebshilfe

Kultur, Sport, Freizeit:
Volkshochschulverband, Sportverbände, Automobilclubs, Naturfreunde

Umwelt, Natur:
Bund Umwelt und Natur (BUND), Greenpeace, Vogelschutzbund

Politik:
Amnesty International, Europaunion

15.2 Politische Beteiligung

Demokratien leiten ihre Rechtfertigung von der Zustimmung ihrer Bürger ab. Diese drückt sich außer in Wahlen und Abstimmungen durch die Teilnahme am Prozess der politischen Meinungsbildung aus. Schon die Nutzung der Informationsmöglichkeiten durch Presse, Rundfunk, Fernsehen und der neuen Medien trägt dazu bei. Weitere und z.T. wirkungsvollere Möglichkeiten ergeben sich durch die Mitarbeit im vorparlamentarischen Raum.

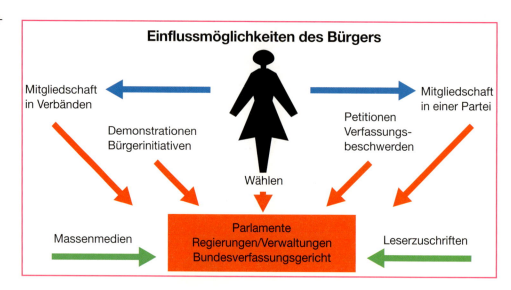

§ 73, Abs. 2 der Geschäftsordnung des Deutschen Bundestages
„... unter anderem können zu den Ausschusssitzungen Interessenvertreter geladen werden ..."

Gemeinsame Geschäftsordnung der Bundesministerien
Sachverständige aus den Verbänden können zur Unterstützung der Arbeit der Ministerien herangezogen werden, wobei die Ministerien nur mit Zentral- oder Gesamtverbänden verkehren. Unterlagen für die Arbeit der Ministerien dürfen nur von Spitzenverbänden angefordert werden, deren Wirkungsbereich sich über das gesamte Bundesgebiet erstreckt.

15.2.1 Verbände in der pluralistischen Demokratie

Während nur verhältnismäßig wenig Bürger einer Partei angehören (2001 hatten die im Bundestag vertretenen Parteien zusammen knapp 1,7 Millionen Mitglieder), waren im Vorjahr allein 87 717 Vereine mit rund 23 Millionen Mitgliedern in Deutschen Sportbund registriert. Nach Schätzungen haben alle 240 000 Vereine zusammen ungefähr 70 Millionen Mitglieder.
Politische Interessen verfolgen über 5000 Verbände, die eigentlichen Interessenverbände. Spitzenverbände mit bundespolitischen Interessen haben sich in eine Liste einzutragen, die beim Präsidenten des Deutschen Bundestages geführt wird („Lobbyliste"). Interessenverbände fassen die Einzelinteressen der Bürger zu einem Gruppeninteresse zusammen, das sie gegenüber der Öffentlichkeit, den Parteien und Parlamenten sowie den Ministerien vertreten. Der einzelne Bürger hätte dazu keine Chance.

Verhaltensregeln für Mitglieder des Deutschen Bundestages

Bundestagsabgeordnete werden verpflichtet, dem Präsidenten schriftlich davon Anzeige zu machen, wenn sie vor ihrer Bundestagszeit Mitglied in einem Vorstand, Aufsichtsrat, Verwaltungsrat oder sonstigen Gremium eines Unternehmens oder einer öffentlich-rechtlichen Anstalt waren. Ferner ist jeder Berufswechsel während der MdB-Zeit oder das Tätigwerden als Vorstand, Funktionär, Gutachter oder Berater eines Unternehmens oder Verbandes anzeigepflichtig. Ab welcher Höhe auch die Einkünfte aus solcher Tätigkeit anzugeben sind, wird vom Präsidenten und den Fraktionsvorsitzenden noch näher bestimmt. Ausgenommen von der Anzeigepflicht sind Mitteilungen „von Tatsachen über Dritte, für die der Abgeordnete gesetzliche Zeugnisverweigerungsrechte oder Verschwiegenheitspflichten geltend machen kann". Über Spenden müssen Abgeordnete künftig „gesondert Rechnung führen" und bei Zuwendungen über 5 000,00 € pro Jahr müssen Name und Adresse des Spenders angegeben werden.

Verstöße von Abgeordneten gegen diese Pflichten können vom Präsidenten festgestellt und als Drucksache veröffentlicht werden. Die neuen Regeln treten am 1. Februar 1987 in Kraft.

Bestechung von Abgeordneten strafbar

Bonn (dpa) Die Bestechung von Abgeordneten im Zusammenhang mit einer Stimmabgabe im Parlament steht künftig unter Strafe. Mit Unterstützung aller Fraktionen und Gruppen beschloss der Bundestag am Freitag in Bonn, dass Kauf und Verkauf einer Abgeordnetenstimme mit Freiheitsstrafe bis zu fünf Jahren oder mit Geldstrafe geahndet wird. Die ins Strafgesetzbuch aufgenommene Neuregelung gilt für Abgeordnete des Bundestages, des Europaparlaments, der Landtage sowie der Kommunen.

Hildesheimer Allgemeine Zeitung vom 13.11.1993

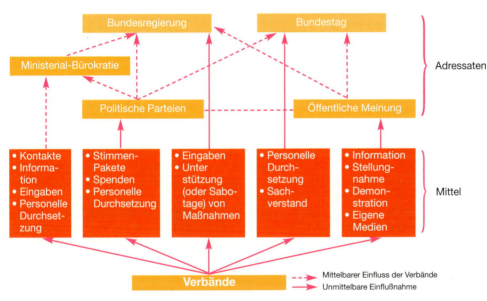

Der Überblick zeigt, dass die Interessengruppen überall dort ansetzen, wo politische Entscheidungen fallen. Die Rechtsgrundlage für eine direkte Beteiligung von Verbänden am Gesetzgebungsverfahren bietet die Gemeinsame Geschäftsordnung der Bundesministerien.

Ein besonderes Problem für eine pluralistische Demokratie sind gesellschaftliche Gruppen, die nur eine schwache oder überhaupt keine Vertretung ihrer Interessen finden (z.B. Kinder, Alte, ausländische Arbeitnehmer). Ein Interessenausgleich muss durch staatliche Maßnahmen herbeigeführt werden.

Arbeitsvorschläge

1. Beschreiben Sie Einflussmöglichkeiten der Verbände auf politische Parteien und staatliche Einrichtungen.
2. Stellen Sie Vorteile und Gefahren gegenüber, die sich aus der Einflussnahme der Interessenverbände auf die politische Willensbildung ergeben.
3. Welche der „Verhaltensregeln" sollen den möglichen Einfluss von Interessenverbänden offenlegen?

15.2.2 Bürgerinitiativen

Bürgerinitiativen versuchen, durch zeitlich begrenzte Aktionen (Flugblätter, Zeitungsanzeigen, Unterschriftensammlungen, Versammlungen, Protestkundgebungen, Demonstrationen) die Öffentlichkeit mit ihren Zielen bekannt zu machen, um politische Entscheidungen zu beeinflussen. Durch die Mobilisierung der öffentlichen Meinung wollen sie erheblichen Druck auf Parteien, Parlamente und Verwaltungen ausüben, bis die Missstände in ihrem Sinne behoben sind. Sie entstehen meistens spontan, örtlich begrenzt, als Reaktion auf Missstände, welche die Bürger unmittelbar berühren.

„Finde du schon mal heraus, was die hinter dem Zaun planen; wir drei gründen inzwischen eine Bürgerinitiative dagegen."

Deutsches Allgemeines Sonntagsblatt

Es sind also nicht allgemeine gesellschaftliche und politische Probleme, welche die Bürger politisch aktiv werden lassen. Vielmehr sind es lokale und regionale Vorgänge und Zustände, durch welche die Bürger unmittelbar betroffen sind. Beschränkung bedeutet aber auch Überschaubarkeit. Sie wiederum ist Voraussetzung dafür, dass man als Bürger und politischer Laie überhaupt in der Lage ist, eine sachgerechte politische Entscheidung zu treffen.

15.2.3 Demonstrationen

Landfriedensbruch
Wer sich an Gewalttätigkeiten gegen Menschen oder Sachen aus einer Menschenmenge beteiligt, wird mit Freiheitsstrafe bis zu 3 Jahren bestraft. (s.a. § 125 StGB)

Vermummungsverbot
Es ist verboten, an Versammlungen unter freiem Himmel in einer Aufmachung teilzunehmen, die geeignet ist, die Feststellung der Identität zu verhindern. (s.a. § 17a Versammlungsgesetz)

Auch Demonstrationen brauchen Organisation und Ordnung
Die Polizei stellt erhebliche Wissenslücken fest

1. Das Versammlungsrecht ist als hochrangiges Grundrecht durch Art. 8 GG und durch das Versammlungsgesetz (Bundesgesetzblatt I Seite 1789 aus 1978 sowie I Seite 1059 aus 1989) besonders geschützt.
2. Um Schutzmaßnahmen (Verkehrsregelungen, Sperren von Straßen und Plätzen, Verhinderung von Gewalttätigkeiten) durch die Behörde und die Polizei durchführen zu können, müssen Versammlungen und Aufzüge unter freiem Himmel mindestens 48 Stunden zuvor bei der Behörde (Stadt Hildesheim) angemeldet werden. Dieses Anmeldeverfahren gilt nicht für Spontanversammlungen.
Aber: Kundgebungen und Aufzüge, zu denen Tage vorher durch Flugblätter aufgerufen wird, sind keine Spontanversammlungen.
3. Mit der Anmeldung muss ein verantwortlicher Leiter benannt werden; bei Spontandemonstrationen muss der Leiter dieser Spontandemonstration sich dem Einsatzleiter der Polizei zu erkennen geben. Versammlungsleiter und Polizei haben kooperativ zusammenzuarbeiten, um einen friedlichen Verlauf der Demonstration zu erreichen.
Der Versammlungsleiter hat für einen ordnungsgemäßen Ablauf der Versammlung/des Aufzuges zu sorgen (Einhalten von Auflagen, Befolgung seiner Anordnungen pp.). Alle Teilnehmer einer Versammlung sind verpflichtet, den Anordnungen des Versammlungsleiters Folge zu leisten. Ansonsten können sie ausgeschlossen werden.
Vermag der Leiter eines Aufzuges sich nicht durchzusetzen, so ist er verpflichtet, den Aufzug für beendet zu erklären.
4. Unfriedliche Versammlungen und Aufzüge genießen nicht den Schutz der Versammlungsfreiheit. Werden beabsichtigte unfriedliche Aktionen konkret bekannt, sind polizeiliche Maßnahmen bis hin zum Verbot/zur Auflösung der Versammlung/des Aufzuges möglich. Unfriedliche Aktionen können Sachbeschädigungen, Körperverletzungen, Nötigungen (z.B. Sitzblockaden) sein.
Polizeiliche Maßnahmen können, je nach Lage, notfalls auch mit der Anwendung von Zwang durchgesetzt werden. Polizeiliche Maßnahmen haben sich jedoch immer am sog. Verhältnismäßigkeitsgrundsatz zu orientieren.
5. Schließlich bleibt darauf hinzuweisen, dass es im Zusammenhang mit Versammlungen und Aufzügen eine ganze Reihe von Tatbeständen gibt, die als Straftaten zu ahnden sind oder als Ordnungswidrigkeiten mit Geldbußen belegt werden können.

nach: dpa

Menschen, die demonstrieren, wollen für etwas werben oder auf Missstände hinweisen. Demonstrationen bieten auch die Gelegenheit, sich durch spontane Teilnahme solidarisch zu erklären.

Vorstellungen über eine Änderung politischer Verhältnisse können in manchen Ländern nur durch Demonstrationen in die Öffentlichkeit getragen werden. Häufiges Problem ist, dass sich gewaltbereite Chaoten unter friedliche Demonstranten mischen und unter ihrem Schutz Terror verbreiten.

15.2.4 Petitionen

Grundgesetz
Artikel 17 (Petitionsrecht)

Jedermann hat das Recht, sich einzeln oder in Gemeinschaft mit Bitten oder Beschwerden an die zuständigen Stellen und an die Volksvertretung zu wenden.

Petitionen müssen schriftlich mit Anschrift und Unterschrift eingereicht werden. Sie gelangen an den Petitionsausschuss des Deutschen Bundestages. Bitten und Beschwerden können auch an die Ländervertretungen und an den Ombudsmann (Bürgerbeauftragten) der Europäischen Union gerichtet werden.

Der Petitionsausschuss oder einzelne Mitglieder können
- Akten der Bundesregierung und der Bundesbehörden einsehen,
- Auskünfte von Regierung und Behörden verlangen und haben Zutritt zu deren Einrichtungen.
- Sie können Bittsteller (Petenten), Zeugen und Sachverständige anhören, Gerichte und Behörden müssen Amtshilfe leisten.

Der Petitionsausschuss und seine Mitglieder sind also mit erheblicher Kontrollmacht ausgestattet.

Kummerkasten der Nation
20 666 Petitionen beim Bundestag im Jahr 2000 eingegangen, u.a.

Sozialversicherung, Kinderbeihilfen u.a.	9 191
Ausländerrecht, Umweltschutz	1 910
Staats- und Verfassungsrecht	1 664
Zivil- und Strafrecht	1 522
Arbeitslosenversicherung, Arbeitsrecht u.a.	996
Finanzwesen	886
Verkehr-, Post- und Fernmeldewesen	498
Auswärtige Angelegenheiten	377
Vertriebene, Flüchtlinge, polit. Häftlinge u.a.	281
Wirtschaftsrecht	253
Verteidigung	243

Quelle: Globus 719

Arbeitsvorschläge

1. Berichten Sie über Ihnen bekannte Bürgerinitiativen.
2. Erörtern Sie, ob Bürgerinitiativen politische Parteien ersetzen können.
3. Ermitteln Sie aus den Medien Gründe und Verlauf von Demonstrationen.
4. Sind die gesetzlichen Bestimmungen zum Demonstrationsrecht aus Gründen der Strafverfolgung zu rechtfertigen oder schränken sie dieses Recht zu sehr ein?
5. Warum kann eine außergerichtliche Beschwerdeinstanz auch in einem Rechtsstaat notwendig sein?

15.3 Politische Wahlen

15.3.1 Das Wahlsystem

„Na, da wollen wir mal wieder in die hohe Politik eingreifen!"
Kurt Halbritter: Jeder hat das Recht, München 1976, o.S.

Politik
(griech. „Kunst der Staatsverwaltung")
jede Beschäftigung, die sich auf Ordnung und Gestaltung des Gemeinwesens bezieht. Im modernen Sinne bedeutet Politik, dass sich Einzelpersonen und Gruppen innerhalb der Gesellschaft bemühen, Macht und Herrschaft zu erlangen.

Legitimation
In demokratischen Staaten wird Herrschaft durch Wahlen legitimiert (gerechtfertigt).

Werner S., 18 Jahre alt, Schüler einer berufsbildenden Schule, hat den Wahlkampf vor der Bundestagswahl im Wahlkreis 44 (Salzgitter-Wolfenbüttel) aufmerksam verfolgt. Aussichtsreichste Kandidaten waren Jochen-Konrad Fromme (CDU) und Wilhelm Schmidt (SPD). Wilhelm Schmidt erhielt bei der Wahl die meisten Stimmen und gewann damit den Sitz im Bundestag für den Wahlkreis 44. Am Tag nach der Wahl konnte Werner S. zu seinem Erstaunen in der Zeitung lesen, dass auch Jochen-Konrad Fromme in den Bundestag gewählt worden war.

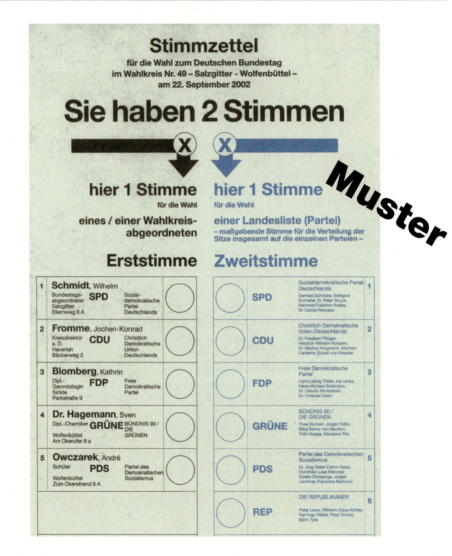

Wahlen sind die einfachste und wichtigste Form politischer Beteiligung in der Demokratie. Für die Mehrheit der Bürger sind sie die einzige Form der direkten Teilnahme am politischen Prozess. Alle anderen Arten von Partizipation sind mit einem deutlich höheren Aufwand verbunden. Durch Wahlen wird die politische Führung bestimmt und der politische Kurs der nächsten Legislaturperiode festgelegt.

Wahlen sind das wirksamste Instrument demokratischer Kontrolle: Wenn die Wähler mit der Politik der Regierenden unzufrieden sind, können sie diese abwählen und einen Machtwechsel herbeiführen.

Die Parteien haben in den einzelnen Bundesländern Landeslisten aufgestellt. Die Namen der ersten fünf Bewerber erscheinen auf dem Stimmzettel neben den Namen der Parteien. Bei der Verteilung der Sitze im Bundestag werden nur die Parteien berücksichtigt, die mindestens 5% der Zweitstimmen erhalten oder drei Direktmandate errungen haben. Die „5%-Klausel" soll eine Parteienzersplitterung im Parlament wie in der Weimarer Republik verhindern.

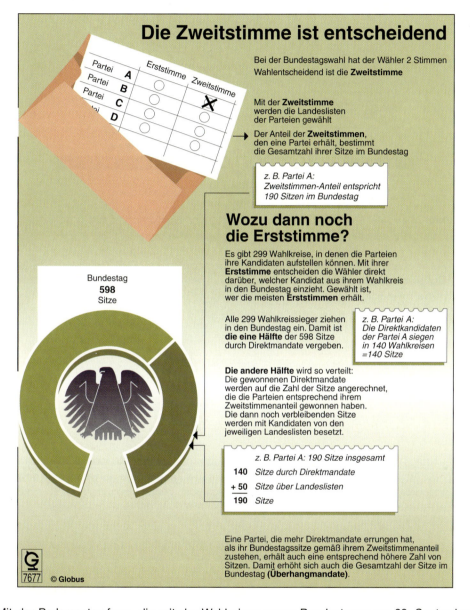

Mit der Parlamentsreform, die mit der Wahl eines neuen Bundestages am 22. September 2002 in Kraft tritt, wird die Zahl der Wahlkreise auf 299 verringert. Niedersachsen hat dann z.B. statt 31 nur noch 29 Wahlkreise. Dabei wurden auch neue Einwohnerzahlen berücksichtigt. Dem 15. Deutschen Bundestag gehören also ohne Überhangmandate 598 Abgeordnete an. Mit fünf Überhangmandaten hat der Bundestag nun 603 Abgeordnete.

Arbeitsvorschlag

Erklären Sie, auf welchem Wege Jochen-Konrad Fromme (CDU) (s. Stimmzettel S. 286) in den Bundestag gekommen ist.

Fünfprozentklausel

Sie ist 1949 im Bundeswahlgesetz eingeführt und 1953 bzw. 1957 verschärft worden. Für die Zuteilung eines Landeslistenmandats werden folgende Bedingungen erhoben:

1949 5% der Zweitstimmen in einem Bundesland oder 1 Direktmandat in einem Wahlkreis dieses Bundeslandes.

1953 5% der Zweitstimmen im Bundesgebiet oder 1 Direktmandat in einem Wahlkreis.

1957 5% der Zweitstimmen im Bundesgebiet oder 3 Direktmandate.

1990 Die Anwendung der 5%-Klausel bei den ersten gesamtdeutschen Wahlen ist umstritten. Nach einem Urteil des Bundesverfassungsgerichts wird festgelegt, dass die alte Bundesrepublik und die alte DDR als getrennte Wahlgebiete behandelt werden. Dadurch ziehen PDS und Bündnis 90 in den Bundestag ein, obwohl die PDS weniger Zweitstimmen hat als die Grünen (West).

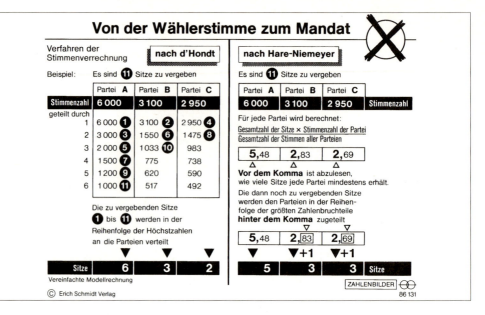

Überhangmandate entstehen, wenn eine Partei mehr Wahlkreissitze direkt gewonnen hat, als ihr nach der Zahl der Zweitstimmen insgesamt zustehen.

Das Wahlsystem für die Bundestagswahl, die **personalisierte Verhältniswahl**, ist aus der **Verhältniswahl** und der **Mehrheitswahl** kombiniert. Auf diese Weise sollen die Nachteile der beiden Wahlsysteme ausgeschaltet werden.

Verhältniswahl	Mehrheitswahl
Die Sitze im Parlament werden im Verhältnis der abgegebenen Stimmen auf die Parteien verteilt. Es gibt keine Wahlkreise. Die Parteien stellen vor der Wahl Listen auf, welche die Reihenfolge der Kandidaten festlegen. Alle Parteien, die Listen aufstellen, können im Parlament vertreten sein.	Das Wahlgebiet ist in Wahlkreise eingeteilt. Ihre Zahl richtet sich nach den Sitzen im Parlament. Gewählt ist der Kandidat, der die meisten Stimmen (relative Mehrheit) oder mehr als 50% der Stimmen (absolute Mehrheit) auf sich vereinigt. Die Stimmen für die übrigen Kandidaten bleiben ohne Gewicht.

Bei Landtags- und Kommunalwahlen (Wahl der Gemeinderäte und Kreistage) können andere Verfahren Anwendung finden: In Niedersachsen wird der Landtag wie der Bundestag gewählt. 155 Abgeordnete sind zu wählen, 100 davon direkt in den Wahlkreisen, der Rest über die Listen der Parteien. Bei den Kommunalwahlen wird zur Verteilung der Sitze grundsätzlich die Verhältniswahl angewandt.

Arbeitsvorschläge

1. Warum enthält das Bundeswahlgesetz die „5%-Klausel"?
2. Wie kann eine Partei mit Hilfe der Landesliste die Wahl eines ihrer Wahlkreiskandidaten absichern?
3. Überlegen Sie, nach welchen Gesichtspunkten der Wähler seine Erst- und seine Zweitstimme politisch sinnvoll abgeben kann.
4. Führen Sie in Ihrer Klasse eine Wahl zum Bundestag durch. Benutzen Sie die Stimmzettel Ihres Wahlkreises (als Muster aus örtlicher Zeitung zu entnehmen). Beachten Sie die Vorschriften für die Durchführung einer demokratischen Wahl. Vergleichen Sie das Wahlergebnis mit dem Ergebnis Ihres Wahlkreises.
5. Vergleichen Sie das Mehrheits- mit dem Verhältniswahlsystem unter den Gesichtspunkten Wahlgerechtigkeit, Regierungsfähigkeit und Wählernähe.

15.3.2 Rechtliche Grundlagen

Wahlrecht und Wählbarkeit sind im Bundeswahlgesetz und in entsprechenden Gesetzen auf Landes- und Gemeindeebene geregelt. Die Bestimmungen über das Wahlrecht legen fest, wer wählen darf (Wahlberechtigung), während die Bestimmungen über die Wählbarkeit regeln, unter welchen Voraussetzungen man gewählt werden kann. Im Sprachgebrauch haben sich die Begriffe aktives und passives Wahlrecht durchgesetzt.

Direkte Demokratie bedeutet, dass die Bevölkerung durch Abstimmen direkt an den Entscheidungen beteiligt wird. Beispiele dafür gibt es vereinzelt noch in der Schweiz, z.B. im Kanton Appenzell, wo sich einmal jährlich die Männer auf dem Marktplatz treffen, um die entstehenden Fragen zu entscheiden.

Repräsentative (indirekte) Demokratie ist die in modernen Staaten übliche Form der Volksherrschaft. Die Bürgerinnen und Bürger wählen ihre Vertreter auf Zeit und übertragen ihnen dadurch die Aufgabe, politische Entscheidungen zu treffen.

Dreiklassenwahlrecht in Preußen bis 1918 Aufteilung der Wählerschaft in drei Gruppen mit je einem Drittel des Steueraufkommens: Bewertung der Stimmen nach Steuerleistung (ungleiches Wahlrecht)

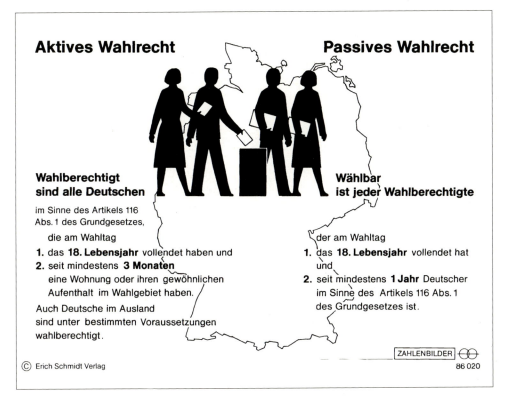

Durch Grundgesetz Artikel 38 Absatz 1 werden die Grundsätze einer demokratischen Wahl festgelegt: „Die Abgeordneten des Deutschen Bundestages werden in allgemeiner, unmittelbarer, freier, gleicher und geheimer Wahl gewählt."

Die Wahl ist
- **allgemein**, wenn Männer und Frauen unter gleichen Voraussetzungen wahlberechtigt sind.
- **unmittelbar**, wenn die Abgeordneten direkt in das Parlament gewählt werden, also nicht über Wahlmänner,
- **frei**, wenn der Wähler unter mehreren Kandidaten oder Parteien ohne Zwang wählen kann,
- **gleich**, wenn jeder Wähler die gleiche Stimmenzahl und jede Stimme das gleiche Gewicht hat,
- **geheim**, wenn der Wähler unbeobachtet seine Stimme abgeben kann und anschließend den neutralen Stimmzettel in eine verschlossene Wahlurne werfen kann.

Vom Wahlrecht ausgeschlossen ist,
– wer das Wahlrecht durch Richterspruch verloren hat,
– wer zur Besorgung aller seiner Angelegenheiten einen Betreuer erhalten hat,
– wer nicht nur vorübergehend durch Richterspruch in einem psychiatrischen Krankenhaus untergebracht ist.

Arbeitsvorschläge

1. Nennen Sie Gründe für und gegen die Einführung der Wahlpflicht.

2. Welche Ursachen und welche Folgen kann eine geringe Wahlbeteiligung haben?

15.4 Gewaltenteilung

15.4.1 Die Dreiteilung der Staatsgewalt

In der Bundesrepublik Deutschland wird die Dreiteilung der Staatsgewalt vom Grundgesetz und den Länderverfassungen vorgeschrieben. Sie ist Kennzeichen einer freiheitlichen demokratischen Grundordnung und des parlamentarischen Systems (s. S. 277).

Gewaltenteilung

Die Lehre geht auf den französischen Philosophen Charles de Montesquieu (1689–1755) zurück. Er hat seine Gedanken in dem Satz zusammengefasst: „Macht hält die Macht in Schranken".

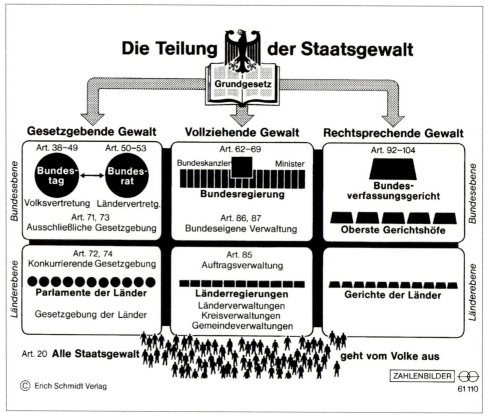

Haben die Parlamente ein Gesetz beschlossen (bei Bundesgesetzen unter Mitwirkung des Bundesrates), sorgen die Regierungen mit ihren Behörden für die Durchführung. Die Gerichte haben darüber zu wachen, dass das Gesetz der Verfassung entspricht, dass seine Anwendung rechtmäßig erfolgt und dass die Bürger das Gesetz beachten. Gesetzgebung, Ausführung und Rechtsprechung sind verfassungsrechtlich voneinander unabhängig.

Die politische Praxis sieht anders aus. Da zur Wahl einer Regierung in parlamentarischen Systemen auch die Mehrheit einer oder mehrerer Parteien (Koalitionen, s. S. 296) erforderlich sind, ergibt sich daraus in der Regel eine enge Zusammenarbeit zwischen ihnen.

Arbeitsvorschläge

1. Ordnen Sie den Fremdwörtern Exekutive, Judikative (besser Jurisdiktion) und Legislative die deutschen Begriffe zu.
2. In der Bundesrepublik Deutschland spricht man von horizontaler und vertikaler Gewaltenteilung. Geben Sie eine Beschreibung der beiden Arten von Gewaltenteilung mit Hilfe der grafischen Darstellung.
3. Wie heißen die obersten Organe (s. grafische Darstellung) der drei Staatsgewalten auf Bundesebene?

Möglichkeit der Machtkontrolle

Neben demokratischen Wahlen ist die Gewaltenteilung ein wirksames Mittel zur Kontrolle der politischen Macht. Voneinander unabhängige Teile der Staatsgewalt sollen sich gegenseitig kontrollieren, d.h. die Rechtmäßigkeit ihrer Handlungen überprüfen. Der Maßstab dabei ist die Verfassung. Welche Bedeutung die Väter des Grundgesetzes dem Prinzip der Gewaltenteilung beigemessen haben, kommt in Artikel 79 Absatz 3 zum Ausdruck. Darin wird eine Änderung des Grundgesetzes, durch welche die Grundsätze des Artikels 20 berührt werden, für unzulässig erklärt.

Gewaltenverschränkung

Artikel 76 GG [Gesetzesvorlagen]

(1) Gesetzesvorlagen werden beim Bundestage durch die Bundesregierung, aus der Mitte des Bundestages oder durch den Bundesrat eingebracht.
(2) Vorlagen der Bundesregierung sind zunächst dem Bundesrate zuzuleiten...
(3) Vorlagen des Bundesrates sind dem Bundestage durch die Bundesregierung innerhalb von drei Monaten zuzuleiten. Sie hat hierbei ihre Auffassung darzulegen.

Zu den Aufgaben des Bundestages als Organ der gesetzgebenden Gewalt gehört nicht nur die Verabschiedung von Gesetzen, sondern auch ihre Vorbereitung und Einbringung (Gesetzesinitiative). Die meisten Gesetzesvorlagen werden jedoch von der Bundesregierung (Organ der ausführenden Gewalt) im Bundestag eingebracht. Die Abgeordneten der Regierungsparteien sorgen dafür, dass die Vorschläge der Regierung bei den Abstimmungen im Parlament die notwendige Mehrheit erhalten. Die Gründe für diese Verschiebung der Aufgaben liegen in der Notwendigkeit, Gesetze von Fachleuten ausarbeiten zu lassen. Fachleute sind die Mitarbeiter in den Ministerien. Die Vielzahl der eingebrachten Gesetze lässt den Abgeordneten zudem kaum Zeit zu eigenen Entwürfen. Es kommt jedoch auch vor, dass die Regierungsparteien bei den parlamentarischen Beratungen Änderungen der Gesetzesvorlagen durchsetzen.

Diese Aufgabenverteilung zwischen Parlament und Regierung ist ein Zeichen für Gewaltenverschränkung zwischen der Regierung und ihrer parlamentarischen Mehrheit. Dies unterscheidet parlamentarische Demokratien (z.B. auch Großbritannien) von Demokratien mit einem Präsidialsystem, in dem der Regierungschef zugleich Staatsoberhaupt ist, vom Volk gewählt wird und strikte Gewaltentrennung herrscht (z.B. USA).

Die Aufgabe, die Regierung zu kontrollieren, hat im parlamentarischen System der Bundesrepublik die Opposition übernommen. Damit bleibt das Prinzip der Gewaltenteilung gewahrt (s. S. 277).

Arbeitsvorschläge

1. Nennen Sie Gründe für die enge Zusammenarbeit von Regierungsmehrheit im Bundestag und Bundesregierung.

2. Erklären Sie die Gewaltenverschränkung am Beispiel der Karikatur.

3. Wie beurteilen Sie vom Prinzip der Gewaltenteilung her die Tatsache, dass die meisten Bundesminister Abgeordnete des Deutschen Bundestages sind?

15.4.2 Die gesetzgebende Gewalt

Die Entscheidungsfreiheit der Abgeordneten

> **Große Mehrheit für Militär-Einsatz**
> Bundeswehr-Soldaten brechen nach Mazedonien auf
>
> Berlin (dpa/rtr) Nach wochenlangem Tauziehen in allen großen Fraktionen hat der Bundestag gestern mit großer Mehrheit den Einsatz der Bundeswehr in Mazedonien zum Einsammeln von Waffen der albanischen Rebellen beschlossen.
> Für den Antrag der Regierung stimmten 479 der 635 Abgeordneten. 130 votierten dagen, acht enthielten sich. Die rot-grüne Regierung hat keine eigene Mehrheit zusammenbekommen. 305 Abgeordnete der SPD und Grünen stimmten für den Einsatz. Da alle 365 Abgeordneten anwesend waren, lag die einfache Mehrheit bei 318 Stimmen. Bei der Union votierten 61 Abgeordnete gegen den Einsatz, 162 mit Ja, fünf enthielten sich. Nur die PDS stimmte geschlossen mit Nein.
> In der Debatte hatten Vertreter der Bundes-Regierung um Zustimmung geworben. Es gebe ein „nationales Interesse" Deutschlands an Stabilität in der Region, sagte Bundeskanzler Schröder.
> „Wir konnten die Entsendung einfach nicht verantworten", begründete der Wortführer der 19 SPD-Abgeordneten, Harald Friese, diese Gewissensentscheidung.
> In einer Fraktionssitzung am 6. September kritisierte Bundeskanzler Schröder mit scharfen Worten das abweichende Stimmverhalten der 19 SPD-Abgeordneten.

Nach Braunschweiger Zeitung vom 30. August und 7. September 2001

Für die Bundestagsabgeordneten ist dieser Fall die Ausnahme, obwohl das Grundgesetz in Artikel 38 Absatz 1 festlegt:

> Sie (die Abgeordneten) sind Vertreter des ganzen Volkes, an Aufträge und Weisungen nicht gebunden und nur ihrem Gewissen unterworfen.

Fraktion
Darunter versteht man den Zusammenschluss der Abgeordneten einer Partei im Parlament. CDU und CSU haben sich im Deutschen Bundestag zu einer Fraktionsgemeinschaft zusammengeschlossen.

Mandat
(Hier) Durch eine politische Wahl erteilter Auftrag zur Mitarbeit in einem Parlament.

Der „Alltagsfall" des Abgeordneten sieht anders aus. Vor wichtigen Abstimmungen im Bundestag rufen die **Fraktionen** (Zusammenschlüsse der Bundestagsabgeordneten einer Partei oder Parteiengruppe) ihre Mitglieder zusammen. Auf der Fraktionssitzung wird das Abstimmungsverhalten der gesamten Fraktion durch Mehrheitsentscheid festgelegt. Die Minderheit, die sich dem Mehrheitsentscheid unterwirft, übt **Fraktionsdisziplin**.

Diese Praxis steht im Widerspruch zum Wortlaut des Grundgesetzes. Zur Rechtfertigung der Fraktionsdisziplin wird darauf hingewiesen, dass in der Fraktion demokratisch diskutiert und abgestimmt wird. Auch die Tatsache, dass die Regierungsfähigkeit von stabilen Mehrheiten abhängt, liefert ein Argument für die Fraktionsdisziplin. Entscheidend begründet wird sie aber dadurch, dass ein Abgeordneter weitgehend an eine Partei gebunden ist. Voraussetzung für eine erfolgreiche Kandidatur bei Wahlen ist nämlich die Mitgliedschaft in einer Partei. Die Partei sorgt für den finanziellen und organisatorischen Rahmen des Wahlkampfes, nachdem sie in einem demokratischen Verfahren die Kandidaten bestimmt hat.

Der Wähler wünscht und ist davon überzeugt, dass Kandidaten und Partei die gleichen politischen Ziele haben. Parteilose Abgeordnete gab es nur im ersten Deutschen Bundestag von 1949 bis 1953. Das in Artikel 38 des Grundgesetzes garantierte freie Mandat verhindert zwar nicht, dass sich der Abgeordnete an seine Fraktion bindet, begrenzt jedoch die Bindung. In mehreren Legislaturperioden ist es jedoch vorgekommen, dass Abgeordnete aus ihrer Partei und Fraktion ausgetreten sind, um als Unabhängige oder in einer anderen Fraktion im Parlament tätig zu sein. Sie können nicht zum Rücktritt gezwungen werden.

Organisation und Aufgaben des Bundestages

Die Vollversammlung des Bundestages, das Plenum, verhandelt grundsätzlich öffentlich, ein Ausschuss grundsätzlich unter Ausschluss der Öffentlichkeit.

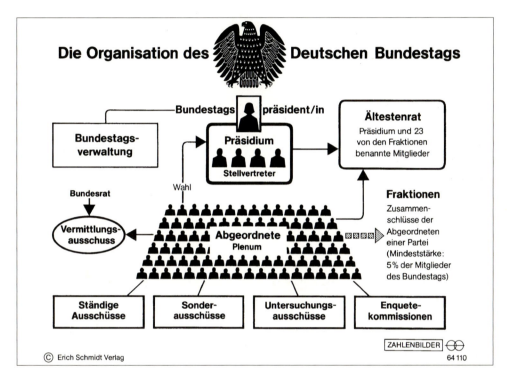

Grundgesetz Artikel 44
(1) Der Bundestag hat das Recht und auf Antrag ... seiner Mitglieder die Pflicht, einen Untersuchungsausschuss einzusetzen, der in öffentlicher Verhandlung die erforderlichen Beweise erhebt. Die Öffentlichkeit kann ausgeschlossen werden.
(2) Auf Beweiserhebungen finden die Vorschriften über den Strafprozess sinngemäß Anwendung. Das Brief-, Post- und Fernmeldegeheimnis bleibt unberührt.

Bundestagsausschüsse
Der Bundestag bildet zu jedem politischen Fachgebiet einen Ausschuss, in dem die Spezialisten der Fraktionen sitzen. Beispiele: Verteidigungsausschuss, Finanzausschuss, Haushaltsausschuss, Arbeits- und Sozialausschuss, Innenausschuss, Petitionsausschuss

Neben der Gesetzgebung ist die Kontrolle der Regierung eine weitere ständige Aufgabe des Bundestages. Als Mittel stehen ihm zur Verfügung
– Anfragen an die Regierung,
– Verabschiedung des Bundeshaushalts,
– Einsetzung von Untersuchungsausschüssen,
– Berufung des Wehrbeauftragten.

Einmalige Aufgaben des Bundestages sind
– Wahl des Bundeskanzlers,
– Mitwirkung bei der Wahl des Bundespräsidenten,
– Wahl der Hälfte der Richter des Bundesverfassungsgerichts,
– Mitwirkung im Richterausschuss bei der Berufung der Bundesrichter,
– Feststellung des Verteidigungsfalles zusammen mit dem Bundesrat,
– Zustimmung bei Auslandseinsätzen der Bundeswehr.

Arbeitsvorschläge

1. Begründen Sie die Tatsache, dass in der Praxis der Parlamentsarbeit die Parteigebundenheit der Abgeordneten größer ist als ihre Unabhängigkeit.
2. Was spricht für und was gegen die Regelung, dass ein Abgeordneter bei einem Parteiwechsel sein Mandat behält.

Debatte

Die Aussprache im Parlament, bei der in Rede und Gegenrede die unterschiedlichen politischen Meinungen dargelegt werden, nennt man Debatte. Ihr gehen in der Regel Diskussionen in den Arbeitskreisen, Ausschüssen und Fraktionen voraus. In den Fraktionen legt man auch fest, welche Abgeordnete zu welchen Sachpunkten das Wort ergreifen sollen. Die Plenardebatte im Parlament dient dazu, die unterschiedlichen Standpunkte darzustellen und die Öffentlichkeit über die Sachgründe zu informieren, die zu dieser oder jener politischen Entscheidung geführt haben.

Der Gang der Gesetzgebung

Oberstes Organ der Gesetzgebung ist der Bundestag. Er kann Gesetze einbringen (durch mindestens 5 % der Abgeordneten, das sind z.Zt. 32), ihm werden Gesetzesvorlagen der Bundesregierung und des Bundesrates zugeleitet, er debattiert in drei Lesungen über die Gesetzesvorlagen und verabschiedet die Gesetze durch Abstimmung. Zu einem Beschluss des Bundestages ist die Mehrheit der abgegebenen Stimmen erforderlich, es sei denn, das Grundgesetz bestimmt etwas anderes. Verfassungsändernde Gesetze bedürfen nach Artikel 79 Absatz 2 Grundgesetz der Zustimmung von zwei Dritteln der Mitglieder des Bundestages und zwei Dritteln der Stimmen des Bundesrates.

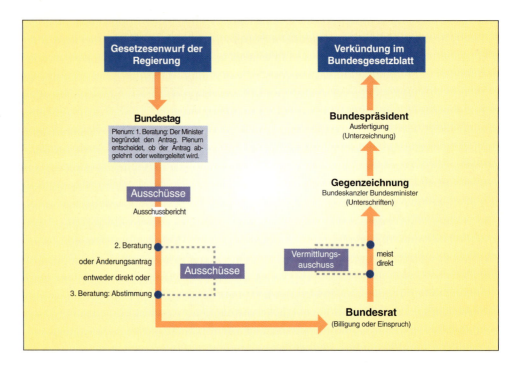

Der Bundesrat

Schilys Einwanderungskonzept:
Die SPD sucht weiter das Gespräch mit der CDU und CSU

... Die Grünen-Vorsitzende Roth sagte nach der Sitzung des Parteirats, man wolle mit dem Koalitionspartner SPD ein „zustimmungsfähiges Konzept" vorbereiten. Schily verteidigte sein Konzept gegen Kritik, humanitäre Prinzipien würden nicht gewahrt. SPD-Generalsekretär Müntefering bezeichnete es als „richtig und verständlich", dass die Grünen ihre Interessen kund täten. Doch müsse die SPD auch mit der Union sprechen, um die erforderliche Unterstützung für das geplante Gesetz im Bundesrat zu bekommen. Die CDU/CSU-Fraktion befürchtet, dass die Koalition die Zahl der Zuwanderer steigern wolle und will erreichen, dass die Zahl der Zuwanderer auch künftig nicht wächst.

Nach Frankfurter Allgemeine Zeitung Nr. 205/2001

„Durch den Bundesrat wirken die Länder bei der Gesetzgebung und Verwaltung des Bundes und in Angelegenheiten der Europäischen Union mit." (Art. 50 GG) Die Mitglieder werden von den Länderregierungen bestellt. Ihre Zahl richtet sich nach der Einwohnerzahl des entsprechenden Landes. Die Stimmen eines Bundeslandes können nur einheitlich und nur durch anwesende Mitglieder oder deren Vertreter abgegeben werden.

Gewaltenteilung

Beschlüsse muss der Bundesrat mit der absoluten Mehrheit seiner Stimmen fassen. Er wählt einen Präsidenten auf ein Jahr, und zwar den jeweiligen Regierungschef eines Bundeslandes. Der **Bundesratspräsident** ist zugleich **Vertreter des Bundespräsidenten**.
Seit 1950 soll in der Reihenfolge jeweils der Ministerpräsident des Landes mit der nächstkleineren Bevölkerungszahl zur Wahl vorgeschlagen werden. Durch diese Regelung ist die Wahl des Bundestagspräsidenten dem Länder- und Parteienstreit entzogen.

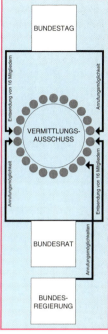

Bei der Gesetzgebung des Bundes wird zwischen einfachen, zustimmungsbedürftigen und verfassungsändernden Gesetzen unterschieden. Einfache Gesetze berühren keine Länderinteressen und können deshalb vom Bundestag auch gegen den Bundesrat durchgesetzt werden. Der Einspruch des Bundesrates muss in diesem Falle vom Bundestag mindestens mit den Stimmen der Mehrheit seiner Mitglieder zurückgewiesen werden (vgl. Art. 77 Abs. 4 GG). In den anderen Fällen handelt es sich um Gesetze, die ohne Zustimmung des Bundesrates nicht in Kraft treten können.
Der **Vermittlungsausschuss** soll Gegensätze zwischen Bundestag und Bundesrat bei der Gesetzgebung des Bundes möglichst überbrücken. Die vom Bundesrat entsandten Mitglieder sind nicht an Weisungen ihrer Regierungen gebunden. Der Vermittlungsausschuss kann bei allen Gesetzen vom Bundesrat, bei Zustimmungsgesetzen auch vom Bundestag angerufen werden.

32 Politiker – je zur Hälfte aus Bundestag und Bundesrat – beraten im Vermittlungsausschuss. Er ist keineswegs ein „Überparlament", sondern beschließt mit einfacher Mehrheit nicht mehr und nicht weniger als Einigungsvorschläge. Ob er damit „richtig lag", zeigt sich dann bei den Abstimmungen im Bundesrat und Bundestag.

*Herausgeber:
Bundesrat, Referat Öffentlichkeitsarbeit, Bundeshaus, 53113 Bonn
Bonn 1988*

Arbeitsvorschläge

1. *Ermitteln Sie den Namen und das Bundesland des gegenwärtigen Bundesratspräsidenten.*
2. *Warum ist das Mandat bei Bundestagsabgeordneten an eine Person gebunden, bei Mitgliedern des Bundesrates aber eine Vertretung möglich?*
3. *Welche Probleme können sich für die Gesetzgebung des Bundes ergeben, wenn im Bundestag und im Bundesrat unterschiedliche politische Mehrheiten bestehen? Analysieren Sie den Zeitungstext der Vorseite und suchen Sie nach aktuellen Beispielen.*

15.4.3 Die vollziehende Gewalt

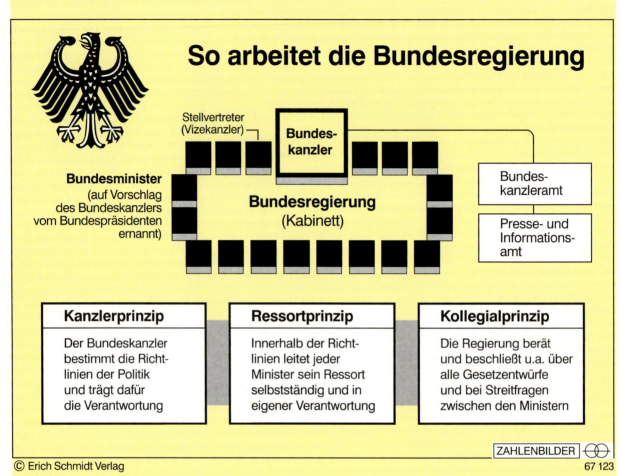

Der Amtseid

Ich schwöre, dass ich meine Kraft dem Wohle des deutschen Volkes widmen, seinen Nutzen mehren, Schaden von ihm wenden, das Grundgesetz und die Gesetze des Bundes wahren und verteidigen, meine Pflichten gewissenhaft erfüllen und Gerechtigkeit gegen jedermann üben werde. So wahr mir Gott helfe. (Der Eid kann auch ohne religiöse Beteuerung geleistet werden.)

Art. 64 Abs. 2 GG und Art. 56 GG.

Regierungsbildung

Voraussetzung für die Regierungsbildung ist grundsätzlich die Wahl des Bundeskanzlers. Der Bundestag wählt den Bundeskanzler mit den Stimmen der Mehrheit seiner Mitglieder (Art. 63 GG). Der Gewählte ist vom Bundespräsidenten zu ernennen.

„Die Bundesminister werden auf Vorschlag des Bundeskanzlers vom Bundespräsidenten ernannt und entlassen." (Art. 64 GG). Das bedeutet auch, dass der Bundeskanzler jederzeit eine Regierungsumbildung vornehmen kann.

Der Wahl des Bundeskanzlers geht im Regelfall die Bundestagswahl voraus. Sie entscheidet über die Zahl der Sitze der Parteien im Parlament. Erringt eine Partei die absolute Mehrheit, kann sie den Kanzler bestimmen. Erreicht keine Partei die absolute Mehrheit, müssen mehrere Parteien eine Koalition bilden. In oft schwierigen Verhandlungen werden Koalitionsvereinbarungen getroffen. Sie bilden die Grundlage für die Regierungspolitik, die der Kanzler in seiner Regierungserklärung dem Parlament und der Öffentlichkeit vorstellt.

Das Grundgesetz sagt über die **Bundesregierung** u.a. folgendes:
- Die Bundesregierung besteht aus dem Bundeskanzler und aus den Bundesministern (Art. 62 GG).
- Der Bundeskanzler wird auf Vorschlag des Bundespräsidenten vom Bundestag ohne Aussprache gewählt (Art. 63 Abs. 1 GG).
- Der Bundeskanzler bestimmt die Richtlinien der Politik und trägt dafür die Verantwortung. Innerhalb dieser Richtlinien leitet jeder Bundesminister seinen Geschäftsbereich selbständig und unter eigener Verantwortung ... (Art. 65 GG).

Meinungsverschiedenheiten zwischen Ministern werden vom Bundeskanzler entschieden. Probleme treten auf, wenn
- in Sachthemen streitende Minister bei einer Gesetzesvorlage (z.B. Wirtschaftsminister gegen Umweltminister) verschiedenen Parteien einer Koalitionsregierung angehören oder
- bei einer Gesetzesvorlage eines Ministers Meinungsverschiedenheiten zwischen den Regierungsparteien und innerhalb der beteiligten Parteien auftreten.

Die Bundeskanzler der Bundesrepublik Deutschland:

1949–1963 Konrad Adenauer (CDU)
1963–1966 Ludwig Erhard (CDU)
1966–1969 Kurt Georg Kiesinger (CDU)
1969–1974 Willy Brandt (SPD)
1974–1982 Helmut Schmidt (SPD)
1982–1998 Helmut Kohl (CDU)
seit 1998 Gerhard Schröder (SPD)

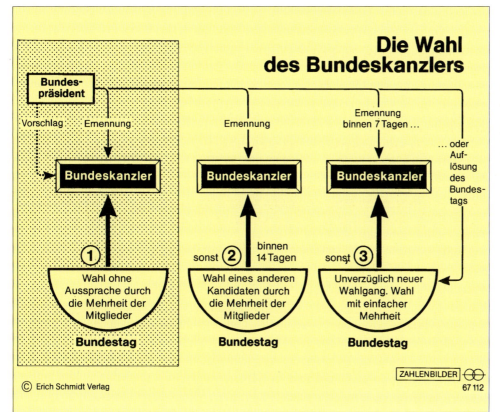

Gerhard Schröder
Geb. 1944
Jurastudium
1978–80 Bundesvorsitzender der Jusos
1990–98 Ministerpräsident von Niedersachsen
seit 1998 Bundeskanzler

Arbeitsvorschlag

Bei vergangenen Bundestagswahlen entfielen auf die FDP zwischen 5 und 10% der Zweitstimmen. Wie erklären Sie es, dass bei diesem geringen Stimmenanteil die FDP in den Regierungen seit 1953 relativ viele und wichtige Ministerien besetzt hat?

Die Stellung des Bundeskanzlers

Die Demokratie in der Bundesrepublik Deutschland ist immer wieder als „Kanzlerdemokratie" bezeichnet worden. Besonders der erste Bundeskanzler, Konrad Adenauer, hat während seiner 14-jährigen Amtszeit die Politik entscheidend beeinflusst.

Gibt es eine allgemeingültige Antwort auf die Frage: Wie mächtig ist der Bundeskanzler? Seine politische Macht wird gestärkt,
- durch seine Legitimation aus Wahlen,
- durch die Richtlinienkompetenz,
- durch das Recht, die Minister auszuwählen.

Auch die Regelung des Grundgesetzes, einen Kanzler nur dadurch abwählen zu können, indem ein neuer Kanzler gewählt wird (Art. 67, konstruktives Misstrauensvotum), trägt zur Stärkung der Stellung des Bundeskanzlers bei.

Eingeschränkt wird die politische Macht des Bundeskanzlers vor allem
- durch Ansprüche von Koalitionspartnern und
- durch politische Abhängigkeit von Fraktion und Partei.

Vom Grundgesetz hat der Bundeskanzler eine starke Stellung im politischen System der Bundesrepublik Deutschland erhalten. Die politische Praxis zeigt, wie er diese Macht einsetzen kann. Ist er eine starke Persönlichkeit, kann in der Öffentlichkeit das Bild einer „Kanzlerdemokratie" entstehen.

Regierungswechsel

Die Schöpfer des Grundgesetzes haben einen Regierungswechsel vor dem Ende der normalen vierjährigen Legislaturperiode (Zeitraum der Gesetzgebung von Wahl zu Wahl) so schwer wie möglich gemacht. Sie wollten verhindern, dass sich Zustände wie in den letzten Jahren der Weimarer Republik wiederholen: Zwischen 1928 und 1933 gab es fünf Reichskanzler und ebenso viele Reichstagswahlen. Um solche Zustände zu vermeiden kann ein Bundeskanzler nur durch das konstruktive Misstrauensvotum gestürzt werden (s. oben). Zwei andere Wege gehen von ihm selbst aus:
- Er kann zurücktreten und damit den Weg frei machen für die Wahl eines Nachfolgers. Nur wenn der Bundestag einem neuen Kandidaten die Zustimmung verweigert, kann der Bundespräsident den Bundestag binnen 21 Tagen auflösen.
- Er kann die Vertrauensfrage stellen. Erhält er nicht die Zustimmung des Bundestages, „so kann der Bundespräsident auf Vorschlag des Bundeskanzlers binnen einundzwanzig Tagen den Bundestag auflösen." (Art. 68 GG). Dieses Recht erlischt, wenn der Bundestag in der Zwischenzeit einen anderen Bundeskanzler wählt.

Die Vertrauensfrage ist eigentlich ein Instrument des Bundeskanzlers zum Erhalt seiner Macht, wurde aber 1982 zur Auflösung des Bundestages mit dem Ziel von Neuwahlen benutzt.

Arbeitsvorschläge

1. Erklären Sie, warum die Partei- und Fraktionsvorsitzenden der Regierungsparteien wichtige Partner für den Bundeskanzler sind.

2. Suchen Sie Gründe dafür, dass die Vertrauensfrage ein „Disziplinierungsinstrument" des Bundeskanzlers gegenüber den Abgeordneten der Regierungsparteien ist.

3. Diskutieren Sie die Frage, ob zur Überwindung von Regierungskrisen der Bundeskanzler das Recht zur Parlamentsauflösung oder das Parlament die Möglichkeit zur Selbstauflösung durch Änderung des Grundgesetzes erhalten sollte.

Regierungswechsel 1982

17.9.1982
Bruch der Regierungskoalition aus F.D.P. und SPD, 4 F.D.P.-Minister treten zurück.

20. – 28.9. 1982
Koalitionsverhandlungen zwischen CDU, CSU und F.D.P. Antrag auf ein Misstrauensvotum nach Artikel 67 GG beim Bundespräsidenten.

1.10.1982
Wahl des CDU-Abgeordneten Helmut Kohl zum neuen Kanzler. Entlassung des gestürzten Kanzlers Helmut Schmidt. Bildung einer Regierung aus CDU/CSU und F.D.P.

13.10.1982
Abgabe der Regierungserklärung durch Bundeskanzler Helmut Kohl. In der Erklärung ist die Zusage enthalten, dass am 6.3.1983 Neuwahlen stattfinden sollen.

9.12.1982
Bundeskanzler Helmut Kohl unterbreitet Bundespräsident Karl Carstens seinen Zeitplan zur Parlamentsauflösung. Danach soll der Bundestag am 17.12.1982 über die Vertrauensfrage des Kanzlers nach Artikel 68 GG abstimmen.

17.12.1982
Bundeskanzler Helmut Kohl begründet die Vertrauensfrage damit, dass die Regierungskoalition nur einen zeitlich und sachlich begrenzten Auftrag habe. Redner aller Fraktionen sprechen sich für Neuwahlen aus. In der namentlichen Abstimmung wird dem Bundeskanzler verabredungsgemäß das Vertrauen verweigert. Dieser schlägt dem Bundespräsidenten die Auflösung des Bundestages vor.

6.1.1983
Der Bundespräsident ordnet die Auflösung des Bundestages und Neuwahlen für den 6.3.1983 an.

15.4.4 Herrschaftskontrolle in der Demokratie

Kontrolle durch die parlamentarische Opposition

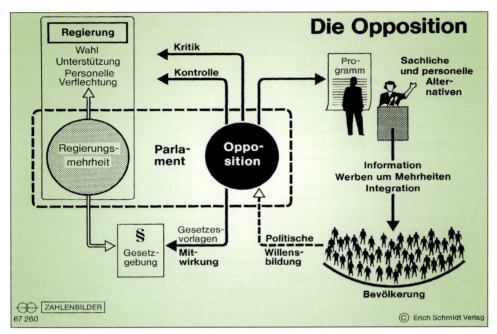

Opposition
Das Wort wird aus dem englischen „opposite" (gegenüber) abgeleitet. Im britischen Parlament sitzen die Abgeordneten, welche nicht die Regierungsmehrheit bilden, den Abgeordneten der Regierungspartei gegenüber.

Um zu verhindern, dass die Regierung ihre Macht missbraucht, wird sie in der Demokratie kontrolliert. Einen Großteil dieser Kontrolle leistet die parlamentarische Opposition. Sie besteht aus den Parteien, die im Parlament vertreten, aber nicht an der Regierung beteiligt sind. Die Zahl der Abgeordneten, die der Opposition angehören, ist in der Regel kleiner als die der Abgeordneten der regierenden Parteien.

Die Opposition nimmt ihre Aufgabe in mehrfacher Hinsicht wahr:
- Sie überwacht die Maßnahmen der Regierung und nutzt Parlamentsdebatten und Fragestunden, um Fehler und Unterlassungen der Regierung der Öffentlichkeit und damit den Wählern aufzuzeigen. Die Kritik der Opposition stellt für die Regierung eine ständige Herausforderung dar und zwingt diese, ihre politischen Vorhaben immer wieder zu überdenken und zu verbessern. Die Opposition kann beantragen, dass Untersuchungsausschüsse gebildet werden, wenn ihr politische Vorgänge undurchsichtig erscheinen. In Zusammenarbeit mit Abgeordneten der Regierungsparteien wird dabei der jeweilige Fall zu klären versucht.
- Die Rolle der parlamentarischen Opposition erschöpft sich nicht nur in ablehnender Kritik, sie hat auch eine konstruktive Seite. In parlamentarischen Ausschüssen können Oppositionsabgeordnete an der Gesetzgebungsarbeit mitwirken, indem sie Alternativen (andere Lösungsvorschläge) entwickeln, Ergänzungen und Korrekturen anbringen. Der konstruktive Beitrag der Opposition wird vom Bürger meistens nur unzureichend gewürdigt, da die Erfolge in der Politik im Allgemeinen der Regierung gutgeschrieben werden.
- Wenn eine Regierung handlungsunfähig wird, weil ihr die Mehrheit im Parlament fehlt, wird eine fähige Opposition bereit sein, die Regierungsverantwortung zu übernehmen.

Untersuchungsausschuss?
[In letzter Zeit] werden in Berlin brisante Einzelheiten über die Flüge des Ministers nach Frankfurt bekannt. Noch lässt er offen, ob er schriftliche Unterlagen vorlegen will, was bei Inlandsflügen nach Absprache der Fraktionen nicht üblich ist.
Er wird es dennoch müssen: Die Opposition hat im Verteidigungsausschuss ein scharfes Instrument. Er kann sich mit einem Viertel seiner Mitglieder zu einem Untersuchungsausschuss erklären.

Nach Braunschweiger Zeitung vom 7. September 2001

Arbeitsvorschläge

1. Nennen Sie die wesentlichen Aufgaben der Opposition im Bundestag.

2. Besorgen Sie sich die Geschäftsordnung des Deutschen Bundestages und stellen Sie anhand dieser fest, welche Mittel die Opposition zur Erfüllung ihrer Aufgaben hat.

Bindung staatlicher Gewalt an Verfassung, Gesetz und Recht

Verstoßen Entscheidungen staatlicher Behörden nach Auffassung eines Bürgers, eines Verbandes oder einer Partei gegen geltendes Recht, so können die je nach Sachverhalt zuständigen Gerichte angerufen werden. Sie können den Bürgern Schutz gewähren, weil sie gegenüber Regierung und Verwaltung unabhängig sind. Eine Reihe von gesetzlichen Bestimmungen soll diese Unabhängigkeit der Richter sicherstellen; so sind Richter an keine Weisungen, z.B. des Justizministers, gebunden und können gegen ihren Willen nicht versetzt werden. Ihr Urteil hat sich allein nach den Bestimmungen der Gesetze und der Verfassung (Grundgesetz) zu richten.

Eine besondere Stellung unter den Gerichten unseres Staates nimmt das **Bundesverfassungsgericht** in Karlsruhe ein:

§ 1 Abs. 1 Bundesverfassungsgerichtsgesetz

Das Bundesverfassungsgericht ist ein allen übrigen Verfassungsorganen gegenüber selbständiger und unabhängiger Gerichtshof des Bundes.

Grundgesetz Artikel 97
„(1) Die Richter sind unabhängig und nur dem Gesetz unterworfen."

Wichtige Urteile des Bundesverfassungsgerichts in der Geschichte der Bundesrepublik Deutschland:
– Rundfunkurteil
– Urteil zur Wehrdienstverweigerung
– Urteil zum Grundlagenvertrag
– Urteil zur Parteienfinanzierung
– Volkszählungsurteil
– Urteil zum Scheidungsrecht
– Urteil zum Einigungsvertrag

Es prüft, ganz allgemein gesagt, ob in der Bundesrepublik Deutschland das Grundgesetz beachtet wird.
Überprüft das Bundesverfassungsgericht ein Gesetz auf seine Verfassungsmäßigkeit, spricht man von einem **Normenkontrollverfahren**.
Streiten Bund und Länder vor dem Gericht, hat das Verfahren **Bund-Länder-Streitigkeiten** zum Inhalt.

Fühlt sich ein Bürger durch die öffentliche Gewalt in einem seiner Grundrechte verletzt, so kann er das Bundesverfassungsgericht anrufen. Das Verfahren wird als **Verfassungsbeschwerde** bezeichnet. Sie ist Ausdruck der besonderen Bedeutung, die das Grundgesetz den Grundrechten für die verfassungsmäßige Ordnung des Staates beimisst. Die Verfassungsbeschwerde kann jeder Bürger selbst ohne Hilfe eines Rechtsanwalts erheben. Voraussetzung ist nur, dass die Verfassungsbeschwerde notwendig ist, um eine Grundrechtsverletzung zu verhindern.

Arbeitsvorschlag

Erklären Sie die Bedeutung, welche die Unabhängigkeit der Richter für einen demokratischen Staat hat.

15.5 Der bundesstaatliche Aufbau Deutschlands

Der Bundespräsident

Staatsoberhaupt der Bundesrepublik Deutschland ist der Bundespräsident. Er wird auf fünf Jahre von der Bundesversammlung gewählt, anschließend kann er nur noch einmal gewählt werden. Die Bundesversammlung besteht aus den Mitgliedern des Bundestages und einer gleichen Anzahl von Vertretern der Länderparlamente.

Die Bundesversammlung wählt den Bundespräsidenten ohne Aussprache. Wählbar ist jeder Deutsche, der das Wahlrecht zum Bundestag besitzt und das vierzigste Lebensjahr vollendet hat. Im 1. und 2. Wahlgang braucht ein Kandidat die Stimmen der Mehrheit der Mitglieder der Bundesversammlung (absolute Mehrheit); im 3. Wahlgang ist gewählt, wer die meisten Stimmen auf sich vereinigt (relative Mehrheit).

Aufgaben des Bundespräsidenten sind:
- die völkerrechtliche Vertretung des Bundes gegenüber anderen Staaten im In- und Ausland,
- Vorschlag, Ernennung, Entlassung des Bundeskanzlers und der Bundesminister,
- Ernennung und Entlassung der Bundesrichter, Bundesbeamten und Offiziere,
- Ausfertigung und Verkündung der Gesetze,
- Verkündung des Gesetzgebungsnotstandes.

Die Bundesversammlung
Sie besteht 1998 aus 669 Bundestagsabgeordneten und 669 von den Landtagen gewählten Mitgliedern.
Die 1338 Wahlmänner (-frauen) vertreten folgende Parteien:
SPD
CDU/CSU
FDP
Bündnis 90/Grüne
PDS
Sonstige

Bundespräsidenten seit 1949

Theodor Heuss
(FDP) 1949–1959

Heinrich Lübke
(CDU) 1959–1969

Gustav Heinemann
(SPD) 1969–1974

Walter Scheel
FDP) 1974–1979

Karl Carstens
(CDU) 1979–1984

Richard von Weizsäcker
(CDU) 1984–1994

Roman Herzog
(CDU) 1994–1999

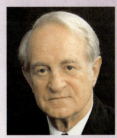
Johannes Rau
(SPD) seit 1999

Arbeitsvorschlag

Ordnen Sie die Aufgaben des Bundespräsidenten einem „politischen" und einem „repräsentativen" Bereich zu.

Die Verteilung der staatlichen Macht

Urteil des Bundesverfassungsgerichtes zur Eigenstaatlichkeit der Länder vom 23.10.1951

Die Länder sind als Glieder des Bundes Staaten mit eigener – wenn auch gegenständlich beschränkter – nicht vom Bund abgeleiteter, sondern von ihm anerkannter staatlicher Hoheitsmacht.
Solange ein Land besteht und seine verfassungsmäßige Ordnung sich im Rahmen des Art. 28 Abs. 1 GG hält, kann der Bund ohne Verletzung des im Grundgesetz garantierten bundesstaatlichen Prinzips in seine Verfassungsordnung nicht eingreifen.

Die Deutschen in den Ländern Baden-Württemberg, Bayern, Berlin, Brandenburg, Bremen, Hamburg, Hessen, Mecklenburg-Vorpommern, Niedersachsen, Nordrhein-Westfalen, Rheinland-Pfalz, Saarland, Sachsen, Sachsen-Anhalt, Schleswig-Holstein und Thüringen haben in freier Selbstbestimmung die Einheit und Freiheit Deutschlands vollendet. Damit gilt dieses Grundgesetz für das gesamte Deutsche Volk.
Auszug aus der Neufassung der Präambel des Grundgesetzes vom Oktober 1990

Bundesrat 1988, S. 16–17

Die Bundesrepublik Deutschland ist nach dem Grundgesetz ein **Bundesstaat**. In ihr sind sechzehn Gliedstaaten, die **Länder**, zu einem Gesamtstaat, dem **Bund**, zusammengeschlossen.

Eine bundesstaatliche Ordnung wird föderative Ordnung genannt. (lat. foedus = Bund, Bündnis). In unserem föderativen Staat ist die Staatsgewalt auf den Bund und die Länder aufgeteilt, d.h. die Länder sind neben dem Bund Staaten mit eigenständiger gesetzgebender, ausführender und richterlicher Gewalt. Ihre Hoheitsmacht, die zwar zugunsten des Bundes beschränkt ist, leiten sie nicht vom Bund her.

Kommt es in dem komplizierten Staatsaufbau eines Bundesstaates zu Problemen zwischen dem Gesamtstaat und den Gliedstaaten oder zwischen den einzelnen Ländern und können sie nicht einvernehmlich gelöst werden, so ist das Bundesverfassungsgericht als Schiedsstelle vorgesehen (s. S. 300).

Aufgabenverteilung zwischen Bund und Ländern

Gesetzgebung

Der Bund hat gegenüber den Ländern mehr Zuständigkeiten. Nach dem Grundgesetz Art. 70 ff. lassen sich vier Bereiche unterscheiden:

Verwaltung

Hier haben die Länder ihren Aufgabenschwerpunkt, weil sie ihre eigenen Gesetze und die Bundesgesetze ausführen müssen. Die Länderverwaltung umfasst die Obersten Landesbehörden (z.B. Ministerien), die Mittelbehörden (Bezirksregierungen) und die Unterbehörden (z.B. Gemeindeverwaltung). Sämtliche Handlungen von Behörden sind an Gesetze und Verwaltungsvorschriften gebunden, um Willkür auszuschließen (s. S. 277).

Gerichtsbarkeit

Die obersten Instanzen der einzelnen Gerichtszweige der ordentlichen und besonderen Gerichtsbarkeit sind Bundesgerichte, die Länder haben neben ihren oberen Instanzen (z.B. Oberlandesgericht) mittlere (z.B. Landesgericht) und untere (z.B. Amtsgericht).

Verteidigung der bundesstaatlichen Ordnung

Seit Bestehen der Bundesrepublik Deutschland gibt es von verschiedenen Seiten das Bestreben, die föderalistische Macht- und Aufgabenteilung zugunsten eines (zentralistischen) Übergewichts des Bundes zu erweitern. Aus Kostengründen wurde z.B. der Küstenschutz durch Grundgesetzänderung zu einer Gemeinschaftsaufgabe von Bund und Ländern. Zentralistische Bestrebungen sind auch in der Europäischen Union festzustellen.

Im Gegenzug wurde z.B. die Konferenz der Ministerpräsidenten, auf EU-Ebene der Ausschuss der Regionen geschaffen.

Arbeitsvorschlag

Erörtern Sie in einer Pro- und Contra-Diskussion folgende Aussagen:

a) Der Staat darf nicht zu mächtig werden. Nur aufgeteilte Macht sichert die Freiheit der Bürger.
b) Der Föderalismus ist teuer, schwerfällig und erschwert bundeseinheitliche Regelungen dringender Probleme.
c) Jedes Land kann eigene und neue Ideen entwickeln, sie den anderen mitteilen, z.B. im Schulbereich, und damit zum Fortschritt beitragen.
d) Im Nationalsozialismus und auch in der früheren DDR wurden die Bundesstaaten abgeschafft, um Parteidiktaturen zu errichten.

15.6 Selbst- und Auftragsverwaltung der Gemeinden

Aufgaben der Städte, Gemeinden und Landkreise

Parkraumbewirtschaftungskonzept:
Die CDU-Fraktion sorgt sich um die Schüler, sieht Verdrängungseffekte

Wer darf künftig wie, wo und zu welchen Kosten in der Innenstadt parken? Sollte das vorgelegte Parkraumbewirtschaftungskonzept (wie von der Stadt vorgeschlagen) beschlossen werden, werden die Autofahrer ihre Gewohnheiten ändern müssen. Die Erörterung im Planungsausschuss endete mit der Überraschung, daß die CDU-Fraktion, die einst ein Parkraumbewirtschaftungskonzept angemahnt hatte, der Vorlage nicht zustimmte.
Warum stimmte die CDU entgegen der SPD und den Grünen der Vorlage nicht zu? Die CDU-Fraktion sieht noch Klärungsbedarf in Teilfragen.
Reinhard Manlik (CDU) sorgte sich um die Parkmöglichkeiten der Braunschweiger und Nichtbraunschweiger Pendler, sprach dann als Beispiel die Situation am Inselwall an. Dort parken zur Zeit am Tage in enger Reihe noch die Schüler der nahen Berufsschule.
Nach dem Konzept müssten diese Schüler dort für das Parken Geld bezahlen. Manlik: „Die Folgen wären Verlagerungseffekte".

Braunschweiger Zeitung vom 21.02. 1997

In der Bundesrepublik Deutschland können die Städte, Gemeinden und Landkreise alle öffentlichen Angelegenheiten ihrer Zuständigkeit in eigener Verantwortung regeln. Dabei wird, entsprechend den Einwohnerzahlen und damit den finanziellen Leistungsmöglichkeiten, zwischen kreisfreien Städten (z.B. Hannover, Braunschweig, Oldenburg, Osnabrück, ...) und anderen Städten und Gemeinden unterschieden, die zu einem Landkreis gehören. Sie sind allerdings an den Rahmen gebunden, der von Landes- und Bundesgesetzen vorgegeben ist. Dieses so bezeichnete Selbstverwaltungsrecht ist ein Bestandteil der **Gewaltenteilung** unserer demokratischen Grundordnung.
Neben den Selbstverwaltungsaufgaben müssen die Städte, Gemeinden und Landkreise auch Aufgaben erfüllen, die ihnen von Bund und Ländern übertragen werden (Auftragsaufgaben). Die Gesamtheit dieser Aufgaben wird als Kommunalaufgaben bezeichnet.
In der Niedersächsischen Gemeinde- und Landkreisordnung (NGO, NLO), den Kommunalverfassungen, sind die Angelegenheiten der Gemeinden und Kreise geregelt.

Die Gemeinde im Alltag

- Rathaus:
- Stadtverwaltung:
- Standesamt
- Schulamt
- Jugendamt
- Bauamt
- Kämmerei (Finanzen)
- Steueramt
- Sportamt
- Ordnungsamt/ Paßamt
- Straßenverkehrsamt
- u.a.

Selbstverwaltungsaufgaben		Auftragsaufgaben
Freiwillige Aufgaben, bei denen die Gemeinde entscheiden kann, **ob** und **wie** sie diese oder jene Aufgabe löst: Bau eines Hallenbads, Einrichtung von Sport- und Grünanlagen, Altenheime, Bücherei...	**Pflichtaufgaben**, bei denen die Gemeinde nur bestimmen kann, wie sie die Aufgabe löst: Bau und Unterhalt von Grund- und Hauptschulen, Berufsschulen von kreisfreien Städten und Landkreisen, Straßenbeleuchtung, Wasserversorgung...	**Weisungsaufgaben** (= Auftragsangelegenheiten), die von der Gemeinde ausgeführt werden müssen, ohne dass sie über das „Ob" und „Wie" befinden kann: Durchführung von Wahlen, Standesamt, Gewerbeaufsicht, Pass- und Meldewesen, Bauaufsicht...

Arbeitsvorschläge

1. a) Ordnen Sie das Parkraumbewirtschaftungskonzept einem der Aufgabenbereiche zu.
   b) Formulieren Sie einen Brief an den Rat mit Anregungen und Beschwerden zu diesem Konzept.
   c) Spielen Sie eine Sitzung des Rates der Stadt, in der über Ihre Anregungen und Beschwerden verhandelt wird.
2. Stellen Sie für neue Berufsschüler einen Plan der Parkmöglichkeiten und des Zugangs mit öffentlichen Verkehrsmitteln auf.
3. a) Fertigen Sie eine Liste mit den Ämtern an, mit denen Sie gegenwärtig oder in naher Zukunft zu tun haben werden (z.B. Straßenverkehrsamt).
   b) Erstellen Sie anhand der Liste für Ihren Wohnort ein „Behördeninfo". Darin sollten die Zuständigkeiten, Öffnungszeiten, Ansprechpartnerinnen und -partner usw. genannt sein.

Ratsmitglieder der Städte, Stadtbezirke (in Niedersachsen nur Braunschweig), Kreistage, Gemeinden sowie die Ortsräte sind ehrenamtlich tätig. Bei der Kommunalwahl 2001 in Niedersachsen bewarben sich 77 971 Kandidaten um 31 201 Plätze.

Hauptamtlich (= hauptberuflich) arbeiten alle direkt gewählten Bürgermeister, in großen und kreisfreien Städten Oberbürgermeister, in den Landkreisen Landräte. Sie sind zugleich die Repräsentanten ihrer Gebietskörperschaften und deren Hauptverwaltungsbeamte. In dieser Eigenschaft müssen sie die Ratsbeschlüsse vorbereiten und anschließend ausführen.

Bis auf die Mitgliedsgemeinden von Samtgemeinden, in denen Bürgermeister vom Gemeinderat gewählt werden und Ratsvorsitzende sind, wählen die Kommunalparlamente ihre Vorsitzende oder ihren Vorsitzenden.

Seit der Reform der Kommunalverfassungen von 1996 in Niedersachsen gilt auch:
– Das Wahlalter für Jugendliche ist von 18 auf 16 Jahre herabgesetzt.
– Bürger eines anderen Mitgliedlandes der Europäischen Union haben in ihrem Wohnort mit 16 das aktive Wahlrecht und können mit 18 gewählt werden.

Sie haben drei Stimmen

Sie können alle drei Stimmen einem Wahlvorschlag in seiner Gesamtheit (Gesamtliste) oder einer einzigen Bewerberin/Bewerber geben (= kumulieren).

Sie können Ihre Stimme aber auch auf mehrere Gesamtlisten und/oder Bewerberinnen und Bewerber desselben Wahlvorschlags oder verschiedener Wahlvorschläge geben.

Die Gemeinde- und Landkreisordnung erweitert die Einwohner- und Bürgermitwirkung. Bürgerinnen und Bürger (= Wahlberechtigte) können sich mit Anregungen und Beschwerden schriftlich an den Rat oder Landkreis wenden. Der Bürgerantrag ist zum Einwohnerantrag erweitert und das Bürgerbegehren und der Bürgerentscheid sind neu aufgenommen worden. Die erste Möglichkeit steht auch Einzelpersonen offen, in den übrigen Fällen ist eine bestimmte Zahl von Unterschriften erforderlich.

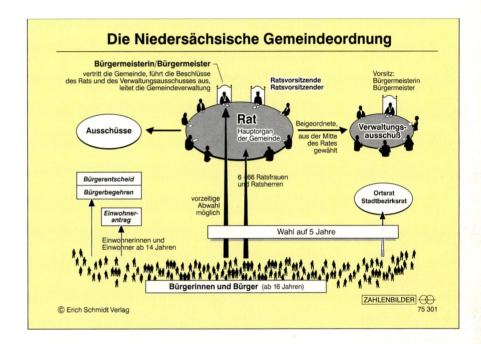

Einwohnerantrag	Bürgerbegehren, Bürgerbescheid
Der Einwohnerantrag gewährt allen in der Gemeide wohnenden Personen ab dem 14. Lebensjahr, dass sie – sei es allein oder mit mehreren – eine Angelegenheit zur Beratung an den Gemeinderat herantragen können. Der Rat muss hierfür aber sachlich zuständig sein. (§ 22a, NGO, § 17a, NLO)	Bürgerinnen und Bürger haben die Möglichkeit, über eine Angelegenheit selbst zu entscheiden, wenn der Rat zuvor nicht vollständig oder wesentlich im Sinne des Bürgerbegehrens einen Entschluss gefasst hat. Beim Bürgerentscheid muss der Sachverhalt so genau bezeichnet sein, dass über ihn mit „Ja" oder „Nein" abgestimmt werden kann. (§ 22b, NGO, „17b, NLO)

Niedersächsische Gemeindeordnung § 22b Bürgerbegehren, Bürgerentscheid

Das Bürgerbegehren muss von mindestens 10 vom Hundert der Bürgerinnen und Bürger der Gemeinde unterzeichnet sein, jedoch genügen ... Unterschriften.

Einwohner	Unterschriften
bis 50 000	4 000
50 001–100 000	6 000
100 001–250 000	12 000
250 001–500 000	24 000

Arbeitsvorschläge

1. Erörtern Sie in einer Pro- und Kontra-Diskussion Meinungen zum Wahlalter 16.
2. Ermitteln Sie für Ihren Wohnort die zuständigen Kommunalvertretungen zu denen Sie wahlberechtigt sind und an die ein Einwohnerantrag gerichtet werden kann.

15.7 Streitbare Demokratie – Sicherheit kontra Freiheit des Einzelnen?

„Nur der verdient sich Freiheit wie das Leben, der täglich sie erobern muss."
Johann Wolfgang von Goethe

Gegner der Demokratie

Jede Staatsform hat einen Teil ihrer Bürger als Gegner in sich. So hat auch die funktionierende Demokratie ihre offenen und versteckten Feinde: Vertreter andersartiger Gesellschaftsmodelle linker und rechter Art, die extremistisch in ihrer Zielsetzung sind und z.T. dazu auch extremistische Maßnahmen heranziehen. Dazu kriminelle oder fanatisch-religiöse Organisationen. Der Angriff auf das World Trade Center am 11.09.2001 führt mit allergrößter Deutlichkeit vor Augen, welche Gefahr von Extremisten ausgehen kann.

Streitbare Demokratie heißt Menschenrechte sichern

Darüber sollten sich alle Demokraten einig sein: Wir brauchen den Schutz der Verfassung, weil damit Menschenrechte, Freiheit, Demokratie gesichert werden. Deshalb wurde mit dem Grundgesetz eine streitbare Demokratie mit einem umfassenden Verfassungsschutzsystem geschaffen. So kann z.B. durch das Bundesverfassungsgericht die Verwirkung der Grundrechte ausgesprochen werden, wenn diese zum Kampf gegen die freiheitliche demokratische Grundordnung missbraucht werden. Parteien und sonstige Vereinigungen können verboten werden, wenn sie darauf abzielen, die freiheitliche demokratische Grundordnung zu beeinträchtigen oder zu beseitigen. Polizei, Staatsanwaltschaft und Gerichte verfolgen Straftaten, die sich gegen den Bestand des Staates oder gegen die Verfassung richten.

Kritische Bürger erwünscht

Um Extremisten beurteilen und notfalls gegen sie vorgehen zu können, braucht man Erkenntnisse über ihre Tätigkeit, und zwar nicht erst dann, wenn Straftaten begangen worden sind. Dafür wurden die Verfassungsschutzbehörden eingerichtet. Sie sammeln Informationen über verfassungsfeindliche – also extremistische – und sicherheitsgefährdende Bestrebungen sowie über die Tätigkeit gegnerischer Nachrichtendienste. Kritische Bürger und „radikale" Ansichten sind keine „Beobachtungsobjekte" für den Verfassungsschutz. In der Bundesrepublik ist Kritik nicht verpönt, sondern erwünscht. Und solange die grundlegenden Verfassungsprinzipien anerkannt werden, sind selbst radikale Meinungen legitim. Die Verfassungsschutzbehörden werden oft als „Frühwarnsystem der Freiheit" bezeichnet. Mit diesem Begriff lassen sich ihre Aufgaben gut verstehen. Der Verfassungsschutz der Bundesrepublik Deutschland hat keinerlei Zwangsbefugnisse. Er hat mit einer Geheimpolizei oder etwa mit der unkontrollierten Macht der Stasi in der ehemaligen DDR überhaupt nichts zu tun.

Verfassungsschutz: Kontrolliertes Frühwarnsystem

Der Verfassungsschutz darf niemanden festnehmen, keine Hausdurchsuchungen durchführen, keine Gegenstände beschlagnahmen und keiner Polizeidienststelle angegliedert werden. Die Informationen, die von seinen Mitarbeitern zusammengetragen werden, dienen der Unterrichtung der Bundes- bzw. Landesregierung, die Aufklärungs- oder Verbotsmaßnahmen einleiten kann, sie stehen aber auch der Justiz zur Verfügung; oft können so geplante Straftaten verhindert oder die Strafverfolgung eingeleitet werden. Die Erkenntnisse des Verfassungsschutzes dienen in Gerichtsverfahren als wichtiges Beweismaterial. Bei allem, was der Verfassungsschutz tut, sind die Rechte der Bürger durch bindende Vorschriften und vielfache Kontrollen gesichert.

www.verfassungsschutz.de

Demokratie, Staat und Staatsmacht

Der vielbeschworene Wandel von der Klassengesellschaft zur Risikogesellschaft hinterlässt deutliche Spuren in den Apparaten und theoretischen Konzepten der Sicherheitspolitik. Mit dem Übergang von der „Gefahrenabwehr" zur „Sicherheitsvorsorge" greift der Staat weit in das gesellschaftliche Vorfeld von Straftaten ein. Ein von konservativen Staatsrechtlern konstruiertes, angeblich im Grundgesetz vorhandenes „Grundrecht auf Sicherheit" dient dabei als Hebel, mit dem das Verhältnis zwischen Staat und Bürger umgekehrt wird. Die Grundrechte sind damit nicht mehr Abwehrrechte gegen den Staat, sondern erlauben diesem, durch die Normierung „öffentlicher Ordnung" in Bereiche einzudringen, die bisher Privatsache waren. Die Folge ist eine Ausgrenzung von Lebens- und Handlungsweisen, die nicht den Ordnungsvorstellungen der Sicherheitspolitiker entsprechen.

Im derzeitigen Sicherheitsdiskurs wird als „schützenswerte Ordnung" zunehmend die des freien Marktes verstanden. Die Ausweitung des Marktprinzips auf das Gewaltmonopol in Form privater „Sicherheitsdienste" führt dabei zu einer neuen Verbindung von Klassen- und Risikogesellschaft, in der „Sicherheit" gekauft wird. Dieser Trend ist weltweit zu beobachten und nicht auf den Bereich der „inneren Sicherheit" beschränkt.

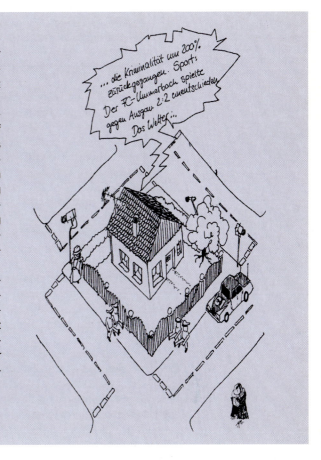

Nach: R. Bendrath in: antimilitarismus information, 12/98

Probleme für die Demokratie entstehen aus der Notwendigkeit, einerseits die Tätigkeit der Nachrichtendienste geheim zu halten, andererseits aus der Pflicht zur Kontrolle, um keinen „Staat im Staate" entstehen zu lassen. Das setzt ihrer Überwachung durch demokratische Organe Grenzen. Die verfassungsmäßige Struktur Deutschlands ist zu großen Teilen als Reaktion auf die Erfahrungen mit dem Untergang der Weimarer Demokratie und den staatlichen Exzessen des 3. Reiches geschaffen worden. Mindestens ebenso gefährlich wie die „Feinde im Volk" ist jedoch durch alle Zeiten hindurch die Tendenz von Machtträgern, ihre eigene Position als Person oder Institution zu erhalten und auszubauen.

Arbeitsvorschläge

1. Notieren Sie Gefahren für die freiheitliche Demokratie und bringen sie diese in eine begründete Reihenfolge

2. Erörtern Sie Notwendigkeit und Probleme der Arbeit des Verfassungsschutzes.

3. Interpretieren Sie die Karikatur.

4. Warum stehen Ihrer Meinung nach innere Sicherheit und Freiheit des Einzelnen im Gegensatz zueinander?

Positive Trends

Die terroristische Rote Armee Fraktion (RAF) erklärte 1998 ihre Selbstauflösung.
Die UN-Generalversammlung verabschiedete 1997 die Konvention über die weltweite Zusammenarbeit bei der Verfolgung von Attentätern.

Negative Trends

- Das rechtsextreme Potenzial in Deutschland erhöhte sich Ende der 90er Jahre auf über 50 000 Personen, davon 8200 Gewaltbereite.
- Die Zahl ausländischer Extremisten in Deutschland erreicht 2001 mit über 53 000 Personen, einen Höchststand; mit ca. 31 500 Personen bilden islamische Extremisten die Hauptgruppe.

Nach: Politik aktuell 2001

Terrorismus – Politische Gewalt als Selbstzweck

> Elf Festnahmen nach Anti-Terror-Razzia auf geplante Anschläge in Deutschland

> Schily warnt vor Anschlägen in Deutschland

Politisch motivierte Gewaltkriminalität von Gruppen, Einzelpersonen und Staatsapparaten ist eine das 20. Jh. prägende Erscheinung. In ihrer staatsterroristischen Variante erreicht sie ihren Höhepunkt unter den totalitären Systemen des Faschismus, des Nationalsozialismus und des Kommunismus. Nach Lenin ist „roter Terror" eine legitime Form der Auseinandersetzung mit dem „Klassenfeind"; der deutsche Nationalsozialismus führte aus ideologischen Motiven die Liquidierung von mehr als 6 Mio. Juden in zum Teil fabrikmäßigen Tötungsanlagen durch. In freiheitlichen Staatswesen richtete sich der politisch motivierte Terror meist gegen die jeweiligen Systemeliten, wobei nationalistische (ETA, IRA) und rechts- bzw. linksextremistisch begründete ideologische Motive (RAF, Action directe) zu den „klassischen" Gruppenmotiven zählen. Seit der islamischen Revolution im Iran 1979 hat sich als neue Form ein religiös verbrämter islamischer Terrorismus etabliert, bei dem sich Terror „von oben" (Iran, Afghanistan) und „von unten" (Ägypten, Algerien) länderübergreifend verbinden; Ziel islamischer Selbstmordattentate sind weniger politische Entscheidungsträger als Unbeteiligte (Schulkinder, Touristen, Einkaufszentren: z.B. New York, Lockerbie, Jerusalem).

Nach: Politik – aktuell für den Unterricht

Der Terrorismus in der Zukunft

Verwaltungsgericht setzt Rasterfahndung aus

Mit Hilfe eines Eilverfahrens haben zwei Studenten aus Syrien und Libyen vor dem Verwaltungsgericht in Hannover vorerst die Weitergabe ihrer persönlichen Daten durch das Landeskriminalamt an das Bundeskriminalamt gestoppt.

Nach Braunschweiger Zeitung vom 12. April 2002

Terrorismusexperten gehen davon aus, dass sich Terroristen in Zukunft biologischer, chemischer und atomarer Waffen bedienen. Darüber hinaus verweisen sie auf den sogenannten Cyber-Terrorismus. Es wird Anschläge durch oder auf das Internet geben. Denkbar ist dies in zwei Varianten:
Man könnte mit herkömmlichen Mitteln die Hardware von Banken, Flugsicherungsbehörden, Elektrizitätsunternehmen oder Kommunikationseinrichtungen zerstören.
Der andere Weg wären direkte digitale Anschläge. Was heute einzelne Hacker ausprobieren, könnten auch Terroristen übernehmen und damit Computernetze lahm legen. Auch der gezielte Einsatz von Viren ist denkbar. Dabei geht es den Terroristen um einen Mitteilungseffekt der Attentate. Ziel ist es, die Medien und damit die Öffentlichkeit zu erreichen. Die Bekämpfung des Terrorismus gestaltet sich immer schwieriger. Während die Terroristen alter Schule in deutlich abgrenzbaren Strukturen organisiert waren, spricht man heute von sog. Ad-hoc-Terroristen. Ihr Einsatzgebiet ist die ganze Welt, ihre Ziele sind beliebig. Es geht nicht nur darum, die Repräsentanten eines verhassten Regimes zu treffen. Vielmehr soll ein Maximum an Angst und Schrecken in der Bevölkerung ausgelöst werden. Als Beispiele sind der Anschlag auf das World Trade Center im Jahr 2001 oder der Giftgasanschlag auf die U-Bahn in Tokio im Jahr 1995 zu nennen.
Zur Gefahrenabwehr wird in einem „Anti-Terror-Paket" das Religionsprivileg im Vereinsrecht aufgehoben, Voraussetzung für das Verbot des islamistischen „Kalifastaats". Weitere Maßnahmen sind z.B. ein besserer Informationsaustausch zwischen den verschiedenen Sicherheitsbehörden und eine Ergänzung des Strafgesetzbuches (§ 129 b), wonach auch eine strafrechtliche Verfolgung von Mitgliedern ausländischer Terror-Organisationen in Deutschland ermöglicht werden soll.

Arbeitsvorschläge

1. Nennen Sie Motive terroristischen Handelns.

2. Informieren Sie sich über Maßnahmen zur Abwehr von Terroranschlägen.

16 | Leben und Arbeiten in Europa

Methode

Szenario

Der Begriff Szenario kommt aus der Welt des Schauspiels und meint die Spiel- oder Bildfolge eines Bühnenstückes. Mit Hilfe der Szenario-Spiel-Methode soll hier der Versuch unternommen werden sich vorzustellen, wie sich die Welt von morgen in naher, mittlerer oder ferner Zukunft entwickeln wird. Vor allem Wirtschaftsplaner, Politiker und Militärs bedienen sich dieser Methode, um sich rechtzeitig auf mögliche künftige Entwicklungen einzustellen und Abwehrmaßnahmen treffen zu können.

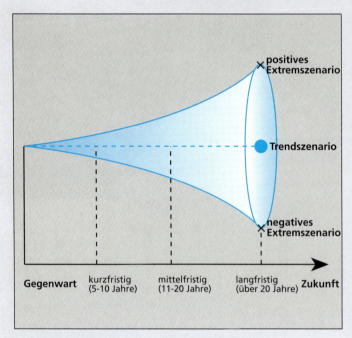

Ausgangspunkt ist die gegenwärtige Lage mit bekannten Entwicklungstendenzen, z.B. der immer schnellere Wandel der Produktionstechniken, die Erweiterung der Europäischen Union, die weltweite Umweltverschmutzung, das Wachstum der Weltbevölkerung oder die Entwicklung der internationalen Sicherheit. Diese Fakten und Situationen werden nun unter dem Gesichtspunkt betrachtet, wie sie sich weiter entwickeln könnten. Je nach Fantasie und verfügbarer Zeit ist dabei eine unbegrenzte Zahl von Möglichkeiten denkbar.

Ein häufig herangezogenes Modell zur Entwicklung von Szenarien ist der Szenario-Trichter, der u.a. die Unterscheidung von Trend- und Extremszenarien vorsieht. Trendszenarien schreiben die wahrscheinliche Entwicklung fort, Extremszenarien die bestmöglichen und schlechtestmöglichen.

Eine einfache Anwendungsform der Szenario-Methode ist die Formulierung und Beantwortung von Schlüsselfragen: „Was wäre, wenn ...?", z.B.

- „Was wäre, wenn die Wehrpflicht abgeschafft bzw. ausgesetzt würde?"
- „Was wäre, wenn der Benzinpreis wegen einer internationalen Krise auf 2,00 € steigt?"

Für eine umfassende Anwendung dieser Methode ist ein Vorgehen in mehreren Schritten üblich. Mit einem vereinfachten Drei-Schritt-Modell soll versucht werden, Hinweise für die Entwicklung von Szenarien zu geben.

1. Vorbereitungsphase

In der Vorbereitungsphase soll zwischen Schülern und Lehrer zunächst das organisatorische Vorgehen abgesprochen werden: Zeitplanung, Gruppenzusammensetzungen, Informationsbeschaffung und Darstellungsweisen der Arbeitsergebnisse. Auch sind möglichst Gruppenarbeitsräume und die erforderlichen Sachmittel bereitzustellen: Wandflächen, Tapetenreste oder Restrollen vom Zeitungsdruck, Filzstifte, Befestigungsmittel, eventuell Folien und Tageslichtprojektoren.

Methode

2. Durchführungsphase

Problemanalyse
Die Durchführungsphase beginnt mit der Auswahl eines Teilbereiches der internationalen Entwicklung, z.B.
- Welche Auswirkungen hat die Erweiterung der Europäischen Union auf die Länder Ost- und Südosteuropas für uns?
- Welche Auswirkungen hat die Zunahme der Bevölkerung in den Entwicklungsländern für uns?
- Wie reagieren wir auf die Gefährung unserer Sicherheit durch die Fähigkeit einiger Staaten, künftig atomare, chemische und biologische Waffen bis nach Mitteleuropa einzusetzen?

Anschließend sind in arbeitsteiligen Gruppen mögliche Schwierigkeiten, Risiken und Probleme aufzulisten und schriftlich festzuhalten, z.B. auf Wandzeitungen.

Bestimmung von Einflussfaktoren (Umfeldanalyse)
Jetzt sollen Sie in Gruppen mit Hilfe des Buches und weiterer Informationen untersuchen, welche Faktoren (Personengruppen, Institutionen, geografische Gegebenheiten usw.) wesentliche Einflüsse auf die weitere Entwicklung ausüben. Auch diese Ergebnisse sind für alle festzuhalten.

Entwicklung von Szenarien
Dies erfordert Ihre Fantasie. Nachdem Sie die Probleme analysiert und Faktoren bestimmt haben, sollen Sie nun in Gruppen Bilder von möglichen zukünftigen Situationen und Zuständen der Welt von morgen entwerfen.
Dabei sind Verabredungen denkbar, z.B. dass eine Gruppe „rosige" und eine andere „düstere" Auswirkungen beschreibt. („Positiv" und „Negativ-Szenarien"). Stellen Sie Ihre Ergebnisse erneut vor.

Auswirkungsanalyse
Auf der Grundlage der unterschiedlichen Szenarien können nun Chancen und Risiken künftiger Entwicklungen eingeschätzt und bewertet werden. Nach der Vorstellung der Arbeitsergebnisse durch die Gruppen ergibt sich die Überleitung zur letzten Phase.

3. Problemlösungsphase

Der letzte Schritt ist die Folgerung aus den erarbeiteten Szenarien und der Auswirkungsanalyse. Gemeinsam oder wieder in Gruppen sollen Sie nun einen Katalog von Entscheidungen und Maßnahmen erstellen, auf welche Weise unerwünschte Entwicklungen vermieden bzw. vermindert und gewünschte gefördert werden.

Schließlich sollten Sie überlegen, welchen Beitrag Sie selbst zur Förderung gewünschter Entwicklungen leisten können (z.B. FairTrade-Produkte zur Unterstützung der Landbevölkerung in Entwicklungsländern kaufen). Um keine Illusionen aufkommen zu lassen, sollten Sie auch darüber diskutieren, welche Realisierungschancen Ihre Vorschläge haben.

So trug 1946 der damalige britische Premierminister Winston Churchill in seiner berühmt gewordenen Rede in Zürich seine Idee vor, eine Art Vereinigter Staaten von Europa zu gründen:

„Wenn Europa einmal einträchtig sein gemeinsames Erbe verwalten würde, dann könnten seine drei- oder vierhundert Millionen Einwohner ein Glück, einen Wohlstand und einen Ruhm ohne Grenzen genießen ... Wir müssen eine Art Vereinigter Staaten von Europa schaffen ... Der Weg dahin ist einfach. Es ist nichts weiter dazu nötig, als dass Hunderte von Millionen Männern und Frauen Recht statt Unrecht tun und Segen statt Fluch ernten."

Presse- und Informationsamt der Bundesregierung, Europa wird eins, Bonn 1991

Was ist aus dieser Idee geworden?

16.1 Die Europäische Union entsteht

Europa-Begeisterung nach dem Zweiten Weltkrieg: Studenten reißen Schlagbäume nieder

Nach dem Zweiten Weltkrieg entsteht bei vielen Menschen die Idee eines vereinten Europa. Besonders in der jungen Generation entwickelt sich eine Europa-Begeisterung.

Gründe für die **Forderung nach europäischer Einigung**:
– Das vom Krieg zerstörte Europa kann den wirtschaftlichen Wiederaufbau nur leisten, wenn die Staaten zusammenarbeiten.
– Ein vereintes Europa soll den Nationalismus abbauen und damit künftige Kriege verhindern helfen.
– Der sich verschärfende Ost-West-Konflikt verstärkt in Westeuropa auch das Bedürfnis nach militärischer Zusammenarbeit, um eine drohende kommunistische Machterweiterung zu verhindern.

Den ersten Versuch einer europäischen Einigung bildet die Gründung des **Europarats** in Straßburg im Jahr 1949. Die Bundesrepublik Deutschland tritt ihm 1951 bei, heute gehören ihm 44 Staaten an. Die Hoffnungen auf eine rasche europäische Einigung erfüllen sich jedoch nicht, denn die Beschlüsse des Europarats sind für die Mitgliedsstaaten lediglich Empfehlungen und für die Regierungen der Mitgliedsstaaten nicht bindend. Nachdem deutlich wird, dass im Europarat kaum Fortschritte erzielt werden, schließen sich Belgien, die Bundesrepublik Deutschland, Frankreich, Italien, Luxemburg und die Niederlande zur **Montanunion** zusammen. Diese wird 1957 ergänzt durch die **Europäische Atom- und Wirtschaftsgemeinschaft**. Zehn Jahre später folgt der Zusammenschluss zur Europäischen Gemeinschaft mit dem Ziel einer noch engeren Zusammenarbeit. Den Anfang der „Zielgeraden" könnten der Beginn des Europäischen Binnenmarktes, die Ergänzung der Europäischen Gemeinschaft durch zusätzliche Politikbereiche zur **Europäischen Union** im Jahre 1993 und die Einführung des **Euro** am 1. Januar 1999 mit der Bargeldausgabe ab Januar 2002. Damit verbunden ist u.a. eine **Unionsbürgerschaft** für alle EU-Bürger, das aktive und passive **Kommunalwahlrecht** im jeweiligen Aufenthaltsland sowie das **Petitionsrecht** beim Europäischen Parlament.
Bezeichnend für die Anziehungskraft der EU sind ihre ständige Erweiterung sowie die Beitrittsanträge von z.Zt. zwölf weiteren Staaten (s. S. 322).

Der Weg zur Europäischen Union

1951: EGKS	1957: EWG	1957: Euratom
Europäische Gemeinschaft für Kohle und Stahl (Montanunion)	Europäische Wirtschaftsgemeinschaft	Europäische Atomgemeinschaft
Ziel: Schaffung eines gemeinsamen Marktes für Kohle und Stahl	Ziele: – Zollunion und gemeinsamer Markt – gemeinsamer Agrarmarkt – polit. Zusammenarbeit, Wirtschafts- und Währungsunion	Ziel: gemeinsame, friedliche Nutzung der Kernenergie

Mitglieder:
Belgien, Bundesrepublik Deutschland, Frankreich, Italien, Luxemburg, Niederlande

1. Juli 1967
Zusammenschluss der drei Gemeinschaften zur Europäischen Gemeinschaft (EG)

1. Juli 1973
Erweiterung der EG durch Beitritt Dänemarks, Großbritanniens und Irlands

1. Januar 1979
Inkrafttreten des Europäischen Währungssystems (EWS) zur Koordinierung der nationalen Währungspolitik. (Großbritannien nimmt am Wechselkursmechanismus nicht teil.)

10. Juni 1979
Erste Direktwahl zum Europäischen Parlament

1. Januar 1981
Beitritt Griechenlands

1. Januar 1986
Beitritt Spaniens und Portugal

7. Februar 1992
Vertrag über die Europäische Union (EU) – von Maastricht

1. Januar 1993
Europäischer Binnenmarkt

8. November 1993
Europäische Union

Gemeinsame Außen- und Sicherheitspolitik	Europäische Gemeinschaft Zollunion und Binnenmarkt gemeinsamer Agrarmarkt Wirtschafts- und Währungsunion	Zusammenarbeit in der Innen- und Rechtspolitik

Die drei Säulen des Einigungswerkes nach dem Vertrag von Maastricht

1. Januar 1995
Beitritt Österreichs, Schwedens und Finnlands

2. Oktober 1997
Vertrag von Amsterdam zur Reform der europäischen Verträge

1. Januar 1999
Beginn der Währungsunion durch Einführung des Euro (€)

1. Januar 2002
Der Euro ist alleiniges Zahlungsmittel im „Euroland" (EU ohne Dänemark, Großbritannien und Schweden)

Die Europäische Union der Fünfzehn

Bevölkerung 2000	in Mio
Luxemburg	0,4
Irland	3,8
Finnland	5,2
Dänemark	5,3
Österreich	8,1
Schweden	8,9
Portugal	10,0
Belgien	10,3
Griechenland	10,6
Niederlande	16,0
Spanien	39,5
Frankreich	59,5
Italien	57,9
Großbritannien	59,8
Deutschland	82,3
	378 Millionen

Quelle: ES-Zahlenbilder 715 290

Der Beitritt Norwegens zur EU, dem die Kommission bereits zugestimmt hatte, ist aufgrund eines negativen Volksentscheids vorerst verschoben worden.

16.2 Die Organe der Europäischen Union

Die Mitgliedstaaten der EU haben sich Organe geschaffen, welche die gemeinsamen rechtlichen und politischen Maßnahmen vorbereiten, entscheiden, ausführen und überwachen.

STRASSBURG, 14. Januar. Das Europäische Parlament hat mit 293 gegen 232 Stimmen bei 27 Enthaltungen einen Misstrauensantrag gegen die Europäische Kommission zurückgewiesen und damit den seit Monaten schwelenden Konflikt vorerst entschärft. Mit Mehrheit wurde die Einsetzung eines Ausschusses unabhängiger Sachverständiger unter Federführung der Kommisssion und des Parlaments gebilligt, der bis Mitte März den Vorwürfen von Betrug, Missmanagement und Günstlingswirtschaft nachgehen soll.

Frankfurter Allgemeine Zeitung vom 15. Juni 1999

Rechtsakte der Union

Verordnungen gelten unmittelbar in jedem Mitgliedstaat. Sie sind mit einzelstaatlichen Gesetzen vergleichbar.

Richtlinien gelten für die Mitgliedstaaten. Sie sind verbindlich im Ziel, überlassen den Einzelstaaten die Umsetzung in nationales Recht.

Entscheidungen sind für diejenigen verbindlich, die genannt werden, z.B. eine Regierung oder ein Unternehmen.

Empfehlungen und **Stellungnahmen** sind nicht verbindlich

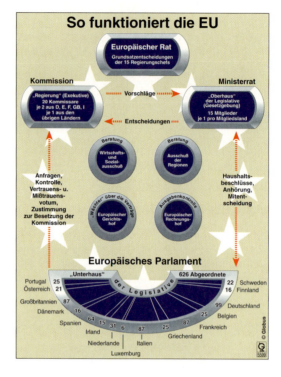

Die in Brüssel ansässige **Europäische Kommission** soll nach dem Willen der Gründer Motor der Einigung sein. Deshalb werden ihre Mitglieder zwar von den einzelnen nationalen Regierungen nach Zustimmung durch das Europäische Parlament ernannt, sind aber nicht an deren Weisungen gebunden. Die Europäische Kommission bereitet auf Vorschlag des Rates der Europäischen Union die Gesetze (Rechtsakte) der Union vor, hat selbst ein Vorschlagsrecht, sorgt für ihre Durchführung und kontrolliert die Einhaltung. Schließlich vertritt sie die EU in internationalen Organisationen. Kritiker werfen der Kommission „Überbürokratisierung durch eine übertriebene Regelungswut" vor.

Der **Europäische Rat** ist das „Gipfeltreffen" der Staats- und Regierungschefs der Mitgliedsländer und ihrer Außenminister. Ihm gehören auch der Präsident und ein Vizepräsident der Europäischen Kommission an. Der Europäische Rat kommt mindestens zweimal jährlich zusammen. Er „gibt der Union die für ihre Entwicklung erforderlichen Impulse und legt die allgemeinen politischen Zielvorstellungen für diese Entwicklung fest", heißt es im Vertrag über die Europäische Union. Auch bestimmt er die Grundsätze der gemeinsamen Außen- und Sicherheitspolitik.

Der **Rat der Europäischen Union** (Europäischer **Ministerrat**) hat bei der Gesetzgebung ein weitgehendes Entscheidungsrecht, das nur schrittweise durch Mitwirkungsrechte des Parlamentes der EU eingeschränkt wird. Jedes Land ist durch die zuständigen Fachminister vertreten, die ihrer Regierung verantwortlich sind. Je nach Wichtigkeit müssen Beschlüsse mit einfacher Mehrheit, mit qualifizierter Mehrheit oder einstimmig (z.B. Steuerfragen) gefasst werden. Im ersten und im letzten Fall hat jedes Land eine Stimme. Bei Beschlüssen mit qualifizierter Mehrheit (s. Grafik S. 315) hat jedes Land eine in etwa seiner Größe entsprechende Stimmenzahl zwischen zwei (z.B. Luxemburg) und zehn (z.B. Deutschland). Wie die britische Blockade von Ratsbeschlüssen bei der „Rinderwahnkrise" zeigt, ist die erforderliche Einstimmigkeit bei wichtigen Beschlüssen ein Hemmschuh für die Weiterentwicklung der Union.

Das Europäische Parlament ist 1999 zum fünften Mal seit 1979 direkt gewählt worden. Seine anfänglichen Beratungsaufgaben werden schrittweise erweitert, zuletzt durch das „**Mitentscheidungsrecht**" (Vetorecht) u.a. in Angelegenheiten des Binnenmarktes, des Gesundheitswesens und des Verbraucherschutzes. Beim „**Verfahren der Zusammenarbeit**", z.B. bei der Verkehrs- und Umweltpolitik, kann der Ministerrat Einwände des Parlaments durch einstimmigen Beschluss übergehen. Internationale Abkommen und die Ernennung der Europäischen Kommission bedürfen der **Zustimmung** des Parlaments.
Beim EU-Haushalt kann das Parlament gesetzlich nicht vorgesehene Ausgaben und sogar den gesamten Haushalt ablehnen.
Die Mitglieder des Europäischen Parlaments vertreten sowohl die Interessen ihrer Herkunftsländer als auch parteipolitische Vorstellungen. Deshalb haben sie sich zu übernationalen Fraktionen zusammengeschlossen.
Der **Europäische Gerichtshof** in Luxemburg kann von EU-Institutionen, Regierungen, Unternehmen oder auch von einzelnen Bürgern aufgerufen werden, wenn es um die Auslegung des Europäischen Rechts geht. Seine Entscheidungen sind verbindlich.

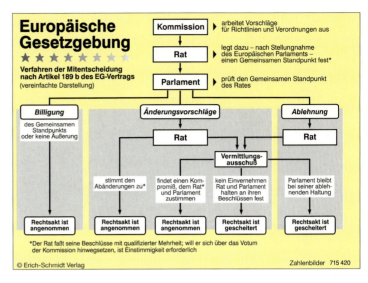

Fraktionen im Europäischen Parlament (bis 2004)

Parteien	Sitze
EVP-CD = Europäische Volkspartei (Christdemokraten und Europäische Demokraten)	233
SPE = Sozialdemokratische Partei Europas	179
LIBE = Liberale und demokratische Partei Europas	52
Grüne = Grüne/Freie Europäische Allianz	44
KVEL/NGL = Konföderale Fraktion der vereinigten Europ. Linken/Nordische Grüne Linke	43
UEN = Union für das Europa der Nationen	
EDU = Europa der Demokratien und der Unterschiede	18
FL = Fraktionslose	33

Quelle: Europäisches Parlament, 3/2002

Bundespräsident Rau plädiert für eine föderale EU-Verfassung

Straßburg (afp) Bundespräsident Rau hat sich nachdrücklich zur Europäischen Einigung bekannt und dazu den Aufbau einer „Föderation von Nationalstaaten" mit eigener Verfassung vorgeschlagen. Eine föderal organisierte EU wäre ein Garant für die Erhaltung der Vielfalt in Europa, betonte Rau vor dem Europaparlament in Straßburg. Diese Organisationsform verhindere den von vielen Bürgern gefürchteten zentralistischen „Superstaat".
Die Verfassung soll aus drei Teilen bestehen. Den ersten Abschnitt soll die im Dezember 1999 vom EU-Gipfel in Nizza proklamierte Grundrechte-Charta sein.

Im zweiten Teil sollten die Kompetenzen zwischen den Mitgliedsstaaten und der EU „mit der gebotenen Klarheit" abgegrenzt werden. Damit würde das Prinzip der Subsidiarität fest verankert. Auf europäischer Ebene dürfe nur entschieden werden, was die Mitgliedsländer nicht allen erledigen können.
Schließlich solle in einem dritten Abschnitt das „künftige institutionelle Gefüge Europas" festgelegt werden. Das Europaparlament und der Ministerrat sollten zu einem „echte Zwei-Kammer-Parlament" ausgebaut werden.

Nach Braunschweiger Zeitung vom 5. April 2001

Arbeitsvorschläge

1. Untersuchen Sie die EU-Organe daraufhin, ob sie eher nationale oder eher übernationale Anliegen vertreten. Belegen Sie Ihre Angaben mit Beispielen.

2. Stellen Sie die Fraktionen des Europäischen Parlaments fest, in denen Parlamentarier der im Deutschen Bundestag vertretenen Parteien mitarbeiten.

3. Entwickeln Sie einen Vorschlag zur Verbesserung demokratischer Beteiligungsmöglichkeiten bei Entscheidungen der Europäischen Union.

Leben und Arbeiten in Europa

16.3 Der Europäische Binnenmarkt

Was bringt uns der EU Binnenmarkt?

- **Handelshemmnisse werden abgebaut:** Normen werden vereinheitlicht oder müssen weichen (z.B. Lebensmittelvorschriften)
- **Binnengrenzen fallen fort:** Keine Zollformalitäten mehr
- **Markt wird größer:** Unternehmen können in größerem Stil und deshalb kostengünstiger produzieren
- **Wettbewerb nimmt zu:** Unternehmen müssen schärfer kalkulieren – Verbraucher profitieren

Mit der Vollendung des Europäischen Binnenmarktes zum 1. Januar 1993 wurde ein weiterer wichtiger Schritt zur Einigung Europas vollzogen. Die Grundlage dafür ist die „Einheitliche Europäische Akte", mit der schon 1986 die Ziele festgelegt wurden:

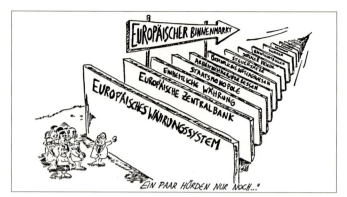

1. Verwirklichung eines Raumes ohne Binnengrenzen
2. Durchführung strukturpolitischer Maßnahmen
3. Zusammenarbeit auf den Gebieten Forschung und technologische Entwicklung
4. Zusammenarbeit in der Wirtschafts- und Währungspolitik (Wirtschafts- und Währungsunion)
5. Soziale Dimension (Vereinheitlichung der Arbeitnehmerrechte)
6. Umweltpolitik

EG-Kommission, Start in den Binnenmarkt, Brüssel, Luxemburg 1991

Mehrwertsteuer in der EU in %

	Ermäßigter Satz	Normalsatz
Dänemark	–	25
Irland	4,2	21
Belgien	6	21
Italien	4	20
Frankreich	2,1	19,6
Griechenland	4	18
Niederlande	6	19
Großbritannien	5	17,5
Portugal	5	19
Luxemburg	3	15
Spanien	4	16
Deutschland	7	16
Österreich	10	20
Finnland	8	22
Schweden	6	25

(Stand: Anfang 2002)

Den Binnenmarkt kennzeichnen die vier Grundfreiheiten:
1. **Freier Personenverkehr**: Jeder EU-Bürger kann sich ohne Kontrollen innerhalb der „Binnengrenzen" der EU frei bewegen, seinen Arbeitsplatz suchen oder sich selbständig machen. Die Grenzkontrollen zwischen den Staaten der EU entfallen, mit Ausnahme zu den Inselstaaten Großbritannien und Irland; dafür werden die Außenkontrollen verschärft.
2. **Freier Warenverkehr**: Durch den Wegfall der Grenzkontrollen können alle Waren in der ganzen Gemeinschaft frei befördert werden. Voraussetzung dafür ist jedoch, dass z.B. die technischen Normen und die Steuern harmonisiert (angeglichen) werden.
3. **Freier Dienstleistungsverkehr**: Dienstleistungsunternehmen wie Banken und Versicherungen werden in der ganzen Gemeinschaft vertreten sein. Die Verbraucher haben eine größere Auswahl.
4. **Freier Kapitalverkehr**: Jeder kann sein Geld dort anlegen, wo es ihm am vorteilhaftesten erscheint. Geldbeträge können unbeschränkt mitgeführt werden.

Wesentliche Voraussetzung hierfür war die Neuordnung des Warenverkehrs. Seit 1968 wurden zwar die Zölle zwischen den Mitgliedstaaten der „Europäischen Gemeinschaft" schrittweise abgeschafft und nur gegenüber „Drittländern" erhoben (**Zollunion**). Bei Überschreitunge von Freimengen waren jedoch die unterschiedlichen Verbrauchssteuersätze an den Grenzen auszugleichen.

Heute kaufen Händler ihre Waren im Ausland steuerfrei ein und versteuern sie im Inland. Privatreisende hingegen zahlen die Umsatzsteuer beim Einkauf „für den Privaten Bedarf" im jeweiligen Land. Gegenüber Drittländern außerhalb des **Europäischen Wirtschaftsraums** (EWR = EU + Norwegen und Island) ist weiterhin Zoll zu zahlen, wenn bestimmte Freimengen überschritten werden.

Noch sind nicht alle Ziele erreicht, die mit dem Binnenmarkt angestrebt werden. U.a. wird an den Grenzen zu den Inselstaaten Großbritannien und Irland aus Sicherheitsgründen weiterhin kontrolliert. Auch bestehen immer noch große Unterschiede bei den Steuersystemen. Großbritannien, Dänemark und Schweden zählen noch nicht zu den „Euroländern".

Der Binnenmarkt weckt bei vielen Bürgern neben Hoffnungen auch Sorgen. So beunruhigt die

Niederlassungs- und Beschäftigungsfreiheit.
- Arbeitnehmer befürchten die Abwanderung deutscher Unternehmen in EU-Länder mit geringeren Löhnen und geringeren Sozialleistungen sowie die Konkurrenz um Arbeitsplätze durch ausländische Kollegen mit niedrigen Löhnen.
- Handwerksmeister argwöhnen, dass sie benachteiligt werden, weil sich auswärtige Kollegen mit abgeschlossener Berufsausbildung und sechs Jahren Berufspraxis nach EU-Recht selbständig machen können.
- Ärzte, Apotheker und Krankengymnastinnen befürchten Konkurrenz durch weniger gut ausgebildete Fachkräfte.

Ein weiteres Problem ist die Furcht vor grenzüberschreitender Kriminalität bei offenen Grenzen. Deshalb wurde bereits 1985 das **Schengener Abkommen** geschlossen, das mit dem Vertrag von Amsterdam (in Kraft seit 1. Mai 1999) Unionsrecht ist.

Bei der Europäischen Kommission 1995 eingereichte Klagen zum Handel im Binnenmarkt

Land	Anzahl
Deutschland	54
Frankreich	50
Italien	32
Spanien	26
Schweden	19
Belgien	17
Niederlande	15
Österreich	10
Griechenland	9
Großbritannien	8
Dänemark	5
Portugal	5
Finnland	4
Luxemburg	3
Irland	0

Welt am Sonntag, 21.4.97

Auch im Bereich der Sicherheit sind noch nicht alle Absichten verwirklicht. Die überstaatliche Polizeibehörde **Europol** hat zwar 1999 ihre Arbeit aufgenommen, doch ist das Informationssystem zur Bekämpfung von grenzüberschreitender Kriminalität noch im Aufbau. Als Reaktion auf die Terroranschläge vom 1. September 2001 in den USA soll die Einsatzmöglichkeit von Europol verbessert werden. Bisher darf Europol zwar ermitteln, aber keine Festnahmen vornehmen. Hintergrund der bisher nur langsamen Fortschritte ist das Unbehagen in einigen Ländern, einen Teil der Selbstbestimmung an die EU abzugeben.

Arbeitsvorschläge

1. Beschreiben Sie die „Vier Freiheiten" des Binnenmarktes mit je einem Beispiel.

2. Ermitteln Sie in einer Umfrage, welche dieser Freiheiten die größte Zustimmung erhält.

3. Berichten Sie über Ihre „Grenzerfahrungen" bei Auslandsreisen. Beschreiben Sie Unterschiede.

4. Ermitteln Sie durch Beobachtung der Medien, ob und welche Fortschritte beim Binnenmarkt erfolgt sind.

16.4 Das soziale Europa

Leben und arbeiten in Europa

In einer Berufsschulklasse des Ausbildungsberufs Koch/Köchin wird beim Thema Binnenmarkt die Frage erörtert, welche Arbeitsbedingungen vorzufinden sind, wenn das Recht auf „Freizügigkeit" in Anspruch genommen wird und nach der Ausbildung ein Arbeitsplatz in einem anderen Land der Europäischen Union gesucht wird. Neun von 21 Schülerinnen und Schülern ziehen einen solchen Schritt in Erwägung.

Europa – Leben und arbeiten
Herausgeber: Presse- und Informationsamt der Bundesregierung,
11044 Berlin

Arbeitsplatz Europa,
Arbeitsaufnahme in den Ländern der EU, Heft 8 der Reihe „Ihre berufliche Zukunft", erhältlich bei den Arbeitsämtern

Die „Freizügigkeit", das Recht überall in der Europäischen Union zu leben und zu arbeiten, gilt schon seit 1968. Mit dem Binnenmarkt sind weitere Erleichterungen verbunden, u.a. die weitgehende gegenseitige Anerkennung der Berufsabschlüsse und Diplome. Grundsätzlich gilt:

- Berufsanfänger haben die Möglichkeit, sich bei den „Europäischen Berufsberatungszentren" über Arbeitsmöglichkeiten in anderen Ländern der Union zu informieren. Für jedes Land gibt es bei den Arbeitsämtern in verschiedenen Städten Spezialinformationen. Über Großbritannien und Irland informiert z.B. das Arbeitsamt Bremen.

- Wer länger als drei Monate in einem Mitgliedsstaat der Union lebt, muss eine Aufenthaltserlaubnis beantragen. Sie muss gewährt werden, wenn ein Arbeitsverhältnis vorliegt. Dies gilt nicht bei „Nebenjobs" von Studenten. Diese müssen drei Bedingungen erfüllen, um eine Aufenthaltserlaubnis zu bekommen:
  - Sie müssen an einer Hochschule eingeschrieben sein,
  - ausreichende Mittel für den Lebensunterhalt nachweisen,
  - krankenversichert sein.

- Erwerbstätige sind in dem Land kranken-, arbeitslosen- und rentenversichert, in dem sie arbeiten. Ausgenommen davon sind Arbeitnehmerinnen und Arbeitnehmer, die für ihre deutsche Firma im Ausland arbeiten, z.B. bei Montagearbeiten.

Weitere Informationen sind bei den Arbeitsämtern erhältlich.

Technischer Arbeitsschutz
soll Arbeitnehmer vor gesundheitlichen Gefährdungen bei der Arbeit und durch die Arbeit schützen (vor allem Verhütung von Arbeitsunfällen und Berufskrankheiten).

Sozialer Arbeitsschutz
regelt die übrigen Schutzbestimmungen wie Arbeitszeit, Urlaub und Schutz besonderer Personengruppen (Jugendliche, Schwangere).

Schutz sozialer Leistungen

Unterschiedliche Traditionen haben in Europa auch abweichende Sozialsysteme hervorgebracht, die sich nach allgemeiner Einschätzung nur teilweise angleichen lassen. Dies betrifft u.a. tarifliche und gesetzliche Lohnnebenkosten, z.B. Rentenansprüche. Zu starke Benachteiligungen sollen jedoch durch die europäische Sozialpolitik gemindert und neue vermieden werden.

Die Europäische Sozialpolitik ergänzt die Regional- und Beschäftigungspolitik der EU (s. S. 125 ff.) u.a. mit Bestimmungen zum technischen und sozialen Arbeitsschutz. Dazu gehören z.B. die Verbesserung des Mutterschutzes, die Gleichstellung von Frauen und Männern sowie die Festlegung des gesetzlichen Mindesturlaubs, der deshalb in Deutschland von 18 auf 24 Werktage erhöht werden musste. Das Ziel ist die Angleichung des Arbeitsschutzes an ein durchschnittliches Mindestniveau. Weitergehende Vorschriften in anderen Ländern können jedoch beibehalten werden.
Kritiker befürchten, dass viele dieser Bestimmungen die Kluft zwischen den armen und reichen Regionen in Europa eher vertiefen. Sie verweisen darauf, dass zusätzlicher Arbeitsschutz die Produktionskosten erhöht und damit die Wettbewerbsfähigkeit mindert. Zudem befürchten sie, dass dadurch die Arbeitsmarktchancen einiger Personengruppen verschlechtert werden.

Verschärfte Mutterschutzbestimmungen mindern die Beschäftigungschancen junger Frauen. Die Arbeitnehmer der ärmeren EU-Länder ziehen Einkommen gegenüber der Freizeit vor. Durch die Begrenzung der Arbeitszeit (beim Mutterschutz, d. Verf.) ist ihr Einkommen jedoch geringer, als dies ansonsten möglich wäre."

Nach Horst Feldmann, Frankfurter Allgemeine Zeitung, 4. Dez. 1999

Grundlage für den sozialen Arbeitsschutz in der Europäischen Union ist die „Gemeinschaftscharta der sozialen Grundrechte der Arbeitnehmer" von 1989.

1. Das Recht der Arbeitnehmer, in dem Mitgliedsstaat ihrer Wahl zu arbeiten
2. Das Recht auf ein geregeltes Entgelt
3. Das Recht auf verbesserte Lebens- und Arbeitsbedingungen
4. Das Recht auf sozialen Schutz entsprechend den Gegebenheiten der einzelnen Mitgliedstaaten
5. Die Koalitionsfreiheit und das Recht auf Tarifverhandlungen
6. Das Recht auf Berufsausbildung
7. Das Recht von Männern und Frauen auf Gleichbehandlung
8. Das Recht der Arbeitnehmer auf Unterrichtung, Anhörung und Mitwirkung
9. Das Recht auf Gesundheitsschutz und Sicherheit am Arbeitsplatz
10. Den Kinder- und Jugendschutz
11. Das Recht der älteren Menschen auf einen angemessenen Lebensabend
12. Die Förderung der sozialen und beruflichen Eingliederung von Behinderten

Quelle: Europäische Kommission, Für ein soziales Europa, Brüssel 1996

Ergänzt wird die Sozialcharta durch ein „Abkommen über die Sozialpolitik", das 1992 im Zusammenhang mit dem Maastrichter Vertrag beschlossen wurde. Großbritannien hat zunächst die Zustimmung verweigert, ist aber später beigetreten. Ein wichtiges Ergebnis des Sozialabkommens ist die Richtlinie über die Schaffung von „Euro-Betriebsräten" von 1994.

Abkommen über die Sozialpolitik, Artikel 1

Die Gemeinschaft und die Mitgliedstaaten haben folgende Ziele: die Förderung der Beschäftigung, die Verbesserung der Lebens- und Arbeitsbedingungen, einen angemessenen sozialen Schutz, den sozialen Dialog, die Entwicklung des Arbeitskräftepotentials im Hinblick auf ein dauerhaft hohes Beschäftigungsniveau und die Bekämpfung von Ausgrenzungen. (...)
nach: Rat u. Kommission der Europäischen Gemeinschaft: Vertrag über die europ. Komm., Brüssel 1992

Richtlinie über die Einsetzung eines Europäischen Betriebsrates

oder die Schaffung eines Verfahrens zur Unterrichtung und Anhörung der Arbeitnehmer im gemeinschaftsweit operierenden Unternehmen und Unternehmensgruppen vom 22. September 1994

Artikel 1

(1) Das Ziel der Richtlinie ist die Särkung des Rechts auf Unterrichtung und Anhörung der Arbeitnehmer in gemeinschaftsweit operierenden Unternehmen und Unternehmensgruppen.

Artikel 2

(1) Im Sinne dieser Richtlinie bezeichnet der Ausdruck
a) „gemeinschaftsweit operierendes Unternehmen": ein Unternehmen mit mindestens 1 000 Arbeitnehmern in den Mitgliedsstaaten und mit jeweils mindestens 150 Arbeitnehmern in mindestens zwei Mitgliedsstaaten.

Arbeitsvorschläge

1. *a) Stellen Sie für sich eine Liste von Anforderungen zusammen, die Sie erfüllen müssen, um in einem EU-Land Ihrer Wahl zu arbeiten.*

b) Besorgen Sie sich Informationen über die Arbeitsbedingungen in diesem Land.

2. *Diskutieren Sie in einer Pro- und Kontra-Diskussion den Zielkonflikt zwischen der Angleichung des Arbeitsschutzes in der EU und den Arbeitsmarktschancen junger Frauen.*

3. *Erkunden Sie konkrete Veränderungen im Arbeits- und Sozialrecht der EU, z.B. bei der Rechtsstelle einer Gewerkschaft.*

16.5 Die Agrarpolitik – Ärgernis oder Stütze der EU?

AUF DEM HOLZWEG

„Also in welche Richtung wollen wir?"

Seit Beginn des Einigungsprozesses der EU zählt die Agrarpolitik zu den wichtigsten Aufgabenbereichen europäischer Politik. Ihre Anfänge stehen noch in Erinnerung an die Hungerjahre nach dem Zweiten Weltkrieg. Europa konnte sich noch nicht selbst versorgen.

Artikel 39 des EWG-Gründungsvertrages 1957

Ziel der gemeinsamen Agrarpolitik ist es:
a) die Produktivität der Landwirtschaft durch Förderung des technischen Fortschritts, Rationalisierung der landwirtschaftlichen Erzeugung und dem bestmöglichen Einsatz der Produktionsfaktoren, insbesondere der Arbeitskräfte, zu steigern;
b) auf diese Weise der landwirtschaftlichen Bevölkerung, insbesondere durch Erhöhung des Pro-Kopf Einkommens der in der Landwirtschaft tätigen Personen, eine angemessene Lebenshaltung zu gewährleisten;
c) die Märkte zu stabilisieren;
d) die Versorgung sicherzustellen;
e) für die Belieferung der Verbraucher zu angemessenen Preisen Sorge zu tragen.

Agrarprodukte
Öffentliche Lagerbestände in Deutschland Tausend Tonnen

		2000
Getreide	11 700	508,0
Magermilchpulver	129	0,0
Butter	231	0,9
Rindfleisch	145	0,5
(Juli 2001 4,6)		

Braunschweiger Zeitung, 26. Juli 1999

Marktordnungen gewähren den Landwirten einen abgestuft wirksamen Schutz vor Absatzeinbußen und Preisverfall. Eine volle Absatzgarantie und zunächst auch eine Preisgarantie gilt z.B. für Getreide. Nicht am Markt absetzbare Mengen werden zu einem Mindestpreis, dem Interventionspreis, von staatlichen Stellen aufgekauft, gelagert und möglichst wieder verkauft. Der Interventionspreis soll etwa die Herstellungskosten decken und liegt lange Jahre über dem Weltmarktpreis.

Den **Schutz vor billigen Importen** genießen eine Großzahl von landwirtschaftlichen Produkten dadurch, dass Agrarimporte außerhalb der EU durch Zölle („Abschöpfungen") auf EG-Preisniveau gebracht werden. Bei Ausfuhren gibt es Zuschüsse, um die Differenz zum niedrigeren Weltmarktpreis auszugleichen.

Verbesserte Anbaumethoden und Düngung, verbunden mit den Anreizen der Gemeinschaft, führen im Laufe der Jahre zu ständig wachsenden Überschüssen. Die Folge davon ist, dass die Kosten des Agrarmarktes von rund 4 Mrd. € im Jahr 1974 auf etwa 50 Mrd. € im Jahr 2002 steigen. Dies ist nahezu die Hälfte des EU-Haushaltes und erfordert bald eine Begrenzung der Ausgaben. Dabei gibt es prinzipiell zwei Möglichkeiten (s. Schaubild).

Bauerndemonstration in Brüssel
Bei der großen Bauerndemonstration in Brüssel, an der auch mehrere Landwirte aus Wolfenbüttel teilgenommen hatten, waren Bauern zumindest teilweise erfolgreich. Die Getreidepreissenkung wird nicht 30 sondern 15 Prozent betragen.
Braunschweiger Zeitung, 26. Juli 1999

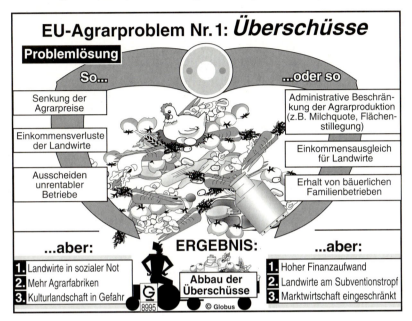

Mitglieder zweiter Klasse
Die Verhandlungen mit den Beitrittsländern, u.a. mit Polen und Tschechien, haben deutlich werden lassen, dass sich die Beschlüsse zur Agenda 2000, die Beitrittsländer nicht in die erweiterten Ausgleichszahlungen einzubeziehen, politisch nicht durchsetzbar sein wird. Von den Beitrittsländern wird dies als „Mitgliedschaft zweiter Klasse" strikt abgelehnt.
nach Das Parlament, 12. Januar 2001

In einer grundlegenden Reform von 1992 wird vom Ministerrat ein Maßnahmenbündel beschlossen, das bestehende Beschränkungen verschärft und neue einführt.
– Die „Milchquotenregelung" von 1984 wird auf andere Produkte ausgedehnt: Es werden nur noch Garantiemengen (Quoten) aufgekauft. Wer mehr produziert, bekommt ein geringeres Entgelt, wenn er seine Produkte nicht auf dem freien Markt verkaufen kann. Diese Regelung wird auf andere Produkte, z.B. auf Zuckerrüben, ausgedehnt.
– Die Preise für Getreide und Rindfleisch werden in drei Schritten gesenkt; die Landwirte erhalten direkte Ausgleichszahlungen.
– Flächenstilllegungen, Aufforstungen landwirtschaftlich genutzter Böden, der Anbau industriell verwertbarer Rohstoffe und umweltverträgliche Produktionsweisen werden gefördert.

Auf diese Weise wurden die Überproduktion und damit auch die Lagerbestände vermindert (s. Randspalte S. 220). Eine neue Herausforderung für die Agrarpolitik ergibt sich mit der geplanten Erweiterung der EU um die mittel- und osteuropäischen Ländern mti einem hohen Landwirtschaftsanteil. Um den Beitritt dieser Länder bezahlbar zu machen, werden in der **Agenda 2000**, dem Erweiterungsprogramm der EU, Preissenkungen für landwirtschaftliche Produkte, verstärkte Direktbeihilfen und die Förderung des ländlichen Raumes beschlossen. Dies wird mit erheblichen Bauernprotesten begleitet.
Die BSE-Krise im Frühjahr 2001 führt in Deutschland zu einer weiteren Umlenkung der Agrarpolitik: Die Bundesregierung plant, ab 2003 EU-Beihilfen zu einer **„ökologischen Agrarwende"** umzuschichten.

Arbeitsvorschläge

1. Nehmen Sie Stellung zu den Zielen der gemeinsamen Agrarpolitik der EU von 1957. Welche halten Sie heute noch für wichtig?
2. Worauf sind Agrarüberschüsse zurückzuführen?
3. Mit welchen Maßnahmen wird versucht, Überschüsse abzubauen?
4. Sammeln Sie Informationen zu Maßnahmen und Auswirkungen der Agrarpolitik.

Einlagerung von Butter

16.6 Die Zukunft Europas

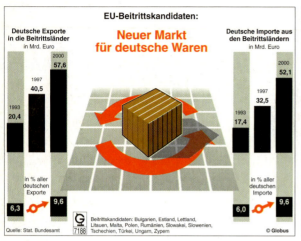
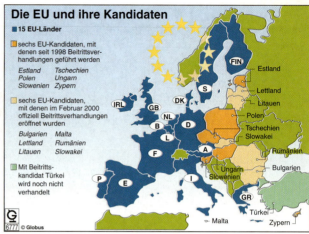

EU legt Fahrplan für die Erweiterung fest

Göteborg (dpa/afp) Die Europäische Union hat (...) ihren Erweiterungsplan präzisiert. Gemäß dem Gipfelbeschluss von Göteborg sollen die besten Kandidaten 2004 Mitglieder der EU sein.

Braunschweiger Zeitung von 18. Juni 2001

Einwohnerzahlen in Mill. (2000) und Wirtschaftsleistung je Kopf nach Kaufkraft der EU-Kandidaten (EU Durchschnitt = 100%)

	Einwohner in Mill.	in Euro	in % des EU-Durchschnitts
Bulgarien	8,3	4 700	22
Estland	1,4	7 800	36
Lettland	2,4	5 800	27
Litauen	3,7	6 200	29
Malta	0,4	o.A.	o.A.
Polen	38,7	7 800	38
Rumänien	22,5	5 700	27
Slowak. Rep.	5,4	10 300	49
Slowenien	2,0	15 000	71
Tschech. Rep.	10,3	12 500	59
Ungarn	10,1	10 700	51
Zypern	0,7	17 100	81
Türkei	64,3	5 900	28
Bewerberländer (13)	170,2	7 200	34
EU (15)	**757,9**	**21 200**	**100**

Quelle: Eurostaat, November 2000

Parallel zu dem Weg in eine Union mit einem immer größeren Anteil an gemeinsamer Wirtschaft und Politik wird die äußere Erweiterung vorbereitet. Schrittweise, mit dem „Gipfel von Amsterdam" im Juni 1997 und dem Vertrag von Nizza im Februar 2001, wird der Weg weitgehend freigemacht. Seit Februar 2000 wird mit 12 Beitrittskandidaten verhandelt, deren Reform- und Angleichungsprozesse sich unterschiedlich entwickeln. Nach Kompromissen bei der Finanzierung haben die 15 EU-Staaten am 13. Dezember 2002 auf dem Gipfel in Kopenhagen die Verhandlungen mit den acht osteuropäischen Ländern sowie Malta und Zypern abgeschlossen. Sofern deren Parlamente bzw. Bevölkerungen zustimmen, soll der Beitritt 2004 erfolgen, noch vor den Neuwahlen zum Europäischen Parlament im gleichen Jahr. Es wird erwartet, dass Bulgarien und Rumänien 2007 aufgenommen werden können. Ein Verhandlungstermin für die Türkei steht noch nicht fest.

Die Zukunft Europas

Im „Vertrag über die Europäische Union" (Vertrag von Maastricht) von 1992 heißt es: „Jeder Europäische Staat kann beantragen, Mitglied der Europäischen Union zu werden". Der Europäische Rat formulierte dazu 1993 in Kopenhagen:

„Als Voraussetzung für die Mitgliedschaft muss der Beitrittskandidat eine institutionelle Stabilität als Garantie für demokratische und rechtsstaatliche Ordnung, für die Wahrung der Menschenrechte sowie die Achtung und den Schutz von Minderheiten verwirklicht haben; sie erfordert ferner eine funktionsfähige Marktwirtschaft sowie die Fähigkeit, dem Wettbewerbsdruck und den Marktkräften innerhalb der Union standzuhalten. Die Mitgliedschaft setzt ferner voraus, dass die einzelnen Beitrittskandidaten die aus ihrer Mitgliedschaft erwachsenden Pflichten übernehmen...".

Presse- und Informationsamt der Bundesregierung, Europa in 100 Stichworten, Berlin 2000, S. 58

EU der 27
Stimmen und Sitze in einer erweiterten Union nach dem Vertrag von Nizza

EU-Mitglieds-staaten und * Betritts-länder	Stimmen im Ministerrat	
	neu	bisher
Deutschland	29	10
Großbritannien	29	10
Frankreich	29	10
Italien	29	10
Spanien	27	8
*Polen	27	–
*Rumänien	14	–
Niederlande	13	5
Griechenland	12	5
*Tschechien	12	–
Belgien	12	5
*Ungarn	12	–
Portugal	12	5
Schweden	10	4
*Bulgarien	10	–
Österreich	10	4
*Slowakei	7	–
Dänemark	7	3
Finnland	7	3
*Litauen	7	–
Irland	7	3
*Lettland	4	–
*Slowenien	4	–
*Estland	4	–
*Zypern	4	–
Luxemburg	4	2
*Malta	3	–

Aus Sicht der Bundesregierung ergeben sich aus der Erweiterung der Union viele Vorteile:
- Europa wird **stärker**: Es kann sich weltweit besser behaupten.
- Europa wird **wohlhabender**: Mehr Handel und größere Märkte dienen allen.
- Europa wird **sicherer**: Die enge polizeiliche Zusammenarbeit in der EU macht Verbrechern das Leben schwerer.
- Europa wird **umweltfreundlicher**: Die strengen EU-Umweltnormen gelten bald auch in den künftigen Mitgliedsländern.
- Europa wird **friedlicher**: Für Konfliktlösungen mit Gewalt oder Gewaltandrohung ist in der EU kein Platz.
- Europa wird **freier**: Jeder von uns kann sich in einem größere Gebiet frei bewegen, dort leben, arbeiten, studieren, investieren oder reisen.

Presse- und Informationsdienst der Bundesregierung, Die EU-Erweiterung, Berlin o.J.

Arbeitsvorschläge

1. Erläutern Sie an einem Beispiel die Notwendigkeit der Angleichung von Rechtsnormen bei einem EU-Beitritt weiterer Staaten
2. Halten Sie es für gerechtfertigt, die Aufnahme in die EU an Bedingungen zu knüpfen? Nehmen Sie dazu Stellung.
3. Ordnen Sie die oben aufgezählten Vorteile der EU-Erweiterung in eine Reihenfolge der Wichtigkeit aus Ihrer Sicht und beurteilen Sie die Realisierungschancen.

Eigennützige Ansprüche bremsen Osterweiterung der EU

BRÜSSEL, 24. April. Die Ost-Erweiterung der Europäischen Union droht durch eigennützige Ansprüche der EU-Mitgliedsregierungen gebremst zu werden. Nach den deutschen Forderungen zur Einschränkung der Arbeitnehmer-Freizügigkeit hat nun auch Spanien wissen lassen, dass es keine Abstriche bei seinen Brüsseler Regionalhilfen als Folge des Beitritts ärmerer Staaten aus Mittel- und Osteuropa hinnehmen werde. (...)
Die Sorgen Madrids knüpfen an der spürbaren Senkung des durchschnittlichen Je-Kopf-Einkommens in der EU an, wenn jene zwölf Anwärter auf den Beitritt Mitglieder werden, mit denen gegewärtig verhandelt wird. Die Erweiterung der Gemeinsschaft werde jene Staaten und Regionen begünstigen, die heute noch nicht das Durchschnittseinkommen der EU erreichen. (...) Nach Angaben der EU-Kommission werden von den zehn Regionen Spaniens, die bislang unter die höchste Brüsseler Förderstufe fielen, nur drei Regionen (Andalusien, Estremadura und Galicien) nach dem Beitritt von zehn mittel- und osteuropäischen Staaten sowie Malta und Zypern noch von der „Ziel-1-Förderung" profitieren können.

Frankfurter Allgemeine Zeitung, 25. April 2001

„Macht hoch die Tür, die Tor' macht weit!"

Aus dem schwerfälligen Entscheidungsprozess bei der Erarbeitung des Vertrages von Nizza, dem eine „tiefgreifende" Reform für mehr Demokratie und Regierbarkeit fehle, hat das Europäische Parlament Forderungen abgeleitet:

Nicht wieder nur Mist hinter verschlossenen Türen
Die Form der Regierungskonferenzen hat die Weiterentwicklung der EU-Verträge blockiert. Deshalb verlangt das Parlament, zukünftig bei Vertragsverhandlungen die Form eines Europäischen Konvents zu wählen. In diesem Rahmen sollen auch das Europäische Parlament, die nationalen Parlamente sowie die EU-Kommission beteiligt werden.
„Wir dürfen nicht zulassen, dass weiter mit dem Instrument der Regierungskonferenz gearbeitet wird, und an Stelle von Reformen von den nationalen Bürokratien hinter verschlossenen Türen nur wieder Mist produziert wird. (...)
Die Ausdehnung der Beschlussfassung im Ministerrat mit qualifizierter Mehrheit – begleitet vom Verfahren der Mitentscheidung des Parlaments – stellt den Schlüssel für den Erfolg bei der Schaffung eines wirklichen institutionellen Gleichgewichts in der EU dar."

nach Hartmut Hausmann, Das Parlament, 8. Juni 2001

Arbeitsvorschläge

1. Erörtern Sie Gründe für die deutsche Forderung nach Einschränkung der Arbeitnehmerfreizügigkeit (längeren Übergangsfristen) für Beitrittskandidaten.
2. Welche Konsequenzen ergeben sich für Regionalhilfen in Deutschland (s. S. 125) bei der EU-Erweiterung?
3. Vergleichen Sie die Forderungen des EU-Parlaments zur demokratischen Reform der EU mit Ihren Vorschlägen aus Aufgabe 3, S. 315.
4. Ermitteln Sie den aktuellen Stand und dabei auftretende Probleme
    a) der inneren Reformen der EU und
    b) der Erweiterung um neue Mitglieder

17 | Friedenssicherung

17.1 Bürgerkriege und Internationale Konflikte

Terror: Tausende sterben bei Anschlägen in den USA

Auch Muslime trauern

Seit gestern 9 Uhr herrscht Krieg

Schröder: „Eine Kriegserklärung"

Trauma der Verletzbarkeit

Schlagzeilen von Tageszeitungen am 12. September 2001

Der **11. September 2001** mit den Anschlägen auf das **World Trade Center** in New York und auf das **Pentagon**, dem US-Verteidigungsministerium, ist ein bislang unbekannter Höhepunkt des internationalen Terrorismus und der Verletzlichkeit des Friedens. Ausgeführt wurde der Anschlag vermutlich durch die Terrororganisation des Moslemführers Osama bin Laden. Durch den Anschlag wurde die Gefahr islamistischen Terrors, dem auch im Frühjahr 2002 deutsche Touristen in Tunesien zum Opfer fielen, deutlich in unser Bewusstsein gerufen.

> Für die Islamisten ist der Kolonialismus noch nicht beendet. Unabhängigkeit, soziale Gerechtigkeit, Gleichheit, Einheit, eine Gesellschaft ohne Laster und Korruption – das sind, stichwortartig die Ziele, die die Islamisten verfolgen. Unabhängigkeit heißt hier Unabhängigkeit von westlicher Dominanz, um die „Befreiung Palästinas" und damit das endgültige Ende des Europäischen Kolonialismus herbeiführen zu können.

Albrecht Metzger, Islam und Politik, Information zur politischen Bildung aktuell, 2002, S. 8

Die Medien brachten auch schon früher fast täglich Schreckensmeldungen: Bürgerkriege im ehemaligen Jugoslawien, Terrorakte und „Vergeltungsmaßnahmen" zwischen Palästinensern und Israelis trotz mehrfachen Friedensbemühungen und Bürgerkriegen in Afrika. Immer noch besteht offenbar ein unversöhnlicher Hass zwischen „Christen" in Nordirland. Die Folge: Unbeschreibliches Leid der Menschen, Zerstörung von Lebensgrundlagen ganzer Regionen und jahrhundertealter Kulturdenkmäler.

Der Hoffnungsschimmer auf eine friedliche Zukunft nach Beendigung des Ost-West-Konflikts weicht der beklemmenden Erkenntnis, dass scheinbar eingedämmte regionale Konflikte zwischen ethnischen und religiösen Gruppen neu aufbrechen. Andererseits gibt es auch hin und wieder Anzeichen für Verständigung und Friedensschlüsse.

35 Kriege 2000
Afrika	13
Asien	11
Vorderer und Mittlerer Orient	9
Lateinamerika	2

> Zu Beginn der 90er Jahre hat die Zahl der jährlich geführten Kriege nicht nur keinerlei Anzeichen der Abnahme gezeigt, sonder ist aufgrund der gewaltsamen Konflikte in der sich auflösenden Sowjetunion und im zerfallenen Jugoslawien sogar sprunghaft angestiegen. Im Jahre 1992 fand die jährliche Kriegshäufigkeit mit 52 Kriegen einen historischen Höhepunkt. (...) Die Kriegshäufigkeit 1998 mit 32 Kriegen entsprach dem Stand der späten 70er-Jahre.

Thomas Rabehl, in: Das Parlament vom 10.9.1999.

Arbeitsvorschlag

Ermitteln Sie aus aktuellen Nachrichten
a) Länder, in denen Bürgerkriege oder ähnliche Zustände herrschen,
b) Länder, die sich untereinander im Kriegszustand befinden und
c) Länder, in oder zwischen denen Konflikte beigelegt wurden oder Friedensverhandlungen stattfinden.

Wie entstehen Konflikte?

Epidemie des Wahnsinns
New York Times: „Vielleicht werden die Serben, Armenier, Aserbeidschaner, Moldawier noch lernen, was die Libanesen erst nach 15 Jahren Bürgerkrieg begreifen: dass eine Politik, die auf dem Prinzip Auge um Auge, Zahn um Zahn basiert, letztlich zu einer Gesellschaft ohne Augen und Zähne führt."

nach: Der Spiegel Nr. 3 vom 18.1.1993

Alle bisherigen Versuche zur Herstellung einer konfliktfreien Gesellschaft, z. B. durch die sozialistische Abschaffung von Privatbesitz an Produktionsmitteln, sind gescheitert. Auch können sie nicht dauerhaft durch Gewalt unterdrückt werden. Konflikte lassen sich erst lösen oder zumindest mildern, wenn ihre Ursachen beseitigt oder gemildert werden:

- **Wirtschaftliche:** z. B. Kampf um Bodenschätze und Wasserrechte
- **Psychologische:** z. B. Misstrauen und Feindbilder, Angst vor Machtverlust, Ablenken von innenpolitischen Problemen
- **Ideologische und religiöse:** z. B. „Befreiung vom Kapitalismus", „Heilige Kriege" gegen Ungläubige
- **Rassistisch-nationalistische:** z. B. „Schutz der Herrenrasse" und vor „rassischer" Vermischung
- **Militärpolitische:** Sicherung der eigenen Überlegenheit, Vorherrschaft über strategisch wichtige Positionen (Meerengen, Gebirgshöhen)

Bei vielen Konflikten treffen mehrere Ursachen zusammen oder werden sogar bewusst geschürt.

Frieden ist mehr als die Abwesenheit von Krieg

Auf den ersten Blick scheint es hinreichend, Kriege zu beenden um Frieden herbeizuführen. Diese Betrachtungsweise war über Jahrhunderte vorherrschend und gilt heute noch im Völkerrecht. Die moderne Friedens- und Konfliktforschung verwendet inzwischen einen umfassenden Friedensbegriff, indem „negativer" vom „positiven" Frieden unterschieden wird.
Der Weg vom negativen Frieden zum positiven Frieden ist der „befriedende" Prozess, der z.B. ansatzweise im Ost-West-Verhältnis der zweiten Hälfte der achtziger Jahre zu beobachten ist. Positiver Frieden wird in dem Maße erreicht, in dem Zusammenarbeit, soziale Gerechtigkeit, hinreichender Wohlstand für alle Menschen und ein behutsamer Umgang mit der Natur verwirklicht sind.

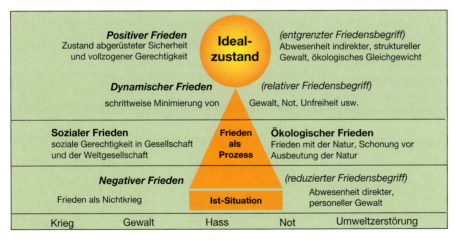

Im Gepäck des Terroristen Mohammed Atta:
„Seid euch bewusst, dass ihr in dieser Nacht viele Herausforderungen bestehen müsst. (...)
Die Zeit des Gerichts ist gekommen. Jetzt brauchen wir diese wenigen Stunden, um Gott um Verzeihung zu bitten. Dann werdet ihr ein glückliches Leben im grenzenlosen Paradies leben."
Braunschweiger Zeitung, 29. September 2001

Dschihad
Laut Koran das „Bemühen auf dem Wege Gottes", je nach Interpretation friedlich oder kriegerisch. Nach überwiegender islamischer Lehrmeinung ist der Dschihad das individuelle Bemühen um ein gottgefälliges Leben, z.B. nicht zu betrügen.

„Alle Versuche, den Himmel auf Erden zu verwirklichen, haben fast immer die Hölle produziert."
Karl Popper, österreichisch-englischer Philosoph

Personale Gewalt
= Gewalt, die von Personen ausgeht

Strukturelle Gewalt
= Gewalt, die durch gesellschaftliche Strukturen entsteht, z.B. durch Rassendiskriminierung, soziale Ungerechtigkeit

Arbeitsvorschläge

1. Versuchen Sie eine Zuordnung aktueller Konflikte auf ihre Ursachen.
2. Ermitteln Sie je ein aktuelles Beispiel für positiven und negativen Frieden.

17.2 Bundeswehr und Friedenssicherung

17.2.1 Der sicherheitspolitische Auftrag der Bundeswehr

> **Umgang mit dem Tod zerrt an den Nerven der Soldaten**
>
> Die Soldaten gehen Streife, fahren Patrouillen, überprüfen Autos. Sie schieben Wache, wie sie es in den deutschen Kasernen schon oft getan haben. Doch sie sind in der Region Prizren im Kosovo, dürfen das Lager nicht verlassen. Die Gefahr ist groß. Bis vor kurzem tobte hier noch ein brutaler Krieg. Die Aufgaben sind umfangreich. Die verhassten Gruppen auseinander zu halten, für Ruhe zu sorgen. Auch die eigenen Truppen müssen geschützt werden. Der Auftrag umfasst außerdem polizeiliche Aufgaben bis hin zur Rechtsprechung. Zur humanitären Hilfe gehört der Aufbau von Häusern und Straßen sowie die medizinische Versorgung. (…) Vor allem Soldaten, die an der Suche nach Massengräbern, an der Bergung von zum Teil grausam entstellten oder verwesten Leichen beteiligt sind, stehen unter großer psychischer Belastung.
>
> nach: Braunschweiger Zeitung vom 4. August 1999

Von der britischen Kriegsreporterin Kate Adie stammt der Ausspruch, „das Schlimmste, was einem auf dem Balkan passieren kann, ist ein Zehnjähriger mit einer Kalaschnikow und schlechter Laune".
Die Welt, 6. Oktober 2001

UNO
United Nations Organization
= Organisation der Vereinten Nationen (s. S. 332)

NATO
North Atlantic Treaty Organization (s. S. 334)

WEU
Westeuropäische Union (s. S. 336)

OSZE
Organisation für Sicherheit und Zusammenarbeit in Europa (s. S. 335)

Die Aufgaben der Bundeswehr haben sich seit der Wiedervereinigung und der Auflösung des Warschauer Pakts deutlich gewandelt. Bis dahin galt es, einen Angriff auf das Gebiet der NATO vor allem an den Grenzen der Bundesrepublik Deutschland zu verteidigen. Nun ist Deutschland kein „Frontstaat" mehr. Alle Nachbarn Deutschlands sind zum ersten Mal in der Geschichte Nachbarn und Freunde. Die Bundeswehr beteiligt sich nun innerhalb und außerhalb des NATO-Gebietes an Einsätzen im Rahmen internationaler Verpflichtungen Deutschlands. Diese ergeben sich aus der Mitgliedschaft in der UNO, der NATO, der WEU und der OSZE.
Als Reaktion auf den Terroranschlag vom 11. September 2001 sind deutsche „Kommando-Spezialkräfte" (KSK) in Afghanistan und ein Flottenverband der Bundesmarine vor der Küste Afrikas im Einsatz gegen den internationalen Terrorismus.

> Die **Aufgaben der Bundeswehr** leiten sich aus dem ihr gegebenen verfassungsrechtlichen Auftrag und den Zielen deutscher Sicherheits- und Verteidigungspolitik ab:
> – Internationale Konfliktverhütung und Krisenbewältigung
> – Unterstützung von Bündnispartnern
> – Schutz Deutschlands und seiner Bürgerinnen und Bürger
> – Rettung und Evakuierung
> – Partnerschaft und Kooperation
> – Hilfeleistungen der Bundeswehr

Bundesministerium der Verteidigung, Verteidigungspolitische Richtlinien

www.bundeswehr.de
Hier finden Sie Infos zur aktuellen Entwicklung der Bundeswehr.

Der militärische Pfeiler der Sicherheitspolitik ist jedoch nur tragfähig, wenn er durch andere Politikbereiche unterstützt wird. Dazu gehören vor allem Wirtschafts-, Umwelt- und Entwicklungspolitik. Zu den Gefährdungen der deutschen und internationalen Sicherheit gehören Armut, Hunger, Umweltzerstörung, unkontrollierte Aufrüstung und internationaler Terrorismus, wie die Angriffe auf das World Trade Center in New York und auf das „Pentagon", das amerikanische Verteidigungsministerium, im September 2001 zeigt. Risikoanalysen berücksichtigen wechselseitige regionale und globale Abhängigkeiten.

17.2.2 Wehr- und Zivildienst

Mit dem Beitritt der Bundesrepublik Deutschland zur NATO im Jahre 1955 wurde die allgemeine Wehrpflicht eingeführt (s. S. 334). Dafür musste Artikel 12 des Grundgesetzes (Freiheit der Berufswahl) ergänzt werden. Zugleich wurde für Männer, die aus Gewissensgründen das in Artikel 4 GG garantierte Recht auf Kriegsdienstverweigerung mit der Waffe in Anspruch nehmen, ein Ersatzdienst vorgesehen.

Grundgesetz Artikel 12 a (Wehr- und Dienstpflicht)

(1) Männer können vom vollendeten 18. Lebensjahr an zum Dienst in den Streitkräften, im Bundesgrenzschutz oder in einem Zivilschutzverband verpflichtet werden.
(2) Wer aus Gewissensgründen den Kriegsdienst mit der Waffe verweigert, kann zu einem Ersatzdienst verpflichtet werden. (...)

Die Dauer des **Wehrdienstes** ist im Wehrpflichtgesetz geregelt und umfasst
- den Grundwehrdienst, der von 10 Monaten seit 1996 ab 1. Januar 2002 auf 9 Monate gesenkt wird. Er kann „in einem Stück" oder in zeitlich getrennten Abschnitten von einmal sechs Monaten und zweimal je eineinhalb Monaten Dauer abgeleistet werden. Damit sollen die beruflichen und privaten Wünsche der Wehrpflichtigen besser berücksichtigt werden.
- einen freiwilligen zusätzlichen Wehrdienst im Anschluss an den Grundwehrdienst von einem bis zu 14 Monaten Dauer. Vom ersten freiwilligen Monat an wird neben dem Wehrsold eine zusätzliche steuerfreie Vergütung gezahlt, z. B. für einen Hauptgefreiten:

ab dem 10. Monat	ab dem 13. Monat	ab dem 19. Monat
20,45 € pro Tag	22,50 € pro Tag	24,54 € pro Tag

- die anschließenden Wehrübungen, bis zu vier Jahren nach dem Grundwehrdienst und nur bis zum vollendeten 32. Lebensjahr.
- den unbefristeten Wehrdienst im Verteidigungsfalle.

Der Friedensumfang der Bundeswehr beträgt 2002 rund 315 000 Soldaten und wird bis zum Jahr 2006 schrittweise auf 282 000 mit bis 100 000 Wehrpflichtigen gesenkt. Für internationale Einsätze, z.B. im Kosovo oder in Mazedonien, werden besonders gut ausgebildete **Krisenreaktionskräfte** mit 50 000 Soldaten bereitgestellt. Die Teilnahme ist für Wehrpflichtige freiwillig, sie müssen sich aber längerfristig verpflichten. Um den Bündnisverpflichtungen in der NATO und der EU nachzukommen, werden künftig etwa 150 000 Soldaten als **Einsatzkräfte** benötigt. Während bis zum Jahr 2000 **Frauen** in der Bundeswehr nur zum Sanitätsdienst und zur Militärmusik zugelassen wurden, sind auf Grund eines Urteils des Europäischen Gerichtshofs nunmehr grundsätzlich alle Waffengattungen für freiwillig dienende Frauen geöffnet. Der generelle Ausschluss von Frauen in bewaffneten Einheiten verstoße gegen die Europäische Richtlinie zur Gleichbehandlung von Frauen und Männern im Arbeitsleben, argumentierten die Richter. Deshalb änderte der Bundestag Artikel 12a Abs. 4 des Grundgesetzes, der dies bis dahin ausschloss.

Arbeitsvorschläge

1. Welchen Einschränkungen im täglichen Leben unterliegt der Wehrpflichtige im Gegensatz zu einem Gleichaltrigen, der weder Wehr- noch Ersatzdienst leistet?
2. Untersuchen Sie für Ihre Heimatregion die Auswirkungen der Streitkräfteverminderung, z.B. hinsichtlich des Verlustes von Arbeitsplätzen oder, falls Sie wehrpflichtig sind, hinsichtlich der Chancen auf einen heimatnahen Standort.

Zivildienst und Friedenssicherung

Kriegsdienstverweigerer beim Zivildienst

„Ich habe eine sinnvolle Aufgabe"

In der Stadt Wolfenbüttel werden 80 Zivildienstleistende beschäftigt. Einer davon ist der 23-jährige Oliver Härtel. Er arbeitet im Deutschen Paritätischen Wohlfahrtsverband. Vormittags fährt er „Essen auf Rädern" für pflegebedürftige und ältere Menschen, nachmittags wird er im mobilen sozialen Hilfsdienst eingesetzt.

„Ich habe den Dienst in der Bundeswehr verweigert, weil ich nicht töten könnte, wenn es zum Verteidigungsfall käme", erläuterte Härtel, der vor seinem Ersatzdienst sein Fachabitur abgelegt hatte, während der Fahrt. „Ich habe mich recht spät zur Verweigerung entschlossen", sagte der 23-Jährige. „Ich hatte meine Einberufung schon zugeschickt bekommen, als ich mich endgültig entschied." Er ließ sich von einer Braunschweiger Beratungsstelle Tipps geben und schrieb seinen Verweigerungstext. Weil er bereits die Einberufung erhalten hatte, wurde er zu einer mündlichen Verhandlung geladen, während der er seine Gründe zu erläutern hatte. „Ich hatte den Eindruck, dass es mir dabei recht einfach gemacht wurde", meinte der Zivildienstleistende.

Wolfenbüttler Anzeiger vom 28.4.1990

Wehrpflichtige können von ihrem Grundrecht Gebrauch machen, aus Gewissensgründen den Kriegsdienst zu verweigern.

Grundgesetz Artikel 4 [Glaubens-, Gewissens- und Bekenntnisfreiheit]

(3) Niemand darf gegen sein Gewissen zum Kriegsdienst mit der Waffe gezwungen werden. Das Nähere regelt ein Bundesgesetz.

Grundgesetz Artikel 12a (Wehr- und Dienstpflicht)
(2) Wer aus Gewissensgründen den Kriegsdienst mit der Waffe verweigert, kann zu einem Ersatzdienst verpflichtet werden. (...)

Wehrpflichtgesetz § 25
Wer sich aus Gewissensgründen der Beteiligung an jeder Waffenanwendung zwischen den Staaten widersetzt und deshalb den Kriegsdienst mit der Waffe verweigert, kann statt des Wehrdienstes einen Zivildienst außerhalb der Bundeswehr leisten. Er kann auf seinen Antrag zum waffenlosen Dienst in der Bundeswehr herangezogen werden.

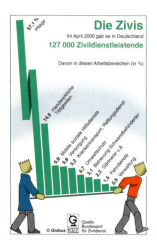

Die Dauer des Zivildienstes für anerkannte Kriegsdienstverweigerer beträgt seit 2002 9 Monate. Der Antrag muss schriftlich begründet werden und nur in Zweifelsfällen vor einem „Ausschuss für Kriegsdienstverweigerung" vertreten werden. Strittig ist die Bestimmung, dass der Zivildienst länger als der Wehrdienst dauert. Das Bundesverfassungsgericht sieht darin jedoch keine Grundrechtsverletzung. Es entschied 1985: „Die erschwerte Ausgestaltung des Zivildienstes soll sicherstellen, dass das Grundrecht nur von echten Kriegsdienstverweigerern in Anspruch genommen wird."

Arbeitsvorschläge

1. Worin besteht der verfassungsrechtliche Unterschied zwischen Wehr- und Ersatzdienst?
2. „Der Soldat sichert den Frieden, der Zivildienstleistende gestaltet ihn". Erläutern Sie diese Aussage und nehmen Sie dazu Stellung.
3. Diskutieren Sie in Ihrer Klasse den Vorschlag eines freiwilligen sozialen Jahres.

17.2.3 Zukunft der Bundeswehr

Während die frühere Forderung verschiedener Gruppierungen nach Abschaffung der Bundeswehr weitgehend verstummt ist, bleibt z.B. die Wehrpflicht weiterhin umstritten. Reform der Bundeswehr, ihre internationale Einsatzfähigkeit bei „Unterfinanzierung" sowie ihre Einbeziehung für einige Bereiche der inneren Sicherheit bestimmen nun die öffentliche Diskussion (z.B. besitzt die Bundeswehr Fähigkeiten zum Schutz vor den Folgen atomarer, biologischer und chemischer Angriffe).

Christoph Bertram: Die Wehrpflicht wackelt

Offiziell will noch niemand an der Wehrpflicht rütteln. Sie ist nach Theodor Heuss „das legitime Kind der Demokratie". In dieser Haltung werden Politiker von denen unterstützt, die vom Zivildienst am meisten profitieren, den Trägerorganisationen der freien Wohlfahrtspflege.

Zur Erhaltung der Wehrgerechtigkeit könnte die Wehrdienstdauer verkürzt werden. Doch schon heute klagt die Bundeswehr, die Ausbildungsdauer reiche gerade hin, Grundkenntnisse zu vermitteln. Wird die Dienstzeit weiter gekürzt, rechnet sich die Wehrpflicht nicht mehr ökonomisch, militärisch gesehen wohl auch nicht.

Die Zeit vom 21.8.1992

Wehrpflicht gerät ins Wanken

BERLIN (afp) Die Grünen-Grundsatzforderung nach Abschaffung der Wehrpflicht erhält Unterstützung aus der SPD. Auch Saarlands SPD-Landeschef Heiko Maas und SPD-Vize Renate Schmidt haben sich für einen längerfristigen Verzicht auf den Zwangsdienst ausgesprochen. Während die FDP dies begrüßte, lehnte die Union die Abschaffung der Wehrpflicht erneut ab.

Braunschweiger Zeitung, 8. August 2002

„Das Vertrauen in die Leistungsfähigkeit der Bundeswehr schwindet und damit die Fähigkeit, deutsche Interessen in der Nato und EU durchsetzen zu können".
Ex-Generalinspekteur Klaus Naumann

Braunschweiger Zeitung, 18. September 2001

Karlsruhe weist Vorlage gegen Wehrpflicht zurück

Das Bundesverfassungsgericht hat die Vorlage des Landgerichts Potsdam zu Verfassungsmäßigkeit der Wehrpflicht für unzulässig erklärt. Anlass war die Klage eines Kriegsdienstverweigerers, der wegen Dienstflucht eine Strafe erhalten soll. Das BVG verwies auf eigene Urteile, in der die Wehrpflicht bejaht wurde. Welche Regelungen notwendig seien, um den Verfassungsauftrag einer effektiven Landesverteidigung zu konkretisieren, hätte der Gesetzgeber „nach weitgehend politischen Erwägungen in eigener Verantwortung zu entscheiden."

Nach: AfP vom 10.4. und FAZ von 11.4.2002

Müntefering: Neue Aufgaben für die Bundeswehr

Die Bundeswehr wird sich im Kampf gegen den internationalen Terrorismus gravierend verändern müssen. Es gelte, eine Art militärische Anti-Terror-Polizei aufzubauen. Nicht nur „Elitekämpfer", sondern auch Experten für Fremdsprachen werden benötigt.

Braunschweiger Zeitung 19.9.2001

Bundeswehr mit Polizeiaufgaben?

Arbeitsvorschläge

1. Diskutieren Sie in einer Pro- und Kontra-Diskussion, ob die Wehrpflicht abgeschafft werden soll. Bedenken Sie dabei, dass auch der Zivildienst davon betroffen ist.

2. Berichten Sie in Ihrer Klasse über Entwicklungen bei der Bundeswehr bei den bisherigen und neuen Themen.

3. Fertigen Sie zu den oben angesprochenen umstrittenen Themenbereichen einen Fragenkatalog an und organisieren Sie eine Podiumsdiskussion mit Vertretern der Bundeswehr, der Zivildienstleistenden und der Parteien.

17.3 Die UNO – Hüterin des Friedens?

Ist die UNO nur noch eine Debattierclub – Streit um das Gewaltmonopol

Die Vereinten Nationen haben im Laufe ihrer Geschichte trotz des gewaltigen Zuwachses der Mitgliederzahl immer weiter an Einfluss verloren. Viel zu lange Beratungen, viel zu viele Resolutionen, viel zu wenig durchsetzbare Entscheidungen. Die Brüskierung des Sicherheitsrates durch die USA beim Beginn der Luftangriffe auf den Irak, der abermals den Waffeninspekteuren den Zutritt verwehrte, hat sozusagen mit einem Donnerschlag deutlich gemacht, wie wenig Rücksicht Washington noch auf die 184 anderen Mitglieder der UN nimmt. Aber schon vorher war die Lage von einem Grundsatzstreit geprägt: Behält der Weltsicherheitsrat das Recht auf die Entscheidungen über die internationale Sicherheit und die dazu notwendigen „Kollektivmaßnahmen"?
„Wenn es das nicht mehr gäbe, könnte jede Gruppe Gewalt anwenden, ohne durch den Sicherheitsrat zu gehen", sagt UN-Generalsekretär Annan.

gekürzt: H. Räther, in: Braunschweiger Zeitung vom 23.12.1998

Charta der Vereinten Nationen (UN) vom 26. Juni 1945

Wir, die Völker der Vereinten Nationen – fest entschlossen, künftige Geschlechter vor der Geißel des Krieges zu bewahren… unseren Glauben an die Grundrechte des Menschen… erneut zu bekräftigen, ...
haben beschlossen, in unserem Bemühen um die Erreichung dieser Ziele zusammenzuwirken.

Artikel 1 (Ziele der Vereinten Nationen)
Die Vereinten Nationen setzen sich folgende Ziele:
1. den Weltfrieden und die internationale Sicherheit zu wahren und zu diesem Zweck wirksame Kollektivmaßnahmen zu treffen, um Bedrohungen des Friedens zu verhüten und zu beseitigen, Angriffshandlungen und andere Friedensbrüche zu unterdrücken und internationale Streitigkeiten oder Situationen, die zu einem Friedensbruch führen könnten, durch friedliche Mittel nach den Grundsätzen der Gerechtigkeit und des Völkerrechts zu bereinigen oder beizulegen;

Artikel 2 (Grundsätze)
Die Organisation und ihre Mitglieder handeln im Verfolg der in Artikel 1 dargelegten Ziele nach folgenden Grundsätzen:
1. Die Organisation beruht auf dem Grundsatz der souveränen Gleichheit aller ihrer Mitglieder.
2. Alle Mitglieder erfüllen … nach Treu und Glauben die Verpflichtungen, die sie mit dieser Charta übernehmen.
3. Alle Mitglieder legen ihre internationalen Streitigkeiten durch friedliche Mittel so bei, dass der Weltfriede, die internationale Sicherheit und die Gerechtigkeit nicht gefährdet werden.
4. Alle Mitglieder unterlassen in ihren internationalen Beziehungen jede gegen die territoriale Unversehrtheit oder die politische Unabhängigkeit eines Staates gerichtete oder sonst mit den Zielen der Vereinten Nationen unvereinbare Androhung oder Anwendung von Gewalt.
5. Alle Mitglieder leisten den Vereinten Nationen jeglichen Beistand bei jeder Maßnahme, welche die Organisation im Einklang mit dieser Charta ergreift; sie leisten einem Staat, gegen den die Organisation Vorbeugungs- oder Zwangsmaßnahmen ergreift, keinen Beistand.

Um internationale Konflikte möglichst friedlich zu lösen, wurden 1945, gleich nach Beendigung des Zweiten Weltkrieges, in San Francisco die **Vereinten Nationen** (**UNO** = United Nations Organization) von 51 Staaten gegründet. Ihre Handlungsfähigkeit war lange Zeit häufig dadurch geschwächt, dass vor allem die Sowjetunion und die USA wegen politischer oder militärischer Interessen ein Veto (= Ablehnung) gegen bestimmte Maßnahmen einlegten. Seit dem Ende des Ost-West-Konflikts nimmt die UNO jedoch verstärkt ihre Rolle als friedenserhaltende oder friedenstiftende Weltorganisation wahr. Ihr gehören fast alle Staaten der Erde an.

Arbeitsvorschläge

1. Erläutern Sie das Hauptproblem bei der Entscheidungsfähigkeit der UNO.
2. Ermitteln Sie anhand von Artikel 1 der UN-Charta drei wichtige Ziele der UNO.
3. Formulieren Sie die Grundsätze zur Austragung von Streitigkeiten gemäß Artikel 2 der UN-Charta mit eigenen Worten.
4. Informieren Sie sich über Einsätze der UNO und ihre Erfolge bzw. Misserfolge.

Die UNO – Hüterin des Friedens?

Alle Beschlüsse zu politischen Sachfragen bedürfen der Zustimmung von neun Mitgliedern, unter denen sich die fünf ständigen Mitglieder befinden müssen. Der Einspruch (das Veto) eines ständigen Mitglieds kann also jede Beschlussfassung verhindern.

Blauhelme für den Frieden

Laufende UN-Friedensmissionen (Beispiele)

	seit	
UNTSO	1948	Nahost (Palästina)
UNMOGIP	1949	Kaschmir (Indien/ Pakistan)
UNFICYP	1964	Zypern
UNDOF	1974	Nahost (Golan-Höhen)
UNIKOM	1991	Irak/ Kuwait

Bei internationalen Konflikten kann die UNO erst handeln, wenn der Sicherheitsrat dies beschließt. Für die Jahre 1995/96 ist die Bundesrepublik Deutschland zum dritten Mal als nichtständiges Mitglied in den Sicherheitsrat gewählt worden. Dies wird z.T. als Probelauf für eine ständige Mitgliedschaft gesehen, denn im Ausland mehren sich die Stimmen, Deutschland müsse wegen seiner größeren Verantwortung in der Welt einen ständigen Sitz erhalten, womöglich ohne Vetorecht. In der Diskussion ist auch eine „rotierende" Mitgliedschaft einiger EU-Staaten für die Sitze Großbritanniens und Frankreichs. Die „blockfreien" Staaten verlangen eine Erweiterung des Sicherheitsrates, um die Vorherrschaft der fünf ständigen Mitglieder zu brechen. Sie fordern zudem einstimmige Beschlüsse.

UN-Charta, Artikel 39 (Beschlussfassung)

Der Sicherheitsrat stellt fest, ob eine Bedrohung oder ein Bruch des Friedens oder eine Angriffshandlung vorliegt; er gibt Empfehlungen ab oder beschließt, welche Maßnahmen aufgrund der Artikel 41 und 42 zu treffen sind, um den Weltfrieden und die internationale Sicherheit zu wahren oder wieder herzustellen.

Artikel 41 (Zwangsmaßnahmen)

„Der Sicherheitsrat kann beschließen, welche Maßnahmen – unter Ausschluss von Waffengewalt – zu ergreifen sind, um seinen Beschlüssen Wirksamkeit zu verleihen. Er kann die Mitglieder …auffordern, diese Maßnahmen durchzuführen. Sie können
– die vollständige oder teilweise Unterbrechung der Wirtschaftsbeziehungen,
– des Eisenbahn-, See- und Luftverkehrs sowie sonstiger Verkehrsmöglichkeiten und
– den Abbruch diplomatischer Beziehungen einschließen.

Artikel 42 (Anwendung von Waffengewalt)

Sollte der Sicherheitsrat zur Auffassung gelangen, dass die in Artikel 41 vorgesehenen Maßnahmen nicht genügen oder sich als ungeeignet erwiesen haben, kann er durch Luft-, See- oder Landstreitkräfte die Operationen durchführen, die zur Aufrechterhaltung oder Wiederherstellung des Weltfriedens und der internationalen Sicherheit erforderlich sind. Solche Maßnahmen können Demonstrationen, Blockade und andere Operationen von Luft-, See- oder Landstreitkräften von Mitgliedern der Vereinten Nationen umfassen.

UNMOT	1994	Tadschikistan
UNAVEM II	1995	Angola
UNMOP	1996	Kroatien
UNMIK	1999	Kosovo
UNAMET	1999	Ost-Timor

UN-Einsätze der Bundeswehr

1991/92 Persischer Golf Minenräumen
1991/96 Irak Transportunterstützung
1992/93 Kambodscha Feldhospital
Seit 1992 Ex-Jugoslawien Friedenstruppen, Luftbrücke, logistische Unterstützung
1995/2000 Ost-Timor Medizinische Evakuierung

Quelle: BMV 2000

Arbeitsvorschlag

Debattieren Sie aus der Sicht mehrerer „interessierter" Länder
a) eine ständige Mitgliedschaft Deutschlands,
b) eine rotierende Mitgliedschaft Deutschlands im Sicherheitsrat und
c) die Veränderung des Abstimmungsverfahrens im Hinblick auf die Handlungsfähigkeit auf der UNO.

17.4 Die Europäische Sicherheitsarchitektur

17.4.1 Die NATO – Garant für Sicherheit?

USA fordern Nato-Hilfe

Brüssel (afp) Die USA haben die Nato um Unterstützung bei ihren Vorbereitungen für Vergeltungsangriffe nach den Terroranschlägen vom 11. September gebeten. Damit sei der Bündnisfall laut Artikel 5 des Nato-Vertrages erfüllt, sagte Nato-Sprecher Yves Brodeur gestern in Brüssel. Am Vortag hatte die westliche Verteidigungsallianz zum ersten Mal in ihrer Geschichte den Bündnisfall ausgerufen.

Braunschweiger Zeitung vom 4. Oktober 2001

NATO-Vertrag vom 4.4.1949

Artikel 5

„Die Parteien vereinbaren, dass ein bewaffneter Angriff gegen eine oder mehrere von ihnen in Europa oder Nordamerika als Angriff gegen sie alle angesehen werden wird; sie vereinbaren daher, dass im Falle eines solchen bewaffneten Angriffs jede von ihnen ... der Partei oder den Parteien, die angegriffen werden, Beistand leisten, ... einschließlich der Anwendung von Waffengewalt..."

Beitritt 2004:

Bulgarien
Estland
Lettland
Litauen
Rumänien
Slowakei
Slowenien

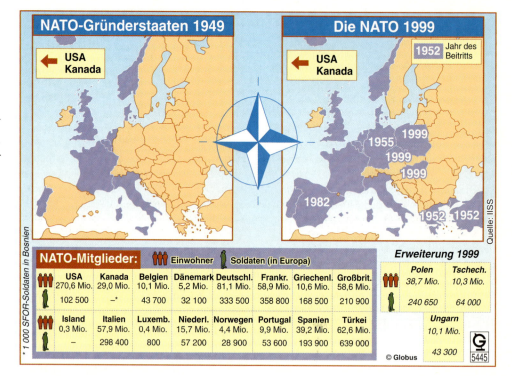

Unter dem Eindruck der Berlin-Blockade gründeten 10 westeuropäische Staaten, Kanada und die USA 1949 die **NATO**. Hauptziele sind die gemeinsame Verteidigung und die Verhinderung einer weiteren Machtausdehnung der Sowjetunion. Der Beitritt der Bundesrepublik Deutschland 1955 lieferte der Sowjetunion den äußeren Anlass, im gleichen Jahr den **Warschauer Pakt** zu gründen, um ihren militärischen Einfluss auf die Mitgliedstaaten zu verstärken. Im Zuge der Entspannung, die auf sowjetischer Seite vor allem durch den damaligen Präsidenten **Michael Gorbatschow** gefordert wurde, ergab sich die Chance der deutschen Wiedervereinigung. Zwei Jahre später, 1991, lösten sich der Warschauer Pakt und die Sowjetunion auf. Die NATO bleibt einziges regionales Verteidigungsbündnis in Europa.

Angesichts der Unsicherheit über die politische Entwicklung in Russland suchen mehrere Staaten Ostmitteleuropas Anschluss an die NATO, besonders die baltischen Staaten Estland, Lettland und Litauen. Anfängliche Vorbehalte Russlands gegen eine Erweiterung wurden zumindest teilweise 1997 mit einer **„Grundsatzakte"** über die künftige gemeinsame Sicherheit beseitigt. Polen, Ungarn und die Tschechische Republik konnten im April 1999 in die NATO aufgenommen werden, bei der Jubiläumstagung zum 50. Jahrestag der Gründung der NATO. Weitere Beitrittsanträge liegen vor. Bei einem Besuch des russischen Präsidenten Putin in Deutschland sagte er vor Pressevertretern im September 2001, er sei bereit, Gespräche über eine Mitgliedschaft seines Landes in der NATO zu führen.

17.4.2 Die Europäische Sicherheitsstruktur

"Unsere gemeinsame Antwort auf die neuen Herausforderungen kann nur lauten: Wir müssen im ganzen Spektrum politisch handlungsfähig sein – von präventiven (= vorbeugenden) Ansätzen zur Konfliktregelung über die entschlossene Krisenbewältigung bis hin zur kollektiven Verteidigung als Rückversicherung. Jede der Euro-Atlantischen Institutionen kann und muss ihren spezifischen Beitrag leisten."
Bundesverteidigungsminister Rudolf Scharping an der Führungsakademie der Bundeswehr am 17.2.1999

Die drei „Körbe" der KSZE

Korb 1: Sicherheit, u. a.: Achtung der Souveränität, Gewaltlosigkeit, Unverletzlichkeit der Grenzen, friedliche Regelung von Streitfällen, Achtung der Menschenrechte, Gleichberechtigung und Selbstbestimmung der Völker

Korb 2: Zusammenarbeit in Wirtschaft, Technik und Umweltschutz

Korb 3: Menschliche Erleichterungen, u. a. Familienzusammenführung, Reisen aus persönlichen oder beruflichen Gründen

Die **Organisation für Sicherheit und Zusammenarbeit** in Europa (OSZE) ist 1994 aus der Konferenz für Sicherheit und Zusammenarbeit in Europa (KSZE) hervorgegangen. Die **KSZE-Schlussakte von Helsinki**, 1975 von allen europäischen Staaten außer Albanien sowie von den USA und Kanada unterzeichnet, wird zu einer wichtigen Grundlage des beginnenden Entspannungsprozesses zwischen Ost und West. Vor allem die Einbeziehung der **Menschenrechte** (Korb 1 und 3 der Schlussakte) gibt offenbar den Anstoß zur Gründung von Bürgerrechtsbewegungen im Ostblock, die letztlich den Zusammenbruch der kommunistischen Herrschaft herbeiführt. Mit der Unterzeichnung der **„Charta von Paris"** für eine neues Europa", wird 1990, 15 Jahre nach Helsinki, das Ende des „Kalten Krieges" erklärt.

Die **OSZE** ist unterhalb der UN-Ebene in Europa das umfassendste Gesprächsforum zur Schlichtung von Streitigkeiten, wenngleich ihre Durchsetzungsfähigkeit nicht sehr ausgeprägt ist. Erfolgreich arbeitet die OSZE bei Fragen der **Rüstungsbegrenzung und Abrüstung** sowie bei ihrer Überwachung durch das Konfliktverhütungszentrum in Wien, das dem Generalsekretär zugeordnet ist.

Zur Verbesserung der militärischen Zusammenarbeit wurde 1991 der Nordatlantische Kooperationsrat der NATO mit den Staaten des ehemaligen Warschauer Paktes gegründet. Nachfolgeorganisation ist seit 1997 der **Euro-Atlantische Partnerschaftsrat (EAPR)** mit 44 Mitgliedern. Die Organisation erfolgt im NATO-Hauptquartier im belgischen Mons bei Brüssel, in dem Gebäude, in dem früher die Berlin-Aktivitäten der NATO koordiniert wurden.

Arbeitsvorschläge

1. Erarbeiten Sie ein Referat über die Entwicklung vom „Kalten Krieg" hin zur Entspannung.
2. Estland zählt zu den Ländern, die der NATO beitreten möchten. Versetzen Sich sich in die Lage dieses Landes und begründen Sie einen Aufnahmeantrag.
3. Ermitteln Sie aus der Schlussakte von Helsinki je einen Bestandteil, der eher im sowjetischen und eher im westlichen Interesse gelegen hat.
4. Notieren Sie Berichte über Aktivitäten der OSZE und berichten Sie darüber in Ihrer Klasse.

Friedenssicherung

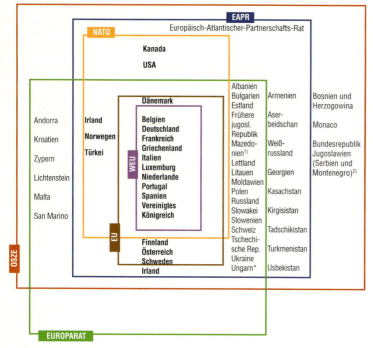

1) Die Türkei erkennt die Rep. Mazedonien mit ihrer verfassungsmäßigen Bezeichnung an.   a) Ausgesetzt   *Nato-Beitritt in 1999

Das zentrale Handlungsinstrument des EAPR ist das Programm **„Partnership for Peace"** (**PfP** = Partnerschaft für den Frieden) von 1994. Durch gemeinsame Übungen soll die Fähigkeit zur Zusammenarbeit verbessert werden, z.B. bei Friedenseinsätzen im Rahmen der UNO oder OSZE.

Bis Ende 2001 haben sich 27 Staaten angeschlossen, u.a. die bündnisfreien Staaten Schweden, Finnland und die Schweiz.

Eine noch engere und gleichberechtigte Zusammenarbeit zwischen der NATO und Russland ist im Mai 2002 in Reykjavik mit der Gründung eines **NATO-Russland-Rates** vorgesehen. Die Bekämpfung des internationeln Terrorismus, Fragen der Abrüstung und zivile Nothilfe sollen gemeinsam geplant und ausgeführt werden.

Zu wirksamen Bedingungen bei der internationalen Krisenbewältigung und zur Verbesserung der Handlungsfähigkeit im Rahmen der gemeinsamen **Außen- und Sicherheitspolitik der EU (GASP)** ist bis 2003 eine schnelle Eingreiftruppe mit 60 000 Soldaten geplant. Hierfür soll die **Westeuropäische Union (WEU)** in die EU integriert und zum „europäischen Standbein" der NATO entwickelt werden. Ein Problem ist u.a. die Einbeziehung bisher neutraler EU-Staaten.

Unabhängig von der Bedrohung durch Terrorismus tragen Verträge über Rüstungsbegrenzung und Abrüstung zur Sicherheit bei. Die wichtigsten Verträge:
- **ABM-Vertrag** (= Anti Ballistic Missile) von 1972 (Begrenzung von Systemen zur Raketenabwehr).
- **KSE-Vertrag** von 1990 zur Verringerung konventioneller Streitkräfte in Europa zwischen NATO und Warschauer Pakt auf gemeinsame Obergrenzen. 1999 wurde er auf die Lage in Europa nach der NATO-Erweiterung angepasst, indem neue Obergrenzen der Waffensysteme festgelegt wurden.
- **START-Verträge** I und II von 1991 und 1993 (Reduzierung von Atomwaffen).
- **C-Waffenvertrag** von 1993 (Verbot und Vernichtung aller chemischen Waffen).
- **Landminenvertrag** von 1997 (Verbot von Anti-Personen-Minen).

Wegen der zunehmenden Verbreitung von Atomwaffen und Trägersystemen (Raketen) vor allem in Staaten der Dritten Welt, z.B. dem Irak, die auch Europa bedrohen können, planen die USA ein eigenes **Nationales Raketen-Abwehrsystem (NMD)**. Nach Ansicht Russlands verstößt dies gegen den ABM-Vertrag. Zur Diskussion steht die Ausweitung des Abwehrsystems auf Europa unter Einbeziehung Russlands.

Arbeitsvorschlag

Sammeln Sie Berichte zum Stand der Sicherheitspolitik und diskutieren Sie diese in Ihrer Klasse.

18 Internationale Beziehungen

18.1 Das Nord-Süd-Gefälle

Zeichnung Haitzinger

Stell dir vor: Was du an einem Tag für deine Zeitung ausgibst, muss der Hälfte der Menschen in der Welt einen Tag lang zum Leben reichen.
Stell dir vor: deine Familie müsste einen Monat lang von dem Geld leben, das man für eine CD bezahlen muss

Du kannst dir das nicht vorstellen?

Millionen von Südamerikanern, Afrikanern und Asiaten müssen sich das nicht vorstellen.
Sie müssen so leben!

Das Diakonische Werk der EKD für die Aktion Brot für die Welt.

Ihr hattet euch doch vorgenommen, unsere Armut zu bekämpfen.

Tatsächlich wuchs der Abstand zwischen uns.

Wir haben heute weniger zu essen als vor 10 Jahren und tragen noch die gleiche Kleidung.

Unsere Frauen müssen immer weiter laufen, um Wasser und Feuerholz zu holen.

Ihr hattet euch doch vorgenommen, für unsere Rohstoffe mehr zu zahlen und eure Grenzen für unsere Produkte zu öffnen.

Tatsächlich macht ihr die Grenzen zu und zahlt für Rohstoffe Preise wie vor dreißig Jahren. Deswegen haben wir viel Geld verloren.

Statt kleiner Landwirtschaftsprojekte helft ihr fast nur eurer Industrie, damit sie noch mehr an die Reichen unserer Städte verkaufen kann.

In unserer „Einen Welt" sind Reichtum und Armut, Sattheit und Hunger, sehr ungleich verteilt. Auf der einen Seite stehen die Industriestaaten Westeuropas und Nordamerikas, auf der anderen rund 135 unabhängige Staaten mit 4,75 Milliarden Einwohnern, die sogenannten **Entwicklungsländer**.

Zwischen den Entwicklungsländern gibt es wiederum große wirtschaftliche und soziale Unterschiede. Deshalb haben die Vereinten Nationen und andere Organisationen eine zusätzliche Einteilung vorgenommen, die für besondere Vergünstigungen wichtig ist, z.B. bei der Vergabe öffentlicher Kredite.

– Die **LDC** (= Least Developed Countries) sind die „am wenigsten entwickelten Länder", d.h. die 50 Staaten mit etwa 600 Millionen Einwohnern (2000) mit der geringsten Wirtschaftsleistung, einem geringen Industrieanteil und einer hohen Analphabetenquote.
– Die **NIC** (Newly Industrialized Countries = industrialisierte Länder) wie Brasilien, Mexiko und Portugal, die an der „Schwelle" zur Einordnung in die Gruppe der Industrieländer stehen: die Schwellenländer.

Weil die Entwicklungsländer überwiegend auf der südlichen Erdhälfte anzutreffen sind, wurde oft und beschönigend von einem „Nord-Süd-Gefälle" gesprochen. In vielen Bereichen hat sich in den letzten Jahren die Ungleichheit vergrößert, zugleich stellen die Entwicklungsländer vermehrt Forderungen an die Industrieländer. Daher handelt es sich heute eher um einem „Nord-Süd-Konflikt".

Arbeitsvorschläge

1. Sammeln Sie Argumente dafür, dass Entwicklungspolitik auch im Interesse der Industrieländer liegen muss.
2. Halten Sie die Vorwürfe, die in den Texten auf der linken Seite ausgesprochen werden, für gerechtfertigt?
3. Ermitteln Sie für ein Beispiel aus dem Text des Diakonischen Werkes den Ladenpreis einer CD sowie den Gegenwert an Grundnahrungsmitteln, die man dafür kaufen kann.

18.2 Typische Merkmale der Entwicklungsländer

Die Maßstäbe, wann ein Land als Entwicklungsland gilt und wann nicht, werden von verschiedenen Organisationen unterschiedlich gesetzt. Im Allgemeinen gelten jedoch folgende Merkmale als typisch für Entwicklungsländer:

- Das **Bevölkerungswachstum** übersteigt (vor allem in Afrika) den Anstieg der Wirtschaftsleistung und der Nahrungsmittelproduktion. Die Industrieländer hingegen verzeichnen nur einen geringen Bevölkerungszuwachs.
- Der **Bildungsstand** ist gering, gemessen am Anteil der Menschen, die lesen und schreiben können, ebenso die berufliche Ausbildung.
- **In der Landwirtschaft** sind etwa **70% der erwerbsfähigen Bevölkerung** beschäftigt. Primitive Anbaumethoden führen zu geringer Produktivität (Leistung pro Arbeitsstunde) und damit zu geringen Einkommen in der Landwirtschaft. Die Zahl der Arbeitsplätze in Industrie und Handwerk ist gering.
- Ein starkes Bevölkerungswachstum, begrenzte Anbauflächen und fehlende Arbeitsplätze in der Industrie führen zu einer hohen **Arbeitslosigkeit**.
- Für viele Entwicklungsländer besteht eine starke **Abhängigkeit vom Weltmarkt**, denn sie erzielen fast 80% der Exporterlöse aus dem Verkauf pflanzlicher (z.B. Kakao) oder mineralischer (z.B. Kupfer) Rohstoffe. Diese Preise schwanken jedoch stark auf dem Weltmarkt.
- Es besteht ein **ungünstiges Verhältnis** von **Ein- und Ausfuhren**, billige Rohstoffe, z.B. Kakao, werden ausgeführt, teure Waren, z.B. Maschinen, eingeführt.

Unterentwicklung hat noch ein anderes Gesicht. Einerseits würden viele Menschen in der Dritten Welt nicht überleben, wenn sie nicht Erwerbsquellen hätten, die von keinem Finanzamt erfasst werden, z.B. die Straßenhändler in vielen Touristenzentren. Andererseits gibt es nicht nur das „Gefälle" zwischen Industrie- und Entwicklungsländern, sondern auch eine Kluft zwischen den sozialen Gruppen innerhalb vieler Entwicklungsländer sowie zwischen ihren Zentren und Randgebieten. Während die Landbevölkerung in Armut lebt, gibt es in den Zentren eine kleine Führungsschicht aus Politik, Wirtschaft, Verwaltung und Militär, die in Wohlstand lebt.

Nord-Süd-Beziehungen

Auslandsverschuldung (in Milliarden Dollar und in % des Exports)

Entwicklungsländer
1988   1166   151%
1997   2067   100%

Quelle: IMF

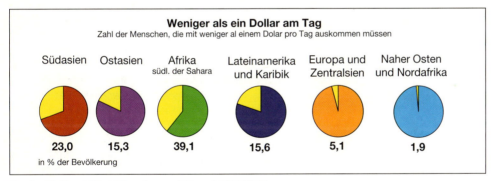

Quelle: Weltbank World Development Report 2000/2001

Informationsschriften können angefordert werden beim:

Bundesministerium für wirtschaftliche Zusammenarbeit und Entwicklung
Europahaus
Stresemannstr. 92
10963 Berlin
www.bmz.de

Arbeitsvorschläge

1. Erläutern Sie das Problem vieler Entwicklungsländer, auf Erlöse aus Roh-stoffexporten bei schwankenden Rohstoffpreisen angewiesen zu sein.
2. Stellen Sie einen Zusammenhang zwischen Armut, starkem Bevölkerungswachstum, begrenzter landwirtschaftlicher Anbaufläche, geringer Industri-alisierung und Hunger dar.
3. Die Säuglingssterblichkeit in Bombay ist in den Slums dreimal so hoch wie im übrigen Stadtbereich. Erörtern Sie Gründe dafür.
4. Beschaffen Sie sich statistische Angaben über ein Entwicklungsland Ihrer Wahl und überprüfen Sie, welche der typischen Merkmale zutreffen.

18.3 Ursachen von Armut und unzureichender Entwicklung

Die Sahel-Zone: südlicher Rand der Sahara, Symbol für die Situation der Entwicklungsländer

Unzureichende Entwicklung hat, so lehrt die Erfahrung, immer mehrere Ursachen, die sich häufig wechselseitig beeinflussen und verschärfen. In der wissenschaftlichen und politischen Diskussion werden sie häufig in drei Bereiche eingeteilt.

Ursachen vom Entwicklungsdefiziten in der Dritten Welt
– **Natürliche Gegebenheiten**: Rohstoffmangel, ungünstiges Klima
– **Innere Ursachen**: „Bevölkerungsfalle", Kapitalmangel, entwicklungsfeindliche traditionsorientierte Kultur- und Wertordnung
– **Äußere Ursachen**: Kolonialismus, außenwirtschaftliche Ausbeutung, Strukturelle Abhängigkeit (durch wirtschaftspolitische Systeme bedingt)

nach: Uwe Andersen in: Informationen zur politischen Bildung Nr. 221, Entwicklungsländer, Bonn 1996, S. 14 ff.

Rohstoffmangel und ungünstiges Klima

Unbestreitbar beeinträchtigen Rohstoffmangel und ungünstiges Klima die Entwicklungsmöglichkeiten eines Landes. Fehlende Rohstoffe müssen importiert und häufig teuer bezahlt werden. Hitze und Kälte, Wassermangel und Überschwemmungen und andere Naturgrundlagen begrenzen die Entwicklungschancen der Bewohner ebenfalls. Wie aber z.B. das Vordringen der Wüste in der Sahelzone lehrt, zerstören überwiegend die Menschen ihre Lebensgrundlagen. In der Sahelzone u.a. durch Bevölkerungszunahme und Überweidung.

Die „Bevölkerungsfalle"

Einwohner und Bevölkerungswachstum einiger Länder			
Land	Einwohner in Mio. 1999	jährl. Bevölkerungswachstum in % 1965 bis 1980	1995 bis 2000
Tschad	7,5	2,0	2,6
Bangladesch	126,9	2,7	1,7
Afghanistan	21,9	2,4	2,9
Indien	998,1	2,4	1,6
Tansania	32,8	2,9	2,3
VR China	1266,8	2,2	0,9
Kenia	29,5	3,6	2,0
Ägypten	67,2	2,1	1,9
Tunesien	9,5	2,1	1,4
Brasilien	168,0	2,4	1,3

Quelle: Karl Engelhardt, Welt im Wandel, S. 192 f. Omnia Verlag 2000

Das drängendste Problem der Entwicklungsländer ist die „Bevölkerungsexplosion". Bei nur geringfügigem Zuwachs in den Industriestaaten erhöht sich die Weltbevölkerung pro Jahr um 80 Millionen. Ursachen dafür sind vor allem der Kinderreichtum, aber auch eine verbesserte medizinische Versorgung sowie die in vielen Gegenden erfolgreiche Bekämpfung von Seuchen mit Ausnahme von Aids. Diese Krankheit lässt in manchen Gegenden vor allem Schwarzafrikas ganze Landstriche veröden.

Obwohl die Nahrungsmittelproduktion weltweit erhöht werden konnte, werden diese Erfolge teilweise durch das Bevölkerungswachstum zunichte gemacht. Immerhin hat sich der Anteil unterernährter Menschen in der Welt von 1960 bis 1997 von 27 % auf 13 % verringert.

Die evangelische Kirche Deutschlands tritt der Auffassung entgegen, der Kinderreichtum in den Entwicklungsländern sei die Ursache der dortigen Armut. In Wirklichkeit verhalte es sich umgekehrt. Die hohen Geburtenraten seien wesentlich durch Armut bedingt, weil die Menschen die Sicherung ihrer Existenz in einer großen Kinderzahl suchen. Wenn aber Kinderarbeit entbehrlich werde, wenn die Kindersterblichkeit abnehme und den Eltern bewusst werde, dass sie auch mit einer kleineren Zahl von Nachkommen im Alter nicht allein stehen, dann vergrößere sich auch die Bereitschaft zur Familienplanung.

Analphabetismus

Neuausrichtung der Bildung auf eine nachhaltige Entwicklung

Agenda 21, Kap. 36, Konferenz für Umwelt und Entwicklung, Rio de Janeiro 1992
Bildung ist eine unerlässliche Voraussetzung für die Förderung einer nachhaltigen Entwicklung und Verbesserung der Fähigkeit der Menschen, sich mit Umwelt- und Entwicklungsfragen auseinander zu setzen. (...)
Bildung ist unabdingbare Voraussetzung für die Herbeiführung eines Bewusstseinswandels bie den Menschen, für die Schaffung eines ökologischen und eines ethischen Bewusstseins, (...) von Fähigkeiten und Verhaltensweisen, die mit einer nachhaltigen Entwicklung vereinbar sind, sowie für eine wirksame Beteiligung der Öffentlichkeit an der Entscheidungsfindung.

Quelle: Karl Engelhardt, Welt im Wandel, Omnia Verlag Köln 2000, S. 95

Die Weltbank hat festgestellt, dass nicht der Mangel an Kapital, sondern die mangelnde Entwicklung der menschlichen Fähigkeiten das Haupthindernis des wirtschaftlichen Wachstums ist. Es gibt weltweit fast 1 Mrd. Analphabeten, davon sind zwei Drittel Frauen. Frauen sind aber vor allem in den Ländern des Südens das Rückgrat der Entwicklulng, sei es in der Landwirtschaft, in der Ernährung, der Kindererziehung oder zum Teil auch im Handwerk und im Handel. Ihre geringe Aufklärung ist auch ein Grund für die häufig hohe Geburtenrate in den Entwicklungsländern.

Armut durch Waffen

Noch 1990 betragen die Militärausgaben der Entwicklungsländer etwa 100 Mrd. €, mehr als das doppelte der empfangenen Entwicklungshilfe. Zwar ist der Waffenhandel international zurückgegangen, doch werden immer noch Waffen für viele Milliarden Euro an diese Länder verkauft. Die größten Importeure sind Indien, der Iran und Pakistan.

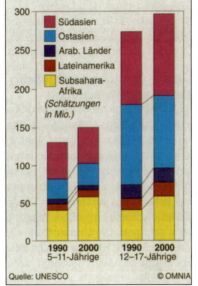

Kinder/Jugendliche ohne Schulunterricht 1990/2000
Quelle: UNESCO © OMNIA

Nachhaltigkeit

„Handle so, dass die Konsequenzen Deines Tuns die Möglichkeiten eines lebenswerten Lebens auf der Erde nicht in Frage stellen."

(Klaus Töpfer, ehem. Umweltminister)

Die Ursachen hierfür sind u.a.:
- Militärtraditionen haben sich in Unabhängigkeitskriegen gegen die Kolonialmächte entwickelt, z.B. in Algerien. Die Armee ist ein Symbol der Unabhängigkeit.
- Grenzstreitigkeiten wegen Grenzziehungen während der Kolonialzeit, bei denen Stammesgrenzen nicht berücksichtigt wurden, z.B. zwischen Lybien und Tschad.
- Bürgerkrieg um die Vorherrschaft in Gebieten mit wertvollen Rohstoffen wie in Angola oder Zaire.
- Militärregime sind durch einen Putsch an die Macht bekommen und schützen sich mit polizeilichen und militärischen Mitteln gegen die Opposition.

Arbeitsvorschläge

1. *Interpretieren Sie die Aussage „Entwicklung ist das beste Verhütungsmittel".*
2. *Erklären Sie an einem Beispiel den Zusammenhang zwischen Bildung, Entwicklung und Wohlstand.*
3. *Beschaffen Sie sich Informationen über eine aktuelle Auseinandersetzung in oder zwischen Entwicklugsländern und ermitteln Sie die Ursachen.*

Internationale Beziehungen

Kaufkraftverluste für Entwicklungsländer

Für den Import eines LKW mussten exportiert werden

	1985	1990
Kaffee	93 Sack	302 Sack
Bananen	44 t	58 t
Kakao	76 dz	290 dz
Teppiche	49 Stck.	90 Stck.

Heinz-Werner Hermeier in Frankfurter Rundschau vom 24. 7. 1991

Kaffeepreis in Deutschland:
500 g Bohnenkaffee kosten:
1987 € 5,09
2000 € 3,91

Kaffeepreis heute?

Exportabhängigkeit

Eine Ursache der Armut in vielen Ländern der Dritten Welt wird auch in ihrer **kolonialen Vergangenheit** gesehen. Die Kolonialmächte benutzten ihre Kolonien vorwiegend als Rohstofflieferanten. Andere Wirtschaftszweige wurden vernachlässigt oder unterdrückt, z.B. eine blühende Kleinindustrie in Indien. Diese Ausrichtung auf **Rohstoffexporte** besteht z.T. heute noch.

Wegen der stark schwankenden und häufig sinkenden Rohstoffpreise bei gleichzeitig steigenden Preisen für Industriegüter verschlechtern sich die Austauschbedingungen („terms of trade"). Die Entwicklungsländer müssen für die Bezahlung ihrer Importe die Exporte ausweiten und sich meist weiter verschulden. Die Hoffnung der 50er und 60er Jahre, ein rasches Wirtschaftswachstum würde sie in die Lage versetzen, ihre Schulden zu bezahlen, hat sich nicht erfüllt.

Die wichtigsten Exportprodukte ausgewählter Entwicklungslänger in % ihrer gesamten Exporte		
Uganda	Kaffee	95%
Mauretanien	Eisenerz	83%
Sambia	Kupfer	81%
Burundi	Kaffee	79%
Tschad	Baumwolle	78%
Fidschi	Zucker	78%
Ruanda	Kaffee	75%
Somalia	Vieh	70%

Der Export von Rohstoffen muss ausgeweitet werden und führt in vielen Fällen zu einer Verarmung der Landbevölkerung. Menschen müssen ihren bescheidenen Nahrungsmittelanbau für den Eigenbedarf zugunsten großflächiger Anbaumethoden aufgeben, ziehen in die Städte und vergrößern dort die Slums. Mehr Nahrungsmittel müssen importiert werden und es entsteht so ein Kreislauf, der die Verschuldung der Dritten Welt erhöht und ihre sozialen Probleme verschärft.

Julius Nyerere, ehemaliger Präsident von Tansania:

„Weiterhin produziert Afrika, was es nicht selbst konsumiert, und konsumiert, was es nicht selbst produziert."

Julius Nyerere (geb. 1922) ehemaliger Präsident von Tansania, Vorsitzender der Nord-Süd-Kommission.

Subsistenzwirtschaft:
Landwirtschaft, die vor allem der Eigenversorgung dient.

Export statt Eigenversorgung

Die meisten Menschen in der Dritten Welt leben auf dem Lande und von der Landwirtschaft. Die Modernisierung der Landwirtschaft raubt den Subsistenz- und Kleinbauern wie in Bangladesh Grund und Boden und damit ihre Existenzgrundlage. Die Kommerzialisierung der Landwirtschaft wie in weiten Teilen Afrikas, wo im Sahel feinste Bohnen und in Marokko frühe Erdbeeren für den europäischen Markt produziert werden, schränkt den für die eigene Ernährung verfügbaren Boden ein. Sie macht die Bauern von einem weit entfernten und nicht beeinflussbaren Markt abhängig.

Brigitte Erler: Tödliche Hilfe, Freiburg 1987, S. 50

Arbeitsvorschlag

Nehmen Sie Stellung zu der These: „Um den Menschen in den Entwicklungsländern zu helfen, dürfen wir ihre Agrarprodukte nicht mehr kaufen".

18.4 Die Notwendigkeit entwicklungspolitischer Zusammenarbeit

Die Notwendigkeit von Entwicklungshilfe als Bestandteil der entwicklungspolitischen Zusammenarbeit wird nicht von allen Bürgerinnen und Bürgern gleichermaßen akzeptiert. Probleme im eigenen Lande, z.B. soziale Not durch Arbeitslosigkeit, und Fehler bei der Entwicklungspolitik tragen zu diesem Meinungsbild bei. Immer mehr Menschen sehen jedoch ein, dass viele Probleme dieser Welt nur gemeinsam gelöst werden können.

Aus der Sicht der Industriestaaten des Westens gibt es vor allem vier Gründe für die entwicklungspolitische Zusammenarbeit

- **Humanitäre Gründe:** Wichtigstes Motiv ist für viele, den Menschen der Dritten Welt, die in Armut leben und hungern, aus Solidarität zu helfen. Dies wird z.B. deutlich bei den Anstrengungen von christlichen und anderen Hilfsorganisationen.
- **Wirtschaftliche Gründe:** Industrie- und Entwicklungsländer sind weitgehend voneinander abhängig, weil die meisten Industrieländer auf Rohstoffimporte aus Entwicklungsländern angewiesen sind und diese wiederum auf bestimmte Industrieprodukte, die sie selbst nicht herstellen können. Zudem sind arme Länder keine guten Kunden. Außerdem wird vermutet, dass es preiswerter (und sinnvoller) ist, Arme wirkungsvoll in ihrer Heimat zu unterstützen, als sie bei uns als Flüchtlinge aufzunehmen.
- **Politische Gründe:** In der Zeit des Ost-West-Konflikts versuchten beide Lager, Entwicklungsländer in ihrem Sinne zu beeinflussen. Heute hat sich eher der Gedanke durchgesetzt, dass Entwicklungshilfe der Erhaltung des Friedens dient, indem Ungerechtigkeiten beseitigt werden.
- **Ökologische Gründe:** Spätestens seit dem „Umweltgipfel von Rio" 1992 ist der Welt klar geworden, dass die dringendsten umweltpolitischen Probleme, wie Zerstörung der Ozonschicht und Vernichtung der Tropischen Regenwälder, und die deshalb zu befürchtenden Klimaveränderungen nur in Zusammenarbeit von Industrie- und Entwicklungsländern gelöst werden können.

Wir haben doch selbst genügend Arme!

Die sind faul!

Das meiste Geld schluckt doch die Verwaltung!

Die setzen zu viele Kinder in die Welt!

Die ermordete frühere indische Ministerpräsidentin Indira Ghandi warnte vor mehr als einem Jahrzehnt:
„Für die entwickelten Länder geht es nicht darum, ob sie es sich leisten können, den entwicklungsländern zu helfen, sondern darum, ob sie es sich nicht leisten können."

Dr. Jürgen Warnke, ehemaliger Bundesminister für wirtschaftliche Zusammenarbeit
Wir leisten Entwicklungshilfe aus moralischer Verantwortung wie aus politischer und wirtschaftlicher Weitsicht, nicht aber als „Tributpflicht". Entwicklungspolitik ist keine Politik des schlechten Gewissens.

Willy Brandt, ehemaliger Vorsitzender der internationalen Nord-Süd-Kommission
Langfristig gibt es keinen Gegensatz zwischen unseren nationalen Interessen und dem Bemühen, den Gegensatz zwischen Nord und Süd zumindest zu reduzieren. Wir leben in einer Welt und jeder Konflikt von der Dynamik des Nord-Süd-Gefälles steht einer dauerhaften Friedensordnung im Wege.

Arbeitsvorschläge

1. Auf welche Zusammenhänge will Indira Ghandi hinweisen?
2. Nennen Sie unterschiedliche Gründe für die Notwendigkeit von Entwicklungshilfe mit je einem Beispiel.
3. Ordnen Sie die Politikeraussagen den Gründen für Entwicklungshilfe zu und nehmen Sie dazu Stellung.
4. Stellen Sie an einem Beispiel dar, auf welche Weise Probleme von Entwicklungsländern Auswirkungen auf unser Leben haben könnten.

Internationale Beziehungen

18.4.1 Ziele und Formen deutscher Entwicklungspolitik

Ziele

Entwicklungspolitische Zusammenarbeit ist keine bedingungslose Hilfe. Sie erfolgt in Deutschland seit vielen Jahren nach Prüfung bestimmter Voraussetzungen:

- **Beachtung der Menschenrechte**, u.a. Abschaffung der Folter sowie Religionsfreiheit und Minderheitenschutz.
- **Beteiligung der Bevölkerung an politischen Entscheidungen,** u.a. demokratische Wahlpraxis, freie Äußerungsmöglichkeiten der politischen Opposition.
- **Rechtsstaatlichkeit und Gewährleistung von Rechtssicherheit,** u.a. Unabhängigkeit der Justiz, „Gleiches Recht für alle".
- **Marktwirtschaftlich und sozialorientierte Wirtschaftsordnung**, u.a. Schutz des Eigentums, Wettbewerb in allen wichtigen Wirtschaftsbereichen, Preisfindung durch Markt, Säuglingssterblichkeit, Einschulung an Grundschulen.
- **Entwicklungsorientierung staatlichen Handelns**, u.a. Verbesserung der wirtschaftlichen und sozialen Lage der ärmeren Bevölkerungsteile, Militärausgaben im Verhältnis zu den Gesamtausgaben.

Bereiche der Zusammenarbeit (u.a.):

- Armutsbekämpfung
- Frauenförderung
- Förderung von Kindern und Jugendlichen
- Landwirtschaft
- Nahrungsmittelhilfe und Ernährungssicherung
- Bevölkerungspolitik
- Berücksichtigung der soziokulturellen Identität
- Umwelt- und Ressourcenschutz
- Bildung
- Walderhaltung
- Not- und Flüchtlingshilfe
- Gesundheitswesen
- Wasserversorgung und Sanitärmaßnahmen

Nach: Journalisten-Handbuch Entwicklungspolitik, Berlin o.J. (2000)

Formen der Zusammenarbeit

Entwicklungshilfe erfolgt durch zweiseitige (bilaterale) oder mehrseitige (multilaterale) Zusammenarbeit.

- **Öffentliche Entwicklungshilfe** von Staaten, Staatengruppen und internationalen staatlichen Organisationen (EU, Weltbank).
- **Private Entwicklungshilfe** von Kirchen (z.B. Brot für die Welt, ev.; Misereor, kath.), Stiftungen und Organisationen der Wirtschaft.

Die Vereinten Nationen setzen den Industrieländern zwei entwicklungspolitische Ziele:

Jeder Industriestaat solle 1 % seines Bruttosozialproduktes an die Entwicklungsländer geben, 0,7 % davon solle aus staatlich-öffentlichen Mitteln stammen.

Diese Ziele wurden von den meisten großen Industrieländern nicht erreicht.

Arbeitsvorschlag

Halten Sie es für gerechtfertigt, die Gewährung von Entwicklungshilfe an bestimmte Kriterien (Bedingungen) zu knüpfen? Begründen Sie Ihre Aussage an einem Beispiel.

Die Notwendigkeit entwicklungspolitischer Zusammenarbeit

Die Entwicklungshilfe wird im Wesentlichen in zwei Formen der Zusammenarbeit mit den Entwicklungsländern abgewickelt.
- **Kapitalhilfe** (finanzielle Zusammenarbeit) durch Gewährung von Zuschüssen und günstigen Krediten mit langer Laufzeit und z.T. Schuldenerlass. Sie soll das Entwicklungsland zu einem selbständigen Handelspartner machen.
- **Technische Hilfe** (technische Zusammenarbeit), bei der Fachkräfte entsandt, Maschinen und Hilfsgüter bereitgestellt oder die Ausbildungsmöglichkeiten verbessert werden.

„Glauben Sie mir, Meier, das Allerwichtigste bei der Entwicklungshilfe ist das Einfühlvermögen."

Sie soll die Menschen im Entwicklungsland zur Selbsthilfe befähigen. Experten aus den Industriestaaten vermitteln ihr Wissen, ihr Können und bewährte Methoden des Geberlandes weiter. In diesem Rahmen z.B. gehen die Entwicklungshelfer mit abgeschlossener Berufsausbildung für mindestens 2 Jahre in ein Entwicklungsland. Die Zusammenarbeit erstreckt sich auf das Gebiet des Gesundheitswesen und der Landwirtschaft ebenso wie auf das der Verwaltung, des Schulwesens oder der industriellen Produktion.

Vor mehreren Jahren hat ein Umdenken in der Entwicklungspolitik stattgefunden. Es werden keine Großprojekte mehr gefördert, die Massenproduktion ermöglichen, einige neue Arbeitsplätze schaffen, zugleich aber eine mehrfache Zahl bisheriger Arbeitsplätze vernichten. Sanfte Entwicklung mit Hilfe **angepasster Technologien** wird verstärkt gefördert. Für viele Bauern ist ein Ochsengespann hilfreicher als ein Traktor.

Ein Beispiel für nichtstaatliche Hilfe ist ein Projekt von Auszubildenden des VW-Werkes Wolfsburg mit Schülerinnen und Schülern der Berufsbildenden Schulen II in Wolfsburg: Der Solarkocher, eine bespiegelte Schüssel, in der Sonnenstrahlen auf das Zentrum gelenkt werden, um in einem Kochtopf Essen zuzubereiten.

Ein weiteres Beispiel ist der Verein **„Trans Fair"**, der z.B. von Kleinbauern produzierten Kaffee aufkauft und vertreibt. Fairer Handel sichert und verbessert die Lebensbedingungen der dortigen Kleinbauern, indem Erzeugerpreise gezahlt werden, die über dem Weltmarktniveau liegen. Durch längerfristige Liefer- und Abnahmeverträge fördert er die „Selbständigkeit und Gleichberechtigung der im Handelsgeschehen benachteiligten Erzeuger" (Verpackungsaufschrift Kaffee).

Arbeitsvorschläge

1. Erläutern Sie an je einem Beispiel den Unterschied zwischen Kapitalhilfe und technischer Hilfe.
2. Erklären Sie den Begriff „angepasste Technik" mit einem Beispiel.
3. Unter welchen Bedingungen wären Sie bereit, als Entwicklungshelfer tätig zu werden?
4. Ermitteln Sie in Ihrem Wohn- und Arbeitsbereich Geschäfte, in denen „Trans-Fair"-Produkte angeboten werden. Würden Sie diese auch kaufen?

Internationale Beziehungen

18.4.2 Internationale Entwicklungshilfe und Globalisierung

UNCTAD =	Welthandelskonferenz
UNESCO =	Organisation für Erziehung, Wissenschaft und Kultur
UNICEF =	Weltkinderhilfswerk
WHO =	Weltgesundheitsorganisation
FAO =	Welternährungsorganisation
GATT =	Allgemeines Zoll- und Handelsabkommen
IBRD =	Weltbank
IWF =	Internationaler Währungsfond

Eine wirksame Bekämpfung des Nord-Süd-Gefälles ist nur durch weltweite entwicklungspolitische Zusammenarbeit mit gemeinsamen Zielsetzungen und aufeinander abgestimmten Maßnahmen möglich. Vor allem internationale Organisationen und Verträge sind Voraussetzung dafür, dass die angestrebten Ziele auch erreicht werden. Ein wichtiger Partner der Entwicklungsländer ist die Europäische Union. Die gemeinsame Gesprächsebene aller Industrie- und Entwicklungsländer ist die UNO. Einige ihrer Sonderorganisationen haben sich die entwicklungspolitische Zusammenarbeit zur Hauptaufgabe gesetzt:

Im Mittelpunkt der Arbeit der internationalen Organisationen stehen vor allem folgende Aufgaben und Gesprächsthemen:
– die ständige Bekämpfung von Hunger, Krankheiten und Analphabetentum,
– die Beschränkung der Bevölkerungsexplosion,
– die Stärkung der wirtschaftlichen Leistungsfähigkeit der Entwicklungsländer,
– der verstärkte Nachlass von Schulden,
– die Verbesserung der Situation der Entwicklungsländer in der Weltwirtschaft.

Im Rahmen der Weltwirtschaft wollen die Entwicklungsländer bei den Gatt-Verhandlungen (s. Übersicht oben) vor allem den Abbau von Handelshemmnissen erreichen, z.B. den Abbau von Einfuhrzöllen, sowie eine Preis- und Absatzgarantie für ihre Rohstoffe. Begründet wird letztere Forderung damit, dass die pflanzlichen und mineralischen Rohstoffe häufig die wichtigsten Exportprodukte der Entwicklungsländer sind, deren Preise auf dem Weltmarkt sehr stark schwanken.

„Ist dir klar, dass ich Dich in der Hand habe?"

Die Waren der Armen: Die wichtigsten Exportgüter in % der gesamten Exporte					
Uganda	Kaffee	95%	Niger	NE-Metalle	79%
Mauretanien	Eisenerz	83%	Burundi	Kaffee	79%
Sambia	Kupfer	81%	Tschad	Baumwolle	78%

Zwei Modelle der internationalen Rohstoffpolitik werden gegenwärtig diskutiert bzw. praktiziert. Die Entwicklungsländer forderten seit 1976 einen **Rohstoff-Fonds** zur Preisstabilisierung mit Hilfe von Ausgleichslagern. Bisher gibt es jedoch nur Einzelabkommen für Zinn, Kautschuk und Kakao.

Von größerer Bedeutung ist ein Abkommen der EU mit den ehemaligen Kolonien ihrer Mitgliedsländer in Afrika, der Karibik und dem Pazifik **(AKP-Staaten)**. Ihre Zahl ist von 46 im Jahr 1975, dem ersten **Lomé-Abkommen** (Lomé: Hauptstadt von Nigeria), auf 69 Staaten im Jahr 2000 angestiegen (Afrika 46, Karibik 18, Pazifischer Raum 8). Das Abkommen sichert den Staaten einen weitgehend zollfreien Zugang zum EU-Markt und stabile Exporterlöse für wichtige Produkte – **STABEX**. Es werden Ausgleichszahlungen geleistet, wenn die Erlöse unter den Durchschnitt von vier Jahren fallen. Die reicheren Länder müssen die Zuschüsse bei höheren Einnahmen zurückzahlen, den ärmeren wird dies erlassen. Hierfür werden für die Jahre 1995 bis 1999 insgesamt 14,6 Milliarden Euro eingesetzt.

Am 23. Juni 2000 wurde in Cotonoú (Benin) ein Folgeabkommen in Form eines Partnerschaftsvertrages abgeschlossen. Dieser sieht vor, die noch vorhandenen Zölle schrittweise abzubauen und zwischen der EU und den AKP-Staaten bis zum Jahr 2020 eine Freihandelszone zu schaffen. Die weiterhin gewährte Entwicklungshilfe kann ausgesetzt werden, wenn ein Land demokratische Grundrechte und rechtsstaatliche Prinzipien verletzt.

Globalisierung: Gewinner und Verlierer

Insgesamt gesehen konnte die Gruppe der Entwicklungsländer von der stärkeren weltweiten Integration von Handel, Produktion und Kapital profitieren. Sie konnten ihren Anteil am Welthandel von 23 Prozent (1985) auf 29 Prozent (1995) erhöhen. ...
Zu den langfristigen Gewinnern gehören vor allem die „Tiger-Staaten" Ostasiens (z.B. Malaysia und Südkorea) und die „Jaguar-Staaten" (Chile, Mexiko) ..., die sich am stärksten in die Weltwirtschaft integriert haben.
Zu den Globalisierungs-Verlierern gehören meist diejenigen Staaten, die nach außen abgeschottet bleiben und keine marktwirtschaftliche Politik betreiben. Dies betrifft vor allem Länder Afrikas, Südasiens und des mittleren Ostens.
Stefan A. Schirm in: Informationen zur politischen Bildung Nr. 263, Bonn 1999, S. 27f.

"KLIMAKILLER!"

Welthandelskonferenz im Belagerungszustand

Seattle (dpa) In einer Atmosphäre des Belagerungszustandes begann die Welthandelskonferenz in Seattle (USA 9 der Welthandelsorganisation (WTO). Busse bildeten eine Art Wagenburg rund um das Konferenzzentrum. (...)
Die Proteste richteten sich gegen die Absicht der WTO, den Welthandel weiter zu liberalisieren. Gewerkschafter fordern die Durchsetzung internationaler Mindeststandards für den Arbeitnehmerschutz. Sie befürchten die Verlegung weiterer Arbeitsplätze in Billiglohnländer.
Entwicklungsländer wehren sich gegen Bestrebungen, Handelsvereinbarungen an derartige Bedingungen zu knüpfen. Sie sehen darin einen versteckten Protektionismus (Schutzmaßnahme) der reichen Länder. Besonders die USA, aber auch die EU fordern zumindest Gespräche etwas zum Thema Kinderarbeit. UN-Generalsekretär Kofi Annan: „Die Entwicklungsländer brauchten für ihre Produkte vor allem besseren Zugang zu den Märkten der reichen Länder." ...
Neben der Senkung von Industriezöllen und einer weiteren Liberalisierung des Dienstleistungssektors soll auch der Weltmarkt für Agrarprodukte weiter geöffnet werden. Die EU-Agrarpolitik mit ihren hochsubventionierten Landwirtschaftsprodukten geriet schon vor Konferenzbeginn unter Druck.

dpa-Meldung vom 1. Dezember 1999

Schuldeninitiative für die ärmsten Länder

Washington (afp) Die Finanzierung der Schuldeninitiative zur Entlastung der ärmsten 40 Länder der Welt um umgerechnet 70 Mrd. € ist gesichert. Es sei eine „historische Allianz gegen die Armut geschmiedet worden", erklärte der britische Schatzkanzler Gordon Brown.

afp-Meldung vom 25. Mai 1999

Arbeitsvorschläge

1. Interpretieren Sie die beiden Karikaturen.

2. Stellen Sie die gegensätzlichen Interessen von Industrie- und Entwicklungsländern beim Welthandel dar und nehmen Sie dazu Stellung.

3. Erarbeiten Sie Gründe für die unterschiedlichen Folgen der Globalisierung für Entwicklungsländer.

4. Nehmen Sie Stellung zu dem geplanten Schuldenerlass für die ärmsten Entwicklungsländer.

5. Ermitteln Sie private Entwicklungshilfe-Organisationen, die in Ihrem Wohn- oder Arbeitsbereich tätig bzw. erreichbar sind.

18.4.3 Eine neue Weltwirtschaftsordnung?

Auf der 6. UN-Sondergeneralversammlung 1974 legten die Entwicklungsländer einen umfangreichen Forderungskatalog zur Neuordnung der Weltwirtschaft vor.

> „Wir, die Mitglieder der Vereinten Nationen (...) verkünden feierlich unsere gemeinsame Entschlossenheit, nachdrücklich auf die Entwicklung einer neuen Weltwirtschaftsordnung hinzuwirken, die auf Gerechtigkeit, souveräner Gleichheit, gegenseitiger Abhängigkeit, gemeinsamem Interesse und der Zusammenarbeit aller Staaten ungeachtet ihres wirtschaftlichen und gesellschaftlichen Systems beruht, die Ungleichheiten behebt und bestehende Ungerechtigkeiten beseitigt, die Aufhebung der sich vertiefenden Kluft zwischen den entwickelten Ländern und den Entwicklungsländern ermöglicht und eine sich ständig beschleunigende wirtschaftliche und soziale Entwicklung in Frieden und Gerechtigkeit für heutige und künftige Generationen sicherstellt."

Nach Uwe Andersen, Entwicklungspolitik im Wandel, in: Informationen zur politischen Bildung Nr. 252, Entwicklungsländer, S. 34

Herbert Uhl, Nord und Süd – Eine Welt, Bundeszentrale für politische Bildung, Arbeitsheft 14/1999, S. 36

Die Resolution wurde mit der großen Stimmenmehrheit der Entwicklungsländer gegen Bedenken mehrerer Industrieländer durchgesetzt. Da diese Resolutionen nur empfehlenden Charakter haben und auch die Interessen der Entwicklungsländer teilweise abweichen, ist die Durchsetzung der Ziele bisher nur ansatzweise erfolgt.

Arbeitsvorschläge

1. Erläutern und begründen Sie zwei der Forderungen der Entwicklungsländer.
2. Beurteilen Sie, auf welche Weise sich diese Forderungen durchsetzen lassen.
3. Beschreiben Sie Auswirkungen auf die Wirtschaftsordnung, falls sich diese Forderungen durchsetzen lassen.
4. Beurteilen Sie die Auswirkungen aus der Sicht der Ziele deutscher Entwicklungspolitik.

Stichwortverzeichnis

A

ABM-Vertrag, S. 336
Abrüstung, S. 336
Absatz, S. 135
AFG, S. 88
AG, S. 151
AGB-Gesetz, S. 222
Agenda 2000, S. 321
Agenda 21, S. 239
Agrarpolitik, S. 320f.
Aids, S. 108f
Akkordarbeit, S. 179
Akkordlohn, S. 172f
Aktie, S. 151
Aktiengesellschaft (AG), S. 151
Aktiengesetz, S. 151
Aktionär, S. 151
Alkohol, S. 104
Altersvorsorge, S. 92
Allgemeine Erklärung der Menschrechte, S. 260
Allgemeinverbindlichkeit, S. 185
Amnesty international, S. 265
Anfechtung, S. 174
Angebot, S. 209f
Angepasste Technik, S. 345
Annahme, S. 208
Annahmeverzug, S. 214
Antrag, S. 208
Arbeitgeber, S. 165, 176, 183ff
Arbeitgeberverbände, S. 53ff, 159, 185ff
Arbeitnehmer, S. 168, 176
Arbeitsamt, S. 88f
Arbeitsbedingungen, S. 167f.
Arbeitsförderung, S. 88
Arbeitsförderungsgesetz, S. 27, 88
Arbeitsgericht, S. 18, 176, S. 198ff.
Arbeitsgestaltung, S. 41
Arbeitskampf, S. 192ff
Arbeitslosengeld, S. 89
Arbeitslosenhilfe, S. 89
Arbeitslosenquote, S. 44
Arbeitslosenunterstützung, S. 89
Arbeitslosenversicherung, S. 88
Arbeitslosigkeit, S. 44ff, 88, 121, 197, 339
Arbeitsmarktpolitik, S. 127
Arbeitspapiere, S. 176
Arbeitsplatzgestaltung, S. 180
Arbeitsproduktivität, S. 146, 253
Arbeitsrecht, S. 164 ff.
Arbeitsschutz, S. 40
Arbeitssicherheitsgesetz, S. 40
Arbeitsstättenverordnung, S. 40
Arbeitsunfälle, S. 39, 87
Arbeitsverhältnis, S. 168ff
Arbeitsvermittlung, S. 89
Arbeitsvertrag, S. 165ff, 168, 215
Arbeitszeit, S. 19, 164, 168
Arbeitszeitgesetz, S. 164f
Arbeitszeitverkürzung, S. 51
Armut, S. 256
Asylbewerber, S. 270ff
Asylrecht, S. 271
Aufgabenbereicherung, S. 180
Aufgabenerweiterung, S. 180
Aufgabenwechsel, S. 180
Aufhebungsvertrag, S. 174
Aufschwung, S. 120
Aufsichtsrat, S. 61ff, 151
Ausbildender, S. 14ff
Ausbilder, S. 15
Ausbildungsberater, S. 18
Ausbildungsberufe, S. 11, 13
Ausbildungsmittel, S. 15
Ausbildungsordnung, S. 16
Ausbildungsvertrag, S. 13ff
Ausgleichsforderung, S. 73
Ausländer, S. 270ff
Außen- und Sicherheitspolitik (d.EU), S. 336
Außenwirtschaft, S. 124
Außenwirtschaftliches Gleichgewicht, S. 124
Aussperrung, S. 192ff
Auszubildende, S. 176
Auszubildender, S. 14ff
Automatisierung, S. 144
AVB, S. 98

B

BAföG, S. 26
BDA, S. 159
BDI, S. 158f
Beglaubigung, öffentliche, S. 206
Beitragsbemessungsgrenze, S. 84, 88, 91, 93
Berichtsheft, S. 18
Berufe, S. 11
Berufsausbildung, S. 10ff, 12f
Berufsausbildungsverhältnis, S. 13
Berufsausbildungsvertrag, S. 13f, 165
Berufsberatung, S. 88
Berufsbildung, S. 10, 12
Berufsbildungsgesetz, S. 12f
Berufsgenossenschaft, S. 18, 86
Berufskrankheiten, S. 39, 86
Berufsschule, S. 16, 19
Berufswahl, S. 11
Berufung, S. 96, 219
Beschaffung, S. 135
Beschäftigungspolitik, S. 125, 127
Beschäftigungsverbot, S. 179
Beteiligungslohn, S. 173
Betrieb, S. 134, 140, 145
Betriebsklima, S. 146
Betriebsordnung, S. 15, 56
Betriebsorganisation, S. 138f
Betriebsrat, S. 52ff, 176
Betriebsvereinbarung, S. 57, 165
Betriebsverfassungsgesetz, S. 54 ff, 165, 181
Betriebsversammlung, S. 55
Beurkundung, öffentliche, S. 206
Bevölkerungswachstum, S. 339
Bewerbung, S. 166f
BGB, S. 147, 201f
Bildung, S. 341
Bildungsurlaub, S. 28
Bill of Rights, S. 261
Bismarck, Otto von, S. 82
Börse, S. 151
Brandt, Willy, S. 342
Brot für die Welt, S. 344
Bruttoinlandsprodukt, S. 120, 125, 137, 253
Bruttosozialprodukt, S. 137
Bundesarbeitsgericht, S. 165, 193
Bundesanstalt für Arbeit, S. 88
Bundesbank, S. 123
Bundeshaushalt, S. 119
Bundeskanzler, S. 290, 296ff
Bundespräsident, S. 301, 315
Bundesrat, S. 290, 294f
Bundesregierung, S. 290, 296ff
Bundessozialgericht, S. 96
Bundesstaat, S.302
Bundestag, S. 90, 293ff
Bundesurlaubsgesetz, S. 164
Bundesverfassungsgericht, S. 165, 194, 268, 290, 300
Bundeswehr, S. 328ff
Bürgerbegehren, S. 305
Bürgerinitiativen, S. 284
Bürgerliches Gesetzbuch, S. 169f

C

Churchill, Winston, S. 312
Christlicher Gewerkschaftsbund, S. 183
Collage, S. 64
C-Waffenvertrag, S. 336

D

d'Hondt, S. 288
DDR, S. 255
Debatte, S. 274f
Dematerialisierung, S. 234
Demokratie, S. 276ff, 307
Demonstrationen, S. 284
Deutsche Angestelltengewerkschaft, S. 55
Deutscher Bauernverband, S. 160
Deutscher Gewerkschaftsbund, S. 55, 183f
Deutscher Industrie- und Handelstag (DIHT), S. 158f
Dienstleistung, S. 134
Dienstvertrag, S. 215
Disagio, S. 224
Dispositionskredit, S. 226
Dividende, S. 151
Dreiklassenwahlrecht, S. 289
Drogen, S. 104ff
Duales System, S. 16f

E

E-Commerce, S. 212
Effektivverzinsung, S. 224
Ehe, S. 71ff
Ehescheidung, S. 74
Eheschließung, S. 72
Eigentum, S. 116
Einbürgerung, S. 258
Einheit Deutschlands, S. 254f
Einigungsstelle, S. 55
Einigungsvertrag, S. 255
Einwanderung, S. 258
Einwohnerantrag, S. 305
Einzelunternehmen, S. 148
Elternzeit, S. 70
Enteignung, S. 116
Entgelt, S. 168, 172
Entgeltrahmentarifvertrag, S. 187f
Entwicklungsländer, S. 311, S. 338ff
Erbrecht, S.116
Erfüllung, S. 210
Ergebnisbeteiligung, S. 173, 322ff
Erweiterung der Europäischen Union, S. 311, 322f
Erwerbstätigkeit, S. 121
Erziehungsgeld, S. 179
Erziehungsurlaub, S. 179
EURO, S. 122, 311
Euro-Atlantischer Partnerschaftsrat, S. 336
Europäische Atomgemeinschaft, S. 312f
Europäische Beschäftigungspolitik, S. 127
Europäische Gemeinschaft, S. 313
Europäische Menschenrechtskonvention, S. 262
Europäische Sozialcharta, S. 80, 263
Europäische Sozialpolitik, S. 318
Europäische Strukturpolitik, S. 125f
Europäische Union, S. 124, S. 312ff
Europäische Wirtschafts- und Währungsunion, S. 313
Europäische Wirtschaftsgemeinschaft (EWG) S. 312f, 320
Europäische Zentralbank, S. 123, 191
Europäischer Binnenmarkt, S. 313, 316f
Europäischer Gerichtshof, S. 262, 315
Europäischer Rat, S. 314f
Europäischer Wirtschaftsraum, S. 95
Europäisches Parlament, S. 226f, 314f
Europarat, S. 262, 312
Europawahl, S. 313
Europol, S. 317
Export, S. 342

F

Fachverbände, S. 157
Faktor 10, S. 234
Familie, S. 66
Flüchtlinge, S. 270f
Fortbildung, S. 25
Fraktion, S. 292, 315
Fraktionsdisziplin, S. 292
Frauen, S. 170, 176, 329
Freie Marktwirtschaft, S. 116
Freizeit, S. 19, 99ff
Frieden, S. 327
Fünftagewoche, S. 19
Fürsorge, S. 81
Fürsorgepflicht, S. 169
Fusion, S. 152

G

Garantie, S. 213
Gefahrstoffverordnung, S. 40
Geldpolitik, S. 123
Geldwert, S. 122
Geldwertstabilität, S. 122
Gemeinde, S. 304
Gemeindeordnung, Niedersächsische, S. 304 f.
Gemeinderäte, S. 305
Gemeinlastprinzip, S. 236
Gemeinwirtschaftlich, S. 141
Generationenvertrag, S. 92
Genossenschaft, S. 141
Gerätesicherheitsgesetz, S. 40
Geringverdienergrenze, S. 91
Geschäftsfähigkeit, S. 203
Geschäftsführung, S. 149
Gesellschaft mit beschränkter Haftung (GmbH), S. 150
Gesetz zur Regelung des Rechts der Allg. Geschäftsbedingungen, S. 222
Gesetzgebende Gewalt, S. 290, 292ff
Gesetzgebung, S. 276, 290, 294f
Gesundheitsverträglichkeit, S. 38
Gesundheitsvorsorge, S. 83
Gesundheitswesen, S. 83
Gewaltenteilung, S. 277, 290f, 304
Gewährleistung, S. 213
Gewerbeaufsicht, S. 18
Gewerbeordnung, S. 169
Gewerkschaft, S. 165, 181ff
Gewinn, S. 141
Gewinnbeteiligung, S. 172
GKV, S. 83ff
Ghandi, Indira, S. 343
Gleichbehandlungspflicht, S. 169f
Gleichberechtigung, S. 72
Gleichheitsgrundsatz, S. 170
Globalisierung, S. 10, 154ff, 346f
GmbH & Co KG, S. 151
GmbH, S. 151
Großfamilie, S. 67
Grundgesetz, S. 80, 168, 182, 266, 276, 279, 329f
Grundrechte, S. 266ff
Günstigkeitsprinzip, S. 169
Güterrecht, eheliches, S. 73
Güterverhandlung, S. 198
GUV, S. 86
GWB, S. 222

H

Habeas-Corpus-Akte, S. 261
Haftung, S. 204
Handelsgesetzbuch, S. 147, 169, 171
Handelsregister, S. 148
Handlungsvollmacht, S. 149
Handwerkskammer, S. 156
Handwerksordnung, S. 14, 156f
Herrschaft, S. 276
Holding, S. 153
Humanisierung, S. 180
HWO, S. 156

I

IHK, S. 158
Individualarbeitsrecht, S. 165
Individualsicherung, S. 97f
Industriegewerkschaft Metall, S. 185, 191
Industrieinvestition, S. 143
Informationsgesellschaft, S. 10
Informationstechnik, S. 245
Innung, S. 156f
Instanz, S. 96
Internationale Betriebsräte, S. 57
Internationale Gesellschaft für Menschenrechte, S. 265
Internationale Sozialversicherung, S. 95
Internet, S. 212, 269
Investition, S. 143
Investitionsgüter, S. 136
IWF, S. 155

J

Jugend- und Auszubildendenvertretung, S. 52f, 58f, 176
Jugendarbeitsschutzgesetz, S. 18f
Jugendgerichtsbarkeit, S. 113f
Jugendhilferecht, S. 112
Jugendkriminalität, S. 113f
Jugendschutz, S. 110ff

K

Kanzlerprinzip, S. 296
Kapital, S. 140
Kapitalgesellschaft, S. 140f
Kapitalhilfe, S. 345
Kapitalverzinsung, S. 140
Karikaturen, S. 132
Kartell, S. 153
Kaufkraft, S. 122, 196
Kaufvertrag, S. 208ff
Kernfamilie, S. 67
KG, S. 151
KGaA, S. 151
Kindschaftsrecht, S. 75
Kioto-Protokoll, S. 231
Kirchen, S. 181
Klageverfahren, S. 219
Klimaänderung, S. 230f
Klimagipfel, S. 231
Klimakonferenz, S. 231
Koalition, S. 298
Kohlendioxid, S. 232
Kollektivarbeitsrecht, S. 165
Kommanditgesellschaft, S. 151
Kommanditist, S. 151
Kommunikationsfähigkeit, S. 16
Komplementär, S. 151
Konflikte, S. 146, 327
Konjunkturpolitik, S. 119
Konkurs, S. 150, 218
Konsumgüter, S. 136
Konzentration, S. 153
Konzern, S. 153
Kooperation, S. 153
Kostendämpfung, S. 84ff
Krankengeld, S. 83
Krankenkasse, S. 84
Krankenversicherung, S. 83ff
Kreditwürdigkeit, S. 224
Kreishandwerkschaft, S. 157
Krisenreaktionskräfte, S. 329
KSE-Vertrag, S. 336
KSZE (OSZE), S. 262, 335
Kulturhoheit, S. 20
Kündigung, S. 14, 56, 174ff
Kündigungsfrist, S. 15, 174
Kündigungsschutz, S. 174ff

L

Laienrichter, S. 96
Landessozialgericht, S. 96
Landwirtschaft, S. 339
Landwirtschaftskammer, S. 160
Lebenspartnerschaft, S. 76
Lebensstandard, S. 253
Lehrpläne, S. 16
Leihvertrag, S. 216
Leistungsbilanz, S. 124
Leitung, S. 138f
Lernort, S. 16
Lieferungsverzug, S. 214
Lohn, S. 172f
Lohnpolitik, S. 190ff
Lohnquote, S. 190
Lomé, S. 346

M

Macht, S. 276
Mahnbescheid, S. 217
Mandat, S. 288
Mängelrüge, S. 213
Manipulation, S. 247
Manteltarifvertrag, S. 187, 189
Marktbeherrschung, S. 152f
Massenentlassungen, S. 177
Medien, S. 242f, 245f
Mehrheitswahl, S. 288
Meinungsbildung, S. 248f
Meinungsfreiheit, S. 242
Menschenrechte, S. 260ff, 277, 306, 344
Mietvertrag, S. 215f
Mikroelektronik, S. 144
Minderung, S. 213
Mindestreservepolitik, S. 123
Ministerrat (d. EU) S. 314f
Mitbestimmung, S. 56, 60ff, 181
Mitwirkung, S. 23, 56
Mobbing, S. 146
Mobilität, S. 24, 49
Monopol, S. 153
Montanmitbestimmung, S. 60ff
Montanunion, S. 312f
Muslime, S. 326
Mutterschaftshilfe, S. 83
Mutterschutz, S. 83, 179

N

Nachtruhe, S. 19
Namensrecht, S. 72
NATO, S. 328, 334ff
Neue Weltwirtschaftsordnung, S. 348
Notar, S. 206
Nyere, Julius, S. 342

O

Offene Gesellschaft, S. 252
Offene Handelsgesellschaft (OHG), S. 149
Offenmarktgeschäfte, S. 123
Öffentliche Betriebe, S. 141
Öffnungsklauseln, S. 187
Öko-Audit, S. 130
Ökologie, S. 227f, 233
Ökonomie, S. 140f, 227f, 233
Ökonomisches Prinzip, S. 140
Ökosphäre, S. 229
Ökosystem, S. 229
Opposition, S. 277, 299
Organisationsplan, S. 138f
Orwell, George, S. 144
Ost-West-Konflikt, S. 326
OSZE (KSZE), S. 262, 328, 335

P

Pachtvertrag, S. 216
Parlament, S. 290
Parteien, S. 277ff
Parteienfinanzierung, S. 281
Parteiengesetz, S. 281
Parteienverbot, S. 279
Pentagon, S. 326
Person, juristische, S. 202
Person, natürliche, S. 202
Personengesellschaft, S. 140
Petition of Right, S. 261
Petitionen, S. 285, 322
Pfändung, S. 218
Pflegeversicherung, S. 78ff, 93
Pflichtversicherung, S. 84
Planspiel, S. 52f
Prämienlohn, S. 172
Preisanstieg, S. 190

Stichwortverzeichnis

Preise, S. 122
Preisindex, S. 122
Pressefreiheit, S. 242
Presserat, S. 244
Probezeit, S. 14, 168
Produktion, S. 135f
Produktionsfaktor, S. 136
Produktionsgüter, S. 136
Produktivität, S. 33, 142, 190, 197
Prokura, S. 149

R

Rabattgesetz, S. 208
Rat der Europäischen Union (Ministerrat), S. 315f
Ratenkredit, S. 224
Rationalisierung, S. 143ff
Rechtsfähigkeit, S. 202
Rechtsgeschäfte, S. 205ff
Rechtsmittel, S. 217
Regierung, S. 277, 290
Regierungserklärung, S. 296
Regierungswechsel, S. 298
Regionalpolitik, S. 125f
Rehabilitation, S. 86ff
Rentabilität, S. 33, 141
Renten, S. 91
Rentenreform, S. 92
Revision, S. 96, 219
Richter, S. 198, 277
Risikoersatz, S. 140
Risikostrukturausgleich, S. 85
Roboter, S. 144
Rogowski, Michael, S. 159
Rollenspiel, S. 162f
Ruhepausen, S. 19

S

Samstagsruhe, S. 19
Schadenersatz, S. 214
Schadenersatzpflicht, S. 97
Schengen-Abkommen, S. 317
Schlichtung, S. 192ff
Schlüsselqualifikation, S. 17
Schülerrat, S. 23
Schülervertretung, S. 22
Schulpflicht, S. 16
Schwangerschaft, S. 167, 176, 179
Schwarzarbeit, S. 89, 171
Schwerbehinderte, S. 176, 179
Schwerbehindertengesetz, S. 179
SGB, S. 80
Shell-Studie, S. 65
Sicherheitsrat (der UNO), S. 333f
Skonto, S. 208
Solidarität, S. 81
Solidaritätsprinzip, S. 81
Sonnleitner, Gerd, S. 160
Sorgerecht, S. 75
Soziale Marktwirtschaft, S. 116
Soziale Sicherung, S. 78ff
Soziales Netz, S. 79f
Sozialgericht, S. 96
Sozialgerichtsbarkeit, S. 96
Sozialgesetzbuch, S. 80
Sozialhilfe, S. 78f, 94, 256
Sozialisierung, S. 116
Sozialleistungen, S. 78
Sozialplan, S. 57
Sozialpolitik, S. 78, 94, 318f
Sozialprodukt, S. 137
Sozialstaat, S. 79f, 94
Sozialstruktur, S. 252
Sozialversicherung, S. 78ff
Sozialversicherungsträger, S. 84ff
Sozialverträglichkeit, S. 36
Sparzulage, S. 128
Staatsgewalt, S. 276, 290
Staatsmacht, S. 308
STABEX, S. 346
Stiftung Warentest, S. 221
Strafmilderung, S. 34
Streik, S. 192ff
Strukturfonds, S. 125f
Strukturpolitik, S. 125f
Subsidiarität, S. 81
Subvention, S. 141
Sucht, S. 105
SV, S. 23
Szenario, S. 310f

T

Tarifautonomie, S. 182
Tarifgebundenheit, S. 183
Tarifkorridor, S. 187
Tariflohn, S. 185
Tarifpolitik, S. 183
Tarifverhandlungen, S. 190ff, 319
Tarifvertrag, S. 57, 165, 182ff
Tarifvertragsgesetz, S. 185
Tarifvertragsparteien, S. 183ff
Taschengeldparagraph, S. 204
Technische Hilfe, S. 345
Technischer Arbeitsschutz, S. 318
Tendenzbetriebe, S. 55
Terror, S. 308, 326, 328
Trans-Fair, S. 346
Treibhauseffekt, S. 230ff
Treuepflicht, S. 169, 171
Trust, S. 153

U

Überflussgesellschaft, S. 36
Umlageverfahren, S. 81
Umschulung, S. 25
Umwelt, S. 29ff
Umweltbundesamt, S. 237
Umweltdelikte, S. 34
Umweltgesetzbuch, S. 235
Umweltpolitik, S. 236, 238
Umweltprobleme, S. 35
Umweltrecht, S. 235
Umweltschutz, S. 31ff, 129, 228, 235
Umweltstrafrecht, S. 34
Umweltverträglichkeit, S. 36
Umweltzerstörung, S. 32
Unabhängigkeit der Richter, S. 277
Unfallverhütung, S. 56
UNO, S. 124, 328, 332f
Unterhalt, S. 74
Unterhaltspflicht, S. 72
Urabstimmung, S. 183ff
Urlaub, S. 19, 101, 164f, 168

V

Verbände, 282f
Vereinte Dienstleistungsgewerkschaft ver.di, S. 55
Vereinte Nationen (UNO), S. 332f
Verfassungsbeschwerde, S. 300
Verfassungsschutz, S. 306
Verhältniswahl, S. 288
Vermögenspolitik, S. 128
Versorgungsausgleich, S. 74
Vertrag von Maastricht, S. 313, 319
Vertrag von Nizza, S. 323
Verträge, S. 215
Vertragsfreiheit, S. 164
Vertrauensfrage, S. 298
Verursacherprinzip, S. 236
Verwaltung, S. 277
Volkssouveränität, S. 277
Vollbeschäftigung, S. 121
Vollzeitschulen, berufliche, S. 20
Vorsorgeprinzip, S. 236
Vorstellungsgespräch, S. 166f

W

Wahlen, S. 286f
Wahlrecht, S. 289
Wahlvorstand, S. 52f
Währungsreserven, S. 123
Wandlung, S. 213
Warenkennzeichnung, S. 220
Warschauer Pakt, S. 334
Wechselkurs, S. 122
Wegeunfälle, S. 39
Wehrdienst, S. 329
Wehrpflicht, S. 176, 311, 331
Weiterbildung, S. 25
Weltbank, S. 155
Welthandelskonferenz, S. 347
Werklieferungsvertrag, S. 215
Werkvertrag, S. 215
Westeuropäische Union (WEU) S. 328, 336
Wettbewerbsverbot, S. 169
Widerstandsrecht, S. 116, 276
Willenserklärung, S. 203ff
Wirtschaftliches Prinzip 140
Wirtschaftlichkeit, S. 33, 141
Wirtschaftsausschuss, S. 55
Wirtschaftsordnung, S. 115f
Wirtschaftspolitik, S. 115ff
Wirtschaftswachstum, S. 120
Wochenarbeitszeit, S. 101
Wohlstandsgesellschaft, S. 253
Wohngeld, S. 71
WTO, S. 155

Z

Zahlungsbilanz, S. 124
Zahlungsverzug, S. 214
Zeitlohn, S. 172
Zentralbank, S. 122
Zentralverwaltungswirtschaft, S. 116
Zerrüttungsprinzip, S. 74
Zeugnisarten, S. 176
Zinskanal, S. 123
Zivildienst, S. 329f
Zivilprozess, S. 217, 219
Zollunion, S. 313
Zugewinngemeinschaft, S. 73
Zuständige Stelle, S. 14
Zuwanderung, S. 258
Zwangsversteigerung, S. 218
Zwangsvollstreckung, S. 218
Zweiter Arbeitsmarkt, S. 50

Bildquellenverzeichnis

Archiv für Kunst und Geschichte, S. 261
Argus Fotoagentur, S. 232
Bilderbox, S. 164,
BMVg, S. 325, 329
Bundesbildstelle, S. 255, 280, 282, 301, 325, 329
BDI, S. 159
CCC, S. 51, 60, 85, 86, 94, 97, 132, 139, 180, 192, 228, 237, 247, 248, 270, 291, 316, 345, 346
F.A.Z.-Grafik Hermann, S. 184
foto-present, S. 45, 71, 179
Globus Infografik GmbH, S. 11, 25, 35, 39 (2), 46, 47, 48, 61, 66, 78, 87, 92, 93, 100, 101 (2), 107, 119, 120 (2), 122, 136, 137, 143, 145, 170, 171, 174 (2), 190 (2), 195, 196, 197 (2), 220, 230, 253, 255, 258, 281, 287, 295, 302, 314, 321, 322, 330, 334, 338, 344,
Greenpeace, S. 33
Gottscheber, Pepsch, S. 243
Kurt Halbritter, Jeder hat das Recht, München, Wien, Carl Hanser Verlag 1976, S, 286, 302
IMU-Infografik, S. 34
Keystone GmbH, S. 81, 179, 243, 252
Landeskriminalamt Baden-Württemberg, S. 106
Richter + Fink, S. 22
Erich Schmidt Verlag, S. 16, 58, 114, 120, 125, 141, 147, 153, 159, 176, 199, 205, 217, 218, 219, 237, 267, 288, 289, 290, 293, 296, 297, 299, 300, 305, 313, 315, 317, 323, 333, 335,
Süddeutscher Verlag, S. 82, 160, 259, 261, 266, 271, 280, 340, 342, 330
Johannes Wolframm, S. 161, 162, 200, 285, 274